ÍNDICE

ROMA

SERIE MAYOR

ROBERT HUGHES

ROMA

Una historia cultural

CRÍTICA
BARCELONA

Primera edición: octubre de 2011
Primera edición en esta nueva presentación: septiembre de 2022

Roma
Robert Hughes

Título original: *Rome*

© Robert Hughes, 2011

© de la traducción, Enrique Herrando, 2011

Revisión técnica: Virgilio Ortega
Composición: Víctor Igual

© Editorial Planeta, S. A., 2022
Av. Diagonal, 662-664, 08034 Barcelona (España)
Crítica es un sello editorial de Editorial Planeta, S. A.

editorial@ed-critica.es
www.ed-critica.es

ISBN: 78-84-9199-443-5
Depósito legal: B. 10.701-2022
2022. Impreso y encuadernado en España por Gómez Aparicio Grupo Gráfico

PRÓLOGO

En Roma he comido, dormido y mirado hasta quedar exhausto y a veces me he sentido como si, a fuerza de caminar, hubiera dejado los dedos de mis pies reducidos a muñones, pero nunca he vivido allí en realidad. Sólo llegué a vivir fuera de la ciudad; no en la mediocre periferia *que creció para dar cabida al aumento de su población en los años cincuenta y sesenta, sino en lugares situados al norte, a lo largo de la costa, como la península de Argentario. Estuve en la Roma propiamente dicha con bastante frecuencia, pero rara vez durante más de una semana o dos y no lo suficientemente a menudo como para que se me pudiera considerar un residente, pagándole un alquiler a alguien que no fuera el dueño de un hotel o teniendo una pared de cocina en la que colgar de forma permanente mi colador de espaguetis de mimbre, que se quedó en Porto Ercole.*

Durante una época de mi adolescencia, cuando de Roma no tenía sino el conocimiento más superficial, anhelaba ser un expatriado romano y hasta me sentía bastante hipócrita, o cuando menos pretencioso, por albergar cualquier clase de opinión acerca de la ciudad. Todo el mundo, me parecía entonces —siendo esta una época iniciada a comienzos de la década de 1950—, sabía más de Roma que yo. Yo era un fanático de la idea de Roma, pero para mí apenas era algo más que una idea, y deficientemente formada, distorsionada, además. Ni siquiera había estado allí jamás. Aún me hallaba en Australia, donde, al haber sido educado por los jesuitas, sabía decir unas cuantas frases en latín, pero absolutamente nada en italiano. El único semi-romano al que conocía era en realidad irlandés, un encantador jesuita de avanzada edad y cabello cano que se encargaba del observatorio adjunto al internado al que yo había asistido en Sydney, y que de vez en cuando solía viajar a Italia para ocuparse de una institución del mismo grupo que pertenecía al Papa (Pío XII, conocido también como

Eugenio Pacelli) y que estaba situada en Castelgandolfo, a las afueras de la Ciudad Eterna. Desde allí, indudablemente enriquecido con unos novedosos conocimientos de astronomía de cuyas dimensiones yo no tenía la menor idea, regresaba trayendo postales, obtenidas con aplicación y evidente placer de los estantes que estas habían ocupado en diversos museos e iglesias a un precio de entre diez y veinte liras cada una: obras de Caravaggio, Bellini, Miguel Ángel. Solía prenderlas en uno de los tablones de anuncios de la escuela. Naturalmente eran obras maestras de la pintura clásica de la más casta especie: no cabía esperar ningún tizianesco desnudo sonrosado. No tengo la menor idea del grado de éxito que pudieron tener estos detalles en el sentido de civilizar a los robustos muchachos jugadores de críquet de Mudgee y Lane Cove que eran mis condiscípulos. Pero sí sé que alguno tuvieron en mí, aunque sólo fuera porque el hecho de tener ese tipo de cosas en una iglesia, por muy remota que esta fuera, parecía (y era) muy exótico y, por consiguiente, aunque sólo fuera en una reproducción en miniatura, muy atractivo.

El arte religioso que se podía encontrar en una escuela australiana católica como la mía (y, de hecho, en toda Australia) era de un tipo muy distinto. Estaba hecho de escayola y concebido en un espíritu de nauseabunda piedad por un fabricante de arte religioso llamado Pellegrini, y todo él era de un dulce y enfermizo que yo entonces detestaba y cuyo lejano recuerdo aún me contraría: vírgenes con labios en forma de corazón y vestidas en un tono azul claro especialmente amarillento, Cristos sonriendo como idiotas en la cruz o fuera de ella que parecían la fantasía de un homófobo, con su cabello castaño rizado. Desconozco cómo se vendía este arte religioso tan banal y chapucero. A lo mejor Pellegrini tenía alguna versión primitiva del catálogo de venta por correo. O a lo mejor había un viajante con una furgoneta Holden que cargaba con las muestras de iglesia a iglesia: figuras de escayola de santa Teresa y de santa Bernadette, vírgenes que tenían en sus manos tallos de lirios de escayola, y que se vendían a tanto por centímetro de altura. Para mí siempre fue un misterio cómo podía pretenderse que uno rezara mediante estas porquerías, o delante de ellas. Hasta donde llegaron mis descubrimientos, no había en Australia una sola obra de arte religioso que nadie salvo una monja con retraso mental, y además lega, pudiera calificar de auténtica.

¿Dónde se podría ver lo genuino? Evidentemente, sólo en Roma. ¿Cómo podría uno saber cuál era, en verdad, el auténtico sentimiento en el arte religioso? Yendo a Roma. En última instancia, ¿cómo saber

si cualquier clase de arte tenía alguna calidad? Fundamentalmente, si es que no únicamente, yendo a Roma, y viendo lo auténtico en el auténtico lugar. Roma sería mi puerta de entrada a Italia y luego al resto de Europa. Y con ello llegarían la sofisticación, el gusto y posiblemente incluso la espiritualidad. Por no mencionar todos los demás placeres, más terrenales, de los que también estaba deseando gozar. Después de tanto tiempo, me avergüenza reconocer que ya no recuerdo sus nombres, pero a mí me parecían exactamente las mismas chicas que veía en las películas italianas. Con suerte quizá hasta pudiera hacerme con algunos de esos insoportablemente elegantes pantalones, chaquetas y zapatos finos de la Via Condotti, aunque no tenía la menor idea de cómo iba a conseguir el dinero para ello.

Cuando finalmente llegué allí, en mayo de 1959, gran parte de esto resultó ser cierto. No hay nada que supere el placer de la primera inmersión que uno hace en Roma en una agradable mañana de primavera, aun cuando este no esté provocado por la contemplación de alguna obra de arte en concreto. La envolvente luz puede ser de una claridad incomparable, haciendo que cada detalle que al ojo se presenta adquiera una delicada intensidad. Primero el color, que no era como el color de otras ciudades en las que había estado. No era el color del hormigón, no era el color del vidrio en frío, no era el color del ladrillo sobrecocido, ni de la pintura de tosca pigmentación. En lugar de ello, eran los desgastados colores orgánicos de la tierra y la piedra antiguas de las que está compuesta la ciudad, los colores de la piedra caliza, el gris rojizo de la toba, la cálida decoloración del mármol que antaño había sido blanco y la superficie moteada y suntuosa del mármol conocido como pavonazzo, *punteado con manchas e inclusiones blancas, como la grasa en una rodaja de mortadela. Para un ojo acostumbrado a las superficies más comunes y uniformes de la construcción del siglo XX, todo esto parece maravillosa y seductoramente suntuoso sin dar la impresión de estar sobrecargado.*

Estaban brotando los propios árboles, de un delicado color verde, y no del más ubicuo gris apagado de los eucaliptos australianos a los que yo estaba acostumbrado. Algunos de ellos estaban en flor: el estallido en flor de color rosa y blanco de las adelfas a la vera de los caminos. Había azaleas por todas partes, sobre todo en las Escaleras Españolas: yo había tenido la suerte de llegar a Roma justo en el momento del año en el que los floristas amontonan en la Scalinata di Spagna *una hilera tras otra, una masa sobre otra, de esos arbustos, cuyas flores resultaban más encantadoras todavía por el hecho de ser efímeras. Y no sólo eran las flores las que parecían estar de fiesta. Las verduras estaban floreciendo en los mercados, sobre todo en el Campo dei Fiori. Sus vendedores no querían constreñirlas. Manojos de tomillo, ramas de romero, perejil, masas liadas de albahaca llenaban el aire con su perfume. Aquí, una montaña de pimientos morrones: de color escarlata, anaranjado, amarillo, incluso negro. Allí, una canasta llena de los morados e hinchados garrotes de las berenjenas. Junto a eso, una formación de tomates, rebosantes de madurez: los rojos y ovoides San Marzanos para salsas, los tomates de amplia circunferencia para cortar en rodajas, los nervados para las ensaladas, los verdes pequeños. Incluso la patata, normalmente un bulto de aspecto aburrido, adquiría cierto esplendor tuberoso bajo esta luz mediterránea.*

Entonces se hizo patente algo que yo nunca había visto en mi país, en Australia. Toda esta gloria vegetal, esta marea de vida multicolor, esta hinchazón, este estallido y esta plenitud, brotaba en torno a un lúgubre tótem de Muerte. El nombre de la plaza en la que se desarrolla este mercado, el Campo dei Fiori, significa literalmente «el campo de las flores». Hay varias versiones acerca de cómo adquirió este nombre; no siempre fue un jardín; es posible que nunca fuera un jardín, en el sentido de un lugar en el que se cultivaban y se recogían plantas. Según una de las versiones que existen acerca de ello, proviene de Campus Florae, *«la plaza de Flora», y por consiguiente tomó su nombre de la (supuesta) amante del gran general romano Pompeyo, que (supuestamente) vivió en una casa allí.*

Pero la presencia masculina que domina esta hermosa plaza de irregular construcción no es la de Pompeyo, sino de alguien posterior a la Roma clásica: una oscura, inquietante y encapuchada figura que se halla de pie en un alto pedestal, con las manos cruzadas ante sí, agarrando un pesado libro; un libro, al parecer, escrito por él mismo. Toda la plaza parece girar en torno a él; él es su punto fijo. Es un tótem vertical de oscuridad de bronce y gravedad melancólica en medio de toda esa profusión de color, y puede que se tarde un momento o dos en hallar su nombre en una placa medio escondida tras los ramilletes de flores. Se trata de Giordano Bruno, y hasta un neófito procedente de Australia había oído hablar de él. No sólo fue filósofo, teólogo, astrónomo y matemático, sino que fue además monje dominico y al mismo tiempo hereje; en conjunto, una de las mentes italianas más inteligentes y menos ortodoxas de su época, la segunda mitad del siglo XVI. Uno de los pensamientos que Bruno propuso y enseñó fue que el universo, lejos de ser el riguroso y limitado sistema de esferas concéntricas que concebía la cosmogonía medieval, ligadas en su totalidad en órbita en torno a su Movedor Inmóvil, era en realidad infinitamente grande: un inmenso continuo compuesto por un sol tras otro, una estrella sobre otra, excéntricas las unas respecto a las otras y todas en movimiento independiente. Este fue el asombroso germen de una visión moderna, y los pensadores más conservadores de base teológica del siglo XVI consideraron, alarmados, que inauguraba un ataque contra la propia idea de un universo cuyo centro era Dios.

A cualquier persona del siglo XXI le resulta difícil comprender cuán radical parecía hace menos de quinientos años la propuesta de Bruno de que las estrellas que vemos por la noche son otros soles, de naturaleza idéntica al nuestro. La idea de una pluralidad de mundos, cuya aceptación no nos supone a nosotros la menor dificultad, no sólo era novedosa, sino también amenazadora en el siglo XVI.

Además, Bruno planteaba otras dificultades. Estaba fascinado por el pensamiento hermético y por las ideas sobre la magia. Corría el rumor de que hacía tratos con el Diablo, y los ignorantes lo creían. Esta idea surgió a raíz de sus extraordinarias y pioneras investigaciones sobre la «mnemotecnia», el arte de la memoria sistemática, una obsesión muy extendida entre los intelectuales del Renacimiento, uno de quienes la encabezaron era Bruno. Bruno despertó aún más sospechas debido a lo poco ortodoxas que eran sus ideas, sobre todo en un inquisidor al que se asignó la tarea de refutar sus planteamientos: el formidable pensador católico, jesuita y cardenal de la Iglesia, y en sí mismo una de las puntas de lanza de la Contrarreforma contra Lutero: Roberto Belarmino (1542-1621), que yace en un sepulcro de la iglesia del Gesù en Roma. Este no fue un mero fanático, sino uno de los grandes intelectuales conservadores de la Iglesia, su principal autoridad en materia de la teología de santo Tomás de Aquino, y vio en Bruno a un peligroso enemigo filosófico. Las polémicas entre ellos se desarrollaron a lo largo de siete años. El 17 de febrero de 1600 sacaron a Bruno de su celda de la cárcel, la última de varias en las que se había consumido mientras le juzgaban por una docena de herejías, y le condujeron al centro del Campo dei Fiori, donde se había preparado una pira. Maiori forsan cum timore sententiam in me fertis quam ego accipiam, *les dijo a sus sacerdotales acusadores: «Quizá sea mayor el miedo que sentís vosotros al dictar esta sentencia contra mí que el que yo siento al recibirla». La tea se aplicó a la madera seca. Mientras las rugientes llamas ascendían envolviéndole, no se oyó a Bruno pronunciar ni una oración ni una maldición.*

Así pereció uno de los auténticos héroes intelectuales del Renaci-
miento italiano. Le quemaron vivo por tener opiniones erróneas sobre
la Trinidad, la divinidad y la encarnación de Cristo, por negar la vir-
ginidad de María, y por media docena de otras posturas heréticas,
entre ellas la creencia en «una pluralidad de mundos y su eternidad»
y por sus «tratos en magia y adivinación». Su principal inquisidor, el
cardenal Belarmino, exigió una retractación total, a lo que Bruno se
negó. Cuando el fuego se extinguió, quedando reducido a cenizas,
se recogió a duras penas lo poco que quedaba de Giordano Bruno y se
vertió al Tíber, y sus muchos escritos, tanto de carácter filosófico
como científico, docenas de libros, fueron todos incluidos en el Índi-
ce, la lista de textos prohibidos por el Vaticano. La estatua se erigió
en 1889, siguiendo el consejo de un comité formado en parte por ro-
manos y en parte por extranjeros, entre cuyos componentes se halla-
ban figuras no católicas tan distinguidas como el historiador alemán
Ferdinand Gregorovius, Víctor Hugo y Henrik Ibsen. La fruta y las
verduras del Campo dei Fiori se renovarían eternamente, en su fres-
cura, como el mejor monumento en su memoria.

Giordano Bruno fue la persona más distinguida, pero en absoluto
la última, que fue ejecutada por sus pecados en el Campo de las Flo-
res. Toda clase de personas, desde asesinos comunes hasta practican-
tes de magia negra, pagaron allí con sus vidas en el siglo XVII. Un
sorprendente porcentaje de ellas fueron sacerdotes renegados. Esto
debió de satisfacer a otros visitantes de la plaza, ya que las ejecucio-
nes públicas siempre fueron populares en Roma; igual, en realidad,
que lo fueron en toda Europa. En parte debido a esto, el Campo tam-
bién mantuvo una pujante y lucrativa industria hotelera. Una de las
posadas más conocidas de la ciudad, llamada la Locanda della Vacca
(«La Vaca») y que ocupaba la esquina de Vicolo del Gallo con la Via
dei Cappellari, era propiedad de Vannozza Cattanei, antigua amante
del cardenal Rodrigo Borgia, que fue papa desde 1492 hasta 1503
bajo el nombre de Alejandro VI. Con una impudencia sin par, Vannozza
hizo que su escudo heráldico se blasonara, en uno de sus cuadrantes,
con el del papa Borgia; estos todavía pueden verse sobre la entrada de
Vicolo del Gallo. La posada más antigua de Roma, supuestamente, era
la Locanda del Sole, construida con spolia *rescatados de las cercanas*
ruinas del Teatro de Pompeyo. Sigue abierta al público en el número
76 de la Via del Biscione, con el nombre de Hotel Sole al Biscione.

No visito la basílica de San Pedro cada vez que voy a Roma. La
atmósfera de fe que hay allí es demasiado imponente e incluso llega a

ser, como a veces puede suceder con la sublimidad retórica, un tanto monótona. Tampoco voy siempre directo a lugares especialmente populares como la iglesia de Santa María de la Victoria, que contiene la maravillosa capilla de Cornaro, de Bernini. A veces ni siquiera entro en un museo, porque en cierto sentido toda Roma, en toda su extensión, es un museo. Pero el Campo dei Fiori, y su estatua de Giordano Bruno, han sido tierra santa para mí desde la primera vez que me topé con ella sin conocerla, y rara es la ocasión en la que no la visito y reflexiono sobre lo que representa.

Pues ¿cómo podría no hacerlo? Esa plaza es la quintaesencia de Roma para mí: es la esencia de Roma por quintuplicado. Es su esencia, en primer lugar, por el terrible y autoritario recuerdo que evoca, de la Iglesia romana que sin el menor reparo pudo matar en la hoguera a uno de los hombres más inteligentes de Italia por los delitos de enseñar (como al parecer hacía Bruno) que Cristo no era Dios sino un mago inspirado, y que incluso el Diablo podía salvarse. (¡Cómo me habría gustado conocerle!) En esa época circulaba una estrofa de cuatro versos:

> *Roma, se santa sei,*
> *Perchè crudel se' tanta?*
> *Se dici che se' santa,*
> *Certo bugiarda sei!*

«¿Roma, si eres santa, / ¿por qué eres tan cruel? / Si dices que eres santa, / ¡no eres más que una mentirosa!»

Su esencia, en segundo lugar, porque unos cuatrocientos años después de matarlo, la ciudad pudo cambiar de opinión (frente a la oposición del clero), retractarse de su sentencia y, en reconocimiento a la grandeza individual de Bruno, erigir una estatua en su honor. Un poco tarde quizá, pero más vale tarde que nunca, sin duda.

Su esencia, en tercer lugar, porque Roma sólo pudo construir tal monumento cuando el poder temporal de la Iglesia sobre la ciudad dejó de existir, después de que Roma fuera tomada en 1870 por el reino de Italia, que acababa entonces de formarse, y se convirtiera políticamente en una ciudad laica. En cuarto lugar, por lo brillante que es, como gesto urbano, la presencia del gran tótem oscuro de Bruno, y porque la vida que se desarrolla alrededor de él es la vida del pueblo romano, no sólo del turismo. Y en quinto y último lugar, por la diaria superfetación de fruta y flores, y por los apetitos que estas estimulan, recordándonos que en presencia de la Muerte estamos verdadera y absolutamente en la Vida.

Pues Roma es, desde luego, una ciudad movida por sus apetitos. Gran parte de los alimentos que se comían, en esta plaza y fuera de ella, me resultaban bastante desconocidos, a pesar de su simplicidad. En Australia nunca, hasta donde yo recuerdo, me ofrecieron nada tan exótico como el baccalà, *el bacalao en salazón: aquello sencillamente no formaba parte de la dieta australiana, lo cual no era de extrañar, ya que no había bacalao en el Pacífico. En Roma, naturalmente, el* baccalà fritto *era un producto básico de la comida de calle: déjense en remojo las trozos de bacalao, rígidos como tablones, durante varios días cambiando el agua, retírese la piel, extráiganse las espinas, córtese en pedazos de dos dedos de ancho, déjese caer en pasta para rebozar y después fríase en aceite hasta que adquiera una rica textura marrón dorado. Nada podría ser más simple que esto, y ¿que podría saber mejor con un vaso de Frascati frío, consumido en una mesa en una plaza extranjera bajo la luz del sol de las primeras horas de la tarde?*

Las comidas fritas de Roma, las ensaladas, incluso el humilde puré de harina de maíz conocido como polenta fueron, en todos los sentidos, una revelación para un joven hambriento cuya experiencia de la comida italiana era tan limitada como la mía. Nunca había comido una flor de calabacín antes de llegar a Roma. Ni me había topado jamás con un plato como las anchoas con endibias, dispuestas en capas en una cazuela de barro y cocidas hasta que se forma una corteza, para comerlas calientes o frías. Algunos de estos platos eran doblemente exóticos debido a sus orígenes judíos. Como australiano católico, yo prácticamente desconocía la existencia de la comida judía, y como la población judía de Australia era minúscula, sus recetas jamás habían penetrado en la cocina popular que se practicaba entre la población en general, algo que sí había ocurrido en América. Pero Roma tenía antiguas tradiciones judías, entre ellas la comida. ¿De qué extranjero no judío cabía esperar que supiera de ellas? Un ejemplo de ello era el plato romano conocido como carciofi alla giudia, *alcachofas al estilo judío, que pronto aprendí a adorar, algo que es posible que le ocurra a cualquier no judío. Coja las alcachofas, quíteles sus duras hojas exteriores, y sujetándolas por el tallo en posición vertical, golpéelas y macháquelas sobre la mesa hasta que las hojas interiores se extiendan hacia fuera. Sumérjalas, como si fueran mártires de los comienzos de la fe, en aceite hirviendo. Gradualmente las alcachofas se pondrán doradas y puntiagudas, como los pétalos de un girasol, y después adquirirán una rica textura marrón. Ya casi están listas. Meta una mano en agua fría, salpíquelas con ella y empezarán a crepitar de forma incitante. Después rocíelas nuevamente con aceite, y sírvalas.*

Pero la comida no fue lo único que me cautivó en mi primera y hambrienta visita a la ciudad. En Roma, por primera vez en mi vida, me sentí rodeado por agua que hablaba. Las fuentes son a Roma lo que los árboles son a París. Son los chorros verticales o inclinados, entretejidos, borbotantes, llenos de vida, los que dan la medida de la ciudad. Nunca antes había visto nada igual. En otros lugares las fuentes son acontecimientos especiales, pero en Roma simplemente forman parte de la lengua vernácula de la vida de la ciudad; te apercibes de ellas, las ves como excepciones a las superficies de piedra o ladrillo, pero parece que estén allí para respirarlas, no sólo para contemplarlas. En el centro de la gran ciudad uno siempre es consciente, aunque sólo sea subliminalmente, de la presencia del agua. Ninguna ciudad (o ninguna que yo conozca) encarna tan bien la verdad poética de los versos iniciales del poema de Octavio Paz Piedra de sol, *que evocan el movimiento continuo de la fuente de una ciudad:*

> *un sauce de cristal, un chopo de agua,*
> *un alto surtidor que el viento arquea,*
> *un árbol bien plantado mas danzante,*
> *un caminar de río que se curva,*
> *avanza, retrocede, da un rodeo*
> *y llega siempre.*

La fuente es, en su propia esencia, un objeto artificial, líquido —informe— y al mismo tiempo dotado de forma; pero los surtidores de la plaza Navona de Bernini, resplandecientes bajo el sol, median con una belleza y una generosidad casi increíbles entre la Naturaleza y la Cultura. Gracias a sus fuentes, aunque no solamente a ellas, el paisaje urbano romano le da a uno constantemente más de lo que espera o de lo que se siente con derecho a recibir como visitante o, probablemente, como ciudadano. «¿Qué he hecho yo para merecer esto?» *Y la respuesta parece ridículamente simple:* «Soy un ser humano, y he venido aquí».

Algunos de los más maravillosos primeros vislumbres de Roma, para mí, fueron bastante inesperados y bastante próximos a lo accidental. Mi intención había sido acceder a la basílica de San Pedro tal como se muestra en los mapas de la ciudad: subiendo a pie por el amplio camino directo de la Via della Conciliazione, que discurre en línea recta desde el Castel Sant'Angelo hasta el inmenso espacio de columnatas de la plaza de San Pedro. Por suerte para mí, me confundí. Me alejé demasiado hacia la izquierda y accedí a la plaza, la cual no podía ver, desde cerca del Borgo Santo Spirito. Tras unas cuantas caminatas, durante las que apenas tuve idea de dónde me hallaba, me topé con lo que supuse que era un enorme muro curvado. No era nada de eso. Era una de las imponentes columnas de la propia plaza, y cuando, con sigilo, la rodeé, aquel espacio apareció de repente. Ninguna vía de acceso directo, subiendo por la Via della Conciliazione, podría haber deparado esta sorpresa. Tal como les había sucedido a generaciones de turistas antes que a mí, aquella visión me dejó atónito: las fuentes, la vertical del obelisco, pero por encima de todo la curva de la doble columnata dórica de Bernini. La idea de que pudiera existir una arquitectura de semejante envergadura y en la que se hubiera invertido semejante esfuerzo jamás se me había pasado por la cabeza. Naturalmente, nunca había visto nada igual, debido al motivo, bastante obvio, de que ni en Australia ni fuera de ella puede verse nada semejante a la plaza y la columnata de Bernini. Para un estudiante de veinte años, pasar de los recuerdos de la arquitectura australiana (que tenía sus obras relevantes y sus virtudes, siendo la más obvia de las cuales el puente del puerto de Sydney, pero en realidad ninguna como esta) a semejante grandeza rayana en lo incomprensible, fue una experiencia demoledora. Hizo que se desvaneciera, de un plumazo, cualquier idea deficientemente concebida sobre el «progreso» histórico que pudiera haber andado suelta por ahí, adherida sin excesivo rigor al interior de mi cabeza.

Roma me estaba haciendo caer paulatinamente en la cuenta de que uno de los factores fundamentales que le confieren a una gran ciudad su grandeza no es su mero tamaño en bruto, sino la cantidad de cuidado, de detalle, de observación y de amor que se ha precipitado en sus contenidos, entre ellos en sus edificios, aunque no solamente en estos. Es el sentido del cuidado, de la voluminosa atención al detalle, lo que hace que las cosas importen, lo que retiene al ojo, detiene al pie y disuade al transeúnte de pasar demasiado despreocupadamente ante algo. Y no hace, o no debería hacer falta decir, que no se puede prestar ese tipo de atención al detalle hasta que uno entiende bastante sobre la sustancia, sobre las distintas piedras, los diferentes metales, la variedad de maderas y otras sustancias —cerámica, vidrio, ladrillo, yeso y de-

más—que contribuyen a formar las entrañas y el revestimiento externo de un edificio, sobre cómo envejecen, cómo se desgastan: en resumidas cuentas, sobre cómo viven, si es que en realidad viven. La impecable representación, en un dibujo a la aguada, que realiza un arquitecto de una pilastra estriada rematada por un capitel de orden compuesto es, por fuerza, una abstracción. Pero cuando estudiaba arquitectura en Australia, tan sólo aquello era lo que yo conocía sobre lo antiguo. Aún no ha llegado a ser arquitectura, y en realidad no llegará a serlo hasta que se construya y el paso de la luz, desde el alba hasta el crepúsculo, se haya instalado allí para atravesarla, hasta que el tiempo, el viento, la lluvia, el hollín, los excrementos de las palomas y los millares de marcas de uso que un edificio va adquiriendo lentamente hayan dejado sus rastros. Por encima de todo, no llegará a ser arquitectura hasta que claramente esté hecha de la sustancia del mundo, de cómo un tipo de piedra se corta de esta manera y no de otra, de ladrillos cuya superficie cocida se relaciona con la tierra que se halla debajo de ella. Ahora Roma, no la sociedad de personas que viven en la ciudad, sino su exoesqueleto colectivo, la ciudad en sí, es un perfecto ejemplo, sublime y exorbitantemente complicado, de la sustancialidad de los edificios y de otros objetos construidos, de su resistencia a la abstracción.

Esto es algo que un estudiante en realidad no puede llegar a comprender escuchando clases en la universidad, por mucha atención que ponga, por muy experto que sea el profesor y por muy buena disposición que tenga este último. Tampoco se halla en situación de aprehenderlo mirando fotografías, aunque las fotografías, por supuesto, son de ayuda. Hay que comprenderlo, y sólo se puede comprender a través de la presencia del propio objeto. Y naturalmente, este sentido no puede surgir, como característica general de una ciudad, a menos que la ciudad tenga la claridad y la intencionalidad de algo que ha sido hecho, a ser posible a mano, y poco a poco; a menos que uno pueda ver que la profundidad de una moldura o el perfil escultural de un capitel no están ahí por accidente o por costumbre, sino de forma intencionada, deliberada. Que está forjado, no simplemente arrojado allí. Es excesivo esperar que todo en una ciudad tenga que participar de esta calidad de atención e intención. Pero sin ella, lo que uno tiene es un barrio residencial de las afueras, un centro comercial, como se le quiera llamar: no una verdadera ciudad. Es por eso por lo que Chicago es una auténtica ciudad pero Flint, Michigan, jamás puede serlo.

Este tipo de tomas de conciencia abundan en Roma. En ocasiones a uno le parece que cada metro de cada sinuoso callejón está plagado de ellas. Pero, naturalmente, es el impacto de las muy grandes y bastante obvias el que primero siente el escasamente instruido y recién llegado, como era yo en 1959, y en mi caso el más decisivo y revelador de estos primeros encuentros no se produjo en la plaza de San Pedro, el mítico centro de fe, sino al otro lado del Tíber, en el antiguo Capitolio, sobre la plaza de Venecia. Su heraldo no fue una obra de arte religiosa, sino una pagana: la antigua estatua de bronce del emperador Marco Aurelio (emperador desde 161 hasta 180) a lomos de su caballo, en el silencio y la quietud más nobles, sobre un pedestal erigido en el centro de una estrella de doce puntas, en la trapezoidal plaza de Miguel Ángel diseñada para el Campidoglio. La había visto en fotografías, naturalmente; ¿y quién no? Pero nada me había preparado en realidad para el impacto de esa escultura, tanto por su volumen como por su grado de detalle. Es con mucho el más grande y, en realidad, el único ejemplo que pervive de un tipo de escultura que era muy célebre y que se hacía mucho en el mundo pagano de la antigüedad: el héroe, la figura de autoridad, el semidiós a caballo; la inteligencia y el poder del ser humano controlando el reino animal, avanzando victoriosamente a grandes zancadas. En el pasado hubo unas veinte estatuas ecuestres de bronce de este tipo en Roma, y aún más por toda Italia, como el Regisole *o «Rey Sol» en Pavía, que fue destruida con tanta meticulosidad en 1796 que no queda ni un minúsculo ápice de ella y el único rastro que se conserva es un mero grabado en papel. Todas ellas fueron derribadas, desmembradas y fundidas por católicos beatos e ignorantes en la Alta Edad Media, en la creencia de que su vandalismo era un acto de fe, un exorcismo de la autoridad del mundo pagano. Sólo sobrevivió Marco Aurelio, y por equivocación. Los buenos católicos la tomaron erróneamente por un retrato ecuestre del primer emperador cristiano de Roma, Constantino el Grande. De no haber sido por esa maravillosamente afortunada equivocación, Marco Aurelio se habría unido a todos los demás emperadores de bronce en el indiferente crisol de la historia.*

Yo, por supuesto, prácticamente no sabía nada de esta historia cuando, con mis veinte años ya cumplidos en aquella tarde de verano de 1959, vi por primera vez el jinete de bronce que se vislumbraba oscuro contra el fondo dorado del palacio del Senado de Miguel Ángel, cuando los murciélagos ya empezaban a revolotear por el lugar. Menos aún sabía yo sobre caballos, antiguos o nuevos, de bronce o de carne. Yo era un muchacho de ciudad, pese a mis estancias en el monte, y para mí estos animales eran «peligrosos en ambos extremos y endiabladamente inseguros en el medio». La mera idea de trepar como pudiera al lomo de un caballo de catorce palmos de altura suscitaba en mí un sentimiento de renuencia, de pavor incluso. Pero cuando rodeé el pedestal, alzando la mirada hacia los espléndidamente robustos desplazamientos de espacio y de forma que ofrecían los miembros y los cuerpos de caballo y hombre, tomé conciencia de que este caballo y este jinete se hallaban más allá y aparte de cualquier escultura, y en realidad de cualquier obra de arte que hubiera visto hasta entonces.

Es posible que Australia tuviera alguna estatua ecuestre de bronce en su territorio —¿monumentos conmemorativos de guerra, quizá?—, pero, si las tenía, no lo recuerdo. Es probable que no tuviera ninguna, porque la fabricación de un hombre de bronce de tamaño natural sobre un caballo de bronce consume una gran cantidad de metal y es prohibitivamente cara en un país que no tenía ninguna tradición de escultura pública. También exige una fundición especial y destrezas especiales para trabajar en ella, de ninguna de las cuales se podría haber dispuesto en mi patria.

Pero lo que en realidad hacía que Marco Aurelio y su montura fueran únicos, en mi muy limitada experiencia, era su confluencia de grandeza escultural e intimidad de detalle. Se puede hacer un gran caballo de carácter general y a un hombre de carácter general a escala natural sin suscitar los sentimientos que sí puede despertar una escultura más detallada. Pero eso no ofrece lo que da Marco Aurelio, esa apasionada aprehensión de pequeñas cosas que se combinan y desembocan en otras más grandes, la acumulación ordenada de detalles entramados en una imagen más grande de la vida.

No se trata de ningún caballito de balancín: los labios, constreñidos por su bocado de metal, se pliegan y hacen una mueca bajo la tensión de las riendas; parecen fieros, pero son prueba fehaciente del mando imperial. El cabello de Marco Aurelio se encrespa enérgicamente, un nimbo de rizos entrelazados, en nada parecidos a los signos convencionales de cabello que cubren tantos cráneos de mármol romanos. La mano derecha extendida, en su gesto de poder tranquilizador, es majestuosa (como corresponde a la mano de un emperador) pero benigna (como bien podría serlo la de un estoico; esta fue la mano que escribió las Meditaciones *de Marco Aurelio). Los distintos impulsos y las direcciones de las extremidades de la estatua están ajustados de tal modo que se oponen entre ellas, la pata izquierda delantera levantada del caballo contra las piernas separadas del hom-*

bre que está a horcajadas sobre él, mostrando una asombrosa apreciación del movimiento. Y después está el color. El bronce lleva la pátina de dos mil años. Es algo que no se puede reproducir mediante la aplicación de productos químicos. Es el síntoma de una exposición prolongada, que excede la escala de docenas y docenas de generaciones humanas, aportando cada una de ellas a la venerable superficie su pequeña carga de manchas, de motas doradas, de rayas verdes y decoloraciones que parecen practicadas con alfileres. La primera vez que vi la estatua de Marco Aurelio este proceso había estado desarrollándose ininterrumpidamente, como la maduración sumamente lenta de algún vino, durante muchísimo tiempo, y formaba parte del envejecimiento simultáneo, aunque a distinta escala, del marco arquitectónico de Miguel Ángel para el caballo y el jinete: los contornos más quebradizos del pedestal, la floración y la decoloración de la añejada superficie del palacio del Senado.

El interés que uno siente por el pasado es, a los veinte años, mínimo: parece tan lejano e irrelevante que, en muchos sentidos, está imbuido de fracaso. El futuro es igualmente inconcebible; uno se siente abrumado por la visión romántica de lo posible. Pero esa fue la magia de Roma para mi yo más joven. La ciudad era mi guía tanto para el pasado como para el futuro. Proporcionaba un conocimiento profundo tanto de la belleza como de la destrucción, tanto del triunfo como de la tragedia. Y lo más importante: daba forma física a la idea del arte, no simplemente como algo etéreo para la élite, sino como algo estimulante, incluso práctico. Para mí, aquella primera vez, Roma convirtió el arte, y la historia, en realidad.

Capítulo 1

LA FUNDACIÓN

Si bien nadie puede decir cuándo inició Roma su existencia, al menos tenemos una razonable certidumbre acerca de dónde lo hizo. Fue en Italia, a orillas del río Tíber, tierra adentro, a unos 22 kilómetros de la desembocadura de este, un delta que posteriormente se convertiría en el puerto marítimo de Ostia.

La razón por la que nadie puede precisar con exactitud cuándo tuvo lugar su fundación es que esta nunca se produjo de un modo que pueda precisarse. No hubo ningún momento original en el que unas cuantas aldeas desperdigadas e inconexas de las Edades de Bronce y de Hierro, encaramadas en las colinas, acordaran unirse y considerarse una sola ciudad. Cuanto más antigua es una ciudad, más dudas hay sobre sus orígenes, y Roma es indudablemente antigua. Esto no impidió a los romanos del siglo II a. C. proponer fechas inverosímilmente exactas para sus orígenes: Roma, solía afirmarse, no sólo había iniciado su existencia en el siglo VIII a. C., sino exactamente en el año 753 a. C., y su fundador había sido Rómulo, el hermano gemelo de Remo. En este punto comienza una enmarañada historia, con muchas variantes, que tienden a volver sobre los mismos temas que veremos una y otra vez a lo largo de toda la larga historia de Roma: la ambición, el parricidio, el fratricidio, la traición y la ambición obsesiva. Sobre todo esta última. Nunca antes había existido una ciudad tan ambiciosa como Roma, ni posiblemente existirá jamás, aunque Nueva York le plantea cierta competencia. Jamás ha estado ninguna ciudad tan empapada en violencia desde sus inicios como Roma. Estos se remontan al relato de la infancia mítica de la ciudad.

En resumidas cuentas, la historia dice que Rómulo y Remo eran huérfanos y expósitos, pero que podían afirmar su pertenencia a un largo y augusto linaje. Este se remontaba a Troya. Tras la caída de Troya (siendo la fecha legendaria de este catastrófico acontecimiento el año 1184 a. C.), su héroe Eneas, hijo de Anquises y de la diosa Afrodita o Venus, había escapado de la ciudad en llamas con su hijo Ascanio. Después de pasar años errando por el Mediterráneo, Eneas fue a parar a Italia, donde Ascanio (ya adulto) fundó la ciudad de Alba Longa, no lejos del que con el tiempo llegaría a ser el emplazamiento de Roma, hecho que tradicionalmente se sitúa alrededor del año 1152 a. C.

Aquí, la progenie de Ascanio inició un linaje de reyes, sus descendientes. El último de este linaje fue Amulio, que le arrebató el trono de Alba Longa a su legítimo ocupante, su hermano mayor Numitor.

Numitor tenía un hijo, una niña llamada Rea Silvia. Amulio el usurpador usó el oportuno poder que acababa de arrebatar para convertirla en una virgen vestal, con el fin de que ella no pudiera tener un hijo que pudiera ser no sólo el heredero de Amulio, sino también una mortal amenaza para él. Pero el dios de la guerra Marte, que no tenía el menor respeto ni por la virginidad ni por la vestalidad, fecundó a Rea Silvia. Amulio, al darse cuenta de que estaba embarazada, mandó encarcelar a Rea Silvia; esta murió pronto debido a los malos tratos, pero no antes de dar a luz a sus hijos gemelos, Rómulo y Remo.

Sobre lo que ocurrió a continuación tenemos la palabra del gran historiador Tito Livio. Amulio ordenó a sus hombres que arrojaran a los pequeños Rómulo y Remo al Tíber. Pero el río se había desbordado y sus aguas no se habían retirado todavía. De modo que en lugar de adentrarse caminando en la corriente y mojarse, con el engorro que ello suponía, se limitaron a deshacerse de los bebés en el agua menos profunda que había inundado la orilla del río, y se marcharon. El nivel del Tíber descendió un poco más, dejando a los gemelos varados en el barro. En ese estado, mojados pero aún con vida, los encontró una loba, que benévolamente los alimentó con su leche hasta que fueron lo bastante mayores y fuertes para que Fáustulo, el pastor del rebaño real, los criara hasta que alcanzaran la edad adulta. (La mayoría de los visitantes, cuando ven la escultura de bronce de los Niños Fundadores mamando las cónicas tetillas que cuelgan de la *lupa* en el Museo dei Conservatori, lógicamente piensan que se trata de la obra original. No lo es: la loba es antigua y la fundió un artesano etrusco en el siglo v a. C., pero Rómulo y Remo fueron añadidos aproximadamente entre los años 1484 y 1496 por el artista florentino Antonio del Pollaiuolo.)

En cualquier caso, en el mito finalmente derrocaron a Amulio y devolvieron a su abuelo Numitor a su legítimo lugar como rey de Alba

Longa. Y después decidieron fundar un nuevo asentamiento a orillas del Tíber, allí donde el azar los había arrastrado. Este se convirtió en la ciudad de Roma.

¿Quién sería el rey de la nueva ciudad? Esta cuestión la resolvió un augurio manifestado en forma de una bandada de aves de rapiña. Seis de ellas se le aparecieron a Remo pero doce a Rómulo, señalándole así —aprobado por mayoría de votos por los dioses de las alturas, por así decirlo— como el indiscutible gobernante de la nueva ciudad.

¿Dónde se hallaba exactamente esta? Siempre ha habido cierta discrepancia acerca del emplazamiento original, el sitio «primitivo» de Roma. No hay ninguna prueba arqueológica de él. Debió de hallarse en una de las orillas del Tíber; en cuál de ellas, nadie lo sabe. Pero el distrito es célebre por haber tenido siete colinas: Palatina, Capitolina, Celia, Aventina, Esquilina, Viminal y Quirinal. Nadie es capaz de saber cuál de ellas pudo serlo, aunque es probable que el emplazamiento escogido, por razones estratégicas, fuera una colina en lugar de una llanura o un declive. Nadie llevaba ningún registro entonces, de modo que nadie puede saber cuál de estas protuberancias, bultos o granos fue una candidata probable para ello. La «tradición» sitúa el emplazamiento primitivo en la modesta pero defendible altura de la colina Palatina. La fecha «aceptada» de la fundación, el año 753 a. C., es, por supuesto, totalmente mítica. Nunca hubo ninguna posibilidad de autentificar estas fechas de los inicios: naturalmente, nadie llevaba ningún registro entonces, y dado que los posteriores intentos de consignar los anales de la ciudad, que pertenecen al siglo II a. C. (los escritos de Quinto Fabio Píctor, Polibio, Marco Porcio Catón), no empezaron a realizarse hasta más de quinientos años después de los hechos que afirman describir, no se pueden considerar precisamente fidedignos. Pero son lo único de lo que disponemos.

Supuestamente, Rómulo «fundó» la ciudad que lleva su nombre. Si las cosas hubieran sido distintas y hubiera sido Remo quien lo hubiera hecho, puede que ahora hablásemos de visitar Rema, pero fue Rómulo quien, en la leyenda, delimitó la franja de tierra que definió los límites de la ciudad enganchando dos bueyes —un toro y una vaca— a un arado y haciendo un surco. Este se denominó *pomerium* y sería la sagrada huella de la muralla de la ciudad. Este, según Varrón, era el rito etrusco para la fundación de una ciudad en el Lacio. El ritual exigía que el surco, o *fossa*, la pequeña trinchera de fortificaciones simbólicas, quedase fuera del caballón de tierra levantado por la reja del arado; este caballón se denominaba *agger* o terraplén. Las murallas de la ciudad se erigían detrás de esta línea simbólica, y el espacio que quedaba entre ella y las murallas se mantenía escrupulosamente libre de construcciones y de siembras, como medida defensiva. El área interior del *pomerium* llegaría a conocerse como *roma quadrata*, «Roma Cuadrada», por razones poco claras. Evidentemente Remo se ofendió por ello, por motivos igualmente desconocidos. Quizá le molestara que Rómulo se arrogase el derecho de determinar la forma de la ciudad. Mostró su desacuerdo saltando sobre el surco, un acto inocente, podría pensarse, pero no para Rómulo, que lo tomó como una expresión blasfema de hostil desprecio y asesinó a su hermano gemelo por cometerlo. La historia no cuenta cómo pudo sentirse Rómulo por haber dado muerte a su único hermano a raíz de algo que percibió como una amenaza a su soberanía, pero quizá sea significativo el hecho de que el grupo sagrado que periódicamente corría alrededor del *pomerium* para garantizar la fertilidad de los rebaños y de las mujeres romanas en años posteriores se conociera como *luperci* o hermandad de lobos.

Así pues, la embrionaria ciudad, que tuvo sus orígenes en un fratricidio no explicado, tuvo un fundador, no dos, y por el momento no contaba con ningún habitante. Rómulo supuestamente resolvió este problema creando un asilo o lugar de refugio en lo que llegaría a ser el Capitolio, e invitando a entrar en él a la escoria del Lacio primitivo: esclavos fugivos, exiliados, asesinos, delincuentes de todo tipo. La leyenda lo describe como si hubiera sido (por emplear un símil más reciente) una especie de Dodge City. De ningún modo puede ser esto la pura verdad, aunque sí que contiene una pizca de verdad simbólica. Roma y su cultura no fueron «puras». Nunca fueron el producto de un único pueblo étnicamente homogéneo. A lo largo de los años y posteriormente de los siglos, gran parte de la población de Roma vino de fuera de Italia: entre ellos incluso algunos de los emperadores posteriores, como Adriano, que era español, y escritores como Columela, Séneca y Marcial, también nacidos en España. Celtas, árabes, judíos y griegos, entre otros, fueron incluidos bajo el amplio paraguas de la *Romanitas*. Ello fue consecuencia inevitable de un sistema imperial que constantemente se expandía y que frecuentemente aceptaba a los pueblos de los países conquistados como ciudadanos romanos. No es hasta finales del siglo I a. C., con el de Augusto, cuando empezamos a ver indicios de un arte claramente «romano», de un ideal cultural identificablemente «romano».

Pero ¿cuánto de romano tiene lo romano? Una estatua desenterrada no lejos del Capitolio, tallada por un artista griego que fue prisionero de guerra en Roma, la cual representa a Hércules al estilo de Fidias y que se realizó para un adinerado mecenas romano al que le parecía que el arte griego era el no va más de lo chic, ¿es una escultura «romana»? ¿O es arte griego en el exilio? ¿O qué es, si no? «Mestizaje es grandeza», dice un refrán español, pero bien podría haber sido romano. A los romanos, que se expandieron para ejercer su dominio por toda Italia, nunca les fue posible pretender las locuras de pureza racial que llegaron a contaminar el modo en que los alemanes se vieron a sí mismos.

Varias tribus y grupos habitaban ya la llanura costera y las colinas que se hallaban en torno al Tíber. Los más desarrollados en la Edad de Hierro fueron los villanovenses, cuyo nombre proviene de la aldea próxima a Bolonia donde se descubrió un cementerio con sus tumbas en 1853. Su cultura se transformaría, a través del comercio y la expansión, en la de los etruscos, en torno al 700 a. C. Para establecer cualquier nuevo asentamiento había que vérselas, o al menos llegar a un acuerdo, con los etruscos, que dominaban la costa tirrena y la mayor parte de la Italia central, una región conocida como Etruria. El lugar de procedencia original de estos sigue siendo un misterio. Lo más probable es que siempre hayan estado allí, pese a la creencia que algunos tenían en el pasado de que los ancestros remotos de los etruscos habían emigrado a Italia desde Lidia, en Asia Menor. La más poderosa ciudad etrusca próxima a Roma era Veii, situada a apenas 14 kilómetros al norte de ella; aunque la influencia cultural de los etruscos se expandió por un área tan extensa que llegaron a hacerse sentir hasta muy al sur, en lo que posteriormente sería Pompeya. Hasta que fueron eclipsados por el creciente poder de Roma, en torno a 300 a. C., fueron ellos quienes determinaron las condiciones culturales de la Italia central.

Los etruscos, que nunca fueron un imperio centralizado, crearon ciudades estado a lo largo de la costa tirrena de Italia: Veii, Caere (Cerveteri), Tarquinia, Vulci y otras, todas ellas gobernadas por los reyes y altos sacerdotes denominados *lucumones*. Algunos de estos asentamientos estaban vinculados en una federación poco rígida, con ritos semejantes y acuerdos de defensa y de comercio. Debido a su superioridad militar —el «tanque» etrusco era un carro equipado con bronce, y la unidad básica de guerra etrusca era una falange fuertemente acorazada y estrechamente unida, antecesora de la legión romana— pudieron dominar a las fuerzas, menos unidas, de sus rivales tribales, hasta que los romanos se instalaron allí.

Otras agrupaciones tribales de menor importancia también controlaban territorios en los alrededores de Roma, siendo una de ellas la de los sabinos. Parece que eran pastores y montañeses, y es posible que su asentamiento se hallara en la colina Quirinal. Rómulo, que fue expansionista desde el principio, al parecer decidió tratar de hacerse con este territorio en primer lugar. Se dice que Rómulo celebró unas carreras de caballos durante la Fiesta de Consus (en agosto) para atraer a los sabinos y a sus mujeres y ponerlos a su alcance. Toda la población sabina se presentó allí, y cuando se dio una señal los romanos raptaron a todas las mujeres jóvenes que pudieron encontrar. Esto equivalió a una declaración de guerra entre los romanos y los enfurecidos sabinos. (Todos los romanos eran latinos, pero no todos los latinos eran romanos. El poder romano, incluido el poder para conceder la ciudadanía romana, se investía en Roma, y este llegó a ser un honor apreciado.) El rey de los sabinos, Tito Tacio, reunió un ejército y marchó contra los romanos. Pero en otra escena, que artistas posteriores como Jacques-Louis David hicieron legendaria, las sabinas secuestradas se lanzaron entre los dos bandos de furiosos varones —hermanos, padres, maridos— y los convencieron para hacer las paces y no la guerra.

La paz y la alianza entre sabinos y latinos prevaleció entonces. Se supone que Rómulo gobernó las tribus unidas durante 33 años más, y después desapareció espectacularmente de la tierra, envuelto en la densa oscuridad de una tormenta. Tradicionalmente se dice que seis reyes sucedieron a Rómulo, algunos de ellos latinos, otros (en particular los semilegendarios gobernantes del siglo vi Tarquino Prisco y Tarquino el Soberbio), supuestamente etruscos. En la leyenda, su sucesión comenzó con Numa Pompilio, que reinó durante 43 años y fundó en Roma «una innumerable cantidad de templos y ritos religiosos». Lo siguió Tulio Hostilio, que conquistó a los albanos y al pueblo del asentamiento etrusco de Veii; después Anco Marcio, que agregó a Roma las colinas del Janículo y el Aventino; después Tarquino Prisco, de quien se dice que instauró los Juegos Romanos; después Servio Tulio, que agregó las colinas Quirinal, Viminal y Esquilina y acabó con los sabinos; y después Tarquino el Soberbio, que asesinó a Servio. Su hijo Lucio Tarquino el Soberbio hizo las paces entre los latinos y los etruscos.

Estos reyes establecieron el *mons Capitolinus*, la colina Capitolina, como ciudadela y centro sagrado de Roma. Aquí se erigieron los templos a las diosas Minerva y Juno, así como el más sagrado e importante de todos, el templo a *Iuppiter Optimus Maximus*, «Júpiter Óptimo y Máximo». Se lo dedicó (supuestamente) el rey Tarquino en 509 a. C. Aunque se sabe poco sobre Tarquino el Soberbio como figura histórica, fue él quien aportó a muchos idiomas una expresión que sobrevive y se emplea hasta el día de hoy. Según Tito Livio (que escribió sobre ello aproximadamente medio milenio después), el rey le enseñó con ella una lección a su hijo Sexto Tarquino, el futuro violador de Lucrecia. Nada más conquistar una ciudad enemiga, Tarquino estaba paseándose con su hijo por el jardín cuando empezó a segar las cabezas de las amapolas más altas que había en él. Esto, explicó, era lo que había que hacer con los ciudadanos más destacados de un pueblo caído que pudieran causar problemas en la hora de la derrota. De ahí el término moderno, que especialmente les encanta a, y utilizan con demasiada frecuencia, los australianos desdeñosos para allanar la sociedad que les rodea: el «síndrome de las amapolas altas».

La autoridad de los reyes en Roma duró unos doscientos años. La sucesión no era hereditaria. Durante esta época, los reyes fueron básicamente reelegidos; no por todas las clases del pueblo romano, sino por los ancianos más ricos y poderosos de la ciudad, quienes (junto con sus familias) llegaron a ser conocidos como *patricii*, los «patricios». Estos constituían una clase dirigente, que escogía y posteriormente aconsejaba a los gobernantes de Roma. Después de la desaparición del último rey, Tarquino el Soberbio, a quien los patricios expulsaron y se negaron a reemplazar jamás, evolucionó un sistema que fue concebido con la idea de no volver a dejar nunca semejante autoridad en las manos de un solo hombre. Se concedió la autoridad suprema no a una sino a dos figuras escogidas, los *consules* (cónsules). Tenían exactamente los mismos poderes y la decisión de uno podía invalidar la del otro: de ese modo, el Estado romano no podría emprender ninguna acción en ningún asunto a menos que ambos cónsules estuvieran de acuerdo sobre ella. Esto, cuando menos, le ahorró al Estado romano algunas de las insensateces de la autocracia. En adelante, la perspectiva de estar sometidos a la «realeza» sería una pesadilla política para los romanos; el cónsul Julio César, por poner el ejemplo más destacado, sería asesinado por un conciliábulo de republicanos que temían que pudiera nombrarse rey a sí mismo. Mientras tanto, los poderes religiosos se escindieron de los reyes y fue investido con ellos un sumo sacerdote, conocido como el *pontifex maximus*.

Todo ciudadano romano que no fuera patricio se incluía en la clasificación de plebeyo. No todos los que vivían en Roma gozaban de la condición de ciudadanos; esta no se extendía a los esclavos ni a los extranjeros residentes, de los que había muchos. La casta superior del poder oficial se amplió posteriormente tras el año 494 a. C., cuando los ciudadanos plebeyos, molestos por la arrogancia con la que los patricios los trataban, se declararon en huelga y se negaron a hacer el servicio militar. Esto podría haber sido un desastre para un Estado expansionista como Roma, al estar rodeado por enemigos en potencia. El desastre se evitó eligiendo cada año a dos representantes del pueblo conocidos como «tribunos», que tenían el deber de cuidar y proteger los intereses de los plebeyos. Muy pronto el número de representantes a los que se otorgaba el poder tribunicio, la *tribunicia potestas*, aumentó de dos a diez. Para aclarar el campo de acción de estos comenzaron a aparecer leyes escritas, conocidas en un principio en su forma primitiva como las Doce Tablas.

La ciudad sobre la colina, o para entonces las colinas, era imparable. Continuó viviendo y creciendo, expandiéndose y conquistando. Era excepcionalmente dinámica y agresiva, pero de su vida y sus vestigios físicos sabemos muy poco, debido a la ausencia de documentos históricos creíbles y al desmoronamiento y la demolición de los edificios. Lo que allí hubiera quedó enterrado por Romas posteriores. En palabras del historiador francés Jules Michelet: «La Roma que vemos, la que nos arranca... un grito de admiración, no es de ningún modo comparable a la Roma que no vemos. Esa es la Roma que yace a 6, a 10 metros bajo tierra... Goethe dijo del mar: "Cuanto más se adentra uno en él, más profundo se vuelve". Lo mismo sucede con Roma... sólo tenemos la menor parte de ella».

Puede que sea así, puede que no. Cuanto más se adentra uno en ella, más primitiva tiende a ser la arquitectura romana. No queda en pie ningún vestigio legible de ningún templo etrusco-romano construido. Es necesario hacer muchas conjeturas para reconstruir el templo original de Júpiter, de base etrusca, que se hallaba en la colina Capitolina, con su profundo pórtico, su pesado tejado a dos aguas con amplios aleros de madera y su profusa decoración de terracota en el tejado en forma de antefijos. Se han dejado amplios espacios entre las columnas, más amplios que lo que habrían podido ser en una construcción de piedra: estas formas eran adecuadas para la arquitectura en madera, porque se basan en la resistencia a la tensión que tiene la madera; la piedra es fuerte al someterla a compresión y, por consiguiente, excelente para postes y columnas, pero al someterla a tensión, como en el caso de una viga que cruza un espacio, es débil. El edificio pone el acento en su fachada delantera, a diferencia de lo que ocurre en los templos griegos, que eran «perípteros», es decir, estaban diseñados para que se vieran completamente rodeados de columnas, en sus cuatro lados. Vitruvio, el primer gran clasificador de la arquitectura italiana de la antigüedad, denominó a este estilo «toscano», y así se le sigue llamando.

Lo que provocó el gradual refinamiento de este tipo «primitivo» de arquitectura etrusco-romana fue la influencia de la construcción griega presente en las colonias helénicas situadas en la península Itálica: Cumas, Neápolis (Nápoles), Zancle, Naxos, Catana y Leontini. Sus templos tendían a estar completamente rodeados por columnatas y establecieron «órdenes» o estilos de columna y capitel. Puede que determinados cambios litúrgicos favorecieran el abandono del templo de una sola fachada frontal. O quizá el diseño, completamente rodeado por columnatas, de los edificios griegos que se estaban erigiendo en las colonias helénicas de la península Itálica indujeran a su imitación. La columna estriada, cuyas acanaladuras verticales, en manos griegas, quizá fueran un muy estilizado recuerdo de las vetas de la madera, no aparece nunca, pero no cabe duda de que el uso que hicieron los constructores etruscos de los antefijos de terracota a lo largo de sus tejados de madera se adaptó de los modelos griegos.

Muchas de las tumbas y de los recintos santos etruscos que son reconocibles hoy en día no necesitaron ninguna columna, porque se construyeron bajo tierra. Algunos de ellos, sobre todo en el interior rural de Tarquinia, una ciudad con vistas a la costa, situada a 100 kilómetros al norte de Roma, siguen existiendo hoy, una pequeña minoría de los cuales se halla adornado con hermosas, si bien algo toscas, pinturas que muestran escenas de caza, pesca, festejos, sacrificios, bailes, rituales y (en la tumba de los Toros, detrás de Tarquinia) de sodomía. Pero estas construcciones no pueden considerarse arquitectura: tan sólo agujeros en la tierra decorados, o lugares ocultos bajo montones cónicos de tierra y piedras.

De su religión y de sus dioses se sabe poco, para nuestra frustración. Sobreviven muchas inscripciones en etrusco, pero estas son, en su mayoría, bastante inservibles desde un punto de vista histórico; meros nombres escritos de forma ilegible, que ni siquiera conmemoran fechas y desde luego tampoco hechos. Debido a la similitud de las letras con el alfabeto griego podemos decir cómo sonaban probablemente las palabras, pero en pocos casos lo que significaban. Puede que la tríada de los principales dioses etruscos, Tinia, Uni y Menvra, se corresponda exactamente con la tríada romana de Júpiter, Juno y Minerva, cuyo culto se instalaría en el Capitolio, pero puede que no sea así; aunque «Menvra» probablemente es Minerva.

Sabemos que algunos etruscos eran capaces de realizar exquisitas esculturas en terracota, y que algunos eran expertos en metalurgia: esto es evidente al observar obras maestras en bronce, tales como la Quimera de Arezzo; la figura desenterrada de una tumba de Volterra, inquietantemente reminiscente de las de Giacometti y apodada, debido a su extremo alargamiento, la *ombra della sera* («la sombra de la tarde»); la figura de bronce de tamaño natural y elegantemente detallada de un orador etrusco, que es uno de los tesoros del Museo Arqueológico de Florencia; y la ya mencionada y emblemática *lupa* o loba que, lanzando su mirada desafiante y fiera desde arriba, en el Capitolio, amamanta a los pequeños Rómulo y Remo. Quizá la más grande de todas las esculturas de terracota etruscas sea el *Sarcófago de los esposos*, del siglo VI a. C., actualmente en el Museo di Villa Giulia de Roma, un gran arcón en forma de cama sobre el que la joven pareja se halla grácilmente recostada, y en la que el agrupamiento y el delicado equilibrio lineal están tan delicadamente logrados que, para muchos visitantes, esta es la imagen más conmovedora y hermosa de todo el arte etrusco. ¿De qué murieron? ¿Dejaron este mundo al mismo tiempo? ¿Quién puede saberlo ahora? Fue hallada en Cerveteri, pero el centro de estatuaria más apreciado de Etruria fue Veii; hasta tal punto que el nombre de uno de sus artistas, Vulca, a quien se encargó la realización de estatuas para el gran Templo de Júpiter en el Capitolio romano, ha llegado hasta nosotros, la más excepcional de las conmemoraciones.

Los etruscos parecen haber tenido pocos alfareros autóctonos de primera línea, si es que tuvieron alguno, pero su gusto por la buena cerámica trajo obras notables de Grecia a Etruria como mercancía, las cuales acabaron sus viajes en las tumbas de los grandes personajes etruscos; la más famosa de ellas, por la sensación y la polémica que rodearon su venta al Museo Metropolitano de Arte de Nueva York y finalmente su regreso a las manos de sus auténticos conservadores en Italia en 2008, fue, naturalmente, el gran cuenco griego para vino conocido como la crátera de Eufronio, desenterrada y posteriormente robada de la necrópolis etrusca de Cerveteri, al norte de Roma. El material cerámico autóctono, que no se encuentra en Grecia, era una arcilla negra conocida como *bucchero*, usada sin pintar, con la que se hicieron miles y miles de ollas y cuencos para usos prácticos, algunos de una robusta belleza monocromática.

Puede que su arquitectura y que la mayoría de sus artefactos sagrados hayan desaparecido, pero la influencia de los etruscos está escrita por todas partes en los inicios de la ciudad Estado de Roma. Afectó al calendario: su división en 12 meses, cada uno de ellos con sus *Idus* (mediados del mes) y el nombre del mes Aprilis eran de origen etrusco. También lo era la forma en la que los romanos se llamaban a sí mismos, con un nombre de pila y un nombre de clan. El alfabeto latino original, de 21 letras, probablemente se adaptó de una adecuación etrusca del alfabeto griego. El primer templo que se erigió en el Capitolio fue etrusco. Se dedicó a *Iuppiter Optimus Maximus* («Júpiter, el mejor y el más grande»), con sus diosas acompañantes Juno y Minerva. Ninguna ruina de él sobrevive, pero al parecer fue muy grande —de unos 55 por 60 metros, se calcula habitualmente— y, debido al necesario espacio entre las columnas, su tejado estaba hecho de madera; esto supuso, inevitablemente, que se incendiara con frecuencia. Probablemente uno se puede hacer una idea bastante aproximada de la imagen de culto de Júpiter en su tejado observando la estatua etrusca de terracota del Apolo de Veii datada hacia el año 550-520 a. C. que se halla en el Museo di Villa Giulia de Roma.

Los *ludi* de Roma, los juegos y combates de gladiadores que cobrarían una importancia política tan colosal bajo los Césares, tuvieron su origen en Etruria. Algunos de los tonos naturalistas de la escultura de retrato romana ya estaban presentes en la vívida inmediatez de las efigies de terracota etruscas.

Algunos logros técnicos romanos tuvieron sus inicios en la pericia etrusca. Aunque los etruscos nunca crearon ningún acueducto, sí que fueron diestros en la canalización de aguas, y de ahí que fueran los ancecesores de los monumentales sistemas de alcantarillado de Roma. Su tierra estaba entrecruzada por acequias de hasta un metro y medio de profundidad y uno de anchura conocidas como *cuniculi*; pero después de que Etruria fuera aplastada por Roma sus canalizaciones no se mantuvieron, así que gran parte de la *campagna* situada al norte de Roma degeneró en brezales y ciénagas palúdicas y permaneció inhabitable en algunos lugares hasta que el gobierno de Mussolini la empapó de insecticidas en el siglo XX. Es probable que los etruscos inventaran el arco segmental, sin el que la arquitectura romana no se podría haber desarrollado; los griegos nunca tuvieron esta forma estructural, pero es la base del sistema de alcantarillado etrusco-romano que culmina en la enorme, y aún visible, salida de la Cloaca Máxima al Tíber.

Algunas formas etruscas de organización política fueron mantenidas, en un sentido general, por los primeros romanos, empezando (según cuenta la leyenda) por Rómulo y continuando a lo largo de los inicios de la República. Estos conservaron la institución de la realeza, respaldada por los patricios o aristócratas. Pero la realeza no era hereditaria: al ser de una importancia totalmente fundamental su función como líder bélico, el rey era elegido (aunque no por la gente común). Como sumo sacerdote del Estado, tenía la tarea de averiguar la voluntad de los dioses mediante la aruspicina y otras técnicas de adivinación. Era el responsable del régimen fiscal y del reclutamiento. Era el líder militar. Estos aspectos constituían su poder ejecutivo, o *imperium*. Este estaba inextricablemente unido al consejo de su organismo asesor, el Senado, compuesto en su totalidad por ciudadanos libres y de prestigio: no se admitía en él a pobres, obreros ni libertos (antiguos esclavos). La costumbre era que cada patricio disfrutara de los servicios de sus «clientes» plebeyos, personas de inferior categoría (como antiguos esclavos y extranjeros) que le servían a cambio de un lugar, por pequeño que fuera, en la vida pública. La relación entre patrón y cliente resultaría ser tan duradera en la historia futura de Roma como la que se estableció entre amos y esclavos.

Y pronto desaparecería la institución de la realeza romana. En el siglo v y a comienzos del iv a. C., la aristocracia ya había salido victoriosa, y pasó a sustituir las funciones y poderes del rey por los de dos cónsules, uno sirviendo de contrapeso al otro. Cualquier importante decisión de Estado tenía que estar acordada por ambos. Cada cónsul, también conocido como pretor, era elegido para estar un año en el cargo y tenía total autoridad en materia civil, militar y religiosa. Si era necesario, un dictador podía renovar el poder real durante un período estrictamente limitado de seis meses, pero no se recurría a esto con frecuencia como recurso político, y nadie estaba dispuesto a equiparar ni a confundir la dictadura con la realeza.

La clase más numerosa de los romanos era la intermedia, que se había visto atraída a Roma para instalarse y trabajar en ella por la continua expansión de la ciudad y su territorio. Roma siguió empujando hacia el exterior: en el año 449 a. C., por ejemplo, se anexionó una gran cantidad de territorio sabino, y mantuvo una confrontación más o menos continua con las tribus de los volscos, que deseaban aislar al Lacio del mar, aunque no lo consiguieron. Los romanos consideraban que era fundamental controlar ambas riberas del Tíber y su desembocadura, y no se equivocaban. El mayor peligro de todos, en el siglo v a. C., vino del norte: los hostiles galos, que habían empezado a absorber gradualmente Etruria. En una sus incursiones, aproximadamente en el año 390 a. C., penetraron en la propia Roma, aunque no por mucho tiempo. (Se cuenta que un destacamento de reconocimiento galo había visto las huellas de un hombre en un precipicio situado junto al templo de Carmentis en el Capitolio. Lograron seguir la trayectoria de estas, ascendiendo en tal silencio que ni tan siquiera un perro ladró; pero justo cuando estaban a punto de caer sobre la guarnición romana que se hallaba en la cima, alteraron a unos gansos a los que se mantenía en lo alto del Capitolio por ser sagrados para Juno. El graznido y el batir de alas de estas aves dieron la alarma a los defensores romanos, que ahuyentaron a los galos.)

La necesidad de contar con poderosas fuerzas defensivas frente a los galos y otros aumentó el valor que tenían los plebeyos para el Estado romano, que no podía defenderse solamente con los patricios; sobre todo al seguir creciendo su territorio mediante conquistas y alianzas. En el año 326 a. C. Roma tenía aproximadamente 10.000 kilómetros cuadrados; en el año 200 a. C. ya tenía 360.000 kilómetros cuadrados; en el año 146 a. C., 800.000 kilómetros cuadrados; y en el año 50 a. C., casi dos millones. Faltaba muy poco para que la ciudad del Tíber dominara todo el mundo conocido.

Naturalmente, dada la creciente importancia militar y económica que fueron adquiriendo en su inferior condición social, los plebeyos tenían reivindicaciones que plantear. Fue esta época cuando se implantó el sistema tribunicio. El sistema aristocrático hereditario del poder romano pasó a ser menos establemente rígido debido a ellos. Los plebeyos querían tener paladines, hombres que defendieran sus intereses. Se designó a varios de estos hombres, conocidos como «tribunos». Y la extensión del poder romano siguió creciendo inexorablemente. A mediados del siglo IV a. C., Roma ya había absorbido todas las ciudades latinas, y todos los latinos que vivían en Roma gozaban de los mismos derechos sociales y económicos como ciudadanos romanos. Parte de la genialidad política de Roma consistió en que, cuando absorbía otra entidad política —socii, se les llamaba, o aliados—, otorgaba a los ciudadanos de esta plenos derechos romanos. El acuerdo habitual, con los samnitas por ejemplo, era que las tribus y ciudades socii conservaran sus propios territorios, magistrados, sacerdotes, usos religiosos y costumbres. Pero esto no equivalía a democracia. Existía la opinión general de que el gobierno exigía destrezas especiales que un ciudadano o un aliado tenían que aprender y adquirir, que no venían dadas simplemente por el territorio y la propiedad de la tierra. Y muy raramente se celebraban reuniones de los plebeyos sin la presencia de observadores patricios.

El Senado de Roma se distinguía del «pueblo», de la masa de los romanos. Pero siempre se consideró que ambos trabajaran juntos en armonía. Esto se conmemora en el que, desde tiempos inmemoriales, ha sido el emblema oficial de la ciudad de Roma, su *stemma* o emblema. Precedidas por una cruz griega, cuatro letras descienden en diagonal por el emblema: S P Q R. Estas han tenido muchas interpretaciones jocosas, desde *Stultus Populus Quaerit Romam* («Un pueblo estúpido quiere a Roma») hasta *Solo Preti Qui Regneno* («Aquí sólo mandan los curas») e incluso, en un gesto hacia el mercado doméstico, *Scusi, il Prezzo di Questa Ricotta* («Disculpe, ¿cuánto vale este requesón?»). Pero sólo significan *Senatus Populusque Romanus* («El Senado y el Pueblo de Roma»).

Pocos romanos veían algo malo en las relaciones de clase que se desarrollaban a partir de un Estado dirigido por un patriciado. Una excepción a esto fueron un par de hermanos, Tiberio Graco y Cayo Graco. Tiberio Graco fue elegido tribuno en el año 133 a. C. e intentó que se aprobara por ley una redistribución de la tierra de los ricos a los pobres. Es dudoso que le indujeran a hacerlo motivos totalmente puros y desinteresados. Lo más probable es que las medidas que propuso Tiberio Graco estuvieran más pensadas para congraciarse con una mayoría plebeya y de ese modo aumentar su propio poder. En todo caso, los patricios le cortaron las alas de forma contundente, y cuando Tiberio dio el inaudito paso de tratar de ser elegido un segundo año como tribuno, fue asesinado en un motín instigado por ellos. Una suerte muy similar corrió su hermano Cayo, que en 121 a. C., igualmente elegido como tribuno, trató de introducir leyes que habrían dado más poder a las asambleas plebeyas y grano barato a los necesitados. Los terratenientes patricios vieron estas medidas con horror y organizaron el linchamiento de Cayo Graco, y de varios miles de sus partidarios. En cuestiones de interés de clase, la República romana no titubeaba.

Indudablemente, el principal legado que los etruscos dejaron a Roma fue religioso. Polibio, el historiador griego del siglo II a. C., afirmaba que el poder romano tenía su origen en la religión romana: «La cualidad en la que el Estado romano se muestra más claramente superior es, a mi juicio, la naturaleza de sus convicciones religiosas... es precisamente aquello que entre otros pueblos es objeto de reproche —me refiero a la superstición— lo que mantiene la cohesión del Estado romano». El término «superstición» no hacía referencia a un falso miedo a fantasías irreales. Más bien, estaba relacionado con la idea compartida de *religio*, «re-ligión», una fuerte unión. No cabe duda de que el poder unificador de una religión común, vinculado en todo momento a las instituciones del Estado, reforzó la fuerza política de Roma y aumentó sus poderes de conquista. Cicerón fue uno de los muchos que se mostraron de acuerdo con esto. «No hemos superado a Hispania en población, ni a los galos en vigor... ni a Grecia en arte», escribió en el siglo i a. C., «pero en piedad, en devoción religiosa... hemos superado a todas las razas y a todas las naciones». La mayor alabanza, el supremo adjetivo que un romano podría aplicar a otro era el de *pius*, como sucede en la *Eneida*, la epopeya en la que Virgilio loa el nacimiento mítico de Roma y las hazañas de su fundador, *pius Aeneas*. No significaba «pío» en el sentido más peyorativo del término. Implicaba la veneración de los antepasados y de sus creencias; el respeto por la autoridad de la tradición; el culto a los dioses; por encima de todo, la conciencia del deber y la dedicación a él. Era una virtud firmemente masculina, cuyas implicaciones iban mucho más allá de nuestras medrosas concepciones de la mera «piedad». El único sentimiento nacional que se aproximó al pleno sentido de la piedad romana —y puede que ni siquiera en este caso del todo— fue la creencia de los ingleses de la época victoriana de que Dios estaba realmente de su parte, compartiendo la carga del hombre blanco en la inmensa tarea de apoyar, expandir y glorificar las necesidades naturales del pueblo frente a las «gentes y tierras salvajes» que estaba destinado a dominar. Probablemente nunca ha existido una civilización en la que los imperativos religiosos estuvieran más involucrados con las intenciones políticas que la de los inicios de la Roma republicana. Esta característica de la ciudad perduraría, naturalmente; aseguró el enorme poder político que ha tenido allí la religión desde la antigüedad y hasta la Roma papal.

Ciertas prácticas religiosas llegaron directamente a Roma desde Etruria. La religión autóctona romana, antes de ser reformada mediante la adopción de los dioses griegos, era animista, no antropomórfica. Sus dioses eran espíritus bastante imprecisos y difusos conocidos como *numina*, de donde procede nuestro término «numinoso». Algunos de los *numina* sobrevivieron en la posterior religión romana, mucho tiempo después de que los principales dioses romanos se hubieran personalizado y hubieran adquirido el carácter de sus predecesores griegos, convirtiéndose Zeus en Júpiter, por ejemplo, y Afrodita en Venus.

Durante los comienzos del período de la República e incluso ya iniciado el del Principado, en el que llegó el gobierno de un solo hombre de la mano de Augusto y la República se convirtió en el Imperio, la religión romana fue un absurdo caos burocrático de dioses de segundo orden sin carácter definido que eran responsables de innumerables funciones sociales y necesitaban una constante propiciación mediante la oración y el sacrificio. En la mayoría de los casos sólo nos han llegado sus nombres y algunas funciones no muy bien conocidas. En el crecimiento de un bebé, por ejemplo, su cuna estaba vigilada por Cunina, su lactancia materna por Rumina, su ingestión de comidas y bebidas adultas por Educa y Potina, la pronunciación de sus primeras palabras con ceceo por Fabulinus. La agricultura atrajo una horda de diosecillos que cuidaban del arado de la tierra, de la siembra e incluso del esparcimiento del estiércol. Un *numen* cuidaba de los umbrales de las puertas, otro de sus bisagras. Entre los *numina* más importantes que han sobrevivido estaban los *lares* y los *penates*, que protegían la tierra agrícola y las casas; el «Genius», identificado como el poder procreador del padre (de ahí su posterior aplicación a la idea del talento creativo); y Vesta, la diosa guardiana del hogar del fuego, el centro de la vida familiar, en cuyo honor el sumo sacerdote designaba a «vírgenes vestales», seis en total, que comenzaban su función de niñas, a edades comprendidas entre los seis y los diez años. Se suponía que las vestales tenían que cuidar del fuego sagrado que ardía en el hogar del Estado en el templo de Venus, cuidando de que nunca se extinguiera. Si esto sucedía, serían azotadas ceremonialmente. En la práctica, esta era una designación para toda la vida; se suponía que había de durar treinta años, pero después de semejante período en el cargo era muy improbable que una vestal, que no había conocido otra forma de vida, se casara y criase a una familia, sobre todo porque no se consideraba que las mujeres que rondaran los cuarenta años o ya los hubieran cumplido reunieran las condiciones necesarias para la maternidad.

Cada uno de los dioses principales tenía sacerdotes conocidos como *flamens* consagrados a él, para que llevaran a cabo sacrificios y practicasen ritos. Estos sagrados oficios estaban envueltos de antiguos tabúes y rituales. Un *flamen* no podía, por ejemplo, montar a caballo, tocar una cabra, llevar un anillo enjoyado ni hacerse un nudo en ninguna de las prendas de ropa que llevara puestas. El origen de estos y otros peculiares tabúes es ya no solamente poco conocido, sino imposible de conocer.

Los *flamens* eran figuras importantes por dos motivos principales. En primer lugar, sus deliberaciones fueron la base primitiva de la ley y tenían parte de la fuerza coercitiva de esta: no se les podía desobedecer impunemente. En segundo lugar, como era tan deseable el hecho de tener una idea de aquello que los dioses aprobaban, de esta necesidad surgió la práctica de la adivinación.

Da la impresión de que los etruscos nunca hicieron nada importante sin tener un motivo religioso para ello, y el respeto por lo que los romanos llamaron la *disciplina etrusca* se transmitió y permaneció arraigado en los códigos de la vida pública y religiosa romana. Bien entrada ya la era del Imperio, Roma mantuvo una «escuela» de adivinos etruscos, un grupo privilegiado conocido como los *haruspices*, cuyo cometido era leer la voluntad de los dioses en los relámpagos (*fulgura*) y otros augurios, sobre todo el vuelo de los pájaros (de qué parte del cielo venían, qué velocidad llevaban y hacia dónde se dirigían) y las marcas que mostraban los hígados, las vesículas y los intestinos de los animales sacrificados. Algunos creen que las necesidades de estos vatídicos observadores de aves y pájaros influyeron o incluso determinaron el emplazamiento de los templos (en las cimas de las colinas) y la orientación de sus fachadas (para que el paso migratorio de las bandadas de pájaros pudiera compararse con ellas). Al principio, *templum* no significaba edificio; se refería a un lugar apartado para la pronunciación de palabras formularias en el augurio. Puede que las necesidades de los augures también determinaran la forma de los templos: puede que el hecho de que se emplazaran sobre elevados podios y de que hubieran de tener una única fachada (a diferencia de los templos griegos) se debiese a necesidades rituales. Pero actualmente no hay forma de demostrar este tipo de cosas.

El objetivo del augurio no era simplemente predecir el futuro. Se trataba también de averiguar si era probable que una importante línea de acción contase con la aprobación de los dioses. Una manera habitual de hacer esto era consultar a los pollos sagrados. Estas aves, por lo demás comunes (no parece que existiera ningún criterio para distinguir un pollo sagrado de otro que no lo fuera), las llevaban en una jaula al campo de batalla los ejércitos romanos. Antes de la batalla, se les daba pienso. Si lo picoteaban con entusiasmo, dejando que les cayeran trozos de comida de sus picos, esto era recibido por los augures como un excelente augurio. Si ignoraban la ofrenda, aquello era una muy mala señal. Si lo comían sin ganas o parecían exigentes, eso también tenía su significado para los augures. Muchos romanos del más alto rango se tomaban esta farsa completamente en serio. Uno que no lo hizo fue Publio Claudio Pulcro, almirante de la armada romana que, justo antes de un combate entre las flotas romana y cartaginesa a escasa distancia de Drepanum durante la Primera Guerra Púnica en 249 a. C., arrojó el grano ante las aves y el augur de la nave le dijo que las aves no querían comer. «Que beban, pues», exclamó Pulcro sin pensar, agarrando los pollos y arrojándolos al mar. Lamentablemente, perdió la batalla que tuvo lugar a continuación.

Si la *pietas* fue una de las dos virtudes que definieron la antigua Roma, la *lex*, el derecho en todas sus formas y manifestaciones, empezando por la gran y fundamental distinción entre el derecho civil y el derecho penal, fue la otra. Los romanos fueron codificadores extremadamente activos, y el corpus del derecho romano, un edificio conceptual tan inmenso que resulta imposible de resumir aquí, sigue siendo la base de todos los sistemas legales occidentales que han existido desde entonces. La primera forma que adoptó, redactada por una comisión especial de juristas en el período republicano (hacia 450 a. C.), se conoció como las Doce Tablas, y se le dio tanta importancia que cuatrocientos años después, en vida de Cicerón, todavía se obligaba a los escolares a recitarlas de memoria, aunque para entonces el código legal ya se hubiera ampliado tanto que las Doce Tablas originales, aunque continuaran siendo fundamentales, habían quedado obsoletas. Seguirían siendo la piedra angular del derecho romano durante casi mil años más, hasta que finalmente fueron sustituidas por el *Corpus Iuris Civilis* del emperador Justiniano.

¿Qué era el derecho para los romanos? Indudablemente, no era el falso principio de que «quien tiene la fuerza tiene la razón», aunque, especialmente en sus tratos con los no romanos, con frecuencia se podría suponer que eso era lo que pensaban. El código legal no era un mero código de poder, y esto fue lo que diferenció completamente el derecho romano de sus más primitivos precursores. «La justicia», escribió el jurista Ulpiano, «es una constante e indefectible disposición a dar a cada uno lo que por ley le corresponde. Los principios del derecho son estos: vivir con rectitud, no causar daño a otro hombre, dar a cada hombre lo que le corresponde. Ser docto en el derecho es conocer lo humano y lo divino, la ciencia de lo justo y de lo injusto». El derecho era dios en el códice.

Sus principios, redactados por juristas como Julio Paulo (finales del siglo II d. C.) y en particular Ulpiano (Domicio Ulpiano, muerto en 228 d. C.), parecen tan elementales y obvios ahora que cuesta creer que no hayan existido siempre, pero así fue, naturalmente. «Quien tiene conocimiento de un crimen pero es incapaz de impedirlo está libre de culpa» (Paulo). «Inflige un daño quien ordena que este se inflija; pero ninguna culpa tiene quien se vea obligado a obedecer» (Paulo). «En caso de reclamaciones iguales opuestas entre sí, debería considerarse que la parte poseedora se halla en la posición más fuerte» (Paulo). «Nadie está obligado a defender una causa en contra de su voluntad» (Ulpiano). Y *nemo dat quod non habet* (Ulpiano): «Nadie puede dar lo que no tiene». Estas son algunas de las 211 entradas de las «Normas generales del derecho» inscritas en el *Digesto* del emperador Justiniano.

La elaboración de las leyes era, como su propio nombre indica, la «legislación». ¿Quién elaboraba las leyes bajo la República? Las asambleas populares, divididas al principio en unidades militares y posteriormente, después del siglo III a. C., un consejo de ciudadanos comunes (es decir, no reales o patricios) conocido como *concilium plebis* o «consejo de la plebe». Sus votos y resoluciones se conocían como *plebiscita*, de donde viene nuestra idea de un «plebiscito» o votación popular general. En un principio los hombres con dinero y propiedades, los patricios, se opusieron vehementemente a la idea de que debieran estar sometidos a las mismas leyes que los plebeyos. Pensaban que ellos mismos debían elaborarse las suyas. Pero en 287 a. C. un dictador, Quinto Hortensio, aprobó una ley que establecía que todos los ciudadanos, incluidos los patricios, debían cumplir cualquier ley aprobada por el consejo de la plebe. Esta «ley hortensia» fue un hito en las relaciones de clase romanas. Privó a los patricios de su último medio para dominar arbitrariamente a los plebeyos.

Gran parte del legado físico del reino de Justiniano desaparecería. La mayor parte de los centenares de iglesias, acueductos y otras construcciones públicas erigidos por este emperador cristiano del siglo V, con ciertas grandes excepciones como la iglesia de Santa Sofía en Constantinopla, han quedado en ruinas o caído en desuso, pero no así los compendios que hizo del derecho romano antiguo. El *corpus iuris* de Justiniano, pese a los elementos griegos y cristianos que se introdujeron en él, siguió siendo fundamentalmente derecho romano, y como las constituciones imperiales se emitían en nombre tanto de los emperadores orientales como de los occidentales y se consideraban vinculantes en todo el Imperio romano, con el tiempo se diseminarían a través de las universidades de Inglaterra, Francia, España, Italia y Alemania, abarcando toda la base legal de Europa durante toda la Edad Media y hasta la época moderna.

Hablamos de la Roma de los inicios como una República, cosa que era. No obstante, no era una República en el sentido norteamericano moderno. La raíz del término, *res publica*, significaba «asuntos públicos», nada más que eso. Pero la cualidad fundamental de su vida política como República fue, como ya hemos visto, que no estuvo gobernada por una sucesión de reyes, sobre todo no por una sucesión hereditaria. Había logrado forjar un sistema de gobierno por el que su sociedad organizada quedaba dividida en dos amplias clases: los patricios y los plebeyos. En los primeros años de la República, los patricios mantuvieron y controlaron todo el poder político y social del Estado. Sólo los patricios podían ser elegidos para cualquier cargo, incluido el importantísimo de senador. Sólo ellos podrían ejercer como sacerdotes. Los plebeyos, por el contrario, quedaban excluidos de los colegios religiosos, de las magistraturas y por norma general del Senado; al principio también tenían prohibido casarse con patricios. Con la elaboración de las leyes y la religión en manos de los patricios, ¿qué les quedaba a los plebeyos? Sólo la agitación y la presión. Los patricios necesitaban a los plebeyos, no podían prescindir de ellos, porque tenían que formar ejércitos; todos los cargos militares hasta el de *tribunus militum* estaban abiertos para ellos. A medida que Roma siguió anexionándose cada vez más territorios dentro de Italia (y posteriormente fuera de ella), mayores posibilidades de independencia económica fueron gradualmente apareciendo ante los plebeyos.

Roma era aún una joven República cuando empezó a apoderarse de las provincias extranjeras que constituirían la base de su inmenso imperio. Para hacer esto fue necesario gozar de la supremacía naval en el Mediterráneo, pero durante los primeros quinientos años de su historia Roma no tuvo navíos de guerra. El poder naval sobre el Mediterráneo pertenecía a la ciudad de Cartago, fundada (supuestamente) un poco antes que Roma, en 814 a. C., en la costa tunecina del norte de África, por su legendaria reina Dido. Cartago gozó de un inmenso poder comercial en el Mediterráneo, y también de un considerable poder estratégico, ya que controlaba las rutas a lo largo de las cuales se enviaba y vendía el estaño, ese ingrediente esencial del bronce al alearlo con cobre en una proporción de aproximadamente 1:9. (La dureza, pero también lo quebradizo del bronce aumentaba con su contenido en estaño. Al alearlo con cinc, el cobre se convertía en latón.)

Todas las islas del Mediterráneo occidental habían sido anexionadas y colonizadas por Cartago, excepto Sicilia. Pero los cartagineses habían establecido una fuerte presencia allí, y a Roma le preocupaba la posibilidad de que toda la isla pudiera acabar siendo suya si esta se hacía aún más fuerte. En 264 a. C., Cartago ocupó la colonia griega de Messana, situada en el noreste de Sicilia. Roma entabló una alianza con los griegos y expulsó a los cartagineses de Messana, expeliéndolos también (en 262 a. C.) de las colonias de Segesta y Agrigentum. Este fue el inicio de la Primera Guerra Púnica. (*punicus*, en latín, significaba «cartaginés».) Se ha dicho muchas veces que la guerra de Roma contra Cartago fue un error garrafal sin ninguna justificación real, pero no lo fue. Roma necesitaba *Lebensraum* tanto por mar como por tierra. No podría mover sus ejércitos libremente alrededor del Mediterráneo si Cartago seguía siendo la potencia marítima dominante. De ahí el monótono grito con el que Marco Porcio Catón el Viejo (234-149 a. C.) cerraba cada discurso que pronunciaba en el Senado: «*Delenda est Carthago*», «Cartago debe ser aniquilada». La derrota de Cartago llevó más de un siglo, pero finalmente acabó con todos los obstáculos serios a la hegemonía de Roma sobre el Mediterráneo y las tierras que lo rodeaban; el Mediterráneo se convirtió entonces, en el pleno sentido de la expresión, en el *mare nostrum*, «nuestro mar».

¿Qué tipo de fuerzas combatieron en esta guerra? ¿Qué potencia tenían? El historiador griego Polibio nos ofrece lo que probablemente sea el esbozo más equilibrado de ello. En el mar, los cartagineses eran superiores: llevaban generaciones comerciando por el Mediterráneo, sabían de barcos, «el arte de la navegación lleva mucho tiempo siendo su oficio nacional». No obstante, no tenían un ejército permanente, y hubieron de emplear a mercenarios. Los romanos eran muy superiores en el combate terrestre. Su ejército estaba compuesto por romanos y por sus generalmente leales aliados: la mayoría de los soldados romanos estaban luchando por su tierra, por sus familias y por su nación, y el uno por el otro; incentivos al valor y la obstinación que no cabía esperar en ningún ejército mercenario.

No obstante, por muy bueno que fuera su ejército los romanos sabían que no podrían derrotar a los cartagineses sin dominar el mar. También sabían que no tenían flota alguna ni la menor tradición naval. De modo que se propusieron crear una armada partiendo de cero. Según Polibio, tuvieron la suerte de capturar un prototipo enemigo que pudieron copiar: cuando las fuerzas romanas se dirigían hacia Messana en trirremes y quinquerremes (barcos de guerra impulsados por remos) construidos y fletados por griegos, el capitán de un barco con cubierta cartaginés se sobreexcitó en su persecución y embarrancó. Los romanos «construyeron toda su flota tomándolo como modelo... si eso no hubiera ocurrido, se habrían visto totalmente impedidos... por la falta de conocimientos prácticos». Tuvieron incluso que adiestrar a sus tripulaciones remeras en modelos construidos en tierra. Pero funcionó: la flota cartaginesa fue destruida en el mar a escasa distancia de Milas, un septirreme (un barco de guerra con no menos de siete remeros para cada uno de sus enormes remos) y treinta quinquerremes y trirremes, todos ellos capturados o hundidos.

El trirreme, que a finales del siglo VI a. C. ya se había convertido en el barco de guerra oficial del Mediterráneo, tenía tres bancos de remeros, uno encima del otro, trabajando desde un arbotante o saledizo los situados en el nivel más alto. Su fuente de energía era un hombre por remo. Los remos eran manejables, aunque no ligeros, y tenían entre 4 y 4,5 metros de longitud. Las fuentes clásicas hablan de quinquerremes con cinco bancos de remos (o cinco remeros por remo), e incluso acerca de navíos con dieciséis bancos, pero es muy improbable que tantos remos, al tener que colocar a los remeros a tanta altura sobre el nivel del agua, pudieran funcionar, por lo inmanejablemente largos que habrían tenido que ser.

La tripulación normal de un trirreme eran 200 hombres, de los cuales aproximadamente 170 eran remeros y 15 eran marineros. Ninguno de ellos, por regla general, era esclavo; y la imagen caricaturesca de una galera romana con su contramaestre blandiendo el látigo, recorriendo a zancadas el casco y azotando a los remeros, es improbable: generalmente, los trirremes tenían tambores y flautistas para establecer el ritmo de trabajo, y no habría tenido demasiado sentido debilitar a un remero mediante el castigo corporal. Con esta fuerza motriz, en condiciones favorables un trirreme podía alcanzar un promedio de 9 km/h en distancias largas, con picos de posiblemente 12 km/h cuando la nave estaba acelerando para embestir a un navío enemigo. Para ese fin se construía con un robusto espolón revestido de bronce que sobresalía hacia el frente, por debajo del agua, desde su proa. La otra arma que resultó ser decisiva para los romanos fue un enorme garfio de madera montado con una bisagra y un contrapeso, conocido como *corvus* por su semejanza con el pico de un cuervo; este se levantaba, la nave enemiga era embestida y después se dejaba caer el «pico», que atravesaba la cubierta del barco enemigo, destrozándola, y mantenía juntos los dos navíos para que los soldados romanos pudieran precipitarse en masa al ataque. La anchura del tablón era de aproximadamente 1,2 metros, suficiente para formar un puente. La desventaja del *corvus* era lo desestabilizadores que resultaban su engorroso peso y su volumen cuando se levantaba en vertical, bamboleándose excesivamente en un mar agitado. Su gran ventaja era que permitía a los infantes de marina romanos, siempre mejores soldados que sus adversarios púnicos, abordar las naves enemigas en alta mar.

El coste de la guerra en el mar, y de la financiación de su ejército mercenario en tierra, hizo que Cartago quedara gravemente endeudada. Sólo podría recaudar dinero lanzando una conquista de Hispania, objetivo que intentó lograr bajo el generalato de Asdrúbal y Aníbal. Esto supuso atacar Saguntum, una ciudad hispana situada al sur del Ebro y aliada de Roma. Los cartagineses confiaban en derrotar al ejército de Roma en el campo de batalla y lograr así que al menos algunos de sus aliados desertaran. Aníbal no confiaba en que esto fuera a dejar a Roma reducida a la condición de potencia de segundo orden, pero sí en que quizá pusiera freno a su agresividad dejándola como una potencia entre varias. Cartago no tenía ninguna esperanza de conquistar Italia como un todo territorial, ni ningún plan para ello. «Italia» no era todavía un Estado unificado bajo el control de Roma, sino una miscelánea de principados tribales. Pero sí que confiaba en recuperar Sicilia, Cerdeña y otros territorios perdidos. Aníbal estaba convencido de que el único lugar para librar una guerra contra Roma era la propia Italia, «en tanto que si no se llevaba a cabo ningún movimiento en Italia, y se permitía al pueblo romano emplear la mano de obra y los recursos de Italia para una guerra en regiones extranjeras, ni el rey ni ninguna nación iban a poder competir con los romanos».

Los romanos no lo creyeron. Se embarcaron en la Segunda Guerra Púnica seguros de alzarse con la victoria. Ahora tenían una poderosa armada y designaron dos usos para ella. El primero fue llevar a un ejército romano bajo el mando del cónsul Publio Cornelio Escipión a entablar combate con Aníbal en Hispania y así neutralizarlo. El segundo fue enviar al otro cónsul, Tito Sempronio Longo, a invadir el norte de África y conquistar Cartago. Esto podría haber funcionado, pero los romanos se movieron con excesiva lentitud. Con el propósito de establecer una base en el valle del Po, el ejército cartaginés bajo el mando de Aníbal marchó a través del sur de la Galia y cruzó los Alpes, penetrando en el norte de Italia. ¿Por qué los cartagineses no invadieron Italia por el mar? Porque, ahora que tenía una armada, Roma podía impedir el paso de cualquier flota que intentara trasladar un ejército bordeando la costa española y después descendiendo por el Tirreno. Mover elefantes de un lado a otro tampoco era fácil; pero la ruta terrestre, incluyendo los peligros de cruzar los Alpes, parecía (pese a todas sus dificultades) la única opción viable. En otoño de 218 a. C., Aníbal y su ejército ya se hallaban entre galos amistosos en el Po. En diciembre, los romanos perdieron el valle de Po, que quedó en su totalidad en manos de Aníbal.

Y así comenzó la Segunda Guerra Púnica (218-202 a. C.). Cuando Aníbal inició su legendaria invasión del norte de Italia con sus veintiún elefantes de guerra, tenía un ejército de menos de 35.000 hombres con los que enfrentarse a una fuerza romana total de 700.000 efectivos de infantería y 70.000 de caballería (no a todos los cuales, naturalmente, se podía desplegar juntos al mismo tiempo).

Los eruditos aún siguen debatiendo qué ruta pudo tomar Aníbal; la opinión que cuenta con más adeptos es que llevó a su ejército por los Alpes Occidentales, a través del desfiladero de Monte Cenis. Aun cuando lo hiciera, las condiciones que todos ellos encontraron fueron atroces; el camino de descenso era tan estrecho y empinado que en un punto determinado resultaba prácticamente intransitable para los caballos, por no hablar de los elefantes. Los desprendimientos de tierras se habían llevado consigo gran parte de la pared de la montaña. Pero por muy desanimados que estuvieran muchos de sus soldados, Aníbal pudo mostrarles parte de su lugar de destino desde la cima del desfiladero; en un día despejado se podía contemplar «la vista real de Italia, que se halla tan próxima bajo estas montañas que, cuando ambas cosas se ven juntas, los Alpes quedan en relación a toda Italia como una ciudadela a una ciudad».

Se podría haber supuesto que las probabilidades estaban tan a favor de Roma que la invasión de Aníbal había quedado como algo imposible. Todavía existen discrepancias acerca de la utilidad que pudieron tener esos elefantes para la campaña de Aníbal, pero existen pocas dudas acerca de que aterrorizaron a muchos soldados romanos, y el esfuerzo de mover estas grandes bestias resbalando y tropezando sobre las rocas y a través del hielo y la nieve de los Alpes debió de parecerles algo asombroso a la mayoría de aquellos que lo vieron o que oyeron hablar de ello siquiera. La marcha desde Carthago Nova (Cartagena) había costado cinco meses, y se habían empleado quince días en cruzar los Alpes. Aníbal llegó a Italia con su fuerza reducida a 12.000 soldados de infantería africanos y 8.000 ibéricos, apoyados por tan sólo 6.000 caballos; y por los elefantes que quedaban, pues aproximadamente la mitad habían muerto por el camino. No obstante, pudo hacerse con algunos refuerzos en el norte de Italia entre los formidables galos cisalpinos, que sin duda se sintieron atraídos por la posibilidad de practicar el saqueo en Roma.

Naturalmente, hacía mucho tiempo que Roma sabía que Aníbal estaba en camino. La primera confrontación entre un ejército romano, dos legiones lideradas por Publio Cornelio Escipión, y las fuerzas de Aníbal tuvo lugar en 218 a. C. cerca del río Ticino, en el norte de Italia, puerta de entrada a las llanuras a través de las cuales un ejército podría desplazarse hacia el sur en dirección a Roma. Cartago se alzó con la victoria en el combate, de forma tan convincente que miles de miembros de la tribu de los boyos, hasta entonces aliados de Roma, desertaron y se pasaron al bando de Aníbal. Como una bola de nieve que va acumulando masa a medida que rueda cuesta abajo, el ejército de Aníbal creció a medida que fue desplazándose hacia el sur. Aplastó a los romanos en la batalla del Trebia, atravesó los pantanos del Arno, siguió avanzando hasta dejar atrás Faesulae (Fiésole) y Arretium (Arezzo), y llegó al lago Trasimeno en la primavera de 217 a. C. Allí se enfrentó a un ejército al mando del cónsul Cayo Flaminio. Fue otra aplastante derrota romana. Al parecer, los romanos no vieron a los cartagineses, ocultos por la neblina de las primeras horas de la mañana en el terreno elevado que se hallaba junto al lago. A última hora de esa mañana ya habían muerto 15.000 romanos, entre ellos el desafortunado Flaminio.

La reacción de los romanos a este desastre fue nombrar a un dictador para ponerlo al mando de su ejército. Las tácticas que siguió este comandante en jefe, Quinto Fabio Máximo, le valieron el apodo de «*Cunctator*», «El que retrasa». En lugar de enfrentarse directamente al ejército de Aníbal, eligió seguirlo y hostigarlo, con la esperanza de distraerlo y debilitarlo sin tener que librar un combate definitivo. Pero las fuerzas de Aníbal continuaron su imparable marcha hacia el sur, dejando atrás Roma y continuando hacia la costa del Adriático. Muy pronto los romanos se cansaron de las dilaciones y desearon tener una confrontación directa y decisiva con el ejército de Aníbal. El 2 de agosto de 216 a. C., dieciséis legiones romanas avanzaron para luchar contra los cartagineses cerca del pueblo de Cannas, en Apulia, al sureste de Roma. El resultado fue la derrota más sangrienta y costosa que Roma había sufrido o sufriría jamás.

En Cannas, en un solo día, el ejército de Aníbal mató a unos 50.000 romanos y aliados de estos, de los entre 75.000 y 80.000 hombres que habían iniciado la campaña. Por establecer comparaciones, hay que tener en cuenta que en el primer día de la batalla del Somme en 1916 hubo unas 57.000 bajas británicas, la mayoría de las cuales correspondieron a heridos que sobrevivieron; menos de 20.000 murieron en el acto, y las armas a las que se enfrentaron fueron ametralladoras alemanas, no lanzas y espadas púnicas. La absoluta eficacia de la masacre que el ejército de Aníbal infligió a los romanos es asombrosa. Las bajas romanas en un solo día en Cannas fueron casi tan cuantiosas como las bajas norteamericanas en combate (58.000) en toda la guerra de

Vietnam. Y todo ocurrió en un espacio de aproximadamente nueve horas, en un calurosísimo día de verano, envuelto en las nubes de polvo levantadas por las patadas de miles de hombres en su última lucha sin tregua. Varrón, el comandante romano, había colocado el grueso de su infantería en el centro, dejando en sus alas una caballería débil y móvil. Este era el despliegue clásico. Pero Aníbal lo invirtió, concentrando el grueso de su infantería en los flancos. De esta forma, los romanos pronto se vieron rodeados, y posteriormente aislados de su vía de retirada por una carga de la caballería cartaginesa por su retaguardia. Cuando los romanos intentaron retirarse, fueron aniquilados.

Tenían escasa experiencia de la derrota; desde luego, ninguna de este grado. La derrota no tenía sentido para el ejército romano. Roma era, por encima de todo, un Estado militar. El requisito fundamental para la ciudadanía era la capacidad de portar armas contra sus enemigos. El ejército romano estaba organizado como una milicia: servir en él era una inflexible condición para gozar de la ciudadanía, y en la época de las guerras púnicas ya era un aparato extremadamente sofisticado y organizado. Sus oficiales de mayor rango eran aristócratas; pero los centuriones, que estaban al mando de las unidades de combate básicas («centurias» de 100 hombres), eran plebeyos, de la misma clase social que los soldados del frente. Esto contribuyó enormemente al *esprit de corps*, al igual que los juramentos colectivos de lealtad que frecuentemente se llevaban a cabo. Nunca antes Roma había perdido una batalla importante contra un enemigo extranjero; desde luego, ninguna a esta escala casi apocalíptica. En términos de disciplina, armas, disposición de fuerzas y cadena de mando, el ejército romano estaba meticulosamente organizado para evitar que tal cosa sucediera.

La figura fundamental en esta organización era el centurión, el soldado plebeyo (no aristócrata) que había sido escogido por su valor y su eficacia en el mando entre las filas de los soldados rasos. Los centuriones, como ha señalado John Keegan, eran «líderes de unidad con un largo servicio a sus espaldas, extraídos de entre los mejores soldados rasos, [que] constituyeron el primer cuerpo de oficiales de combate profesionales del que la historia tiene conocimiento». Eran el eje del ejército, los depositarios de las destrezas acumuladas en el servicio militar, y fue gracias a ellos y al ejemplo que ellos dieron que los romanos lucharon mejor y con más tenacidad que cualquier otra tribu o nación del mundo conocido. Los centuriones convirtieron la condición de soldado en una profesión independiente; no consideraban que su trabajo fuera una vía de entrada en la clase dirigente; esto era lo que habían nacido para hacer y para lo que se les había adiestrado, y ahí radicaba gran parte de su fuerza.

Numéricamente, la pieza clave del ejército romano era la legión, normalmente compuesta por 4.200 hombres; en épocas de crisis su fuerza se aumentaba hasta 5.000 hombres. Estos se hallaban divididos por edad y experiencia. A los reclutas más jóvenes y más novatos se les llamaba *velites*. Los siguientes en antigüedad eran los *hastati*, o lanceros. Por encima de ellos en veteranía se hallaban los *principes*, los hombres que estaban en su mejor edad, y por encima de ellos estaban los *triarii*. Generalmente una legión tenía 600 *triarii*, 1.200 *principes*, 1.200 *hastati* y el resto eran *velites*. Los *velites* eran los menos experimentados y los que iban menos armados, con un escudo (de madera laminada con un borde de metal, de poco menos de un metro de diámetro), dos jabalinas, una espada y un casco. Era frecuente que el principiante se cubriera el casco con un trozo de piel de lobo para adquirir con ello un aspecto fiero, pero también para que a su oficial de mando le resultara más fácil identificarlo en un combate.

Los *hastati* iban armados más fuertemente. Cada hombre portaba un escudo completo (*scutum*), de setenta centímetros de anchura y ciento veinte de altura, que proporcionaba la máxima protección para el cuerpo. Su curvatura convexa desviaba las lanzas y flechas del enemigo mejor que una superficie plana. También estaba hecho de tablas de madera encoladas entre sí, probablemente con junturas ranuradas; después se le aplicaba un forro de lona, de nuevo utilizando cola adhesiva de origen animal, y un revestimiento externo de piel de becerro. Sus bordes eran de hierro y tenía en su centro un *umbo* o tachón de hierro, que reforzaba la protección frente a las piedras lanzadas con honda y las picas y servía para hundírselo en el rostro a un adversario. Era pesado; las reconstrucciones que se han hecho de él, con hierro incluido, han dado un peso aproximado de entre 9 y 10 kilos.

Cada hombre llevaba su *gladius*, una espada de doble filo, diseñada para dar estocadas, aunque también era excelente para hacer cortes. Se la llamaba «espada hispana» y puede que fuera una adaptación del arma que portaban los mercenarios cartagineses en la Primera Guerra Púnica, un homenaje a sus cualidades como instrumento para matar. Era de hoja corta (esta medía aproximadamente 60 centímetros, incluyendo la espiga) y por consiguiente adecuada para el combate cuerpo a cuerpo; los soldados de infantería no hacían esgrima como d'Artagnan, apuñalaban como carniceros. Es probable que el soldado también llevase un *pugio* o daga en su cinturón. También estaba equipado con un proyectil de relativamente gran alcance, el *pilum* o pesada lanza arrojadiza, que quizá pesara 3,5 kg, dotado de asta de fresno, empuñadura de hierro y punta barbada. Al soldado normalmente se le daban dos de estas jabalinas, aunque se disponía de otras más ligeras. Su precisión, al lanzarla, era variable naturalmente, y tenía un alcance eficaz de a lo sumo 30 metros; pero, dentro de sus límites, los *pila* eran armas formidables, con suficiente energía inercial como para atravesar el escudo del adversario y al propio adversario. En el ataque, el soldado romano lanzaba su *pilum* y después cargaba hacia delante para combatir a corta distancia con el *gladius*. Las descripciones de Cannas incluyen los aterradores silbidos producidos por las lluvias de *pila*, que debieron de ser tan temibles como el silbido de aproximación de los obuses en las batallas del siglo XX.

Los otros dos tipos de arma acabada en punta que utilizaba el ejército romano eran la lanza de caballería, más larga que el *pilum* y que no se lanzaba a modo de proyectil, y el *hasta*, una larga lanza para dar estocadas. También había artillería, de un tipo primitivo y poco manejable: grandes disparadores de flechas o lanzaderas de piedras que empleaban la energía acumulada en tendones animales enrollados. Pero no parece que estos toscos artefactos desempeñaran jamás un papel decisivo en la guerra: posiblemente tuvieran cierto efecto psicológico, pero su alcance era limitado y su precisión escasa.

Ya hemos hablado bastante de su armamento. ¿Qué hay de su defensa? Al nivel colectivo del ejército que estaba en camino, avanzando, los romanos mostraron una fortaleza y una energía únicas a la hora de protegerse a sí mismos. Sabiendo que era probable que los «bárbaros» de los territorios ocupados atacaran por la noche, cuando los invasores romanos estaban cansados de los esfuerzos realizados durante el día y cuando era probable que la oscuridad favoreciera la confusión y el pánico, los romanos no terminaban el día al final de la marcha de cada jornada. Aún tenían que levantar un campamento: este no era una mera serie de tiendas, sino un *castrum* o campamento rectangular totalmente fortificado, como una ciudad erigida de la noche a la mañana, con una muralla, un foso (realizado al excavar la tierra para levantar la muralla) y todo lo que fuera necesario para proteger al grueso de las tropas. La muralla o «circunvalación» se hallaba a unos 60 metros de las tiendas, para que los proyectiles disparados o arrojados desde el exterior de la barrera no pudieran alcanzarles o provocar excesivos daños si lo hacían. El espacio que quedaba entre la muralla y las tiendas también permitía movilizarse rápidamente o contener algún botín, como ganado. Todo el perímetro estaba sometido a una fuerte vigilancia, y terribles castigos esperaban a cualquier soldado que actuara con negligencia durante su turno de guardia. El más habitual era el *fustuarium* o paliza, descrito por Polibio. El acusado era juzgado por un consejo de guerra de tribunos legionarios. Si se le hallaba culpable, uno de los tribunos le tocaba con su garrote, momento a partir del cual todo el campamento le atacaba con palos y piedras, normalmente matándole en el propio campamento. «Pero ni siquiera aquellos que consiguen escapar se salvan por ello: ¡imposible! Pues no se les permite regresar a sus hogares, y ninguno de sus parientes se atrevería a recibir a un hombre así en su casa. De modo que [está] completamente perdido.»

Para la defensa de los soldados individuales había armaduras. Cada hombre tenía un casco, que podía ser una simple bacía de metal o el que los arqueólogos llaman modelo «Montefortino», con un estrecho protector para el cuello y grandes carrilleras protectoras. En la literatura se mencionan las grebas que protegían las espinillas, aunque no se ha encontrado ninguna. Los *pectorales* de bronce para proteger el corazón no eran infrecuentes, aunque no todos los soldados recibían uno. Aquellos que podían permitírselo, pues no eran artículos baratos, llevaban una *lorica* o coraza de cota de malla, una camisa hecha de anillos de metal, que se llevaba puesta sobre una prenda interior acolchada. Pesaba unos 15 kg y habría sido agotadora en un día caluroso como aquel en el que se libró la batalla de Cannas.

El sistema romano estaba concebido para producir combatientes idénticos con el mismo adiestramiento básico. Las tropas de Aníbal no eran así. Al ser mercenarios, venían de África y de todo el Mediterráneo, y tenían sus propias tradiciones y técnicas de combate, aunque parece que todos sus oficiales de alto rango eran cartagineses. El ejército contenía númidas, iberos, libios, moros, gétulos y celtas. Había especialistas en determinados tipos de guerra que procedían de zonas concretas. Así, a las islas Baleares se las llamó así por los honderos que estas producían en la antigüedad, siendo *ballein* la palabra que en griego significaba «lanzar», como en «balística».

Las fuerzas púnicas no tenían la acérrima lealtad a los principios legionarios que ayudaba al ejército romano a reponerse en momentos de crisis, y al fin y al cabo sólo les importaban dos cosas: vencer y cobrar. Y esta vez vencieron, sí, combatiendo con la más febril determinación hasta que la pisoteada tierra de Cannas quedó convertida en un pantano de sangre, tripas, excrementos y extremidades cercenadas, tan denso y resbaladizo que un hombre apenas podía moverse sobre él sin caerse.

La batalla de Cannas provocó un paroxismo de superstición social en Roma. El invierno de 218 a. C. se convirtió en una época de contemplación de prodigios. En el Foro Boario (el mercado de ganado) un buey escapó de su encierro, subió al tercer piso de una casa y después saltó al vacío, como si se suicidara llevado por la desesperación. En el Foro Holitorio (el mercado de la verdura) cayó un rayo sobre el templo de la Esperanza. Una lluvia de guijarros cayó de un cielo despejado en Picena. En el cielo se vislumbraron hombres con vestimentas luminosas. Un lobo salvaje corrió hasta donde se hallaba un centinela en algún lugar de la Galia, agarró con sus dientes la espada de este, que se hallaba dentro de su vaina, y salió corriendo con ella. Y lo peor de todo, dos vírgenes vestales llamadas Opimia y Floriana fueron declaradas culpables de impureza; una de ellas se quitó la vida, la otra fue enterrada viva, como exigía el ritual.

La cantidad de prisioneros capturados en la victoria de Aníbal fue tan grande que el Senado romano tuvo que idear un plan para reconstruir el ejército. Se sabía que Aníbal andaba escaso de dinero; ¿se prestaría al soborno, quizá? ¿Se podría pagar un rescate por los cautivos? No, dijo el Senado; cabía la posibilidad de que eso agotara el tesoro romano. Entonces el cónsul Tiberio Graco propuso que se compraran esclavos con dinero público y que se les adiestrase para el combate. Aproximadamente 10.000 fueron reclutados a la fuerza de esta manera. Se llevaron a cabo grandes proyectos de emergencia, a instancias de Escipión, el destructor de Cartago, para reforzar la flota de Roma. Se construyeron las quillas de treinta navíos —veinte quinquerremes y diez cuatrirremes— trayendo de toda Etruria la madera y todos los avíos para ello; en menos de cuarenta y cinco días desde la llegada de las primeras remesas de madera, según consignó Tito Livio, se botaron los primeros navíos «con todos sus aparejos y armamento».

La derrota en Cannas también sembró el pánico entre los aliados de Roma en el sur de Italia, aunque la lealtad de los del centro de Italia se mantuvo incólume. «Los campanios», observó el historiador Tito Livio, «no sólo podrían recuperar el territorio que los romanos les habían arrebatado injustamente, sino que también podrían obtener autoridad sobre Italia. Porque suscribirían un tratado con Aníbal imponiendo sus propias condiciones». Esta esperanza fue ilusoria; tras la derrota de Aníbal, los romanos reconquistaron Capua, la capital de Campania, e infligieron terribles represalias a sus ciudadanos.

La presencia de Aníbal en Italia no podía durar y no lo hizo, pero su genio militar hizo que los romanos fueran incapaces de derrotarlo en su propio territorio. Fueron haciéndole retroceder lentamente hacia el sur y su ejército se debilitó en el proceso. Su hermano Asdrúbal condujo un ejército hacia Italia para reforzar a Aníbal, pero no lo consiguió, y en 207 a. C. un ejército romano le derrotó en el río Metauro. Finalmente, a Aníbal no le quedó más remedio que abandonar Italia porque Roma lanzó una expedición, bajo el mando de Escipión, contra la propia Cartago. Esto obligó a Aníbal a retirarse a África para combatir en defensa de su propio país. Dos años después, Aníbal fue derrotado por primera vez por un ejército italiano, en la batalla de Zama, en el norte de África, en territorio púnico. Los romanos se cobraron entonces al menos una venganza parcial por la derrota de Cannas, aunque no con una carnicería de la misma envergadura. Pero Cartago jamás volvería a ser una potencia naval del Mediterráneo; Roma, por fin, le había arrebatado su puesto.

Las guerras contra Aníbal habían provocado en Roma cambios que fueron más duraderos y, en algunos aspectos, más profundos que las meras bajas militares. A veces sucede que una enorme y traumática derrota en la guerra provoca un arrebato de fe religiosa entre los vencidos, y al parecer esto sucedió en Roma en los años posteriores a Cannas. Empezaron a aparecer todo tipo de cultos y creencias que anteriormente habían sido exóticas o marginales, sobre todo entre las mujeres romanas, con cuya colaboración siempre se podía contar cuando se trataba de experimentos religiosos. Un pueblo traumatizado por una derrota colosal no se sentirá satisfecho por una religión estatal meramente ceremonial. Querrá que los dioses sean más cercanos, que cuiden y protejan, que respondan más a la oración y el sacrificio.

Estas necesidades no podían satisfacerlas ni los imprecisos dioses de la religión romana tradicional ni los nuevos y más duros dioses. Los dioses griegos, en cambio, sí cumplían los requisitos. Sus imágenes, y los rituales que se les dirigían, eran menos rígidos, destilaban una mayor compasión hacia los humanos y eran más participativos. Roma asistió entonces a una expansión de religiones mistéricas de raíz griega. Y estas cada vez tuvieron más adeptos, porque Roma sentía un inmenso deseo de ser considerada como parte del mundo que los griegos habían civilizado. Roma quería tener una literatura nacional basada en los modelos griegos, empezando por Homero. Cada vez eran más los intelectuales y los políticos que consideraban que el griego era el auténtico idioma de la civilización, especialmente ahora que una parte tan grande de Grecia había sido absorbida en cuerpo y alma por Roma mediante conquistas y tratados.

Roma estaba llena de exiliados griegos y su atmósfera estaba cargada de los prolijos y seductores razonamientos de estos, del mismo modo que los suelos de templos y villas estaban plagados de esculturas griegas (o de aspecto griego). Cierto es que algunos veteranos tradicionalistas romanos se opusieron y se resistieron a la creciente influencia de la cultura y la filosofía helénicas en las costumbres romanas. Uno de ellos fue Catón el Viejo, que «tenía un completo desprecio por la filosofía, y llevado por un celo patriótico se mofaba de toda la cultura y el saber griegos... declaró, con una voz más impetuosa que la que le correspondía a alguien de su edad, como con la voz de un profeta o un vidente, que los romanos perderían su imperio cuando empezaran a contaminarse con la literatura griega. Pero en realidad el tiempo ha demostrado lo vana que fue esta profecía de condena, pues fue en la época en la que la ciudad estaba en el apogeo de su imperio cuando hizo suyos toda la cultura y el saber griegos». Catón era tan extremista en su aversión al lujo, considerado por él una distracción griega, que incluso intentó, afortunadamente sin éxito, hacer que se arrancaran las tuberías de distribución principal de agua instaladas en las casas particulares romanas.

El romano más importante cuya formación se basó, de una manera fundamental, en las ideas y la retórica griegas en plena época de la Roma republicana fue Marco Tulio Cicerón (106-43 a. C.), el más grande orador de Roma y ferviente partidario de la República. Había empezado su formación como orador a los dieciséis años (89 a. C.), bajo el consulado de Sila y Pompeyo. Su influencia cultural fue mucho más allá de la oratoria y no disminuyó tras su muerte. Sus cartas se recopilaron y escribió tratados de retórica, moral, política y filosofía; él pensaba que su logro más duradero sería su poesía (aunque en eso se equivocó: Tácito observó mordazmente que, como poeta, Cicerón tuvo menos suerte que César o Bruto, porque sus versos habían llegado a conocerse y los de estos últimos no). Podía ser letal en el ataque, incluso contra figuras secundarias; un político que ha caído en el olvido quedó ensartado por un solo comentario suyo: «Tenemos un cónsul vigilante, Caninio, que no durmió ni una sola vez durante todo el período que estuvo en el cargo». Caninio sólo había durado un día en el cargo.

Gran parte de lo que Cicerón dijo sobre Roma y sus gobernantes sigue siendo cierto hoy día. «Nada es menos fiable que el populacho, nada más difícil de interpretar que las intenciones humanas, nada más engañoso que todo el sistema electoral.» Estaba completamente desengañado respecto a los orígenes de la mayoría de las acciones sociales: «Los hombres se deciden ante muchos más problemas dejándose llevar por el odio, el amor, la lujuria, la rabia, el dolor, la alegría, la esperanza, el miedo, la ilusión o alguna otra emoción interior, que por la realidad, la autoridad, cualquier norma legal, precedente judicial o estatuto». Y era muy perspicaz en lo relativo a la debilidad humana: «¡Los mayores placeres», comentó, «sólo se hallan separados por un estrecho margen de la repugnancia». ¡Qué gran psicoterapeuta habría sido este romano! Siempre se puede leer a Cicerón con provecho, y los escritores ingleses de los siglos XVII y XVIII, entre ellos Shakespeare, lo hacían continuamente, citándole con profusión.

De todas las corrientes de pensamiento griegas que desembocaron en la vida intelectual romana, fue el estoicismo la que tuvo una mayor repercusión sobre Cicerón y sobre las ideas romanas en general. El estoicismo fue una escuela de filosofía helenística fundada en Atenas por un tal Zenón de Citio a comienzos del siglo III a. C. (El nombre venía de un lugar de encuentro en Atenas en el que Zenón enseñaba, una columnata que dominaba el Ágora y que era conocida como la *Stoa Poikilé* o «pórtico pintado».) La premisa fundamental del estoicismo era que había que rehuir las emociones extremas, que podían ser destructivas; el sabio se desembarazará de la ira, los celos y otras molestas pasiones y vivirá en un estado de serenidad y paz interior; sólo de esta manera podrá discernir la verdad y orientar adecuadamente sus actos. «No permitas que se aferre a ti nada que no sea tuyo; que crezca en ti el gusto por nada que pueda atormentarte cuando te lo arranquen», aconsejaba el estoico Epicteto (55-135 d. C.). El ideal era la *askesis*, la «paz de espíritu»; el estoico no predica la indiferencia ni la anestesia; muy al contrario, propugna una razonada concentración en las verdades de la vida. Sólo así podía hacerse concordar la razón humana con «la razón universal de la naturaleza». En palabras de uno de los estoicos más célebres, el emperador Marco Aurelio (121-180 d. C., reinado 161-180 d. C.): «Al despuntar la aurora, hazte estas consideraciones previas: me encontraré con un indiscreto, un ingrato, un insolente, un mentiroso, un envidioso, un insociable. Todo eso les acontece por ignorancia de los bienes y de los males. Yo no puedo recibir daño de ninguno de ellos, pues ninguno me cubrirá de vergüenza; ni puedo enfadarme...».

Es evidente que el estoicismo casaba bien con la idea romana del deber y la *pietas*. Los romanos entre quienes fue popular, y de estos hubo muchos, quizá estuvieran menos interesados en la idea estoica de que todos los hombres eran necesariamente imperfectos que en el mandato estoico de apretar los dientes y hacer frente a la adversidad, el cual tuvo un fuerte eco en toda la cultura de Roma y entre muchos de sus intelectuales y figuras públicas. Cicerón fue una de ellas, y este mostró además una fuerte inclinación filosófica y meditativa, la cual se manifestó en sus muchos discursos y voluminosos escritos. El gran proyecto de su vida política fue mantener y defender el ancestral sistema de gobierno republicano. Quiso lograr una «concordia» de los conservadores y senatoriales aristócratas con la codicia de la clase de los ecuestres, que cada vez era más numerosa, pero esto estaba más allá de sus posibilidades, al igual que lo habría estado de las de cualquiera. Ni Cicerón ni nadie habría podido desviar la dirección principal de la política de esta Roma en el siglo I a. C.: el movimiento hacia el gobierno de un solo hombre.

La figura emblemática de este movimiento fue Julio César.

Algunos linajes familiares duran siglos, son de la máxima nobleza y no obstante, por motivos que se desconocen, no producen ningún individuo que alcance especiales logros o prestigio. Uno de ellos fue el clan de los Julio, uno de los más antiguos y distinguidos de Roma, que afirmaba descender del propio Eneas, de su madre la diosa Venus y de su hijo Iulus, afirmación que por lo general se aceptaba. La mayoría de sus miembros no hicieron gran cosa y fueron medianías. Pero hubo dos brillantes excepciones, hombres que transformaron Roma por completo, su política interior, su cultura y sus relaciones con el resto del mundo, y que fueron, sin competencia alguna, las más excepcionales figuras de poder de su época.

El primero de estos fue Cayo Julio César (100-44 a. C.). El segundo fue su sobrino nieto, su heredero legal y político y el primer emperador de Roma, Cayo Julio César Octaviano (63 a. C.-14 d. C.), conocido en un principio como Octaviano y posteriormente, en Roma y en el mundo, tras su trigésimo sexto cumpleaños, como César Augusto.

La carrera de Julio César tuvo un lento comienzo. Se había pasado los años 75-74 a. C. estudiando oratoria y retórica en Rodas, tras lo cual emergió como un perfeccionado y muy refinado orador, extraordinariamente equipado para la vida política pública. No era dado a pronunciar floridos discursos, algo que, como sabe cualquiera que lea la prosa escueta y desprovista de adornos de sus posteriores comentarios sobre la guerra, no era su estilo, pero sí que tenía un talento ejemplar para destacar el meollo de una cuestión e ir directamente a él. En el viaje de regreso de Rodas mostró un anticipo de su futura dureza cuando unos piratas capturaron su barco y César pasó a ser su prisionero durante un breve lapso de tiempo. Juró que crucificaría hasta al último de ellos, y con el tiempo lo hizo.

Cicerón, que también era un orador extraordinario, fue el más perspicaz crítico de la oratoria de la época, y dijo de él que era el más elegante de todos los oradores romanos. Pero quizá otros pudieran competir con Julio César en el estrado. En lo que él sobresalió fue en la manipulación de la política y, posteriormente, en el mando de los ejércitos en el campo de batalla. En la política, en un primer momento mostró brevemente su inclinación hacia los *optimates* o los «hombres excelentes». Este fue el nombre que adoptó la clase alta romana, el partido de la riqueza y el poder que se definía a sí mismo y sus intereses en contra de los *populares*, un «partido del pueblo» de trabajadores, granjeros y pequeños comerciantes, movilizado y encabezado en un principio por los hermanos Graco hacia el año 133. a. C. Antes de ir a Rodas para estudiar retórica, César había confirmado su cada vez mayor filiación con el partido popular casándose con Cornelia, la hija de Cina, que era uno de los principales adversarios de Lucio Cornelio Sila (138-78 a. C.), líder de los *optimates*, el cual le había proporcionado a Pompeyo su formación política básica.

Sila era un vengativo y despiadado patricio que, por mero empuje y astucia, había obtenido un consulado y el mando contra Mitridates, el rey persa del Ponto, que había invadido imprudentemente las provincias de Roma en Asia. Sus enemigos políticos en el ámbito doméstico, miembros de la facción de los *populares*, anularon el mando de Sila, tras lo cual este se retiró a Capua y reunió a seis legiones que estuvieran dispuestas a ir con él contra el gobierno de Roma y, una vez que hubieran tomado la ciudad, a perseguir a Mitridates en Asia. En 86 a. C., Sila y sus legiones invadieron Grecia y conquistaron Atenas. Desde allí regresó a Italia, volviendo su ejército cargado con el botín. Tras desembarcar en Brundisium en 83 a. C., se unieron a él y a su ejército Pompeyo, Craso y un senador ultraconservador, Metelo Pío, con todos sus hombres. El gobierno romano no pudo oponerles resistencia durante demasiado tiempo. En menos de un año, Sila ya había tomado Roma y fue proclamado dictador de Italia. Entonces inició un reinado del terror mediante las «proscripciones», incluyendo en una lista pública de condenados a muerte a todo aquel que fuera o que pudiera haber sido enemigo suyo; cualquier soldado podía asesinarlos, sus propiedades iban a parar a manos del Estado (concretamente, a las de Sila) y se animaba a todos los ciudadanos a traicionar y denunciar a todo aquel que desearan: una anticipación de la justicia estalinista, simple y llanamente. De este modo, se piensa que Sila eliminó a cuarenta senadores y a 1.600 *equites*, cuyos hijos y nietos también quedaron excluidos de la vida pública. Así fue el modelo y protector político de Pompeyo.

En 68 a. C., César había sido enviado como *quaestor* o magistrado a Hispania Ulterior; en ese año murió su esposa Cornelia, y César contrajo lo que claramente fue un matrimonio político con Pompeya, una muchacha de la familia de Pompeyo. Entonces le eligieron como *aedile*, un cargo de gran importancia para los plebeyos de Roma, ya que hacía responsable a su titular de los templos, los mercados y (lo más revelador de todo) el suministro de grano, algo que daba muchos votos. Durante esta época gastó pródigamente en la restauración de templos y la celebración de espectáculos públicos, en especial los de gladiadores. Tuvo que pedir dinero prestado al inmensamente rico cónsul Marco Craso, destructor de la revuelta de esclavos encabezada por Espartaco, que desconfiaba de Pompeyo pero no tenía reparos en financiar las estrategias de su yerno, que tenían como fin congraciarse con los plebeyos. Naturalmente, el coste de granjearse popularidad de esta manera hizo que César quedara muy endeudado con Craso y los *optimates*, que no confiaban del todo en él. Para llegar más lejos como político, necesitaba evitar las sospechas de estos: ser nombrado cónsul y después obtener un mando militar de importancia, cuyas victorias fueran tan irrefutables como las de Pompeyo. En Roma, César fue nombrado senador en 59 a. C. Estableció una alianza con Pompeyo y Craso (el «Primer Triunvirato») y se unió a Pompeyo, que ya era cónsul, para derogar algunas de las alteraciones más extremas y parciales que Sila había hecho a la Constitución. No había el menor indicio, por el momento, de discordia alguna entre Pompeyo y César. De hecho, Pompeyo, en 59 a. C., se casó con Julia, la hija que el propio César había tenido con su primera esposa Cornelia, completando así una perfecta simetría matrimonial.

En 58 a. C., como procónsul, César asumió el control de la Galia tanto Cisalpina (el valle del Po en el norte de Italia) como Transalpina (el sur de Francia, que él llamaba «la provincia», un nombre que desde entonces se conmemora como Provenza), así como de Illyricum (Dalmacia). Desde 58 hasta 50 a. C., César se concentró en las fronteras galas al norte de Roma, desgastando métodicamente toda resistencia opuesta por los galos. No tenía dudas a la hora de decidir cuál debía ser la política exterior de Roma. Roma tenía que conquistar e intimidar a cualquier Estado o pueblo que pudiera causarle problemas. Esa había sido la lección principal de Cannas. Todos estaban de acuerdo en esto, incluso Cicerón, que detestaba bastante a César personalmente pero le admiraba políticamente:

> No ha creído que solamente era necesario hacer la guerra a aquellos que vio que ya estaban en armas contra el pueblo romano, sino que también se había de someter toda la Galia a nuestro dominio. Y para ello ha combatido contra los más feroces pueblos, en enormes batallas contra germanos y helvecios, con el mayor éxito. Ha aterrado, ha confinado y ha sojuzgado a los demás pueblos, y los ha acostumbrado a obedecer el imperio del pueblo romano...

En 56 a. C. faltaba ya poco para que César completara su conquista y pacificación de la Galia. La mayor parte del territorio había entrado en vereda y ya era una provincia romana, salvo por esporádicos brotes de feroz resistencia. En sus *Commentarii de bello Gallico*, César describió cómo los fieros helvecios, tras abandonar su territorio, situado en lo que actualmente es Suiza, habían emigrado a la Galia, con la intención de llegar hasta el canal de la Mancha y reasentarse allí. Los ejércitos de César les atacaron durante su migración, y en Annecy, junto al río Arroux, este los aniquiló por decenas, quizá centenares o miles, obligando a los supervivientes a retroceder hacia Suiza. Las tribus germanas intentaron la misma infiltración en la Galia, a la que siguió la misma costosa expulsión. Al norte del Sena estaban los llamados belgas, un pueblo belicoso compuesto fundamentalmente por germanos unidos en matrimonios mixtos con celtas. Recelaban enormemente de César, y con razón. Cuando César estableció su cuartel general de invierno en territorio galo, y dio todas las muestras de tener la intención de quedarse allí, movilizaron a no menos de 300.000 guerreros. La respuesta de César fue reunir a dos legiones más en la Galia Cisalpina, aumentando su fuerza total a ocho.

La cohesión de los ejércitos belgas comenzó entonces a desintegrarse, debido fundamentalmente a la escasez de suministros. Sólo la tribu conocida como los nervios pudo mantener un ejército en el campo, y César los aniquiló en una batalla junto al Sambre en 57 a. C. Por consiguiente, la resistencia en la Galia sólo duró dos temporadas militares. Al final se dio muerte, como mínimo, a un tercio de todos los galos que se hallaban en edad militar, y otro tercio de ellos fueron vendidos como esclavos: un castigo que prácticamente destruyó a toda la población masculina de la provincia, la dejó incapaz de oponer más resistencia, e hizo a César aún más colosalmente rico que antes. El líder galo Vercingétorix, una brillante y carismática figura que le había opuesto a César la resistencia más complicada y tenaz a la que este se había enfrentado en toda su carrera, fue sitiado y finalmente capturado en Alesia en 52 a. C. Lo llevaron encadenado a Roma, le hicieron desfilar en el triunfo de César y después lo estrangularon ignominiosamente en una mazmorra.

En el año 52 a. C. ya quedaba escasa oposición a Roma, y en el 50 a. C. ya no existía ninguna. La conquista de la Galia hizo que Roma pasara de ser una potencia mediterránea a ser una paneuropea, ya que (en palabras del historiador Michael Grant) «una inmensa conglomeración de territorios de la Europa continental y del norte habían quedado dispuestos para su romanización». También cambió radicalmente a la Galia, transformándola, en la práctica, en una forma embrionaria de Francia. Esta se abrió a la cultura clásica aunque pagando un alto precio de sangre y sufrimiento.

Con la idea a largo plazo de ampliar aún más el *imperium* de Roma, en 55 a. C. César envió una expedición que atravesó el Rin y penetró en Germania, con resultados no concluyentes; no se trató tanto de una invasión como de una sonda. Se hizo con el fin de demostrar a los germanos el poder romano en su territorio, disuadiéndolos de cruzar a la Galia. Un tribu germana amistosa, o cuando menos sumisa, la de los ubios, le ofreció barcos a bordo de los cuales sus tropas pudieran atravesar el Rin, pero César los rechazó: no causaría una buena impresión depender de los germanos para entrar en Germania. En lugar de ello, mediante recursos de ingeniería que no quedan claros en su propia explicación de los hechos, sus hombres construyeron un puente de madera de un lado a otro del imponente río. Su ejército se pasó unas tres semanas saqueando e incendiando aldeas situadas en la ribera germana y después se retiró tras haber dejado claro su mensaje, y demoliendo su puente tras ellos.

A continuación se envió una expedición a Britania. No está claro por qué deseaba César invadir la isla, que nunca antes había sido atacada por Roma. Quizá sospechara que los britanos fueran a unirse a los galos en algún contraataque posterior; quizá se sintiera atraído por las exageradas historias que se contaban acerca de las fabulosas riquezas (oro, plata, hierro y perlas) que podían saquearse allí. O quizá simplemente quisiera información sobre este desconocido lugar y nadie pudiese proporcionársela. Fuera cual fuese el motivo, en el año 55 a. C. llevó una flota de navíos de transporte y soldados directamente a la costa sureste de Britania, donde se toparon con un clima terriblemente adverso y con una feroz resistencia por parte de la infantería y la caballería de los «bárbaros». Finalmente, los romanos consiguieron desembarcar (donde actualmente se halla la ciudad de Deal) y hacer que los britanos pidieran la paz, pero no penetraron demasiado en el interior; fue una victoria superficial en el mejor de los casos, y regresaron con escasa información y aún menos botín.

César volvió a intentarlo al año siguiente, en el 54 a. C. Reunió una nueva flota de unos 800 navíos, que transportaban cinco legiones y 2.000 efectivos de caballería. Esta vez las condiciones climáticas fueron más favorables y los romanos avanzaron combatiendo hacia el norte, cruzando el Támesis con la intención de atacar al comandante britano Casivelono. Sitiaron la fortaleza de este rey en Hertfordshire, y lo capturaron; se llegó a acuerdos de rendición con él. Pero entonces llegaron noticias de que se estaba gestando una insurrección entre los galos, de modo que César retiró su ejército a regañadientes a través del canal de la Mancha; la conquista completa de Britania, y la reducción de esta a una provincia de Roma, tendría que esperar casi un siglo, hasta que los ejércitos del emperador Claudio la lograran.

Pero precisamente por lo poco que se sabía sobre Britania en Roma, el mero hecho de ir hasta allí dotó a César de un halo de misterio y celebridad en su país, que se sumó a la gloria que se había granjeado con su conquista de la Galia y al número de lectores que habían llegado a tener sus brillantes *Comentarios*, el mejor libro sobre la guerra que un romano había escrito jamás. Además, ahora era enormemente rico gracias a la venta de los prisioneros de guerra galos como esclavos. Fue más allá en su compra de influencias. Se dice que uno de los cónsules del año 50 a. C., Lucio Emilio Paulo, se embolsó 36.000.000 sestercios de César: esto, en un momento en el que un soldado del ejército romano que estaba en el frente cobraba 1.000 sestercios al año. Incomparablemente rico, abrumadoramente popular: ninguna circunstancia podría haber sido más propicia que esta para desarrollar una importante carrera política en Roma.

El gran problema era que no podía regresar a Roma. No podía volver con sus legiones, porque la ley prohibía que ningún comandante entrase en la ciudad con sus tropas. Pero tampoco podía regresar sin ellas, pues eso habría significado renunciar a su mando y exponerse a ser procesado por sus muchos enemigos.

Pero había estado desplazándose hacia el sur. En enero del 49 a. C. el Senado le envió órdenes de que disolviera su ejército. César las recibió en la ribera norte de un pequeño río llamado Rubicón, la línea divisoria entre la Galia Cisalpina y la Italia propiamente dicha. (El nombre, que venía del latín *ruber*, «rojo», se refería al color de su agua, llena de arcilla.) La reacción de César ante esta carta fue rápida y firme. «Por lo que a mí respecta», declaró en su *Guerra Civil* (1.9), «siempre he considerado que la dignidad de la República tiene la máxima importancia y es preferible a la vida. Me indignó que mis enemigos quisieran arrebatarme insolentemente una ventaja que me había otorgado el pueblo romano». Y así, en esa legendaria frase que ha llegado a referirse a la toma de cualquier decisión trascendental e irrevocable, cruzó el Rubicon y entró en Italia con sus tropas.

Esto inevitablemente suponía la guerra civil. El comandante de las tropas de Roma en la guerra fue Cneo Pompeyo Magno (106-48 a. C.), conocido en la historia como Pompeyo, comandante hábil y muy experimentado, el único hombre en Roma capaz de hacer frente a Julio César. Hasta este momento la carrera de Pompeyo había estado jalonada por brillantes éxitos, que también habían servido para poner espectacularmente de relieve los puntos débiles del obsolescente sistema republicano. En adelante, la política romana tendría que ver cada vez menos con la democracia, y estaría cada vez más determinada por ambiciosos individuos respaldados por sus propios ejércitos.

Muy pronto en su carrera, Pompeyo empezó a mostrar todos los indicios de que iba camino de convertirse precisamente en esa clase de prototípico hombre fuerte, absolutamente implacable y decidido a hacerse con el poder. Sila había reconocido que el creciente Imperio de Roma no iba a poder gobernarse por aclamación popular, mediante votación democrática. Ese sistema era demasiado rígido. Por consiguiente, su política consistió en retirar la autoridad y el poder político del Estado a los tribunos, los magistrados y la asamblea popular de Roma, que para él no era más que chusma, y devolvérselos al Senado. Bajo el nuevo sistema de Sila, los senadores recuperaron todos sus poderes judiciales, mientras que cónsules y pretores, despojados de su poder militar, tuvieron que conformarse con ser los buenos servidores del Senado. Pero había una pregunta: ¿y si algún nuevo caudillo romano de repente atacaba el Senado con sus fuerzas y los expulsaba de allí sin más? La solución de Sila fue aprobar una ley según la cual no habría ninguna fuerza armada romana en Roma. En cuanto cualquier soldado, o sus oficiales, cruzaran los límites de la *urbs Romae*, automáticamente tendrían que deponer sus armas, renunciar a su mando y convertirse de nuevo en ciudadanos particulares. Naturalmente había que hacer cumplir esta ley, cosa de la que Sila, el vencedor de la guerra contra Mitridates, el rey de Ponto en Asia Menor, se encargó sin demora. Había acumulado enormes reservas de botín y dinero en metálico, y estas habían financiado su invasión de Italia en 83 a. C. Naturalmente esto no se consiguió sin problemas, pues había un fuerte sentimiento anti-Sila tanto en Sicilia como en el norte de África, y Sila consiguió el apoyo del brillante e implacable joven Pompeyo para suprimirlo, algo que este hizo con incontroladas matanzas y derramamiento de sangre. En 81 a. C., las facciones anti-Sila ya habían sido aplastadas, y Pompeyo, que tan sólo contaba con 25 años entonces, ya se hallaba en situación de exigirle a Sila un triunfo total cuando regresara a Roma, y que el cognomen de *Magnus*, «Pompeyo el Grande», acompañara a su nombre. No se podía negar que Pompeyo se había abierto paso hasta el exclusivo nivel social de la clase alta dirigente de Roma, los *optimates*. Hasta ese momento ningún romano se había ganado semejante honor tan pronto en su carrera militar.

En 70 a. C., Pompeyo fue nombrado cónsul. El otro cónsul, su renuente y vigilante compañero de fatigas, era Marco Licinio Craso, el hombre que había aplastado la revuelta de los esclavos encabezada por Espartaco (le irritaba especialmente el hecho de que Pompeyo, que había reducido a un último resto del ejército derrotado de Espartaco, se atribuyera el mérito de haber sofocado toda la rebelión) y que había amasado una enorme fortuna acaparando las propiedades confiscadas a los ciudadanos romanos a los que se había despojado de sus bienes en las proscripciones. La fricción y el mal disimulado conflicto entre los dos multimillonarios, Craso y Pompeyo, era inevitable.

En enero de 49 a.C., viendo que se había cruzado el Rubicón y que César ya estaba en territorio italiano, el Senado votó a favor de la ley marcial contra César y entregó el gobierno de la República a Pompeyo. Pero César no se demoró un solo instante tras cruzar el Rubicón. Condujo a su cada vez más numeroso ejército en una arrolladora marcha hacia el sur por la costa oriental de Italia, y Pompeyo y el Senado tuvieron que poner pies en polvorosa de Roma tan deprisa que hasta se dejaron atrás el tesoro de la nación. La continua presencia de los senadores resultó ser un gran estorbo para Pompeyo. Estos no dejaban de exigir informes, de criticar los planes y en general de molestar. Eso contribuyó en gran medida a neutralizar lo que de lo contrario habría sido una clara ventaja para los pompeyanos. Ellos tenían barcos y César no tenía armada. Pudieron reunir y adiestrar a un gran ejército en Dirraquio, en el oeste de Grecia. El abastecimiento de las tropas de César era tan deficiente que muchos de los soldados no tenían más remedio que comer la corteza de los árboles. Y sin embargo, merced a una combinación de extraordinario don de mando y de buena suerte militar, César pudo derrotar a Pompeyo, que le presentó batalla en Farsalia en agosto del 48 a. C. y sufrió una dura derrota. Enervado, Pompeyo huyó y se refugió en Egipto, donde el gobierno ptolemaico, que tenía pavor a las represalias que pudiera tomar contra él el temido César, le cortó la cabeza y envió a César ese horroroso trofeo.

Julio César gobernó ahora Roma y su enorme Imperio, que no dejaba de expandirse, sin oposición. En 46 a. C. se nombró a sí mismo dictador durante diez años, y en febrero de 44 a. C. el nombramiento se amplió para todo lo que le quedaba de vida. El calendario oficial, que necesitaba una revisión, efectivamente se revisó, dando al mes que hasta entonces se había conocido como Quintilis el nuevo nombre de «julio». La cabeza de César empezó a aparecer en las monedas, un homenaje que hasta entonces se había reservado para los reyes y los dioses. César fue el primer hombre que venció y que en esencia puso fin a la aversión republicana romana a la realeza, que venía de antiguo. Plutarco creía que César planeaba hacer que le convirtieran en un rey deificado, y probablemente tenía razón, aunque la cuestión aún se discute. Desde luego, las masas de Roma llegaron muy pronto a verlo como lo más parecido a un dios vivo, y su amigo más íntimo, Marco Antonio, fomentó una especie de culto al César.

Ahora que las guerras habían terminado y se habían ganado, César, con el apoyo de un Senado completamente sumiso, se otorgó a sí mismo no menos de cinco triunfos completos, cuatro después de destruir a Escipión y uno más por aplastar a los hijos de Pompeyo. El más grande fue el triunfo que se le otorgó por su conquista de la Galia, pero fue su triunfo póntico en Zela sobre Farnaces, el hijo de Mitridates, de quien sospechaba que intentaba restaurar el reino de su padre en el este, el que inspiró a César la creación de la frase más célebre de la historia militar; en el desfile de la victoria expuso en un cartel las tres lacónicas palabras *Veni, vidi, vici*: «Llegué, vi, vencí».

Estos «triunfos» romanos eran ceremonias de gran importancia y seguían un patrón establecido, cuyos orígenes se hallaban en el pasado etrusco. Para ser declarado *triumphator*, el héroe victorioso primero debía ser aclamado por sus soldados. Tenía que ser un magistrado electo con *imperium*, el poder autocrático para ejercer la autoridad. (Si no era un magistrado de este tipo, no podría haber ningún triunfo para él, por muy rotunda que hubiera sido su victoria.) Debía demostrar que había matado por lo menos a cinco mil soldados enemigos, y regresar a casa con una cantidad de su ejército que fuera suficiente para demostrar su victoria total. Como la propia Roma no entraba dentro de su *imperium*, debía esperar entonces fuera de los límites de la ciudad hasta que el Senado hubiera acordado concederle ese poder absoluto por un solo día. Una vez hecho esto, el líder triunfante podía entrar a la cabeza de sus tropas, precedido por sus lictores, cada uno de los cuales portaba un haz de varas y un hacha —el *fasces* que Mussolini volvió a adoptar en el siglo XX— para simbolizar su poder de arrestar, castigar y ejecutar. Un dictador tenía veinticuatro lictores, los oficiales de rango inferior tenían menos. Los soldados alzaban un canto de alabanza, «*Io triumphe!*», y cantaban canciones ligeramente obscenas, los «versos fesceninos», en los que se burlaban de su líder; una estrofa típica sobre César (que estaba calvo y que era célebre por sus apetitos sexuales) decía:

> A casa traemos al calvo Follador,
> doncellas romanas, atrancad vuestras puertas;
> pues el oro romano que le enviasteis
> se fue en pagar a sus putas galas.

Normalmente, la aparición del vencedor iba precedida por un largo desfile de sus trofeos de guerra. Así, el triunfo de Emilio Paulo vino precedido, según Plutarco, por el desfile, durante todo un día, de unos 250 carromatos que llevaban las estatuas, los cuadros y las imágenes colosales saqueadas en el reino de Perseo, monarca de Macedonia. Después llegó un segundo día, durante el cual se exhibieron la plata, el bronce y el oro griegos en una parada de carros similar, junto con las armaduras capturadas. No fue hasta el tercer día cuando hizo su aparición el triunfante Emilio Paulo, seguido por Perseo, «que tenía el aspecto de alguien que se halla completamente aturdido y privado de razón por la enormidad de sus infortunios», como efectivamente debió de hallarse.

Por supuesto, el héroe victorioso se vestía para la ocasión. Llevaba el rostro pintado con plomo rojo, para expresar su vitalidad divina. Iba engalanado con púrpura triunfal, con una corona de laurel sobre su cabeza y una rama de laurel en su mano derecha, y llevaba amuletos para conjurar el mal de ojo. Dirigiéndose a una masiva concurrencia compuesta por ciudadanos civiles y por sus soldados, alababa el patriotismo de los primeros y el noble coraje de los segundos. Repartía entre estos dinero y condecoraciones. Se esperaba que esos obsequios fueran espléndidos. Y viniendo de César, lo eran: cada soldado de infantería de sus veteranas legiones recibía 24.000 sestercios como botín, muy por encima de los 1.000 que había obtenido al año en forma de salario. Si uno paga muy bien la gratitud, y esto lo sabía muy bien César, es probable que esta siga comprada. Pero sus hombres sí que le adoraban, y por otros motivos, igual de convincentes: su formidable audacia y destreza militar, sus dotes para el liderazgo carismático.

Montado en una *cuadriga* o carro de cuatro caballos, con sus hijos y parientes yendo a caballo alrededor de él, el general victorioso comenzaba entonces su avance hacia el Capitolio; en el carro iba montado también un esclavo público, que sostenía sobre el vencedor una corona de oro tachonada de piedras preciosas, entonando repetidamente el mantra *Memento mori* («recuerda que eres mortal»). El recorrido procesional partía del Campo de Marte, situado fuera de la ciudad, pasaba por la Puerta del Triunfo, llegaba al Circo Flaminio —una plaza pública anómala en la que, pese a su nombre, no parece que se celebrase jamás ninguna carrera, y en la que no había bancos para los espectadores, pero en la que sí se exhibían los trofeos de guerra del triunfo—, y desde allí se dirigía al Circo Máximo. Entonces la procesión giraba por la colina Palatina, avanzaba por la Via Sacra, la calle más antigua y famosa de Roma, y desde allí se dirigía al Capitolio. En el Foro ordenaba encarcelar o ejecutar a algunos cautivos de alto rango, y después seguía avanzando hacia el Capitolio, donde se llevaban a cabo más rituales en el templo de Júpiter Capitolino. Julio César tenía tan desarrollado el sentido de la exhibición y el dramatismo que, cuando daba sus últimos pasos hacia el Capitolio, tenía cuarenta elefantes desplegados a su derecha e izquierda, cada uno de ellos con una antorcha en su trompa.

Naturalmente, estas largas e impresionantes ceremonias requerían un espléndido telón de fondo arquitectónico. A lo largo de todo el período de sus campañas en el norte de Europa, César no había construido nada; no había habido tiempo para ello. Pero en 55-54 a. C. decidió dejar una huella arquitectónica permanente en Roma: una magnífica plaza con columnatas, el Foro Julio o Foro de César, con un templo dedicado a Venus Genetrix, la mítica antepasada del linaje de los Julios, en uno de sus extremos. Este lindaba con el antiguo Foro, que había empezado siendo un lugar de encuentro de carácter general y un mercado y que con el tiempo se había llegado a conocer como el Foro Romano, para distinguirlo de otros foros que ya existían, como el Foro Holitorio (el mercado de la verdura) y el Foro Boario (el mercado de ganado). Con el paso de los años, una gran cantidad de funciones convergieron y se arraigaron en él. Abogados, cambistas y senadores se mezclaban en sus edificios anexos, que a veces se usaban como mercados. Los archivos del Estado se conservaban en su *tabularium*, un importantísimo archivo. Se construyeron santuarios: un templo circular de Vesta, diosa romana del hogar del fuego, del que se ocupaban seis vírgenes vestales, que tenían el deber de cuidar del fuego sagrado de la ciudad. El Foro Romano también contenía el pequeño pero ritualmente importante santuario de Jano, el dios romano de los comienzos, cuyas puertas se cerraban ritualmente siempre que se anunciaba la paz en el mundo romano.

El foro de Julio César fue el primero de varios foros que se construyeron al lado del Foro Romano, al norte de él; sus sucesores fueron el Foro Augusto, el Foro de Nerva y el Foro de Trajano. Los enormes costes de la construcción del foro de Julio César se sufragarían con el saqueo de las ciudades y los santuarios galos, y naturalmente con la trata de esclavos, que para entonces ya dominaba César con sus prisioneros de guerra. Se dice que el coste final de la tierra, y sólo de la tierra, utilizada para la construcción del Foro de Julio César fue de 100.000.000 sestercios, ya que hubo que comprar cada metro cuadrado de ella a propietarios particulares en un momento de feroz especulación comercial.

Esto no le importó a César; estaba decidido a reunir su parcela al precio que fuese, y lo hizo. Dentro de ella erigió un templo de mármol en una plaza con columnatas. Lo llenó de costosas obras de arte, entre ellas cuadros de Áyax y Medea pintados por el famoso pintor Timómaco, una estatua de oro de Cleopatra, un peto hecho con perlas de Britania y una plétora de retratos suyos. Se dice que en el exterior de su entrada instaló el *Equus Caesaris*, otro retrato escultural de él montado sobre un retrato de su caballo favorito. Diversas historias de la antigüedad —Plinio, Suetonio— coinciden en que se trataba de un animal peculiar, reconocible por sus patas delanteras, de aspecto casi humano. Pero no está claro si tenía dedos o simplemente cascos deformados.

Ya era el amo absoluto del Imperio romano. Llevaba veinte años siendo el sumo sacerdote de la religión estatal, el *pontifex maximus*. Parecía que César ya no podía llegar más alto, salvo convirtiéndose en un rey deificado.

Incluso eso se veía venir. En el año 44 a. C., el retrato de su cabeza empezó a aparecer en las monedas romanas; era la primera vez que se concedía este honor a alguien que no fuese un rey o un dios. Marco Antonio (83-30 a. C.), un muy cercano partidario de César, intentó (aunque sin éxito) instaurar un culto al César vivo del cual él mismo sería sacerdote. César también infló la cifra de miembros del Senado con centenares de patricios y ecuestres a los que escogió personalmente. Nombró a muchos magistrados nuevos, igualmente agradecidos a él, y fundó muchísimas colonias latinas nuevas fuera de Italia para premiar con ellas a hombres fieles del ejército. Alentado por sus éxitos, sintiéndose invulnerable, también cometió un error fatídico: despidió a su Guardia Pretoriana.

Los conservadores estaban esperando su momento, ardiendo de ira al ver la cada vez mayor autocracia de César, y decididos a devolver a Roma sus supuestamente prístinas virtudes como República. La única forma, razonaron ellos, de librarse del cesarismo era asesinar a César. Rápidamente formaron un conciliábulo. Los líderes de la conspiración fueron Cayo Casio Longino y Marco Junio Bruto.

Casio había combatido en el bando de Pompeyo contra el ejército de César durante la guerra civil, pero César, con su habitual magnanimidad hacia los enemigos romanos derrotados, le había indultado, le había ascendido a pretor en el año 44 a. C. y después le había nombrado cónsul.

Bruto, que encabezó el conciliábulo, era un hombre de profunda probidad y patriotismo —«Era el romano más noble de todos ellos»— al que los otros aspirantes a asesinos consideraban indispensable para el plan de matar a un héroe tan idolatrado por la *plebs*. El hecho de que fuera un usurero —Cicerón, a quien Bruto había servido como cuestor en Cilicia, descubrió que Bruto estaba obteniendo un interés anual del 48 % sobre un préstamo que había hecho a una ciudad de Chipre— no disminuyó su reputación en lo más mínimo. A los romanos no les resultaba necesariamente repugnante la idea de matar a un hombre que tenía demasiado poder y que abusaba de él. Tenían ante sus ojos el ejemplo de figuras heroicas tales como Harmodio y Aristogitón, los amantes griegos que en 514 a. C. habían asesinado al tirano Hiparco y a quienes honraba una estatua situada en el ágora, profusamente copiada por los escultores romanos (o griegos que trabajaban para clientes romanos). Así era como el conciliábulo veía a César y conspiradores decidieron asesinarlo, lo que hicieron con sus dagas en el suelo de la cámara del Senado de Roma en los *Idus* de marzo del año 44 a. C.

Shakespeare hace que el desprotegido César exclame «*Et tu, Brute*» («¿Incluso tú, Bruto?»), pero parece que sus últimas palabras no fueron en latín; fueron en griego: «*Kai su, teknon*», («¿Tú también, hijo mío?»), como correspondía a un patricio romano con estudios superiores que se dirigía a otro, incluso en el momento de la muerte.

A continuación se desató el caos. Los asesinos dejaron el cadáver de César allí donde había caído, en el suelo del Senado, a los pies de una estatua de Pompeyo. Salieron apresuradamente a la calle blandiendo sus dagas y gritando *¡Libertas!* y *¡Sic semper tyrannis!* («¡Libertad!» y «¡Así siempre a los tiranos!»). La población general no se mostró muy convencida; se arremolinaron allí, algunos de ellos histéricos por el dolor y la confusión; llevaron a los conspiradores a la colina Capitolina para que se refugiaran allí. Mientras tanto, Marco Antonio, cónsul y amigo más importante de César, cogió los documentos, el testamento y el dinero del hombre muerto y se preparó para hablar en el funeral público de César. Su discurso exaltó los ánimos de la muchedumbre, y los conspiradores, que se habían convencido a sí mismos de que serían aclamados como salvadores, abandonaron apresuradamente Roma en dirección a las provincias orientales del Imperio.

En esta fase inicial de organización de las cosas después de César, nadie prestó la menor atención al único pariente varón de este: su sobrino nieto, un enclenque muchacho de dieciocho años llamado Cayo Octavio. Pero resultó que en su testamento César lo había adoptado póstumamente como hijo y heredero suyo, y le había dejado las tres cuartas partes de su enorme fortuna. Marco Antonio, que se había arrogado el papel de albacea de César, se negó rotundamente a darle esta herencia al muchacho y, actuando con la misma insensatez, se negó a pagar los 300 sestercios que César había legado a todos y cada uno de los ciudadanos de Roma. Este increíble acto de mezquina temeridad sentenció a Marco Antonio, privándole de la buena disposición de la mayoría de los romanos.

Mientras tanto, al impedírsele el acceso a la fortuna de César, Cayo Octavio usó sus propios fondos, de menor cuantía aunque considerable, para reclutar un ejército privado entre los veteranos de César a los que se había asentado en Campania y Macedonia. El nombre de César seguía siendo mágico para estos veteranos, y Octavio había heredado su poder. Y aunque no era guerrero con ningún arma salvo su lengua, Cicerón atacó a Marco Antonio con catorce «Oraciones Filípicas», título que había tomado de Demóstenes para dar nombre a los histéricamente feroces discursos que realizó contra el amigo del César.

Octavio hizo marchar entonces su ejército de endurecidos profesionales hacia Roma. A sus diecinueve años fue elegido cónsul, el más joven en la historia de la ciudad, y a partir de entonces se le llamó Cayo Julio César Octaviano: Octaviano, en versión abreviada. Tras una reunión cerca de Bononia (la actual Bolonia) con Marco Antonio y el gobernador de la Galia Transalpina, Marco Emilio Lépido, Octaviano anunció que se había formado el Segundo Triunvirato; este fue confirmado poco después por el Senado romano, que no tuvo ninguna elección sobre el asunto. En un principio, los triunviros ocuparían el cargo cinco años. Tendrían el poder absoluto sobre el sistema tributario y el nombramiento de funcionarios, de alto y bajo rango. Tendrían libertad para proscribir a todo aquel que desearan, y lo hicieron sin piedad: 300 senadores y 2.000 ecuestres murieron en las purgas, arramblando los triunviros con el dinero y las propiedades de estos.

Y Cicerón pagó caros sus insultos a Marco Antonio. Apenas había emprendido su huida de Roma cuando un destacamento de soldados de Octaviano le dio alcance en la Via Apia, a comienzos de diciembre de 43 a. C. Estos enterraron su cuerpo pero regresaron con su cabeza a Roma. Hay dos versiones de la suerte que corrió la cabeza. «Se dice», escribió el cronista Apiano, «que incluso en sus comidas colocaba Marco Antonio la cabeza de Cicerón ante su mesa, antes de quedar ahíto de esta horrible visión». Otra versión relataba que la cabeza se había clavado en lo alto del Foro para que todos la reconocieran. Fulvia, la esposa de Marco Antonio, le abrió la mandíbula, le sacó la lengua y la atravesó con el alfiler de su sombrero: un insulto apropiado, pensaron ella y otros, para el órgano que con tanta frecuencia y de forma tan calamitosa había injuriado a su marido.

Capítulo 2

AUGUSTO

Hasta la llegada de la fotografía y posteriormente de la televisión, que en la práctica las sustituyó, las estatuas propagandísticas fueron indispensables para perpetuar la iconografía de los líderes. Se realizaban cantidades ingentes de ellas por todo el mundo para loar las virtudes y hazañas de héroes militares, de figuras políticas y de individuos que ejercieran cualquier clase de autoridad sobre cualquier clase de personas. La mayoría de ellas son espantosas obras *kitsch*, aunque no todas, y uno de los iconos de poder más logrados de la historia es una estatua de mármol que se desenterró en una villa que en tiempos perteneció a la emperatriz Livia, esposa de Octavio y madre del futuro emperador Tiberio, cerca del emplazamiento de la Prima Porta, una de las principales entradas a la antigua Roma. Es un retrato de su marido, Cayo Julio César Octavio, conocido en el mundo y en la historia como el primero de los emperadores romanos: Augusto (63 a. C.-14 d. C.).

La estatua quizá no sea, en sí misma, una gran obra de arte; pero es competente, eficaz y memorable, una copia en mármol de lo que probablemente era un retrato griego en bronce, que muestra al héroe vestido de militar, en el acto de pronunciar un discurso ante el conjunto del Estado o, más probablemente, ante su ejército en vísperas de la batalla. Como imagen de poder sereno y autosuficiente que se proyecta sobre el mundo, tiene pocos parangones en el campo de la escultura. No requiere del espectador nigún conocimiento especial de la historia romana. Pero hay pocas cosas en ella que se expliquen del todo por sí mismas. Tómese, por ejemplo, el motivo que se observa en la coraza que lleva puesta, el cual muestra, como habría sabido la mayoría de los romanos instruidos —aunque eso difícilmente se puede esperar de nosotros— la recuperación por parte de Augusto de uno de los estandartes militares del ejército, capturado y arrebatado por los partos en la frontera oriental en 53 a. C.: la cancelación, por consiguiente, de una insoportable ignominia. También ayuda saber que la pequeña figura del dios del amor, Eros, que se halla junto a la pierna derecha de Augusto, esta ahí para recordarnos que su familia, los Julio, afirmaba descender de la diosa Venus; la presencia de esta refuerza así la creencia de que Augusto era un dios vivo, mientras que el delfín que está a su lado hace referencia a la destrucción de la flota de Marco Antonio y Cleopatra por Augusto en la batalla naval de Accio.

Podemos sentirnos inclinados a suponer que el *Augusto de Prima Porta* es una obra única, pero casi con toda seguridad no lo es. Los romanos se deleitaban en la clonación, la copia y la diseminación de imágenes eficaces; eficaces, quiere decirse, sobre todo desde el punto de vista ideológico. Si pensamos en este Augusto como un «original», probablemente nos equivoquemos. Por todo el Imperio había escultores produciendo efigies estandarizadas de Augusto como salchichas, principalmente en mármol, pero alguna también en bronce. Los artistas eran más a menudo griegos que romanos, y su producción estaba organizada, hasta donde se puede discernir, en eficaces sistemas casi fabriles. El arte romano clásico y las técnicas de Andy Warhol tienen más cosas en común que las que se podría suponer en un principio. Había que saturar un enorme imperio con las imágenes de su emperador deificado. Como se decía en un estudio del año 2001: «Un reciente recuento de las cabezas, bustos y estatuas de cuerpo entero [de Augusto] que han llegado hasta nosotros alcanzó una cifra superior a los 200, y recientes cálculos aproximados de su producción en la antigüedad suponen que esta fue de entre 25.000 y 50.000 retratos en piedra en total».

Augusto (el nombre es un título otorgado por el Senado, que significa «digno de veneración», y tenía implicaciones de numinosidad, de semidivinidad) era el hijo de la sobrina de Julio César, al que el propio César adoptó como hijo suyo. No se sabe bien qué tipo de relación tuvo el joven Octavio con su tío abuelo, pero no hay ninguna duda de que la influencia que César tuvo en él fue definitiva. En particular, el joven admiraba su arrojo político y militar. No tardó un segundo en vengar la muerte de César. Los ejércitos del Triunvirato destruyeron los de los rebeldes en la batalla de Filipos en el año 42 a. C. Bruto y Casio se suicidaron.

Los triunviros, bajo cuyo control total se hallaba ahora Roma, emprendieron una violenta purga contra las clases senatorial y ecuestre del Estado. En el transcurso de esta surgieron profundas fisuras entre Oc-

taviano y Marco Antonio, y el resultado final fue la breve Guerra Peru-
sina (41-40 a. C.), en la que Marco Antonio montó una revuelta sin
tapujos contra Octaviano. Los arqueólogos han desenterrado no pocos
vestigios de esta: bolas de piedra y plomo para honda con mensajes
groseros grabados en ellas. «Voy a darle por el culo a Octaviano.» «Octaviano tiene la polla floja.» Fue una pequeña guerra brutal en la que se
alzó con la victoria Octaviano, que mandó sacrificar a unos 300 prisioneros de rango senatorial o ecuestre en el altar del dios Julio durante los
Idus de marzo. La rivalidad entre Marco Antonio y Octaviano quedó
resuelta, más o menos. En el nuevo orden de las cosas, Octaviano asumió el control de las provincias occidentales de Roma, mientras que
Marco Antonio conservó el poder sobre las orientales, entre ellas la
más célebre y fatídica para él: Egipto.

Entonces llegó el fiasco diplomático y militar de la aventura amorosa de Marco Antonio con la última de los monarcas ptolemaicos de
Egipto, Cleopatra (69-30 a. C.). La reina del Nilo ya había tenido una
relación con César (48-47 a. C.) y le había dado a este un hijo. Ahora
ella y Marco Antonio se entregaron a su famoso amorío, que comenzó
en el año 41 a. C. Este dio gemelos. Las monedas y otras efigies de
Cleopatra que han llegado hasta nosotros no parecen hacer justicia a lo
que aquellos que la conocieron (sobre todo Marco Antonio) consideraban su irresistible belleza. Puede que Blaise Pascal, muchos siglos después, tuviera razón cuando observó que, si ella hubiera tenido la nariz
más corta, toda la historia del mundo habría sido distinta. Pero hay
algunas cosas que nunca sabremos.

Lo que sí sabemos con certeza, sin embargo, es que la mutua obsesión de Marco Antonio con Cleopatra tuvo enormes repercusiones políticas. Fue una bendición para Octaviano, que para entonces ya deseaba destruir por completo a Marco Antonio, pero que se guardaba de
hacerlo porque era probable que un ataque a Marco Antonio se inter-
pretase como un ataque a la sagrada memoria de Julio César. Vio una
oportunidad para ello cuando Marco Antonio empezó a juntarse con la
reina egipcia, y empezó a fomentar la idea de que Cleopatra había per-
vertido la romanidad de Marco Antonio. Cleopatra era la meretriz griega de Egipto loca por el poder, una mujer que no se detendría ante nada
en su campaña para socavar los intereses romanos en Oriente Medio,
con Marco Antonio como su incauta y sexualmente ofuscada víctima.
Ella pretendía llegar hasta el Capitolio: ella tenía la intención de reinar
en Roma.

En realidad, la imagen de Cleopatra que hemos heredado era completamente engañosa, una mera creación propagandística. Era, en todo caso, una mujer merecedora de respeto, no sólo por su inteligencia, que iba mucho más allá de la mera astucia sexual. Sólo tuvo dos relaciones amorosas documentadas con hombres poderosos y carismáticos, César y Marco Antonio, y tuvo hijos de los dos, a los que estaba entregada. La imagen que se tiene de ella como una ninfómana intrigante es falsa en todos los sentidos. Pero sirvió a los propósitos de Octaviano, sin duda. Este la usó para exaltar los ánimos belicosos de plebeyos y patricios romanos por igual. En primer lugar, estos temían que Cleopatra, a través de su influencia sobre Marco Antonio, subvirtiera el correcto curso de la política romana, y que hiciera aún más daño si se trasladaba a Roma con él. En segundo lugar, detestaban la idea de que una mujer, cualquier mujer, tuviera tal influencia política.

De ese modo, Octaviano se aseguró de contar con el apoyo popular para un ataque a Marco Antonio que destruiría a este y a Cleopatra. El resultado final fue una batalla naval entre los barcos del Triunvirato y los de Marco Antonio. Esta se libró en el año 31 a. C., a escasa distancia de Accio, al sur de Epiro, en Grecia. La armada romana puso en fuga a los sesenta barcos de Cleopatra y Marco Antonio; la mayoría de ellos se rindieron. Cleopatra huyó a Alejandría; Marco Antonio hizo otro tanto. Ambos se quitaron la vida, él arrojándose sobre su propia espada y ella, incapaz de soportar la pérdida de su amante y la perspectiva de ser humillada públicamente en Roma, donde Octaviano iba a arrastrarla por las calles como castigo, con la mordedura de un áspid, la serpiente más famosa de la historia.

Octaviano pasó entonces a Egipto. Entró en Alejandría el primer día de agosto, en el año 31 a. C. Allí contempló el cuerpo embalsamado de Alejandro Magno, su héroe y modelo. Aquello debió de reforzar aún más su determinación.

Muertos o dispersados ya sus enemigos, victoriosos su ejército y su armada, vengado César y cansado de la guerra el pueblo romano, que sólo anhelaba el orden y una paz honrosa y duradera, Octaviano tenía ahora el poder absoluto sobre Roma. «Se convirtió en el primer, sumo y común benefactor», escribió Filón de Alejandría, «al reemplazar el gobierno de muchos y encomendar el timón de la nave común a un solo piloto: él mismo... Todo el mundo habitable le rindió honores no menos que celestiales. Dan buena fe de ello templos, entradas, vestíbulos, pórticos... Prueba muy clara de que los enormes honores que se le rindieron no le llenaron jamás de vanidad ni orgullo es el hecho de que nunca quisiera que nadie se dirigiese a él como si de un dios se trata-se». En lugar de ello, los romanos concibieron un nuevo nombre para él: ya no sería Octaviano, sino Augusto.

Nunca antes había existido un *imperium* como el suyo. Roma dominaba ya todo el mundo mediterráneo.

La imagen que nosotros tenemos de la antigua Roma nos ha llegado en forma muy «editada». Gran parte de esa edición ha corrido a cargo del arte y los artistas de años posteriores: piénsese en Nicolás Poussin. Esta ciudad de la imaginación, disfrazada de ciudad de la memoria colectiva, es fundamentalmente blanca: el color del mármol clásico, el material del que imaginamos que estaba hecha la ciudad. (De modo que ya de entrada erramos, pues el mármol más valorado por los constructores romanos a la hora de revestir los núcleos de ladrillo y cemento de sus edificios era, muy a menudo, de color.) Cilindros blancos de piedra que brillan bajo el sol, rematados por capiteles, dóricos, jónicos, corintios, toscanos, compuestos, unidos por cornisas, arquitrabes y arcos. Rampas blancas, columnatas blancas, tramos de escaleras blancas, y espuma blanca que emana de las fuentes que salpican agua. Personas blancas habitan este paisaje urbano, por supuesto, y visten togas blancas. Hay mucho aire alrededor de estos circunspectos romanos. Como corresponde a los dueños y señores del mundo conocido que se extendía desde Inglaterra hasta África, desde el Támesis hasta el Nilo, desde el Sena hasta el Éufrates, no se aglomeran ni tienen prisa. Sus gestos son dignos; se han convertido en estatuas de sí mismos. Están llenos de ese atributo tan romano, la *gravitas*.

Si arrancásemos a un romano de verdad de la Roma de verdad de esta época, el siglo II d. C., o de la ciudad anterior de Augusto, y lo colocásemos en este bello y coherente lugar, este emplazamiento de orden clásico, quizá se sintiera fuera de lugar.

La Roma de verdad era la Calcuta del Mediterráneo: atestada de gente, caótica y mugrienta. Es posible que algunos de sus habitantes morasen en los palacios que imaginamos, pero la mayoría de ellos vivían en conejeras: tambaleantes bloques de pisos de gran altura y construcción chapucera que se conocían como *insulae* o «islas», los cuales podían llegar a tener hasta seis plantas y eran dados a derrumbarse o a incendiarse de repente. No existían códigos de construcción. El poeta Juvenal se quejaba, sin exagerar, de ello: «he aquí una ciudad apuntalada en su mayor parte por tablillas; pues es así como el propietario parchea la grieta en la vieja pared, pidiendo a los inquilinos que duerman a gusto bajo la ruina que pende sobre sus cabezas».

Como las *insulae* normalmente se construían sin chimeneas, los inquilinos tenían que contar con braseros de carbón para calentarse en invierno, lo que los exponía a morir a causa de incendios accidentales o de una intoxicación por monóxido de carbono. Roma tenía aproximadamente 1.800 *domus* o viviendas unifamiliares y 46.000 *insulae*, pero no existía ninguna normativa que estableciera el tamaño o la capacidad humana máxima de una «isla»: esta normalmente albergaba a cuantas personas pudiera un propietario embutir en ella. Si pensamos en una población total de 1,4 millones de personas en la Roma de Trajano, probablemente no andaremos muy desencaminados.

Esto hacía de Roma una ciudad enorme y trascendental, pero también condenaba a la mayoría de los romanos a vivir en condiciones peores que las de hacinamiento y carencia de servicios públicos básicos como el agua, el aire puro y el alcantarillado que caracterizaban a los peores barrios bajos de Nueva York durante el auge de la inmigración en la década de 1870. «*Terrarum dea gentiumque, Roma*», escribió el poeta Marcial, «*cui par est nihil et nihil secundum*» («Roma, diosa de tierras y pueblos, a la que nada puede igualar y a la que nada puede siquiera aproximarse»).

Pero la diosa apestaba. Aún faltaba mucho para que llegara la época del transporte mecánico, por lo que las calles de Roma estaban plagadas de excrementos de caballos, cerdos, vacas, perros, asnos y personas, toneladas y toneladas de ellos, por no mencionar los bebés muertos y los cadáveres que dejaban los asesinatos y los asaltos que periódicamente se producían, más todos los residuos de las cocinas. Pocas instalaciones existían entonces para recoger este material y librarse de él, ni siquiera para verterlo al Tíber. Y convendría recordar que el Tíber aún hacía las veces de suministro principal de agua potable para muchas casas romanas. No fue hasta el reinado del emperador Trajano, en junio del año 109 d. C., cuando se inauguraron y se pusieron en funcionamiento los ocho acueductos que formaron el extremo de distribución del *aqua traiana*, que llevaba más de 1.000 litros al día de buena agua mineral a la ribera derecha del Tíber; y la mayor parte de ella estaba monopolizada por las plantas bajas de los ricos. Sólo muy raramente tenía una *insula* cañerías ascendentes para llevar agua en buenas condiciones a sus pisos superiores.

No obstante, la antigua Roma sí que tenía una ventaja higiénica sobre la Nueva York moderna. Al igual que la mayoría de muchas ciudades romanas, y a diferencia de las ciudades modernas, estaba generosamente provista de retretes públicos. Estos no eran como aquellos con los que estamos familiarizados los usuarios modernos. Como los antiguos romanos no tenían los mismos tabúes sobre la evacuación que nosotros, no se empeñaban en tener cubículos separados. La disposición habitual era un largo banco de piedra, perforado por los agujeros apropiados. Todos se sentaban allí amigablemente, codo con codo. Por debajo de ellos discurría un canal por el que corría agua; y un canal en el suelo por fuera del asiento permitía a los usuarios lavarse las manos al terminar.

Como la recogida municipal de las basuras estaba tan lejos de las expectativas romanas como los automóviles o el vídeo, los propietarios de las casas simplemente arrojaban su basura a la calle, donde se quedaba y se pudría y a veces era eliminada en parte por la lluvia. Al menos estaban las cloacas y los canales construidos con el fin de desaguar el agua de las tormentas para llevarla hasta el Tíber. De hecho, el sistema de alcantarillado romano, que había estado en construcción desde el siglo VI a. C., fue (pese a todas sus imperfecciones) una de las maravillas de la ingeniería civil del mundo.

A nadie le gusta estar rodeado de mierda. *Cacator sic valeas ut tu hoc locum transeas*, reza una de las muchas pintadas que se han conservado bajo la ceniza de Pompeya: «Hazte un favor a ti mismo y vete a cagar a otra parte». Y una ciudad de más o menos un millón de personas obviamente debe enfrentar sus problemas de tratamiento de aguas residuales. Roma tuvo su sistema para ello, y este fue célebre. Su colector principal, la Cloaca Maxima («cloaca principal»), iniciaba su viaje subterráneo por Roma bajo el templo de Minerva, en el Foro de Augusto, pasaba entre la Basílica Julia y el templo de Vesta, discurría por debajo del Arco de Constantino y la Piazza della Bocca de la Verità, y descargaba su fétida carga en el Tíber, justo debajo del Ponte Rotto, a través de una apertura en forma de arco de 5 metros de diámetro. No parece que ninguna de las *insulae* tuviera conexión directa con las cloacas a través de bajantes. De vez en cuando podían hacer acto de presencia *plostra stercoraria* o carretas de recolección de mierda, pero no se podía confiar en ello. La expulsión de basura y desechos a la vía pública normalmente tenía lugar al anochecer. Este era uno de los inconvenientes de la vida en la antigua Roma, especialmente ya que (como la terracota tosca no tenía ningún valor) era costumbre habitual lanzar el recipiente junto con sus contenidos. Juvenal advertía al visitante de que «en verdad eres negligente y descuidado si, antes de abandonar tu casa para salir a cenar, no haces testamento primero», por la frecuencia con la que los orinales que caían por la noche desde las alturas rompían la crisma a los transeúntes. «Muy a menudo podrías morir a causa de todas las ventanas abiertas a lo largo de las calles por las que te desplaces. Por consiguiente... cultiva dentro de ti la vana esperanza de que las ventanas se contenten únicamente con verter al exterior solamente los contenidos de sus orinales en tu cabeza.» La ley romana sí que proporcionaba cierto resarcimiento a quienes resultaran dañados por la caída de orinales desde las alturas: se había de compensar a la víctima por los honorarios médicos que hubiera tenido que abonar y por el tiempo de trabajo que hubiera perdido. Pero esta no podía demandar a los propietarios ni a los inquilinos de la *insula* por las desfiguraciones que le hubieran podido provocar sus heridas, ya que «el cuerpo de un hombre libre no tiene precio».

El paseante nocturno que fuera prudente debía llevar puesta una gorra de cuero acolchada para protegerse la cabeza, no sólo frente a este tipo de peligros, sino también de los asaltos de otros romanos más dados a la delincuencia. Uno de estos, según Suetonio, era el joven emperador Nerón, que hallaba solaz en rondar por las *clivi* y callejones de su capital imperial acompañado por una banda de amigotes dejando inconscientes a desconocidos a porrazos: «Tenía por costumbre dar garrotazos a personas que regresaban a casa después de un banquete, y si alguno de ellos se defendía, le propinaba una tremenda paliza y lo arrojaba a una cloaca». Ser asaltado y posteriormente medio ahogado en excrementos por un emperador que rondaba por el lugar era una suerte que ni tan siquiera el Londres de la época georgiana, pese a sus deficientes servicios sanitarios y su absolutismo monárquico, hacía correr a sus visitantes. Pero habría resultado difícil distinguir si quien le atacaba a uno era Nerón o un simple plebeyo, pues las calles de Roma carecían de alumbrado y de presencia policial. Si no encontrabas un *lanternarius* o esclavo para que este te precediera con una antorcha, debías avanzar a tientas atemorizado en medio de la oscuridad. Y, naturalmente, las calles no tenían números ni carteles con sus nombres.

El tráfico dificultaba todavía más la vida en la ciudad. En 45 a. C., Julio César hizo público un edicto por el que se prohibía el desplazamiento de carretas, carros y cuadrigas por la ciudad desde el amanecer hasta entre las dos y las cuatro de la tarde. Aquello fue una obra maestra del mal urbanismo, ya que, aunque contribuyó en cierta medida a posibilitar el desplazamiento por Roma de día tanto a pie como a caballo, también desvió todo el tráfico comercial a las horas nocturnas, lo que impidió dormir a la mayoría de los romanos. Las carretas romanas tenían ruedas de madera con llantas de hierro, y los chirridos y traqueteos de su avance sobre las rodadas y los pavimentos de piedra producían un estruendo que se mezclaba con los rebuznos y los mugidos de las bestias, los gritos de los carreteros, las peleas a voz en grito de los mercaderes y el estrépito y los chirridos del género que se cargaba y se descargaba. Esto duraba toda la noche, y hasta a un tronco le habría costado dormir en medio de ese jaleo. Aquello no habría dejado dormir a una foca en el fondo del mar, pensaba Juvenal. Le habría provocado insomnio al emperador Claudio. ¡Roma, la enemiga del reposo! Y por el día la situación no era mucho mejor, ya que, aunque el ruido del tráfico no era tan fuerte, el sonido de las voces y el desorden de los peatones seguía siendo insufrible. La única solución, y además sólo era parcial, consistía en ser rico y desplazarse cómodamente en una «espaciosa litera» que los esclavos de uno pudieran alzar sobre las cabezas de la enloquecedora muchedumbre. En ella, uno podría cerrar las ventanas y quizá dormitar. Pero a pie, escribió Juvenal,

el mar de gentío que tengo ante mí es un obstáculo, mientras que el que me sigue por detrás es como una falange compacta que me empuja por la espalda; un hombre te da un codazo en el costado, otro te golpea bruscamente con un garrote; el siguiente te rompe la cabeza con una tabla, el que viene después con un tonel. Mientras tanto, las piernas cada vez te pesan más por el barro que se va acumulando en ellas, enormes zapatos pisan tus pies desde todas las direcciones, un soldado te pincha el dedo gordo del pie con sus botas de tachuelas...

Naturalmente, para que la corriente de agua pudiera salir de Roma, antes tenía que entrar. Esto lo hacía fundamentalmente a través de acueductos. Once de estos abastecían a la ciudad de agua potable y para lavar, ocho de los cuales entraban por la región de la colina Esquilina. Se agregaron cuatro más después de que los papas sustituyeran a los emperadores, dos de ellos en el siglo XX. Ninguna otra ciudad de la antigüedad contó con un suministro de agua tan abundante, y eso le valió a Roma el nombre de *regina aquarum*, «la reina de las aguas». Casi todos ellos traían agua potable, salvo el Alsietino, que lo hacía del pequeño lago de Martignano; con una longitud de unos 33 km, este proporcionaba un ruedo para las batallas navales que el emperador Augusto creó donde actualmente se halla el Trastévere. Probablemente la mejor agua era la del acueducto Claudiano, iniciado por Calígula en 38 d. C. y terminado por Claudio en 52 d. C.; desde luego, el acueducto cuya construcción planteó mayores dificultades fue el de Aqua

Marcia, iniciado en el año 144 a. C. durante la pretura de Quinto Marcio, con una longitud total de 91 km, 80 de los cuales discurrían bajo
tierra.

El mantenimiento de los acueductos era una tarea interminable,
realizada en su mayor parte por esclavos. El canal o *specus* de cada
acueducto continuamente se estrechaba debido a la acumulación de
sinter, el término alemán con el que habitualmente se designan los
depósitos de carbonato de calcio ($CaCO_3$) que lleva el agua y que se
depositan en las paredes del cauce. La rapidez con la que este se acu-
mulase dependía de diversas variables: la «dureza» o el contenido en
cal del agua, la textura del cauce (las superficies ásperas propiciaban la
acumulación, la cual hacía que la superficie se volviera aún más áspe-
ra, aumentaba la fricción y por consiguiente hacía que se retuviera más
sinter) y la velocidad del flujo del agua. Investigaciones realizadas en
el canal del gran acueducto de Nîmes, en el sur de Francia, indican que
los depósitos de sinter (a ambos lados) hicieron que su canal se estre-
chara 46 centímetros, una tercera parte de su anchura original, a lo
largo de 200 años. Esto arroja un ritmo de aproximadamente quince
centímetros por siglo, que quizá no parezca mucho, pero las tareas de
deshacerse del sinter triturándolo y descascarándolo se acumulaban a
lo largo de los centenares de kilómetros de los once acueductos que
abastecían de agua a Roma, igual que el mantenimiento de los propios
conductos de terracota o plomo. Además, 4 kilómetros de cada cinco
discurrían bajo tierra.

La distribución de agua a sus usuarios finales se hacía fundamentalmente a través de cañerías de plomo. El plomo dio su nombre en latín,
plumbum, a aquellos que trabajaban con él, los *plumbarii*, los cuales se
lo legaron a sus sucesores modernos en Inglaterra, los *plumbers*; a los
de Francia, los *plombiers*, y a los de España, los plomeros. Este metal
tenía grandes ventajas para este tipo de trabajo. Era blando, muy dúctil
y tenía un punto de fundición bajo, aproximadamente 375 °C. Y lo
mejor de todo, era común y barato, al ser en sí mismo un producto de
desecho. Pero tenía una desventaja: era extremadamente tóxico, como
descubrieron los acongojados padres de muchos niños de la época victoriana que mordisqueaban con demasiada frecuencia sus soldados de
plomo.

Roma usaba una gran cantidad de plata, que estaba presente en
minúsculas cantidades en su principal mineral metalífero, la galena
(sulfuro de plomo). La galena, al fundirla, se disgregaba en aproximadamente una parte de plata por trescientas partes de plomo de desecho.

Un sencillo proceso permitía a los esclavos (que al final tenían muchas posibilidades de morir debido a una intoxicación) producir cañerías de plomo. El plomo fundido se vertía por una superficie inclinada y resistente al calor. Cuando alcanzaba el grosor deseado y se enfriaba, la hoja que se obtenía como resultado de ello se recortaba y depués se enrollaba en torno a un mandril de madera apropiado. Sus bordes se soldaban juntos, y el resultado era una tubería para el agua, que normalmente se presentaba en secciones de 3 metros o más cortas.

El hecho de que el agua de Roma se repartiera a través de conductos de plomo dio origen a un mito persistente: el que dice que el agua estaba contaminada, de modo que aquellos que la bebían morían o quedaban debilitados debido a la intoxicación por plomo. Esto no puede haber sido así, ya que el agua pasaba por las cañerías con demasiada rapidez (la mayor velocidad que alcanzaba probablemente fuera de 1,5 metros por segundo) como para adquirir cualquier grado significativo de toxicidad por el camino. Sin embargo, a menudo sucedía que el vino se conservaba durante prolongados períodos de tiempo en jarras o ánforas cuyos interiores habían sido tratados mediante vidriados con base de plomo, así que bien puede ser que los romanos dados a la bebida se vieran afectados por ello. Probablemente fuera la gonorrea, y no la intoxicación por plomo, lo que hacía caer enfermos a los romanos.

¿Cómo se hacía entrar el agua en la ciudad y se distribuía? No existían bombas de presión. Todo el sistema de distribución de agua de Roma, a lo largo de un total de once acueductos que sumaban 500 km, se alimentaba por la fuerza de la gravedad, y había que mantener esa alimentación a lo largo de grandes distancias: el lugar de nacimiento original del acueducto de Aqua Marcia de Roma se hallaba a 91 km de la ciudad, y el de Anio Novus no mucho más cerca (87 km). Como el agua no corre cuesta arriba en contra de la gravedad, cada acueducto tenía que tener una inclinación descendente muy gradual, continua a lo largo de toda su extensión. La del de Aqua Marcia, por ejemplo, era de 2,7 metros por kilómetro. Pero la forma natural de la tierra nunca es un continuo y casi imperceptible declive. Por consiguiente, los acueductos, al toparse con una elevación, tenían que pasar por un túnel; y cuando el nivel del suelo caía demasiado repentinamente, había que levantar el canal de agua por encima de él sobre arcos. De ahí la magnífica vista que ofrecen los altos acueductos que convergen en Roma, extendiéndose a través de las llanuras de la *campagna*: un kilómetro tras otro de arcos que aún no están en ruinas, que imponen su orgullosa cadencia sobre lo que por lo demás es un mediocre paisaje, silenciosamente hermosos bajo la luz dorada de la mañana o la rosada de la tarde.

Pero ¿cómo darles la forma necesaria, la caída exacta necesaria para llevar la preciosa agua hasta el corazón de la ciudad? Quienes llevaban esto a cabo eran topógrafos. No disponían de aparatos modernos: los niveles láser y los teodolitos de los topógrafos de hoy no existían todavía. Sin embargo, se arreglaban bien con lo que parecerían ser, juzgados según criterios modernos, instrumentos muy primitivos. El primero de estos era el *chorobates* o nivel de agua, una larga y estrecha artesa (una sección recta y vaciada del tronco de un árbol servía) que se podía sostener sobre unas piedras y llenar de agua. Como una superficie de agua en calma siempre está horizontal, esto proporcionaba una excelente referencia para la observación a lo largo del aparato, y cuando un ayudante se colocaba a cierta distancia con una vara graduada vertical que tenía un blanco móvil, un topógrafo con buena vista —Roma no tenía lentes ni vidrio óptico— podía fácilmente establecer la elevación o caída de la tierra entre los dos puntos. Era un instrumento tosco, que requería una tabla de 6 metros de largo para llevar la artesa, pero en manos expertas podía trazar variaciones de altura con una exactitud asombrosa. Jamás se ha encontrado ningún resto antiguo de este artefacto, pero las descripciones de las que disponemos no dejan ninguna duda sobre su uso. Principios topográficos similares determinaron la perforación de los túneles subterráneos.

El instrumento más útil después de este era la *dioptra*, un disco plano montado sobre un trípode que se podía tanto girar horizontalmente como inclinar en el plano vertical. A través de un tubo de observación fijado diametralmente a lo ancho del disco, podía medir tanto la altura como la orientación de un objeto lejano, y fue, por consiguiente, el antecesor del teodolito moderno.

Finalmente estaba la herramienta básica que todo topógrafo tenía que tener, más para la agrimensura que para el trazado de acueductos: la *groma*, que consistía en dos travesaños horizontales fijados en ángulos rectos en la punta de una pértiga, con una plomada colgando de cada extremo de los travesaños. También era indispensable para el otro gran proyecto de la ingeniería romana: el trazado de carreteras.

Por toda la extensión del acueducto, y especialmente justo antes de que este entrara en Roma, se construían tanques de sedimentación: un sencillo sistema de filtrado que permitía detener la corriente de agua con el fin de que las partículas y los detritos pudieran hundirse en su fondo, para que de allí las limpiaran periódicamente los equipos de mantenimiento compuestos por esclavos.

Los orígenes de los acueductos más antiguos se remontaban a mucho tiempo atrás, a la época de la República: el de Aqua Appia, de una extensión de 16 kilómetros, en su mayor parte subterráneo, fue construido en el año 312 a. C. por Arpio Claudio el Ciego y sucesivamente restaurado por Quinto Marcio Rex (144 a. C.), Agripa (33 a. C.) y Augusto (11-4 a. C.). Suministraba 75.000 metros cúbicos de agua al día.

El más antiguo después de él era el de Anio Vetus (272-269 a. C.), otro acueducto fundamentalmente subterráneo que tomaba su agua directamente del Tíber sobre Tívoli, llevándola a lo largo de 81 kilómetros hasta Roma y proporcionando unos 180.000 metros cúbicos al día.

La necesidad de agua de Roma aumentó rápidamente en el siglo II a. C. a consecuencia de sus victorias coloniales, que hicieron aumentar la población de la ciudad. Esto dio lugar a la construcción del más largo de todos sus acueductos, el de Aqua Marcia, que se extendía a lo largo de 91 kilómetros (81 km bajo tierra) y suministraba 190.000 metros cúbicos al día.

Agripa, constructor del Panteón, también construyó dos acueductos, el de Aqua Julia (33 a. C.) y el de Aqua Virgo (llamado así porque fue una doncella quien señaló a sus topógrafos el lugar de nacimiento de este, situado fuera de la ciudad). Entre los dos llevaban a Roma unos 150.000 metros cúbicos de agua al día. Dos acueductos iniciados por el emperador Calígula (el de Aqua Claudia en 38 a. C. y el de Anio Novus, en el mismo año) tuvieron que ser terminados por el emperador Claudio; entre los dos proporcionaban a Roma otros 380.000 metros cúbicos al día. En conjunto, había once acueductos que proporcionaban aproximadamente 1.130.000 metros cúbicos de agua para satisfacer las necesidades diarias de aproximadamente un millón de personas, lo que da un promedio de aproximadamente 1,13 metros cúbicos de agua al día por persona.

No toda esta agua se empleaba para beber, cocinar y lavar. El agua también tenía un marcado aspecto decorativo y metafórico, de hecho fundamental en la antigua Roma, al igual que hoy. No todas las casas tenían jardín, pero sí muchas de ellas, y quienes tenían la suerte de contar con uno necesitaban un buen suministro para las plantas, las piscinas y, naturalmente, las fuentes. Las fuentes de Roma, conmemoradas en innumerables pinturas y poemas, así como en la música —uno piensa en los encantadores trinos y tintineos de *Le fontane di Roma*, de Respighi—, siempre han sido uno de los rasgos distintivos de la ciudad y de la cultura que esta representaba. Debido a la baja presión del agua en la época anterior a la aparición de las bombas mecánicas, el «chorro de agua abundante y resplandeciente» que significa hoy para nosotros la palabra «fuente», y que fue tan magníficamente coreografiado por gente como Gian Lorenzo Bernini en el siglo XVII, era algo que no existía en la antigua Roma, pero sí que podía obtenerse mucho frescor y relajación de los hilillos de agua de las piletas, de las piscinas decorativas, de las cascadas poco profundas y de las cisternas, siendo el proyecto más grandioso de este tipo el célebre Canopo del jardín de la Villa de Adriano en Tívoli.

Todo este esplendor cívico, y mucho más, dependía de un imperio colonial que había crecido a partir de una pequeña semilla en Italia, situada en la desembocadura del Tíber: Ostia, ese puerto de vital importancia por el que entraban las riquezas del cada vez mayor Imperio y por donde salía el personal administrativo, arrebatado a quienes habían sido sus habitantes originales en la época etrusca. Ahora, en el cambio de milenio, la extensión de este era prodigiosa. En África, Roma dominaba las provincias de Numidia, Mauritania, Cirenaica y África Proconsularis. Sus posesiones africanas no proporcionaban riquezas minerales (estas venían en su mayor parte de Hispania), pero sí que suministraban a Roma grandes remesas de grano y otros comestibles, y, como beneficio adicional, proporcionaban los animales salvajes para los espectáculos que se llevaban a cabo en las arenas. Roma tenía todo Egipto. Su dominio de la península Ibérica, lo que actualmente es España y Portugal, estaba dividido entre las provincias de Tarraconense, Lusitania y Bética. Dominaba la Galia (Lugdunense, Narbonense, Bélgica) y Britania. Tenía —poco afianzadas, a veces— las provincias fronterizas de Germania y algunos territorios situados a lo largo de la frontera natural del Danubio, como Dacia. Se había anexionado Grecia (Macedonia, Acaya y Tracia) y gran parte de Asia Menor. Entre sus provincias orientales más lejanas se hallaban Judea, Siria y Mesopotamia.

En su época de apogeo, el Imperio romano abarcaba entre cincuenta y sesenta millones de personas, todas ellas bajo el gobierno absoluto de un solo hombre, todas ellas miembros de poblaciones sometidas: ciudadanos de Roma, pero también otros italianos; europeos y todo tipo de habitantes de Oriente Medio, galos, dacios, armenios, mesopotamios, sirios, africanos, egipcios; britanos, hispanos, germanos, etc., aparentemente hasta el infinito. Estos formaban un inmenso y apabullantemente complejo mosaico de idiomas, historias, credos y costumbres, mostrándose algunos de ellos voluntariamente pasivos respecto a la autoridad romana, la mayor parte de ellos manejables mediante la firmeza colonial, y unos pocos, como los siempre rebeldes judíos, continuamente en conflicto con el sistema que los había absorbido. Algunos de estos pueblos tuvieron una repercusión muy escasa en el núcleo cultural de Roma. Otros, especialmente Grecia, no sólo influyeron en él, sino que lo transformaron. «*Graecia capta ferum victorem cepit*», escribió Horacio, «*et artis intulit agresti Latio*»: «Cuando Grecia fue conquistada, esta esclavizó a su tosco conquistador, e inició en las artes al rústico Lacio».

Prácticamente en cuanto se alzó con la victoria en la batalla de Accio, en el año 31 a. C., Augusto se embarcó en un ambicioso programa para restaurar la deteriorada prosperidad de su ciudad. Se aprovechó para ello de la seguridad a largo plazo que en cuanto a fondos y trabajo le otorgaba su Principado, la palabra que se empleó para denominar su gobierno en calidad de *princeps* o «primer ciudadano», un título que Augusto había escogido para evitar el estigma del absolutismo o la realeza. «Manifestándose satisfecho con el poder tribunicio para la protección de la plebe», escribió Tácito, «Augusto sedujo a los soldados con obsequios, al pueblo con grano y a todos los hombres con los encantos de la paz, y gradualmente fue aumentando su poder, concentrando en sus manos las funciones del Senado, los magistrados y las leyes. Nadie se opuso a él, pues los más valientes habían muerto en combate... en cuanto a los nobles que quedaban, cuanto más dispuestos estuvieran a la esclavitud, más se les hacía ascender en riqueza y cargos».

Una parte fundamental del genio político de Augusto fue el hecho de que, en este momento y a lo largo de las siguientes décadas de su reinado, lograse mantener la ilusión de que él no era un dictador sino solamente un salvador, el hombre que había restaurado la República y sus virtudes originales devolviéndosela al Senado de Roma, y por consiguiente al pueblo.

Pero aquello era una ficción; una ficción necesaria. Augusto creó una farsa en la que aparentó restaurar la República, pero pocos romanos recordaban ya lo que esta había sido en su día. Augusto no tenía la menor intención de que el Estado volviera a caer en el caos republicano. Siempre se preocupó de consultar al Senado, pero el Senado recíprocamente adoptó la costumbre de no desobedecer su voluntad jamás. Mantuvo el control total sobre el ejército romano y las provincias imperiales. También era *pontifex maximus*, la autoridad religiosa suprema del Estado.

Augusto no siempre se mostró como un gran general, pero tuvo sus éxitos. El principal fue la anexión de Egipto como provincia romana en el año 30 a. C., lo que proporcionó a Roma un constante e inagotable suministro de grano. Sus ejércitos completaron la conquista de Hispania. También tuvo fracasos militares, el peor de los cuales indudablemente fue la destrucción de tres legiones enteras en una emboscada en el bosque de Teutoburgo, al otro lado del Rin. El líder del ataque germano, Hermann o Arminio, fue uno de los genios de la historia militar germana, y su nombre ha sido invocado por todos los líderes alemanes, desde Federico el Grande, pasando por Bismarck, hasta (naturalmente) Adolf Hitler. Se dice que durante mucho tiempo después de aquello, Augusto acostumbraba a darse cabezazos contra la pared por las noches y rogar a los dioses: «¡Devolvedme mis legiones!».

Pero tanto si salía victorioso como si era derrotado, en el ejército romano cada uno de los individuos que lo integraban siempre juraba lealtad personalmente a Augusto. Él era su pagador. Él escogía a los oficiales que estaban al mando de él, y los comandantes en jefe de sus campañas normalmente eran miembros de su familia: Tiberio, Germánico o Agripa. Si el soldado vivía lo suficiente como para completar su período de servicio (dieciséis años, posteriormente veinte) esperaba que lo afincaran en una parcela de tierra cultivable para terminar su vida como granjero, y la cuestión de qué tierra recibía, y dónde, la decidía Augusto. Él era, en resumidas cuentas, su patrono, y ellos eran sus clientes: un arreglo perfectamente conocido en la vida civil, pero trasladado al ejército con vínculos aún más estrictos de compromiso y disciplina.

Durante algunos años después de Accio, Octaviano/Augusto dejó pasar astutamente la más obvia posibilidad que planteaba su victoria: declararse a sí mismo dictador de Roma y de su imperio. En 28/27 a. C. realizó una maniobra que parecía confirmar que no era ningún dictador, sino que estaba actuando, en lugar de ello, como el salvador de la República y de su virtud fundamental cuando oficialmente devolvió el poder supremo al Senado y al Pueblo.

En un documento titulado *Res Gestae* («Cosas realizadas»), cuyo texto más completo no se encuentra en Roma sino que, por extraño que parezca, se halla grabado en piedra en versión bilingüe en el muro del templo de Roma y Augusto situado en Ancira (la actual Ankara), en Galacia (el original se colocó en el exterior de su Mausoleo en Roma, pero, al estar escrito en columnas de bronce, fue posteriormente «reciclado» por ladrones), Augusto estableció este como el primero de los que para él habían sido los principales logros de su gobierno: «En mis consulados sexto y séptimo, después de sofocar las guerras civiles, y en un momento en el que por aprobación universal yo tenía el control absoluto de todo, transferí la gestión de la política (*res publica*) a la discreción del Senado y el Pueblo de Roma. Por este servicio se me otorgó el nombre de "Augusto" mediante un decreto del Senado».

Pero esto no era más que una fachada; su poder real fue casi absoluto. No hubo ninguna «revolución permanente», ni ninguna retención automática del poder supremo... pero quedó al mando de la Galia, Hispania, Siria y Egipto, donde se hallaban destacadas la mayoría de las legiones, y siguió siendo uno de los dos cónsules de Roma, ejerciendo el *imperium* consular (bien como cónsul o como procónsul) hasta su muerte. Para asegurarse bien de no correr la misma suerte que Julio César, volvió a crear una unidad especial de élite, otra Guardia Pretoriana, para su protección personal.

Su poder real, a través del ejército y el consulado, fue, por consiguiente, prácticamente absoluto, y los vínculos de deferencia y clientelismo hicieron el resto. Es más, lo hicieron durante mucho tiempo. Así como en 1900 Inglaterra tenía muchos ciudadanos que habían cumplido los sesenta años sin haber conocido jamás a otro gobernante que no fuera la reina Victoria, coronada en 1840, igualmente en el momento de la muerte de Augusto (año 14 d. C.) innumerables ciudadanos romanos nunca habían conocido otra forma de gobierno que no fuera la del estable Principado. La gestión de un imperio sin Augusto debió de parecerle difícil de imaginar a mucha gente, casi un contrasentido.

No obstante, hay algunas cosas que ni siquiera el líder más inspirado y resuelto puede lograr, y una de las cosas en las que fracasó, y que constituyó una parte fundamental de sus intenciones, fue su campaña para restaurar las antiguas virtudes romanas por medio de la legislación. «Mediante nuevas leyes que se aprobaron a instancias mías, recuperé aquellas costumbres de nuestros antepasados que estaban cayendo en desuso en nuestra era.» Hizo que el Senado aprobase leyes suntuarias que limitaban el derroche y la exhibición gratuita de riquezas, y trató de restaurar la *dignitas* de las clases altas, que él veía disminuida, tomando medidas enérgicas para reducir la frecuencia del divorcio y el adulterio entre ellas. Él no era ningún puritano, y su propia familia no era ningún dechado de virtudes, desde luego: por motivos que se han perdido para la historia, se sintió obligado a desterrar a su hijo adoptado Póstumo Agripa (12 a. C.-14 d. C.) a la anodina isla mediterránea de Planasia, donde poco tiempo después fue asesinado; en 2 a. C. hizo que se desterrase a su hija única, Julia, y en 8 d. C. a su nieta, que también se llamaba Julia, ambas por inmoralidad sexual. Al parecer lo que irritó especialmente a Augusto de la conducta de su nieta fue que, en el transcurso de una fiesta desenfrenada, esta colocó una guirnalda de flores en la cabeza de una estatua del sátiro Marsias, un gesto con marcadas connotaciones sexuales. Pero el intento de Augusto de hacer caminar a sus súbditos por la senda de la virtud mediante la legislación fue, como la mayoría de los esfuerzos de ese tipo que se han llevado a cabo antes o después de él, un fracaso.

Pero aquello también era una cuestión secundaria, comparado con sus logros. Recreó el Estado romano y su poder, le dio aires nuevos y estableció un modelo de gobierno romano que duraría unos quinientos años. Ningún otro estadista de la antigüedad podría haber afirmado nada semejante. Y en la medida en que pudo dar ejemplo convincente a través de su propio estilo de vida, también lo hizo. Augusto no tuvo ninguno de los molestos vicios de sus sucesores. Creía en la dignidad, pero no en la pomposidad; en la ceremonia, cuando fuera necesaria y dentro de los límites adecuados para un sumo sacerdote, pero no en la ostentación oriental, pese al hecho de que se le considerase un ser divino, *Divus Augustus*. Tampoco era dado a la exhibición de lujos, pese a su abrumadora riqueza. Pocos emperadores posteriores —estando Claudio y Adriano entre las excepciones— mostrarían tal comprensión de la diferencia entre la *auctoritas* (la influencia de alguien que cuenta con la autoridad moral necesaria para ejercerla) y el *imperium* (el mando que alguien ejerce meramente por el hecho de hallarse en una posición superior).

Augusto no era ningún glotón. Vivía, y comía, con moderación. «Él... prefería la comida de la gente corriente», recordaba Suetonio, «sobre todo el pan más basto, el boquerón, el queso fresco prensado a mano... y no esperaba a la cena, sino que comía en cualquier parte». En la oratoria, era reacio a lo que denominaba «la peste de las expresiones rebuscadas». Pero «proporcionaba todos los estímulos posibles a los intelectuales; asistía educada y pacientemente a lecturas no sólo de los poemas y las obras históricas de estos, sino también de sus discursos y diálogos; sin embargo, se oponía a que le convirtieran en el tema de cualquier obra a menos que el autor fuera conocido como un escritor serio y honrado». También poseía un cáustico sentido del humor, si se han de creer algunas de las historias que se cuentan sobre él. En una ocasión fue a cenar a casa de un cortesano y le sirvieron una comida mala y sin elaborar. Cuando ya se estaba despidiendo murmuró: «No tenía ni idea de que fuera tan amigo tuyo». Al enterarse de la muerte de un *eques* romano que (sin el conocimiento de nadie) había contraído deudas por valor de 20 millones de sestercios, Augusto envió a un agente a la subasta de las propiedades del hombre. Allí compró la almohada del hombre para su uso personal. La gente se asombró por ello. Pero el emperador explicó: «La almohada en la que él era capaz de descansar con todas esas deudas debe de ser especialmente propicia para el sueño». Y también sabía encajar una broma, o eso se decía. A su regreso a Roma después de su victoria sobre Marco Antonio y Cleopatra, le abordó un hombre que le ofreció, a cambio de 20.000 sestercios, un cuervo domesticado que había aprendido a graznar «¡Ave César, vencedor, comandante!». Augusto le dio el dinero, pero entonces un amigo del dueño del ave le dijo que él tenía un segundo cuervo al que había adiestrado para decir, sólo por si acaso, «¡Ave Marco Antonio, comandante vencedor!». Entonces sacó el cuervo, y este efectivamente graznó «¡Ave, Marco Antonio!». En lugar de ofenderse, el emperador sólo le dijo que se repartiera el dinero con su amigo. Era caprichoso con sus regalos, que podían ser bandejas de oro o, con la misma facilidad, «trozos de tela de pelo de cabra, o esponjas, o atizadores, o tenacillas».

En la cúspide de la jerarquía social, en esta Roma recién estabilizada, por debajo del propio emperador se hallaban los senadores y sus familias. A Augusto no le convenía tratar a estos con prepotencia, ya que eso habría menoscabado su fingimiento de ser *primus inter pares*, «el primero entre iguales», y habría aumentado el riesgo de que los ciudadanos desafectos pudieran verle como un rey. Tradicionalmente los senadores habían sido, en gran medida, una élite, y Augusto se cuidó de que conservaran esa posición social, aunque bajo su mandato cada vez tuvieran menos funciones. Especialmente importantes para la autoestima senatorial eran las magistraturas que ellos (y sólo ellos) podían ocupar. Se esperaba que fueran modelos de dignidad, y en ocasiones se veían legalmente obligados a serlo: ningún senador podía casarse con una antigua esclava, aparecer sobre un escenario como actor o (¡inimaginable licencia!) entrar en el circo como gladiador. También existían requisitos en cuanto a propiedades: en la práctica, en la época de Augusto ya no podía ocupar el cargo de senador nadie que poseyera menos de un millón de sestercios.

Por debajo de los senadores estaban los *equites*, o caballeros y señores. En las fases iniciales de la República habían sido una fuerza de caballería, y relativamente adinerados, por consiguiente. Esto ya no era así, ya que en fases posteriores de la República y en el Principado fueron los estados aliados de Roma los que aportaron la caballería. Pero aún se había de ser bastante rico —tener 400.000 sestercios o más— para ser considerado un *eques*.

Después venía la *plebs*, la plebe o gente corriente: la mayoría de los ciudadanos romanos. Algunos nacían libres pero otros eran *liberti* o libertos, antiguos esclavos que habían sido manumitidos por sus dueños. El hecho de ser un *libertus* no acarreaba ningún estigma, y tampoco ser el hijo libre de un esclavo. Al contrario: era algo por lo que ser felicitado. Cuando el novelista Petronio describió al liberto Trimalción en el *Satiricón* jactándose de su posición social, no lo hizo con desprecio, y menos aún con odio: Trimalción podía ser vulgar, basto y un poco chulo, como la mitad de los neoyorquinos del Upper East Side en la actualidad, pero había conseguido llegar a una posición social respetable, y ¿quién iba a reprender a un antiguo esclavo por pasearse por ahí agitando sus billetes?

En lo más bajo del orden social romano llegamos a los esclavos, sin los cuales no habría podido funcionar el conjunto de la sociedad. Su situación legal era sencilla. Eran bienes muebles, objetos que pertenecían en su totalidad a sus amos, quienes podían comprarlos y venderlos a su antojo, y encargarles hacer cualquier trabajo que desearan.

Los romanos eran muy conscientes de que la mano de obra esclava era menos eficiente que la libre, pues esta es la primera lección importante que aprende el dueño de un esclavo. Plinio, por ejemplo, atribuía la elevada productividad de alimentos que había mostrado la Roma preimperial al hecho de que esta se había basado en los trabajadores libres de las granjas, y la caída que había experimentado en su época al uso generalizado de la mano de obra esclava. «En aquella época», escribió, más como moralista que como economista,

> las tierras eran labradas por las manos de los propios generales, regocijándose la tierra bajo la reja del arado coronado por guirnaldas de laurel y conducido por un agricultor honrado con triunfos... Pero hoy día estas mismas tierras son labradas por esclavos con las piernas encadenadas, por las manos de malhechores y de hombres con los rostros marcados por el hierro candente... ¡Y nos sorprende que los rendimientos de la labor de unos esclavos que trabajan a cambio de comida y alojamiento no sean los mismos que los que da el trabajo honrado de unos guerreros!

No obstante, si se le hubiera dado a elegir, ¿qué romano habría prescindido de sus esclavos? Aunque la mayoría de los dueños de esclavos tenían una reducida cantidad de estos, quizá no más de uno o dos, al igual que la mayoría de los terratenientes en el Sur esclavista de Norteamérica antes de la Guerra Civil, las poblaciones de esclavos de algunas familias capitalistas romanas de clase alta eran realmente espectaculares. El liberto Cayo Cecilio Isidoro, hacia finales del siglo i d. C., dejó a su muerte 4.116 esclavos. No pocos peces gordos romanos poseían 1.000 esclavos, y el emperador quizá tuviera a su servicio no menos de 20.000. Pero las estadísticas no son fiables, sobre todo en lo referente a los dueños de esclavos de alto rango. Convencionalmente se supone que en la Roma imperial aproximadamente una persona de cada tres era esclava.

¿Qué hacían? Prácticamente de todo. Servían, realizando una increíble cantidad y variedad de tareas y servicios, que alcanzaba un grado de detalle casi demencial en cuanto a la división del trabajo. Los esclavos trabajaban como aguadores, ayudas de cámara, albañiles y basureros. Sus equivalentes rurales podaban las vides, daban de comer a los cerdos, sembraban y cosechaban el trigo. Eran secretarios, dibujantes, contables, tallistas de piedra y maestros. Del aseo del hombre importante se encargaban los bañeros (*balneatores*), los masajistas (*aliptae*), los peluqueros (*ornatores*) y los barberos (*tonsores*). Su comida la preparaban los reposteros (*libarii*), los panaderos (*pistores*), y otros tipos de *cocus* o cocineros, y la servían los *structores* (mayordomos), los ayudantes de comedor (*triclinarii*), los camareros que traían los platos (*ministratores*) y los que los retiraban (*analectae*). Antes de que el dueño ingiriese cualquier tipo de comida, los *praegustatores* la probaban por si acaso algún enemigo había llegado hasta la cocina. A intervalos durante el desfile de platos, bailarinas (*saltatrices*), enanos (*nani*) y bufones (*moriones*) procuraban diversión al emperador o aristócrata. Si un esclavo era el ayudante personal o secretario de un amo, eso implicaba cierto grado de confianza entre ellos, incluso una estrecha relación. No obstante, también significaba que al esclavo se le trataría como a alguien que disponía de información privilegiada, lo que podía llevarle a ser torturado durante un interrogatorio.

Las condiciones de vida de los esclavos domésticos en las casas importantes tendían a ser mejores que las de los esclavos que realizaban tareas agrícolas en el campo, aunque no siempre. Pero también eran inestables y no estaban garantizadas. La ley no contemplaba que se pudiera castigar a un esclavo haciéndole perder su posición social, porque este no *tenía* ninguna posición social que perder. El amo era dueño del cuerpo del esclavo y podía hacer con él lo que se le antojase: azotarlo, follárselo, obligarle a trabajar prácticamente hasta la muerte. La ley de deferencia y obediencia (*obsequium*) era inflexible. Por otro lado, en ocasiones un esclavo podría recibir una cantidad de dinero, conocido como *peculium*, por parte de su amo; este se podía ahorrar y en el futuro emplearse para comprar la manumisión. Pero eso no era en absoluto necesario y ningún esclavo tenía derecho por ley a tales *peculia*.

Todos los implicados, tanto el esclavo como el amo, entendían el *peculium* como un instrumento para reforzar los vínculos de deferencia y obediencia. Con frecuencia los esclavos se ayudaban entre ellos ante castigos (a veces terriblemente) injustos. El emperador Cómodo, por ejemplo, disgustado con uno de los esclavos que le servían como ayudantes de baño, el cual le había preparado un baño con agua demasiado fría, ordenó a otro esclavo que quemara vivo al primero en la caldera del palacio. El criado quemó una piel de carnero en su lugar, y el olor de esta engañó al emperador.

Casi todos los esclavos tenían algún valor; un esclavo tenía que ser muy viejo, incompetente o mentalmente peligroso para carecer completamente de valor. Algunos de ellos, si eran del tipo adecuado y se les manejaba correctamente, podían hacer rico a su dueño. Un ejemplo de ello fue la instructiva carrera de ese singular político, especulador y dueño de esclavos llamado Marco Licinio Craso (hacia 112-53 a. C.), que había sido, junto con Pompeyo y Julio César, uno de los miembros del Primer Triunvirato. En gran medida, Craso había amasado su fortuna gracias a su grupo de fieles y bien preparados esclavos. Craso tenía muchas minas de plata y enormes propiedades agrícolas, pero, como escribió Plutarco, todo eso no era nada comparado con el valor de sus esclavos: «Poseía una enorme cantidad y variedad de ellos: lectores, secretarios, plateros, mayordomos y sirvientes de mesa. Dirigía personalmente su adiestramiento y participaba él mismo en su formación, ya que consideraba, en una palabra, que el principal deber de un amo era cuidar de sus esclavos en tanto que instrumentos vivos de la administración de una casa». Pero los grandes beneficios que a Craso le reportaban sus esclavos correspondían al sector inmobiliario. Craso compraba esclavos que eran constructores y arquitectos. Entonces, después de alguno de los catastróficos incendios que continuamente se declaraban en Roma, Craso intervenía y compraba por una miseria los solares devastados y los edificios abrasados, utilizando a sus profesionales esclavizados para renovarlos y reconstruirlos:

Entonces, cuando tenía 500 o más de estos, compraba casas que estaban ardiendo y las que lindaban con las que estaban ardiendo. Sus propietarios las entregaban a cambio de pequeñas cantidades, debido a su miedo e incertidumbre, de modo que la mayor parte de Roma fue a parar a sus manos.

Craso también fue el hombre que consigió sofocar la gran sublevación de esclavos encabezada por el gladiador tracio Espartaco en el año 73 a. C., que estalló en Capua y se extendió como un reguero de pólvora por toda Italia. Competente, sumamente valeroso, fuerte y humanitario, Espartaco fue un brillante y carismático líder que llegó a atraerse un ejército de 90.000 esclavos rebeldes, muchos de los cuales estaban siendo adiestrados como gladiadores por sus amos romanos. Él y su ejército habían estado abriéndose paso hacia la Galia romana combatiendo y avanzando; conquistaron varios ejércitos romanos enteros, pero finalmente fueron destruidos en Lucania, en el sur de Italia, después de que se desvaneciera su esperanza de cruzar a Sicilia. Craso crucificó salvajemente a seis mil de los rebeldes (aquellos a los que nadie reclamó, naturalmente; los demás fueron devueltos a sus dueños, pues Craso tenía un gran respeto por las leyes de propiedad) a lo largo de la Via Apia. De ningún modo cuesta lamentar el hecho de que este extremadamente brutal magnate inmobiliario fuese capturado y asesinado por los partos cuando estos derrotaron a sus legiones en Carras, en Mesopotamia, durante una fallida expedición de castigo en el año 53 a. C.

Tradicionalmente se supone que la llegada del cristianismo hizo que las vidas de los esclavos fueran más desahogadas, pero esto es falso. Los primeros emperadores cristianos no ejercieron presión para su manumisión, y los sermones del siglo IV no estaban plagados de exhortaciones dirigidas a los dueños de esclavos cristianos para que estos dejaran en libertad a sus propiedades humanas. Más bien tendían a seguir el consejo de san Pablo: los esclavos debían quedarse en su sitio y servir obedientemente a sus amos igual que los virtuosos servían a Cristo. La mayoría de los propios líderes de la Iglesia y de los devotos cristianos de a pie eran dueños de esclavos, hecho que no se ignoraría siglos después en el sur de Norteamérica.

Las repercusiones que tuvo la esclavitud en Roma fueron demasiado enormes como para circunscribirlas sólo a lo económico. Esta también transformó, progresiva e irreversiblemente, la naturaleza de la educación romana de los más jóvenes. En los comienzos de la República, esta había tendido a ser poco profesional y a estar obsesionada por la tradición. El maestro de un niño era su padre, el *paterfamilias*, con algunas aportaciones (de carácter completamente conservador) de la madre. El plan de estudios estaba compuesto en su mayor parte por enseñanzas sobre los héroes nacionales del pasado romano y sobre el corpus de ley conocido como las Doce Tablas. La principal destreza que enseñaba esta educación convencional era la memorización, unida a un fuerte hincapié en la cultura física y los conocimientos militares básicos. Plutarco, en su *Vida de Catón el Viejo*, narra cómo el padre de Catón, que poseía un esclavo llamado Quilón, consumado maestro de otros muchachos, no permitía que a su hijo le enseñase nadie más que él mismo. «No le parecía correcto que un esclavo reprendiese o le retorciese las orejas a su hijo si a este le costaba aprender; y tampoco quería que este se sintiera obligado para con un esclavo por algo de un valor tan incalculable como la educación... En presencia de su hijo se abstenía de emplear un lenguaje obsceno, no menos que si se hallara en presencia de las vírgenes vestales. Tampoco se bañaba jamás con él.» Este era precisamente el tipo de educación estricta que la importación de grandes cantidades de esclavos griegos sin duda haría desaparecer. A medida que la educación fue quedando en manos de instructores griegos, la naturaleza de esta cambió. Se helenizó y se liberalizó. En lugar de la memorización de conservadora sabiduría tribal, favoreció el debate y la especulación, los razonamientos filosóficos, la sofística y el estudio de la literatura, tanto griega como latina.

Y lo que es más importante, hizo que la oratoria pasase a ser la principal destreza que se había de adquirir, la auténtica prueba de capacidad intelectual. Cicerón describe cómo consagró su niñez y los primeros años de su edad adulta a aprenderla en distintos lugares y bajo distintos maestros. Primero, «me entregué totalmente» a la enseñanza impartida por Filón, un filósofo griego expatriado que, junto con sus amigos intelectuales, había huido de Atenas debido a las guerras Mitridáticas, y se había instalado en Roma. Estudió la disciplina del alegato con Molón de Rodas, otro griego; la dialéctica, con Diodoto el Estoico, que de hecho se instaló en la casa de Cicerón. «Los maestros más importantes, al no conocer más que el idioma griego, no podían, a menos que yo usase el griego, corregir mis defectos ni transmitir su enseñanza.» Había llegado el momento de ir a Atenas, donde estudió con el filósofo Antíoco y se embarcó «con gran aplicación» en ejercicios de retórica bajo la dirección de Demetrio el Sirio. A continuación viajó por Asia Menor, afiliándose con un maestro tras otro, empezando por «el hombre más elocuente de toda Asia», Menipo de Estratonicea. Un plan de estudios tan variado e intenso era, naturalmente, inusual. Pero bajo la antigua administración romana habría sido inconcebible, porque nadie lo habría considerado necesario.

Las palabras «Época Augusta» evocan el nombre del poeta Virgilio tan inevitablemente como la palabra «modernidad» evoca el del pintor Pablo Picasso. Publio Virgilio Marón no nació en Roma, pero pocos de los escritores que crearon el canon de la poesía y la prosa latinas lo hicieron: Tito Livio era de Padua; Catulo, de Verona; y Marcial, de Bílbilis (hoy Calatayud), una pequeña población de la Hispania Tarraconense. En su lecho de muerte, Virgilio supuestamente dictó este epitafio para su tumba: *«Mantua me genuit, Calabri rapuere, tenet nunc / Parthenope: cecini pascua, rura, duces»* («Mantua me dio la vida, Calabria me trajo la muerte, Nápoles me posee ahora; he cantado a los rebaños, las granjas, los líderes»). Una declaración bastante modesta, viniendo del poeta más grande que jamás dio Roma.

Este fue el hombre cuya época de vida (70-19 a. C.) y cuya obra le asocian indeleblemente con el reinado del primer emperador de Roma. Dieciséis años de su vida como ciudadano romano quedaron desfigurados por la guerra civil, por las criminales proscripciones que tuvieron lugar tras el asesinato de Julio César y por la derrota y el suicidio de Casio y Bruto en Filipos. Y para cuando Italia se calmó un poco, esta aún se las habría de ver con las expropiaciones y los desahucios en masa: los soldados romanos eran premiados por sus señores con tierras confiscadas a quienes habían sido sus dueños en tiempos de paz, y esto trastornó la sociedad rural de Italia. Se cree que aproximadamente la cuarta parte de la buena tierra de Italia cambió de manos de esta forma tan desastrosa, y este trauma está reflejado en la primera obra publicada de Virgilio, las *Églogas* o «Bucólicas»:

> Un soldado impío poseerá mis bien cuidados campos;
> un bárbaro, estas mieses: tal ganancia reporta
> nuestra guerra civil. ¡Para ellos hemos sembrado nuestra tierra!
> Sí, planta tus perales: para llenar las manos de otro.

Quien habla es el granjero Melibeo, en la primera Égloga de Virgilio: y está lamentando la pérdida de su casa, que le ha sido impuesta por el gran y lejano mundo de la política. *«Tityre, tu patulae recubans sub tegmine fagi / silvestrem tenui Musam meditaris avena: / nos patriae finis et dulcia linquimus arva. Nos patriam fugimus»* («Títiro, aquí estás tú echado, bajo un dosel de hayas que te ampara, tocando con tu fino caramillo serenatas a la Musa, mientras que yo debo dejar mi hogar y los dulces campos: hemos de abandonar nuestra patria»).

Su familia era moderadamente adinerada; lo suficiente, por lo menos, como para enviarle a Mediolanum (Milán) y Roma para estudiar filosofía y retórica. Es posible, aunque no seguro, que las fincas familiares de Virgilio se perdieran en las confiscaciones masivas que se produjeron después de la batalla de Filipos en 42 a. C., cuando se proporcionó tierras gratuitamente a los soldados veteranos de Octaviano. Pero a él le entregaron otros terrenos cerca de Nápoles gracias a la benévola intervención de su bien situado amigo Mecenas, de quien se dice que tenía una fortuna de diez millones de sestercios cuando murió, una cuantiosa fortuna que sólo le puede haber llegado a través de obsequios de Augusto.

Virgilio era alto, moreno y tímido; raramente iba a Roma, al preferir la vida rural. Sufría de los pulmones (tosió sangre durante gran parte de su vida y murió a los 51 años, aunque en esa época no era infrecuente morir a esa edad) y tenía una buena voz para la lectura; se sabe que le leyó en voz alta las *Geórgicas* a Augusto a lo largo de cuatro días seguidos, turnándose con Mecenas cuando se le enronquecía la garganta. Todos alababan la expresión y el poder dramático de su lectura. Le fastidiaba ser abordado por admiradores, y cuando esto sucedía en la calle —algo que se hizo frecuente cuando corrió la voz sobre sus capacidades poéticas y su amistad con el emperador— solía ocultarse en la casa más cercana. En Nápoles, su modestia de habla y conducta le valió el apodo de «Parthenias», «el virgen». Naturalmente, no era virgen; prefería a los chicos.

¿Cómo se ganaba la vida un poeta en la antigua Roma? La respuesta breve es: de ninguna manera, o mediante el patronazgo. Esta era la única prolongación literaria de uno de los aspectos más comunes y duraderos de la vida romana: la relación entre el cliente y el patrono en los tratos cotidianos. No existía prácticamente ninguna posibilidad —en esa época menos aún que ahora, si cabe— de que un poeta viviera de sus derechos de autor, ya que no existía ninguna industria editorial. Se producían pequeñas cantidades de libros, pero poca gente los compraba. Cuando Pompeya y Herculano quedaron sepultadas bajo la lava del Vesubio en 79 d. C., miles de estatuas y montones de pinturas murales quedaron enterrados y se han hallado posteriormente, pero todas las excavaciones que se han llevado a cabo en estos emplazamientos a lo largo de los dos últimos siglos tan sólo han exhumado una biblioteca particular.

Algunos poetas, al menos, ya gozaban de cierto grado de independencia financiera: Horacio tenía dinero suficiente para pagarse algo parecido a una formación universitaria en Atenas y tanto Ovidio como Propercio eran caballeros hereditarios (*equites*), teniendo este último parientes y amigos senatoriales que eran, o habían sido, cónsules. Catulo venía de una familia senatorial y no andaba escaso de dinero, sobre todo al tener su familia lazos de amistad con Julio César. Pero para aquellos que no estaban tan bien situados (e incluso para aquellos que sí lo estaban, pues el hecho de tener parientes adinerados no hace rico a un poeta, aunque sí que le consiga invitaciones para cenas) el benéfico interés de un patrono lo era todo.

El patronazgo era una de las instituciones o de los hábitos sociales más característicos de la antigua Roma. En los comienzos de la República, un hombre libre solía buscar la protección de uno rico y poderoso, al que ofrecía sus servicios. Al hacer esto pasaba a ser el «cliente» de esa persona. Un esclavo liberado pasaba automáticamente a ser el cliente de aquel que antes había sido su dueño. La relación no era exactamente contractual, aunque el derecho romano inicial sí la trataba como si fuera legalmente vinculante en determinadas circunstancias. La tarea del cliente era bailarle el agua a su patrono, ir a saludarle cada mañana, ser su «mandado» y brindarle apoyo político. Se le premiaba formalmente con una *sportula*, un reparto de comida y a veces dinero. En ocasiones, aunque no siempre, la relación entre el patrono y el cliente se transformaba en una verdadera amistad, aunque eso era difícilmente predecible, ya que la amistad presupone unos sentimientos de igualdad y las diferencias de clase eran muy pronunciadas en la antigua Roma. El patronazgo era un arreglo en el que el poder fluía en una sola dirección. Sobrevivió hasta mucho tiempo después, la época moderna, y sobre todo en Sicilia: un ejemplo perfecto de su funcionamiento lo ofreció un biógrafo que en la década de 1950 observó, en el comedor de un importante hotel de Palermo, cómo un *pezzo di novanta* (literalmente un cañón de 90 libras, o un «pez gordo») entraba, se quitaba el abrigo y lo dejaba caer tras él sin mirar, con la certeza de que alguien lo cogería antes de que tocara el suelo. Los escritores satíricos de Roma, principalmente Juvenal y Marcial, se manifestaron con dureza sobre el patronazgo. «Debería tener "patronos" y "señores" el hombre que no se posea a sí mismo y que ávidamente codicie aquello que ávidamente codician los patronos y los señores. Si puedes soportar no tener esclavos, Olo, también puedes soportar no tener patrono.» Y de hecho tenían buenos motivos para manifestar esa dureza, pues la relación entre patrono y cliente había degenerado considerablemente bajo el Imperio. El cliente ya no era mucho más que un parásito, una lapa. En un principio, en griego un *paraseitos* era simplemente un «invitado a cenar», pero a partir de ahí el concepto fue degradándose, adquiriendo fuertes connotaciones de desprecio.

La transacción entre el patrono y el poeta no era sencilla; la cuestión no se reducía a que cualquier poeta se ofreciera a venderle mediocres panegíricos a cualquier aspirante a celebridad. Los poetastros no otorgan la fama eterna; su obra muere con ellos, o (más probablemente) antes. Pero siempre existía la posibilidad de que un gran poeta pudiera otorgarle *memoria sempiterna* a su patrono alabándolo en verso. Así, el primer poeta épico importante de Roma antes de Virgilio, el calabrés Ennio (239-169 a. C.), escribió alabanzas a las proezas militares de M. Fulvio Nobilior, y se dice (aunque es poco fidedigno) que se le concedió la ciudadanía romana por ello. Sin embargo, la negociación del patronazgo era una cuestión delicada, y tendía a llevarse a cabo a través de un creador de tendencias, un intermediario que tenía influencia sobre el posible patrono y que gozaba de su confianza. Una de estas personas, la más influyente en lo que se conoce como «Edad de Oro» de la literatura latina, fue el *eques* Cayo Mecenas, amigo y confidente de Augusto que afirmaba ser descendiente de la realeza etrusca y que también fue el patrono de Horacio. No resulta difícil vislumbrar la sutil mano de Mecenas detrás del apoyo y la loa de Horacio a la victoria de Octaviano/Augusto sobre Marco Antonio y Cleopatra en Accio, el famoso «epodo de Cleopatra» que empieza con las palabras *Nunc est bibendum, nunc pede libero / pulsanda tellus*:

> Es hora de beber, camaradas, hora de pisar la tierra con pie libre, de honrar con banquetes salios el lecho de los dioses. Hasta ahora estaba prohibido sacar el vino cécubo de las bodegas de los antepasados, mientras una reina, junto con su banda de hombres tiznados de vil perversión, estuviera preparando la demente destrucción del Capitolio y la ruina de nuestro Imperio, siendo ella tan disoluta como para tener esperanzas de cualquier cosa imaginable, embriagada como estaba por las dulzuras de la fortuna. Pero cuando apenas un solo navío escapó de las llamas, su locura se vio atemperada, y César redujo los pensamientos de ella a la dura realidad del miedo...

Este fue un gran poema, pero también es propaganda incontrolada, un calumnia desenfrenada que no contiene una sola sílaba de verdad.

Mecenas estuvo vinculado con la poesía de Propercio y Vario Rufo, además de la de Horacio, y contribuyó a promoverlas. Pero su más importante vinculación, la que lo estableció de forma permanente en la historia de la literatura, fue la que mantuvo con Virgilio. Fue generoso con algunos de sus poetas: Virgilio murió rico, Horacio recibió una granja sabina como regalo. Pero Virgilio fue el que más hizo por ganarse los obsequios que recibió, y básicamente se convirtió en el portavoz del emperador. Sus *Églogas* son la fuente principal de la tradición bucólica en latín, y por consiguiente en inglés, español y francés. Sus *Geórgicas* establecieron el estilo y el modelo de la poesía didáctica, una forma artística que se abandonó en el siglo XX pero que tuvo gran importancia antes. La *Eneida* fue el arquetipo romano de la épica heroica y narrativa. Augusto tuvo la extraordinaria suerte de contar con Mecenas para que este orientara su patronazgo en la dirección de Virgilio.

En las *Geórgicas*, Virgilio evoca e idealiza la vida que él cree que Augusto está devolviendo a Italia: sencilla, directa, próxima a la tierra y al funcionamiento de la naturaleza; el cielo pastoral, en suma. («Geórgica» deriva del palabra griega *georgos*, «el que trabaja la tierra».) Es una vida sin ceremonias, sin lisonjas, sin formalidades; y, como vemos, sin molestos clientes:

> Oh, felices sin medida los labradores de la tierra... Aunque no salga de cada estancia de ninguna noble mansión un tropel de hombres que vengan a presentarles sus respetos por la mañana; aunque estos hombres no queden boquiabiertos admirando las jambas con bellas incrustaciones de conchas de tortuga... o bronces corintios; aunque los perfumes no estropeen el puro aceite de oliva que usan, sin embargo, gozan durmiendo sin preocupaciones, y llevando una vida que no puede traer desilusiones...

Nada va a perturbar a estos hombres; han encontrado sus centros, disfrutan «durmiendo sin preocupaciones... su dulce sueño bajo un árbol», indiferentes ante los honores militares, ante la amenaza de que los dacios «desciendan en picado desde el Danubio», ante las agonías de los reinos, los ricos y los desposeídos.

> Sus surcos siempre están cubiertos por enormes montones de cosechas y sus graneros están llenos a rebosar... los cerdos regresan bien alimentados con bellotas, los bosques producen madroños... Mientras tanto,

encantadores niños cuelgan de su cuello, su casto hogar conserva su pureza, las ubres de las vacas penden rebosantes de leche... Esta es la vida que apreciaban los antiguos sabinos; también Remo y su hermano; y así, sin duda, Etruria se hizo fuerte, y Roma llegó a ser lo más bello sobre la tierra...

Horacio se haría eco de todo esto: *Beatus ille qui, procul negotiis, / ut prisca gens mortalium, / paterna rura bobus exercet suis / solutus omne faenore* («Dichoso aquel que, lejos de los negocios, como la antigua raza de los mortales, trabaja los campos paternos con los bueyes, libre de toda deuda»).

La *Eneida* fue el poema largo más importante que se escribió en cualquier idioma europeo desde la *Ilíada* de Homero. A través de él, Virgilio logró influir en el pensamiento humano —y alcanzó la concepción de la poesía como forma artística— como ningún otro escritor habría podido afirmar. Hasta la llegada de Dante, que convirtió a Virgilio en su guía ficticio por el Infierno, ningún poeta rival pudo competir con el logro imaginativo de la *Eneida*. Y, naturalmente, Dante rindió un agradecido homenaje a su guía por mostrarle lo que la escritura podía ser y hacer. «Pues mi autor y mi maestro eres / y fue únicamente de ti de quien tomé / ese estilo encantador que me honra.»

Básicamente, Virgilio escribió el mito fundador del pueblo romano, estableciendo lo que se esperaba de su naturaleza y su destino bajo la guía de Augusto. Su importancia, como arte y como manifestación política, se reconoció mucho tiempo antes de que se aproximara su terminación. «Haceos a un lado, escritores romanos; ¡abrid paso, griegos!», escribió ese cautivador poeta del amor, Sexto Propercio, a quien las proscripciones de Octaviano y Marco Antonio habían dejado arruinado. «¡Está naciendo algo más grande que la *Ilíada*!»

Virgilio reconoce abiertamente que a otros pueblos, como los griegos, se les dan mejor determinadas cosas que a sus romanos. «Que otros hagan imágenes más reales con el mármol y más vivas con el bronce, que las harán», escribe. «Otros pueden aventajaros como oradores, como astrónomos. Pero tú, romano, ten presente tu misión: regir los pueblos con tu mando. Debes ejercitar a los hombres en la costumbre de la paz, ser generoso con los conquistados, y hacer frente con firmeza a los arrogantes.» Para el auténtico romano, el arte del poder es lo que cuenta.

Para mostrar lo que esto significa, Virgilio cuenta la historia de la fundación de Roma por ese hombre del destino, el héroe troyano

Eneas, que junto con su venerado padre Anquises y su pequeño hijo Ascanio escapa de las ruinas de Troya en llamas y, perseguido por la hostilidad de la diosa Juno, tras muchas peligrosas correrías por el mar funda la ciudad de Roma, la segunda Troya, una ciudad destinada a una grandeza igual de mítica. «Canto sobre la guerra y sobre un hombre en guerra», comienza el poema épico:

> Canto las armas y al hombre que, desde las costas de Troya,
> llegó el primero a Italia, prófugo por el hado, y a las costas
> lavinias, sacudido por mar y por tierra por la violencia
> de los dioses a causa de la ira rencorosa de la cruel Juno...

En parte, la *Eneida* es una imitación de la *Odisea* de Homero. Eneas ya era un personaje de la *Ilíada*. En algunos aspectos, la *Eneida* es casi impenetrablemente compleja, pero su historia puede resumirse de forma muy simplificada. Haciéndose a la mar desde la Troya en llamas (libro I), Eneas llega a Cartago, que no se describe como enemiga de Roma sino como un placentero refugio de los terrores del mar; está gobernada por la hermosa reina Dido, a la que él relata, al estilo de Ulises, la caída de Troya y sus viajes (libros II-III). Dido y Eneas se enamoran (libro IV), pero los dioses le obligan a hacerse al mar de nuevo, abandonándola, rompiéndole el corazón, empujándola al suicidio y, no casualmente, proporcionando el tema para posteriores óperas. Su venerado padre muere, y Eneas celebra unos juegos funerarios por él (libro 5); sigue navegando y divisa la tierra de Italia, donde encuentra la entrada al Inframundo cerca de Cumas (libro VI). Allí se encuentra con la sombra de Dido, que amargamente le reprocha con muchas maldiciones lo que hizo. A Eneas no se le ocurre ninguna justificación para su conducta —no la hay— y se ve obligado a ofrecer la pobre excusa de que aquella no había sido su voluntad: la había dejado porque Júpiter se lo había ordenado. Allí se encuentra con la sombra de su padre, que le habla del destino de la ciudad que él está a punto de fundar: Roma.

En el libro VII, Eneas llega al Lacio y trata de contraer matrimonio con la princesa Lavinia, cuyo anterior pretendiente, Turno, se enfurece e, instigado a ello por la siempre vengativa diosa Juno, hace la guerra contra Eneas y los troyanos. En el libro VIII, Eneas obtiene una armadura celestial, que incluye un extraordinariamente elaborado escudo forjado por Vulcano. Es un objeto profético, que en sus grabados muestra varios acontecimientos futuros relacionados con Roma, entre ellos la victoria de Augusto sobre Marco Antonio en Accio.

Después de una prolongada guerra (libros IX-XII), Turno muere y la hegemonía de Eneas sobre la nueva Roma pasa a ser completa.

Es, en uno de sus niveles, un poema majestuosamente patriótico, imbuido de un sentido épico de la magnitud y el destino. Narra como tema fundamental la instauración de esas obsesiones morales de la antigua Roma augusta: la paz (*pax*), la civilización y el derecho (*mos* e *ius*). «*Tantae molis erat Romanam condere gentem*», escribió Virgilio: «¡Tan enorme fue la tarea de fundar la nación romana!». Casi podría decirse lo mismo sobre la composición del poema de Virgilio. Al igual que Shakespeare, Virgilio creó una extraordinaria cantidad de expresiones e imágenes que se arraigaron de tal forma en los usos de su idioma que parecería que siempre han estado ahí: frases hechas que continuamente se renuevan. «*Equo ne credite, Teucri. Quidquid id est, timeo Danaos et dona ferentes.*» Un auténtico escalofrío de misterio se siente en presencia del caballo de Troya: «No os fiéis del caballo, troyanos. Sea lo que sea, temo a los griegos, incluso cuando traen regalos». O la advertencia sobre el Infierno, cuando dice que *«Facilis descensus Averno»* («Fácil es la bajada al Averno»),

> de noche y de día está abierta la puerta del sombrío Plutón;
> pero dar marcha atrás y salir a las auras de la vida,
> esa es la empresa, esa la fatiga.

Por toda la *Eneida* resuenan indicios y profecías sobre el destino de Roma. Eneas reconforta y alienta a sus hombres agotados (I, 205-210): «Buscamos el Lacio, donde nos muestran los hados / sedes apacibles; allí renacer deben los reinos de Troya. / Aguantad y guardaos para tiempos mejores». Eneas fundará la ciudad, y muy pronto

> contento bajo el rubio manto de una loba nodriza
> Rómulo se hará cargo del pueblo y alzará las murallas
> de Marte y por su nombre le dará el de romano.
> Y yo no pongo a estos ni meta ni límite de tiempo:
> les he confiado un Imperio sin fin.

En el reino de los muertos, en el libro VI, Anquises profetiza que «ínclita Roma / igualará su Imperio con las tierras, su espíritu con el Olimpo, / y una que es, rodeará sus siete alcázares con un muro, / bendita por su prole de héroe». Y ordena a su hijo Eneas:

Vuelve hacia aquí tus ojos, mira este pueblo
y a tus romanos. Aquí, César y toda la progenie de Julo
que ha de llegar bajo el gran eje del cielo.
Este es, este es el hombre que a menudo escuchas te ha sido prometido,
Augusto César, hijo del divo, que fundará los siglos
de oro de nuevo en el Lacio por los campos que un día
gobernara Saturno, y hasta los garamantes y los indos
llevará su imperio; se extiende su tierra allende las estrellas...

Por consiguiente, el Imperio está predestinado a expandirse.

Después de Virgilio, el más célebre de todos los poetas de la época augusta, tanto entonces como en la actualidad, fue Quinto Horacio Flaco: Horacio. (Lucrecio fue sin duda influyente, tanto en Roma como posteriormente a través de su influencia en Milton, pero no fue tan querido como Horacio, ni su obra gustó tanto como la de este.) Horacio era cinco años más joven que Virgilio, y su padre era un subastador que antes había sido esclavo. Su carrera, hasta el momento en que captó la atención de Mecenas y fue introducido en el círculo de Augusto, había sido irregular. De hecho había servido en el ejército, combatiendo en el bando de Bruto y Casio con el alto rango de tribuno militar, contra el futuro Augusto en Filipos.

Sin duda, Horacio estaba en deuda con Mecenas, pero no se sentía en absoluto inferior a él; más bien se dirigía a él como a un igual, un amigo: «Mecenas, descendiente de reyes. / Mi amigo, mi honor, mi firme roca». Una relajada intimidad parece predominar entre los dos hombres. En un momento dado, en el epodo XIV, Horacio incluso hace referencia a una relación erótica entre Augusto y un actor, Batilo, una libertad que no se podría haber tomado si no hubiera existido una relación de confianza entre él y el amigo de Augusto, Mecenas.

Al principio comete algunos errores, adulando en exceso a Augusto, atribuyéndole una divinidad políticamente inoportuna. Sigue la línea augusta sobre la inmoralidad sexual y la debilidad pública con excesiva aplicación para el gusto de algunos: «Nuestro siglo, fecundo en maldades, corrompió primero el tálamo nupcial, afrentando las casas y los linajes; de esta fuente deriva la pestilencia que destruye al pueblo y a la patria... La virgen precoz se entrega sin freno a las danzas de Jonia, se instruye en las artes de la seducción, y desde tierna edad sueña con amores incestuosos». Pero pronto da con la proporción correcta de alabanzas, y mientras tanto Horacio se ha convertido en un maravilloso cantor de la luz del placer y, a veces, del remordimiento que puede ser la sombra de ese sol.

Era corpulento y de corta estatura, tenía el cabello canoso y era un entendido en materia de vinos, jardines y conversación. Era cortés, gracioso y carecía de rencor ante la estupidez humana. Si se pueden juzgar las cualidades de un hombre por su poesía, era un compañero ideal. Le encantaba la granja rural que Augusto, a través de Mecenas, le había dado: su huerto, su borbotante fuente de agua «más refulgente que el cristal». Se supone que era homosexual. Nunca se casó, y algunos de sus versos más hermosos están dirigidos a un joven romano llamado Ligurino. Pero desde luego no tenía ninguna animadversión hacia el sexo opuesto, loándolo en algunos de los mejores versos que jamás un hombre ha dirigido a una mujer, por muy imaginaria que sea esta:

> *Quis multa gracilis te puer in rosa*
> *perfusus liquidis urget odoribus,*
> *grato, Pyrrha, sub antro?*
> *Cui flavam religas comam,*
> *simplex munditiis?*

«¿Qué grácil muchacho, entre una multitud de rosas, bañado en líquidos perfumes, te acosa, Pirra, en el fondo de una deliciosa gruta? ¿Para quién sujetas tu dorada cabellera, tú, sencilla en tu elegancia?»

Otros destacados poetas gozaron del favor de Mecenas y, a través de él, de la generosidad de Augusto: Sexto Propercio, Tibulo. Los personajes de su poesía aparecerían una y otra vez en los poetas cultos hasta el siglo XIX, gracias a la base clásica de la educación de las clases altas, por ejemplo, la Cintia de Propercio, y la muchacha cuya esclava Tibulo declara que es, Delia.

Pero el más irresistible de estos poetas, y el «chico malo» de la literatura de la época augusta, fue Ovidio: Publio Ovidio Nasón. Nacido en un valle de los Apeninos, al este de Roma, en el año 43 a. C., murió en el exilio en la costa occidental del Mar Negro en la aldea de Tomis (lo que actualmente es Constanza, en Rumanía), hacia el año 18 d. C., mientras sus libros eran retirados de las bibliotecas públicas de Roma por órdenes de Augusto. En realidad podría haber sido mucho peor, pues le permitieron conservar las propiedades que tenía en Roma. No se sabe con certeza qué es lo que hizo exactamente Ovidio para merecer este condigno castigo —Augusto nunca desterró a otro escritor de calidad—, y el propio Ovidio nunca hizo nada más que aludir indirectamente a ello en sus escritos, aparte de decir que la causa había sido un *carmen* (una canción) y un *error* (una equivocación). El error probablemente fue sexual y puede que tuviera que ver con la desenfrenada y sexualmente atractiva nieta de Augusto, Julia, que era unos veinticinco años más joven que el poeta y que también sería desterrada a una isla mediterránea por inmoralidad, más o menos en la misma época en la que Ovidio fue enviado a Tomis. En cuanto a la canción que no gozó de la aprobación de Augusto, cualquier creación de Ovidio habría cumplido los requisitos para ello. «Posteridad, reconoce a quién estás leyendo, / el poeta de la diversión, la bondad, el amor», declaran sus *Tristia* («Lamentos»), escritos en el exilio para reivindicar su inocencia. Ingenioso, de verbo fluido, casado tres veces, con un encanto terrenal que brilla a través de cada verso de su *Ars amatoria* («El arte de amar») y de su obra magna, las *Metamorfosis*, Ovidio fue el primero de los grandes urbanitas sofisticados de la literatura, y expulsarlo a un agujero provinciano como Tomi, fuesen cuales fueran los encantos rústicos de su paisaje y sus mujeres, fue un terrible desperdicio de uno de esos talentos que enriquecen la vida:

Como puedo,
me consuelo con canciones.
No hay nadie para escucharlas.
Fingiendo paso mis días.
El hecho de que esté vivo, de que afronte con firmeza la adversidad,
de que mi rostro parezca apesadumbrado,
se lo debo a la poesía. Ella me ofrece consuelo,   .
descanso y remedio,
es mi guía y compañera...
Nuestra época ha dado grandes poetas,
pero mi reputación sigue en pie;
hay muchos a los que tengo por mejores que yo,
pero otros me tienen por un igual.
Y yo *soy* el de mayor éxito.

No es extraño que lo fuera; ningún escritor romano, y pocos después de él, escribió con tanto estilo sobre las aventuras sexuales como Ovidio. Aquí aconseja a una novia:

Y en cuanto llegues a la alcoba
llénala con todos los placeres; no tengas modestia allí.

> Pero una vez que salgas de ella, pon freno al desenfreno, querida;
> la cama es el único lugar en el que puedes actuar como te plazca.
> Allí no es ninguna vergüenza lanzar tu vestido a una esquina,
> ni es ninguna vergüenza yacer muslo sobre muslo;
> allí es apropiado que las lenguas, y los labios, se besen;
> allí, que la pasión haga uso de todas las invenciones del amor.
> Emplea allí todas las palabras, los útiles gritos y los susurros;
> allí, que el chirrido de la cama parezca marcar el compás.

Y los maridos, sobre todo los más viejos, están ahí para que sus locamente enamoradas y libertinas esposas les pongan los cuernos:

> Los estrategas recomiendan el ataque nocturno,
> usar la punta de lanza, sorprendiendo dormido al adversario;
> también lo usan los amantes, que aprovechan el sueño de un marido,
> clavándola con fuerza mientras ronca el enemigo.

Esta jovial promiscuidad no se ajustaba a los principios de los «valores familiares» que Augusto estaba decidido a reforzar en Roma. Augusto creía en la moderación; Ovidio, no. Cualquiera que alguna vez haya tenido fogosas relaciones sexuales en una tarde calurosa es su cómplice. Entra en escena su Corina:

> Aun siendo transparente, aparté el vestido;
> guardando las formas, ella se resistió, más o menos.
> Este la cubría poco, tengo que decirlo,
> y ¿por qué resistirse para salvar un vestido?
> Así que pronto quedó desnuda allí, y vi,
> no sólo vi, también palpé, allí la perfección,
> manos moviéndose sobre intachable belleza,
> los pechos, los muslos, el triángulo de pelo.

La libre sexualidad de Ovidio sin duda contribuyó a su popularidad, y es uno de los motivos por los que se le sigue leyendo hoy en día, pero la razón fundamental de su influencia en la época romana, cuando rivalizaba con la de Virgilio, fue que sus versos se convirtieron en la fuente principal de la mitología griega para Roma. Las divinidades de la religión romana tendían a ser espíritus de la naturaleza —Fortuna, Mens Bona— no personajes. Fue Ovidio quien puso rostro a los dioses romanos; y también órganos genitales. Fue el que más contribuyó a la invención de la idea de la mitología entendida como diversión, una comedia costumbrista, llena de espectaculares historias escandalosas sobre las acciones de los dioses en el Olimpo: como observó Richard Jenkyns, «Ovidio está más próximo a Offenbach que a Homero». Se convirtió en el poeta latino predilecto y más imitado del Renacimiento italiano, y sus versos a menudo fueron traducidos al inglés, sobre todo por Chaucer y Spenser. Aparecen resonancias de él en Shakespeare y una de los más grandes versos de las obras de teatro de Christopher Marlowe, pronunciado por el Doctor Fausto mientras espera su condenación, es una cita directa de los *Amores* de Ovidio (libro I, XIII, 40): «*O lente, lente currite, noctis equi*», («Corred despacio, despacio, oh caballos de la noche»).

Poco sabemos acerca de las predilecciones sexuales del propio Augusto. Pero sí que tenemos conocimiento de algunos de sus gustos en otros ámbitos, sobre todo en arquitectura y urbanismo. La literatura garantizaría parte de la supervivencia cultural de estos, pero el mármol lo haría con solidez aún mayor.

Augusto tenía un gran entusiasmo por la construcción. Quería que Roma fuese insuperablemente hermosa. Por ese motivo, tenía que volverse griega; pero más grande. Su célebre declaración de que se había encontrado con una ciudad de adobe y había dejado otra de mármol fue, hasta un punto que resulta sorprendente, cierta. El mármol se empleaba con mucha mayor frecuencia como un grueso revestimiento externo sobre ladrillo común que en forma de sólidos bloques de mampostería. Pero no siempre. Gran parte de él era de una intimidatoria o estimulante solidez, el ejemplo extremo de lo cual fue el enorme Foro del propio Augusto. Este hizo realidad los planes que Julio César había concebido para una monumental reconstrucción —una creación, en realidad— del arquitectónicamente difuso corazón de Roma, que había quedado pendiente debido a su asesinato. Decir que Augusto movilizó a la industria de la construcción romana es quedarse corto. Augusto afirmó haber construido (o restaurado) ochenta y dos templos romanos solamente en un año —a muchos dioses, muchos templos— además de otras estructuras, y esto no fue mera fanfarronería.

El material de exhibición era el mármol, el mejor disponible, procedente de las canteras de Luna, en Carrara, en el norte. El mármol de Luna era el más fino si se quería una blancura perfecta, como deseaban Augusto y sus constructores. Su blancura podía compararse con la de la luna, y de ahí su nombre. El mármol de Luna tendía a ser muy homogéneo y a estar, hasta donde puede estarlo cualquier roca sedimentaria o metamórfica, libre de vetas y grietas internas. Esto reducía el riesgo de que aparecieran inesperados afeamientos en la blancura de un arquitrabe o, peor aún, en la mejilla de una Venus o un general. En los edificios se combinaba con otros mármoles, cuya variedad de orígenes simbolizaba la inmensa extensión del Imperio Romano, que podía traer cualquier tipo de piedra de cualquier parte del mundo conquistado: de Asia, de Oriente Próximo, de todo el Mediterráneo. El mármol rosa venía de la isla griega de Quíos; un mármol de color azul verdoso conocido como *cipollino*, de Eubea; el amarillo, del norte de África. Había muchos otros, aunque no tantos como los que utilizarían posteriores diseñadores imperiales o, llegando ya al extremo, los de la Roma barroca. El sobrio uso de vetas y venas de estas rocas dio vida a lo que de lo contrario podría haber sido cierta monotonía en la superficie de los edificios de Augusto.

Lo mejor del mármol de Luna, aparte de su consistencia de color, era su firme estructura cristalina. Esto contribuía a que hubiera un «grano» uniforme en la roca, que a su vez favorecía la nitidez y la profundidad de detalle. Y algunos de los detalles de los edificios de la época augusta estaban muy elaborados. El principal arquitecto y teórico de la época augusta fue Vitruvio Polión, que escribió el texto fundamental sobre la construcción romana clásica, la obra en diez volúmenes *De architectura* (25-23 a. C.), el único tratado sobre el arte de la construcción en la antigua Roma que ha sobrevivido. En él no sólo habla de arquitectura, sino también de planes de ordenación urbana, de abastecimiento de agua, de ingeniería y de artefactos bélicos; pero sus ideas sobre la arquitectura, explicadas de forma muy detallada, estuvieron en el núcleo del ejercicio de la arquitectura europea durante casi mil años. No ha sobrevivido ningún edificio real suyo y prácticamente nada se sabe de su vida, salvo que sirvió en el ejército de Augusto como ingeniero de artillería, diseñando *ballistae* y máquinas de asedio.

Vitruvio no sólo prestaba suma atención a los aspectos prácticos de la construcción, sino también a su contenido metafórico. De ahí sus disquisiciones sobre los «órdenes» de la arquitectura y sus significados. Dórico, jónico, corintio, toscano; cada uno tenía su significación humana y divina:

> Para Minerva, Marte y Hércules se levantarán templos dóricos, pues conviene así a estos dioses, sin ningún tipo de lujo, debido a su fortaleza viril. Para Venus, Flora, Proserpina y las ninfas y náyades los templos serán corintios, pues poseen cualidades apropiadas a su delicadeza, ya que son templos esbeltos, adornados con flores, hojas y volutas, que pa-

recen aumentar el esplendor de tales divinidades. Si se levantan templos jónicos a Juno, Diana, Baco y otras divinidades similares, se logrará una solución intermedia, pues poseen unas características que suavizan la índole austera propia del estilo dórico y la delicadeza del corintio.

El más prominente de los «órdenes» augustos fue un nuevo tipo de capitel, conocido como «compuesto», que combinaba las hojas de acanto del orden corintio con las volutas del jónico. Este híbrido se convirtió en una de las formas típicas de la arquitectura augusta, pero su correcto tallado requería bastante más destreza que la que tenían la mayoría de los canteros romanos. Hubo que importar tallistas de mármol griegos, pues Grecia formaba a mejores canteros que la Roma del siglo I d. C.

Estos trabajadores griegos no se limitaron a esculpir detalles arquitectónicos. También hicieron estatuas; alguien tenía que producir todas esas efigies del Princeps y su familia. Esto contribuye a explicar el hecho de que el retrato del período imperial tiende a carecer de las realistas y a veces marcadamente sinceras efigies del retrato romano anterior. Los tallistas nunca habían visto en persona a Augusto, de modo que no tenían ninguna idea de primera mano de su «verdadero» aspecto y, naturalmente, ninguna concepción de su personalidad más que la que difundía la propaganda imperial. Pero Augusto era un dios, y los escultores griegos estaban muy acostumbrados a representar a dioses. Esto también contribuye a explicar la cierta monotonía que se percibe en las representaciones de Augusto realizadas durante todo su reinado y por todo el Imperio.

Pero, además de inundar la cultura con innumerables monedas, bustos y estatuas, los griegos tuvieron una profunda y duradera influencia en la ciudad física. Dos monumentos en la propia Roma que mostraron claramente la constante influencia griega en el arte y la arquitectura romana fueron el Foro de Augusto, acabado alrededor del año 2 a. C., y el *Ara Pacis Augustae*, inaugurado el año 9 a. C.

En su distribución el Foro es enteramente romano, como debe ser: un espacio rectangular abierto bordeado por pórticos, en el que la gente se reunía y se hacían negocios. Uno de sus extremos estaba cerrado por un gran templo emplazado sobre un podio elevado, herencia de convenciones etruscas más antiguas; y había estatuas de héroes del Estado, entre ellos, naturalmente, el propio Augusto. Pero, comprensiblemente, se dejan entrever detalles griegos. Los capiteles de sus columnas son corintios; la presencia de una fila de cariátides (figuras columnares de mujeres que soportan cargas) en el piso superior de las columnatas es una reminiscencia directa de las que se hallan en la galería del Erecteion en Atenas. La magnitud del complejo en su totalidad era inmensa. Las columnas del templo alcanzaban unos 18 metros de altura, y estaban hechas con el brillante mármol blanco de Luna de las canteras de Carrara, el elemento emblemático de la arquitectura de Augusto. Por el contrario, el suelo de las columnatas, del que sólo sobreviven fragmentos, se hizo con los mármoles de color más intenso del Imperio: púrpura frigia (*pavonazzetto*) de Turquía, amarillo númida (*giallo antico*) de Túnez, rojo y negro *africano*.

El *Ara Pacis Augustae*, o Altar de la Paz Augusta, es una cita aún más directa de las normas y formas griegas. Su propósito es celebrar el fin del conflicto y la disensión: la estabilización del Estado romano por la gran figura que lo ha unido, Augusto, a quien se ve presidiendo una Roma que ha renacido del disentimiento que acabó con la República. El altar se eleva sobre unos escalones que están contenidos dentro de elevados muros pantalla de mármol de Luna, con entradas abiertas en los lados este y oeste. A ambos lados de cada entrada hay tablas mitológicas de piedra tallada. Representan los beneficios espirituales y materiales del reinado de Augusto, y están claramente realizadas por artistas griegos. Una de ellas, por ejemplo, promete el regreso de la Edad de Oro. Aquí, entronizada en el centro del panel, está *Natura naturans*, la naturaleza naturante: la Madre Tierra en su manifestación más dulce y fecunda, luciendo dos niños en sus brazos. Se halla rodeada de fruta y flores, una vaca y una oveja yacen satisfechas a sus pies, y está flanqueada por dos benignos espíritus de la naturaleza que representan el Océano y el Agua. La atmósfera y el contenido son los de la IV Égloga de Virgilio, en la que el poeta habla de la próxima era de Apolo:

Nuestra es la era de la coronación profetizada:
nacido del Tiempo, un gran ciclo de siglos
comienza. La Justicia regresa a la tierra, la Edad de Oro
regresa, y su primogénito desciende de los cielos.
Ampara, casta Lucina, a este niño en su nacimiento,
pues con él se irán los corazones de hierro, y los de oro
heredarán toda la tierra: sí, Apolo ya reina.
Y será mientras seas tú cónsul —tú, Polión— cuando esta gloriosa
era amanezca...

¿Quién es este niño primogénito que «desciende de los cielos»?
Aún sigue siendo un misterio. Los intérpretes cristianos posteriores a
la muerte de Virgilio no tuvieron ninguna duda de que era el niño Jesús, pero este ciertamente fue uno de esos casos en los que se cree
aquello que se quiere creer: Virgilio no estaba escribiendo una profecía
cristiana, aunque a mucha gente le habría gustado que así hubiera sido.

En otro lugar de los muros esculpidos del *Ara Pacis* vemos a Augusto personificado como Eneas haciendo un sacrificio, en su manifestación fundamental como pacificador, consolidando la ciudad de
Roma, después de haber superado por fin el terrible conflicto y la pérdida de Troya. La lección no se ha de eludir: tenemos ante nosotros a
un salvador, un salvador que repite el acto originario de la fundación
consolidando el Estado romano para el futuro de acuerdo con las antiguas leyes y piedades de este. Aún más, la familia del salvador es y
será siempre la metáfora del buen Estado. Tal es la «Paz Augusta».

El otro edificio de Augusto que sobrevive, más o menos, en Roma
y que es paralelo al *Ara Pacis* es su propio mausoleo familiar, cuya
forma original se ha descompuesto tanto con el paso de los siglos que,
aparte de su forma circular, apenas resulta legible. El *Augusteum* (en
el que no queda, naturalmente, ni una mota de polvo del emperador
muerto) en realidad es más un terraplén que un edificio, un gran cono,
de 89 metros de diámetro y 44 de altura, que recuerda a monumentos
etruscos mucho más antiguos. El primer miembro de la familia de Augusto que se enterró en él fue probablemente su sobrino favorito, Marcelo, envenenado en el año 23 a. C. por la segunda esposa de Augusto,
Livia, que quería que su hijo Tiberio heredase el trono. En épocas más
recientes, una vez que se perdieron los restos del propio Augusto, esta
edificación conoció muchos usos, ninguno de ellos especialmente glorioso; fue fortificada y usada como base militar por los Colonna en el
siglo XII, después se abrió una cantera en ella para extraer travertino, y
en 1354 el cadáver de Cola di Rienzo, mutilado por las dagas de la
turba romana, fue incinerado en ella. Posteriormente pasó a ser un
gran huerto, y en una época más reciente aún, cuando la moda de lo
español llegó a Roma en el siglo XIX, se convirtió en una plaza de toros. Hasta la década de 1930, cuando se dice que Benito Mussolini
sopesó la posibilidad de ser enterrado en él, no recuperó parte de su
dignidad arqueológica, una dignidad que actualmente peligra debido
al revoltijo de papeles tirados, envoltorios de dulces, paquetes de ciga-
rrillos vacíos y otras basuras que dejan en ella los romanos que pasan
por allí.

En los márgenes del Imperio, donde este tipo de arquitectura de importancia era menos densa, fue donde se sintió con especial fervor la dedicación de Augusto a la construcción. Algunas de las más grandes estructuras de la época augusta son «provincianas» en cuanto a su ubicación —en lugares lejanos a Roma, pero regidos por ella— y, no obstante, tan sofisticadas como las de la propia Roma. Uno de los más hermosos de estos monumentos augustos es el Pont du Gard, un acueducto próximo a Nemausus (la actual Nîmes) en Provenza, con el ritmo de sus arcos que se extienden sobre un valle; para quienes la han visto, y quizá incluso para aquellos que sólo la conocen por fotografías, esta enorme y exquisitamente proporcionada estructura de tres niveles es *el* acueducto, el arquetipo de su género.

Al ser un importante centro provincial, la capital de la Gallia Narbonensis, Nîmes cuenta también con un anfiteatro con capacidad para unos 25.000 espectadores, construido aproximadamente a finales del siglo i d. C. No obstante, la joya augusta de Nîmes es el templo que honra a los nietos de Augusto, Cayo y Lucio César, conocido como la *Maison Carrée* o «Casa Cuadrada» (2-3 d. C.). Se halla muy bien conservado, probablemente porque fue transformado en una basílica cristiana en la Alta Edad Media. Algunos de sus detalles, en particular el motivo de los capiteles corintios, se asemejan a los del gran Templo de Marte Ultor inaugurado unos años antes en Roma, y reflejan la debilidad que sentía Augusto por el orden corintio. Igualmente, la decoración del friso —volutas continuas de acanto— imita la del *Ara Pacis*. La *Maison Carrée* llevaba siglos siendo enormemente admirada cuando un norteamericano, Thomas Jefferson, la vio por primera vez en 1784. Jefferson adoptó su diseño como prototipo ideal de la circunspecta arquitectura oficial que deseaba para la nueva concepción de la política democrática que él tenía el honor de representar en Francia: noble y augusta, sin embargo de estructura fina, y de algún modo íntima. Así, la influencia de la *Maison Carrée* cruzó el Atlántico, proporcionando el prototipo para la nueva «Cámara del Estado», el capitolio de Virginia. No fue una copia pasiva: Jefferson tuvo que hacer cambios, sustituyendo los capiteles corintios por jónicos, ya que temía (sin duda con razón) que los mamposteros locales de Virginia no fueran capaces de esculpir todas esas complicadas hojas de acanto. Pero el Capitolio de Virginia en Richmond mostraba, en palabras del propio Jefferson, que «deseamos exhibir una grandeza de concepción, una sencillez republicana, y esa auténtica elegancia de Proporción que corresponde a una libertad atemperada que excluye la Frivolidad, el alimento de las mentes pequeñas». ¡Cómo habría aprobado esto el propio Augusto!

El siglo I d. C. también asistió a un florecimiento de las artes ornamentales en el ámbito privado. Probablemente las mejores pinturas se importaron de Grecia, o fueron realizadas en Roma por artistas griegos. Había una intensa tradición de pintura de caballete en todo el mundo griego y romano, pero esto sólo lo sabemos por fuentes literarias: las obras en sí, víctimas del tiempo, no han sobrevivido salvo en forma de vislumbres fugaces. No hay ningún indicio de que los muros romanos de la época augusta tuvieran nada comparable, en cuanto a calidad y a compleja y recargada grandeza, a las pinturas murales con escenas de iniciación sobre fondo rojo de la Villa de los Misterios en Pompeya, construida hacia el año 60 a. C.

Poco se sabe sobre el diseño romano de jardines, pero este existió, aunque cualquier jardín augusto que pueda haber existido quedó borrado hace mucho tiempo por construcciones posteriores. Se pueden deducir sus características observando lo que sobrevivió en Pompeya: los estanques con peces y las grutas de conchas, los paseos empedrados, los cenadores con parras, las pérgolas y los arbustos pintados. Los suelos de mosaico eran populares, y se hacían tanto con guijarros como con teselas de vidrio. Da la impresión de que los romanos de clase media también eran excesivamente aficionados a la escultura ornamental *kitsch*: el jardín de la casa de Marco Lucrecio en Pompeya, a juzgar por las fotografías, parece la terraza del Luigi's Pasta Palace en la costa de Nueva Jersey, atestado de esculturas que recuerdan más a gnomos de jardín: un Sileno de pie en un ninfeo, vertiendo agua de un odre de vino, pájaros, sátiros, una representación genérica de la cabeza de un Hermes barbado, un Cupido montado en un delfín. Puede que algunas de estas cosas fueran heredadas, pero la mayor parte de ellas fueron indudablemente producidas en las fábricas locales a petición de las casas.

Y no obstante, en medio de todas estas construcciones, ¿cuál fue el monumento individual más importante construido por los romanos que hoy en día sigue siendo parcialmente visible? Pensamos en los «monumentos» como algo vertical que se alza majestuosamente y que es visible desde la lejanía. «*Exegi monumentum aere perennius*», escribió el poeta Horacio: «Me he ganado un monumento más duradero que el bronce», refiriéndose a la fama de su propia poesía.

Pero el mayor monumento físico, el que ocupó la mayor parte de las energías de topógrafos, urbanistas, ingenieros, obreros, peones, albañiles y esclavos durante siglos e hizo posible el crecimiento y la administración del mayor imperio que el mundo había conocido hasta entonces, no fue ni un imponente edificio ni una estatua, sino algo pesadamente físico y completamente horizontal, y por consiguiente, al menos desde la lejanía, bastante difícil de ver: desde luego invisible, y muy difícil de imaginar, en conjunto. Fue el enorme sistema de carreteras, sin el cual el Imperio romano no podría haber existido. Los cálculos aproximados de su tamaño varían mucho, dependiendo de cuántas carreteras secundarias y terciarias se incluyan. Pero, desde luego, no fue menor a 80.000 kilómetros y posiblemente fue de, nada más y nada menos, 100.000 o incluso 120.000 kilómetros, incluyendo sus muchos puentes tendidos sobre espumosos ríos, las tajeas sobre pantanos y los túneles abiertos a través de la roca montañosa. Fue una formidable proeza de estudio topográfico, planificación y esfuerzo, y todo ello realizado sin excavadoras, niveladoras ni explosivos: tan sólo con herramientas manuales y músculo.

El poder romano no resulta menos inconcebible sin la red de carreteras que lo sustentaba que el norteamericano sin la radio, la televisión, los teléfonos, internet y todos y cada uno de los demás tipos de comunicaciones electrónicas que existen. Esta hizo posible la transmisión de información entre puntos remotos más rápidamente que nunca antes en la historia. Sólo se tardaba ocho días en atravesar Italia desde Roma hasta Brindisi a lo largo de la Via Apia. La carretera tenía su propio sistema de apoyo, el antecedente de los garajes y las áreas de descanso distribuidas a lo largo de la *autostrada* actual: talleres y posadas, establos bien provistos, veterinarios para los caballos. Si el vehículo, cuyo tipo más común se conocía como *carpentum* (de ahí la palabra *car* en inglés) perdía una rueda o si uno de sus ejes se rompía por el camino, se podía llamar a un mecánico o *carpentarius* (de ahí la palabra *carpintero*) para que lo reparase. Si no disponía de carro, el peatón común podía andar quizá 20 km al día. Un soldado en marcha podía recorrer entre 30 y 35 km.

En el pasado, otras grandes potencias imperiales (los egipcios, y en Persia los aqueménidas) habían tenido sistemas de carreteras, en ocasiones grandes y bien conservados. Pero, o bien su uso estaba restringido (en Egipto, todas las carreteras eran reales y estaban fuera del alcance de los plebeyos) o estaban deficientemente integradas con los puertos, lo que hacía que las relaciones entre el transporte terrestre y el marítimo fueran decididamente inciertas. El sistema romano funcionaba con una soltura que nunca antes se había logrado en la historia, y

todo *civis romanus* (ciudadano romano) que tuviera algo que trasladar
—un ejército, una caravana de carros, un rollo de papiro con un mensaje importante o trivial, un cesto de melones— tenía acceso a él, bien
personalmente o bien a través de sus representantes y clientes. Desde
el punto de vista del comercio y la estrategia, nada semejante a las
carreteras de Roma se había concebido y menos aún construido. Sin
las carreteras, la estrategia no podría haber existido. La administración
de tantos subgrupos dentro de un Imperio consumía una enorme cantidad de tiempo. La velocidad de comunicación y la precisión en el emplazamiento de las fuerzas era fundamental. La cohesión imperial, tanto entonces como ahora, dependía de las comunicaciones.

El tamaño de la red de carreteras, dado el trabajo necesario para
crearla, resulta asombroso ahora y era casi inconcebible hace dos milenios. Esta rodeaba toda la cuenca mediterránea. Contando con el
tiempo suficiente, un viajero a caballo o en un vehículo de ruedas que
saliera de Roma y se dirigiese al este a través de Ariminum (la actual
Rímini), que continuase hacia el este a través de Tesalónica en dirección a Bizancio (a la que todavía no se había dado su nombre en honor
al emperador Constantino) y que cruzase a Asia podía seguir esa misma carretera hacia el sur a través de Antioquía, Damasco y Gaza, y
después tener ante sí, aún totalmente pavimentado y con pleno mantenimiento, el largo trayecto costero hacia el oeste en dirección a Alejandría, Cirene y Leptis Magna, que finalmente terminaría en Banasa, en
lo que hoy es Marruecos. Allí, quizá se viese a sí mismo mirando, a
través del angosto estrecho que separaba Hispania del norte de África,
a otro viajero que había tomado otra carretera romana hacia el oeste a
lo largo del sur de Europa, a través de Arelate (la actual Arles) y Narbo
(la actual Narbona), siguiendo por el pie marítimo de los Pirineos hacia Tarraco (la actual Tarragona), de ahí al oeste, hacia Caesaraugusta
(la actual Zaragoza), y de ahí hacia el sur, a Hispalis (la actual Sevilla)
y Gades (la actual Cádiz), que miraba hacia la costa del norte de África. El geógrafo romano Estrabón creía que en el año 14 d. C. los romanos ya habían completado más de 5.500 kilómetros de carreteras en la
península Ibérica, y este total pronto aumentaría a unos 16.000.

Al norte, la pauta era fundamentalmente la misma. Los territorios
conquistados llevaban la impronta de su subyugación en forma de carreteras romanas. Una de estas unía Mediolanum (la actual Milán) con
Augusta Vindelicorum (la actual Augsburgo) y seguía a lo largo del
valle del Rin hasta Mogontiacum (la actual Maguncia) y Colonia Agrippina (la actual Colonia). En Francia había tejida una maraña de rutas

pavimentadas, desde Lugdunum (la actual Lyon) hasta Rotomagus (la actual Ruán). Y, naturalmente, la red se extendía a través del canal de la Mancha hasta Britania, penetrando hacia el norte para enlazar con el Muro de Adriano, que se había construido para coartar a los hostiles escoceses en 122-125 d. C.

Su construcción apenas variaba y dependía en su totalidad de mano de obra esclava y militar, supervisada de forma muy exigente. Primero se cavaba una gran zanja, de 6 o 7 metros de anchura y de quizá 80 centímetros de profundidad. Ambos lados de ella estaban bordeados por *gomphi* o piedras que formaban bordillos, y después la calzada se rellenaba con capas de arena, grava y pequeñas rocas, bien incrustadas mediante golpes. La superficie final la daban unas losas planas de piedra, encajadas juntas. Los constructores de carreteras tenían la precaución de dar una combadura a la superficie, para que el agua escapara hacia los lados.

No todas las carreteras romanas eran así. Muchas estaban peraltadas, tenían bordes pero no estaban pavimentadas. Algunas, como la gran carretera militar que unía Cartago con Theveste en el norte de África, estaban pavimentadas y se hacían en ellas labores de mantenimiento asiduamente. Entre estas se hallaban la Via Apia, entre Roma y Capua, y la Via Egnatia, que atravesaba la península Balcánica, desde el Adriático hasta el Egeo, la cual se prolongaría hasta Constantinopla. Pero muchas carreteras se desintegraron con el paso del tiempo, por la presión del tráfico rodado, y apenas serían localizables hoy si no fuera por los miliarios o mojones que de ellas han sobrevivido, achaparradas columnas cilíndricas que indican la distancia que separa al viajero de la ciudad importante más cercana. (La «milla romana» equivalía más o menos a una milla moderna, unos 1.600 metros.) No obstante, el sistema de carreteras romano fue, con diferencia, el más complejo y de mayor alcance que el ingenio humano produciría hasta el siglo XIX en Europa. Naturalmente, duró mucho más que la vida del propio Augusto y fue una de las partes más valiosas del enorme legado que dejó a sus sucesores.

Augusto gobernó Roma durante casi 44 años, y murió un mes antes de cumplir los setenta y siete años. Tuvo lo que había pedido a los dioses que le enviaran: una muerte rápida e indolora. Aunque hubo rumores de que había muerto por comer unos higos untados con veneno que le había traído su esposa Livia, no fueron más que habladurías. La transición de poder se desarrolló sin complicaciones: el hijo mayor que Livia había tenido con él, Tiberio, era el heredero principal de

Augusto y recibió el *imperium*. Nadie esperaba que alguien pudiera igualar los inmensos logros del Princeps; y, naturalmente, ni Tiberio ni ningún otro lo hicieron. Al morir, según Suetonio, «finalmente besó a su esposa diciéndole: "Adiós, Livia; no olvides nunca de quién has sido esposa"». No debió de ser una orden demasiado necesaria.

Capítulo 3

EL IMPERIO TARDÍO

Acostumbramos a pensar en la mayoría de los emperadores romanos posteriores a Augusto, exceptuando a Claudio (gracias a las novelas de Robert Graves favorables a él), como si hubieran sido brutales degenerados, la prueba de que el poder absoluto corrompe absolutamente. Eso no es cierto, pero se puede entender por qué tantos han imaginado que lo fue.

Los felones más destacados fueron esos dos auténticos chiflados, Cayo Julio César Germánico, conocido como «Calígula» (12-41 d. C.), y Lucio Domicio Ahenobarbo (37-68 d. C.), Nerón. A Calígula le dieron su apodo las legiones —la palabra significa aproximadamente «botitas»— porque de niño, cuando era la mascota de los ejércitos del Rin, poco después de la muerte de su muy adorado padre Germánico, llevaba puestas diminutas versiones de las botas de combate de los legionarios, las cáligas. Lo único que todo el mundo sabe de él es que estaba bastante loco y que tenía un excesivo cariño a su caballo *Incitatus* (un nombre que significaba, aproximadamente, «Impetuoso»). No sólo dio a este animal una cuadra de mármol, un establo de marfil, mantas púrpuras, esclavos y un collar de joyas, sino que de hecho también lo nombró cónsul. O eso se cuenta. No hay, sin embargo, ninguna prueba de que le concediera tal ascenso. Puede que el cónsul Impetuoso no fuese más que una habladuría palaciega un tanto rebuscada. Suetonio, la única fuente de la antigüedad de la que disponemos acerca de esta cuestión, escribe simplemente que «se dice que llegó a pensar en otorgarle un consulado a *Incitatus*», y pensar en algo no es lo mismo que hacerlo. Es probable que la historia del caballo cónsul no sea más que una variación de las bromas retorcidas que Calígula era aficionado a gastar, como parece a juzgar por otros ejemplos de

este tipo. Uno puede imaginárselo perdiendo los estribos con el desventurado Senado y diciéndole a sus miembros que eran más tontos
que su caballo.

¿Se puede decir algo a favor de Calígula? Probablemente no demasiado, aunque los gladiadores romanos, y los dueños y entrenadores de
estos, sin duda agradecieron el obsesivo interés que mostró por los
combates en las arenas. Sin embargo, sí que realizó claras contribucio-
nes a las obras públicas. Al darse cuenta de que el abastecimiento de
agua que proporcionaban los siete acueductos de Roma no bastaba
para una ciudad que era cada vez más grande, ordenó la construcción
de dos más, el de Aqua Claudia y el de Anio Novus, aunque no vivió
lo suficiente para ver acabado ninguno de los dos; fue su sucesor,
Claudio, quien los terminó. Inició un proyecto que (hasta que Claudio
lo terminó) mantuvo ocupados a treinta mil hombres durante once
años allanando una montaña y haciendo un túnel en ella para drenar el
lago Fucino, en Italia central, un equivalente romano a los atroces trabajos a los que se condenaría a los esclavos políticos de Stalin en la
excavación del canal del mar Blanco.

La menos popular de las construcciones que Calígula incorporó a
Roma habría sido el *Tullianum* o cárcel Mamertina, la más antigua de
la ciudad, situada al pie de la colina Capitolina. Aquí se encarcelaba a
los cautivos distinguidos; fue allí donde se supone que san Pedro lan-
guideció encadenado (las cadenas en sí son reliquias sagradas, que se
conservan junto con la sublime figura realizada por Miguel Ángel del
Moisés con cuernos que lanza una mirada desafiante mientras sujeta
las Tablas de la Ley, en la iglesia de San Pietro in Vincoli, no lejos de
allí); en esta triste sala circular de techo abovedado, Yugurta, el que
fuera rey de Numidia, murió de inanición en el año 105 a. C., y el guerrero galo Vercingétorix, el mayor enemigo de César en la Galia, fue
decapitado en el año 46 a. C.

No obstante, no cabe duda de que la contribución más popular de
Calígula a la arquitectura de Roma fue el *Ager Vaticanus*, un enorme
circo o hipódromo conocido como el Circo de Cayo y Nerón. Este se
halla, prácticamente en su totalidad, bajo la basílica y la plaza de San
Pedro, y existe una simple y lógica razón para ello. Este fue el circo en
el que Nerón ejecutó a los cristianos en la espectacular persecución
que se llevó a cabo tras los incendios del año 64 d. C., de los que se
culpó a los miembros de esa secta. La tradición de los comienzos del
cristianismo sostenía también que aquel había sido el emplazamiento
del martirio de san Pedro. Calígula y Nerón eran obsesivos entusiastas

de las carreras de cuadrigas, y compitieron con los profesionales en esta pista.

Mucho después, el emperador Heliogábalo, que reinó desde 218 hasta 222 d. C., también corrió *in Vaticano*, sólo que la tracción de su carruaje no estaba a cargo de caballos sino de un tiro de cuatro elefantes, lo que no hace pensar en una velocidad de vértigo, sobre todo porque su lento y pesado *equipe* no paraba de derribar tumbas por el camino. Heliogábalo vive en la leyenda como el demente homosexual travestido que en una ocasión mandó cubrir a sus invitados con pétalos de rosa, lanzados a través de trampillas practicadas en el techo de su palacio. Su sexualidad hizo que la de Calígula pareciera casi rutinaria, aunque no fueron disímiles; Heliogábalo se rodeó de actores, bailarines y aurigas, todos ellos tratando de superarse entre sí en perversidad. Fue, como mínimo, lo suficientemente bisexual como para tener tres esposas: Julia Paula (que duró un año), Aquilia Severa (una virgen vestal con la que se casó, se divorció y se volvió a casar, en cada ocasión durante un año) y Ania Faustina, descendiente del gran Marco Aurelio, con la que parece que se casó por motivos de prestigio. Ella también duró un año.

Para asegurarse bien de tener algo para todo el mundo, Heliogábalo también irritó a los conservadores religiosos trayéndose de Oriente su propio dios, la piedra negra de Emesa, que en sí misma era un objeto de veneración, ya que representaba a Baal. Tras ser proclamado emperador en 218 por legiones rebeldes de las tropas orientales, su abuela, una temible vieja arpía que lo dominaba por completo y que, en la práctica, dirigía el palacio junto con la madre de Heliogábalo, le convenció para que adoptara a su primo Alejandro Severo como hijo suyo y César en el año 221. Quizá inevitablemente, la presencia de este muchacho provocó a Heliogábalo histéricos ataques de celos: las tropas imperiales occidentales tenían mayor predilección por Severo que por el emperador. Heliogábalo planeó su asesinato, pero en lugar de ello los soldados le mataron a él, junto con su madre. Así pereció el único emperador que le planteó alguna competencia a Calígula como el más disoluto de la historia romana.

Las conductas personales tanto de Calígula como de Nerón fluctuaban, según las bastante exiguas crónicas que quedaron de ellas —sobre todo en los escritos de Suetonio— entre lo excéntricamente estético y lo absolutamente demente, lo indulgente y lo perturbadamente cruel. Se dice que Calígula violó a su hermana Drusila, y que adoptó la costumbre de mantener relaciones incestuosas públicamente con ella y con otras dos hermanas en los banquetes, mientras (uno se imagina) los invitados poco entusiasmados mantenían su mirada fija en su pavo real asado, cabizbajos y en silencio. Sus espectáculos también podían ser más públicos. Fue Calígula el que habitualmente condenaba a los delincuentes *ad bestias* (a ser devorados por fieras salvajes en la arena), o mandaba introducirlos por la fuerza en estrechas jaulas donde se les serraba por la mitad, «simplemente por criticar sus espectáculos [o] por no ser entusiastas de su Genio». Lo que hizo que la vida bajo el reinado de Calígula resultase especialmente difícil fue el hecho de que esperaba ser aplaudido, no sólo por sus cortesanos sino por todo el pueblo romano, como una gran personalidad tragicómica y deportiva. Gladiador, cantante, bailarín, corredor de cuadrigas, actor: no había nada en lo que no destacase. Puede que toda estrella del mundo del espectáculo tenga algo de Calígula, pero Calígula era *todo* Calígula, y no era probable que nadie que le superase en desempeño viviera mucho tiempo. Además, no tenía un pelo de tonto en cuestiones literarias. Puede que delirase y gritase, pero conocía todas las referencias. El emperador tenía un público cautivo, y lo sabía. Si deseamos imaginar un equivalente más moderno, aunque no más amenazador que él, quizá deberíamos pensar en Adolf Hitler cantando en Bayreuth, con un miembro de la Gestapo apostado detrás de cada butaca del teatro.

Pero algunos de sus esfuerzos de dramatización de sí mismo (y fueron muchos) desafían cualquier intento de explicación racional. Suetonio narra cómo, estando en campaña militar en la Galia, frente al canal de la Mancha, Calígula mandó formar a sus hombres en orden de batalla, apoyados por diversas máquinas de guerra —*ballistae* y similares— apuntadas hacia la lejana costa de Britania. Después se embarcó en un trirreme y se hizo al mar, navegando una corta distancia. Entonces, su barco de guerra dio la vuelta y lo trajo de nuevo a la costa, donde trepó a su elevada popa y gritó la orden: «¡Recoged conchas de mar!». Mostrándose perplejos, aunque obedientes a su comandante en jefe, sus soldados así lo hicieron, llenándose los cascos y las guerreras de lo que Calígula definió como «botín del mar, que se debe al Capitolio y al Palacio». Después prometió a cada uno de los hombres de su ejército una paga extraordinaria de cuatro *solidi* o monedas de oro, aunque no consta en ningún documento que se llegaran a entregar. Las conchas de mar se enviaron a Roma como «botín». Como ha escrito el más reciente biógrafo de Calígula, quedándose un tanto corto, «los eruditos han sacado mucho partido a este episodio».

Es posible que este estrambótico incidente no fuera más que una maniobra de entrenamiento; pero sucedió durante el invierno, el clima y los mares eran desfavorables, y aun cuando Calígula (que tenía pánico al mar, y que no sabía nadar) no hubiera caído en ello, cualquiera de sus capitanes le habría podido informar de la imposibilidad de lanzar una invasión de Britania en esa época del año. Dio lo mismo: preparó un triunfo para sí mismo por haber invadido Britania e incluso escogió a algunos fornidos galos para que se dejaran el cabello largo, se lo tiñesen de rojo y actuasen como soldados conquistados, lo que, en un sentido general, eran. Pero a Calígula no le bastó con ser agasajado y admirado como un héroe, el conquistador de Germania y Britania. Tenía la firme determinación de que le adorasen como un dios vivo. Era cierto que a algunos emperadores anteriores se les había considerado divinos, y dentro de unos límites, se les había venerado como tales. Virgilio incluyó a Octaviano/Augusto como uno de los *presentes deos* («dioses entre nosotros») y en la parte oriental griega del Imperio era habitual rendir honores divinos a los miembros de la familia imperial. Pero el homenaje divino a los emperadores vivos era mucho menos habitual en la propia Roma que en el Imperio externo, la propia definición de divinidad podía ser bastante difusa, y en cualquier caso a algunos emperadores les parecía excesivo, incluso embarazoso: Tiberio, por ejemplo, se negó a permitir que se les dedicase un templo a él y a Livia en el año 25 d. C. Se podía adorar como dioses a emperadores muertos y podía haber templos dedicados a su culto, pero Calígula fue el primero (aunque no el último) que llevó esto un paso o dos más allá. Según Suetonio, decidió vivir con *Iuppiter Optimus Maximus* en la colina Capitolina. Se decía que pensaba hacer trasladar allí la célebre escultura del Zeus Olímpico de Fidias como su imagen de culto, probablemente poniéndole otra cabeza, pero algo le hizo desistir de esta idea; entonces mandó hacer una estatua de sí mismo a tamaño natural, de oro. Cada día los esclavos la vestían con un conjunto de ropa distinto, tomándolo del amplio vestuario de Calígula.

Viéndolo en conjunto, quizá lo más sorprendente del breve y demente reinado de Calígula, que murió en 41 d. C. a los veintinueve años, asesinado por los oficiales de su propia guardia, tras haber gobernado Roma durante algo menos de cuatro años, fue que lograse durar tanto tiempo. No consta en ningún documento qué fue de las conchas de mar.

Su sucesor fue un hombre considerado por muchos como el tonto de la familia, humillado y tratado con condescendencia por su sobrino Calígula: Tiberio Claudio Druso (10 a. C.-54 d. C.), conocido por la historia simplemente como Claudio, el último miembro varón de la dinastía Julio-Claudia. Pero gozó de gran popularidad entre el pueblo romano, y también entre el ejército; desde luego, fue mucho más respetado y querido que el repulsivo Calígula. Se podría haber supuesto que nada le predisponía para el *imperium*. Era cojo; babeaba y temblaba al emocionarse; y algunos cronistas, especialmente Suetonio y Tácito, lo trataron como una figura ridícula, inepta y tartamuda. Algunos de sus rasgos concuerdan con el síndrome de Tourette, pero esto no resulta fácil de determinar. Además, sus gustos sexuales, comparados con los de la mayoría de los emperadores romanos, parecían completamente excéntricos, casi perversos: según Suetonio, no tenía el menor interés por los hombres, sólo por las mujeres. Desgraciadamente solía casarse con las que no debía: primero con una criatura torpe y caballuna llamada Urgulanila, después con una marimandona llamada Aelia Paetina, luego con su prima carnal Valeria Mesalina, una ninfómana loca por el dinero que, según el a menudo poco fidedigno testimonio de Tácito, en una ocasión compitió con una prostituta por ver cuál de ellas podía tener más compañeros sexuales durante una noche; y finalmente Agripina, descendiente de Augusto y madre de Nerón. Desde su niñez, su madre Antonia y su abuela Livia acobardaron y despreciaron inmisericordemente a Claudio tratándolo como a un idiota, y parece que esto estableció una pauta de dominación por mujeres intrigantes que contaminó toda su carrera matrimonial.

Claudio tenía cincuenta años cuando Calígula fue asesinado. En la confusión general que se desató después del asesinato, corrió a esconderse tras un portier de palacio. Uno de los guardias, cuyo nombre era Grato, divisó sus pies bajo la cortina y lo sacó de allí. Claudio, pensando que había llegado su última hora, se agarró a las rodillas del soldado y comenzó a implorar clemencia; pero, suscitando en él una mezcla de terror y alivio, el soldado lo llevó a las dependencias de los guardias de palacio, donde fue proclamado como el nuevo emperador. Fue el primer emperador proclamado por la Guardia Pretoriana y no por el Senado; pero obviamente, el Senado no tuvo demasiada elección sobre el asunto.

Puede que este no fuera un comienzo muy prometedor para su reinado, pero Claudio demostró ser un gobernante sorprendentemente bueno; mucho mejor, desde luego, que su enloquecido predecesor Calígula y que el predecesor de este, el mediocre Tiberio, quien, tras un comienzo prometedor, con una amplia experiencia militar en la frontera germana, acabó su reinado como un anciano y cruel libertino en la isla de Capri, dejando el control real de Roma en manos de su capitán pretoriano Sejano. Claudio, de quien se esperaba menos, hizo mucho más. Amplió y fortaleció considerablemente el Imperio fundando *coloniae*, poblaciones fortificadas, en zonas remotas; lugares como Colchester en Gran Bretaña y Colonia en Alemania fueron en un principio asentamientos de Claudio. A Claudio pertenece la distinción de haber liderado la conquista de Britania, que empezó el año 43 d. C. y se saldó con éxito. Tras capturar al general britano Carataco, le perdonó la vida y lo trató con inusual clemencia. A Carataco se le permitió llegar hasta el final de su vida natural en un terreno que le cedió el Estado romano, en lugar de ser ejecutado con garrote en la cárcel, la suerte que habitualmente corrían aquellos que osaban encabezar una resistencia contra Roma. Es indudable que esto fue enormemente favorable para la relación colonial entre los britanos y sus conquistadores.

Claudio fue un inteligente administrador que (como les debe de haber parecido a los ciudadanos que se habían acostumbrado a los hábitos arbitrarios de Calígula) prestaba una gran atención a los pequeños detalles de la ley. Presidía los juicios públicos, considerando su presencia allí al mismo tiempo como un deber y como un placer, aunque algunos de sus edictos resultan extraños al leerlos hoy; uno de ellos, según Suetonio, animaba a que la gente no se reprimiera a la hora de tirarse pedos en la mesa como medida sanitaria. Se entregó especialmente a los programas de obras públicas: la construcción de acueductos, el drenaje del lago Fucino. (Este último casi resultó ser un desastre; debido a un error de cálculo de los ingenieros, las aguas del lago salieron en tromba demasiado pronto y se acumularon en una esclusa demasiado estrecha, faltando poco para que ahogasen a Claudio y a su grupo, para quienes se había preparado un gran banquete en la orilla del canal.) El proyecto de drenaje del Fucino, financiado por una agrupación de hombres de negocios a cambio de la propiedad de la tierra ganada al lago, mantuvo ocupados a 30.000 hombres durante once años, pero se dice que finalmente rindió beneficios. Probablemente la más importante de estas obras fue la creación por Claudio de un puerto de aguas profundas en Ostia, que incluyó un faro de gran altura; esto facilitó el acceso de Roma al comercio mediterráneo, sobre todo durante la estación invernal de tormentas.

Su principal contribución a los espectáculos populares fue su desenfrenado entusiasmo por los combates en las arenas. Claudio, según Suetonio, que es la única fuente de la que disponemos sobre esta cuestión, era extraordinariamente sanguinario, incluso juzgado de acuerdo con criterios romanos. Si se había de torturar a un acusado para arrancarle un testimonio, a Claudio le gustaba mirar. A veces, cuando se había pasado toda la mañana viendo combates de gladiadores y espectáculos con fieras salvajes, «hacía salir al público, se mantenía en su asiento y no sólo contemplaba los combates normales sino que también improvisaba otros entre los carpinteros escénicos... como castigo por el fallo de cualquier dispositivo mecánico». Nada sobrevive de la obra de Claudio como historiador, lo cual es una considerable pérdida, ya que escribió muchos libros sobre historia romana, etrusca e incluso cartaginesa basándose en fuentes que existían hace dos mil años pero que ya han desaparecido.

Era glotón y esto le trajo la muerte. Su plato favorito eran los champiñones, y en un banquete familiar, su última esposa, Agripina, le sirvió un plato de *funghi porcini* rociado con veneno. Esto lo mató, preparando adecuadamente el terreno para su sucesión por el hijo de Agripina, Lucio Domicio Ahenobarbo, más conocido como Nerón.

Nadie podría decir que Nerón careciera de las ventajas propias de la cultura y el linaje.

Lucio Anneo Séneca (muerto en 65 d. C.), oriundo de Hispania, fue el tutor de Nerón, y un escritor tremendamente locuaz; sus obras en prosa que han sobrevivido ocupan más de mil páginas impresas en letra apretada. Se enorgullecía mucho de su estoicismo, pero jamás un estoico fue tan prolijo o engreído. Era capaz de defender puntos de vista opuestos sobre una misma cuestión: cuando Claudio murió, fue Séneca quien compuso el panegírico que Nerón, su sucesor, pronunció en loor a él, pero también fue Séneca el que escribió una sátira sobre el emperador fallecido, la «Apocolocyntosis» o «Calabacificación» de Claudio, en la que lo imaginaba convertido en un lelo y sentencioso dios vegetal. Séneca fue un hipócrita casi sin igual en el mundo antiguo. Hacía elogio de la moderación: «Ser esclavo del yo es la más penosa especie de esclavitud; no obstante, nos podemos desembarazar fácilmente de sus grilletes... El hombre tiene pocas necesidades, y no durante mucho tiempo». Bonitas palabras, que desgraciadamente guardan escasa relación con los verdaderos hechos de la vida de Séneca: fue un usurero despiadadamente codicioso. Pocos debieron de llorar su muerte cuando, cumpliendo órdenes directas de Nerón, se suicidó abriéndose las venas en un baño de agua caliente.

El más célebre acto de vandalismo de Nerón fue (supuestamente) incendiar gran parte de la ciudad de Roma.

No es seguro que, como permanentemente se empeña en afirmar la leyenda, tocara la lira mientras lo hacía; aunque era un aplicado músico aficionado, tenía preferencia por ofrecer largos recitativos vocales, generalmente de tipo trágico, algunos de cuyos títulos —aunque, quizá por suerte, no sus libretos— se han conservado: entre ellos *Cánace de parto*, *Hércules furioso* y *Orestes el matricida*, en los que solía llevar puestas máscaras de héroes, dioses o diosas cuyas formas estaban inspiradas en su propio rostro o en los rasgos de alguna amante del momento.

No obstante, la imagen de Nerón tocando la lira sin cesar mientras las llamas ascendían ha calado en el idioma inglés (y en muchos otros) y es improbable que desaparezca en breve. Incluso sin las acusaciones de incendio provocado, el trato que Nerón dispensaba a los demás, incluyendo a su propia familia, era, por decirlo suavemente, deficiente. La lista de sus víctimas fue larga, e incluyó a su madre Agripina, con la que se decía que frecuentemente cometía incesto. No vacilaba en ordenar el asesinato de cualquiera que le contrariase, por trivial o ficticia que fuera la ofensa. Ni siquiera sus esposas estaban libres de ello: su emperatriz Octavia, hija de Claudio y Mesalina, murió en el exilio en la isla desierta de Pandateria en el año 62 d. C., lo que permitió a Nerón casarse, deificar y después matar a patadas (estando embarazada) a su segunda esposa, Popea, simplemente porque esta se había atrevido a quejarse de que había llegado tarde a casa después de las carreras. Mandó asesinar a su tía Domicia Lépida con una sobredosis de laxante. En definitiva, tal como comentó Suetonio, «no hubo ninguna relación familiar de la que Nerón no abusase criminalmente». Hizo todos los esfuerzos posibles por burlarse de las relaciones familiares reales parodiándolas: de ahí su obsesiva relación con su catamita Esporo, al que castró y con el que posteriormente se casó. «El mundo», comentó mordazmente Suetonio, «habría sido un lugar más feliz si el padre de Nerón, Domicio, se hubiera casado con una esposa así».

Se dice que, para divertirse, lanzó un ataque sobre varios graneros cercanos al futuro emplazamiento de su *Domus Aurea*, mandó echar abajo las paredes de estos con máquinas de guerra y después hizo que sus tropas les prendieran fuego. Naturalmente, encontró una razón pública para hacerlo: demolición de viviendas insalubres. Aquellos viejos edificios se hallaban deteriorados y en mal estado, y él sólo estaba acabando con algo que podía provocar un incendio. Sin embargo, no existe ninguna prueba de que Nerón fuera personalmente responsable de los incendios que se declararon y se propagaron durante la demolición. Puede que fueran, y es probable que fueran, tan sólo un accidente. Si Roma se parecía algo al Londres del siglo XVII —y se parecía, al estar masificada y ser un peligro en caso de fuego, llena de *insulae* que podían arder como la yesca, que quedarían casi instantáneamente envueltas en llamas y que no se hallaban protegidas por bombas de agua y ordenanzas de seguridad—, vivir en ella debía de ser una amenaza continua, sobre todo debido a que la dependencia que sus habitantes tenían de los braseros abiertos para combatir el frío debió de hacer que sus habitaciones se llenasen de monóxido de carbono y que el grado de consciencia de los que dormían quedase aún más reducido.

Fuera cual fuese su origen, estos incendios pronto se unieron en una llamarada continua, que duró seis días y siete noches, y que no sólo destruyó las destartaladas *insulae* que eran las viviendas públicas de Roma, sino también numerosas mansiones y templos cuya construcción se remontaba a una época tan lejana como la de las guerras contra Cartago y la Galia. Se inició el 18 de julio del año 64 d. C., el aniversario exacto del incendio de Roma perpetrado por sus invasores galos en el año 390 a. C. No sólo provocó enormes daños a los barrios residenciales de las colinas Aventina y Palatina, sino también al propio Foro, la mayoría de cuyos monumentos destruyó. Se dice que Nerón se deleitó en la contemplación de los incendios y se rumoreaba que, para festejar lo que denominó «la belleza de las llamas», se había vestido el traje de un actor de tragedia y se había puesto a cantar, de principio a fin, una larga obra dramática acerca del incendio de Troya titulada *La caída de Ilio*. Puede que esto fuera cruel, pero resulta difícil imaginar qué acciones de tipo práctico podría haber emprendido Nerón para extinguir las llamas. ¿Qué podría haber hecho, moviéndose con aspavientos por el lugar con su estrambótico vestido, salvo estorbar a los apurados bomberos? Y ¿qué persona, emperador o plebeyo, no habría cogido el mejor sitio desde el cual contemplar el irresistible espectáculo del incendio de una ciudad?

Esta historia es, naturalmente, el origen de ese dicho tan trillado en inglés: «tocar el arpa, mientras arde Roma». Según Tácito, el incendio se desató entre las tiendas del Circo Máximo y atravesó las partes llanas de la ciudad, que no contenían ningún muro de mampostería que pudiera detener su propagación. El incendio superó todos los lastimosos esfuerzos que se hicieron por controlar las llamas, «hasta tal punto, tan enteramente estaba la ciudad a su merced debido a los tortuosos y estrechos callejones y a las calles irregulares que caracterizaban a la antigua Roma». Cuando el incendio caló en serio, Nerón no se hallaba en Roma, sino en Antium (Anzio), al sur de la ciudad. Parecía que nada podría contener las llamas, pero Nerón, regresando a toda prisa a Roma, abrió a todos el Campo de Marte, las construcciones públicas de Agripa, e incluso sus propios jardines, en los que se habían levantado refugios de emergencia. Pero el efecto de tales medidas bienintencionadas fue menor del que podría haber sido, porque para entonces la *plebs* o pueblo llano de Roma ya estaba convencida del rumor de que su emperador, el pirómano deificado, era el culpable de la destrucción de una parte tan grande de la ciudad.

Tras esta auténtica orgía de demolición de construcciones, la idea que tuvo Nerón para un nuevo edificio adecuado fue la *Domus Aurea* o «Casa Dorada», una de las construcciones legendarias de la antigüedad, de la que queda tan poco que sólo nos podemos hacer una idea imprecisa de sus maravillas. Había existido un enorme palacio que unía las colinas Palatina y Esquilina, y cuando este se consumió en las llamas, Nerón mandó reconstruirlo con una estatua de sí mismo de casi 40 metros de altura en el vestíbulo de su entrada (en comparación, la Estatua de la Libertad de Bartholdi que se halla en el puerto de Nueva York mide unos 34 metros desde los dedos de los pies hasta la corona). Detrás de ella, un soportal sostenido por columnas se extendía a lo largo de algo más de un kilómetro y medio, flanqueado, según Suetonio, «por edificios construidos de tal modo que parecían ciudades» y bosques artificiales en los que toda especie de animal doméstico o salvaje paseaba y pastaba a sus anchas». En su interior, las paredes de la *Domus Aurea* se ganaron ese nombre por ser doradas y por tener también incrustaciones de nácar y piedras preciosas. Los comedores de Nerón tenían techos con grecas de marfil que, a voluntad, despedían ráfagas de perfume o soltaban pétalos de rosa sobre los recostados invitados. El comedor principal, donde Nerón celebraba sus fiestas, era circular y todo su techo, con grecas y todo lo demás, giraba en armonía majestuosa con el cielo, día y noche. «Él pensaba», escribió Suetonio sobre Nerón, «que las fortunas se hacían para dilapidarlas, y todo aquel que pudiera dar cuenta de cada céntimo que gastase le parecía un tacaño agarrado». El comentario del propio Nerón sobre la *Domus Aurea*, una vez que se terminó su construcción, fue simplemente que por fin, después de esperar tanto tiempo, podría empezar a vivir como un ser humano.

Queda muy poco de la *Domus Aurea*, y gran parte de ello aún está por excavar. Las enormes Termas de Trajano se construyeron sobre el palacio de Nerón. Desgraciadamente, la mayor parte de su valiosa decoración —los revestimientos de mármol de color, los paneles dorados, y, naturalmente, el marfil tallado— fue arrancada y saqueada en cuanto el palacio fue abandonado; lo único que quedó de ella fue el enlucido pintado en las paredes de las habitaciones secundarias. Pero este fascinó a los artistas que, en el siglo XVI, excavaron a través de las termas para llegar a los restos del palacio con el fin de estudiarlos, y se convirtió en la base de series enteras de decoraciones ligeras y juguetonas conocidas como *grotteschi*, «grotescos» o «grutescos», porque habían sido halladas en «grutas». Estas influirían en el diseño y la decoración europea, especialmente a través de la obra de ingleses como los hermanos Adam, a lo largo de dos siglos. El exponente más destacado de las decoraciones basadas en los restos de la *Domus Aurea* fue Rafael, que las admiró y las copió, y que fue seguido no sólo por otros artistas, sino también por una horda de intrépidos turistas que hicieron frente con antorchas a la oscuridad subterránea y que a veces dejaron sus nombres grabados en las paredes que se estaban desmoronando; entre ellos, Casanova y el marqués de Sade. Rafael usaría *grotteschi* para su decoración de la Loggetta del Vaticano (hacia 1519), y estos le proporcionaron un caudal ilimitado de invenciones y caprichos; aunque, como maliciosamente observaron los historiadores de arte Mary Beard y John Henderson, los papas posteriores se pasearan por lo que en realidad eran copias de las dependencias de la servidumbre de Nerón.

Bajo los techos originales y junto a los perfumados estanques de la *Domus Aurea*, Nerón solía entregarse (en palabras de Suetonio) a «toda clase de obscenidades». Estas incluían vestirse con pieles de animales salvajes y atacar los órganos genitales de hombres y mujeres que se hallaban impotentemente amarrados a estacas en los jardines imperiales. Es de suponer que no es posible que un hombre practique todas las perversiones sexuales conocidas o imaginables; pero es evidente que Nerón tenía un repertorio tan impresionante de ellas como cualquier romano. Y se hizo célebre por agravarlas echando la culpa de los infortunios de Roma a un grupo concreto: la pequeña secta conocida como los cristianos, a quienes Nerón persiguió con una severidad bastante enloquecida después del incendio.

Los plebeyos no tardaron mucho tiempo en echar al propio emperador la culpa del gran incendio que había consumido una parte tan grande de la ciudad. Solamente por esa razón, Nerón tenía que encontrar a alguien más, a otro grupo, para desviar las culpas: y estos fueron los cristianos. El historiador Tácito explicó por qué: estos cristianos ya eran «odiados por sus abominaciones», no sólo en Judea, sino también en Roma, «donde se congregan y se hacen populares todas las cosas

1. *Sarcófago de los esposos*, siglo VI a. C.
   Terracota, 114 × 190 cm.
   Museo Nazionale Etrusco di Villa Giulia,
   Roma.

2. *Apolo de Veii*, finales del siglo VI a. C.
   Terracota, 174 cm.
   Museo Nazionale Etrusco di Villa Giulia,
   Roma.

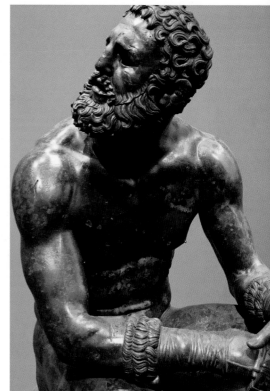

De izquierda a derecha,

3. Leocares
   Apolo de Belvedere, hacia 350-325 a. C.
   Mármol blanco, 224 cm.
   Museos Vaticanos, Ciudad del Vaticano.

4. Apolonio
   Púgil en reposo o *Púgil de las Termas*,
   siglo II o I a. C.
   Bronce.
   Museo Nazionale, Roma.

5. *Pasquino*, siglo III a. C.
   Mármol, 192 cm.
   Plaza de Pasquino, Roma.

6. *Templo de la Fortuna Viril*, 75 a. C.

7. *Pirámide Cestia*, 12 a. C. Mármol blanco, 37 m.

8. *Augusto de Prima Porta*, hacia 15 d. C.
   Mármol blanco, 205 cm.
   Museos Vaticanos, Ciudad
   del Vaticano.

9, 10 y 11.
Frisos de la Villa de los Misterios,
siglo I a. C.
Frescos.
Pompeya.

12. *Foro*, centro jurídico y político de la Roma imperial, siglo I.

13. *Pont du Gard*, siglo I d. C.
    Acueducto.
    Río Gard, sur de Francia.

14. *Estatua ecuestre de Marco Aurelio*, 176 d. C.
    Bronce, 350 cm.
    Colina Capitolina, Roma.

15. *Termas de Caracalla*, hacia 212-216 d. C.

16. *Santo Stefano Rotondo*, hacia 468-483 d. C.

horribles o ignominiosas de todas las partes del mundo». Aquellos que, al ser interrogados, confesaban ser cristianos, eran condenados «en grandes cantidades»; pero «no tanto por ser culpables de los incendios como por odio a la raza humana», y después añade que «a sus muertes se añadía el escarnio»:

> Se les cubría con pieles de fieras salvajes y los perros los mataban despedazándolos, o se les clavaba en cruces y al anochecer se les prendía fuego y se les dejaba arder para que alumbraran en la noche. Nerón había ofrecido sus jardines para el espectáculo, y estaba proporcionando juegos de circo, mezclándose con el populacho vestido como un auriga... De ahí que, aunque [los cristianos] eran merecedores del castigo más extremo, surgiera un sentimiento de piedad ya que a la gente le parecía que no se les estaba sacrificando para el bien público, sino por el salvajismo de un hombre.

Y así era, en efecto. La primera representación en el arte de Cristo crucificado es una desdeñosa y burlona pintada hecha en algún lugar de la colina Palatina, cerca del Circo Máximo. Muestra una figura toscamente pergeñada a rayas, con cabeza de burro, colgada de un esquemático crucifijo, ante la que un hombre levanta sus brazos en homenaje y adoración. Un pie de ilustración garabateado dice: «Alexamenos rinde culto a su dios». El burro, en la tradición popular romana, era un animal absolutamente despreciado, menos que un cerdo. La pintada no data de antes del siglo II d. C., lo que indica lo muy lentamente que la historia de la crucifixión de Cristo fue calando en la conciencia popular. «El consenso general en la actualidad», escribe un respetado erudito en la materia, «es que no existen restos arqueológicos cristianos datables de forma segura de antes del siglo II d. C. o de aproximadamente el año 200 d. C.».

«La sangre de los mártires», decía una famosa frase, «es la semilla de los cristianos». Esto fue indiscutiblemente cierto. ¿Cómo consiguió distanciarse el cristianismo de la peculiar maraña de credos competidores que pugnaban entre sí en el mundo romano del siglo IV? Había cultos mistéricos que mostraban grados diversos de excentricidad, dramatismo y singularidad. Estaba el mitraísmo, una poderosa importación del Oriente medio, que tenía muchos seguidores en el ejército romano. Roma albergaba una gran población minoritaria de exiliados judíos, que naturalmente defendían los principios de su fe y practicaban sus rituales. Los emperadores deificados eran objeto de diversas formas de devoción. Estaban los cultos de Isis, Dioniso, Hermes, Serapis y el patrono de los médicos, Asclepio, el sanador humano transmutado en una vara. A menudo, cuando el culto de una diosa de la primavera o de un dios de la fertilidad ya llevaba años establecido, simplememente se le cambiaba el nombre e iniciaba una nueva vida votiva. La creencia cristiana de que era probable que los dioses castigaran a los humanos desobedientes no era, en general, una característica de la religión pagana. El peso de la culpa o del pecado no tenía una gran influencia sobre los adoradores. El mundo moral pagano se hallaba, en este aspecto, al igual que en otros, a una enorme distancia del entorno espiritual del judaísmo y el cristianismo, que en tan gran medida estaba animado por la culpa y el deseo de expiación y perdón.

Pero la mayor diferencia radicaba en las ideas sobre el pasado y el futuro. La religión romana sólo presentaba a sus creyentes la vaga concepción de una vida después de la muerte. Sus sueños de felicidad se centraban en una Edad de Oro que había existido mucho tiempo atrás; esta quizá pudiera recuperarse, pero no cabía duda de que el presente era una caída respecto a ella. Sin embargo, el cristianismo no tenía ninguna poderosa idea acerca de una felicidad perdida en una vida anterior. Lo que más les importaba a los cristianos era la felicidad o la pena después de la muerte, ambas eternas, ambas irrevocables. Con la ayuda de Jesús, el alma cristiana era responsable de su destino en un grado que la religión clásica no había imaginado. De ahí el impensable poder del cristianismo. Ahora el camino cristiano y el pagano estaban a punto de cruzarse, con resultados completamente imprevisibles.

Una visita a los restos en descomposición de la *Domus Aurea* de Nerón puede resultar decepcionante, y no es probable que haya demasiadas cosas que ver en otros cincuenta o cien años más. No obstante, el edificio más completo de la Roma antigua que ha sobrevivido se construyó algún tiempo después, durante el reinado del emperador Adriano. Se trata de esa enorme obra maestra de la ingeniería, realizada con hormigón y piedra, que es el Panteón. Este edificio se construyó para sustituir el Panteón original, que había sido erigido tras la victoria de Octaviano en Accio obtenida por Marco Agripa y que había sido construido e inaugurado durante el tercer consulado de este, en el año 27 a. C. Este edificio quedó reducido a cenizas, junto con otros adyacentes a él, en un gran incendio en el año 80 d. C. Fue reconstruido, en su forma actual, aproximadamente en el año 125 d. C. por el emperador Adriano. Muestra en su friso una leyenda que induce bastante a la confusión: *M.AGRIPPA.L.F.COS.TERTIUM FECIT*, que representa «*Marcus Agrippa, Lucii filius, consul tertium fecit*» y significa

«Marco Agripa, hijo de Lucio, hizo esto en su tercer consulado». Pero no fue él quien lo hizo, sino Adriano. Agripa ya llevaba mucho tiempo muerto (12 a. C.) cuando se terminó la construcción del Panteón.

La palabra griega *pantheion* significa «todos los dioses», lo que hace que el edificio sea politeísta. Dion Casio, un senador grecorromano que escribió esto unos 75 años después de que se construyera el actual Panteón, opinaba que «tiene este nombre... porque su techo abovedado se asemeja a los cielos».

En la audacia y la meticulosidad de su ingeniería, en la gran armonía de sus proporciones y en el elocuente peso de historia con el que está imbuido, el Panteón es sin duda la más grande de todas las construcciones de la antigua Roma que sobreviven. El Coliseo lo supera en cuanto a masa y tamaño, pero es la forma del Panteón lo que provoca nuestro asombro: esa enorme cúpula, abierta en su parte superior por un óculo que da la impresión de que no simplemente muestra sino que deja entrar el cielo, es un hito en la historia de la construcción y, se podría añadir, de la metáfora arquitectónica. Incluso hoy día, dos milenios después de que se completase su construcción, aproximadamente en el año 125 d. C., es probable que el visitante despierto quede menos impresionado por su gran antigüedad que por su inagotable frescura. Esto es arquitectura auténticamente *romana* y no griega. La construcción griega era un asunto de pilares rectos y dinteles rectos. La genialidad romana consistió en concebir y construir estructuras curvadas tridimensionales, de las que la cúpula del Panteón es el arquetipo sublime. Esto no se podía hacer, al menos no en cualquier magnitud, en piedra tallada. Se necesitaba una sustancia plástica y moldeable, y los romanos la hallaron en el hormigón, cuyo uso era desconocido en la arquitectura griega.

El hormigón romano era una cerámica estructural que se endurecía, no por la acción del calor (como la alfarería en un horno) sino por la interacción química de ingredientes hidratados (saturados de agua, o lechada). Consiste en un conglomerado (pequeños fragmentos de piedra dura) mezclado con un mortero semilíquido de cemento hidráulico, hecho de una mezcla de agua, cal y un depósito de ceniza volcánica triturada conocida por los romanos como *pozzolana*. Después, este espeso líquido se apisona en un molde, el cual se conoce como una «forma». Se puede reforzar con varas de metal para aumentar su resistencia a la tensión, aunque los romanos no acostumbraban hacerlo. Los cambios químicos que se producen en la masa al secarse hacen que se convierta en un bloque duro e impenetrable, que adopta la forma del espacio negativo del interior de la forma. El molde se desmonta y se retira, el bloque de cemento permanece.

Los constructores romanos de la antigüedad solían mezclar sus ingredientes, cal mojada y ceniza volcánica, en un túmulo, lo extendían sobre los fragmentos de roca del conglomerado y después lo juntaban machacándolo bien con un pesado compactador de madera conocido como un «pisón». Cuanta menos agua, mejor la amalgama de mortero y conglomerado, más fuerte el resultado: y es asombroso lo que eran capaces de hacer los constructores romanos con sus manos, sin compactadoras mecánicas, mezcladoras rotatorias o cualquiera de las herramientas motorizadas de hoy día. Los *Diez libros de Arquitectura* de Vitruvio (hacia 25 a. C.) recomendaban una proporción de una parte de cal por tres de *pozzolana* para los edificios, y de una por dos para el trabajo submarino. El cemento *pozzolana* se comportaba como el cemento de Portland. También tenía la extremadamente útil ventaja de secarse bajo el agua de mar, lo que le daba un valor incalculable para las estructuras marítimas; el emperador Claudio hizo construir en Ostia un dique portuario mediante el sencillo recurso de usar un gran navío entero como forma, llenándolo de *pozzolana*, cal y agua y después hundiéndolo, para que se endureciera formando un bloque (literalmente con forma de barco).

Con el hormigón, los romanos pudieron construir acueductos, arcos, cúpulas y carreteras; este proporcionó medios para el transporte rápido, el almacenamiento y la defensa que no habían existido en las culturas de albañilería anteriores. Con el hormigón se construyeron centenares de puentes que permitieron al ejército romano acceder rápidamente a las partes más remotas del Imperio. Era el material del poder y la disciplina. Era feo y siempre lo sería: un buen ejemplo era la moda del *béton brut* («hormigón visto») de mediados del siglo XX, que produjo algunas de las superficies más horrorosas y más atrayentes de mugre de toda la arquitectura, como podrá confirmar una visita al Festival Hall de Londres. Pero se podía enlucir con estuco o revestir con finas placas de piedra, y era muy fuerte y barato, lo que permitía construir estructuras muy grandes con él. Y el tamaño, el crudo y poderoso tamaño, tenía un gran atractivo para los romanos a la hora de construir su Imperio, como lo tendría para los norteamericanos a la hora de construir el suyo dos mil años después.

El Panteón es circular, y descansa sobre una viga anular de hormigón de 4,5 metros de profundidad y más de 10 metros de anchura. Las paredes del tambor tienen 6 metros de grosor, y son macizas: la única luz que baña el interior penetra por el gran óculo de la cúpula superior. La cúpula del Panteón se construyó con elementos de hormigón a los que se dio forma en un encofrado de madera. No era necesario hacer esto en un vertido continuo. Lo que era fundamental era un control total de las dimensiones del encofrado, que producía el artesonado escalonado del interior de la cúpula; de la angulación de los elementos, que daba una perfecta forma circular al óculo (8,92 metros de diámetro, estando su borde originalmente rodeado de bronce); y de la densidad variable de la mezcla de hormigón. Esto último era fundamental, porque la cúpula, en aras de la estabilidad estructural, tenía que ser más ligera en su parte superior que en la inferior; su grosor aumenta desde 1,2 metros alrededor del óculo hasta 6,4 metros en su parte inferior, donde la base de la cúpula se une al tambor. Además, la integridad de la estructura dependía del uso de un conglomerado más ligero en la parte superior —piedra pómez y toba— que el ladrillo y el travertino de la base. Los constructores tenían cuidado de añadir el hormigón en pequeñas cantidades y apisonarlo muy concienzudamente para expulsar las burbujas de aire y el agua antes de añadir la siguiente cantidad. En suma, la construcción de esta cúpula de cinco mil toneladas fue una maravilla de la premeditación arquitectónica, lo que actualmente llamaríamos planificación de sistemas, y un historiador de la arquitectura bien podría anhelar poder ver el encofrado de madera, el andamiaje y la cimbra que debieron de ser necesarios para su construcción.

Los datos estadísticos, por muy básicos que sean, siguen ahí. Con un diámetro de 43,30 metros, es la cúpula de hormigón no reforzado más grande del mundo, superando el diámetro de la cúpula de San Pedro por sólo 78 cm. Existen cúpulas más grandes en el mundo. Pero son segmentales y están reforzadas con acero, como la cúpula de 100 metros del Palazzo dello Sport de Roma, de 1960. Ningún arquitecto moderno se atrevería a tratar de diseñar otro Panteón utilizando los mismos principios estructurales. Ninguna compañía lo aseguraría. Pero el Panteón ha permanecido en pie casi dos mil años y no muestra ninguna perspectiva de derrumbamiento.

Sin embargo, sí que ha sufrido algunos desperfectos. Originalmente la gran cúpula estaba revestida de bronce dorado, el cual fue saqueado en su totalidad por el emperador cristiano (bizantino) Constante II en el año 655 d. C. El papa Gregorio III lo sustituyó, más prosaicamente, por placas de plomo un siglo después. Durante mucho tiempo se creyó que el papa Barberini Urbano VIII, mecenas de Bernini, había mandado retirar las vigas de bronce de su pórtico, fundirlas y reciclarlas para hacer con ellas el *baldacchino* de San Pedro y cañones para el Castel Sant'Angelo. Pero, ay, actualmente algunos historiadores ponen en duda esta historia.

La Roma imperial también dio a luz a lo que debe ser, sin excepción, la obra de escultura narrativa más grande del mundo antiguo. Esta se halla en los restos del Foro de Trajano, alzándose como uno de los principales monumentos históricos de la ciudad. Gran parte de las esculturas del enorme foro de Trajano fueron destruidas en la época cristiana, o quemadas para obtener cal, o arrancadas de allí para embellecer otros edificios: así, varios relieves del Arco de Constantino (315/316 d. C.), que mostraban batallas entre los romanos y los dacios, fueron arrancados del Foro, alterados insertando en ellos retratos de cabezas de Constantino y Licinio, e instalados en el Arco.

Por otro lado, la Columna de Trajano se halla prácticamente intacta. Sin embargo, aun así resulta imposible «leerla» como una historia continua, debido a su forma: un friso de piedra continuo, de 215 metros de longitud, esculpido en bajorrelieve y envuelto en una espiral en torno a un cilindro vertical de 30 metros de altura. Es un gigantesco antecesor del cómic o historieta. Otros monumentos dedicados a este gran emperador han desaparecido; por ejemplo, en el centro del foro de Trajano había una magnífica estatua ecuestre del emperador, la cual le había ofrecido el Senado, pero que posteriormente fue destruida en una de las invasiones bárbaras de Roma (o quizá por los católicos). Pero la columna aún sigue en pie, en buen estado de conservación. Es una obra propagandística increíblemente ambiciosa, pero no hay ningún punto de observación desde el que jamás haya sido posible ver más que secciones de todo el diseño, y naturalmente (para un espectador a ras de suelo) los detalles tienden a desaparecer hacia su parte superior en la recesión de su perspectiva, aunque el artista o los artistas que la diseñaron hicieron un esfuerzo por neutralizar esto aumentando la altura de las figuras gradualmente de 0,60 metros en la base a 0,90 en la parte superior. Representa ese engaño con una secuencia narrativa que no se superaría hasta la invención de la cámara de cine.

Está tallada a partir de diecisiete tambores de mármol de Luna. Cada tambor tiene aproximadamente más de 3 metros de diámetro y está hueco por dentro, con el fin de alojar una estrecha escalera en espiral de 185 escalones, de forma que (con dificultad) se pueda subir a su parte superior. La escalera está iluminada por cuarenta y tres ventanucos que resultan prácticamente invisibles desde el exterior.

Los tambores fueron cortados por separado, pero el emparejamiento de las figuras y la ausencia de daños en las juntas es tal que parece un cilindro de una sola pieza. Los escultores eran artesanos romanos, muchos de los cuales debieron de ser esclavos griegos: las escenas están llenas de figuras que descienden de prototipos helenísticos, y normalmente se prefería a los escultores de formación griega antes que a los artesanos romanos. Por supuesto, se desconoce el número de tallistas que trabajaron en este enorme proyecto, pero debieron de ser muchos.

Inaugurado en el año 113 d. C., conmemora las campañas de Trajano en las guerras dacias libradas tras la frontera del Danubio, en los años 101-102 y 105-106 d. C. Para todo aquel provisto de unos buenos prismáticos, un vigorizante interés en la historia del ejército romano y un cuello a prueba de tortícolis, este es un documento fascinante, si «documento» es la palabra correcta para referirse a algo tan grande, pétreo y macizo. No existe nada que nos diga tanto como él sobre el ejército romano en faena: no solamente matando y capturando bárbaros, sino también marchando, tendiendo puentes, buscando víveres, cuidando las armas, construyendo campamentos, escuchando los discursos de sus comandantes, y portando sus estandartes. Cada detalle de los uniformes, las armaduras y los armamentos es correcto. También lo es la representación de las armas de los bárbaros, que se muestran de forma destacada como trofeos militares en la base rectangular de la columna, así como en las escenas de conflicto presentes a lo largo de la tira. En toda la espiral narrativa de 2.600 figuras hay unos sesenta Trajanos, hablando a las tropas, recibiendo enviados, consultando con sus generales, ofreciendo sacrificios a los dioses. También se puede observar un gran dios-río, la personificación del Danubio, bendiciendo al ejército romano mientras lo atraviesa. La destreza con la que se desarrolla esta historia sigue siendo tan asombrosa como la claridad de detalle con la que está expuesta en la piedra.

Desgraciadamente, la estatua de bronce del propio Trajano, que al principio estaba sobre la columna, fue retirada de allí y fundida en la época cristiana, para sustituirla en 1588 por una de san Pedro, que no tenía nada que ver con las guerras dacias. Si se mira la base con atención, se pude distinguir otra reliquia de la cristianización sobre la puerta que da al interior de la columna: el contorno del tejado de lo que en tiempos fue una diminuta iglesia, S. Nicola de Columna, cuya existencia a comienzos del siglo XI está documentada, pero que ya en el XVI había sido demolida. El elemento principal del interior, una urna de oro que contenía las cenizas de Trajano, fue inevitablemente robado en un saqueo ya hace mucho tiempo.

De las expresiones del latín clásico que han sobrevivido en nuestro idioma, sin duda una de las más célebres representa la irresponsabilidad social, el necio hedonismo: el deseo del pueblo de «pan y circo». Viene de una sátira de Juvenal, lanzada contra la «chusma» de sus conciudadanos romanos del siglo I d. C. Juvenal ha visto al populacho ejercer su violencia contra el hombre que había sido la mano derecha de Tiberio, Seyano, a través de sus muchas efigies públicas:

Se tira con fuerza de las sogas, caen las estatuas;
las hachas demuelen las ruedas de sus cuadrigas, las inofensivas
patas de sus caballos se quiebran. Y ahora el fuego
asciende, rugiente, en la fragua, ahora las llamas sisean bajo los chisporroteos:
La cabeza del favorito del pueblo está al rojo vivo, el gran Seyano
crepita y se funde. Ese rostro, justo ayer, era el segundo más grande
de todo el mundo. Ahora es un enorme montón de chatarra,
destinado a convertirse en jarros y cuencos, sartenes, orinales.
¡Colgad guirnaldas en vuestras puertas, llevad un gran toro blanco
                [sacrificatorio al Capitolio! Están arrastrando a Seyano
por un gancho, en público. Todos lanzan vítores [...]
Siguen a la fortuna, como siempre, y detestan
a las víctimas, a los fracasados. Si un poco de suerte etrusca
se le hubiera contagiado a Seyano, si la vida del chocheante Emperador
hubiera sido inesperadamente segada, esta idéntica canalla
estaría ahora proclamando a esa piltrafa como un sucesor igual
a Augusto. Pero hoy día, sin ningún voto que vender, su lema es
«¡me importa una higa!». Hubo un tiempo en que su plebiscito elegía
generales, jefes de Estado, comandantes de legiones; pero ahora
han recogido velas; sólo dos cosas les conciernen:
el pan y los juegos en el Circo.

«Duas tantum res anxius optat, / panem et circenses»; el pueblo, que en su día se había preocupado apasionadamente por cuestiones serias relacionadas con el poder y el bienestar público, como los consulados y el ejército, ahora sólo anhela dos cosas: pan y circo. Podría suponerse que esto era una licencia poética, pero estaba más próximo a la categoría de hecho. Los Césares habían descubierto una de las cosas que más ayudan a gobernar un Estado grande y potencialmente rebelde, una vez que la capacidad para el poder inherente a la ciudadanía de una república se había desplomado y había quedado plegada al poder único

del dictador: procurar distracciones a los ciudadanos, corriendo el Estado con los gastos. El inmenso poder político del entretenimiento, y la anestesia social que este fomenta, era algo de lo que hasta entonces nadie había tomado plena conciencia. Los romanos lo usarían con espectaculares resultados.

Es decir, que los Césares financiaron el ocio, la tablilla en blanco sobre la que se escribe el entretenimiento. En primer lugar, Roma creó más tiempo libre público que el que cualquier Estado jamás había imaginado, o que en el futuro imaginaría, que le concedería a sus ciudadanos. Esto se hizo adictivo. El año romano estaba dividido en días en los que se podía hacer negocios normalmente (*dies fasti*) y días en los que no se podía, por miedo a ofender los dioses (*dies nefasti*). A medida que aumentaba el número de días de ocio o *dies nefasti*, el número de *dies fasti* tenía que disminuir. Anteriormente, en la época de la República, Roma ya había tenido días festivos en los que se celebraban *ludi*, «juegos», en honor a varios dioses; los *Ludi Romani*, que duraban dos semanas, se iniciaron en 366 a. C., y a estos se les unieron a lo largo de los dos siglos siguientes los *Ludi Plebei*, los *Ludi Floreales* (en homenaje a la diosa Flora) y varios otros. En total, había 59 de estos días festivos. Pero además, a estos se les debe añadir los 34 días de juegos instituidos esgrimiendo varios pretextos por Sila y las 45 *feriae publicae* o días festivos generales, como las Lupercales en febrero (en las que se festejaba la crianza de Rómulo y Remo por la *lupa* o loba), las Vulcanales en agosto y las bulliciosamente divertidas Saturnales en diciembre. Después estaban los diversos días que los emperadores romanos designaron para honrarse a sí mismos, o que les otorgó un obsequioso Senado. En definitiva, en el reinado del emperador Claudio, Roma ya tenía 159 días festivos públicos al año, ¡tres por semana!, la mayoría de los cuales iban acompañados por juegos y espectáculos pagados con dinero público. Y si se incluyen los días festivos irregulares que los emperadores tenían tendencia a decretar esgrimiendo los pretextos más endebles, no andaríamos muy desencaminados si dijéramos que la Roma imperial tenía un día festivo por cada día de trabajo.

Puede que un observador moderno juzgue esto como una absurda desproporción, y de hecho lo es, pero con ello se mantenía a raya a la plebe. Y también tuvo dos efectos secundarios. Supuso que Roma padeciera una eterna escasez de mano de obra libre útil y productiva, y este déficit tuvo que compensarse con los esclavos, los únicos que no participaban de la incesante diversión de las festividades; la dependencia de la mano de obra esclava determinó que Roma siempre quedara rezagada en determinadas áreas de la tecnología y la inventiva. Y en segundo lugar, ello hizo que la comida, entregada por los adláteres del emperador, se convirtiera en un acompañamiento fundamental para la pacificadora distracción de los juegos de circo, ya que un hombre y su familia han de comer tanto si trabajan como si no. La chusma es volátil. Un populacho que está hambriento y además aburrido es un polvorín, y los sucesores de Augusto no deseaban correr ese riesgo. En cualquier momento probablemente había 150.000 personas en Roma que vivían de la «ayuda estatal», es decir, de comida y juegos gratuitos. Proporcionarles una causa común para la ira podía ser políticamente arriesgado.

A corto plazo, la adicción a las diversiones financiadas por el Estado fue muy eficaz. «El cenit de la sabiduría política», la llamó en el siglo II el comentarista Marco Cornelio Frontón. «El éxito del gobierno depende tanto de las diversiones como de los asuntos serios. Descuidar las cuestiones serias supone el mayor detrimento; las diversiones, la mayor impopularidad. Las dádivas de dinero se desean con menos entusiasmo que los espectáculos.»

¿Cuáles eran estos espectáculos? Básicamente los había de tres tipos: carreras de caballos, teatro y, el más popular de todos, los combates de gladiadores.

Las carreras de caballos se disputaban en «circos», pistas de carreras especialmente diseñadas para ellas. Roma tenía tres circos principales: el Circo Flaminio, el Circo de Cayo (llamado así por el emperador apodado Calígula, que lo mandó construir en el emplazamiento de lo que actualmente es el Vaticano), y el más imponente de todos, como su nombre indica, el Circo Máximo. Todos han quedado sepultados bajo las construcciones de una Roma posterior. La forma de los circos nunca cambiaba, aunque sí su tamaño. Dos largos tramos rectos formaban un rectángulo, con un semicírculo en uno de sus extremos. La franja que quedaba entre ellos se denominaba *spina* o espina. El público se sentaba en largas gradas de asientos escalonados, paralelas a la *spina* y orientadas hacia ella, dispuestas a un lado y otro de la pista. El Circo Máximo podía albergar a unos 250.000 espectadores, aunque los cálculos aproximados varían; era una estructura gigantesca, de 600 metros de longitud por 200 metros de anchura, o de más de un kilómetro y medio por vuelta completa, de las que normalmente había siete por carrera. Con una superficie total de unos 45.000 metros cuadrados, tenía doce veces la superficie del Coliseo.

Los carros, cada uno de ellos conducido por un solo auriga, daban vueltas con gran estruendo alrededor de esta pista. Los carros, los caballos y sus conductores se mantenían en sus *carceres* o cocheras hasta que se daba la señal; entonces las puertas se abrían de golpe, y la carrera comenzaba. Las cocheras estaban hechas de toba, y los postes que señalaban los lugares en los que se giraba eran de madera. El emperador Claudio mejoró esto mandando reconstruir las cocheras con mármol y los postes que señalaban los lugares de giro con bronce dorado, lo que dio un aspecto aun más imponente a las carreras. Algunos carros eran *bigae*, o carruajes de dos caballos; otros, *trigae*, de tres caballos, *quadrigae* (de cuatro), y así sucesivamente; el tipo más habitual y popular de corredor llevaba un tiro de cuatro caballos, pero los carros de ocho caballos no eran desconocidos.

Los aurigas solían empezar como esclavos, y obtenían su libertad a través de la habilidad y el éxito despiadado en la pista. Conducir un carro para ganar en el circo era el medio más eficaz con el que contaba un intrépido y analfabeto atleta para alzarse sobre la chusma y convertirse en un héroe: un auriga que ganaba constantemente era una estrella, tenía al populacho de su parte y, asediado por admiradoras femeninas, obtenía una enorme recompensa tanto en forma de prestigio como de dinero. Nada fundamental cambiaría entre la época del héroe de los carros romanos y la de la estrella de los coches de carreras modernos, excepto, por supuesto, que hace dos mil años el auriga no tenía la oportunidad de promocionar productos y había de subsistir exclusivamente con el dinero del premio. Pero este podía ser enorme. No cabe duda de que el auriga de mayor éxito de la historia fue Cayo Apuleyo Diocles, oriundo de la Hispania Lusitana, que compitió en más de 4.200 carreras a lo largo de una carrera profesional de 24 años y se retiró hacia el año 150 d. C., después de, con poco más de cuarenta años cumplidos, haber ganado o haber quedado en segundo o tercer lugar en más de 2.900 ocasiones, amasando una fortuna de 35 millones de sestercios. Pero no es de extrañar que ningún otro conductor tuviera la habilidad, la resistencia o la pura suerte necesaria para igualar esta marca que apenas resulta creíble. A algunos les fue muy bien: el auriga Scorpus, por ejemplo, ganó o quedó segundo o tercero en 2.048 ocasiones. Pero el destino más habitual del auriga, con diferencia, era acabar con poco más de veinte años de edad muerto o como un indigente lisiado, tras quedar aplastado bajo las ruedas de sus contrincantes.

Los espectáculos teatrales eran famosos entre el populacho romano, pero su popularidad no se podía comparar con el poder de atracción del circo; los tres principales teatros de Roma (el teatro de Pompeyo, el teatro de Marcelo, el teatro de Balbo) probablemente tenían un aforo combinado de 50.000 personas, enorme si se juzga según criterios modernos, pero nada que pudiera igualar la capacidad del Circo Máximo. Los espectáculos que montaban tendían a ser bastos, melodramáticos y simples; del mismo corte, se podría decir, que la mayoría de los productos que se emiten en la televisión hoy día. No existía ningún equivalente romano de Sófocles o Aristófanes. Como señala Barry Cunliffe, «el teatro creativo en el sentido griego del término ya estaba muerto. Plauto y Terencio no representan los inicios de un nuevo enfoque romano del drama y la comedia, sino el final de la tradición de inspiración griega».

Pero aquello sólo era teatro, no realidad. El material más embriagador de los espectáculos romanos, por muy bárbaro, horrendo y (para nosotros) incomprensible que fuera, eran los *munera*, los espectáculos de hombres que descuartizaban a otros hombres en combates de gladiadores en una arena construida para ese fin específico. Virtuosamente, rehuimos siquiera pensar en estos terribles espectáculos. No nos podemos imaginar a nosotros mismos (eso decimos) haciendo cola para verlos. Representan una idea del valor de la vida humana tan completamente opuesta a la nuestra, o a la que nos gustaría afirmar que es la nuestra, como para extinguir toda comparación entre nosotros y los antiguos romanos. Nosotros, la gente buena y amable, no tenemos tal voyeurismo sádico hirviendo a fuego lento bajo nuestra piel; eso preferiríamos pensar.

Pero si la existencia y la popularidad de los *munera* son una indicación de algo, es de que los hombres civilizados (y también las mujeres) pueden hacer y harán casi cualquier cosa, por muy extraña y terrible que esta sea, si ven a otros haciéndola y se convencen de su normalidad, necesidad y valor como espectáculo. Es más, los romanos se tomaban los *munera* como un espléndido regalo que les hacían los Césares. Una sucesión de autócratas, empezando por el propio Augusto e incluso con Pompeyo y Julio César, los trataron como el mayor espectáculo imperial de todos y, por consiguiente, como un gran regalo al pueblo. En su lista de *Res gestae*, las cosas que había hecho para el Estado, Augusto contaba que «he dado un espectáculo de gladiadores tres veces a mi nombre, y cinco veces a nombre de mis hijos o nietos; en estos espectáculos combatieron unos 10.000... En veintiséis ocasiones proporcioné al pueblo... espectáculos de caza de fieras salvajes africanas en el circo, en el Foro o en los anfiteatros; en estas exhibiciones se dio muerte a unos 3.500 animales». No haber asistido a estos grandes espectáculos sangrientos, no sumergirse en la función, habría sido una muestra de vil ingratitud. No es que el emperador, allá arriba en su *pulvinar* (palco real), se hubiera dado cuenta de ello; pero los conciudadanos romanos podrían haberlo hecho, y le habrían tratado a uno con escarnio y desdén por ello.

Los romanos atribuían orígenes antiguos a los *munera*. Muchos pensaban que estos se habían iniciado con la fundación de la ciudad, cuando, supuestamente, este tipo de duelos se habían librado en honor del dios Conso, una de las formas primitivas de Neptuno. Probablemente los primeros «juegos» de este tipo, aunque a una escala modesta, se libraron entre gladiadores en el Foro Boario (el mercado de ganado) en Roma. Pronto se hicieron muy populares, y enseguida se ampliaron: en los juegos fúnebres de Publio Licinio Craso en el año 183 a. C., sesenta pares de gladiadores combatieron a muerte. Una variante de estos combates de hombre contra hombre era el encuentro de hombre contra fiera en el que los delincuentes padecían la especial humillación de la *damnatio ad bestias*, condenados a ser destruidos por animales salvajes. Se supone que el primer ejemplo de esta práctica tuvo lugar el año después de que el cónsul Emilio Paulo, después de su victoria militar en Pidna en 168 a. C. sobre el rey macedonio Perseo, ordenase matar a sus desertores aplastándolos con sus elefantes de guerra.

Los anfiteatros aparecían allá donde crecían ciudades. En el siglo II d. C. ya se podían encontrar setenta y dos en la Galia, veintiocho a lo largo de las poblaciones de la frontera norte de Roma, diecinueve en Britania... un total de unos 186 emplazamientos por todo el mundo romano. Con mucha diferencia, el más grande, y el más conocido, de estos fue el Coliseo de Roma. En un principio, el Coliseo se denominó Anfiteatro Flavio, el mayor ejemplo de un tipo de construcción característica de la Roma imperial, utilizada para espectáculos y combates de gladiadores en los que miles de hombres y fieras combatían y morían para la diversión de un público masivo.

El más antiguo de estos anfiteatros databa del año 53 a. C., y se hallaba en el Foro Boario o mercado de ganado en el que anteriormente, dos siglos antes, se habían celebrado «juegos» en honor de Décimo Bruto Esceva, un vínculo con las lúgubres y ctónicas ceremonias de muerte etruscas. Poco se conoce sobre su arquitectura o sobre los espectáculos de gladiadores que allí se organizaban. Muy pronto fue sustituido por el Anfiteatro Castrense, una estructura ovalada de tres pisos construida no lejos del actual emplazamiento de la basílica de la Santa Croce in Gerusalemme, un amplio óvalo en plano con un largo eje de 88 metros. En un principio, el Castrense era el único anfiteatro de Roma.

Pero este edificio, aunque de un tamaño impresionante, quedó completamente empequeñecido por la arena que llegó a ser conocida por todo el mundo como el «Coliseo». La palabra no significa «edificio gigantesco», sino que significaba «el lugar del coloso»: una distinción necesaria, porque el «coloso» en cuestión era una estatua real. Era un retrato del emperador Nerón, fundido en bronce por el escultor griego Zenodoro, desnudo y de unos 120 pies romanos de altura (según Suetonio), el cual se hallaba en la entrada de ese prodigio de extravagancia de Nerón, la *Domus Aurea* o «Casa Dorada», en la ladera de la colina Velia. Este monstruoso exponente del narcisismo imperial apenas sobrevivió a su modelo. Después de la muerte de Nerón, el sucesor de este, el emperador Vespasiano, quien, comprensiblemente, no deseaba ser eclipsado por la efigie más grande del mundo romano perteneciente a otro monarca, hizo que sus artistas e ingenieros la convirtieran en una imagen de Sol, el dios Sol, equipándola con un tocado radiante, un poco como la Estatua de la Libertad, con siete rayos, cada uno de ellos de 23 pies romanos. En 128 d. C., el emperador Adriano mandó trasladar toda aquella cosa a un emplazamiento situado justo al noroeste del Coliseo: un cuadrado en la superficie de la calle, de 7 metros cada lado, señala el lugar exacto. Los enormes proyectos de ingeniería no le eran desconocidos a Adriano; este era, al fin y al cabo, el hombre que había construido el Panteón y su propia magnífica villa en Tívoli, pero el traslado de la estatua de Nerón fue uno de los mayores que acometió. La estatua fue trasladada en pie, en posición vertical, arrastrada por 24 elefantes. Esto se hizo hacia el año 128 d. C., pero tras la muerte de Adriano, en 138 d. C., el hijo y sucesor de este, el trastornado y disoluto Cómodo, mandó retirar la cabeza del Coloso y sustituirla por un retrato de él mismo, en el que lanzaba una mirada desafiante a lo ancho de la ciudad. (Existía una poderosa relación entre la arena del Coliseo y las fantasías de Cómodo, que se identificaba con Hércules y estaba obsesionado con ser un gladiador. Se le había conocido, entre otras demostraciones de destreza, por correr montado por la arena desmochando las cabezas de avestruces aterrorizadas, como un loco en un parque decapitando tulipanes a golpes de su bastón.)

Con el tiempo se despojó al Coloso de los atributos de Cómodo y este volvió a convertirse en Sol. Los frecuentes rituales que se celebraron para venerarlo fueron desapareciendo gradualmente, y a finales del siglo VIII d. C. ya no se le mencionaba, de modo que probablemente ya había sido demolido y se había fundido para obtener su bronce. Dejó tras de sí una célebre frase hecha. El monje y cronista inglés conocido como Beda el Venerable (672-735), que en realidad nunca había estado en Italia, escribió: «*Quamdiu stabit colossus, stabit et Roma; quando cadet, cadet et Roma; quando cadet Roma, cadet et mundus*», «Mientras el Coloso siga en pie, Roma seguirá en pie; cuando caiga, también caerá Roma; cuando caiga Roma, también lo hará el mundo». Muchos escritores ingleses posteriores se hicieron eco de esto; el que lo hizo de forma más memorable fue Byron en *Las peregrinaciones de Childe Harold*, que transfirió la supuestamente eterna resistencia de la estatua a la propia arena:

> «Mientras siga en pie el Coliseo, Roma seguirá en pie.
> Cuando caiga el Coliseo, caerá Roma.
> Y cuando caiga Roma, caerá el mundo.» Desde nuestra tierra
> hablaron así los peregrinos sobre esta imponente muralla
> en tiempos de los sajones...

Esta enorme arena ovalada se hallaba en una parte —aunque sólo era una parte pequeña— del emplazamiento de la *Domus Aurea* de Nerón. Su diseño, como el de la propia Casa Dorada, se llevó a cabo después del Gran Incendio. Es posible que los arquitectos de Nerón, de los que poco se sabe aparte de sus nombres, pretendieran producir una *cavea* o espacio interior con unas ochenta aberturas arqueadas regulares, enmarcadas por columnas toscanas, jónicas y corintias adosadas. Había empezado siendo un lago decorativo, el cual se había convertido en una serie de fuentes y grutas, rodeadas por las colinas Velia, Opia y Celia. La idea era construir el más grande y más hermoso de todos los anfiteatros, pero el proyecto era demasiado majestuoso y requería demasiado tiempo como para que lo llevase a cabo cualquier emperador individualmente. La planta del terreno era una elipse, cuyo eje largo tenía una longitud de 86 metros y el corto de 54 metros.

Vespasiano (emperador desde 69 hasta 79 d. C.) impulsó su construcción hasta la grada más alta de la segunda arcada del muro exterior antes de su muerte en el año 79. El emperador Tito agregó el tercer y cuarto piso de asientos. Se dice que Domiciano (emperador desde 81 hasta 96 d. C.) completó el piso más alto del anfiteatro *ad clipea*, es decir, hasta la altura de los emblemáticos escudos de bronce que rodeaban el piso más alto de su parte exterior. Debió de ser una visión extraordinariamente imponente cuando se completó, aunque una serie de relámpagos y seísmos provocaron daños en él a lo largo de los siglos. Fue alcanzado por un relámpago en el año 217, sacudido por los terremotos de los años 442 y 470, y gravemente atacado por demoledores que iban en pos de la cantería y de los paramentos de mármol de los que estaba hecho el Coliseo, material que luego se recicló y fue a parar a otros edificios de Roma. En el siglo XVI, por ejemplo, las escaleras de la basílica de San Pedro se construyeron con piedra extraída del Coliseo.

Para entonces, las ruinas ya tenían en gran medida el mismo aspecto que tienen hoy día: una enorme serie de corredores circulares que estaban atravesados por *vomitoria* o pasillos radiales a través de los cuales el público entraba y salía en tropel para ocupar o dejar libres sus localidades en las filas de asientos escalonados del espectáculo. Debajo de ellas se hallaban las celdas para los gladiadores, las jaulas para las fieras salvajes cuyas muertes eran una parte tan popular de los «juegos» del Coliseo, y la lenta y pesada maquinaria escénica. Aunque no sobrevive ninguna de las filas de asientos, está claro que la arena propiamente dicha era una elipse, con su suelo recubierto de pesados tablones de madera sobre los que se esparcía arena para aumentar su adherencia y que podían retirarse para la producción de «efectos especiales». Hasta cierto punto, aún no se conoce bien cuáles eran estos efectos.

El auditorio podía albergar hasta a 50.000 personas, quizá incluso a 75.000, y hay que imaginarse a este público masivo dando pisotones, gritando y clamando por sangre; los «juegos» eran la forma más bárbara de descarga orgiástica jamás concebida, y su poder adictivo era inmenso.

A todos los luchadores se les adiestraba en el *ludus gladiatorius*, o escuela de gladiadores, generalmente adscrita a un anfiteatro. Cada escuela estaba organizada y dirigida por un empresario conocido como *lanista*, que a veces era un antiguo gladiador, un hombre duro y despiadado que entrenaba a sus luchadores partiendo de lo peor de lo peor: desde el continuamente renovado suministro de prisioneros de guerra hasta ladrones y asesinos condenados, desde esclavos e incluso voluntarios pagados hasta hombres que estaban pasando por una mala racha y que necesitaban dinero desesperadamente. Puede que, de cada cinco gladiadores, uno fuera un hombre libre. La lucha de gladiadores en lo que se llamaba *hoplomaquia* (un término griego que significa «combate entre gladiadores provistos de armadura completa») al menos le ofrecía a un matón que lo hiciera muy bien la posibilidad de obtener la libertad y una recompensa, si ganaba los combates suficientes en la arena. Por lo general, el gladiador, una vez derrotado, quedaba condenado a muerte; una terrible figura disfrazada simbólicamente de Caronte, el barquero de los muertos, o de Hermes Psicopompo, el conductor de las almas de los difuntos, se adelantaba con un pesado mazo de madera y le destrozaba la frente con él. Pero si el gladiador había matado bastante, y el público y el emperador señalaban su aprobación levantando el dedo pulgar, se le podía otorgar la *rudis* o espada de madera, símbolo de su aceptación y manumisión. Después se le permitía vivir y ser colmado de tesoros: bandejas de plata, bisutería de oro.

Una de las cartas de Cicerón (a Ático, 7.14) menciona que solamente en Capua vivían cinco mil gladiadores, y fue en la escuela de gladiadores de Capua, en el año 73 a. C, donde surgió el héroe tracio Espartaco, que encabezó la revuelta de esclavos más peligrosa, y que más cerca estuvo del triunfo, de la historia romana.

En aras de la diversidad dramática, era necesario mantener la atención del público teniendo varios tipos o clases de gladiador. Uno de estos tipos combatía con espada y escudo completo; otro, con una daga más corta y una rodela redonda de cuero. Los *retiarii*, cuyas armas se habían escogido en homenaje al dios Neptuno, portaban redes en las que se esforzaban por enredar a sus contrincantes, y tridentes con puntas de cuchilla con las que trataban de atravesarlos. Se acostumbraba a hacerles combatir con los *murmillones*, que no estaban provistos de redes sino que blandían espadas, y a los que se identificaba por la presencia de peces en sus cascos. Se consideraba muy estimulante enviar a distintos tipos de contrincantes a la arena: nos enteramos de la aparición de «una intrépida serie de enanos; estos infligen y sufren heridas, y amenazan de muerte, ¡con unos puños tan diminutos!». Era habitual hacer salir a mujeres, que no habían sido entrenadas en las escuelas de gladiadores, para que se hicieran tajos y se pegaran torpemente entre ellas en la arena, o para que se enfrentaran a enanos: era un número que garantizaba la diversión del público.

A veces también leemos referencias a batallas navales que se libraban en arenas especialmente inundadas para la ocasión; pero si estas llegaron a producirse siquiera, deben de haber sido muy infrecuentes. El único acontecimiento de ese tipo que está bien certificado que sucedió en Roma tuvo lugar en un *stagnum* o estanque artificial situado en algún lugar al sur de lo que actualmente es el Trastévere, donde (por orden de Augusto) se llevó a cabo una reescenificación a escala reducida de la batalla de Salamina, en la que parciciparon treinta birremes y trirremes de tamaño natural. Pero aunque se perdieron muchas vidas en ella, los desdichados miembros de las tripulaciones no pudieron tener demasiado espacio para maniobrar: el estanque era de tan sólo medio kilómetro de largo.

Como los grupos de gladiadores eran de propiedad privada y se contrataban de forma privada, muy a menudo se les desplegaba fuera de las arenas y de las escuelas de adiestramiento en actos de violencia callejera fomentados por las ambiciones y enemistades políticas de sus adinerados amos, convirtiéndose, en la práctica, en ejércitos privados.

Después estaban las luchas de hombre contra fiera, o de fiera contra fiera, conocidas como *venationes*. Las primeras eran simulaciones de caza, sólo que los animales no tenían salida, ninguna cueva ni ningún bosque al que escapar. Se les mantenía encerrados en rediles y enjaulados bajo el suelo de los anfiteatros y se les soltaba para que, subiendo por las rampas, cargaran contra los *bestiarii* o asesinos de animales. Los gladiadores excepcionales podían ganarse un prestigio considerable, aunque ni con mucho el que podían granjearse los heroicos aurigas; pero un *bestiarius* no tenía ninguno y se le consideraba algo a medio camino entre un carnicero y un delincuente común, lo que de hecho solía ser. Estos espectáculos se ofrecieron por primera vez a comienzos del siglo II a. C. El Imperio romano en África proporcionó a sus arenas lo que al principio parecía un inagotable suministro de animales salvajes, capturados por intrépidos cazadores en sus desiertos y sabanas y después enviados, enjaulados y vivos, para que se les atormentara hasta provocar su furor y después se les diera muerte en las diversas arenas. Entre ellos había elefantes, leones, panteras, tigres y, por muy improbable que parezca, hipopótamos, que de algún modo sobrevivían en sus jaulas al viaje por mar. (Pese a su aspecto apacible, señorial y contoneante, el hipopótamo, si se enfurece, es capaz de moverse con bastante rapidez y puede matar a un hombre fácilmente.) A consecuencia de su uso en las arenas, los elefantes del norte de África se extinguieron en la época romana. Durante las matanzas inaugurales del Coliseo en el año 80 d. C., a instancias del emperador Tito se dio muerte a unas cinco mil fieras en un solo día, infligida por los carniceros humanos o por otros animales.

Pero no a todos los romanos les parecían bien los *munera*. A algunos les repugnaban y así lo manifestaron enérgicamente. Una de estas personas fue Séneca, que describió en sus *Epístolas morales* cómo había acudido a un espectáculo de mediodía en la arena y le había parecido esto:

> es un puro asesinato. Los hombres no tienen ninguna cobertura protectora. Sus cuerpos enteros están expuestos a las arremetidas, y ninguna arremetida se asesta en vano... por la mañana se arroja a los hombres a los leones y a los osos, a mediodía se les arroja a sus espectadores. Los espectadores exigen que el asesino sea arrojado a aquellos que a su vez le matarán, y retienen al vencedor para otra carnicería. El resultado para los combatientes es la muerte... Y cuando el espectáculo se detiene en un intermedio, ¡que mueran hombres mientras tanto! ¡Que no cese!.

Cicerón asistió a una *venatio* y salió de ella sintiéndose decididamente deprimido. «Yo... no vi nada nuevo en ella. El último día era el de los elefantes, y ese día el populacho y el gentío quedaron enormemente impresionados, pero no manifestaron ningún placer. De hecho, el resultado fue cierta compasión, y una especie de sentimiento de que esa enorme bestia tiene algo en común con la raza humana.»

Los orígenes de los *numera* deben de hallarse en el sacrificio humano más formalizado, y se pierden en la antigüedad; es probable que desciendan de las lúgubres costumbres funerarias de los etruscos, siendo la premisa de estas que el derramamiento de sangre reconcilia a los muertos con los vivos.

No cabe duda de que los espectáculos de gladiadores envilecieron al pueblo romano. ¿Cómo podrían no haberlo hecho? ¿Proporcionó el Estado algo que sirviera de contrapeso a esto? Nada en absoluto; pero al menos los Césares dieron a sus súbditos otra fuente de placer un poco menos criminal: los baños públicos. Estas construcciones hicieron mucho bien. Para la mayoría de los ciudadanos de Roma, los baños privados eran algo prácticamente desconocido: costaba demasiado calentarlos, y el suministro de agua con el que contaban era, en el mejor de los casos, irregular. Pero los baños públicos fueron el gran servicio público de la vida en la ciudad romana. Empezaron a hacer pleno acto de presencia en el siglo II a. C. y en el año 33 a. C. Agripa mandó realizar un censo de los baños públicos de pago que había en Roma: ya había 170 entonces, y en la época de Plinio (siglo I d. C.) el total ya se aproximaba más a un millar, aunque es de suponer que muchos de ellos eran cutres, o incluso absolutamente asquerosos. Pero los grandes complejos de baños imperiales, cuya construcción probablemente se inició a finales del siglo I a. C. y continuó hasta bien entrado el siglo III d. C., no tuvieron nada que ver con ellos: eran enormes, magníficos y abrumadoramente populares. Es difícil exagerar el papel que desempeñaron como punto de contacto entre la generosidad imperial y los deseos del pueblo romano. Las *thermae* no eran un mero servicio público, sino un elemento fundamental de la vida civilizada en Roma y en todo su Imperio. Encontramos, por ejemplo, un decreto de Caracalla del año 215 d. C., en el que se desterraba como posibles elementos subversivos a todos los egipcios que vivían en Alejandría salvo «a los tratantes de cerdos, a los barqueros fluviales y a los hombres que traen las cañas para calentar los baños».

La construcción del primero de ellos la inició Agripa hacia el año 25 a. C., cerca del Panteón. Este tenía un *laconium* o baño de vapor seco y estaba profusamente decorado con obras de arte, entre ellas pinturas (tanto encaustos como frescos) que estaban empotradas en los huecos de las paredes incluso en las salas más calurosas.

El segundo gran complejo de baños fue el de las *thermae* construidas en el año 62 d. C. por el emperador Nerón, sobre el que cayó un relámpago que lo hizo arder, y cuya construcción se terminó por fin en el año 64, justo a tiempo para el catastrófico incendio que se propagó ese año por Roma, al que sobrevivió. Este ocupaba un emplazamiento situado entre la esquina noroeste del Panteón y el estadio de Domiciano, lo que ahora es la plaza Navona, y, aunque prácticamente ya ha desaparecido, en el siglo XVII se emplearon dos de sus columnas de granito gris para reparar el pórtico del Panteón y otros *spolia* se aprovecharon para palacios posteriores, mientras que otra columna y un fragmento de cornisa fueron extraídos de debajo de la plaza que hay frente la iglesia de San Luis de los Franceses e instalados en la Via di Santo Eustachio en una fecha tan tardía como 1950. Ninguno de estos fragmentos da la menor idea de la magnitud de las Termas de Nerón, cuya planta medía en total aproximadamente 190 metros por 120 metros.

El tercer baño romano importante fue el de Tito, inaugurado en el año 80 d. C., el mismo año que el Coliseo; otra inmensa estructura construida sobre parte del emplazamiento de la *Donus Aurea* de Nerón, del que queda poco más que los núcleos de ladrillo de algunas columnas de su pórtico, que da al Coliseo.

El cuarto, construido a partir del año 104 d. C. sobre una enorme sección rectangular de las carbonizadas ruinas de la *Domus Aurea* de Nerón, con 250 metros de anchura por 210 metros de profundidad, fueron las Termas de Trajano. El quinto se conoció oficialmente como las Termas de Antonino, aunque todo el mundo las llamaba Termas de Caracalla. Su construcción se completó a comienzos del siglo III d. C., y son inmensas, con una extensión de 11 hectáreas. El sexto, las Termas de Diocleciano (hacia 306), era aun más grande con un área de 13 hectáreas. Hoy en día, su emplazamiento y sus vestigios contienen una gran iglesia, un oratorio y una de las mayores colecciones de arte de la antigüedad que hay en Italia, el Museo Nacional Romano. Debido al caos administrativo y fiscal en el que ha quedado sumida una gran parte de la administración de los museos italianos, extensiones enteras de esta teóricamente sublime colección están cerradas al público: por ejemplo, no es posible ver nada de la colección Ludovisi, excepto el propio Trono Ludovisi. Pero aun así es extremadamente rico, no sólo en esculturas, sino también en pinturas de la antigua Roma, algo en lo que casi puede competir con las insuperables colecciones del Museo de Nápoles.

Las partes de las termas imperiales que aún siguen en pie han sido una constante fuente de inspiración para los arquitectos; entre ellos, sobre todo, los del siglo pasado. Las *thermae* romanas proporcionaron los modelos para dos imponentes expresiones del halo de misterio de los viajes norteamericanos del siglo XIX: la Grand Central Station y la antigua Estación de Pensilvania, 1902-1911, de McKim, Mead y White, con su sala de espera inspirada en las Termas de Caracalla pero ampliada una cuarta parte, que fue demolida en 1963 cuando, en una de las peores atrocidades jamás cometidas sobre Manhattan, fue derribada con el fin de hacer sitio para la miserable madriguera que la ha sustituido. Las Termas de Caracalla también proporcionaron el prototipo para otra obra maestra del siglo XIX de Nueva York: los frescos y augustos espacios del vestíbulo de la entrada del Museo Metropolitano de Arte, de Richard Morris Hunt. Pero la influencia de estas *thermae* de la antigüedad se extendió hasta bien entrado el siglo XX, y la continuará sintiendo en el futuro cualquier arquitecto que valore la masa y el volumen por encima de la mera transparencia.

Un arquitecto de estilo Beaux Arts como Hunt intentó regresar a la magistralmente prístina forma de los baños romanos. Sesenta años después, a otro genio del diseño norteamericano, Louis I. Kahn, le inspiró su estado en ruinas. Varias termas, entre ellas las de Caracalla y Diocleciano, habían sido construidas con hormigón y ladrillo, y después se habían revestido suntuosamente con piedra caliza y mármol de color. Toda esta superficie y estos detalles esculpidos fueron arrancados tras la muerte del Imperio, y el ladrillo comenzó a desmoronarse, dejando sólo los rudimentos arquitectónicos tras de sí: masa, espacio, luz. Estos fueron los rudimentos que Kahn se propuso capturar en nuevas estructuras, y su búsqueda comenzó en su experiencia de las ruinas romanas, en especial de las *thermae*, con sus bóvedas gigantes que sólo había hecho posibles esa invención romana que fue el arco de hormigón vertido, arco que generaba la bóveda (si se extendía) y la cúpula (si se rotaba), tan poco griegas, tan prototípicamente modernas.

Fueran cuales fueran las diferencias arquitectónicas entre los edificios individuales, apenas variaba el proceso del baño, ni tampoco las divisiones de espacio y uso que este implicaba. Naturalmente, todas las funciones del palacio de baño tenían que estar agrupadas bajo un mismo techo, un enorme cuadrilátero, con tiendas, salas de ejercicio y de masaje situadas a lo largo de sus lados exteriores y las instalaciones de baño en su interior. Los rituales del baño romano eran, por así decirlo, procesionales. Al entrar, uno se despojaba de sus ropas en el vestuario o *apodyterium*, las guardaba en una taquilla, y después se dirigía hacia el *tepidarium* o sala tibia, que tenía en uno de sus lados el *frigidarium* o baño frío y en el otro la sala de agua caliente, el *caldarium*. Junto a él se hallaba la sala de aire caliente para la transpiración, la *sudatoria*. El calor necesario para este sistema, que era descomunal, provenía de hornos alimentados con leña o cañas. Se podía perder mucho peso en estos lugares, eliminando los fluidos sobrantes a través del sudor. Séneca describió (vívidamente, aunque quizá con cierta exageración) cómo era vivir encima de una casa de baños. Los resoplidos y los gemidos bastaban para marearle:

> Cuando los tipos más fuertes están haciendo ejercicio y girando en sus manos pesas muy cargadas... oigo sus gemidos y, siempre que exhalan su respiración contenida, oigo sus siseos y sus trabajosas respiraciones... A esto hay que añadir la detención de un alborotador o de un ladrón, y el tipo al que siempre le gusta oír su propia voz en el baño, y aquellos que saltan a la piscina con un tremendo chapuzón al chocar contra el agua... Piénsese en el depilador manteniendo una cháchara constante con su débil y estridente voz [y] los variados gritos del vendedor de salchichas, del confitero y de todos los mozos de las tabernas que van de un lado a otro ofreciendo su mercancía...

Las *thermae* no sólo eran para bañarse. Las más grandes, en Roma, solían tener bibliotecas y galerías. Algunas de ellas contaban con tal cantidad de esculturas, tanto copias como obras originales en mármol y bronce, que casi eran museos por derecho propio: el Laoconte, que los entendidos del siglo XVIII consideraban la pura quintaesencia de la escultura griega, fue desenterrado, según se dice, de las ruinas de unas termas. Probablemente la presencia de tales obras de arte contribuyó en gran medida a mitigar las objeciones de los conservadores romanos, a quienes les parecía que las proezas atléticas que loaba la cultura de los baños eran antiintelectuales. Los baños inspiraban el orgullo cívico, con razón. «Compárese, si se desea, las vanas pirámides o las inútiles, aunque célebres, obras de los griegos», comentó Frontino, «con tantas estructuras indispensables para tantos acueductos». Esto no era una mera fanfarronada, aunque no está claro por qué Frontino consideraba inútil la arquitectura griega. Naturalmente, a un romano las pirámides de Egipto, esos prodigios de construcción en piedra sin ninguna función más allá del entierro de un solo hombre, le debieron de parecer vanas: las extravagancias de aquellas religiones que no son la propia tienden a parecerlo. Pero el romano se enorgullecía mucho de las termas de su ciudad. Su tamaño y magnificencia no le abrumaban; más bien al contrario, le recordaban que él era el motivo de la existencia del Estado. En forma y significado, eran la pura quintaesencia de la arquitectura pública.

El emperador Diocleciano (Cayo Valerio Diocleciano, 284-305 d. C.) hizo mucho más que construir las inmensas termas de Roma que llevan su nombre. Era un simple soldado de Dalmacia, con escasa formación académica, ni siquiera tenía ascendencia romana (su nombre original, Diocles, era griego) y era de humilde cuna. Esto fue un factor fundamental para que llegara a tomar el control del ejército, y para la lealtad que el ejército le profesó. La brecha social entre los oficiales del ejército y los soldados rasos era ya enorme; no se trataba de un mero inconveniente, como lo podría haber sido la distancia social entre un oficial conde y un soldado raso en el ejército británico, sino de un omnipresente peligro para la cohesión de las fuerzas romanas. Cuanto más tenía el ejército que llenar sus filas con «bárbaros» en lugar de con verdaderos *romani*, y lo *tenía* que hacer, menos ardor patriótico podía esperar de los hombres que luchaban por Roma. Al menos, era más probable que los soldados que estaban en el frente, sabiendo que su emperador había empezado siendo un extranjero de baja extracción social como ellos, se mantuvieran fieles a él.

Diocleciano era un hombre muy pío, devoto de los dioses romanos, y esto debió de causar tensiones familiares cuando tanto su esposa Prisca como su hija Valeria se convirtieron, como entonces se dijo, al cristianismo. También estaba imbuido de una extrema arrogancia, que él consideraba una necesidad del poder. Augusto había iniciado la tradición del Principado por la que el emperador siempre era *primus inter pares*, el primero entre iguales; se había resistido a que se dirigieran a él como *dominus*, «Señor», aunque en la práctica su poder era absoluto. Emperadores posteriores respetaron esta fórmula, con diversos grados de convicción.

Un emperador anterior, Vespasiano (Tito Flavio Vespasiano, 9-79 d. C.), por ejemplo, había contemplado la fantasía de la divinidad de los emperadores con un escepticismo sumamente encomiable, pero él fue el único de todos los emperadores que lo hizo. Era un militar responsable, ecuánime, endurecido, que se había ganado su reputación durante el mandato de Claudio por el papel que había desempeñado en la conquista del sur de Britania en el año 43 d. C., y en 66 d. C. había estado al mando de tres legiones en la Guerra Judía. Detestaba la ostentación y el afeminamiento, cualidades que no habían escaseado en los mandatos de los emperadores anteriores. Cuando un joven oficial primorosamente arreglado que desprendía un fuerte olor a perfume acudió ante Vespasiano para agradecerle su ascenso, el emperador comentó con brusquedad que habría preferido que oliera a ajo, y lo degradó, devolviéndolo a la tropa. También tenía un irónico sentido del humor y no mostraba ninguna paciencia con las supercherías relacionadas con la deificación, un hecho conmemorado en el célebre comentario que realizó en su lecho de muerte, cuando estaba expirando de unas fiebres en el año 79 d. C.: «*Vae, puto deus fio*», «¡Oh, no! ¡Creo que me estoy convirtiendo en un dios!».

En cambio, Diocleciano no estaba dispuesto a ser nada salvo un dios. Él completó la evolución del Principado al Dominado: una monarquía indisimulada, ceremoniosa y absoluta; una monarquía oriental, como muchos pensaron. El súbdito, al acercarse a la presencia del emperador, tenía que postrarse y, al hablar, dirigirse a él como *dominus et magister*: «Amo y Señor». Como ya hemos visto, emperadores anteriores habían realizado movimientos en esta dirección. Ser tratado como un dios sobre la tierra: eso era lo que habían esperado Calígula, Domiciano y Cómodo. Para cuando Diocleciano fue nombrado emperador, el culto a este ya no tenía nada de desconocido ni de extraño, y cuadraba perfectamente con la declaración del gran jurista del siglo III, Ulpiano, de que «el emperador está por encima de las leyes». Es posible que Diocleciano considerase que esto era algo completamente benigno, un corolario de su creencia de que, como emperador, él era el *pater patriae*, el padre del pueblo romano. Pero una vez que se ha probado la condición divina, ya no resulta tan fácil desdivinizarse.

No obstante, fue lo bastante terrenal como para admitir que el enorme tamaño y la complejidad del Imperio romano, y la lenta comunicación que este tamaño implicaba, exigía cambios en la administración de su gobierno. Por consiguiente, introdujo la «Tetrarquía» o «Gobierno de Cuatro». En realidad esta empezó siendo una diarquía, un gobierno de dos. En el año 285 designó a su lugarteniente Maximiano como «César» y lo puso al mando de la mitad occidental del Imperio, mientras que él conservó la parte oriental. (A Diocleciano se le adoraba como la encarnación terrenal de Júpiter, y ahora Maximiano se convirtió, para fines religiosos, en Hércules.) En el año 293, Diocleciano nombró a otros dos Césares: Constancio (padre del futuro Constantino el Grande), que mandaría sobre Britania y la Galia en el oeste, y Galerio, al que se puso al mando de los Balcanes, en el este. Pero tenía que estar seguro de que los ambiciosos subcésares no llegaran a tener demasiado poder, de modo que dividió las provincias: divide y vencerás. En lo sucesivo habría seis diócesis en el este y seis en el oeste, divididas en unas cien provincias, cada una de ellas con su propio gobernador. Este escalafón, en sus rasgos fundamentales, duraría siglos: fue la base para la mayoría de las posteriores divisiones nacionales.

La inflación era un enorme e insoluble problema, y Diocleciano carecía del ingenio económico necesario para controlarla. Intentó, pero no consiguió, fijar los precios publicando decretos por los que se limitaban tanto los salarios como los precios de venta de todo tipo de productos y servicios. Un *modius* de mijo molido del ejército, por ejemplo, costaría 100 denarios; una libra de pata de cerdo de la mejor calidad, 20 denarios; ostras, un denario cada una; y así sucesivamente. Un profesor de aritmética ganaba 75 denarios al mes, un carpintero 50 al día, un amanuense «de segunda» 20 denarios por cada cien líneas, un abogado 1.000 denarios por llevar un caso, y un encargado de guardarropa en una casa de baños, 2 denarios por persona. Nada de esto funcionó, sólo generó un desbocado mercado negro. Mientras, las monedas del Imperio se depreciaron tanto que prácticamente acabaron sin tener ningún valor. Nadie tenía confianza en ellas. No había en el Imperio suficiente oro y plata en lingotes para restituir la moneda, y con el tiempo Diocleciano se vio obligado a aceptar pagos de impuestos, y a pagar a sus soldados, en especie en lugar de con dinero en efectivo. Y encima, había que construir sedes imperiales para los tetrarcas: en el este en Nicomedia, Antioquía y Tesalónica; en los Balcanes en Sirmio y en el norte en Milán, Tréveris y York.

Parecería que todo esto habría distraído al dios Diocleciano de
asuntos tales como una pequeña y periférica religión judía, pero nada
de eso. Durante las dos primeras décadas de su reinado, Diocleciano
no prestó la menor atención a los cristianos, pero hacia el año 303
empezó a preocuparse por la infiltración de la religión de estos en las
altas instancias, sobre todo a través de la conversión de las esposas e
hijas de los gobernadores. Le preocupaba, comprensiblemente en vista de su propio inmenso egotismo y su devoción a los antiguos dioses,
que estas familias estuvieran alejándose del culto imperial, sobre todo
porque algunos de los miembros más inteligentes del alto mando del
ejército también se estaban haciendo cristianos. Más valía extirpar
este cáncer; hasta el oráculo de Apolo en Dídima, cerca de Mileto,
instó al emperador a atacar a la Iglesia. La consecuencia de esto fue
un feroz renacimiento de la persecución a los cristianos, con la que se
pretendía obligarles a aceptar el culto imperial y adorar a Diocleciano
como un dios; algo que, naturalmente, pocos de ellos se mostraban
dispuestos a hacer. No se sabe cuántos fueron asesinados en la «Gran
Persecución» de 303-313; aunque esta fue severa, estaba garantizado
que escritores cristianos como Lactancio exagerarían y demonizarían
a Diocleciano, «inventor de actos malignos e ingeniador de males...
que todo lo arruina». (Quizá se debería recordar que Lactancio tenía
cierto interés personal en ello; se le había hecho venir desde África
para que enseñara retórica latina en Nicomedia, un cargo académico
sumamente importante, dado que estaba previsto que Nicomedia se
convirtiera en una de las nuevas Romas. Y entonces, durante la Gran
Persecución, Diocleciano le despidió. Perder semejante trabajo era un
golpe muy duro que exigía una venganza literaria, que Lactancio desde luego se cobró con un espeluznante texto, *Sobre las muertes de los
perseguidores*.)

Existe la tentación —fomentada, naturalmente, por impulsos piadosos—, de suponer que en el siglo IV la cristiandad ya había de algún
modo «triunfado» sobre el paganismo romano, transformando por completo el horizonte religioso de Roma. Nada más lejos de la verdad.

Con la instauración de la Tetrarquía, ningún emperador pasaba ya
ningún período de tiempo en Roma. La que antaño había sido *caput
mundi* ya no era un centro de poder real; había perdido su monopolio en
eso. Quizá debido a ello sus instituciones paganas siguieron prosperando. La construcción de su enorme baluarte defensivo contra las invasiones bárbaras, las Murallas Aurelianas (309-312 y 402-403), con su altura de 15 metros y sus 380 torres, creó lo que Richard Krautheimer llamó

«el monumento más grande de la Roma antigua tardía». Cualquier lista de los proyectos paganos de Roma en los treinta años anteriores a la llegada de su primer emperador cristiano, Constantino, tendría que incluir las Termas de Diocleciano, la Cámara del Senado en el Foro Romano (reconstruida tras el incendio de 283), la Basílica Julia (reconstruida después de ese mismo incendio), la colosal entrada de la Basílica Nova, con sus tres enormes hornacinas con bóvedas de cañón, construida por Majencio en su reinado de seis años (306-312), la sala con ábsides del templo de Venus y Cupido, y mucho más. Constantemente se reparaban y reconstruían foros, templos, santuarios, altares. A lo largo de todo el siglo IV, Roma les pareció a los visitantes «una ciudad fundamentalmente clásica, secular y pagana». Los índices geográficos del siglo IV listaban, entre sus contenidos, 28 bibliotecas, 11 foros, 10 basílicas, 11 baños públicos, 9 circos y teatros, 36 arcos triunfales y 46 burdeles. Incluso después de la muerte de Constantino, hubo una fuerte persistencia de la memoria pagana. Es posible que hubiera una «nueva Roma», y Constantino habría cambiado la ciudad, naturalmente, pero no hasta tal punto que de repente la Vieja Roma pasara a ser irrelevante. Las ciudades no mueren de un plumazo. La persistencia de la memoria pagana era demasiado fuerte para eso. Roma siguió siendo un bastión del paganismo ilustrado, basado en filosofías gnósticas y neoplatónicas, fortalecido por algunas de las obras artísticas y literarias más grandes que el mundo había visto jamás, y apoyada por poderosos y conservadores aristócratas locales. En estas décadas, ser conservador era ser anticristiano: de hecho, equivalía a considerar el cristianismo como una secta intrusa de bajo nivel cultural, que no merecía la atención de una persona civilizada salvo como ejemplo de las insensateces que salían del otro lado del Mediterráneo. Si alguien le hubiera sugerido a uno de estos romanos que, en alguna fecha futura, esta pequeña secta sería más grande, más rica y más poderosa que cualquier número de imperios romanos juntos, la propuesta le habría parecido descabellada. Y la pugna por esa transferencia de poder sería feroz.

Pues, ¿qué podría haber sido más poderoso que Roma, en esa época? ¿O más rico? Puede que la Tetrarquía hubiera disuelto el poder central, pero cuantas más guerras ganaba Roma, más se expandía su Imperio y más rica se hacía ella: esto era inevitable. Y cuanto más rica se hacía, más lujosa se volvía su vida. No la vida de todo el mundo, obviamente; pero para el cinco por ciento más rico, esta adoptó un carácter de frenético exceso y extravagancia, que recuerda desagradablemente a la vida de los superricos de la actualidad. *Frangitur ipsa suis*

Roma superba bonis», escribió Sexto Propercio: «La orgullosa Roma se desmorona por culpa de su riqueza». Plinio el Viejo, escribiendo ya en el siglo I d. C., calculaba que «tirando por lo bajo» las costosas importaciones de la India, China y la península Arábiga, «extraen de nuestro Imperio 100.000.000 de sestercios cada año: eso es lo que nos cuestan nuestros lujos y nuestras mujeres». Justo es reconocer que los escritores romanos (exactamente igual que los norteamericanos de dos mil años después) gustaban de apelar a los viejos tiempos de los comienzos de la República, cuando los hombres eran hombres, la vida era sencilla y la moralidad era más estricta. ¿Por qué antaño había imperado la frugalidad? Porque, como explicaba Tácito, en su día todos fuimos ciudadanos de una sola ciudad. «Aunque éramos los amos de toda Italia, no teníamos las tentaciones de hoy. Las victorias en las guerras extranjeras nos enseñaron a devorar la sustancia de otros; las victorias en las guerras civiles, la nuestra.» Séneca hizo todo cuanto estuvo en su mano por arremeter contra el lujo y la decadencia de los últimos tiempos:

> Nos consideramos pobres y mezquinos si nuestras paredes no resplandecen con grandes y caros espejos; si nuestros mármoles de Alejandría no están embellecidos por mosaicos de piedra númida, si no están completamente cubiertos por un elaborado revestimiento con vetas de varios colores, de forma que parece una pintura; si nuestros techos abovedados no están disimulados tras vidrio; si nuestras piscinas, en las que hacemos descender nuestros cuerpos después de que estos hayan quedado agotados por una copiosa sudoración, no están revestidas con mármol de Tasos, que antaño sólo raramente se veía en un templo, o si el agua no mana de grifos de plata... Nos hemos vuelto tan suntuosos que nos negamos a pisar nada salvo piedras preciosas.

En opinión del historiador Tito Livio, que escribió más o menos en esa misma época, el apetito por el debilitante lujo había llegado a Roma a través de sus conquistas en Oriente, y lo había traído consigo el ejército:

> Fue a través del servicio del ejército en Asia como empezó a introducirse en la ciudad el lujo extranjero. Estos soldados trajeron a Roma, por primera vez, lechos de bronce, costosos cobertores, cortinas de cama y otras telas, y lo que en esa época se consideraron magníficos muebles: mesas de una sola pata y aparadores. La presencia de muchachas que tocaban el laúd y el arpa hizo más atractivos los banquetes... El cocinero, a

quien los antiguos consideraban y trataban como la forma más baja de esclavo, estaba aumentando su valor, y lo que había sido una tarea servil empezó a contemplarse como una de las bellas artes.

¿Qué comían y bebían estos romanos? La respuesta es un poco decepcionante, si las expectativas que tenemos acerca de la comida romana se basan en las legendarias comilonas registradas en el *Satiricón* de Petronio y en otras descripciones de la buena vida. Leemos en esa obra cómo Trimalción, un antiguo esclavo que se había hecho enormemente rico mediante la especulación, recibe a sus invitados en su casa de la Campania. A estos se les muestra un asno de bronce, de bronce *corintio*, el más caro de todos, con alforjas en sus costados, una de ellas llena de aceitunas blancas y la otra de negras. Hay fuentes de plata «repletas de lirones aderezados con miel y semillas de amapola... [y] humeantes salchichas calientes sobre una parrilla de plata, con ciruelas damascenas y granadas cortadas en gajos». Cada plato lleva grabado el nombre de Trimalción y su peso, para que todos los invitados sepan lo que vale. El plato fuerte es una cesta llena de paja, con una escultura de madera de una pava real en su parte superior, con las alas desplegadas. Dos esclavos la dejan en el suelo; los trompetistas tocan una fanfarria; los esclavos hurgan en la paja, encontrando un huevo tras otro. Trimalción exclama: «Amigos, mandé poner huevos de pava real bajo una gallina y, por Júpiter, temo que los polluelos ya hayan medio salido del cascarón; pero probemos si aún podemos sorberlos». A cada invitado se le da una cuchara de plata «que pesaba por lo menos media libra» y cascan los huevos, que resultan estar hechos de «rica masa». En su interior, oculto en la yema, el narrador encuentra un magnífico y grueso papafigo, que entonces era un espléndido manjar, al igual que ahora.

Este tipo de pornografía gastronómica es lo que hoy le viene a la mente a la mayoría de la gente al pensar en la comida romana, pero tiene poco que ver con lo que la inmensa mayoría de los romanos comía en realidad. Era mucho más probable que su forraje diario fuera la polenta (unas gachas de maíz calientes, viscosas e informes o, cuando se cuajaban, refritas en rebanadas), judías y hierbas amargas, rara vez con carne (preferentemente de cerdo), y huevos y un pollo de vez en cuando. La mayoría de los romanos de clase trabajadora subsistía en gran medida a base de legumbres y pan. Se comía mucho queso, y no puede haber habido demasiada diferencia entre los *pecorinos* o quesos de leche de oveja que hoy día se consumen y los de la época romana. Naturalmente, las verduras hacían acto de presencia, en formas tales como un delicioso preparado de calabacines tiernos conocidos como *scapece*, que aún se sirve en algunos restaurantes romanos. También había pescado, aunque sin refrigeración este no puede haber sido fresco a menudo. Los muy ricos podían mantener estanques con peces; incluso hay historias de terror que cuentan cómo se alimentaba con esclavos a sus enormes anguilas. El estimulante universal del apetito era un cocimiento de entrañas de pescado en proceso de descomposición, que al parecer fueron algo parecido a un hediondo y salado ancecesor de la salsa inglesa, y se llamaba *garum*. Las familias romanas la consumían de forma bastante similar a como muchas familias norteamericanas de hoy consumen la salsa de ket-chup, echándosela a todo. Tendemos a suponer que el *garum* simple-mente apestaba a pescado podrido, pero debe de haber tenido un sabor más sutil que eso.

Naturalmente, se desconocían la patata, el tomate y todas las demás importaciones del Nuevo Mundo, que aún no se había descubierto. También la caña de azúcar. Cuando un cocinero romano quería endul-zar un plato, lo hacía con miel.

Otra salida para la riqueza y la decadencia romana durante esta época fue el arte. Como ocurre hoy, los precios de las obras de las «bellas» artes que estaban de moda se hallaban increíblemente infla-dos: la antigua Roma, al parecer, tuvo sus equivalentes a las histéri-cas y grotescas cotizaciones de las obras de Pablo Picasso, Andy War-hol y Jasper Johns. El orador Lucio Craso pagó la increíble cantidad de 100.000 sestercios por dos copas de plata grabadas por Mentor, un afamado orfebre griego, «pero confesó que por vergüenza nunca se había atrevido a usarlas». Los bronces corintios eran tan apreciados por su hechura que costaban fortunas familiares enteras. Plinio refirió que una mesa de marfil cambió de manos a un precio de 1.300.000 ses-tercios, «el precio de una finca de gran tamaño, suponiendo que al-guien prefiriese destinar una cantidad tan grande a la compra de bienes raíces».

Otra fue la joyería: el alarde de piedras preciosas que hacían algu-nas matronas romanas era grotescamente exagerado, y las propias grandes damas eran engendros de vulgaridad, igual que las de hoy en día. Ahí estaba Lolia Paulina, tercera esposa del emperador Calígula, cuya belleza igualaba su vulgaridad, «en un banquete de bodas co-rriente, cubierta de esmeraldas y perlas entrelazadas entre sí, brillando por toda su cabeza, cabello, orejas, cuello y dedos, cuyo valor total ascendía a 40.000.000 de sestercios, y ella presta a enseñar, al instante, las escrituras de venta como prueba de su pertenencia». Junto al Tíber, al igual que bajo las luces de Broadway, los diamantes ciertamente eran el mejor amigo de una chica. La extensión del Imperio inevitablemente trajo consigo un aumento de las existencias de artículos de lujo y de bisutería preciosa: esmeraldas de Egipto y de los Urales, zafiros de Sri Lanka, amatistas y diamantes de la India. La más fina seda china se adquiría a precios colosales: pagar un libra de oro por una libra de seda no era desconocido. Quizá la joya favorita de los romanos fuera la perla (*margarita*), que los océanos de toda Roma producían. Por supuesto, la abundancia de materiales preciosos y semipreciosos contribuyó a crear una gran clase de artesanos de lujo. Sin duda, nos habrían llegado más reliquias de la obra de estos si Roma no se hubiera visto sometida a tantos saqueos.

El más espectacularmente ostentoso de todos los inmuebles atestados de arte de la antigüedad romana, superando incluso a la *Domus Aurea* de Nerón, fue una villa que se construyó para el emperador Adriano en Tívoli, a algo más de 30 kilómetros al noreste de Roma. Da la impresión de que denominarla «la Villa de Adriano» es subestimarla por completo, pues el terreno que ocupaba tenía el mismo tamaño que el centro de Las Vegas, unas 300 hectáreas, el doble del área de Pompeya. Como una ciudad maya abandonada, Tikal tal vez, sólo ha sido parcialmente excavada, pese a la enorme cantidad de estatuas y de otras obras de arte extraídas (robadas en saqueos) de ella a lo largo de los últimos siglos y desperdigadas por museos de Londres, París, Berlín, Los Ángeles y San Petersburgo, sin olvidar la propia Roma y, por supuesto, las colecciones privadas que no están registradas. Algunos arqueólogos creen que sólo se ha desenterrado y sacado a la luz entre un 10 y un 20 % del área construida total de la «Villa», lo que la convertiría en el mayor emplazamiento de la antigüedad de Italia o del mundo romano que aún está por estudiar.

Hay un tipo concreto de estatua de la antigüedad que se relaciona con la «Villa»: el retrato desnudo e idealizado del amante de Adriano, Antínoo, el modelo homosexual griego por excelencia, casi de póster, cuyo atractivo cuerpo y boca haciendo pucheros a lo Elvis proliferaron por todo el Imperio después de que muriese ahogado en el Nilo en el año 130 d. C. Pero los contenidos de la Villa reflejan una cultura general de intensa imitación, en la que artesanos cuya única tarea era crear un sueño cultural escapista, una maravillosa Grecia recreada en (o justo a las afueras de) Roma, producían una versión tras otra de los Grandes Éxitos de la Escultura cumpliendo con los encargos imperiales. La idea de la «invención heroica», que es la base del culto moderno a lo nuevo, no existía en la época clásica, y se habría considerado como una estrafalaria aberración, no como un signo de excelencia. Una de las consecuencias de esto ha sido el hecho de que prácticamente lo único que conocemos del arte original de Grecia sean copias romanas, o variantes (relativamente) libres de originales griegos; con la excepción de unas pocas obras maestras que indiscutiblemente fueron realizadas por griegos, como los mármoles del Partenón, hoy Grecia es en gran medida romana. Y debido al hecho de que tantas obras maestras «griegas» fueron realizadas por griegos en Roma para clientes romanos, o por romanos en Roma, o finalizadas en Roma por artesanos locales después de que se hubiera bosquejado en Grecia el bloque original, el problema de manifestarse con certeza sobre los orígenes y la naturaleza de los objetos de arte clásicos suele ser insoluble. Pero hay una cosa que sí parece bastante segura. En cuanto a la calidad de su escultura, la antigua Roma nunca pudo competir con la antigua Atenas. Fidias tuvo muchos imitadores romanos, pero no hubo ningún Fidias romano. La mayor parte de la escultura romana es, en el mejor de los casos, fielmente descriptiva: pensemos en los realistas retratos funerarios de ciudadanos, de aspecto algo sombrío, con una firmeza que emana de su virtud. La gran escultura, como las tablas que celebran a Augusto en el *Ara Pacis*, es en gran medida una excepción, y cuando esta se da, se puede suponer con bastante seguridad que fue obra de tallistas griegos o, cuando menos, de formación griega. Virgilio tenía razón: el gran arte de Roma no fue la escultura, sino el gobierno.

Capítulo 4

PAGANOS CONTRA CRISTIANOS

En realidad no tiene demasiado sentido hablar del «fin del Imperio romano» como si esa enorme estructura social de repente se hubiera deshecho o hubiera dejado de existir. De una forma poderosa, y también meramente vestigial, este siguió proporcionando el marco para la sociedad internacional en toda Europa durante cientos de años. Dicho esto, desde el reinado de Constantino, la batalla entre el antiguo gobierno pagano y el nuevo poder cristiano iría paulatinamente socavando la fuerza del Imperio.

Las primeras persecuciones lanzadas contra los cristianos por los emperadores de Roma tuvieron una envergadura relativamente pequeña, pero eso en absoluto quiere decir que fueran más sensatas. Debe de sonar extraño que una ciudad con tal abundancia de sectas y objetos de culto como la Roma imperial persiguiera a alguien por tener creencias poco ortodoxas —se podría pensar que había supersticiones de sobra para todo el mundo—, pero en la época imperial no fue así como las clases dirigentes y sacerdotales vieron la cuestión, por dos motivos.

Uno de ellos fue que los cristianos se negaban a rendir honores divinos al emperador. Rehusaban rezar u ofrecerle sacrificios como si fuera un dios. Probablemente las autoridades se habrían contentado incluso con una mera participación simbólica en rituales religiosos romanos. Pero negarse a todos ellos era un acto de rebeldía. Se consideraba una ofensa, una forma extrema de lesa majestad. Los cristianos parecían estar unidos por vínculos formados por unas creencias y un culto común que nada tenían que ver con las relaciones normales entre los romanos y sus dioses. Esas relaciones aseguraban la estabilidad del Estado romano. Los cristianos parecían más leales a su sociedad secreta, lo que sólo podía significar que eran desleales a Roma.

El segundo motivo, relacionado con el primero, fue que, tras un período de relativa indiferencia, el cristianismo empezó a suscitar rumores hostiles e increíblemente exagerados acerca de la cantidad, la conducta y las creencias de sus adeptos, y sobre los peligros que podrían representar para una sociedad ordenada. Se estaban volviendo una secta más visible, que, debido a la paulatinamente creciente popularidad que tenían entre el pueblo llano del Imperio romano en el siglo III d. C., estaba suscitando esa clase de odio que el éxito hace aparecer. Los cristianos acababan de llegar —alardeó uno de ellos, Tertuliano— «y ya hemos llenado todo lo que es vuestro: ciudades, islas, fortines, pueblos... el Palacio, el Senado, el foro. Sólo os hemos dejado los templos». Esto era una enorme exageración. Pero casi todo lo que se decía sobre los cristianos en sus primeros años era una exageración, y ninguna tan grande como la que había en las ideas populares que tenían los paganos acerca de aquello en lo que los cristianos realmente creían y lo que anhelaban.

Dado el éxito del cristianismo en los años sucesivos, dado que este culto embrionario pronto llegaría a ser una religión que todo lo dominaría y que abarcaría el mundo entero, que expulsó a los dioses paganos de sus santuarios y nichos, se podría haber esperado una oleada de oposición a ella desde el principio; en realidad no hubo mucha. Los romanos tendían a ser bastante tolerantes con las religiones minoritarias si no suponían que estas representaban una amenaza, incluso cuando la «minoría» era grande. El emperador Augusto, por ejemplo, sabía que los judíos poseían y habitaban una gran extensión de Roma al otro lado del Tíber. La mayoría de estos judíos eran libertos romanos, a los que se había traído a la ciudad como prisioneros de guerra y que posteriormente habían sido manumitidos por sus dueños. No adoraban a los dioses romanos, ni les rendían homenaje en los santuarios romanos. Pero como no causaban problemas ni con su doctrina ni con sus acciones, Augusto procuró que no se sometiera a presión a sus sinagogas; a ningún judío ni judía se le impedía reunirse con sus hermanos para la exposición de la Ley: «Al contrario, mostró tal reverencia por nuestras tradiciones que él y casi toda su familia enriquecieron nuestro Templo con costosas dedicaciones. Dio órdenes para que se realizaran diariamente sacrificios regulares de holocaustos a perpetuidad corriendo él con los gastos, como una ofrenda al Altísimo. Estos sacrificios continúan en la actualidad, y continuarán por siempre, como una demostración de su carácter verdaderamente imperial».

Los cristianos, que eran pocos pero cada vez más numerosos, llevaban vidas bastante desapercibidas en medio de la profusión de sectas y cultos que la decadencia de la religión romana «oficial» había hecho surgir; como religión, parecía que no valía demasiado la pena enfrentarse a ella. A la mayoría de los romanos que se plantearan la cuestión les habría parecido de escasa importancia, y la idea de que no mucho tiempo después el mundo civilizado fecharía sus acontecimientos tomando como referencia la vida del hijo de un carpintero de Galilea les habría parecido sencillamente ridícula.

En la descripción que Suetonio hace de Claudio (capítulo 25, parágrafo 4) se hace referencia de pasada a unos alborotos provocados por los judíos en Roma «a instancias de Chrestus», pero no está en absoluto claro si Chrestus era la misma persona que Cristo. Ningún escritor pagano se molestó siquiera en atacar las ideas de los cristianos hasta el año 178. (Fue un neoplatónico llamado Celso quien lo hizo, y sus escritos se han perdido; sabemos que los escribió sólo porque un apologeta cristiano, el padre de la iglesia Orígenes, le atacó por ellos.)

Se arremetió contra los cristianos lanzando desenfrenadas calumnias sobre ellos, «una chusma de impíos conspiradores», aficionados a compartir «bárbaras comidas... con fines sacrílegos», según Minucio Félix. La consecuencia de la mera presencia, por no hablar del aumento, del cristianismo (según aquellos romanos que lo rechazaban) había sido la descomposición moral general del Imperio y, en todas partes, la presencia de «una especie de religión de la lujuria». Se acusaba a los cristianos de todo tipo de perversiones e indecencias, entre ellas el asesinato ritual de niños y la ingesta de su carne, una fantasía que debió de surgir a raíz de las instrucciones eucarísticas que Cristo había dado a sus discípulos, en el sentido de comer su cuerpo (el pan) y beber su sangre (el vino), y «hacer esto en mi memoria». Esta forma de banquete era «tristemente famosa; en todas partes, todo el mundo habla de ella». Los cristianos querían poner fin con el fuego a la tierra, la luna y las estrellas, y «renacer de los rescoldos y las cenizas después de la muerte». En resumen, para incitar a la persecución de los cristianos y justificarla, algunos romanos estaban reuniendo las mismas estupideces apocalípticas que pronto proferiría el antisemitismo contra los judíos.

¿De dónde venía tal virulencia? Una persona razonable podría haber tenido sus reservas sobre la conducta cristiana y haber encontrado motivos para discrepar de ella, incluso para sentir aversión hacia ella. Pero la idea de que el cristianismo quería provocar la destrucción del mundo debe de parecer exótica, o cuando menos un tanto rebuscada, a aquellos que, como casi todo el mundo hoy día, consideran que se trata de una religión benigna y mansa. Son otros los que destruyen; los cristianos templan, consuelan y perdonan. Pero un romano en el siglo I d. C. perfectamente podría no haber tenido esa opinión al enfrentarse no sólo a la retórica de los fieles de la secta, sino también a la de su fundador, el agresivo galileo Jesucristo.

Los primeros cristianos no eran mansamente afables ni indulgentes en absoluto. Sabemos esto porque sabemos en qué creían, que era aquello en lo que Cristo les había dicho que creyeran. En el fondo de todas las mentes cristianas estaba la orden que este les había dado en el sentido de ejercer una militancia intolerante: «No vengo a traer la paz, sino una espada». El registro que hace el Nuevo Testamento de las primeras creencias cristianas está contenido en los *Hechos de los Apóstoles* y las *Epístolas*. Estos textos están empapados de retórica apocalíptica: parte de ella, sin duda, tergiversada y retocada, pues el Nuevo Testamento se compiló mucho tiempo después de la muerte de Cristo pero no cabe ninguna duda razonable de que constituyen un compendio bastante aproximado de aquello en lo que Cristo, y los primeros cristianos creían, y de lo que decían. Y (no menos importante) de lo que los romanos creían que decían.

El contenido principal de estas creencias era que el fin del mundo se acercaba. San Pedro no tenía ninguna duda sobre esto. «El fin de todas las cosas está próximo», anunció. «Ha llegado el momento de que comience el juicio en la casa de Dios.» Esto sucedería en cualquier momento, porque estos son «los últimos días», una expresión que se emplearía una y otra vez en la escatología cristiana a lo largo de los dos mil años siguientes. San Pablo era de similar opinión, y aguardaba con impaciencia el día «en el que el Señor Jesús se revelará desde el cielo con sus poderosos ángeles, cobrándose con llameante fuego venganza de aquellos que no conocen a Dios, y que no obedecen el evangelio de nuestro Señor Jesucristo: serán castigados con la destrucción eterna».

Las propias palabras de Jesús sobre estos terribles acontecimientos futuros constan en el evangelio de san Mateo:

> Pues se levantará nación contra nación y reino contra reino, y habrá en diversos lugares hambre, pestilencias y terremotos. Todo esto será el comienzo de los dolores... seréis odiados de todas las naciones por causa de mi nombre. Yo os aseguro que no pasará esta generación hasta que todo esto suceda.

Los cristianos no creían que tales profecías, promesas y amenazas fueran en absoluto metafóricas. Eran verdaderas en esencia y pronto lo serían también en la realidad: no en un futuro remoto, sino de forma inminente, en esa misma generación. Roma estaba condenada a la destrucción en unos pocos años, unas pocas décadas a lo sumo. El Nuevo Testamento no se había escrito aún, pero este tipo de creencias se predicaban, se describían y formaban parte de la sabiduría popular fundamental de la nueva religión y sus adeptos. Para ellos tenía todo el sentido del mundo, porque era la Verdad Revelada. Pero para las autoridades romanas también tenía sentido, aunque no el mismo. Significaba que los galileos *deseaban* esta destrucción prometida, y sin duda muchos de ellos, que eran fanáticos, la deseaban. El radical que sueña con hacer que toda una sociedad se derrumbe sobre las cabezas de sus habitantes, que fantasea con el fin del orden social entre llamas, llegaría a ser una figura típica —héroe para algunos, pesadilla para otros— a lo largo de todo el siglo XX: el anarquista con su bomba, el general falangista gritando «*¡Viva la muerte!*», el adolescente árabe haciendo saltar por los aires un autobús escolar judío y a sí mismo con él, transformándose en una pulpa sanguinolenta y humeante, en aras del «martirio». No parece haber excesivas dudas de que un romano civilizado y amante de la ley habría creído lo que los fanáticos de Jesús decían sobre el futuro de la historia y su misión en ella, y habría llegado a la conclusión de que lo mejor que se podía hacer con esta hostil aunque marginal secta era aniquililarla antes de que se extendiera todavía más. Por supuesto, el fin del mundo no llegó: un alivio para la gente sensata, aunque sin duda una desilusión para algunos chiflados. Pero amenazar con ello, que era lo que a Roma le parecía que estaban haciendo los cristianos, era, ¿cómo decirlo?, un acto profundamente antisocial. Hacía que la idea de que los cristianos actuaban motivados por «el odio a la raza humana» pareciera bastante verosímil.

Indudablemente, de todos los ataques emprendidos por los emperadores romanos contra los cristianos, el más sádico y delirante fue el que se lanzó tras el Gran Incendio de Roma en el año 64 d. C., cuando Nerón necesitó un chivo expiatorio para dicho incendio. Según el historiador Tácito, los cristianos ya eran «detestados por sus abominaciones» en Judea. A los judíos, especialmente a los más ortodoxos, nada les habría gustado más que verlos liquidados, para satisfacer así su aparente anhelo de martirio santo. Por consiguiente, vieron con buenos ojos su persecución por parte de Nerón, aunque ni siquiera los propios romanos estaban convencidos de que fuera necesaria, según Tácito. A ellos les pareció algo arbitrario:

Nerón proporcionó sus Jardines para el espectáculo, y montó exhibiciones en el Circo, en las que él se mezclaba con el gentío, o se ponía de pie en un carro, vestido como un auriga. A pesar de su culpa como cristianos, y del implacable castigo que esta merecía, la gente se compadeció de las víctimas. Pues se consideró que se las estaba sacrificando por la brutalidad de un hombre, y no por el interés nacional.

No tuvo lugar ninguna súbita transición entre las obsesiones de Nerón y la victoria de los cristianos —¿cómo podría haberla habido?— y no obstante, al volver la vista atrás, sin duda es posible ver en la violencia del ataque de Nerón contra la pequeña secta un anticipo de lo que sucedería dos siglos y medio después. Ese acontecimiento que hizo época, dividiendo la historia del Imperio romano, fue una batalla que se ganó justo a las afueras de Roma, y que se libró en el año 312: la batalla del Puente Milvio, que cruzaba el Tíber. Esta marcó —aunque, naturalmente, nadie se dio cuenta de ello en ese momento— el final del antiguo sistema imperial romano y el inicio del Imperio bizantino. Homero había previsto esto en un verso citado, con cierto deleite, por el cotilla e historiador romano Suetonio al escribir sobre el emperador del siglo I Domiciano: «Es un peligro que haya demasiados gobernantes».

Y, en efecto, resultó serlo.

Bajo el reinado de Diocleciano, el Imperio romano unificado se había dividido, y había adoptado una nueva forma: a comienzos del siglo IV d. C. estaba compuesto por un Imperio oriental y otro occidental, gobernados por los tetrarcas: no uno sino dos emperadores mayores, cada uno de ellos conocido por el título honorífico de «Augusto» y apoyado por su propio «César» o emperador menor, lo que hacía un total de cuatro gobernantes (*tetra* significa «cuatro» en griego). La representación más famosa de este extraño sistema, creada por un artista desconocido en Constantinopla, fue robada en un saqueo por los cruzados en 1204 y trasladada a Venecia, donde fue empotrada en la fachada de la basílica de San Marcos. Representa a dos pares de tetrarcas, los Augustos y los Césares de Oriente y Occidente respectivamente, abrazándose entre ellos. Son macizos, grandes, sus cuellos son gruesos, y se les muestra agarrando cada uno su espada con su mano libre. Es una imagen de lealtad, firme, se podría decir implacable, aunque no hay ninguna indicación de sus nombres.

En la primavera de 305, Diocleciano, el Augusto del Imperio oriental, del mismo modo que Maximiano lo era del occidental, abdicó oficialmente. Se retiró entonces a su gigantesco palacio, cuyas ruinas aún siguen en pie en Split, antes Spalato, en la costa dálmata. Le sucedió como Augusto de oriente su ferozmente anticristiano compañero Galerio, que había ascendido desde su anterior cargo de César de Oriente (y al que sucedió en ese papel su sobrino, Maximiano Daya). Asimismo, Maximiano abdicó como Augusto occidental del Imperio y fue sustituido por Constancio Cloro, que hasta entonces había sido el César de Occidente.

Lo que abocó este laborioso juego de sillas imperial al caos fue que en 306, la tribu bárbara fronteriza de los pictos, antepasados de los actuales escoceses de las Tierras Bajas, intentaron invadir la Britania romana. Constancio Cloro no estaba dispuesto a tolerar semejante desfachatez y zarpó hacia Britania con un ejército y su hijo guerrero Constantino, resuelto a aplastar a los pictos. Lo logró; pero entonces Constancio murió, por causas desconocidas, en York, en el verano de 306. Esto dejaba a su heredero, el joven y ambicioso Constantino, como gobernante imperial de Britania, Galia e Hispania, con la categoría y el título plenos de Augusto. O más bien, se esperaba que así fuera: pero Galerio, el Augusto que reinaba en el este, no quería que el muchacho le sucediera inmediatamente. Constantino le escribió pidiendo ser ratificado como Augusto. Galerio sólo se mostró dispuesto a concederle la segunda categoría, la de César. Constantino aceptó esto, sin duda a regañadientes, aunque con toda la dignidad de la que fue capaz.

Pero en Roma, ni el ejército ni la mayoría del pueblo estaban dispuestos a aceptar ese arreglo. Por motivos demasiado prolijos para entrar en ellos aquí, producto de su resentimiento ante la perspectiva de ser sometidos forzosamente a impuestos, querían como César a Majencio, el hijo de Maximiano. Y una vez instalado Majencio, este le pidió a su padre que abandonara su retiro y volviera a ser el Augusto. Galerio, que quería que el siguiente Augusto fuera un hombre fuerte del ejército (pero no tan fuerte como él), nombró a Severo, se opuso a esta propuesta y ordenó a su ejército que atacara a Majencio. Fueron derrotados; las tropas de Severo se rebelaron y mataron a su líder; y esto dejó a Majencio y a sus legiones al mando de Roma. Visto a posteriori, aunque naturalmente en ese momento no lo habría parecido, lo más importante del poder que ejerció Majencio sobre Roma y su Imperio fue, al igual que sucedió con Diocleciano antes de él, su implacable aversión hacia la pequeña y aún bastante marginal secta de los cristianos.

Constantino se lanzó a través de los Alpes desde la Galia, encabezando una fuerza expedicionaria compuesta por unos 40.000 soldados, quizá una cuarta parte de todo su ejército, en la primavera de 312. Su objetivo era una Roma poderosamente fortificada, en la que Majencio se había atrincherado. Las ciudades del norte de Italia opusieron escasa resistencia. Algunas de ellas, en particular Milán, recibieron efusivamente a Constantino, pues la ocupación de Roma por Majencio les había privado de gran parte de su importancia y poder. A medida que Constantino avanzaba hacia el sur, cada vez se hacía más evidente que Majencio se estaba preparando para un asedio. Pero cuando la fuerza de Constantino ya casi estaba a tiro de piedra de Roma, los propios romanos perdieron la confianza en su capacidad para resistir un largo asedio; los rumores y los oráculos les convencieron de que Constantino era invencible, de modo que Majencio comprendió que tendría que salir a combatir, en el lado norte del Tíber. Todos los puentes que cruzaban el río hacia Roma habían sido destruidos, pero Majencio mandó construir un nuevo puente temporal utilizando barcos y pontones allí donde había estado el sólido Puente Milvio. A través de esta estructura, asegurada contra la corriente del Tíber, Majencio y su ejército marcharon para enfrentarse a Constantino el 28 de octubre de 312.

El resultado fue un desastre, una derrota aplastante.

En años posteriores, Constantino ofreció su versión de la Batalla del Puente Milvio y aseguró, bajo juramento, que Dios le había otorgado una victoria milagrosa precedida por señales y augurios. Afirmó que mientras conducía su ejército hacia el sur en dirección a Roma, él y todos y cada uno de los hombres a su mando habían visto una cruz luminosa brillando en el cielo, con las palabras «*In hoc signo vinces*», «Con esta señal, vencerás». Esa noche, cuando Constantino dormía en su tienda, Cristo se le apareció en un sueño sosteniendo ese desconocido emblema de la cruz y le ordenó que mandase hacer nuevos estandartes para su ejército con esa forma.

¿Qué pudo significar esto para él, en realidad? A comienzos del siglo IV, la mayoría de la gente, incluido Constantino, no tenía la menor idea del simbolismo de la cruz. Él no era cristiano, no todavía, pero había algunos cristianos entre sus consejeros, como Osio, obispo de Córdoba, y todos ellos coincidían en señalar que la cruz era el emblema del más grande de todos los dioses, y que si Constantino lo adoptaba, sería imposible que lo derrotaran. Bueno, parece que pensó Constantino, hay que estar dispuesto a probarlo todo, al menos una vez. Se arrojaron los estandartes paganos, las cruces ocuparon su lugar, y pronto las tropas de Majencio estaban huyendo, en medio del caos y la confusión. El puente hecho con barcos se desintegró y se dice que el propio Majencio se ahogó bajo el peso de su armadura mientras trataba de regresar a través del Tíber.

Justo antes de que comenzara la batalla, Constantino se pronunció a favor del cristianismo. Después de la victoria en la batalla del Puente Milvio en 312, la persecución estatal de los cristianos en el Imperio romano —su tortura, su asesinato, la confiscación de sus bienes y propiedades— cesó en la práctica. Fue suprimida de la política estatal. Ya no habría más afirmaciones calumniosas sobre la nueva secta como las que habían plagado las políticas de Diocleciano, para quien el culto era traicionero y diabólico y que era muy capaz de torturar a cualquier cristiano sospechoso al que infundadamente se acusara de incendio provocado; o de quemarlos vivos, y de demoler sus capillas.

Constantino ordenó que se devolvieran a los cristianos las propiedades y las riquezas confiscadas durante el mandato de Diocleciano. Pero es demasiado fácil, en el caso de Constantino, atribuir a la pura fe religiosa lo que más bien fue un continuo ejercicio de realismo, llevado a cabo por un práctico soldado de formación politeísta. No cabe duda de que debió de atribuir su victoria sobre Majencio, al menos en parte, a la intervención de algún dios poderoso. Para un vencedor, siempre es prudente, y también fácil, declarar que ha tenido a Dios de su parte. Pero en sus monedas continuaron apareciendo símbolos paganos durante veinte años después de la batalla del Puente Milvio. Constantino ni siquiera llegó a bautizarse como cristiano hasta el momento de su muerte, un cuarto de siglo después, en el año 337. Decir que claramente se «convirtió» a una nueva religión, a una nueva disciplina espiritual, es invocar un mito, por muy útil que este mito llegara a ser para la propaganda cristiana, y sin duda lo fue. ¿Qué quería decir que Constantino había sido el primer emperador cristiano? No tanto, quizá, como pretendieron los cristianos posteriores. Después del tiempo transcurrido, y con unas diferencias culturales tan inmensas como las que separan su época y la nuestra, es muy difícil saberlo.

No obstante, es evidente que tuvo lugar un notable cambio en el paisaje religioso. El reconocimiento de una nueva tolerancia quedó inscrito en el llamado «Edicto de Milán» del año 313, que surgió del deseo del entonces agonizante Galerio de permitir que los cristianos «reconstruyeran de nuevo las casas en las que solían reunirse». (Generalmente las ceremonias religiosas cristianas no se celebraban en iglesias, sino en *tituli* o casas de creyentes: el concepto de «casas de reunión» las describe con exactitud. Como había relativamente pocas iglesias dedicadas a ese fin como tales, estos santuarios y lugares de reunión solían formar parte de *tituli*: de modo que esta ley también era una afirmación de la privacidad personal de culto. Normalmente los *tituli* llevaban el nombre de los dueños de la propiedad privada, como en «*titulus Ceciliae*» o «*titulus Anastasiae*», o «*titulus Byzantii*», denominada así en homenaje al senador romano Bizancio, que entregó su casa a los cristianos como lugar de culto. A finales del siglo IV ya se conocía en Roma la existencia de aproximadamente veinticinco de estas. Puede que hubiera más, pero en cualquier caso era una minúscula presencia de cristianos entre las 44.000 *insulae* o bloques de apartamentos y los más de un millón de habitantes que tenía Roma en la época de Constantino.) De modo que, tras su victoria en el Puente Milvio, Constantino y su coemperador Licinio se reunieron en Milán e hicieron pública una declaración en la que anunciaban que en adelante los cristianos debían tener total libertad religiosa, que ya no debían sufrir confiscaciones y, como deseaba Galerio, que sus casas de culto, si les habían sido arrebatadas, les debían ser devueltas. Esto tuvo importantes consecuencias, tanto religiosas como culturales, pues abrió un espacio en el que pudieron prosperar y desarrollarse la iconografía y los detalles simbólicos específicamente cristianos, alejándose de prototipos romanos, aunque, en muchos sentidos, basándose en ellos. Un vívido ejemplo de este proceso es el sarcófago de Junio Basso († 359), uno de los primeros patricios romanos que adoptó el cristianismo. En cuanto a su forma, es un sarcófago pagano. Pero en sus costados, talladas en un profundo relieve, hay escenas de acontecimientos bíblicos tales como el sacrificio de Isaac, el juicio de Cristo ante Pilatos y la vergüenza de Adán y Eva por su desnudez, sustituyendo a imágenes tan conocidas en los sarcófagos como dioses, diosas y escenas de batallas.

Cuando menos, Constantino sabía que le debía mucho al cristianismo, pues era evidente que el nuevo dios de la cruz había supervisado la derrota absoluta que había infligido a Majencio y le había colocado a él en el trono imperial. También sabía que las deudas hay que pagarlas, sobre todo cuando se han contraído con dioses tan poderosos; en adelante, la Iglesia cristiana recibiría una enorme financiación por parte del Estado romano.

Primero, Constantino escribió a Maximiano, el gobernante del Imperio oriental, indicando que, como Majencio estaba muerto y el Senado romano ya le había reconocido a él como el miembro mayor del colegio imperial, tenía autoridad absoluta para ordenarle a Maximiano, su menor, que cesara cualquier persecución de cristianos en oriente, ya fuera mediante impuestos, violencia, confiscación o (¡Dios no lo quisiera!) martirio. Habría que devolverles cualquier cosa que se les hubiera arrebatado. No se les debía molestar ni en sus lugares de culto ni fuera de ellos.

Constantino mandó purgar a todos los oficiales nombrados por Majencio y sustituirlos por otros favorables a los cristianos. Y en una decisión cuyas consecuencias se dejarían sentir durante siglos —dando, por ejemplo, a cualquier charlatán y televangelista de un culto en la Norteamérica actual la oportunidad de obtener enormes inmunidades y beneficios—, eximió a las iglesias de pagar impuestos. Astutamente, no impuso ninguna penalización a aquellos de sus súbditos (y había muchos, al principio) que desearan continuar rindiendo culto a los antiguos dioses. Las costumbres y lealtades religiosas de todo un imperio no se cambian con la mera publicación de un edicto. En lugar de ello, otorgó al cristianismo la categoría de religión más favorecida, y después dejó que las presiones sociales siguieran su curso.

El síntoma más espectacular del comienzo del nuevo orden fue el hecho de que Constantino abriera las arcas del Imperio a la joven Iglesia. Donde esto sucedió de forma más evidente fue en Roma, el lugar donde mayor cantidad de personas pudieron ver las consecuencias de ello. ¿Qué significaba gozar de la categoría de religión más favorecida, sino que el emperador desembolsara tanto en los templos de la nueva religión como sus predecesores habían desembolsado en los de la antigua? Ya en el año 313 había cristianos entre los consejeros de Constantino, de modo que la Iglesia ya se estaba convirtiendo en una importante fuerza política, y al hacerse con más tierras también se convirtió en una importante fuerza económica. Constantino destinó gran parte de los ingresos procedentes de las colonias romanas del norte de África, Grecia, Siria y Egipto a la financiación y el embellecimiento de las nuevas bases cristianas, quizá cuatro mil *solidi* de oro al año, el equivalente aproximado, en dinero actual, a entre 25 y 30 millones de dólares.

Con semejantes fondos fue posible construir auténticas iglesias, y no simplemente convertir casas particulares en lugares de culto.

En el lado oriental de la colina Celia, junto a la muralla Aureliana, se hallaba un terreno que antes había pertenecido a un *eques* o caballero llamado Plauto Laterano; Constantino lo había adquirido y estaba decidido a construir una espléndida iglesia sobre él que albergaría a 2.000 fieles, como un *exvoto* agradeciendo a Cristo su victoria sobre

Majencio. (Plauto Laterano había tenido la imprudencia de trabar amistad con Majencio, el rival de Constantino que había sido derrotado, y al emperador debió de complacerle demoler los cuarteles de su Guardia Montada, que al parecer le había apoyado contra Constantino.) Estaba situado en el borde de la ciudad, aunque justo dentro de sus murallas, y este emplazamiento suponía que Constantino no tendría que acometer demoliciones que pudieran ofender a la élite que seguía siendo pagana, cuyos santuarios dedicados a los dioses tradicionales estaban concentrados en el centro de Roma.

Esta élite siguió teniendo gran importancia en el siglo IV y hasta bien entrado el siglo V. Los escritores cristianos eran dados a alardear de que ellos y sus correligionarios estaban tomando el control, pero las cosas no fueron tan sencillas como eso. En el siglo IV sin duda ya se estaban construyendo edificios cristianos, pero tuvieron que pasar siglos para que en el año 609 el papa Bonifacio IV reconvirtiera el Panteón en una iglesia cristiana, y otros trescientos años más transcurrieron antes de que el siguiente templo romano, el de la Fortuna Virilis, fuera cristianizado. ¿Por qué? No se sabe con certeza, pero es posible que los beatos cristianos imaginasen que estos edificios estaban contaminados por un residuo de espíritus malignos. Desde luego, eso era lo que la gente pensaba del Coliseo. Mientras tanto se repararon monumentos paganos o incluso se construyeron otros nuevos: foros, calles, acueductos, santuarios e incluso templos. De hecho, para sus residentes más sofisticados, la cultura que representaba el paganismo —erudita, estéticamente rica y muy arraigada— era la única que valía la pena tener.

La ubicación de la basílica Constantiniana, o de San Giovanni in Laterano (como llegaría a ser conocida, en reconocimiento al dueño original del terreno), tuvo una importancia tanto política como simbólica, no sólo porque fue la primera gran iglesia cristiana de Roma, sino también porque manifestó que el cristianismo no ambicionaba arrasar el orden romano antiguo: la coexistencia fue la consigna entre Constantino y las viejas familias aristocráticas. San Giovanni in Laterano (San Juan de Letrán) era y sigue siendo la catedral de Roma (y no, nótese, la basílica de San Pedro, pese a lo que piensen tantos turistas). Es la iglesia madre de todo el cristianismo y su papel está consignado no una vez sino dos en las inscripciones talladas en su fachada: «*Omnium urbis et orbis ecclesiarum mater et caput*», «Madre y cabeza de todas las iglesias de la ciudad y del mundo».

La basílica Constantiniana estableció la forma arquetípica de las iglesias cristianas de Occidente, adaptando, con mínimas alteraciones, una forma arquitectónica romana, la planta «basilical», llamada así por el término griego que significa «casa real»: una larga nave rectangular, un espacio público con la entrada y el ábside en los lados cortos opuestos. Las alas de los lados, formadas a partir del cuerpo de la nave, proporcionaban espacio para deambulatorios y capillas. Esto se había adaptado de modelos paganos romanos (la primera basílica de Roma había sido construida por Marco Porcio Catón en la época republicana, en el año 184 a. C.). Servía para el mismo tipo de ceremonias: filas de acólitos, majestuosas procesiones hacia un centro designado, como las que participan en los sacramentos de la sagrada comunión y confesión. La planta basilical se presta a una clara y estricta separación del celebrante (el sacerdote) respecto a sus comulgantes, a diferencia de la planta centralizada del rito griego. Pero la planta basilical cristiana se prestaba a una amplia variedad de formas: podía tener varias naves (algunas tenían hasta nueve de estos pasillos, separados por filas de columnas). La construcción de basílicas rectangulares y axiales de este tipo era menos costosa que las de planta central, techadas con cúpulas de mampostería, que se preferían en Oriente porque no requerían el complicado encofrado curvado que se necesitaba para construir arcos y bóvedas.

Era, juzgado conforme a los parámetros de su época (o de cualquier época), un edificio enorme, con una nave con cuatro alas laterales de 98 metros de longitud y unos 56 de anchura. Sus columnas principales eran de granito rojo, y las columnas secundarias de sus pasillos se habían reciclado de edificios antiguos y eran de mármol verde. Aparte del enorme coste de su construcción, Constantino donó el suficiente pan de oro —todo él robado en saqueos hacía ya mucho tiempo— como para decorar el ábside.

Naturalmente, esta no fue la única empresa eclesiástica de Constantino en Roma. Financió lo que se convirtió en una capilla privada para las oraciones de su madre Elena (250-330): la basílica de la Santa Croce in Gerusalemme, situada en el Palacio Sessoriano. Hacia el año 326, la futura santa Elena hizo una peregrinación a Tierra Santa, de la que se trajo cargamentos enteros de reliquias, entre ellas algunas tinas de tierra del monte Calvario, y (una considerable proeza de ingeniería, si esto es cierto) las escaleras del palacio de Poncio Pilatos en Jerusalén por las que se pensaba que Cristo había ascendido.

Algunas de las primeras iglesias cristianas que se construyeron en Roma son palimpsestos casi desconcertantes. Un ejemplo claro de esto es la basílica de San Clemente, situada a menos de 800 metros del Coliseo. Inició su existencia en el siglo I d. C., erigida sobre los cimientos de un edificio, quizá un almacén, quizá un complejo de apartamentos, que había ardido por completo en el Gran Incendio del año 64 d. C. y que era propiedad de un cónsul llamado Tito Flavio Clemente, sobrino del emperador Vespasiano. Según los cronistas romanos Dión Casio y Suetonio, Clemente fue ejecutado en el año 95 d. C., acusado por el emperador Domiciano de impiedad relacionada con «ateísmo» y judaísmo. Existe un debate sobre si esto indicaba alguna conexión con el cristianismo; a los devotos les gusta pensar que sí. No obstante, lo que sí se sabe con bastante certeza es que a finales del siglo II o a comienzos del siglo III, el espacio oscuro, frío y húmedo, parecido a una cueva, del interior de la antigua *insula* ya se había convertido en un templo mitraico, que se abandonó cuando en el siglo IV el mitraísmo, importado a Roma en gran medida por las legiones que regresaban de Asia Menor tras las campañas de Pompeyo, fue prohibido por los entonces victoriosos cristianos.

Para nuestra frustración, se sabe poco, y de fuentes documentales prácticamente nada, sobre esta religión. Fue uno de esos cultos mistéricos que lograron mantener la mayoría de sus secretos hasta el día de hoy. Mitras, o Mitra, era un dios héroe que encarnaba la luz y la verdad. Sus acólitos le conocían como, entre otros nombres honoríficos, «señor de los amplios pastos», y su acción mítica fundamental había sido la captura y muerte de un toro salvaje, al que arrastró a una cueva y después dio muerte. De la sangre de este nacía la vida y el grano. El dios sacrificador se conocía por el nombre de Mitras Tauróctono, «Mitras, el que da muerte al toro». Dar muerte al toro era, por consiguiente, un acto extremadamente generativo, y es posible que su recuerdo se haya conservado, en forma muy alterada, hasta la actualidad en el culto español de la corrida de toros. Puede que esta historia provenga del mito griego de Perseo dando muerte a la Gorgona Medusa, y puede que se haya originado con el rey Mitridates VI de Persia, al que se le dio ese nombre por Mitras, pero que afirmaba ser descendiente de Perseo.

El mitraísmo nunca pretendió tener un público colectivo tan masivo como el cristianismo. No tenía ninguna necesidad de enormes basílicas: sus lugares de encuentro, similares a cuevas, no solían medir más de 18 por 8 metros. Además, el número de feligreses que tenía estaba deliberadamente restringido. El mitraísmo era un culto guerrero masculino del que las mujeres estaban estrictamente excluidas. Se han encontrado mitreos (el término utilizado para designar sus lugares de reunión) en Roma, aproximadamente una docena en total, siendo el más grande de ellos el *Mithraeum Thermarum Antonianum* que se halla bajo las Termas de Caracalla. Existen restos de otros en Ostia, un recordatorio de lo corriente que era el culto mitraico en los puertos, entre marineros y viajeros.

Había similitudes entre el culto de Mitras y el de Jesús, pero generalmente estas resultan ser superficiales, y la opinión, que en un tiempo fue generalizada, de que el cristianismo se desarrolló a partir del mitraísmo no cuenta con demasiados apoyos actualmente. Sin duda, el mitraísmo era más parecido al cristianismo que cualquiera de los otros cultos mistéricos orientales que encontraron adeptos en Roma. Pero también eran muy dispares. El cristianismo quería extenderse; tenía uno de sus principales puntos fuertes en las mujeres, y la idea de excluir de la fe a la mitad la raza humana habría sido incomprensible para la Iglesia en sus inicios, por muchos recelos que esta tuviera acerca del sexo femenino.

Sobre la planta baja mitraica del *titulus* de Clemente hay otro nivel, que data de finales del siglo IV y que está claramente relacionado con el culto cristiano. A lo largo de los siglos fue adornado con una serie de frescos y mosaicos, el más bello de los cuales es una representación del Árbol de la Vida en su ábside: un Cristo crucificado, con palomas blancas posadas en los brazos de su cruz, y con unas espirales entrelazadas que brotan de la base del árbol y llenan el semicírculo dorado del fondo. De todos los primeros monumentos cristianos de Roma, este mosaico del siglo XII es uno de los más decorativos y satisfactorios.

Diversas leyendas se vinculan a esta iglesia. Una de ellas cuenta que después de que los impíos romanos arrojaran a san Clemente, tercer sucesor de san Pedro como obispo de Roma, al Mar Negro en el año 98 con un ancla atada a su cuello, el cuerpo de este fue recuperado por dos santos eslavos, Cirilo (826-869) y Metodio (815-885), fue trasladado a Roma y enterrado en la iglesia que lleva su nombre. Otra de ellas está consignada en un fresco de la nave. Cuenta cómo un marido romano, irritado por la continua asistencia de su esposa a misa, se refirió al clero de san Clemente como *fili dele pute*, «hijos de puta». No sólo es una inscripción que sorprende encontrar en cualquier lugar de una iglesia; también se dice que es el escrito en italiano vernáculo más antiguo que se conoce.

Constantino tenía (no se sabe a ciencia cierta por qué) especial devoción por un mártir de los inicios del cristianismo llamado san Lorenzo. Era el diácono al que, en el siglo III, supuestamente se había dado muerte asándolo en una parrilla. (Sin duda es apócrifa la beata historia que cuenta que desafió a sus torturadores paganos exclamando, tras quedar poco hecho en unos minutos, «dadme la vuelta, ya estoy hecho por este lado».) Constantino mandó identificar la tumba de Lorenzo (al menos de manera aproximada) y después cubrirla con un bella rejilla de plata, con la que se quería ensalzar la parrilla original. Después levantó una *basilica major*, con decoración a base de incrustaciones cosmatescas, para señalar el emplazamiento.

Como medida para expiar las virulentas injusticias de la persecución pagana, financió varios santuarios de mártires, el más importante de los cuales, por lo que se refiere a su poder de culto, fue la iglesia del Apóstol Pedro en el Vaticano. Hacía mucho tiempo que existía un culto relacionado con los restos de san Pedro, que había sufrido martirio en Roma durante las persecuciones de Nerón. No hay ninguna prueba de que los huesos en cuyo honor mandó construir Constantino esta basílica pertenecieran en realidad a ese apóstol, al que, según se dice, Jesús confió su recién nacida iglesia. («*Tu es Petrus, et super hanc petram aedificabo ecclesiam meam*».) El hecho de que que se piense que las sucesivas reconstrucciones de la basílica de San Pedro, que culminaron en la formidable mole ante la que se maravillan los fieles de hoy, se hallan sobre los huesos reales del santo no demuestra nada. La cuestión, como dice con mucha diplomacia un historiador cristiano, se halla «enturbiada por las lealtades confesionales».

Otro de los principales destinatarios de la generosidad cívica de Constantino fue Palestina; en particular, la ciudad de Jerusalén. Su madre Elena, como tantas otras mujeres de orígenes humildes que alcanzan una gran riqueza y un gran poder, actuó con una esplendidez desmedida; fundó e hizo construir la basílica de la Natividad en Belén, dedicada a María, Madre de Cristo, y otra iglesia en el Monte de los Olivos para señalar el lugar de la ascensión de su hijo al cielo. Pero la construcción más sublime fue la del propio Constantino, con la que se pretendía señalar la especial relación que existía entre el emperador y Dios. En lo que se creía que era el emplazamiento de la crucifixión, coincidiendo en parte con el de la tumba de Cristo, el emperador ordenó la construcción de una espléndida basílica. Esta conllevó la destrucción de un santuario romano dedicado a Venus, y en el transcurso de las obras los excavadores encontraron una cámara, que no contenía ningún cuerpo (desde luego, no habría sido deseable encontrar un cuerpo, dado el dogma de la Resurrección: «No está aquí, ha resucitado», dijo el ángel), sino cierta cantidad de madera, la cual (naturalmente) sólo podía ser la madera de la Vera Cruz en la que había expirado el Hijo del Hombre. Astillas de esta madera llenarían los relicarios del mundo cristiano en los siglos posteriores. Aquellos que tenían inclinación a creer en esta clase de cosas identificaron también una pequeña sala de piedra, poco más que un agujero y que lindaba con lo que se había reconstruido como un deambulatorio, como la prisión en la que Cristo había estado confinado antes de su crucifixión.

Estos vínculos entre la narración de la pasión y muerte de Cristo en el Nuevo Testamento y la estructura descubrible del edificio excavado eran endebles, pero no disuadieron a los representantes de Constantino de afirmar con certeza que se había encontrado el emplazamiento del Santo Sepulcro. El trabajo de ampliarlo y ennoblecerlo comenzó casi inmediatamente, por orden de Constantino. Todos los que lo vieron coincidieron con Eusebio, obispo de Cesarea (hacia 260-340) y principal admirador e intérprete de Constantino, en la percepción de que la iglesia del Santo Sepulcro era un edificio sin igual, revestido de mármol y con un techo artesonado dorado de un extremo a otro. Además contenía, en una pequeña capilla lateral, lo que se creía que era el auténtico lugar en el que el propio Jesús había expirado en la cruz: la Roca del Calvario. En su forma original, la iglesia del Santo Sepulcro, cuando se inauguró oficialmente en el año 335 durante el trigésimo aniversario de la coronación de Constantino como emperador romano, fue la maravilla arquitectónica suprema de la Cristiandad, la casa revestida de oro y tachonada de joyas que era prueba fehaciente del triunfo de Dios.

Por desgracia queda poco de ella. En el año 614, después de la conquista de Jerusalén por los persas, la iglesia del Santo Sepulcro fue saqueada. Tuvieron lugar algunas restauraciones a lo largo de los siglos posteriores, pero después, catastróficamente, el califa Al-Hakim, un fanático religioso que pensaba que no debía tolerarse que ninguna institución cristiana estuviera situada en tierra relacionada en cualquier sentido con el islam, ordenó la demolición total del Sepulcro. Pero para entonces ya había muchas otras iglesias cristianas en lo que había sido el Oriente pagano, construidas y apoyadas por fondos procedentes de la confiscación de tesoros de templos, e intocables por cualquier califa.

Naturalmente, Constantino no se limitó a construir iglesias. Fue un infatigable legislador que también reescribió muchas de las leyes relacionadas con la conducta y el castigo. Teniendo en cuenta que eminentes cristianos del pasado, como san Pablo, se habían quejado de la obligación de tener que demandarse entre ellos por asuntos civiles en los tribunales de justicia paganos, legalizó que estos sacaran sus casos de los juzgados civiles y los llevaran al arbitraje de los obispos, cuyos veredictos serían inapelables. Esto aumentó enormemente el poder de la Iglesia sobre la vida civil, como había esperado Pablo. En el ámbito penal, abolió la crucifixión como castigo, al considerar que la forma de morir de Nuestro Señor tenía que dejar de ser el acto atroz y degradante que la Roma pagana consideraba que era; no estaba bien someter a los delincuentes comunes a lo que para el cristianismo era una temible, pero ya sagrada, forma de sacrificio.

Esto no se debió a los escrúpulos. Cuando se trataba de infligir dolor, Constantino podía ser tan brutal como cualquier otro emperador. En la complicada cuestión de la conducta sexual, sus opiniones eran tan extremas como para poder considerarlas psicóticas, y sin duda eso debieron de parecerles a cualquiera que estuviera acostumbrado a las actitudes más relajadas del derecho de familia pagano.

En un edicto del 1 de abril del año 326, prohibió terminantemente a los hombres casados que tuvieran amantes. Sólo los hombres (maridos, padres, hermanos o tíos) podían interponer denuncias por adulterio dentro de una familia; las mujeres, jamás. Se debía quemar vivos a los violadores y los seductores, un castigo que también podía infligirse a cualquier muchacha que se fugara sin la autorización de sus padres, y a cualquiera que la ayudase en su fuga. Si una nodriza animaba a una muchacha a irse de esta manera, se le abría la boca por la fuerza y se le vertía plomo hirviendo por la garganta. Pero una muchacha que perdiera su virginidad a manos de un violador también merecía castigo; evidentemente se lo había buscado: podría haberse quedado en casa. Peor aún, Constantino ordenó que, una vez violada, perdiera el derecho de heredar las propiedades de sus padres. Esto la condenaba a llevar la vida marginal de una repudiada, ya que la privaba de la dote sin la que ningún hombre estaría dispuesto a casarse con ella.

Puede que parezca difícil reconciliar al autor de tan repugnantes leyes con el hombre al que con frecuencia se ensalza por llevar el mensaje del Dulce Jesús a un mundo pagano. Pero dentro del alma de Constantino había un sadismo innato que buscaba una válvula de escape, y la encontró en las locuras misóginas del ascetismo cristiano. Esto puede verse en la horrible suerte que corrió Crispo, el hijo mayor de Constantino, nacido de un matrimonio anterior. Crispo, joven casado que gozaba de una brillante reputación como prodigio militar y que ya había servido como César para el Augusto de su padre, sin duda habría sido el sucesor al trono imperial. Pero por razones que aún no se conocen bien, la esposa más reciente de Constantino, la emperatriz Fausta, le acusó de haberla violado. Era la palabra de ella contra la de él, no había ninguna prueba. En un ingobernable acceso de ira, Constantino procesó a Crispo actuando él mismo como único juez, le declaró culpable y ordenó su ejecución. Pero parece que después la anciana madre de Constantino, Elena, que no creía la historia de Crispo y Fausta, recibió alguna prueba convincente de que Fausta la había inventado para encubrir su adulterio con un esclavo de palacio. Cuando esto le fue revelado a Constantino, este mandó encerrar a Fausta en la sala caliente de los baños del palacio imperial, cuyos hornos fueron cebados después para que muriese hervida.

Crispo había sido ejecutado en Asia. Esto provocó cierto bochorno político y probablemente fue el motivo por el que Elena, la madre de Constantino, emprendió una ostentosa peregrinación a Tierra Santa en 326. No debió de ser un viaje fácil, pues casi tenía ochenta años cuando partió. Pero la emperatriz viuda desempeñó su papel con impresionante determinación, y su hijo la animó a gastar todo lo que fuera necesario para contribuir a que el pueblo se olvidara del escándalo de Crispo y Fausta y de los deliciosos chismorreos que este había provocado. Fue durante este viaje cuando fundó dos iglesias en Palestina, la de Belén para conmemorar a María y el nacimiento de Jesús, y la otra consagrada a su ascensión al cielo desde el Monte de los Olivos. Dio dinero generosamente a todo aquel que la abordó en su avance por Tierra Santa —soldados, sacerdotes, pobres— y puso en libertad a prisioneros de la cárcel y de las minas. Adquirió enormes y voluminosas reliquias, como las ya mencionadas escaleras por las que se suponía que Jesús había ascendido en la casa de Pilatos, y las envió a Roma. Después, rendida por sus viajes y obras benéficas, murió, probablemente en Nicomedia. Su cuerpo fue colocado en un enorme sarcófago de pórfido y devuelto, custodiado por el ejército, a Roma.

Como líder tanto político como religioso del Imperio romano, Constantino inevitablemente tuvo que ocuparse de cuestiones relacionadas con la herejía. Esta no había sido un problema para las antiguas religiones romanas, que habían dejado a sus devotos mucha más libertad a la hora de escoger sus cultos y sus ritos que la que los cristianos tendrían, o podrían tener, jamás. Pero el cristianismo era una religión intolerante que hacía un enorme hincapié en la ortodoxia de la fe. Erizadas falanges de obispos y teólogos se mostraron cada vez más dispuestas a luchar hasta por la más pequeña inflexión, el menor detalle de significado doctrinal. La consecuencia de esto fue una pesadilla de corrección religiosa y política en la que lo que estaba en juego no era simplemente la tolerancia o la desaprobación de otros, sino (eso se creía) la posibilidad de que el alma pasara la eternidad en el infierno. Esto confería una terrible gravedad a la polémica teológica. Por muy ridículos que tales debates puedan parecer desde un punto de vista del siglo XXI (ya no pueden quedar muchos creyentes a quienes les importe cuántos ángeles pueden bailar sobre la punta de un alfiler), en el siglo IV estos dieron origen a las primeras persecuciones cristianas, en las que un ala de los creyentes atormentaba y mataba a los miembros de otra por lo que hoy parecerían absurdamente minúsculas diferencias de fe.

La primera de estas escisiones se produjo en torno al «donatismo». Esta herejía había provocado un cisma en la iglesia de África, que sólo tuvo ligeras repercusiones en Europa. Surgió, sencillamente, a raíz del hecho de que durante las persecuciones de Diocleciano algunos cristianos habían cedido a las presiones, negando su fe para salvar el pellejo. Ahora que Diocleciano ya no estaba y que el cristianismo se había convertido en la religión del Estado, estos colaboracionistas pretendían reincorporarse a la Iglesia y ser perdonados. Pero un poderoso grupo se oponía a esto, con uñas y dientes. Según ellos, no debía haber ningún futuro perdón para los antiguos colaboradores. Su líder era un sacerdote cartaginés llamado Donato. Podría pensarse que esto se podría haber resuelto en los niveles inferiores de la Iglesia, pero resultó ser insoluble. El propio emperador tuvo que resolver en esta cuestión, y lo hizo ordenando al ejército que obligara a los donatistas a someterse. Así comenzó la primera persecución y martirio cristiano ortodoxo y oficial de los cristianos «herejes».

Habría otras. La más espectacular, implacable y sangrienta fue la persecución de los arrianos en el siglo IV, que partió la Iglesia por la mitad y provocó un aparentemente ilimitable sufrimiento a muchos cuando los cristianos se rechazaron, se torturaron y con frecuencia se masacraron entre ellos por una sola vocal, una «o» de más, que describía la relación entre Dios Padre y el Espíritu Santo. ¿Era Cristo *homoousios* con Dios Padre (estaba hecho de la misma esencia que Dios, y había existido desde el principio de los tiempos) o solo *homousios* (similar en esencia pero no el mismo, y había sido creado después del Padre, tras haber habido «un tiempo en el que él no había existido»)? Esta aparentemente absurda controversia se originó en Alejandría con un sacerdote extremadamente intelectual llamado Arrio (muerto en 336), que se oponía virulentamente a cualquier interpretación generalizada de las Escrituras que afirmase que Cristo era el Hijo de Dios, que había sido «engendrado, y no creado», que compartía la esencia divina del Padre y que había existido siempre. El cristianismo ortodoxo discrepaba de esto. Consideraba que el dogma de la Trinidad —según el cual Dios consiste en tres personas, el Padre, el Hijo y el Espíritu Santo, las cuales forman una sola sustancia— era un principio básico y fundamental de la fe, que era una herejía negar. Fue esta cláusula de «una sola sustancia», por así decirlo, la que generó la discusión apasionada en torno a si Cristo era *homoousios* u *homousios* con su Padre. El dogma de la Trinidad era un «misterio», no comprensible a través de la lógica humana; no obstante, hubo posteriores intentos de racionalizarlo, como cuando un clérigo victoriano sostuvo que sólo había que imaginarse un carruaje con tres personas montadas en él, a lo que otro clérigo victoriano contestó que, en lugar de ello, había que tratar de imaginarse tres carruajes con una sola persona montada en ellos.

La controversia se resolvió, más o menos, cuando el propio Constantino se vio obligado a intervenir. En el año 325 convocó un concilio de obispos en la ciudad de Nicea para pronunciarse sobre las ideas de Arrio. El nada inesperado veredicto de este fue que el arrianismo era una herejía que se había de erradicar. Esto fue ratificado en el *Credo* de Nicea, un documento en el que se repudiaba a Arrio y que fue aceptado, en un acto que fue una mera formalidad, por todos los obispos de la Iglesia católica. Jesús quedó entonces oficialmente declarado *homoousios* con su padre.

Pese a los gestos de relativa tolerancia por parte de Constantino, en el año 325 el paganismo ya era una causa perdida dentro del Imperio romano. Muchos de los partidarios del otrora coemperador de Constantino, Licinio, que seguía siendo pagano, fueron exterminados tras la muerte de este. (Se decía que Constantino había mandado estrangular al propio Licinio, aunque las circunstancias de esta muerte siguen estando envueltas de oscuridad.) La mayoría de los supervivientes fueron destituidos. Los rituales paganos, como los sacrificios a los dioses, la adivinación o la consulta a oráculos, quedaron terminantemente prohibidos. En la práctica, y afortunadamente para la arqueología del futuro, los paganos pudieron conservar sus santuarios, templos y arboledas sagradas; no se les obligó a derribarlos, pero no se les permitió rendir culto en ellos. Constantino se aseguró de que ya no se nombrara magistrado, prefecto ni gobernador provincial a ningún pagano más, ni

siquiera a los que hubieran abjurado de las creencias paganas recientemente. Los cristianos tendrían toda la preferencia. Pero no se exigió la
persecución activa de las religiones paganas, ya que cabía la posibilidad de que esta provocara reacciones violentas en su contra. Constantino quería paz, aunque paz sólo en términos de sumisión al cristianismo.

Aparte de los propios cristianos, la gran beneficiaria del poder de
Constantino fue la ciudad de Constantinopla, que él fundó en el año 330,
apenas un cuarto de siglo después de su proclamación como emperador. Decir que Constantinopla fue, en cualquier sentido real, la «nueva
Roma», sustituyendo a la original mediante un simple acto de voluntad, es, naturalmente, una absurda simplificación. Pero Constantino
estaba decidido a fundar una nueva y gran ciudad cristiana en la que él
y los posteriores emperadores cristianos pudieran mantener a su corte
en un entorno no contaminado por recuerdos físicos del paganismo:
ningún templo dedicado a los dioses, ninguna reliquia de instituciones
precristianas. Esto descartaba la reconstrucción del emplazamiento de
Troya, la cual parece que contempló brevemente por sus atractivos
mitológicos, pero que luego rechazó porque no deseaba que sus acciones fueran atribuidas a la inspiración homérica.

En la península más suroriental de Europa, entre el estrecho de agua
salada conocido como el Cuerno de Oro y el brazo del mar de Mármara
denominado Bósforo, había un istmo de tierra en el que se hallaban los
restos de un asentamiento griego y los comienzos de una ciudad romana de segundo orden, cuyos orígenes se remontaban al siglo VII a. C.
Esta ciudad se conocía como Byzantion. Tenía evidentes ventajas estratégicas y comerciales. Estaba situada en la intersección de la ruta
terrestre que llevaba de Europa a Asia y de la ruta marítima que conducía del Mediterráneo al Mar Negro. Estaba bien situada para la autode-
fensa. Estaba rodeada en su mayor parte por las aguas del Cuerno de
Oro, en el norte, y del mar de Mármara, en el sur. Sólo hacía falta levantar una muralla a lo ancho de su base, entre los caudales de agua,
para que resultara muy difícil de invadir. La Via Egnatia la conectaba
con Roma, mientras que otras dos carreteras partían de ella hacia el
este, en dirección a Asia Menor. La tierra que había detrás de ella era
indulgente con las cosechas y la fruta, y era rica en piedra de construcción. El mar que la rodeaba estaba repleto de peces. Los acueductos le
proporcionaban agua, y en cuanto comenzaron en serio los trabajos de
construcción de la nueva ciudad, estos serían sustituidos por muchas
grandes cisternas, unas cuarenta de las cuales sobreviven (y están llenas

de agua dulce) en la actualidad: palacios acuáticos, uno de ellos es conocido por los turcos como «la cisterna de las Mil y Una Columnas», lo que debe estar cerca de ser una descripción objetiva.

Aquí se podría construir una nueva capital, la capital de lo que en adelante sería el Imperio de Oriente. Esta debería un triple tributo a la geografía. Se hallaba en el extremo oriental del Mediterráneo, entre los mundos de Roma y Oriente, justo en las fronteras de Europa y Asia. No obstante, no compartía del todo el carácter de ninguna de las dos. El Asia Menor a la que parcialmente pertenece no formaba parte de Asia ni geográfica ni etnoculturalmente, aunque en cierto sentido pertenece al continente asiático. Del mismo modo, los Balcanes orientales con los que lindan Byzantion y sus territorios están lejanos y desconectados, en la mayoría de los sentidos, de lo que un italiano, un alemán o un griego se sentiría inclinado a llamar «Europa». Byzantion, independientemente de hasta qué punto o de qué forma se desarrollase, sería, con seguridad, una anomalía tanto para los europeos como para los asiáticos. Y eso se ajustaba muy bien a los deseos de Constantino. Este destinó los recursos de su dominio a ese proyecto y, naturalmente, a la metrópoli resultante se le dio su nombre en homenaje a él: Constantinopla.

Se sabe menos sobre la arqueología de Constantinopla que sobre la de Roma. Hay varios motivos para ello, pero el principal es que, desde que fue conquistada por los musulmanes a comienzos de la Edad Moderna, las autoridades turcas se han mostrado en el mejor de los casos reacias, y en el peor contrarias, a que se practiquen excavaciones en su ciudad en busca de restos cristianos, a expensas, posiblemente, de posteriores restos islámicos. No es probable que se salga de este punto muerto en un futuro imaginable; sería demasiado impopular entre el islam radical de hoy día, incluso entre el moderado.

La construcción de Constantinopla, acicateada por el deseo de Constantino de tener una nueva capital, tuvo lugar muy rápidamente. En algunos aspectos repetía la distribución de Roma, con un foro central, una cámara del Senado, un palacio imperial y una calle principal, el Mese. Su centro era el hipódromo, donde tendrían lugar algunos de los sucesos más dramáticos de la ciudad, tanto políticos como deportivos, tras la muerte de Constantino. No obstante, no tenía ninguna arena de gladiadores y sus iglesias ocuparon el lugar de los templos. El diseño de las iglesias de Constantino casi siempre se basó en la planta basilical, que producía un enorme y largo espacio interior sin soportes interiores, similar a la basílica que había construido en Tréveris cuando aún era César allí. El modelo fundamental de estas fue la iglesia romana de San Juan de Letrán, su enorme ofrenda en agradecimiento por la victoria en el Puente Milvio.

Constantino murió en el año 337. Es probable, aunque no se sabe a ciencia cierta, que pese a sus colosales logros le afligiera cierta sensación de fracaso: después de matar a su hijo mayor y probable sucesor, el talentoso Crispo, junto con su esposa Fausta, no se podría haber sentido del todo satisfecho. Tuvo otros tres hijos, todos oficialmente reconocidos como *Augusti*: Constantino II, que contaba con 21 años de edad en el momento de la muerte de su padre, Constancio II (20) y Constante I (17). Enseguida se desataron entre ellos peleas mortales. En el año 340, Constantino II, que había heredado el control de la parte occidental del Imperio, atacó a Constante I, soberano de Italia y África. El ataque fracasó, y fue derrotado y asesinado, con lo que todo el Imperio occidental (Britania y Germania incluidas) pasó a manos de Constante, mientras Constancio II controlaba la parte oriental. Pero el reinado de Constante en la parte occidental fue tan severo que sus tropas se rebelaron —un acontecimiento muy infrecuente en el ejército romano— y en el año 35 fue derrocado y asesinado. Tras muchas refriegas, los oficiales que habían encabezado esta revuelta sucumbieron a pugnas internas y fueron finalmente destruidos por el tercer hermano, Constancio II, que se alzó en el año 353 como el gobernante de un Imperio romano unido.

Después de todos estos asesinatos y de muchas maniobras más, Constancio II se vio a sí mismo buscando a un coemperador: la tarea de gestionar un imperio tan inmenso era inabarcable para un solo hombre. Encontró a un colaborador, o eso pensó él, en Flavio Claudio Juliano (331-363), sobrino de Constantino. Daba la casualidad de que Constancio ya había ordenado en el año 337 el asesinato del padre de Juliano y de la mayoría de sus parientes cercanos, perdonando la vida a Juliano (y, durante algún tiempo, a su hermanastro Galo) sólo por su juventud. Esto resultó ser un grave error. Juliano se había criado con Galo en un régimen de semiinternamiento bajo el dominio de Constancio, en la remota y provinciana aldea de Macellum, en Capadocia. Evidentemente, Juliano no estaba conforme con la matanza de su familia (¿qué angustia provocada por el sentimiento de «culpa del superviviente» debió de suscitar esta en él?) y nunca perdonó a Constancio por ella.

Juliano había sido criado estrictamente como un cristiano y hasta había recibido órdenes menores como *lector* en la iglesia. Da la impresión de que su posterior «apostasía», su rechazo al cristianismo propugnado por su ególatra y bravucón tío Constancio II, fue un clásico ejemplo de lo que puede salir mal cuando a un joven inteligente y sensible se le hace tragar unas creencias que su temperamento no le permite recibir ni practicar. Constancio II, según el historiador Amiano Marcelino, llevó la ortodoxia a nuevas cotas, y estaba inflexiblemente obsesionado con hacer sentir su estatura divina:

> Se agachaba al atravesar puertas elevadas (aunque era muy bajo) y, como si tuviera el cuello en un torno de banco, mantenía la mirada fija hacia el frente y no volvía su rostro ni hacia la izquierda ni hacia la derecha... tampoco cabeceaba cuando las ruedas traqueteaban ni se le vio escupir jamás, ni limpiarse o frotarse el rostro o la nariz, o gesticular con las manos.

Este narcisista y enloquecido formalista no era precisamente el tipo de persona adecuada para criar a un joven intelectual. Le exigió al muchacho una hostilidad a toda la cultura helénica; y la previsible reacción de Juliano fue abrazar la Grecia clásica, su arte, su filosofía e ideales platónicos, con entusiasmo. Emprendió estudios sobre ellos en Atenas en 351, cuando tenía poco más de veinte años. También mostró un verdadero e inesperado talento para el mando militar. En el año 355 Constancio II lo envió a la Galia, para aplastar el disentimiento entre los francos y los alamanes. Aunque jamás se le había puesto a prueba en la batalla, Juliano resultó ser muy eficaz en ella, emergiendo como un general victorioso; y esto, cuando sólo contaba con poco más de veinte años. Tan eficaz fue, de hecho, que sus tropas le fueron más fieles a él que a su remoto comandante Constancio. Cuando Constancio quiso trasladar a las legiones de Juliano para que combatieran en una próxima campaña persa, se amotinaron y le proclamaron Augusto. Se avecinaba una guerra civil; esta sólo se evitó porque Constancio murió inesperadamente, dejando a Juliano como emperador: sería el último emperador pagano de Roma.

Al joven Juliano, la mentalidad de Constancio II le parecía intolerante y bárbara, como, de hecho, lo era. Juliano tenía un temperamento profundamente religioso, pero no cristiano. Poseía una inclinación natural hacia lo que se llamaba «teúrgia», el misticismo panteísta que apoyaban los filósofos neoplatónicos de su época. Sin duda había curanderos y charlatanes entre los teúrgicos, pero al menos puede decirse que no tenían el carácter fanático que era habitual entre los primeros cristianos, y que nadie fue perseguido por ellos. Juliano creía en la idea de la «metempsicosis», propuesta por los discípulos de Pitágoras: la transmigración directa de las almas, de un cuerpo a otro. (Al parecer, Juliano creía que su cuerpo estaba ocupado y, por así decirlo, animado por el espíritu de Alejandro el Grande.)

Teúrgia quería decir, en griego, «obra divina»; era una especie de religión mistérica, en parte neoplatónica y en parte ritual esotérico basado en los textos griegos (hoy perdidos) conocidos como los Oráculos Caldeos. Los teúrgicos tenían esperanzas de aprender cómo funcionaba el universo y después aplicar los mecanismos de este en beneficio propio. Así, el alma se purificaría. Es evidente que esto tenía un poderoso atractivo para Juliano y para otros intelectuales que deseaban conservar parte del carácter de los antiguos cultos. Pero como se entendía que los ritos de la teúrgia obligaban, y no meramente invocaban, a los poderes divinos, no siempre era fácil distinguir la teúrgia de la magia. Para un politeísta la magia era blanca; dependía de una creencia en las simpatías y afinidades ocultas entre las distintas partes del cosmos. Para los cristianos la magia era negra, y había que oponerse a ella porque se pensaba que atraía a los demonios. Las creencias de Juliano, hasta donde le pudieran ser reveladas a cualquiera que no estuviera dentro de su círculo de compañeros teúrgicos, les daban la impresión a los cristianos de ser un tipo de brujería.

Así como Constantino había restringido sus poderosos favores a los peticionarios cristianos, Juliano reservó los suyos para los paganos. No perseguiría a los «galileos», como desdeñosamente llamaba a los seguidores de Jesús, pero apenas los toleraba; les negó tanto su respeto como su ayuda. «Cuando los habitantes de Nísibis mandaron enviados para pedir su ayuda contra los persas, que estaban a punto de invadir los territorios romanos, se negó a ayudarles porque estaban totalmente cristianizados. Se negó a reabrir sus templos y a acudir a los santos lugares, y amenazó con no ayudarles, ni recibir a su embajada, ni entrar en su ciudad hasta que hubiera oído que habían regresado al paganismo.»

En cuanto a sus opiniones políticas, Juliano volvía la vista atrás hacia una Roma anterior. Lo que admiraba era la concepción de Augusto del emperador como *primus inter pares*, «el primero entre iguales», un ciudadano no criado ostentosamente por encima de sus semejantes, que no era un déspota y que sentía desdén hacia el aparato del poder imperial. «El lujo palaciego provocaba el desprecio y la indignación de Juliano», escribió Edward Gibbon, «que normalmente dormía en el suelo... y que se envanecía no de emular, sino de despreciar la pompa de la realeza». Le desagradaban profundamente signos de servilismo tales como el hecho de que sus inferiores se dirigieran a él como *Dominus* o «Señor». Vestía con sencillez y se dejaba crecer la barba, lo que lo expuso a la sátira malhumorada. Tras la muerte de su esposa, se dice que nunca miró a otra mujer.

Juliano sentía que debía defender los derechos de su tradición adoptiva frente a las arrogantes presunciones de los cristianos auspiciados por el Estado. De hecho, dado su compromiso con la *apostasis* o «resistencia» frente a la doctrina cristiana, se le conoció en su época y en adelante como Juliano el Apóstata. Tras conseguir la categoría de religión oficial del Imperio romano, la secta de los cristianos, que antes había sido marginal, pasó al ataque; y esto empezó incluso antes del ascenso de Juliano a la posición de Augusto. En el Código Teodosiano, del año 357, el emperador Constancio prohibió a los adivinos y los astrólogos, cuyas «demoniacas enseñanzas» debían en adelante «silenciarse» y «cesar para siempre». Todos ellos tenían que ser deportados de la ciudad de Roma. El castigo cristiano a la aruspicina, la «abyecta» práctica de los antiguos etruscos adoptada por Roma, no parecía conocer límites. Pero el castigo a aquellos que rendían culto a los dioses tradicionales en sus santuarios tradicionales se dejó deliberada e inteligentemente en manos de esos nuevos fanáticos, las propias masas cristianas, en las que se podía confiar para provocar más daño, en sus efusiones de fervor, que el que jamás sería necesario que planificaran los obispos cristianos. El tradicionalista Libanio, orador y escritor justamente célebre (314-393) se quejó al emperador Teodosio de esa «tribu vestida de negro»: pandillas de monjes salmodiando cantos religiosos, beatos borrachos «que comen más que elefantes», asaltan los desprotegidos templos con piedras y palancas. «A continuación tiene lugar la asolación más absoluta, arrancando estos los tejados, derribando las paredes, volcando las estatuas y derrocando los altares. Los sacerdotes han de permanecer en silencio o morir. Después de demoler uno, echan a correr hacia otro, y después hacia un tercero... Tales atrocidades ocurren incluso en las ciudades.»

Pero eran peores en el campo, donde, causando estragos en los deficientemente protegidos templos, los cristianos condenaron innumerables emplazamientos a la esterilidad religiosa y por consiguiente social y económica. «Los templos, señor», intentó señalarle Libanio a Teodosio, son el alma del campo; señalan el principio de su asentamiento, y han sido transmitidos a través de muchas generaciones a los hombres de hoy. En ellos, las comunidades agrícolas cifran sus esperanzas para los maridos, esposas, hijos, para los bueyes y la tierra que siembran y plantan. Una finca que ha sufrido de esta forma ha perdido la inspiración del campesinado junto con sus azadas; pues ellos creen que su labor será en vano cuando se les haya privado de los dioses que dirigen sus labores hacia su debido fin... Un dios apoya el poderío de Roma, otro defiende para ella una ciudad que está bajo su dominio, otro protege una finca y le otorga prosperidad. Haz, pues, que sigan existiendo templos en todas partes, o de lo contrario estas gentes coincidirán en que vosotros, los emperadores, estáis predispuestos en contra de Roma pues le permitís actuar de una manera que le causará daño.

Constancio II, en su testamento, había reconocido a Juliano como su legítimo sucesor y ahora, una vez confirmada esa autoridad, este emprendió la tarea de restaurar el prestigio dañado del politeísmo.

La primera táctica de Juliano fue reducir las rentas de las iglesias cristianas, que tan pródigamente les había otorgado Constantino. Grandes cantidades de dinero habían sido confiscadas, o, dicho en términos sencillos, saqueadas, de los templos paganos y habían sido entregadas a las iglesias. Juliano se encargó de que estas les fueran devueltas, junto con las tierras generadoras de rentas de las que se habían apoderado las iglesias. Esta medida no podía, por sí sola, restaurar las pérdidas y el daño que habían sufrido los cimientos de las religiones paganas desde la conversión de Constantino. Pero sí que rectificó las cosas hasta cierto punto, aunque sólo fuera durante un breve período. A veces se detecta una dura y carcajeante ironía en las abjuraciones de Juliano. Así, es obvio que disfrutó imponiendo cuantiosas multas a los cristianos de Edesa por «la insolencia engendrada por su riqueza», invocando los elogios de Jesús a los pobres y los humildes: «Puesto que por su admirabilísima ley se les pide que vendan todo lo que tienen y que se lo den a los pobres para poder alcanzar más fácilmente el reino de los cielos... he pedido que todos los fondos que pertenezcan a la iglesia de Edesa... sean confiscados; es una orden para que la pobreza les enseñe a comportarse como es debido y para que no se les pueda privar del reino celestial que aún tienen esperanzas de alcanzar». Y cancelar las leyes cristianas que iban en contra de las costumbres paganas, algo que hizo Juliano, fue un gran paso en la dirección liberal. Juliano tenía poco tiempo o respeto para los cristianos, pero era un estratega demasiado astuto como para perseguirlos. En lugar de ello ofreció tolerancia para todas las religiones y cultos; sobre todo para los «herejes» y para los judíos. «Juro por los dioses», declaró, «que no deseo que los galileos sean ejecutados ni injustamente apaleados, ni que sufran ningún otro tipo de daño; pero, no obstante, sí afirmo categóricamente que los devotos de los dioses deben tener preferencia sobre ellos. Pues, debido a las insensateces de los galileos, casi todo ha sido destruido, mientras que merced a la gracia de los dioses todos estamos amparados».

Su única ley totalmente anticristiana, que enfureció a los «galileos», fue prohibirles que enseñaran los clásicos en las escuelas, pues la literatura clásica aún era la base de toda la enseñanza superior: que mantengan sus propias creencias, vino a decir Juliano, y que prediquen entre los suyos las glorias del monoteísmo, pero que dejen a otros la tarea de enseñar la literatura romana en el espíritu politeísta que originalmente la subyacía. «Creo que es absurdo que los hombres que expongan las obras de [los escritores clásicos] deshonren a los dioses a los que estos hombres honraban... dado que los dioses nos han concedido la libertad, me parece absurdo que haya hombres que deban enseñar algo que no les parece sensato.» Por consiguiente, ningún cristiano que se atreviera a enseñar gramática, retórica o sobre todo filosofía podía ser considerado una buena persona, ya que estaba predicando algo que no practicaba ni en lo que creía. Sería un hipócrita e indudablemente corrompería a la juventud, aun cuando no quisiera hacerlo. Juliano pensaba que, si se podía llevar a cabo esta política, toda la élite culta del Imperio romano volvería a ser pagana en un par de generaciones. Mientras tanto, los pedantes y los monoteístas debían dejarles en paz a él y a la gente de ideas afines a las suyas. «Rindo culto abiertamente a los dioses, y toda la masa de las tropas que están regresando conmigo rinde culto a los dioses... Los dioses me ordenan que restaure su culto en su máxima pureza, y yo les obedezco, sí, y con buena disposición.»

Además de tratar de lograr la restitución de las tierras y de los edificios paganos confiscados, Juliano hizo grandes esfuerzos por reafirmar el poder independiente de los *curiales* o consejos municipales (frente a la influencia de los obispos). Esto, por sí solo, aparte de las creencias religiosas de Juliano, molestó enormemente a los cristianos. El emperador toleraba a los cristianos no porque les tuviera simpatía o porque respetase sus creencias, sino porque era consciente de la verdad que encierra ese refrán que dice que la sangre de los mártires es la semilla de la Iglesia. No quería otorgar a los «galileos» la condición de víctimas, ni hacer nada que pudiera despertar simpatías hacia ellos.

Observando las disputas doctrinales entre el clero y los teólogos cristianos, y las encarnizadas rivalidades que estas provocaban, le pareció inteligente el juego de esperar y dejar que los «galileos» se debilitasen entre ellos. ¿Podría haber funcionado esto? Es improbable, pero en cualquier caso no podemos saberlo, porque en el año 363 Juliano murió durante una campaña contra los persas. Recibió una estocada con una lanza que le perforó el hígado. Puede que esta herida mortal se la infligiera un persa o (posiblemente) un cristiano desleal de su propio ejército. Fue el último emperador pagano y todos sus sucesores inmediatos hicieron cuanto estuvo en sus manos por eliminar cualquier cosa que él pudiera haber logrado. Muchos se sintieron disgustados por la hostilidad de Juliano hacia el cristianismo, pero esta fue ligera y moderada en comparación con la furia con la que los posteriores emperadores cristianos perseguirían a los intelectuales paganos, organizando despiadados procesos por brujería basados en diversos pretextos inventados, por lo general la posesión de libros «malvados» o heréticos.

Joviano (331-364), un cristiano relativamente moderado, sucedió como emperador a Juliano. Pero reinó tan sólo durante un año, pues murió debido a una intoxicación por monóxido de carbono procedente de un brasero defectuoso. Su sucesor fue un hombre sin estudios, Flavio Valentiniano (321-375), que se mostró tolerante hacia los paganos pero era muy irascible, lo que tuvo funestas consecuencias; durante unas negociaciones de paz en el año 375 perdió los estribos hasta tal punto que sufrió un ataque y murió. El trono pasó entonces a su beato y sádico hermano Valente, que inició una serie de purgas de paganos reales o sospechosos de serlo, llevada a cabo con «monstruoso salvajismo», tal como escribió el cronista Amiano Marcelino en el siglo IV, que «se extendió por todas partes como una antorcha ferozmente abrasadora». El historial de denuncias que acumularon los inquisidores de Valente fue tal que ninguna persona instruida o de pensamiento filosófico se sentía segura bajo su mandato, de modo que «en todo el territorio de las provincias orientales, aquellos que tenían libros... quemaron la totalidad de sus bibliotecas, tan grande era el terror que se había apoderado de todos». El mero hecho de ser acusados de hechicería o de tener creencias no cristianas llevaba a la ejecución sumaria; a los hombres se les mutilaba, se les desgarraba horrorosamente con ganchos y se les sacaba a rastras hacia el patíbulo y al tajo del verdugo. Y, igual que en Alemania un milenio y medio después, «la escena era como una matanza de ganado»:

Se reunieron innumerables escritos y muchos montones de volúmenes de varias casas y ante la mirada de los jueces fueron quemados, tras declararlos ilegales, para aliviar la indignación provocada por las ejecuciones, aunque la mayor parte de ellos eran tratados que versaban sobre las artes liberales y sobre jurisprudencia.

Pero la historia pronto se vengaría de Valente y, como muchos llegarían a considerar, de la propia Roma. El responsable de la erupción de esta venganza fue el pueblo germánico conocido como los visigodos, que se habían establecido a comienzos del siglo IV d. C. en una antigua provincia romana conocida como Dacia, lo que aproximadamente es la actual Rumanía. Este pueblo fue invadido poco después por otras tribus germánicas, que a su vez habían sido desplazadas por unos invasores procedentes de Asia central conocidos como los hunos. Movidos por el hambre y las privaciones, en el año 376 los visigodos solicitaron al gobierno imperial de Constantinopla que se les permitiera cruzar el Danubio y buscar refugio en Tracia. En lugar de negarse a ello, el emperador oriental Valente cometió el error de permitir a los visigodos entrar libremente en su territorio. El motivo que le impulsó a ello era sencillo pero erróneo: pensaba que podría hacerse con la lealtad de los nuevos inmigrantes, y conseguir que los guerreros de estos se incorporasen a sus ejércitos, que ya contenían numerosos visigodos. También confiaba en que sus propios soldados pudieran apoderarse, mediante hábiles engaños o quizá por la violencia, de la riqueza que los visigodos trajeran consigo.

De modo que, en cuanto cruzaron el Danubio, los visigodos se encontraron en conflicto con los dirigentes romanos. Eran gentes curtidas en el combate, con terribles carencias, que comprendieron que los romanos estaban a punto de engañarlos por completo. De modo que contraatacaron. En el año 377 su revuelta se extendió y pasó a incluir a otros grupos, sobre todo a eslavos. Para asombro de la burocracia imperial, los rebeldes obligaron a los romanos a retirarse.

Valente apenas podía creerlo, pero decidió aplastar la sublevación visigoda. De modo que, en la frontera oriental, cerca de la actual ciudad turca de Edirne, entonces conocida como Adrianópolis, se entabló combate. Para entonces, el ejército romano, que tan unificado, homogéneo y temido había sido antaño, estaba compuesto en su mayor parte por mercenarios que no estaban luchando por sus patrias. No tenía el espíritu de grupo de tiempos pasados, y pronto una incrédula ciudadanía romana se enteraría de que los bárbaros lo habían arrollado en

Adrianópolis: la victoria visigoda fue tan rotunda que ni siquiera se pudo encontrar el cadáver de Valente bajo los montones de muertos romanos, que contenían dos tercios del ejército romano y unos 35 de sus oficiales de alto rango. Fritigerno, el líder visigodo, jamás se habría atrevido a esperar una victoria tan absoluta.

La catástrofe de Adrianópolis hizo flaquear hasta tal punto la seguridad que los romanos tenían en sí mismos que desde entonces esta se ha considerado comparable a la pasmosa derrota sufrida por Roma ante Aníbal en Cannas, acontecida seis siglos antes.

Esto no contribuyó en absoluto a facilitar la transición del paganismo al cristianismo. A estas alturas, la mayoría de los adoradores de los antiguos dioses no veía ningún motivo para renunciar a su fe, y muchos consideraban a los nuevos cristianos como un hatajo de seres primitivos, arrogantes y moralizadores. En respuesta a ello, los cristianos, que se sentían envalentonados y osadamente seguros de que sólo ellos se hallaban en posesión de la Verdad, pudieron comportarse, y se comportaron, con igual prepotencia y violencia hacia los «obstinados» paganos: pensaron que ahora les tocaba a ellos iniciar algunas persecuciones. Hubo muchas de estas, y algunos de los altercados que provocaron fueron letales. Uno de ellos fue la destrucción del Serapeum en Alejandría, a finales del siglo IV. Este templo, dedicado al dios egipcio Serapis, era uno de los lugares de culto pagano más célebres y venerados del Mediterráneo, y atraía a innumerables adoradores. Había permanecido intacto e imperturbado durante todo el reinado de Constantino el Grande. Pero en 391 fue tomado, saqueado y profanado por una turba de cristianos, a instancias de Teófilo, obispo de Alejandría:

> Se retiraron las estatuas, los *adyta* [lugares secretos en los que se guardaban los objetos utilizados en el culto] quedaron expuestos; y con el fin de desacreditar los misterios paganos, [Teófilo] hizo una procesión para mostrar estos objetos, los *phalli*, y realizó una exhibición pública de cualesquiera otros objetos... que fueran, o parecieran, ridículos.

Ofendidos por este tan burdamente provocador insulto, los paganos del Serapeum atacaron a los cristianos, mataron a varios de ellos y tomaron el templo. Las represalias fueron violentas y prolongadas, y culminaron en la crucifixión de varios cristianos y en una declaración del emperador Teodosio I de que los cristianos muertos eran mártires benditos y candidatos a la santidad. Comprendiendo que era probable que el siguiente paso fuera un ataque total por parte de las fuerzas imperiales, los paganos del Serapeum cayeron presas del pánico y huyeron.

El Serapeum fue la base pagana más conocida, aunque por supuesto no la única, en la que se produjo esta especie de absorción. Aunque parezca extraño a primera vista, estas conversiones tardaron en llegar a la propia Roma. El primer templo romano que fue reconvertido para el uso cristiano fue el Panteón, que en el año 609 d. C. fue finalmente reinaugurado como Santa Maria ad Martyres por el papa Bonifacio IV. ¿Qué indicaba esto? Únicamente, que la gente tiende a ser lenta a la hora de abandonar las religiones a las que está acostumbrada, y que cuando una ciudad tiene una gran población de creyentes —y Roma tenía la mayor de todas— será proporcionalmente más lenta. Durante varios siglos después de la muerte de Cristo, Roma seguiría siendo una ciudad en la que continuarían prosperando todo tipo de cultos. Pero ahora el cristianismo había ocupado su lugar como socio mayoritario en el repertorio general de las creencias, y nada iba a desalojarlo de él. Desde ese momento ya sólo podría crecer, y, al crecer, expulsar a cultos más débiles cuya supervivencia ya no contaba con el imperativo de una creciente popularidad.

Capítulo 5

ROMA MEDIEVAL Y AVIÑÓN

El cristianismo romano empezó siendo (en gran medida) un proyecto imperial. Es decir, emergió en los estratos inferiores pero se consolidó en los superiores. Las primeras iglesias cristianas de Roma, como la primera de San Pedro, fueron pagadas por los emperadores, en particular por Constantino. Esto tenía que cambiar, a medida que la Iglesia fue acumulando poder, prestigio y dinero; a medida que el concepto político que conocemos como los Estados Papales fue sustituyendo a las anteriores formas del Imperio romano, a medida que el papado fue relevando en el poder al Imperio. El edificio que más vívidamente marca esta transición es la basílica de Santa María la Mayor, una de las iglesias de peregrinación más antiguas de la ciudad, situada sobre la colina Esquilina. En esta empresa, por primera vez, la responsabilidad de la construcción de la iglesia pasó del emperador al papa.

Santa María la Mayor ha sido objeto de tantas restauraciones y reconstrucciones que casi nada de lo que hoy puede verse en ella, salvo sus mosaicos, data de antes del Renacimiento. No obstante, los cimientos originales de la iglesia los puso el papa Liberio entre los años 352 y 356. Fue financiada por una rica pareja de patricios romanos que no tenían hijos y que deseaban hacer así una espectacular ofrenda a María, la madre de Jesús. Cerca del emplazamiento de esta iglesia había habido un templo romano dedicado a una diosa del parto, Juno Lucina, muy frecuentado por mujeres que se hallaban en las últimas fases del embarazo; el hecho de levantar una basílica dedicada a la diosa cristiana del nacimiento, María, en semejante lugar es una de las transferencias directas del culto pagano al cristiano que abundan en la historia de los inicios de la Roma cristiana. También se la llama iglesia de Nuestra Señora de las Nieves, por una milagrosa nevada que supuestamente tuvo lugar fuera de ella en agosto, en pleno verano romano, quizá en el año 358. En memoria de este supuesto acontecimiento, todos los años, en el interior de la nave, una bolsa llena de pétalos blancos se agita desde lo alto y su contenido se deja caer al suelo.

Las obras de arte más extraordinarias de la basílica de Santa María la Mayor son los mosaicos del ábside, que representan la *Glorificación de la Virgen*, realizados por el pintor del siglo XIII Jacopo Torriti, que había trabajado en frescos para la iglesia superior de San Francisco de Asís y había venido a Roma para trabajar para el papa franciscano Nicolás IV en la década de 1280. En ellos, la figura de la Virgen tiene la misma importancia y tamaño que su hijo Jesús, una invención iconográfica que pronto se haría habitual, pero que no lo era en esa época. El cronista Gregorovius describió cómo el mosaico del ábside «llena el edificio de un solemne esplendor dorado, que va más allá de lo terrenal cuando es iluminado por la luz del sol que cae a través de las cortinas púrpuras; nos recuerda a ese cielo resplandeciente, en cuyas glorias vio Dante deleitándose a san Bernardo, san Francisco, santo Domingo y san Buenaventura. Y entonces el hechizo de la obra nos embarga con su resplandor, como la música de algún himno majestuoso».

Este es uno de los pocos mosaicos de Roma que puede compararse, en cuanto a grandeza e intensidad, con los mosaicos bizantinos de Rávena. Otro de ellos puede encontrarse en una de las iglesias de la antigua Roma, la de los santos Cosme y Damián. En realidad, la historia de esta iglesia es anterior a la del cristianismo romano, ya que fue construida a comienzos del siglo VI d. C., pero edificándose en el interior de y sobre dos estructuras romanas cuyos restos se hallaban en el Foro de Vespasiano. Una de ellas era el «Templo de Rómulo», no de Rómulo el legendario cofundador de la ciudad, sino de un tal Valerio Rómulo, hijo del emperador Majencio, que murió en 309 d. C. y fue declarado dios romano, erigiéndose una basílica romana en su honor. La otra, contigua a ella, era la *Biblioteca Pacis* o biblioteca del Foro de Vespasiano. Ambos emplazamientos fueron entregados por Teodorico el Grande, el rey cristiano de los ostrogodos, y su hija Amalasunta, al papa Félix IV (papa desde 526 hasta 530) en el siglo VI.

El papa tuvo la idea de unir los dos edificios con una nueva estructura sobre ellos, la cual fue dedicada a dos doctores cristianos árabes, Cosme y Damián, hermanos que sufrieron martirio durante las persecuciones de Diocleciano. Da la impresión de que el papa pretendía que fuera una versión cristiana, o una respuesta, al culto a los gemelos paganos Cástor y Pólux, a quienes se había dedicado un templo cercano. Afortunadamente este cambio radical no acabó en la destrucción de la antigua estructura del templo; de hecho, el Templo de Rómulo, que ahora hace las veces de vestíbulo de la iglesia, es comparable con el Panteón como el templo de la antigüedad de Roma que mejor se conserva.

No obstante, lo mejor de la iglesia es el mosaico del siglo VI que se halla en su ábside, el cual representa la *parousía* o Segundo Advenimiento de Cristo. En su centro, con su brazo derecho extendido en un gesto de reconocimiento y bendición de los creyentes, está Jesucristo, vestido de oro y descendiendo por una escalera celestial de nubes multicolores, en cuyos estratos predominan el rosa y el carmesí, destiñéndose hacia un gris plateado a medida que asciende nuestra mirada.

Es, casi literalmente, una escalera que conduce al Paraíso.

A la derecha de Jesús está san Pedro, y a la izquierda san Pablo, vestidos ambos con blancas togas romanas; están conduciendo a los mártires Cosme y Damián ante su divina presencia. Los nuevos santos llevan coronas de mártir. En el extremo izquierdo está el papa Félix, sosteniendo una maqueta de su nueva iglesia; una figura de san Teodoro, o más probablemente del emperador Teodorico, el donante del emplazamiento, aparece en el extremo derecho. Debajo de esta zona, que llena la pared cóncava del ábside, hay un mosaico con un grupo de ovejas, esos antiguos símbolos de obediencia: la grey de los fieles. Hay doce de ellas, que simbolizan los doce apóstoles.

Roma tiene siete iglesias de peregrinación principales, la más grande de las cuales es la basílica de San Pedro, donde supuestamente fue enterrado el apóstol y primer papa después de su martirio. Las otras son la basílica de San Pablo Extramuros, la de San Juan de Letrán (la verdadera catedral de Roma), la de San Sebastián Extramuros, la de Santa María la Mayor (la mayor iglesia dedicada específicamente al culto de María, madre de Jesús), la de *Santa Croce in Gerusalemme* y la de San Lorenzo Extramuros. Los «muros» en todos los casos son la Muralla Aureliana, erigida aproximadamente entre los años 271 y 275 d. C. para rodear la ciudad. Sólo una de ellas, la de San Sebastián Extramuros, no tiene ninguna obra de arte de especial interés; su atractivo —hoy muy disminuido debido a la pérdida general de interés en el culto a las reliquias, en contraposición al poder de atracción de las obras de arte célebres— reside en sus reliquias, entre las cuales se halla una piedra que tiene las huellas de las pisadas de Jesús, una flecha que en una ocasión perforó el cuerpo de ese popular mártir del siglo III, san Sebastián, y un fragmento de la columna a la que se le ató mientras sus compañeros soldados, tras enterarse de su conversión al cristianismo, lo usaban para hacer prácticas de tiro. Naturalmente, otras iglesias de peregrinación contienen obras de arte, algunas de ellas magníficas; pero siempre se había hecho más hincapié en sus asociaciones santas que en su calidad, a veces muy ligera, como objetos estéticos.

Otra de estas iglesias de peregrinación fue dedicada a san Lorenzo, el diácono martirizado por el emperador Valeriano en el año 258. Cuenta la leyenda piadosa (y nada más, aparte de ella) que el Santo Grial, la copa, plato o cáliz del que Cristo y sus apóstoles bebieron en la Última Cena, que había contenido el vino convertido en su santa sangre, pasó a las manos de san Pedro y de allí a la custodia de san Lorenzo, y que este lo escondió: en Huesca, en España, durante el siglo III, según una versión, o en el santuario de Montserrat, en Cataluña, según otra. En otra versión de la fantasía que gira en torno al Grial, se encomendó la protección del precioso cáliz a los Caballeros Templarios. Una tercera lo sitúa en manos de una familia noble irlandesa, los Dwyer; una cuarta sostiene (de forma poco consistente) que fue llevado al lago Memphremagog en Canadá un siglo antes de que Colón cruzara el Atlántico. Hay muchas versiones de las correrías del Grial después de la Crucifixión, algunas pseudohistóricas, otras abiertamente ficticias, todas ellas absurdas. Hay varias iglesias romanas dedicadas a san Lorenzo. El lugar donde fue quemado está señalado por la iglesia de San Lorenzo en Panisperna, una iglesia de importancia secundaria. El lugar en el que se supone que se le enterró está conmemorado por la iglesia de peregrinación de San Lorenzo Extramuros. Las dos principales reliquias de su martirio son una parrilla en la que supuestamente se le asó (en otra iglesia romana, San Lorenzo de Lucina) y su cabeza quemada, conservada en un relicario en el Vaticano pero que al parecer no se muestra regularmente a los fieles. Teniendo en cuenta el aspecto que podría tener este truculento recuerdo tras las estragos del fuego y el tiempo, tal vez sea lo mejor.

La iglesia romana siempre ha tenido especial cariño a las primeras mártires vírgenes cristianas, cuanto más hermosas mejor. Una de las primeras, a la que más se ha honrado de todas, y la única a la que se le dedicó una iglesia de peregrinación, fue santa Inés, del siglo IV, cuya fe se mantuvo tan incólume a lo largo de sufrimientos (infligidos, según una versión, durante la persecución de Diocleciano, mientras que otros afirman que fue la de Decio) que habrían hundido a cualquier virgen normal.

Tenía doce o trece años. En cuanto se publicó el edicto imperial sobre el cristianismo, ella declaró públicamente que era cristiana. Primero, los enfurecidos paganos trataron de matarla quemándola, y como preludio de ello la desnudaron; pero pudo cubrirse el cuerpo y ocultarlo de los curiosos con su largo y suelto cabello, que milagrosamente creció hasta hacerse muy largo ante los propios ojos de los testigos. Entonces un juez pagano amenazó con confinarla en un burdel; pero cuando un joven le lanzó miradas lascivas, Dios le dejó ciego. Al final la despacharon con una espada. En el lugar de su martirio se construyó un santuario, al borde de lo que hoy es la plaza Navona. Gradualmente, la iglesia de Santa Inés en Agonía (como se la llegó a conocer) fue ampliada por los fieles, y después por arquitectos que trabajaban para esos mecenas papales que eran la familia Pamphili, el más grande de los cuales fue Francesco Borromini.

De las siete iglesias de peregrinación de Roma, la «antigua» basílica de San Pedro fue, con diferencia, la más importante. En primer lugar, y esta era la razón más obvia, se creía que era el santuario del apóstol Pedro, a quien Cristo había encomendado la tarea de mantener su iglesia. Aquí, desde Carlomagno en el año 800 d. C. en adelante, se coronó a los emperadores; no se les reconocía como emperadores en toda Europa hasta que hubieran pasado por los rituales papales de san Pedro. Aquí se firmaron, se sellaron y se depositaron importantes tratados en la tumba del apóstol. Aquí, los romanos y todos los extranjeros iban a hacer oración de intercesión.

Esta primera basílica de San Pedro, destinada, en el siglo XVI, a ser demolida y después gradualmente sustituida por la enorme basílica que hoy ocupa su lugar, fue en gran medida construida empleando fragmentos de antiguos edificios romanos derribados. Estos fragmentos reciclados se conocían como *spoglie*, «escombros» o «restos», y desde el siglo IV hasta el XIII este proceso de construcción gradual de una nueva Roma utilizando los fragmentos recuperados, restaurados y reciclados de edificios antiguos fue la mayor industria que tuvo la ciudad. La Roma medieval no se levantó sin más sobre el emplazamiento de la antigua Roma; se hizo, en un sentido bastante literal, a partir de sus restos. La primera basílica de San Pedro fue el ejemplo más importante de este proceso, pero la Roma medieval tuvo más de veinte iglesias principales —siendo la de Santa María en Trastévere y la de los santos Cosme y Damián tan sólo dos de ellas— construidas en torno a columnatas romanas recuperadas. Las dos más importantes fueron de Constantino: la catedral, San Juan de Letrán, y la primera basílica de San Pedro. La de Letrán tenía dos conjuntos de columnas recicladas: unas cuarenta grandes de granito, cada una de ellas de unos 9 metros de altura, en la nave central, y 42 mucho más cortas de mármol *verde antico* de Tesalia separando las naves laterales. Aunque todos los vestigios de la primera basílica de San Pedro se perdieron en la demolición de la iglesia, los documentos de los arquitectos muestran que sus 44 columnas principales eran fustes reciclados de granito gris y rojo, *cipollino* y otros mármoles.

A los constructores de la antigua Roma les había gustado usar mármoles de colores muy intensos para los fustes de sus columnas, que terminaban en capiteles «compuestos» blancos. El color era un signo de gran valor, especialmente debido a que la piedra coloreada tenía que traerse desde muy lejos; no la había en los alrededores de Roma. La piedra venía de todas partes del Imperio: el pórfido rojo de Egipto, la serpentina verde de Esparta, el *giallo antico* de Túnez, el *pavonazzetto* de Turquía. Estos materiales de importación eran ostentosamente caros en la época de la antigua Roma, y no más baratos en la época medieval cristiana; pero la mano de obra cualificada necesaria para darles forma, que ya no existía, no se requería para estos elementos que estaban listos para su uso. En cualquier caso, con el debilitamiento del Imperio y de su armada ya no se podían traer bloques de piedra exótica a Roma desde las partes más remotas del Imperio, y los constructores medievales no podían usarlos. De modo que había que utilizar fustes de columnas «encontrados». Algunos fueron exportados desde Roma hasta partes remotas de Europa. Cuando el emperador Carlomagno estaba creando su capilla Palatina en Aquisgrán a finales de la década de 780, sus constructores trajeron lujosos mármoles antiguos, y en concreto columnas enteras, de Roma y Rávena. Y a veces, para afirmar una conexión más metafórica entre los antiguos romanos y Carlomagno, los falsificaban: algunos de los capiteles «romanos» de la capilla de Aquisgrán en realidad son imitaciones carolingias de *spolia*, hechas allí mismo.

No cabe duda de que, para los creyentes de la Alta Edad Media, la presencia de columnas de la antigua Roma sosteniendo la casa romana «moderna» de Dios significaba una continuidad: el paso de la autoridad perdida de Roma al cristianismo. Esto debió de contribuir poderosamente a la idea de que la primera basílica de San Pedro era el verdadero centro de la verdadera fe.

A consecuencia de ello, se desarrolló una especie de «tercera Roma», que para los devotos pronto se convirtió en la primera Roma, en torno a la iglesia de peregrinación de San Pedro. Se la conoció como el *Borgo*. Tenía su centro en el Castel Sant'Angelo, esa enorme fortificación parecida a un tambor y construida en torno a la tumba original de Adriano. Estaba delimitada por las «murallas Leoninas», un cerco cuya construcción se remontaba a la época del papa León IV (papa desde 847 hasta 855), que discurría desde el Castel Sant'Angelo hasta un lugar detrás de la basílica de San Pedro, giraba y descendía hasta la ribera del Tíber. Este cerco delimitaba y protegía la *città Leonina* o Borgo, compuesta por la basílica, las iglesias más pequeñas, los aposentos papales, unos monasterios, las dependencias del clero y los albergues para los peregrinos: un desordenado agrupamiento de edificios que, debido a sus asociaciones papales, gozó de una indefinida independencia jurídica respecto al resto de Roma que continuó vigente hasta finales del siglo XVII. Esta independencia fue uno de los orígenes de lo que llegó a ser, por ley, la separación de la Ciudad del Vaticano (que se correspondía, más o menos, con el Borgo) como último vestigio de los Estados Papales.

Ya en el siglo IX, el Borgo tenía cinco albergues para los peregrinos, seis monasterios para atender a estos albergues y a la basílica, y celdas temporales, una maraña de ellas, adjuntas a la basílica para los ermitaños y los pobres. Pero en el siglo XIII el Borgo ya había crecido hasta convertirse en el centro turístico indiscutible de la ciudad, «la Via Veneto de la antigua Roma», en palabras de Richard Krautheimer. Tenía tantas posadas y *locande* rivales que sus dueños competían entre ellos para robarse a los huéspedes por la fuerza, lo que debió de desembocar en algunas pintorescas y ruidosas peleas en las plazas.

Más allá del Borgo estaban los sectores de Roma conocidos como el *abitato* y el *disabitato*. El *abitato* era donde la gente vivía, trabajaba y rendía culto. El *disabitato* era una especie de desierto suburbano en el que nadie quería estar y en el que los invasores caían en desgracia. Un cronista del año 1155 dejó constancia de cómo, en los bordes del *disabitato*, la mitad del ejército de Barbarroja había sido asesinado por «serpientes verdes, sapos negros y dragones alados... cuyo aliento envenenaba el aire, al igual que el hedor de los cadáveres en descomposición». Pero en el *abitato* había una gran actividad, fundamentalmente dirigida a la expansión cristiana. En el siglo IV, los ingresos de la Iglesia procedentes de sus tierras en el norte de África, Grecia, Egipto y Siria ya ascendían a 3.700 *solidi* de oro al año, unos 25 millones de dólares en dinero actual, y gran parte de ello se canalizaba directamente hacia Roma para sus planes de construcción. Se menciona la existencia de treinta y tres iglesias en el *abitato* antes de 1050, doce de las cuales siguen existiendo hoy día. Muchas más llegarían después.

Una de las partes más importantes del *abitato*, situada en el promontorio emplazado entre el Vaticano, el Borgo, el río Tíber y la colina del Janículo, llegó a conocerse como el Trastévere, siendo ese nombre una compresión de *trans Tiberim*, «al otro lado del Tíber». A finales del siglo XIII ya se había convertido en el único *rione* (*regione* o distrito, el número XIII) que se hallaba al otro lado del río, y se unió al Borgo en 1585: un gesto administrativo que se suponía que reduciría la persistente costumbre de los *trasteverini* de considerarse y hablar de sí mismos como los únicos romanos verdaderos y auténticos, y a todos los demás romanos como extranjeros; pero en realidad no lo consiguió. Esto está grabado en el nombre de la principal fiesta anual del Trastévere, la *festa di Noantri*, «la fiesta de nosotros, los otros». El orgullo local siempre ha sido una cuestión importante en el Trastévere, a cuyos habitantes tradicionalmente les molesta cualquier intento de inmiscuirse en él. Se dice que un célebre ejemplo de ello, que no está documentado pero que casi con toda seguridad es verdadero, fue el intento de Mussolini de interferir en la procesión que acompañaba esta *festa*. Formaba parte de la festividad una hilera de arcos de cartón que abarcaba toda la Via della Lungara, que llevaba a la iglesia más importante de la zona, la de Santa María de Trastévere. Aconsejado por su a veces torpe jefe de propaganda Starace, a *Il Duce* le produjo una gran satisfacción encargarse de que estos estos arcos mostraran lemas patrióticos: «¡Trastévere, Trastévere, ahora brillas con una nueva luz / Tienes a la Virgen y a *Il Duce* velando por ti!». Pero lamentablemente para la dignidad de la ocasión y su propaganda, algunos *trasteverinos* accedieron a los arcos la noche anterior con una escalera de mano y un bote de pintura y garabatearon otro mensaje en su parte posterior. «*Stanchi di tanta luce*», decía: «Hasta las narices de toda esta luz, queremos seguir en la oscuridad: decidles a todos que se la metan por el culo, a *Il Duce*, a la Madonna y al Rey».

La figura emblemática del disentimiento y el empecinamiento del Trastévere fue, sin competencia alguna, el poeta en dialecto romano Giuseppe Gioachino Belli (1791-1863). Un retrato de piedra a tamaño natural en levita y chistera preside una plaza situada en el popular barrio. Esta se pagó mediante suscripción pública: un infrecuente, quizá único, síntoma de la popularidad de un poeta romano. La cantidad de admiradores con los que cuenta en el Trastévere quizá pueda medirse por el hecho de que la gente continuamente hurtase el bastón de madera con el que el escultor había dotado su efigie.

Nadie podría cuestionar la supremacía de Belli como *el* bardo dialectal del pueblo romano. En parte porque sólo escribió en *romanesco*, el idioma romano —una lengua paralela al italiano, pero difícil de entender para los no romanos— siempre ha sido el hijo literario predilecto de la ciudad. (Puede que Dante pertenezca a todos los italianos, pero Belli pertenece sólo a un romano.) «¿Infectada de gonorrea? ¿Yo?», comienza un soneto de 1832, *La puta honrada*:

> Pero, me asombras:
> estoy tan limpia como el armiño,
> ¡mira aquí, cómo esta blusa de lino
> dejaría en ridículo a una azucena con su blancura!

Escribía con un pesimismo desengañado, entrelazado con un humor bronco, que surgía de los estratos más bajos de la vida romana. «La fe y la esperanza son hermosas», dice un soneto sobre el Carnaval de 1834, «pero en este ancho mundo sólo hay dos cosas seguras: la muerte y los impuestos». Sin embargo, también hay otro motivo. En el humor negro de Belli, en sus accesos de obscenidad, en su alegremente mordaz desdén por las convenciones de la Roma papal y clerical, resuenan ecos del espíritu de disentimiento popular romano, un espíritu en el que sólo él pareció capaz de publicar. Escribió enteramente dentro del marco del soneto petrarquiano de catorce versos, y produjo más de 2.200 de ellos, que colectivamente constituyen una antiimagen de la Roma papal: sus excesos de riqueza y pobreza, la decadencia de su gobierno eclesiástico, sus pantomimas de santidad, las burdas supersticiones de sus fieles. Y propuso candentes denuncias de la hipocresía:

> La verdad es como la diarrea:
> cuando se descontrola y se precipita
> pierdes el tiempo, hija mía, agarrándote el culo,
> retorciéndote y temblando, para contenerla.

> Del mismo modo, si no se pone freno a la boca,
> la Sagrada Verdad sale a borbotones,
> brota de tus entrañas,
> incluso si juras silencio como un monje trapense.

Como a veces sucede con aquellos que fueron radicales en su juventud, Belli se volvió conservador más tarde. Este maestro del insulto a la autoridad se incorporó al gobierno papal y le sirvió como censor político y artístico, reprimiendo obras de supuestos enemigos del orden religioso como Shakespeare, Verdi y Rossini. (El prejuicio oficial contra Verdi tenía su origen en el hecho de que las propias iniciales de su nombre ofendían a algunos conservadores italianos: VERDI podía leerse, y se hacía, como una forma disimulada de propaganda en favor de la unidad italiana bajo el rey en lugar del papa —«Vittorio Emanuele Re d'Italia».)

En mitad del río se halla la isla Tiberina, unida a su ribera del Trastévere por el Ponte Cestio y al otro lado por un antiguo puente peatonal del año 62 a. C., el Ponte Fabricio. Afirma la leyenda (para la que no hay ninguna base histórica) que empezó a desarrollarse sobre las reservas de grano del rey Tarquino, las cuales, en torno al año 510 a. C., una indignada ciudadanía romana vertió en el río; el fango y el cieno se acumularon sobre ellas y pronto se formó una isla. Sobre ella se construyó a finales del siglo III a. C. un templo dedicado a Esculapio, dios de la sanación. Pero pronto Roma se vio afectada por una peste contra la que sus recursos médicos nada pudieron hacer. Se consultaron los Libros Sibilinos, que indicaron que se había de extraer la efigie de Esculapio del siglo IV de su centro de culto en Epidauro y traerla en barco al Tíber. El barco encalló en la isla y se vio cómo una enorme serpiente, encarnación del propio dios, se deslizaba hasta el agua y ocupaba una posición en tierra firme. La peste se alejó. Desde entonces, la isla Tiberina se asoció con la sanación, y se construyeron allí hospitales para los enfermos.

Sin embargo, si hubo un factor individual que cambió el mapa y el trazado de la antigua Roma, dando una nueva forma medieval a la ciudad, fue la combinación de la supuesta tumba de san Pedro con el Borgo. Y a él se añadieron las reliquias, objetivo principal del turismo religioso, que estuvieron relacionadas con la institución de jubileos periódicos.

La palabra «jubileo» se deriva del hebreo *jobel*, que se refiere a un año de especial importancia en el que se soplaba el *shofar* o trompeta de cuerno de carnero para anunciar un período de paz e igualdad social. El Antiguo Testamento estableció que se había de conmemorar los jubileos cada cincuenta años, pero en el Nuevo Testamento no se insistió en ello. En un principio había una conexión entre los jubileos (también conocidos como Años Santos) y las peregrinaciones a Tierra Santa, pero, después del siglo VII, la conquista musulmana de Palestina hizo que esto pasara a ser prácticamente imposible para los cristianos. De modo que la idea del jubileo se centró en Roma, y el primero de ellos fue anunciado en el año 1300 por el papa Bonifacio VIII (papa desde 1294 hasta 1303). En un principio, Bonifacio había pretendido que hubiera un jubileo cada cien años. Pero en 1350 el papa Clemente VI (papa desde 1342 hasta 1352), desterrado en Aviñón, acortó el intervalo a 50 años, y en 1390 Bonifacio IX (papa desde 1389 hasta 1404) lo acortó una vez más, a 33 años, la duración de la vida de Cristo en la tierra. El papa humanista Nicolás V redujo de nuevo el intervalo ahora a 25 años. El último año de jubileo que celebró la Iglesia católica fue el 2000. Además había jubileos «extraordinarios», fuera del calendario litúrgico normal. Las reliquias desempeñaban un importante papel en todos ellos, estimulando la devoción y fortaleciendo el fervor religioso.

Cuesta creer, aunque apenas es posible exagerar, lo que supuso el culto de las reliquias para la Roma medieval. En palabras de Krautheimer, fueron las reliquias «las que hicieron de Roma el resplandeciente centro del mundo del siglo XIII, las que junto con la corte [papal] hicieron rica a Roma atrayendo peregrinos a ella». Hoy día millones de personas acuden en masa a Roma para ver obras de arte famosas, o al menos para exponerse a ellas. A sus antepasados del siglo XIV no les importaba tanto el arte, que por sí mismo no se consideraba un motivo para viajar. Pero como señaló Gregorovius, en ese año del jubileo de 1300, «los romanos, que siempre han subsistido solamente gracias al dinero de los extranjeros, acumularon inmensos beneficios». En ese año santo e histérico, en la gran iglesia de peregrinación de San Pablo Extramuros se pudo ver día y noche a dos empleados con grandes rastrillos, rastrillando las monedas que habían dejado los peregrinos. El florentino Giovanni Villani pensaba que había 200.000 peregrinos en Roma en cualquier momento determinado de 1300, sin contar siquiera a la gente que estaba allí por otros asuntos o simplemente de paso, sin motivos religiosos; «y todo estaba bien ordenado, sin tumultos ni conflictos, y yo puedo dar testimonio de esto porque estuve presente y lo vi».

Si ello es cierto, y es probable que lo sea, era una cifra enorme. En esa época no existía ninguna industria turística, salvo en su forma más rudimentaria y menos organizada. No había ningún sistema de viajes en masa. No existían enormes aviones a reacción ni cadenas hoteleras y, naturalmente, no había ningún turista norteamericano ni japonés. La población de Europa era mucho más pequeña de lo que es hoy. El turismo, por usar ese desagradable término de la jerga actual, tenía una base exclusivamente religiosa y se emprendía con la esperanza de obtener beneficios para la vida después de la muerte. Este fue el atractivo del «año santo» de 1300. La crónica de Villani deja claro que el papa prometía grandes, de hecho desmesuradas, recompensas espirituales. «En todo el transcurso de este mencionado año [1300] a todo romano que visitara continuamente durante treinta días las iglesias de los apóstoles benditos san Pedro y san Pablo y a todos los demás [no romanos] que hicieran lo mismo durante quince días, se les concedería la remisión plena y total de todos sus pecados, tanto de la culpa como del castigo de los mismos»; tras una confesión completa, por supuesto.

Sin duda se trataba de beneficios muy importantes, que afectaban a la vida entera del alma después de la muerte.

Las reliquias que estos peregrinos esperaban ver y venerar diferían en importancia. El tema principal del culto a las reliquias eran los restos de los primeros mártires cristianos, cuyos lugares de entierro podían encontrarse, o al menos se decía que se hallaban, más allá de las murallas de las ciudades de la antigua Roma, y de la propia Roma en particular. Muchos de ellos fueron exhumados de las catacumbas, esos túneles subterráneos llenos de nichos funerarios en los que los primeros cristianos enterraron a sus muertos. (La palabra viene del latín *catacumbae*, que significa «huecos» o simplemente «agujeros».)

Existe el reiterado mito de que estas fueron escondites para los creyentes en tiempos de persecución. Es pintoresco pero completamente falso, sobre todo porque las autoridades paganas habrían sabido dónde estaban todos los túneles: nadie podría haberse escondido allí. Aun cuando una persona hubiera sido ejecutada por traición, era totalmente lícito que sus parientes y amigos la enterraran; pero ese entierro, como todos los demás, tenía que hacerse fuera de las murallas de la ciudad. De ahí, por ejemplo, el entierro, de acuerdo con la ley romana, del Cristo muerto tras su crucifixión en un sepulcro «en el que nadie había sido depositado todavía».

Nápoles, Malta y algunas partes del norte de África tenían, todas ellas, catacumbas cristianas, pero la mayor concentración de ellas se hallaba, lógicamente, fuera de las murallas que rodeaban la ciudad de Roma. Su exploración empezó con un anticuario llamado Antonio Bosio (1576-1629), que estuvo a punto de perderse para siempre en la Catacumba de Domitila, pero que consiguió hallar la salida y vivió para escribir *Roma sotteranea* («Roma subterránea», 1634). Puede que haya entre 100 y 150 kilómetros de estos pasadizos que originalmente

contenían hasta tres cuartos de millón de cadáveres, todos ellos aloja-
dos en *cubicula* o cámaras que contenían *loculi* o nichos, cuyas entradas se cerraban posteriormente con una *tegula* o losa de piedra herméticamente sellada con cemento para impedir que despidieran el hedor
de la putrefacción.

De vez en cuando se celebraba una misa o algún ritual familiar en
estas cámaras. Algunas de ellas se hallan parcamente decoradas con
imágenes pintadas de un santo patrón o de una escena bíblica. No hay,
sin embargo, ninguna obra maestra en las catacumbas. Se cree que
muchos de estos pasadizos no se han descubierto ni excavado, pero en
realidad no tendría demasiado sentido hacerlo, pues sus contenidos
tienden a ser insignificantes: los cristianos no creían en la práctica de
enterrar a sus muertos con artículos para la vida después de la muerte.
Una vez que un pasadizo se llenaba de tumbas, los *fossores* o sepultu-
reros podían excavar más abajo y abrir otro nivel inferior; algunas catacumbas romanas tienen cuatro, cinco o incluso siete de estos niveles,
como ciudades de muertos inertemente apiladas unas sobre otras.

Pero nunca estuvieron habitadas, salvo brevemente y con fines ceremoniales, por los vivos. Existían fuertes tabúes en contra de la contami-
nación del área cercada de las ciudades por cadáveres, pero a medida que
el cristanismo fue imponiéndose hubo una demanda cada vez mayor y
más intensa de que los mártires fueran trasladados a la ciudad, donde sus
restos pudieran volver a ser enterrados bajo los altares o en las criptas de
las nuevas (o recién consagradas) iglesias dedicadas a su culto. Cuando
el Panteón fue reinaugurado como una iglesia cristiana a instancias del
papa Bonifacio IV en 609-610, con el nombre de Santa Maria ad Martyres, veintiocho carros llenos hasta los topes de supuestos huesos de
mártires fueron reverentemente descargados bajo su altar principal.

Los relicarios se convirtieron en centros de culto, y adquirieron
importancia muy rápidamente en la nueva configuración de las ciudades a medida que la religión pagana fue siendo desplazada por el culto
cristiano. Los antiguos centros monumentales —en Roma, por ejemplo, el Capitolio— que estaban cargados de asociaciones paganas fueron desplazados por las nuevas basílicas, que se convirtieron en iglesias episcopales, cuya pretensión particular de notabilidad religiosa
variaba según las reliquias que contuvieran. Por consiguiente, la importancia de las iglesias estaba ligada a unas narraciones de la historia
sagrada que, a su vez, podían leerse a partir de la importancia de las
reliquias de los mártires que albergaran. El mártir santo había pasado
a ser, por así decirlo, portátil, y una parte del cadáver podía significar

el santo entero. Los relicarios sustituyeron a los lugares de entierro reales, lo que implicaba que se podía rezar eficazmente a un santo en cualquier lugar en el que pudieran depositarse sus restos.

El primer hombre que fue objeto de un amplio culto a sus reliquias fue el primer diácono cristiano y el primer mártir cristiano: san Esteban. Tras provocar la ira del judaísmo establecido, había sido llevado ante el tribunal del sumo sacerdote y el sanedrín de Jerusalén, había sido condenado y había sido lapidado. Uno de los testigos de su lapidación fue Saulo, el futuro apóstol Pablo, de quien se dice que los profundos sentimientos de culpa que sintió por haber dado su aprobación a ello contribuyeron a su posterior adhesión a Cristo.

Los pedazos de san Esteban serían venerados en iglesias situadas por todo el Mediterráneo, pero los más importantes de ellos estuvieron concentrados en Constantinopla y posteriormente emigraron a Roma, donde comparten una tumba con los restos de san Lorenzo en la iglesia de peregrinación de San Lorenzo Extramuros.

La iglesia de Roma que hoy lleva su nombre, la de Santo Stefano Rotondo, podría contener una reliquia importante de él, o no. Fue construida durante el pontificado del papa San Simplicio (papa desde 468 hasta 483), y es uno de los pocos edificios conmemorativos de Roma (otros son el Panteón y las tumbas de los emperadores Augusto y Adriano, siendo esta última actualmente el núcleo del Castel Sant'Angelo) que tienen una planta circular. Algunos anticuarios han afirmado que esta planta se copió de la del Santo Sepulcro de Jerusalén, pero esto parece dudoso. De lo que no hay duda, no obstante, es de que Santo Stefano tiene, en sus paredes, la más completa antología de frescos de escenas de martirio cristiano jamás pintada en Italia. Esta obra se realizó a instancias del papa Gregorio XIII (papa desde 1572 hasta 1585) y sobrevive como una declaración casi histéricamente extrema de los valores de la Contrarreforma: al encargar la realización de estas escenas enciclopédicas de tormento y sacrificio, el papa deseaba, por implicación, trazar un paralelismo entre la hostilidad del protestantismo hacia la verdadera fe y la heroica resistencia de los creyentes católicos. Ninguna obra de arte de Roma encarna más vívidamente que ella el estilo didáctico recomendado por el Concilio de Trento, que había sido convocado por la Iglesia para definir lo que era y lo que no era tolerable para la ortodoxia católica.

Con sus figuras representadas haciendo poses, en las que todo es contorsión y torpe *maniera*, constituye una especie de Capilla Sixtina para sádicos sentimentales. Su creador, un artista manierista de Volterra llamado Niccoló Circignani (hacia 1530-1597), más conocido como Pomarancio, la produjo a comienzos de la década de 1580: una labor hercúlea, compuesta por veinticuatro grandes paneles con inscripciones explicativas incluidas, en las que figuran los nombres de los emperadores que ordenaron los tormentos de los mártires. Empieza, en la entrada, con la crucifixión de Cristo y la lapidación de Esteban. Después se pasa a todo tipo de perforaciones, quemas, azotes, desuellos, palizas, estrangulamientos, ahogamientos e incluso cocimientos en aceite hirviendo, como se haría con una alcachofa del Trastévere. Aquí está santa Tecla, siendo descuartizada por un par de toros. Aquí san Ignacio (uno anterior, no el fundador de la orden de los jesuitas) arrojado, para gran satisfacción general, a los leones del Coliseo. San Gervasio y san Protasio están clavados a árboles en una parodia de Jesús crucificado. San Eustaquio es asado vivo dentro de un toro de bronce. Un mártir es aplastado bajo una losa de piedra, otro es tajado por unos desalmados que blanden hachas. Puede que estas terribles escenas de sufrimiento tuvieran algún valor didáctico real, ya que la iglesia quedó a cargo de los jesuitas húngaros a finales del siglo XVI y muchos jesuitas eran sometidos a horrendos tormentos en el cumplimiento de su deber misionero; quizá los frescos de Pomarancio les preparasen para lo que les esperaba. Sin duda, son mucho más vívidos de lo que podría serlo jamás cualquier reliquia de san Esteban, seca como el polvo. Sin embargo, el tiempo y la decoloración los han privado de gran parte de su intensidad original, que debió de ser bastante escabrosa; y dado el número de obras de arte de Roma más importantes que se hallan igual de necesitadas de restauración o más que ella, y la muy limitada cantidad de dinero de la que se dispone para esta interminable tarea, no es probable que se restauren en un futuro imaginable.

En una cultura que no trazaba una línea muy clara entre lo natural y lo sobrenatural, las reliquias eran un poderoso instrumento de control social, atemorizando a los escépticos y los impíos. Las reliquias más sagradas y excepcionales de todas eran, naturalmente, las del propio Jesucristo. La más importante de ellas estaba en Roma: se trataba de la impronta del propio rostro de Jesús, milagrosamente conservada en el velo con el que santa Verónica le había enjugado el sudor de camino al monte Calvario. Los peregrinos fieles se aglomeraban ante esta maravillosa imagen conservada por la mujer a la que Dante llamó «la Veronica nostra», venerándola; durante el Año Santo de 1300, fue mostrada al público en la basílica de San Pedro todos los viernes y en los días festivos solemnes, y en una ocasión la aglomeración de la muchedumbre de fieles fue tan grande que un monje benedictino inglés, William of Derby, murió aplastado.

Que algo así pudiera suceder en la actualidad es, por decirlo suavemente, improbable. El Velo de Verónica aún se conserva en un relicario sobre la estatua de la propia Verónica realizada por Bernini, en uno de los imponentes pilares que soportan la cúpula de San Pedro, pero raramente se exhibe, y se mantiene tan lejos de la congregación que nadie sería capaz de distinguir si las marcas apenas visibles que hay en ella constituyen la imagen de un rostro. Se dice que es menos legible incluso que la hoy en día generalmente desacreditada «Sábana Santa» de Turín, que lleva la supuesta impronta del cuerpo de Jesús pero que probablemente sea una falsificación del siglo xiv. Hay una multitud de retazos de tela, ya que, en pleno auge de la obsesión por las reliquias, surgió la costumbre de hacer descender largas tiras de tela al interior de una tumba santa; si tocaban los restos, se convertían en reliquias en sí mismas por contagio santo.

Naturalmente, las reliquias relacionadas con Jesucristo se valoraban más que las de sus santos, aun cuando, como en el caso del Velo, estas no fueran partes de su cuerpo sino simples objetos relacionados con su sufrimiento y muerte. Puede que la reliquia menos manejable sea la que se encuentra en la Iglesia de la Santa Croce in Gerusalemme, en Roma. Es una de las muchas que se trajo de la Tierra Santa la madre de Constantino, santa Elena, que construyó una basílica para albergarlas. El suelo se llenó con tierra del Gólgota pues la emperatriz se había traído en carros la colina, lugar de la crucifixión de Cristo. No se sabe de cuánta tierra se usó. Un continuo goteo de visitantes sigue llegando hasta allí para ver o por lo menos para estar en presencia de la reliquia de tierra de santa Elena.

Su otro gran recuerdo de Tierra Santa se trajo en fragmentos y se reconstruyó en Roma: un tramo de 28 escalones de mármol de la residencia de Poncio Pilatos en Jerusalén. Se creía que Jesucristo había ascendido por estos escalones de camino a su juicio y sentencia por el procurador romano, y la Scala Santa o Escalera Santa, como se la conoce, se reconstruyó en Roma en su antigua residencia papal, el Palacio de Letrán.

No consta en ningún documento cómo logró trasladar Elena este enorme objeto de culto desde Oriente Medio a Roma, pero naturalmente la tarea, aunque de enormes proporciones, no se puede comparar con la logística del transporte de obeliscos enteros de granito desde Egipto hasta Roma en tiempos paganos. Actualmente los escalones de mármol están revestidos de madera, ya que no estaría bien que pies humanos normales pisasen las piedras que fueron santificadas por las pisadas del propio Jesús. En la madera se han tallado mirillas de vidrio para que los peregrinos puedan venerar las manchas que hay en el mármol, dejadas por la sangre de Jesús (que acababa de ser azotado en el pilar, y por ello estaba dejando manchas y marcas por todas partes).

Grandes indulgencias se conceden a aquellos peregrinos que ascienden de rodillas todo el tramo continuo de la Escalera Santa. El futuro heresiarca Martín Lutero trató de hacerlo, sin conseguirlo, cuando era un monje joven, quedándose a mitad de camino en su ascenso. Pero en el siglo XIX, cuando el rey de Italia Víctor Manuel estaba a punto de invadir Roma (y de iniciar, por consiguiente, el proceso que desembocó en la confiscación de los Estados Pontificios), el vehementemente conservador papa Pío IX, de 78 años, logró ascenderlo de rodillas; aunque no es que eso le hiciera ningún bien a su futuro político. Curiosamente, las escaleras siguen estando abarrotadas de peregrinos modernos, aunque se han instalado pasamanos a ambos lados de ella para la comodidad de estos.

Dado que Cristo ascendió al Cielo en cuerpo y alma, sólo dejó tras de sí en la tierra una reliquia corporal, que le extrajo quirúrgicamente el sumo sacerdote del Templo de Jerusalén cuando era niño. En teoría, el Prepucio Santo, atesorado en una iglesia provincial que no se halla lejos de Bomarzo en el Lacio, debería ser la menos disputada de todas las reliquias, pero desgraciadamente su singular pretensión a ese título ha sido cuestionada por otro Prepucio, que alberga una iglesia rival situada en los Abruzos.

Pero había, y hay, innumerables reliquias más pequeñas de santos, tantos miles de ellas desperdigados por todas las iglesias de Roma (y de Italia, y del resto del mundo) que nunca se ha hecho ningún esfuerzo por contarlas. Las que se tenían en mayor estima eran las reliquias de huesos, como la cabeza (o cabezas) de san Pablo. Claro que resulta imposible verificar su autenticidad. ¿Cómo se «autentifica» la santa ampolla de la sangre de san Genaro, patrono de Nápoles, que se conserva en la iglesia que lleva su nombre y que se espera que se licúe cada año en el día festivo del santo, para edificación de multitudes de piadosos fieles?

La propia basílica de la Croce in Gerusalemme tiene toda una capilla dedicada a las reliquias de la pasión de Cristo. Posee no una sino dos espinas de la Corona de Espinas. Tiene astillas de la Vera Cruz, un fragmento de la cruz del Buen Ladrón y uno de los tres clavos de hierro con los que se clavó a Cristo a su cruz. (Se dice que se mantiene bastante intacto, pese al hábito medieval de raspar limaduras de los Clavos Santos e incorporarlas a reliquias secundarias con el fin, por así decirlo, de sazonarlas, como cuando se echa pimienta a una chuleta.) También tiene la columna en la que fue azotado Cristo, aunque quizá sea más seguro decir que es *una* de las columnas: un cruzado del siglo XIII, Robert de Clari, que participó en el saqueo de Constantinopla, menciona que allí, en 1204, le mostraron el poste en el que fue azotado Cristo, de modo que o bien el poste estaba en dos lugares al mismo tiempo o bien hubo dos columnas; quizá recibiera 100 latigazos en una y el resto en la otra. Esta basílica también tiene la cuna en la que su madre lo tendió en el establo en Belén, y (en algunos aspectos, esto es lo más maravilloso de todo) el dedo índice momificado que el incrédulo Tomás escépticamente metió en la herida que había dejado en el costado de Cristo la lanza de Longino.

Entre las más extrañas de estas reliquias figura una parte del *titulus Crucis*, el rótulo que se fijó en la cruz y que llevaba la leyenda, en latín, «Jesús de Nazaret, Rey de los judíos», en pintura roja sobre una placa de madera carcomida. Se supone que Elena la compró y que, tras diversas vicisitudes —fue llevada a Roma, se ocultó de los invasores visigodos, se olvidó hasta el siglo XV, se encontró en una caja de plomo sellada—, pasó a formar parte del relicario de la Pasión. En los claustros de San Juan de Letrán, esa antigua iglesia de peregrinación que es la primera catedral de Roma, se conserva incluso la piedra sobre la que los soldados romanos que se ocuparon de la crucifixión se jugaron su ropa a los dados.

Desde Lutero, el tema de las reliquias ha sido una cuestión peliaguda para la Iglesia católica. Su culto parece muy ostensiblemente supersticioso, muy cómico. Y no obstante, aún en nuestro tiempo hubo una época en la que no se podía entrar en una iglesia italiana de cualquier antigüedad sin encontrar montones de relicarios que contenían una profusión de huesos, fragmentos de tela, ampollas de sangre seca y otras curiosidades. En los primeros tiempos del cristianismo hubo una enorme demanda de reliquias, pero en una época más escéptica su culto ha pasado a ser muy reducido. Probablemente sería justo decir que la mayoría de la gente que visita estas colecciones está más interesada en sus relicarios, esas retóricamente magníficas muestras del arte del orfebre, que en sus contenidos.

Hay numerosas cabezas, manos y piernas del mismo santo —un apóstol, una virgen mártir— que compiten entre sí, pero estas no constituyen sino una mínima parte de la cantidad de reliquias santas que solían exhibirse en las iglesias católicas hace un siglo o dos.

Nos reímos de ello, naturalmente. ¡Cuán supersticiosos, qué fáciles de engañar por un exceso de ingenua fe eran nuestros antepasados medievales y algunos de sus más beatos descendientes! Pero nosotros —o al menos, algunos de nosotros— no somos mucho mejores que ellos. A finales del siglo XX había postores compitiendo por comprar, en E-Bay, un milagroso (aunque para entonces ya bastante rancio) trozo de pan que algún cabeza de familia norteamericano había metido en la tostadora y que había visto salir de ella con la cara de la Virgen María tostada en él. El 22 de noviembre de 2004, un casino de internet llamado Goldenpalace.com pagó 28.000 dólares por esa reliquia, la tostada más cara de la historia. Estatuas milagrosas de Jesús o María que lloran lágrimas o exudan sangre (pero que resultan tener tubos, bolsas de tinte rojo y otros útiles instrumentos facilitadores de milagros hábilmente disimulados en ellas) aparecen de vez en cuando en la Norteamérica más empapada de fe. Ningún momento de la historia está exento de supersticiones; y en cuanto a la obsesión por la caza de reliquias, ¿qué, sino una sórdida y cómica devoción, pudo llevar a los ricos nortamericanos que asistieron en Sotheby's a una subasta de los efectos personales de Jackie Kennedy a pujar por uno de los palos de golf de su marido y por una desgastada bandeja en la que se podrían haber servido las bebidas de la Sagrada Familia de América en Hyannisport?

El culto a las reliquias dio lugar a muchas estafas y falsificaciones, pero los recuerdos sagrados no eran las únicas cosas que se falsificaban. Las falsificaciones de documentos han desempeñado un importante papel en la historia, y ninguna de ellas ha sido más trascendente que una imaginativa falsificación de incierta fecha (probablemente comprendida entre los años 750 y 850 d. C.) conocida como la Donación de Constantino.

Lo que este documento, que se ha reconocido como una falsificación desde el siglo XV, intentaba demostrar y garantizar para siempre era la preeminencia del poder religioso sobre el secular. Se afirmaba que había sido escrito por el primer emperador cristiano, Constantino, en el siglo IV. Se «descubrió» —es decir, se escribió— en el siglo IX, pero supuestamente describe las relaciones entre Constantino y el papa Silvestre I (papa desde 314 hasta 335). Versa sobre el alcance del poder papal sobre el mundo secular, el cual describe como si fuera prácticamente ilimitado. La voluntad del papa está por encima de la de cualquier emperador, escribe «Constantino». Puede crear emperadores y destronarlos. Tiene este derecho porque la principal preocupación de la vida humana es la salvación eterna, al lado de la cual cosas como la acumulación de riqueza y el ejercicio del poder mundano son (relativamente) triviales.

El discurso de Constantino se divide, pues, en dos partes. En la primera, la *Confessio*, relata cómo terminó su vida pagana cuando el papa Silvestre lo bautizó en la fe cristiana y le instruyó en ella, y cómo esto le curó milagrosamente de «una horrible y repugnante lepra». Se había mandado llamar a varios médicos, pero estos no habían podido hacer nada. Tras ellos llegaron los sacerdotes paganos del Capitolio, que recomendaron una grotesca repetición de la Matanza de los Inocentes: Constantino debía instalar una pila en el Capitolio «y llenarla con la sangre de niños inocentes, y bañándome en ella mientras estuviera templada, podría curarme». Numerosos niños fueron debidamente reunidos, pero cuando «nuestra serenidad percibió las lágrimas de sus madres», Constantino se llenó de aversión y canceló el proyecto. Entonces Cristo envió a san Pedro y san Pablo a hablar con el aún leproso emperador. Estos le dijeron que buscara al papa Silvestre, el cual, junto con su clero, se ocultaba de los perseguidores de Constantino en las cavernas del monte Soratte. «Cuando le hayas llamado a tu presencia, él te mostrará el pozo de la piedad.» Sumergiéndose tres veces en él, Constantino se curaría. Y así fue. Constantino se sintió tan agradecido a este milagroso bautismo que reunió a todos sus gobernadores, senadores y oficiales y ordenó que «la sagrada sede de Pedro sea gloriosamente exaltada sobre nuestro Imperio y trono terrenal».

¿Cómo se llevaría esto a cabo? Con la mayor audacia posible, por los medios que se explican en la segunda parte de la falsificación, la *Donatio*. Constantino, siguiendo las órdenes de Dios, confiere al papa, como sucesor de san Pedro, la primacía sobre los cuatro patriarcas del mundo, los de Antioquía, Jerusalén, Alejandría y Constantinopla. Los principales eclesiásticos romanos debían tener los mismos honores y derechos que los senadores, y el papa debía tener todos los mismos derechos que el emperador, entre ellos el derecho a llevar una corona imperial dorada. Pero, como el falsificador relata a continuación, el papa Silvestre se negó a llevar esa corona. En vez de ella, el emperador le otorgó un *phrygium*, un alto gorro blanco de autoridad, el antecesor de la mitra papal. También le dio al papa todas sus tierras, ciudades y posesiones occidentales, entre ellas Roma y su Palacio de Letrán, como obsequio (*donatio*), convirtiéndolas en «una posesión permanente de la santa Iglesia Romana». Como última formalidad, trasladó oficialmente la sede del gobierno imperial al oriente, a la capital de Constantinopla, ya que «no era apropiado que un emperador terrenal tuviera autoridad [en Roma], donde el Emperador del Cielo había instaurado el reinado de los sacerdotes y del líder de la religión cristiana». Tales son las cláusulas principales de la ficticia «donación», el engaño secular más escandalosamente interesado que jamás ha endosado a sus fieles una religión occidental.

Este, sin embargo, se convertiría en la base de un papado agresivamente expansionista en los siglos XII y XIII. El falsificador, fuera quien fuese, dio carta blanca a los papas para embarcarse en una dictadura mundial. El significado de la Donación se explica en un notable ciclo de frescos que se hallan en la pequeña capilla de San Silvestre, que forma parte de la basílica fortificada de los Cuatro Santos Coronados, situada en las cumbres de la colina Celia, no lejos del Palacio de Letrán, antigua residencia de los papas. Gran parte del arte antiguo, medieval y renacentista es político en algún nivel, y pretende la promoción y alabanza de algunos hombres e ideologías poderosos, atacando y degradando a otros al mismo tiempo. Pero pocos frescos tempranos son tan rotunda y explícitamente políticos como estos.

Santi Quattro Coronati, la iglesia de los Cuatro Santos Coronados, originalmente loaba los actos de fe de cuatro soldados romanos llamados Severo, Severino, Carpóforo y Victorino, que sufrieron martirio en una de las persecuciones de Diocleciano por negarse a hacer sacrificios en honor al dios Esculapio, la versión romana del dios griego de la curación, Asclepio. (Si le parece un poco excesivo, incluso contradictorio, matar a hombres por mostrar una insuficiente reverencia hacia el fundador del arte de la medicina, sea usted bienvenido a las rarezas del culto pagano.) Estos soldados cristianos no son los únicos a quienes se honra en la basílica, que se construyó entre los siglos IX y XII. Esta también contiene, en una cripta del siglo IX que se halla bajo el suelo del altar, los restos de cinco escultores de Panonia (la actual Hungría) convertidos al cristianismo y llamados Cástor, Claudio, Nicostrato, Semproniano y Simplicio, que fueron ejecutados por negarse a hacer una estatua de ese mismo dios. Durante muchos años, los tallistas de piedra comerciales de Roma, sobre todo los especializados en mármol antiguo reciclado de los edificios demolidos, prefirieron tener sus talleres cerca de la iglesia de estos escultores mártires.

Pero el contenido artístico de Santi Quattro Coronati es notable principalmente por sus frescos del siglo XIII, pintados por una mano anónima, que ilustran la Donación de Constantino. Vemos a Constantino recuperándose de la lepra; a Constantino bautizado por el papa Silvestre; y, lo más importante de todo, a Constantino ofreciéndole al papa su *phrygium* blanco de autoridad y llevando el caballo papal por su brida, adoptando así la posición subordinada de un *strator*, un mozo de cuadra. No podría haber una afirmación más clara del crédito que daba la iglesia a la falsificación de la Donación. El emperador debía hincar la rodilla —ambas rodillas, de hecho— ante el papa. La autoridad religiosa estaba, y debía estar siempre, por encima de las demandas del poder temporal, al que no necesitaba solicitar legitimidad.

El papa cuyas políticas y acciones estuvieron basadas de forma más oportunista y flagrante en esta creencia fue Inocencio III (Anagni 1160-Perugia 1216). Fue el pontífice que más influyó en la configuración de la política de Italia, la interior pero sobre todo la exterior, en la Alta Edad Media. Llegó joven al papado; con pocas excepciones, los papas tendían a ser hombres mayores, pero Lotario de' Conti, hijo del conde Trasimundo de Segni, accedió al papado por votación a la edad de tan sólo 37 años, y fue un hombre rebosante de energía, muy inteligente y absolutamente entregado a su concepción personal de la Iglesia Militante.

No era probable que un hombre así se sintiera satisfecho hasta que hubiera dejado su impronta en la obsesión que embargó a los europeos piadosos en el siglo XII, y se convirtió en la principal voz de esa expresión de fervor religioso mezclado con frenesí territorial que fueron las cruzadas.

Parece extraordinario, al volver la vista atrás hacia las cruzadas desde casi mil años después, que estas pudieran concebirse alguna vez como cualquier cosa que no fuera un espejismo, un prolongado brote de delirio religioso colectivo. ¿De qué podría servir «liberar» una parte de Oriente Medio de su ocupación por los musulmanes, sin contar con mejor motivo para ello que el hecho de que un profeta judío hubiera vivido, predicado y muerto allí alguna vez? Pero la territorialidad, sobre todo cuando se la concibe en términos religiosos, cuando se ve intensificada por la esperanza de la vida eterna y agudizada por la xenofobia, es una pasión mortífera e intratable, y muchos cristianos de la Edad Media la sintieron intensamente. Las cruzadas fueron la máxima manifestación de ese miedo y odio al Otro que subyace a la idea de la identidad racial y religiosa, y un hombre consciente de su honor habría necesitado un desapego casi sobrehumano para resistirse a su impulso, una vez que el predicador y el papa lo hubiera despertado.

En toda Europa, no sólo en Italia, los hombres se vieron embargados por una misma idea delirante: la de que, como cristianos, poseían colectivamente una extensión de territorio en la que ninguno de ellos había vivido jamás; la de que tenían un derecho inapelable a ella porque su Salvador había caminado, rezado y muerto una vez allí; y la de que el más meritorio de todos los actos imaginables sería arrebatarle el control de la misma a los no creyentes, los hijos del Profeta, los árabes cuya mera presencia en la ciudad santa de Jerusalén mancillaba la memoria de ese Salvador... pese al hecho que la «Ciudad Santa» había estado en manos musulmanas desde el siglo VII. La Tierra Santa estaba delimitada por determinados emplazamientos emblemáticos, estrechamente relacionados con Jesús. Entre estos figuraban, aparte de Jerusalén en conjunto, la basílica de la Natividad en Belén, el Huerto de Getsemaní y el Monte de los Olivos, el Calvario y el Santo Sepulcro. Los peregrinos habían estado visitándolos desde el siglo III.

De modo que los cruzados entablaron lo que sus enemigos llamarían una *Yihad*, una guerra santa, tras haber marchado penosamente, montado a caballo y navegado a través de miles de kilómetros en las condiciones más adversas, para hacerlo. No estaban combatiendo contra gente que vivía en bosques, sino contra ejércitos muy adiestrados, bien armados y a menudo estratégicamente brillantes. Los cruzados eran al mismo tiempo guerreros y peregrinos. En esa doble determinación radicó la peculiar fuerza de su empresa. Fortificados por una idea de su propia santidad, ligados los unos a los otros por las cruces rojas que reverentemente se habían cosido en sus guerreras, los soldados cristianos o *crocesignati* hablaban obsesivamente acerca de la «recuperación» de Tierra Santa, haciendo caso omiso al hecho de que esta nunca se había perdido porque nunca la habían poseído, salvo en la fantasía colectiva. Tal fue el impulso para el inicio de la Primera Cruzada (1096-1099).

Una espontánea y desorganizada campaña paralela, conocida como la Cruzada de los Campesinos, fracasó de manera lamentable. Pero los «profesionales» se alzaron con la victoria, conquistando Jerusalén en el año 1099.

Alentado por ello, el papado dio su permiso para la Segunda Cruzada (1145-1149). Esta, que se dirigió en parte contra los musulmanes que estaban al mando de media península Ibérica, fue sólo un éxito parcial. Estos cruzados, encabezados por Alfonso I de Portugal, lograron desalojarlos de Lisboa, pero los musulmanes siguieron ocupando gran parte de España. En cuanto a Tierra Santa, la cruzada fue un fracaso, y en 1187, liderados por el gran general Salah-el-Din (Saladino), reconquistaron Jerusalén, arrebatándosela a los Caballeros Templarios.

La Tercera Cruzada (1189-1192) fue célebre fundamentalmente por la participación de ese imponente asesino de moros inglés, el rey Ricardo I Corazón de León, que trató por todos los medios de reconquistar Jerusalén, sin conseguirlo. Poco después llegó la gran traición de la Cuarta Cruzada, uno de los dos peores fiascos del papado de Inocencio III y quizá de toda la historia de la Iglesia católica. Inocencio nunca restó importancia a su deseo de «recuperar» Tierra Santa. La «ocupación» musulmana de los Santos Lugares era para él un motivo de incesante irritación. Y esto le llevó a cometer el error de autorizar una cruzada total, la Cuarta. Por desgracia, Italia no estaba ni bien situada ni adecuadamente equipada para enviar las tropas necesarias y sus suministros a través del Mediterráneo para semejante campaña.

Italia sólo tenía una potencia naval cristiana, Venecia, «la Reina del Adriático». El papa se puso en contacto con los venecianos, que accedieron a transportar hasta Tierra Santa a todo el ejército para la invasión de Tierra Santa, con suministros para nueve meses, por 85.000 marcos. Los cruzados, una mezcolanza de caballeros y campesinos, fundamentalmente franceses, encabezados por Balduino de Flandes, Bonifacio de Montferrato y Geoffroy de Villehardonin, no pudieron recaudar esta cantidad, de modo que se llegó a otro acuerdo. Esencialmente, este consistió en que Venecia usaría a las fuerzas cruzadas para sitiar y conquistar a la única gran rival que tenía Roma en el Mediterráneo, Constantinopla, de camino a Tierra Santa. De esta forma financiarían toda la cruzada. Venecia pagaría toda la expedición si los cruzados desviaban brevemente el ataque de camino a Jerusalén y conquistaban la ciudad de Zara, situada en Dalmacia, en nombre de Venecia. Después pasarían a conquistar Constantinopla y a reinstaurar al emperador bizantino Isaac Ángelo en el trono del que había sido depuesto. El hombre que entregó esta propuesta, Alejo, el hijo de Isaac, se encargó de incorporar más hombres y suministros al ejército cruzado, logrando que la fuerza de este llegara a estar compuesta por unos 11.000 hombres, que se dirigieron a Constantinopla en una flota enorme (juzgada según parámetros medievales) de doscientos barcos. Les acompañó y guió el formidable anciano dux Enrico Dandolo.

Zara cayó fácilmente, y en julio de 1203 esta fuerza ya estaba sitiando las murallas terrestres de Constantinopla. Esto cogió a sus ciudadanos, todos ellos griegos y cristianos, completamente desprevenidos: jamás se había imaginado que una enorme fuerza cristiana, que había jurado expulsar a los musulmanes de Palestina, se detendría en su trayecto para atacar una ciudad cristiana, y mucho menos la más grande de todas las ciudades cristianas después de la propia Roma.

El resultado fue inevitable: en abril de 1204 se abrió una brecha en las defensas de Constantinopla en un ataque culminante y los cruzados penetraron en ella en tropel, expoliando las iglesias y los palacios, matando a los sacerdotes y violando a las mujeres. Fue el saqueo más implacable jamás infligido a una ciudad cristiana. Balduino de Flandes fue proclamado emperador y la Iglesia ortodoxa griega, que no tuvo voz ni voto en el asunto, finalmente se unió con la romana, bajo la autoridad del papa.

Puede decirse en honor (aunque este sea bastante limitado) de Inocencio III que no autorizó, ni mucho menos organizó, esta atrocidad. Protestó contra ella, e incluso excomulgó a aquellos venecianos que la habían facilitado. Por otro lado, no se mostró reacio a que su Iglesia se beneficiase de ella. No hizo nada para obligar a los venecianos a devolver su botín a la ciudad postrada. Los incomparables caballos de bronce griegos de Constantinopla fueron instalados en la veneciana fachada de San Marcos, para no regresar jamás a su lugar de origen. Quintales de piedras preciosas fueron a parar a manos de los venecianos; muchas de ellas aún se pueden ver, casi mil años después, en la *Pala d'oro*, detrás del altar mayor de San Marcos. Toneladas de oro, plata y relicarios enjoyados, custodias, copones, píxides, patenas y cálices fueron distribuidas a las tesorerías de iglesias de toda Europa, pero sobre todo de Italia. Los propios iconos fueron arrancados de las iglesias, descompuestos en miles de pedazos y quemados para extraer el metal precioso de sus fondos de pan de oro, que quedaban reducidos así a centelleantes charquitos en medio de la ceniza. Y nadie sabe (aunque no es difícil de adivinar) qué sucedió con objetos tales como el altar mayor de Hagia Sophia, que quedaba más allá de las capacidades descriptivas de cruzados como el mencionado Robert de Clari, un caballero iletrado que dictó una memoria de los años de saqueo tras su regreso a Francia:

> El altar principal de la iglesia era tan suntuoso que no tenía precio... confeccionado con oro y piedras preciosas fragmentadas y unidas mediante presión, que un rico emperador había mandado realizar. Esta mesa medía en total cuatro metros de largo. En torno al altar había unas columnas de plata que sostenían un dosel sobre el altar hecho como un chapitel

de iglesia, todo él de plata maciza, tan suntuoso que nadie sabía decir el dinero que valía.

«Bien, ahora acerca del tamaño de la ciudad», recordaba de Clari,

> Sobre los palacios y las otras maravillas que allí hay, nada vamos a deciros. Pues ningún hombre sobre la tierra, por mucho tiempo que haya vivido en la ciudad, podría enumerároslas ni contároslas. Y si alguien hubiera de describiros la centésima parte de la riqueza, la belleza y la nobleza que se encontraba en las abadías, en las iglesias, en los palacios y en la ciudad, parecería mentira, y no lo creeríais.

Ni la riqueza, ni la belleza, ni la nobleza pudieron hacer nada por desviar a la horda de voraces rufianes francos que desvalijaron Constantinopla en nombre de Jesús. La ciudad estaba repleta de otras maravillas no artísticas. Tenía un tubo mágico del tamaño de un caramillo colgando del portal de plata de Hagia Sophia, «de qué material estaba hecho, nadie lo sabía»; si un enfermo se metía uno de sus extremos en la boca, «este le aspiraba toda la enfermedad, le sacaba el veneno por la boca y lo agarraba con tal fuerza que los ojos se le quedaban en blanco, mirando hacia atrás, y no podía zafarse de él hasta que el tubo le hubiera extraído toda la enfermedad aspirándola». Y, por supuesto, había reliquias en abundancia: iconos que obraban milagros, fragmentos de la Vera Cruz, el hierro de la lanza que había perforado el costado de Jesús en el Calvario, la túnica de Nuestra Señora, la cabeza de san Juan Bautista, «y tantas otras reliquias suntuosas que no podría contaros o de las que no podría deciros toda la verdad».

Las reliquias eran importantes para la Iglesia, pero a los cruzados las joyas debieron de importarles más. Varios siglos después, cuando el emperador bizantino Juan Paleólogo (1392-1448) fue a Venecia para pedir protección contra los turcos, un observador veneciano de aguda vista observó que todas las joyas que llevaba en sus atuendos eran de bisutería. Nada se había dejado allí.

Tanto se ha dicho sobre la importancia de las cruzadas como una colisión entre dos concepciones del mundo absolutamente incompatibles que se suele exagerar su importancia. A fin de cuentas no fueron demasiado importantes ni para el islam ni para el cristianismo, salvo como acontecimientos fundamentalmente simbólicos.

Los ataques que llevaron a cabo las fuerzas cristianas en los siglos XI a XIII fueron un asunto secundario en el mundo musulmán, mientras que los contraataques musulmanes apenas amenazaron la estabilidad del imperio cristiano. No obstante, su recuerdo conservó un enorme poder retórico, presentando a los árabes ante los ojos europeos como crueles y bárbaros infieles y a los cristianos ante los ojos de los musulmanes como rufianes culturalmente salvajes. Es por esa razón por la que los medios de comunicación islámicos, hasta el día de hoy, continúan refiriéndose a los ejércitos occidentales destacados en Irak como «cruzados», lo que de ningún modo es el cumplido que las voces más necias de la fe norteamericana se imaginan que es. Lo que se ignora en este alboroto de estereotipos envenenados es el inmenso legado cultural que comparten el islam y el cristianismo, aunque no el cristianismo de los despotricadores fanáticos fundamentalistas estadounidenses, ni el islam de los ayatolás asesinos de escasa cultura. Así como los cristianos una vez construyeron Chartres y San Pedro, los musulmanes una vez construyeron la Mezquita Azul de Estambul, la Gran Mezquita de Córdoba y los patios y jardines de la Alhambra. Sus bibliotecarios conservaron todo lo que nos ha quedado del teatro y la filosofía de la época clásica. Crearon en al-Ándalus, el nombre árabe de la España mora, una de las culturas supremas de la historia mundial; suprema, especialmente, en su tolerancia hacia otras fes y credos, una tolerancia no compartida por los bestias católicos antisemitas que les hicieron el trabajo sucio de la «reconquista» a Fernando e Isabel.

Hoy día, los descendientes fundamentalistas del islam no pueden inventar nada, ni conservar nada, ni crear nada. Compararlos con las figuras extraordinarias de su propia historia es como comparar a algún terrorista analfabeto del IRA de los que disparan a las piernas de sus víctimas con Seamus Heaney o con William Butler Yeats. Y lo mismo sucede en nuestro bando, donde los fundamentalistas cristianos no tienen ningún arte sagrado que mostrar, ninguna literatura de importancia estética, y escasa arquitectura aparte de megaiglesias en las que se puede entrar y rendir culto sin salir del coche.

La que fue, después de la Cuarta Cruzada, la peor de todas las cruzadas medievales tuvo lugar dentro de Europa, y también la emprendió el papa Inocencio III. No estuvo dirigida contra la Iglesia bizantina, ni contra los sarracenos y otros «infieles», sino contra europeos: contra un movimiento religioso herético de los franceses, los cátaros, a quienes Inocencio III y su jerarquía estaban resueltos a aniquilar por todos los medios posibles, mediante la proscripción, el fuego y la espada.

«Catarismo» viene de la misma raíz griega que *katharsis*, que significa «limpieza», «purificación», pues era, para los cátaros, la misión que les había sido encomendada en un mundo espiritualmente desmoronado. Donde se manifestó con mayor fuerza fue en Francia, donde tuvo lugar, a comienzos del siglo XIII, el trágico y sangriento desenlace final de su expansión y represión; pero en su época de máximo apogeo se desarrollaron «células» cátaras en toda Europa, incluida Italia, donde sobrevivieron hasta comienzos del siglo XV. Roma las percibió como una poderosa amenaza al propio cristianismo, como algo potencialmente canceroso, así como fueron percibidas las células estalinistas en las democracias occidentales por la Iglesia católica y por el gobierno estadounidense en los años de posguerra del papado de Pío XII.

Las primeras noticias que tenemos sobre la existencia de comunidades de fe cátara en realidad tienen su origen en Colonia, en 1143. Pero Francia fue el bastión del culto, y en particular el Languedoc, situado en la región del Mediodía de Francia, con su fuerte sentimiento de excepción, su lejanía respecto al gran centro de poder de París, su distinto idioma (el provenzal, parecido al catalán) y sus tradiciones de vehemente pietismo.

¿De dónde venía la fe cátara? Como casi todas sus «escrituras» y libros sagrados fueron destruidos, quemados junto con los propios cátaros, es difícil estar seguro sobre ello, pero la mayoría de los eruditos parecen coincidir en que fue importada del este y en que tenía sus raíces en los Balcanes y en el Imperio bizantino. Estaba relacionada con las creencias de los bogomilos o «amigos de Dios», a quienes, al ser especialmente fuertes en Bulgaria, también se conocía como «*bougres*», de donde procede ese duradero término de extremo menosprecio en el idioma inglés, «*buggers*», y en español, «bujarrones».

¿En qué creían los cátaros? No es más fácil resumir esto en unas pocas frases, ni siquiera en un libro entero, que resumir la teología del catolicismo medieval. Además, la campaña realizada por el catolicismo para extirparlo tuvo demasiado éxito. Después de la quema de sus textos, sólo quedan los más mínimos vestigios y esbozos de sus contenidos.

Fundamentalmente, pensaban en términos de un universo dualista gobernado por dos principios creativos, uno bueno y el otro maligno. El bueno era totalmente espiritual. El maligno era material, creado por un demiurgo al que los cátaros identificaban con Satanás y al que llamaban «Rey del mundo», *Rex mundi*.

El mundo que habitamos, incluyendo nuestros cuerpos, era producto de este. La procreación sexual, en opinión de los cátaros, era un acto de crueldad sin igual, ya que hacía descender a un alma desvalida y subdesarrollada a un mundo de imperfección absoluta. El gran objetivo de la búsqueda espiritual de la humanidad, por consiguiente, era escapar de un mundo completamente envilecido de sustancia y deseos materiales, gobernado por el Diablo y sus adláteres, y entrar en un mundo de puro Espíritu articulado, más allá del deseo.

Esta difícil evolución no podía lograrse en un instante de lucidez, ni siquiera en toda una vida, aunque se creía que algunas almas excepcionalmente iluminadas lograban esto último. Por lo general era necesaria la reencarnación, una segunda vida, y quizá una tercera e incluso una cuarta, para completar el viaje a la Perfección. Quienes lo hacían eran conocidos como *perfecti*, y eran una minoría venerada dentro del culto cátaro; equivalían a la jerarquía del catolicismo (aunque los cátaros rechazaban totalmente la idea del sacerdocio), y estaban caracterizados por su extremo ascetismo. La mayoría, el resto de los cátaros, eran los *credentes* o simplemente «creyentes», que llevaban vidas relativamente normales en un mundo normal, dedicándose a la agricultura y el comercio, pero absteniéndose de ingerir carne, leche, queso y otros productos animales, sin hacer juramentos ni participar en actos de violencia.

Podría pensarse que esta gente tan apacible representaba una amenaza tan escasa para la sociedad como un grupo de veganos, cuyos antepasados espirituales fueron, en cierto sentido. Pero no era esa la percepción de Roma.

El papa y el clero percibían la doctrina cátara de la resurrección como la más repugnante de las herejías.

Como los cátaros veían el mundo material como algo intrínsecamente maligno, consideraban que la llegada de Jesús a la tierra como el Hijo de Dios encarnado era un fraude. Si se había hecho carne, había pasado a ser maligno; se había convertido en, o se había aliado con, el creador de la existencia material, el *Rex mundi*, «Rey del mundo», y no se le podía adorar como el Dios del amor y la paz. Ante el argumento católico de que había muerto para redimir la creación material, su respuesta era que, dado que había muerto para redimir algo maligno, él mismo era maligno. (Como sucede con muchas estructuras de «razonamiento» religioso, una vez que se aceptaban las premisas iniciales, lo demás tenía sentido lógico. Por eso los teólogos católicos concibieron esa útil expresión, «un misterio de la fe».)

La doctrina cátara era el polo opuesto de lo que el catolicismo enseñaba sobre la naturaleza de Jesús y el valor supremo de su sacrificio en la cruz. Cuando un católico se enteraba de que un cátaro despreciaba a Cristo y de que consideraba que la crucifixión no tenía ningún valor espiritual, o de que el catarismo rechazaba toda creencia en el Infierno y el Purgatorio, el sacramento de la Eucaristía o la doctrina de la Trinidad, quedaba horrorizado. Le parecía que tales ideas eran literalmente diabólicas, que emanaban del Diablo. Y las otras doctrinas del catarismo suscitaban la misma hostilidad. «Resurrección», por ejemplo, significaba cosas distintas para los cátaros y los católicos. Para un cátaro, «resurrección» era el medio por el que un alma pasaba de una encarnación a otra, en su progreso hacia la perfección. Era fundamentalmente lo mismo que la creencia pitagórica en la «metempsicosis», la transmigración de las almas. Mientras tanto, para un católico tenía el significado más específico de la reanudación física de la vida después de la muerte, la salida de la tumba, como había sucedido con Jesús o con Lázaro.

Había otros rasgos de la fe cátara que al catolicismo romano le parecían igual de repugnantes. En la Edad Media, antes de la alfabetización general y, por consiguiente, de que se generalizara la confianza en los contratos escritos, los juramentos tenían una importancia primordial. Pero los cátaros consideraban que hacer juramentos estaba mal: esa costumbre tenía su origen en el *Rex mundi*. Eran pacifistas y no creían en la guerra, en la pena capital (apartándose muchísimo, con ello, de lo que era normal en el medievo), ni en los votos matrimoniales. Tampoco les gustaba lo más mínimo la procreación de hijos; no compartían el enorme valor que los católicos concedían a la sagrada cópula y al alumbramiento. Y aborrecían el catolicismo romano, pues consideraban que era creación del *Rex mundi*, el Diablo, absolutamente indigno de veneración. Consideraban, con toda la razón, que el culto a las reliquias —viejos trozos de huesos, astillas de madera y pedazos de tela ante los que se postraban los engañados peregrinos— era una farsa, simplemente otra forma de culto a la materia. Los cátaros debían renunciar a todos los aspectos de Roma: renunciar absolutamente a ellos, no sólo criticarlos. Roma era Babilonia: enormemente rica, corrupta sin posibilidad de redención. De hecho, los cátaros eran tan distintos a los católicos romanos que verdaderamente rogaron ser erradicados, como en el pequeño dístico desilusionado del escritor Hilaire Belloc:

> Al pálido Ebenezer le parecía mal luchar,
> pero al estruendoso Bill (que lo mató) le parecía bien.

Bill el Estruendoso, en este contexto, no fue sino el papa Inocencio III. Una vez concluida la Cuarta Cruzada en 1204, y las tesorerías y relicarios de Venecia atiborrados con el botín de Constantinopla, el vicario de Cristo sobre la tierra dirigió su atención hacia los desventurados y heréticos cátaros. Tanta determinación mostraron los cátaros en su resistencia, más espiritual que militar, que a la cruzada oficial del papa, incorrectamente denominada Cruzada Albigense aunque no nació en Albi ni atacó esta ciudad, le costó veinte años extinguirla. No obstante, al final el trabajo se llevó a cabo; la Solución Final de Inocencio III para esta particular herejía se acabó haciendo realidad.

Pero ¿cómo levantar los necesarios ejércitos papales? Quizá los cátaros no tuvieran las riquezas de Venecia. De hecho, la mayoría de ellos no tenía ninguna riqueza, en términos de joyas, oro u otros tesoros palpables. Pero ellos y sus simpatizantes en el Languedoc, incluidos muchos nobles ricos, sí que tenían tierras. Por consiguiente, Inocencio III hizo saber, e hizo anunciar a sus predicadores, que todo aquel que consiguiera llevar a juicio a un cátaro, y de ahí a la muerte, sería recompensado por ello con las tierra de este. Fue una estrategia muy eficaz, porque atrajo a los codiciosos nobles del norte, ávidos de tierras. Además, no se necesitaba un ejército enorme para emprender una cruzada interior. Los ejércitos medievales eran muy pequeños, juzgados según criterios modernos. En las batallas campales que determinaron el destino de regímenes enteros estuvieron involucradas fuerzas que apenas habrían hecho mella en cualquier bando hoy día. Diez mil soldados, veinte mil a lo sumo, habrían sido más que suficientes.

Pero los cátaros también tenían sus propios fieles partidarios. Cansados de la conducta avarienta y sexualmente libertina que veían por todas partes en la jerarquía superior de la Iglesia del siglo XII, muchos católicos estaban con los cátaros, sintiéndose unidos a ellos por un vínculo de superioridad moral. La Iglesia medieval tenía muy escasa reputación en la Provenza, cada vez menos.

La Iglesia del siglo XII en la región del Mediodía francés no se hallaba tan desprestigiada por la conducta de su clero, su amor al lujo, su usuraria avaricia y su libertinaje sexual. Siempre hubo algunos sacerdotes humildes, obispos honrados y congregaciones que los valoraron. Pero la superioridad moral de los cátaros sobre la generalidad de los prelados católicos no era ninguna vana pretensión, y la conciencia de ella le valió al catarismo muchos conversos y tolerantes aliados, algo que hizo un daño ilimitado a la Iglesia. Naturalmente, esto que estaba sucediendo en el Languedoc llegó a oídos de Inocencio III.

Al principio, la Iglesia de Roma trató de lidiar con los cátaros mediante la persuasión pacífica. En la última mitad del siglo XII se enviaron varias misiones al Languedoc; todas fracasaron. Las resoluciones de los concilios de la Iglesia católica —el de Tours en 1163, el Tercer Concilio de Letrán en 1179— tuvieron efectos insignificantes. Domingo de Guzmán, hombre de noble cuna, futuro santo Domingo y fundador de la orden religiosa que lleva su nombre, emprendió una campaña de conversión en la región del Mediodía, declarando que «hay que enfrentarse al fervor con el fervor, a la humildad con la humildad, a la falsa santidad con la verdadera santidad, a la predicación de falsedades con la predicación de la verdad». Tuvo escaso éxito, aunque estuvo acompañado por al menos un milagro espectacular, a veces representado en el arte: encerrados en un debate entre cátaros y católicos romacos, ambos bandos arrojaron sus libros a una hoguera: el libro de los albigenses se quemó, pero la recopilación de los escritos de Domingo se salvó y flotó por encima de las llamas. Los intentos de los dominicos mendicantes, cuya pasión contra la herejía les valió el nombre de *Domini canes*, «los perros del Señor» (su emblema era un perro negro y blanco, que reproducía el hábito negro y blanco de la orden y sujetaba una antorcha encendida entre sus fauces) se vieron frustrados por la pertinaz adhesión de los cátaros a su propia fe. «En mi tierra», declaró Domingo, «tenemos un dicho: "Donde no valgan las palabras, valdrán los golpes"».

Los golpes llovieron pronto. En 1208, el legado papal de Inocencio III, Pierre de Castelnau, fue enviado a reunirse con el gobernante más poderoso del Mediodía francés, el conde Raimundo VI de Tolosa, y amenazarle. Creyendo (y probablemente no se equivocaba) que el conde era indulgente con los cátaros y que se había sabido que les había dado cobijo, Castelnau le excomulgó. La venganza se sucedió inmediatamente: Castelnau fue asesinado cuando regresaba a Roma por uno de los caballeros del conde Raimundo. Esto dejó a Inocencio III sin alternativa, o al menos sin ninguna que pudiera concebir. Exasperado, llamó a una cruzada total contra los cátaros, y nobles del norte de Francia, ávidos de tierras, se pusieron su cota de malla, ensillaron sus caballos y, blandiendo la insignia roja de la cruz tan odiada por árabes y cátaros por igual, acudieron en masa bajo el estandarte papal.

Así empezó la (mal llamada) Cruzada Albigense, en la que franceses lucharon contra franceses, instigados por un pontífice italiano. Naturalmente, no fue este el único acto de entrometimiento internacional de Inocencio III: este había recibido las lealtades feudales de Aragón, Bohemia, León y Portugal, se había inmiscuido en la política de sucesión de Cerdeña y había intervenido sin cesar en los asuntos ingleses, llegando a declarar inválida la Carta Magna. No obstante, la cruzada contra los cátaros, junto con la Cuarta Cruzada, constituyó el apogeo de la tendencia de Inocencio a las aventuras políticas, no porque la organizara, cosa que no hizo, sino porque dio su permiso para que se llevara a cabo.

El papa puso el territorio vencido bajo las órdenes de un abad cisterciense, Arnaldo Amalric, su legado papal. Inició su cruzada en el verano de 1209 sitiando lo que se suponía que era un bastión de los cátaros, el pueblo de Béziers. Béziers también tenía una población católica, a la que se dio la oportunidad de abandonar el pueblo ilesa: significativamente, pocos de ellos lo hicieron, prefiriendo muchos quedarse y luchar junto a los cátaros. Uno de los compañeros cistercienses de Arnaldo le preguntó a su comandante cómo iba a poder distinguir a un cátaro de un católico, y su contestación se hizo legendaria: «*Caedite eos, novit enim Dominus qui sunt eius*», «Matad a todos, el Señor reconocerá a los suyos». Cuando los cruzados entraron en Béziers, donde muchos se habían refugiado, mataron a unas 7.000 personas inmediatamente y a miles más después. Estas fueron cegadas, mutiladas, empaladas, colgadas como blancos para los arqueros y arrastradas por caballos. Después se destruyó el interior del pueblo incendiándolo. «Hoy, su Santidad», informó el abad Arnaldo con servil satisfacción a Inocencio III, «se ha pasado a cuchillo a veinte mil herejes, sin tomar en consideración su categoría social, edad o sexo».

Tras esta masacre inicial llegó, en 1229, la instauración de la Inquisición en todo el sur de Francia. Matones fanáticos interrogaron a miles de sospechosos de catarismo, y los que parecían culpables fueron colgados o públicamente quemados en la hoguera. Durante casi todo un año el último reducto de los cátaros, la casi inaccesible fortaleza de Montsegur (el nombre significa «montaña segura») estuvo sitiada por las tropas del arzobispo de Narbona. Cayó en marzo de 1244 y a continuación se produjo una gran matanza, en la que más de 200 *perfecti* fueron incinerados en un campo de la muerte bajo el castillo, el *prat des cremats* o «prado de los quemados». Aunque esto no eliminó a todos los fieles cátaros, sí que los dispersó y quebró la columna vertebral de la resistencia. Los últimos líderes cátaros, Pierre y Jacques Autier, fueron ejecutados en 1310.

De modo que el papado fue capaz de reprimir los desafíos heréticos, pero durante un prolongado período se vio obligado a trasladarse fuera de Roma. El «papado de Aviñón», que duró desde 1305 hasta 1376, empezó siendo un exilio temporal de la autoridad papal a

Francia, pero durante algún tiempo pareció su traslado total a lo que algunas personas llamaron una «cautividad babilónica» de la Iglesia. Los orígenes de esta se hallaron en un irreconciliable conflicto entre la monarquía francesa y la autoridad papal de Roma, cuya raíz primordial fue ese coco de la política del poder medieval: la espuria «Donación de Constantino».

La autoridad papal involucrada en él, a comienzos del siglo XIV, fue el implacablemente arrogante Benedetto Caetani, que pertenecía a uno de los clanes más poderosos de la Roma medieval y que fue elegido papa con el nombre de Bonifacio VIII en 1294. Bonifacio creía a pies juntillas en la afirmación de la Donación de que el papado reinaba sobre toda la Cristiandad, teniendo precedencia sobre cualquier autoridad secular, incluido el rey de Francia. Pronto tendría un encontronazo con ese rey, Felipe IV, sobre la cuestión de los impuestos. No era pequeña la cantidad de ingresos que el estado francés obtenía de los impuestos que los señores feudales franceses recaudaban de su clero. Bonifacio se opuso vehementemente a esto y en su bula *Clericis laicos* (1296) decretó que ninguna autoridad secular podía gravar con impuestos a la Iglesia, ni a su clero ni lo que para entonces ya eran las inmensas propiedades de esta. Obviamente, una Iglesia en expansión necesitaba hasta el último céntimo de su dinero.

La seguridad en sí mismo que sentía Bonifacio cuando desafió al rey Felipe se vio aumentada por el enorme éxito del Año Santo que había proclamado para 1300, en el que un total de dos millones de peregrinos habían inundado Roma; después de semejante exhibición de fe, no tenía ningún sentido preguntarse «¿Cuántos batallones tiene el papa?». Bonifacio publicó otras dos bulas: *Salvator mundi*, en la que cancelaba todos los privilegios que los papas anteriores habían concedido a los reyes franceses, y *Ausculta fili* («Escucha, hijo»), en la que ordenaba a Felipe IV que compareciera inmediatamente ante un concilio papal. Felipe no quiso saber nada de aquello: «Su venerable estupidez», escribió como respuesta, «debéis saber que no somos el vasallo de nadie en lo que se refiere a los asuntos seculares». Después pasaba a lanzar acusaciones de simonía, brujería, herejía y e incluso sodomía contra el papa.

Fue una respuesta implacable, y para no ser menos, en 1302 Bonifacio publicó la bula *Unam sanctam*, en la cual establecía que era «necesario para la salvación que toda criatura humana se someta al pontífice romano». Era imposible ser más categórico, y Felipe respondió a esto no con palabras, sino con hechos: envió una delegación, que en realidad era un pelotón militar, con órdenes de traer al papa de Roma a París, para que este respondiera de las acusaciones del rey ante un concilio francés. Incluso se encargó de que los cardenales del extremadamente poderoso clan romano de los Colonna, que odiaban a los Caetani, humillasen a Bonifacio. Los hombres de Felipe arrestaron a Bonifacio en su residencia de Anagni, situada en las afueras de Roma. Este murió de la enfermedad que le provocó la crisis de apoplejía que sufrió por su indignación ante semejante ultraje unas semanas más tarde, a los 67 años.

Su sucesor en 1304 fue otro papa italiano, Benedicto XI. Éste no era tan aguerrido como Bonifacio y no pudo desafiar al rey francés tan fácilmente. Su timidez le dejó desvalido ante los grandes clanes romanos como el de los Colonna. No es de sorprender que fuera envenenado, y en 1305 hubo que elegir a un nuevo papa. En esta ocasión fue un cardenal francés que adoptó el nombre de Clemente V (papa desde 1305 hasta 1314). Esto fue un triunfo político para Felipe y para los otros cardenales franceses de la Curia, y a Clemente le repugnaba la mera idea de trasladarse a Roma.

Pues, aparte de las hostilidades entre clanes que había dentro de la élite romana, la propia Italia estaba próxima a la guerra civil. Se estaba despedazando debido a los devastadores conflictos que tenían lugar entre güelfos y gibelinos. Su escritor más grande, Dante Alighieri, la llamaba «la morada del dolor» y «un lugar de prostitución».

Evidentemente, un país tan dividido por un faccionalismo político atroz no era un lugar seguro para un papa extranjero, y ningún francés podía olvidar el ataque a Bonifacio VIII en Anagni, un acto de lesa majestad que sólo podía haber sucedido con el consentimiento de los nobles romanos. De modo que era bastante comprensible que los papas franceses del siglo XIV se negaran a tener su corte en Roma, y que establecieran su propio papado en Aviñón. Aviñón no era italiana. Pero tampoco era francesa. Era un enclave situado dentro de Francia, independientemente papal, como el actual Vaticano, sólo que mucho más grande. Aviñón gobernaba sobre el territorio conocido como el *Comtat Venaissin*. Un cardenal francés podía sentirse mucho más seguro allí que en Roma, pero estando en territorio papal.

A menudo la gente imagina que tener un papa viviendo fuera de Roma era una inusual violación de la costumbre de la Iglesia. Esto no era en absoluto cierto. Había muchos precedentes de ello.

En el siglo que transcurrió entre 1099 y 1198, los pontífices pasaron un total de 55 años fuera de Roma, ocho de ellos en Francia.

En los dos siglos que transcurrieron desde 1100 hasta 1304, los papas pasaron un total de 122 años fuera de Roma, quedándose algunos de ellos en Italia, otros no.

Gregorio IX (papa desde 1227 hasta 1241) pasó más de ocho de sus catorce años de papado fuera de Roma. Celestino V nunca llegó a ver Roma siquiera: elegido en 1294, sólo duró cinco meses antes de renunciar, derrotado por las intrigas que se arremolinaron en torno a él, protagonizando así *il gran rifiuto*, la gran renuncia, el abandono del papado debido al cual Dante lo situó en el Infierno. Inocencio IV (papa desde 1243 hasta 1254) fue elegido y consagrado en Anagni, pero no pasó más de un solo año en Roma; Bonifacio VIII pasó mucho más tiempo en Velletri, Orvieto o Anagni que en el Palacio de Letrán.

En resumidas cuentas, el único aspecto del papado de Aviñón que rompió con los precedentes fue su duración: aproximadamente siete décadas. Esto llenó a algunos observadores de gran inquietud y aprensión. El retiro papal, dijo uno de ellos, podía ser aún más desastroso para Roma económica y espiritualmente que las invasiones bárbaras. El historiador alemán Ferdinand Gregorovius llamó a los papas de Aviñón «esclavos» del rey de Francia, y esta no era una opinión excepcional entre los escritores e intelectuales de la época. Y, no obstante, sería difícil sostener de forma realista que el traslado del papado de Roma a Aviñón fue inherentemente malo para la Iglesia. En algunos sentidos, incluso supuso la mejora de esta: la iglesia resultó estar más fácilmente centralizada, con una administración más eficaz, desde Aviñón. Pero la ostentación de la vida papal allí crispaba a aquellos que no se beneficiaban de ella. El poeta Petrarca, que vivió en Aviñón, quedó horrorizado. «Aquí reinan los sucesores de los pobres pescadores de Galilea», le escribió a un amigo en 1353:

> Extrañamente, han olvidado su origen. Me deja estupefacto... ver a estos hombres cargados de oro y vestidos de púrpura, alardeando de los botines arrebatados a príncipes y naciones... En lugar de santa soledad, encontramos a una legión de criminales y a multitudes de los más infames parásitos; en lugar de sobriedad, licenciosos banquetes; en lugar de piadosas peregrinaciones, prodigiosa y nauseabunda pereza... En suma, parece como si nos halláramos entre los reyes de los persas y de los partos, ante quienes debamos arrodillarnos y a quienes debamos adorar.

Aunque podríamos tomarnos esto como la retórica de un poeta contrariado, estaba cerca de la verdad literal. La corte papal de Aviñón eclipsaba a la mayoría de las demás de Europa por su absoluta suntuosidad. En el Palacio de los Papas, un edificio mucho más imponente que el antiguo Palacio de Letrán de Roma, los suelos estaban cubiertos de espléndidas alfombras flamencas y españolas, y las paredes bordadas de seda. Los papas y sus enjambres de cortesanos comían en vajillas de oro —platos, bandejas, copas con tapa, aguamaniles, salseras y jarras—, usando cubertería de oro con asas de jaspe o marfil. Las existencias de vajillas del papa Clemente V pesaban 700 marcos, o sea 159 kilos; las de Clemente VI, en 1348, pesaban casi 200 kilos. Sus ropas estaban confeccionadas con los materiales más suntuosos: seda de la Toscana, brocado de oro veneciano, tela de lana blanca de Carcasona, lino de Reims y París adornado con armiño o marta cibelina. La piel se usaba con desenfreno: el papa Clemente VI tenía 7.080 pieles de armiño en un nuevo guardarropa que incluía varias capas y no menos de nueve birretes (un sombrero con adornos de piel).

Tampoco eran frugales a la mesa los papas de Aviñón. Sus festines contaban con servicios de comida y bebida dignos de reyes, que, en todo caso, superaban la suntuosidad de las cortes de Burgundia. En noviembre de 1324, el papa Juan XXII ofreció un banquete de bodas para el matrimonio de su sobrina nieta, Jeanne de Trian, con el joven noble Guichard de Poitiers. No se conoce con certeza la cifra de invitados, pero a estos se les sirvió 4.012 panes, 9 bueyes, 55 ovejas, 8 cerdos, 4 jabalíes, 200 capones, 690 pollos, 580 perdices, 270 conejos, 40 chorlitos, 37 patos, 50 palomas, 292 «pajaritos», 4 grullas y —¡qué pena!— solamente 2 faisanes. También dieron cuenta de 3.000 huevos, 2.000 manzanas y peras y 155 kilos de queso, rociados con 11 toneles de vino.

No obstante, cuando el invitado de honor era un papa, se abandonaban estas relativas austeridades. El cardenal italiano Annibale di Ceccano celebró una recepción en Aviñón para el papa Clemente VI en 1343. «La comida», informó,

consistió en nueve platos, teniendo cada uno de ellos tres fuentes. Vimos cómo se traía... una especie de castillo que contenía un enorme venado, un jabalí, cabritos, liebres y conejos. Al final del cuarto plato el cardenal obsequió al papa con una bandeja blanca que valía 400 florines, y con dos anillos, uno de ellos engarzado con un enorme zafiro y el otro con un topacio igual de enorme. Cada uno de los dieciséis cardenales recibió un anillo engarzado con piedras preciosas, así como los prelados y los seglares nobles.

Después del séptimo plato se celebró un torneo de justas, con lanzas y caballos, en el gran refectorio, y a continuación llegó el postre:

> Se trajeron dos árboles; uno parecía hecho de plata, y llevaba manzanas, peras, melocotones y uvas de oro. El otro era verde como el laurel, y estaba decorado con frutas confitadas de muchos colores.

El clímax de todo este regocijo tuvo lugar en el exterior, donde a los invitados se les mostró un puente de madera tendido sobre el cercano río Sorgues. Era una estructura falsa que parecía conducir al lugar donde se iban a celebrar más festejos. Pero una vez que quedó abarrotado de monjes, nobles y otros invitados, se derrumbó y «todos aquellos ingenuos visitantes cayeron al agua», una de esas toscas bromas a las que era tan aficionado el humor medieval, como los *giochi d'acqua* (juegos de agua) que figuraban entre los peligros de los jardines del Renacimiento.

Mientras esto sucedía en Aviñón, todo lo contrario estaba pasando en Roma. Allí, la ausencia continuada de los papas, de la Curia y de la vida general de la Iglesia católica había empobrecido la ciudad, dejándola en un estado lamentable. De repente su negocio principal había sido retirado de allí; o si no se había retirado, sí que había quedado prácticamente paralizado. El contraste entre la miseria de la Ciudad Eterna y los lujos de Aviñón no hizo más que agravarse con el paso del tiempo. El retiro del papado privó a Roma de su principal ocupación: el efecto que ello tuvo era comparable a lo que podría pasarle al actual Los Ángeles si toda la industria del ocio, la producción y promoción de películas, la televisión, la música pop, fuera de repente eliminada. La economía se estancó y la población cayó en picado. En las calles crecía la hierba. Ningún peregrino estaba a salvo. Reinaban el libertinaje y el desorden. Las rivalidades dirimidas entre los clanes poderosos de la ciudad, los descontrolados aristócratas llamados Colonna, Savelli, Orsini y Caetani, se multiplicaron en número y violencia. No se podía controlar a los bandoleros que gozaban de la cínica protección de estos peces gordos; ningún legítimo viajero ni comerciante estaba a salvo en una calle romana. Parecía que Roma se estaba arruinando y precipitando en la anarquía. Entonces, como a veces sucede, la fermentación del caos y la codicia produjo lo que pareció ser su propio antídoto, desde abajo.

Este se llamó Nicola Gabrini, y sus orígenes no podrían haber sido más humildes. Sus padres eran, ambos, romanos: la madre una lavandera, su padre un tabernero de poca monta, Lorenzo Gabrini. Siguiendo la costumbre italiana, su nombre de pila se abrevió y se añadió al de su padre, de modo que se le llegó a conocer como Nicola di Lorenzo —Nicola, el hijo de Lorenzo— o, con elisiones vernáculas, Cola di Rienzo. No había nada en sus orígenes que hiciera pensar en el poderoso e idealizador efecto que estaba destinado a tener sobre Roma, y sobre Italia en general. Pero Cola di Rienzo tenía una visión de Roma, de lo que había sido antaño y de lo que podía volver a ser. Ansiaba que Roma se alzara de la miseria a la que le había condenado la retirada de los papas a Aviñón, y volviera a ser *caput mundi*, la ciudad capital del mundo...

Cola nació en Anagni alrededor del año 1313, pero se trasladó a Roma en 1344, cuando apenas tenía treinta años. Progresó rápidamente, llegando a ser un prometedor notario. No había viajado, pero había leído mucho a los clásicos, especialmente a Tito Livio, Séneca y Cicerón; estudió los monumentos inspiradores, esos restos de la desaparecida grandeza de Roma. El entusiasmo es el mejor maestro, y Cola estaba lleno de él. Había encontrado pronto la misión de su vida.

No sólo tenía la visión de un anticuario, también tenía una visión religiosa. Le inspiraron los hombres religiosos a los que llegó a conocer, los *fraticelli* o hermanos espirituales que eran dados a proclamar que la era de la Iglesia oficial había llegado a su inevitable fin, y que estaba naciendo una nueva era, presidida por el Espíritu Santo. No hay duda de que en Cola se reforzó esta creencia debido a una misión a la que le habían enviado en 1343, la cual le llevó ante el papa Clemente VI en Aviñón. Allí pudo presenciar muy claramente y con sus propios ojos la corrupta suntuosidad del papado de Aviñón, y compararla con el brutal y empobrecido estado en el que se hallaba Roma, tan débil y tan explotada por su propia aristocracia.

Regresó a Roma hacia el año 1344 y pronto reunió alrededor de él a un grupo de hombres jóvenes de ideas afines a las suyas, todos ellos resueltos a trabajar en pro de la honestidad pública y la justicia social. Odiaba a la aristocracia romana (por principios, pero también porque uno de sus miembros había asesinado a su hermano) y estaba resuelto a encabezar una revuelta contra ellos. El terreno ya estaba preparado para la aparición del primer líder popular que la ciudad había tenido desde la antigüedad.

El golpe estalló en mayo de 1347, en el domingo de Pentecostés. Prometiendo una asamblea general de ciudadanos en el Capitolio, Cola di Rienzo apareció ante la multitud, con un aspecto magnífico, vestido con toda su armadura, y encabezó una enorme procesión dirigida al antiguo centro del poder romano y de los derechos romanos. Arengó al pueblo, a *su* pueblo, eso quedó inmediatamente claro, «con fascinante elocuencia», sobre el glorioso pasado, la servidumbre del presente y la futura liberación de su Roma. Reveló una serie de leyes nuevas y más justas para el gobierno de la ciudad. La muchedumbre romana le aclamó como su tribuno: «*Nicholaus, severus et clemens, libertatis, pacis, iustitiaeque tribunus, et sacrae Romanae reipublicae liberator*», «Nicola, estricto y misericordioso, tribuno de la libertad, la paz y la justicia, y libertador de la sagrada república romana». Los nobles corruptos se desvanecieron sin más, atemorizados, dejando al joven héroe al mando de la ciudad y de su pueblo.

A continuación tuvo lugar un período de luna de miel, pero este no duró mucho tiempo. En julio, Cola proclamó la soberanía del pueblo romano sobre el resto de Italia y envió cartas a todas sus ciudades más importantes, exigiendo que estas enviasen legados a lo que se pretendía que fuera un congreso general en Roma, el cual ratificaría lo que él concebía como su dictadura sobre toda la península. Esto no fue más que un sueño. En algunos lugares, como el reino de Nápoles, se tomó en serio la asunción del poder nacional por parte de Cola. En otros no: ¿qué reino, con sus propias tradiciones, iba a bajar la cerviz ante Roma porque lo dijera un tribuno romano? No obstante, avanzado el año 1347, los delegados de 25 ciudades sí que se reunieron en Roma, y rindieron homenaje a Cola. Se formó una magnífica procesión hacia la catedral de San Juan de Letrán, y Cola se bañó en la enorme fuente en la que Constantino había sido bautizado como cristiano, una ceremonia cargada del significado más profundo, que suponía, de hecho, que Cola no sólo había asumido los poderes de un tribuno, sino también los de un emperador. Esto, anunció él, simbolizaba el «renacimiento de Italia», y le dijo con atrevimiento al representante papal que en el futuro él, Cola di Rienzo, podría gobernar Roma sin la ayuda (o, como él lo veía, la interferencia) del papa.

Nunca antes se había realizado un anuncio semejante, y la arrogancia marcó el punto de inflexión en el destino de Cola. Las familias nobles de Roma, que le odiaban, contaron entonces con la aprobación papal para volver a crear problemas. En noviembre, tras haber reunido un ejército, Cola fue a combatir contra las fuerzas de los nobles frente a la Porta Tiburtina, y logró matar a su cabecilla, Stefano Colonna. Pero había subestimado al papa Clemente, que publicó una bula de deposición en la que le llamaba hereje y criminal, incluso pagano. El 15 de diciembre de 1347, las campanas del Campidoglio empezaron a repicar discordantemente y una muchedumbre se congregó allí, gritando: «¡Popolo! ¡Popolo! ¡Abajo el tribuno!».

Cola perdió su valor. Temiendo una revuelta, huyó al Castel Sant'Angelo, se quitó sus insignias y, vestido de civil, corrió a refugiarse en Civitavecchia, el puerto del Tirreno que se hallaba situado a 60 kilómetros al norte. Desde allí, tras algunos retrasos y cierta confusión, abdicó de su tribunado y se retiró al más profundo exilio, dirigiéndose primero a Nápoles y mezclándose después entre los *fraticelli* de los Apeninos. Entre estos seguidores monacales del piadoso y radical místico Joaquín de Fiore, esperó durante dos años a que terminara una persecución llevada a cabo por las tropas papales.

Para entonces ya estaba incluso más profundamente convencido de que había sido elegido, no sólo por los romanos, sino por el Espíritu Santo, para hacer que Italia recuperase la virtud y llevarla hacia la unidad que nunca había tenido. Escribió un plan lleno de visiones apocalípticas para la reforma de la Iglesia y la regeneración del mundo, y en 1350 se lo expuso al emperador Carlos IV en Praga, instándole a que invadiera Italia y a que le nombrara a él Cola, vicario imperial de Roma. El emperador, escasamente impresionado, lo metió en la cárcel, lo mantuvo allí durante un año, y después se lo entregó al papa Clemente dejándolo a merced de este, que se mostró encantado de tener a este inestable rebelde populista por fin entre sus garras.

Cola fue entregado a las autoridades papales en Aviñón en agosto de 1352, juzgado ante un trío de cardenales, y condenado a muerte. Pero no fue ejecutado; lo mantuvieron en prisión (pese a las elocuentes aunque vanas súplicas de Petrarca, pidiendo su liberación) y, en otro de los vertiginosos giros de la rueda de la fortuna, se salvó por la muerte súbita del papa Clemente a finales de 1352. El siguiente pontífice, Inocencio VI, que detestaba a los nobles romanos, indultó a Cola, le puso en libertad y le nombró senador.

Cola fue a recaudar dinero a Perugia, una de las ciudades que habían apoyado su campaña para conseguir el *imperium* de Roma sobre Italia. Recaudó el dinero suficiente para contratar a una fuerza de quinientos mercenarios, y en 1354 los encabezó en una marcha sobre Roma.

Al principio el populacho lo recibió como a un libertador, pero esta ilusión pronto se desvaneció. Las fantasías apocalípticas de Cola, nutridas durante su ocultación entre los monjes de los Apeninos, se habían apoderado de él. Su gobierno como tribuno mostró síntomas de una creciente tiranía, con arrestos arbitrarios, ejecuciones y declaraciones grandilocuentes. Finalmente, la gente que antaño le había adorado se hartó de él. Una turba asedió el palacio de Cola en el Campidoglio y le prendió fuego. Disfrazado, Cola escapó, pero le reconocieron casi de inmediato, cerca de lo alto del gran tramo de 124 escalones que él mismo había construido en la falda de la colina Capitolina, el cual llevaba a la iglesia de Aracoeli. La chusma lo masacró con sus dagas. Debió de ser una escena digna de Sergei Eisenstein. De hecho, en su breve vida y violenta muerte, Cola di Rienzo proporcionó más material para la narrativa, la poesía y el teatro que ningún otro romano desde Julio César. Petrarca dedicó una de sus más bellas odas, *Spirito gentil*, a su memoria. En el siglo XIX alimentó los sueños de los republicanos y se convirtió en un héroe romántico, la quintaesencia del líder alzado desde sus orígenes humildes por un gran destino. Para Byron era la encarnación del heroísmo, y también fue el protagonista de una novela, que ya no se lee pero que fue popular en su día: *Rienzi, el último tributo* de Edward Bulwer-Lytton. Richard Wagner escribió una ópera sobre él, *Rienzi*, en 1840. De hecho, casi se podría decir que no sólo se le conmemoró en el arte, sino también en la vida real. Pues el siglo XX daría en Roma al hombre que pareció, en muchos sentidos, el único sucesor de Cola di Rienzo: Benito Mussolini, otro «invasor vertical» surgido de las clases bajas, que convulsionaría toda Italia con sus sueños apocalípticos de un renacimiento histórico centrado en Roma.

Capítulo 6

EL RENACIMIENTO

Lo abrumador de la arquitectura, del entorno construido, hecho por el hombre, es que tiende a ser lo primero que vemos en las ciudades. Les confiere su carácter. Es un objeto en el mundo, irrefutablemente presente, no una ilusión, como la pintura. De modo que cuando mencionamos la palabra «Renacimiento», es la arquitectura lo que nos viene a la mente como símbolo más poderoso de ese espíritu de renacimiento que se extendió por toda la cultura europea desde el siglo XIV. La arquitectura hace referencia, por encima de todo, a grandes objetos hechos por el hombre, que proporcionan refugio y lugares de encuentro a grupos sociales y tras los cuales hay una clara intención política. Al mismo tiempo, el origen de estos objetos, sus raíces, a menudo se hallan enterradas a gran profundidad, y son poco conocidas. Ninguna persona «inventó» por sí sola la arquitectura gótica, y nunca sabremos quién fue el inventor original que colocó un tronco de árbol horizontalmente sobre las partes superiores de dos verticales. Pero nunca ha habido demasiada polémica en torno a quién fue el «padre» de la arquitectura del Renacimiento. Fue Filippo Brunelleschi (1377-1446), hijo de un notario florentino, que había sido (en palabras del historiador de arte Giorgio Vasari) «enviado por el Cielo para investir de nuevas formas a la arquitectura, después de que esta hubiera estado descarriada durante muchos siglos».

Por supuesto, las nuevas formas eran formas antiguas: las de la antigua Roma. Esta imagen de Brunelleschi como un salvador enviado desde las alturas para redimir el arte de la construcción, y rescatarlo de la bárbara miseria de arco puntiagudo en la que había caído, puede parecer un tanto simplificada hoy día, por no decir algo peor; pero por lo que respecta a los siglos XVI y XVII, fue la pura y única verdad. Todo

lo que Brunelleschi diseñó y construyó, desde el Ospedale degli Innocenti y la Capilla Pazzi hasta la inmensa cúpula octogonal de Santa
Maria del Fiore, la catedral que domina la ciudad, se hizo en su Florencia natal. Pero muchos de los prototipos de estas, las estructuras y los
vestigios que estimularon su pensamiento arquitectónico, estaban en
Roma. Brunelleschi no fue ningún copista, pero se mostró totalmente
receptivo a la inspiración procedente del pasado remoto. La gran cúpula de la antigua Roma, el Panteón, no es como la cúpula de Brunelleschi en Santa Maria del Fiore. Es una estructura que se basa por entero
en la masa, mientras que la cúpula de Brunelleschi es un armazón muy
sofisticado cubierto por una membrana. No obstante, Brunelleschi derivó de Roma su lenguaje de construcción *all'antica*, y parte de la emoción que sus edificios todavía transmiten viene de la extática sensación
de hacer nuevo lo antiguo que acompañó su descubrimiento de la arquitectura de la antigüedad en Roma.

Curiosamente, aunque los primeros humanistas habían hablado
mucho sobre las antigüedades físicas de Roma, parece que ninguno de
ellos hizo un esfuerzo intenso y continuado por examinar las ruinas y
elaborar un registro de ellas antes de Brunelleschi. Naturalmente, no
fue este el caso de los textos, las inscripciones y los manuscritos de la
antigua Roma, que los humanistas literarios buscaron y examinaron
con avidez.

Poco se sabe sobre los primeros años de la vida de Brunelleschi,
pero desde luego no empezó como un aprendiz de arquitecto. Aunque
su padre esperaba que fuera funcionario como él, el hijo mostró pronto ambiciones artísticas, inscribiéndose en el *Arte della Seta*, el gremio
de los trabajadores de la seda, entre cuyos miembros había orfebres
y trabajadores del bronce. Tenía una vocación por el trabajo con oro y
metales semipreciosos, y diligentemente llegó a ser (según escribió su
primer biógrafo Antonio Manetti, 1423-1497) «un absoluto maestro
del niel, el esmalte y los ornamentos coloreados o dorados en relieve,
así como del tallado, la división y el engarzado de las piedras preciosas. Y lo mismo en cualquier trabajo al que se aplicara... siempre tenía
un éxito maravilloso». En 1398 se le reconoció como un orfebre magistral. Su primer edificio de importancia, el Ospedale degli Innocenti
o el Hospital de los Expósitos en Florencia, fue pagado y encargado
por el gremio de orfebres en 1419, y se completó aproximadamente en
el año 1425. Con su largo pórtico de arcos semicirculares sostenidos
por columnas corintias de 8 metros de altura, fue el primer claro eco de
la arquitectura romana clásica que hubo en Florencia. Había sido el

resultado de un viaje de estudios que Brunelleschi había hecho con su amigo el escultor Donatello a Roma, después de que ambos hubieran sido derrotados, por un escaso margen, por Lorenzo Ghiberti en el concurso para el diseño de las puertas orientales del baptisterio de la catedral de Florencia. Manetti describe a un Brunelleschi defraudado, reflexionando que «estaría bien ir a estudiar allí donde la escultura es excelente», y así, en torno a los años 1402-1404,

> fue a Roma, pues en esa época había muchas cosas de calidad que podían verse en lugares públicos. Algunas de esas cosas aún siguen allí, aunque pocas. Muchas han sido robadas posteriormente... por diversos pontífices y cardenales, romanos y hombres de otras naciones. Al observar las esculturas, como tenía buena vista y la mente despierta, vio cómo construían los antiguos, y sus proporciones... Pareció reconocer con bastante claridad cierto orden en sus miembros y partes estructurales... aquello parecía muy distinto a lo que era habitual en aquella época. Propuso, mientras observaba las estatuas de los antiguos, dedicar no menos atención al orden y el método de la construcción.

Aquel debió de ser una de las grandes cimas de descubrimiento de la historia de arte, una especie de «película de colegas» del *Quattrocento*: Brunelleschi y Donatello, cada uno en uno de los extremos de la cinta de medir, rojos por el esfuerzo y la determinación, encaramándose a las ruinas, apartando a hachazos arbustos y enredaderas, midiendo alturas, anchuras y espaciados, anotando incansablemente inscripciones, descubriendo una Roma perdida. Se necesita un auténtico esfuerzo de la imaginación para concebir el aspecto que tendría Roma en aquellos días lejanos. El Foro era una especie de jungla con ruinas, al que normalmente se aludía como *campo vaccino*, el «campo de vacas», algo que en realidad era, con animales pastando por el lugar. Allí no había una sola tienda, ni un solo restaurante, ni un solo lugar de trabajo. Aquel lugar se atravesaba tropezando aquí y allá. Nada era evidente por sí mismo, como lo son las ruinas romanas hoy. La ciudad era una mezcolanza de columnas caídas y ruinosos muros antiguos, bóvedas derrumbadas, arcos rotos. A los lugareños romanos que los veían trabajando en su búsqueda de «los excelentes e ingeniosísimos métodos de construcción de los antiguos y sus armoniosas proporciones» les parecía que no eran más que buscadores de tesoros, algo que eran, en cierto sentido. «Ninguno de los dos se veía importunado por preocupaciones familiares, ya que ninguno de ellos tenía esposa ni hijos... A ninguno de los dos le preocupaba demasiado la comida, la bebida, la forma de vida ni el vestido, siempre y cuando pudiera satisfacerse observando y midiendo estas cosas.»

De esta forma, los restos de la Ciudad Eterna entregaron sus secretos a Brunelleschi y Donatello, aunque este último, según escribió Manetti, no estaba demasiado interesado en la arquitectura como tal. «Juntos hicieron esbozos de casi todos los edificios de Roma... lograron hacer excavaciones para ver las uniones de las partes de los edificios, y si esas partes eran cuadradas, poligonales o totalmente redondas, circulares u ovaladas... A partir de estas observaciones, con su aguda visión, [Brunelleschi] empezó a distinguir las características de cada estilo, como el jónico, el dórico, el toscano, el corintio y el ático, y usó estos estilos... como todavía puede verse en sus edificios.»

Para hacer esto resultó de gran ayuda el nuevo sistema que Brunelleschi estaba desarrollando para representar objetos tridimensionales en profundidad, conocido como «perspectiva lineal», que se basa en el hecho de que los objetos parecen hacerse más pequeños cuanto más lejos se hallan del ojo del espectador. Si se podía hallar una forma fiable de crear esta ilusión construyéndola sobre un plano liso, como la superficie de un tablero o una hoja de papel, sería posible representar el mundo y sus contenidos, como los edificios, de una forma coherente y perceptualmente fiel. Las investigaciones sistemáticas de Brunelleschi las continuó otro arquitecto —aunque fue mucho más que eso—, Leon Battista Alberti (1404-1472). Mostrar el mundo de esta manera permitía al artista dar una nueva credibilidad a sus escenas, con lo que parecían ser personas reales moviéndose en el espacio real e incluso, sorprendentemente, mostrándose emociones reales entre sí. Como escribió Alberti en un tratado sobre la pintura (1435),

> me gusta ver a alguien que cuenta a los espectadores lo que está pasando allí; o que hace señas con la mano, llamando a alguien; o que amenaza con un rostro de enfado y con los ojos encendidos para que nadie se acerque; o que señala hacia algún peligro o cosa maravillosa que hay allí y nos invita a llorar o reír junto con él.

Para Alberti, la perspectiva no era simplemente un medio para la ilusión; era una herramienta empática. Contribuía a otorgarle a la pintura, y a la representación que esta hacía de la arquitectura, la dignidad de un «arte liberal», y alzaba a ambas por encima del ámbito del mero oficio.

La veracidad de la representación, unida a una fascinación científica y pragmática por las formas de la antigüedad. Ese fue el comienzo de la arquitectura del Renacimiento. Los primeros edificios canónicos de esta no se levantaron en Roma, sino en Florencia; y sin embargo, no habrían existido sin las muestras de la antigüedad romana, tal como las interpretaron Brunelleschi y Alberti.

El retrato de Alberti fue fundido en una medalla de bronce en 1454-1456 por el escultor Matteo de' Pasti. En uno de los lados de esta hay un retrato de perfil de Alberti, un hombre extraordinariamente apuesto de cincuenta años. El reverso muestra su *impresa* o emblema heráldico, un ojo volador de cuyos contornos salen llamas, llevado por alas, como el rayo de Júpiter: rapidez y agudeza perceptiva. Alrededor de él hay una corona de laurel, que declara la certeza que tiene Alberti de alcanzar el éxito. Y debajo, el lema «QVID TUM», «¿Y ahora qué?». Es una declaración de la fe del hombre en el futuro, en el poder de la invención humana. Nadie podría haberla merecido más que Leon Battista Alberti, pues si alguien dio sentido al término «hombre del Renacimiento», fue él. Fue arquitecto, teórico, escultor, pintor, arqueólogo y escritor; los temas de los que se ocupó incluyeron asuntos como la criptografía y la ética familiar, como correspondía a alguien acostumbrado al mundo de las cortes del Renacimiento, con los estrechos vínculos y, a menudo, el hermetismo que las caracterizaban. Contribuyó en gran medida al uso de la lengua italiana vernácula, entendida esta como distinta del latín, en sus escritos en prosa. Redactó la primera gramática italiana. Escribió tratados —fue el primero en hacerlo, desde Vitruvio en la antigüedad— sobre arquitectura, pintura y escultura. Además, se dice que fue un extraordinario atleta, e incluso escribió un tratado sobre caballos, *De equo animante*. Diseñó algunos de los edificios más hermosos y visionarios del siglo XV: en Florencia, el Palacio Rucellai (hacia 1453) y Santa Maria Novella (1470); el Templo Malatestiano (1450) en Rímini; para Luis II Gonzaga, las iglesias de San Sebastián (1460) y San Andrés (1470), en Mantua; pero en la propia Roma no hizo nada salvo restauraciones. Su obra maestra literaria fueron los diez libros de *De re aedificatoria*, el primer tratamiento exhaustivo de la arquitectura del Renacimiento que se publicó y el primer tratado sobre la arquitectura clásica que se escribía desde la antigüedad. El efecto que este tuvo sobre los arquitectos —por lo menos, sobre aquellos que habían estudiado latín, pues Alberti no lo escribió en italiano vernáculo— fue tan enorme y fundamental como lo había sido el de Vitruvio. De hecho, podría afirmarse seriamente que es el texto sobre arquitectura más influyente que jamás se ha escrito.

Aunque no construyó en Roma, Alberti tuvo una gran influencia allí, y el medio a través del cual la ejerció fue el papa Nicolás V (1397-1455). Este nuevo papa, cuyo verdadero nombre era Tommaso Parentucelli y que ascendió al trono papal en 1447 tan sólo cuatro años después de que Alberti se hubiera afincado en Roma como miembro de la corte del papa Eugenio, era un humanista como Alberti y había sido amigo suyo desde la época universitaria de ambos en Bolonia. En años anteriores, los dos habían servido a Palla Strozzi, grande de Florencia, como tutores. Vasari afirmaba que Nicolás tenía «un espíritu grande y decidido, y sus conocimientos eran tan vastos que era capaz de guiar y dirigir a sus artistas tanto como ellos a él».

No se sabe exactamente de qué manera se trasladó esto a la práctica. Sin duda, Nicolás V y Alberti hablaron frecuente y prolongadamente sobre arquitectura y urbanismo, tan frecuente y prolongadamente que el papa llegó a ser la persona a la que por lógica Alberti dedicaría y presentaría los diez volúmenes de su *De re aedificatoria*, su obra maestra literaria. «¡Por Dios!», escribió Alberti en un momento dado, «en ocasiones no puedo por menos que rebelarme, cuando veo monumentos cuya existencia incluso los salvajes bárbaros perdonaron por su belleza y esplendor, o que incluso el tiempo, ese tenaz destructor, quiso de buena gana dejar en pie eternamente, cayendo en la ruina debido al abandono (podría haber dicho la avaricia) de ciertos hombres». Y, para mitigar este constante deterioro del tejido histórico de Roma, empezó a recabar todos los datos conocibles sobre los monumentos de la ciudad y a presentarlos de una manera que posibilitara, e incluso facilitara, su conservación. Su amigo el papa se mostró completamente favorable a esta labor de recuerdo.

A diferencia de muchos de sus predecesores —todos los cuales eran, naturalmente, hombres alfabetizados, pero algunos de ellos no eran mucho más que eso—, Nicolás V era un voraz bibliófilo. «Buscaba libros en latín y griego en todos los lugares en los que se pudieran encontrar, sin tener nunca en cuenta el precio», escribió Vespasiano da Bisticci (1421-1498), que tenía que saberlo al ser el librero más importante de Florencia.

Reunió a muchos de los mejores amanuenses y los contrató. Agrupó a varios eruditos y los puso a producir nuevos libros, y también a traducir otros que no estaban en las bibliotecas, recompensándolos generosamente... desde la época de Ptolomeo jamás se había reunido una colección de libros semejante.

El entusiasmo de Nicolás V por el coleccionismo de libros constituyó la base de la Biblioteca Vaticana, y costó una fortuna. Así, Nicolás se convirtió en «el ornamento y la luz de la literatura y de los hombres doctos, y si tras él hubiera aparecido otro papa que hubiera seguido sus pasos, las letras habrían alcanzado una posición digna de ellas». Esto no ocurrió, porque los papas posteriores no compartieron del todo la bibliomanía de Nicolás. Pero incluso su labor de construcción de esta biblioteca fue bastante modesta comparada con sus empresas arquitectónicas. Vespasiano da Bisticci recordó cómo Nicolás «solía decir que quería hacer dos cosas, si alguna vez llegaba a tener el dinero necesario para ello: formar una biblioteca y construir, e hizo ambas cosas durante su pontificado».

La formación de la biblioteca fue bastante gradual. A mediados del siglo xv estaba compuesta por sólo 340 volúmenes, dos de ellos en griego. Algunos eruditos modernos señalan que Nicolás V fue el primer papa que dio una alta prioridad a la formación de la biblioteca papal, pero en 1455 la colección de esta no ascendía a más de 1.160 libros; en Italia había otras de igual o superior tamaño. El honor de ser el auténtico fundador de la Biblioteca Vaticana como institución, por consiguiente, corresponde a un papa posterior, Sixto IV, que tuvo la suerte de tener al erudito Bartolomeo Platina como bibliotecario (1475-1481). Posteriores ampliaciones, especialmente la de León X en el siglo xvi, superarían con creces las cantidades anteriores. No obstante, no cabe duda de que fue Nicolás V quien tuvo la visión de una biblioteca para el Vaticano, «para la comodidad de todos los doctos», y nadie podría acusarle de tacañería. Incluso portaba una saca con centenares de florines en su interior, los cuales regalaba a puñados a las personas que le parecían dignas de ello.

Leon Battista Alberti le parecía una persona especialmente digna de ello. Alberti destacaba por dos motivos. Primero, porque además de sus otros escritos redactó una *Descriptio urbis Romae*, una «descripción de la ciudad de Roma» que se ocupaba de los edificios más importantes de la antigüedad y de las principales iglesias construidas durante la época cristiana, junto con las murallas y las puertas de la ciudad, el curso del Tíber y otras materias; una enorme mejora respecto a la que había sido la única guía a las antigüedades de Roma, *Mirabilia*, o «Maravillas» de la ciudad eterna, un texto plagado de leyendas, rumores y enormes inexactitudes, que se convirtió en un muy necesario preludio al año del jubileo de 1450 que Nicolás V acababa de anunciar. «No existía el más mínimo resto de ninguna estructura antigua», escribiría

Alberti con perdonable orgullo, «que tuviera algún valor, que yo no acudiese a examinar, para ver si se podía aprender algo de él. Así, estuve continuamente investigando, considerando, midiendo y haciendo esbozos de todo aquello de lo que pude tener conocimiento, hasta que llegó un momento en el que ya dominaba por completo todo artefacto o invención que se hubieran usado en esos restos antiguos». Probablemente no sea ninguna exageración decir que Alberti terminó sabiendo más sobre la construcción de la antigua Roma que la mayoría de los antiguos romanos.

El segundo motivo se hallaba en los propios intereses arqueológicos del papa.

Además de todos sus demás talentos, Alberti tuvo la novedosa distinción de ser el primer arqueólogo subacuático del mundo. El objeto de su búsqueda fue una antigua galera romana de la época de Trajano, que 1.300 años antes se había hundido, probablemente durante una *naumachia* o simulación de batalla naval, en el turbio fondo del lago Nemi. La ubicación de esta se conocía porque las redes de los pescadores no dejaban de enredarse con ella. Pero a nadie se le había ocurrido un modo de levantarla, y sin gafas subacuáticas los buzos no podían ver más que una mole indefinida en las oscuras aguas. Después de que el cardenal Próspero Colonna le encargase que lo hiciera, Alberti la levantó mediante garfios, cables, toneles flotantes y cabrestantes. Sólo la proa salió del agua antes de que el casco se partiera por la mitad y volviera a hundirse, y Alberti pudo observar —la primera descripción de la construcción naval en la antigua Roma— que estaba construida con madera de pino y ciprés «en un excelente estado de conservación», cubierta con lino empapado en alquitrán y que después se había revestido con plomo sujeto a ella con clavos de bronce.

Aunque esta proeza debió de causar un gran revuelo en los círculos cortesanos, lo que más consolidó la posición de Alberti como consejero de Nicolás V en materia de construcción fue su gran y cada vez mayor conocimiento de la arquitectura, de la teoría, práctica e historia de esta. Además, no se hacía ilusiones acerca de para quién diseñaba y, a ser posible, construía. «Haz todo lo posible», exhorta al lector,

por conseguir encargos únicamente de las personas más importantes, que son generosas y verdaderas amantes de las artes. Pues tu trabajo pierde su valor cuando se hace para personas de baja categoría social. ¿No te das cuenta de lo beneficioso que puede ser para el fomento de tu reputación el hecho de que cuentes con el apoyo de las personas más influyentes?

Además, añade, «la seguridad, la autoridad y el decoro del Estado dependen en gran medida de la obra del arquitecto». Con el mecenazgo y el estímulo de Nicolás V, Alberti se convirtió en el sucesor de Brunelleschi, con la diferencia de que también fue el primer arquitecto del papado del Renacimiento. (Brunelleschi, pese a la gran influencia que tuvo sobre otros arquitectos, no diseñó para los papas.) Desde luego, aunque Alberti creía en la supremacía de las normas y las formas romanas, también creía firmemente en el gusto individual, y nunca se habría planteado la imposición de un canon de belleza estricto y formulista. Un edificio bien podía tener las proporciones de un ser humano, pero ¿de qué tipo de ser humano?:

> Algunos admiran a una mujer por ser sumamente esbelta y por tener finas formas; los jóvenes caballeros de *Terencio* preferían a una muchacha que estuviera regordeta y rolliza; usted quizá se muestre favorable a un término medio entre estos dos extremos, y ni la querría tan delgada que parezca consumida por alguna enfermedad, ni tan fuerte y robusta como si fuera un labrador disfrazado y estuviera en condiciones de pelear: en resumidas cuentas, querría que fuese una belleza que pudiera formarse tomando para la primera lo que podría sobrarle a la segunda. Pero entonces, como una le agrada más que la otra, ¿afirmaría, por tanto, que la otra no es en absoluto bella o grácil? De ningún modo...

Parece bastante cierto que Alberti fue la figura más influyente en algunas de las restauraciones más cruciales que se llevaron a cabo de una ruinosa Roma, aunque no sabemos en cuántas. Nicolás V tenía planes ambiciosos para la renovación de la ciudad. Una de las claves para ello era el acueducto del Acqua Vergine, que tan importante había sido para el abastecimiento de agua de la antigua ciudad. Ahora, varios tramos se habían venido abajo, y gran parte de los demás estaban obstruidos por sinter o por depósitos de cal acumulada. Quienes vivían en los distritos que en el pasado habían estado abastecidos por el Acqua Vergine se veían obligados a beber el agua sucia del Tíber, repleta de bacterias. Inducido a ello por Alberti, Nicolás V ordenó un cambio total del itinerario del acueducto, que entraría en Roma por un lugar cercano a la Porta Pinciana y terminaría en el Campo de Marte en tres desembocaduras a las que se dio el nombre de Fontana di Trevi, que fue diseñada por Alberti pero que posteriormente sería demolida y sustituida por esa enorme celebración de la piedra realizada por Nicola Salvi, a través de cuyas aguas Anita Ekberg caminó para la cámara de Fellini y en la que generaciones de turistas han arrojado sus monedas.

Alberti supervisó la restauración del Puente Sant'Angelo, que hizo posible la circulación a través del Tíber hacia el Castel Sant'Angelo, anteriormente la tumba de Adriano. También estuvo ocupado restaurando antiguas y endebles iglesias para Nicolás V, como la de Santo Stefano Rotondo, esa iglesia circular con un majestuoso anillo de columnas interiores que había sido erigida a comienzos de la época cristiana.

Nicolás V no tenía ninguna duda sobre la importancia de la arquitectura: de una nueva arquitectura, que centraría y estabilizaría la fe de los cristianos. En 1455 declaró que

> para crear convicciones firmes y estables en las mentes de las masas incultas, tiene que haber algo que resulte atractivo para la vista... una fe popular que se halle sostenida únicamente por doctrinas nunca será sino débil y vacilante. Pero si la autoridad de la Santa Sede estuviera visiblemente expuesta en majestuosos edificios, en imperecederos monumentos conmemorativos... la fe aumentaría y se fortalecería como una tradición desde una generación hasta la siguiente, y todo el mundo la aceptaría y la veneraría.

Pero la gran obra en la que Nicolás V y Alberti esperaban embarcarse fue la replanificación y reconstrucción de la basílica de San Pedro, el corazón del cristianismo. En el siglo XV, la basílica original de Constantino ya se hallaba en mal estado, y Alberti vio que había que reconstruir partes enteras de ella. «Un muro muy largo y grande», observó, «se ha construido, de forma muy imprudente, sobre varios grandes espacios vacíos», con la consecuencia de que el zarandeo de los vientos del norte a lo largo de los siglos lo había empujado a casi 2 metros respecto de la vertical, de modo que cualquier presión o hundimiento adicional podían echarlo abajo. Alberti recomendó que todo el muro se enderezara compactándolo con una nueva obra de mampostería, y Nicolás ordenó que se extrajeran del Coliseo más de dos mil carretadas de piedra de construcción y se llevaran al emplazamiento de San Pedro. Pero la titánica tarea de reconstruir la antigua basílica de Constantino no se logró; el papa murió, y la responsabilidad de la gran iglesia pasó a otras manos papales y arquitectónicas aún más ambiciosas.

Las arquitectónicas fueron las de Donato di Angelo di Antonio (1444?-1514), comúnmente conocido como Bramante, un apodo que significaba «apasionado» o «intensamente deseoso». (A su abuelo materno también lo habían apodado Bramante: quizá la intensidad fuera un rasgo familiar.) Era hijo de un granjero y había nacido en un pueblo de los Estados Pontífices cercano a Urbino. Indudablemente presenció la construcción del Palacio Ducal y habría tenido algún contacto con artistas que asistían a esa cultivada corte a invitación de su gobernante y mecenas Federico da Montefeltro, entre ellos Alberti y figuras como Piero della Francesca. Fue uno de los integrantes de una constelación de figuras de los inicios del Renacimiento que habían nacido alrededor de la década de 1440: Perugino, Botticelli, Signorelli y, en 1452, Leonardo da Vinci. Más tarde, cuando se trasladó a Milán, llegó a conocer a Leonardo, pero no es posible decir hasta qué punto. Es probable que un pequeño libro sobre la arquitectura de la antigua Roma que apareció anónimamente en torno al año 1500 y que estuvo dedicado a Leonardo fuera obra de Bramante. Desde luego, ambos artistas trabajaron para la corte de los Sforza en Milán en la década de 1490. Probablemente Bramante consiguió ser presentado al duque Ludovico Sforza a través de su tía, Battista Sforza (muerta en 1472), que se había casado con Federico da Montefeltro. Bramante pasaría dos décadas en Milán trabajando en algunas construcciones para el duque Ludovico. No llegó a ser una estrella allí; al ser forastero en la ciudad, no consiguió los encargos importantes. Sin embargo, sí que diseñó la iglesia de Santa Maria presso San Satiro, y participó en el diseño del monasterio y la iglesia milanesa de Santa Maria delle Grazie, donde Leonardo pintaría su desastrosamente mal conservada *La Última Cena*, ese icono, hoy casi desaparecido, del Alto Renacimiento. Bramante diseñó una tribuna al final de la nave central que en un principio pretendía ser un mausoleo para los Sforza.

El traslado de Bramante a Roma se lo debemos a la historia política. Cuando los ejércitos franceses invadieron Milán en 1499, expulsaron al duque y trastornaron por completo la vida cultural de la ciudad. También perpetraron lo que es sin duda uno de los mayores crímenes jamás cometidos contra el arte: la maqueta en arcilla de Leonardo para el enorme caballo de bronce que había de ser el monumento a Gian Galeazzo Sforza, el padre de Ludovico, quedó ignominiosamente destrozada después de que los ballesteros franceses la utilizaran como blanco para sus prácticas de tiro; una gran pérdida, sin duda. Al igual que el tremendamente frustrado Leonardo, Bramante fue una de las figuras que partió hacia Roma; y lo que Milán perdió, Roma lo ganó. Al igual que cualquier otro arquitecto de talento, pronto quedó absorto en la grandeza y la pureza de sus construcciones de la antigüedad.

Muy pronto, uno de los grandes «papas constructores» del Renacimiento, Julio II, se haría con los evidentes talentos de Bramante. Pero

primero este diseñó varios edificios no papales, y el más importante de
ellos no fue mucho más grande que un cenador: un diminuto templo
circular abovedado, situado en el patio del convento e iglesia de los
franciscanos españoles de San Pietro in Montorio, en lo alto de la colina del Janículo. Puede que este *tempietto*, como se le conoce, estuviera inspirado en el antiguo Templo de Vesta de Roma. Las dieciséis
columnas de su anillo exterior son todas dóricas, el orden que se consideraba más apropiado para conmemorar a los héroes robustos y viri-
les, algo que el apóstol Pedro, que no era ningún santo de yeso, sin
duda era. Bramante trabajó de acuerdo con un esquema modular originalmente concebido por Vitruvio como una fórmula para la armonía
interior: todas las dimensiones principales, como el diámetro del interior, son múltiplos de los diámetros de las columnas. El Tempietto es
el primer edificio dórico completo del Renacimiento italiano, como
señaló otro arquitecto pionero, Sebastiano Serlio: «Tenemos que reconocer el mérito de Bramante, ya que fue él el inventor y la luz de toda
la buena arquitectura que había estado sepultada hasta su tiempo, el
tiempo de Julio II».

Julio II fue el nombre que adoptó, tras ser elegido papa por el Colegio Cardenalicio, Giuliano della Rovere (1443-1513). Este hombre
impaciente, belicoso y estruendosamente dinámico fue el mayor mecenas del arte que la Iglesia romana había dado jamás, y seguiría siéndolo hasta la asociación de Urbano VIII Barberini con Gian Lorenzo Bernini más de un siglo después. Su arquitecto fue Bramante, su escultor
Miguel Ángel, su pintor Rafael.

Este trío constituyó, sin que se pueda dudar demasiado de ello, el
más extraordinario conjunto de talentos artísticos jamás reunido por un
solo hombre europeo.

Rafael pintó los frescos de la serie de estancias particulares papales
situadas en la segunda planta del Vaticano, la más importante de las
cuales se conocía como Stanza della Segnatura porque en ella Julio
firmaba con su nombre los documentos fundamentales. Algunos piensan que fue el propio Julio, y no Rafael, quien escogió la narración de
imágenes para estas estancias.

En cuanto a Miguel Ángel, Julio II fue, con diferencia, el cliente
más importante, aunque también el más difícil, que jamás tuvo; del
mismo modo que Miguel Ángel fue el artista más difícil e importante
que jamás había trabajado para Julio. El escultor emprendió un proyecto colosal, que nunca se terminaría, para la tumba del papa en la iglesia
de San Pietro in Vincoli. Pintó, de muy mala gana, los frescos del techo

y de la pared frontal de la capilla del Vaticano que, al haber sido construida por el tío de Julio, el papa Sixto IV (papa desde 1471 hasta 1484), se conocía como la Capilla Sixtina, y posteriormente decoró la Capilla Paulina, también en el Vaticano, con escenas de la conversión de san Pablo y la crucifixión de san Pedro.

Y Bramante, que ya era un hombre avejentado cuando empezó a trabajar para Julio II, con más de sesenta años de edad, emprendió la hercúlea tarea de terminar el trabajo que había iniciado Alberti, creando un nuevo centro simbólico para el cristianismo, demoliendo la basílica de San Pedro que había levantado Constantino y construyendo una completamente nueva. Sería la iglesia más grande del mundo.

El hecho de que la voluntad y los deseos de Julio II fueron descomunales nunca se ha puesto en duda. No se le podía desafiar con demasiadas esperanzas de sobrevivir, y menos aún de tener éxito en el intento. En su corte y en el resto de Roma se le conocía como *il papa terribile*, el papa terrible... o, si uno desea desplazar el significado unos centímetros más allá, el Padre Aterrador. No en vano eligió llamarse Julio. Su modelo era el gran Julio de la antigüedad, el Julio César que todo lo conquistaba, todo lo veía y todo lo recordaba, el divino, el conquistador de Europa y re-creador de Roma, *Roma triumphans*, la ciudad en torno a la cual giraba el resto del mundo. Estaba decidido a restablecer, no sólo a restaurar superficialmente, el alcance del poder político de la Iglesia católica, que había sufrido pérdidas demasiado evidentes con el traslado del papado a Aviñón.

Para lograr esto era necesario expandir los Estados Pontificios, un proyecto que podía intentarse mediante la diplomacia pero que sólo se podría asegurar mediante la fuerza militar. Por ello, Julio II se convirtió en el primer y último papa que encabezó un ejército a lomos de un caballo, vistiendo una armadura. (Con su papado también llegó la fundación, el 21 de enero de 1506, de la Guardia Suiza, cuyos integrantes no son en la actualidad más que presuntuosos policías vaticanos con ondeantes uniformes amarillos pero que, en el siglo XVI, constituían una importante fuerza de alabarderos dedicada a la protección personal del papa; una Guardia Pretoriana eclesiástica.)

Gran parte del dinero que financió sus empresas militares procedía de la industria textil de Italia. Para el teñido de la tela se necesita un fijador, que en el siglo XVI era un mineral, el alumbre. La mayor parte del alumbre había venido de Turquía, pero se iban a encontrar grandes depósitos de él al norte de Roma, en un lugar por lo demás poco interesante llamado Tolfa. Las minas de Tolfa, que prácticamente tenían el monopolio del mineral, aumentaron su valor con el comercio textil y por ello constituyeron una gran fuente de ingresos para el papado.

En 1503, cuando Julio fue elegido papa, la ciudad de Roma se hallaba en graves apuros. En algunos aspectos apenas funcionaba como una ciudad: carecía de un gobierno central fuerte y estaba dividida en distritos beligerantes y aislados, gestionados de forma improvisada por los arraigados herederos de los clanes medievales. Estaba asolada por el crimen, sobre todo en las zonas portuarias del Tíber, la Ripa y la Ripetta, donde el comercio estaba dominado por matones similares a los mafiosos. Algunos bancos habían cerrado, incapaces de soportar la paulatina devaluación de la moneda. El precio del maíz se había duplicado. El antiguo sistema de abastecimiento de agua estaba al borde del colapso, pese a los anteriores intentos de Nicolás V por repararlo. Había frecuentes brotes de peste. Algunas partes ribereñas de Roma se habían vuelto palúdicas; hasta el papa Julio II tuvo malaria, aunque no fue un caso grave.

Sobre este telón de fondo, las acciones de Julio, aunque molestaron a muchos romanos, tuvieron bastante sentido. Estabilizó el precio del pan montando panaderías públicas. Trajo grano barato de Sicilia y Francia, y prohibió la inmigración. Apretó las clavijas a la recaudación de impuestos y confiscó las propiedades de varios cardenales exageradamente ricos que, en buen momento, habían muerto. Estos fueron sustituidos por cardenales que habían sido nombrados hacía poco tiempo, todos ellos amigos de Julio, que también eran ricos pero en cuya obediencia se podía confiar. Y, naturalmente, se ordenó a la Iglesia que sacase hasta el último céntimo que pudiera mediante la venta de indulgencias, esa abusiva y supersticiosa práctica por la cual se suponía que el fiel podía comprar la remisión del purgatorio en la otra vida dando dinero contante y sonante a los agentes de Roma en esta. «Cuando abres los cordeles de tu monedero y suena el tintineo del dinero, el alma sale volando del Purgatorio y canta.» La indignación provocada por el negocio de las indulgencias sería una de las fuerzas que impulsarían la Reforma protestante, pero al principio la jerarquía católica no se dio cuenta de la frenética industria en la que este se estaba convirtiendo. Gracias a estas medidas de emergencia, la Tesorería papal, que tenía aproximadamente 300.000 ducados en 1505, aumentó esa cantidad hasta los 500.000 en 1506.

Julio tuvo la suerte de contar como amigo íntimo y gestor financiero con el banquero de Siena Agostino Chigi (1466-1520), reconocido como el banquero mercantil más rico de Europa, que tenía más de 100 oficinas distribuidas desde El Cairo hasta Londres y que en un momento dado tuvo en prenda la tiara papal como garantía de sus préstamos.

Así, Julio II pudo satisfacer sus ansias de gloria cesárea. Esto quedó especialmente claro después de que los ejércitos papales se anexionaran Bolonia y expulsaran a sus gobernantes, de la casa de Bentivoglio, en 1507, cuando se organizó para él en Roma una procesión imperial que recordaba exactamente los triunfos del César original; se desplazó a caballo hacia el Capitolio, bajo arcos triunfales, a lo largo de calles flanqueadas por muchedumbres que le vitoreaban. En 1504 se acuñó en su honor una nueva y revalorizada moneda de plata, que llevaba su retrato y que se conoció como el *giulio*. Al año siguiente, Julio II encargó a Miguel Ángel la confección de una enorme figura de sí mismo que se montó sobre la fachada de la iglesia boloñesa de San Petronio, pero tres años después, cuando sus fuerzas perdieron el control de la ciudad, este gigante de bronce fue derribado, desmembrado y refundido como un cañón. Pero, para entonces, otros proyectos de Miguel Ángel, así como de Rafael y Bramante, ya ocupaban la atención de Julio, evitando que se la prestara a eso.

La arquitectura ocupó el primer plano. Julio pretendía restaurar el «decoro» de Roma mediante nuevas construcciones de grandiosa envergadura, devolviendo a la ciudad la grandeza y la autoridad que sus antiguos edificios le habían conferido en el pasado. Julio César le había dado a Roma un renovado centro espiritual mediante sus construcciones. Julio II haría lo mismo, reconstruyendo San Pedro a una escala impensable hasta la fecha.

En 1505, Bramante comenzó a realizar una serie de incorporaciones al Palacio Vaticano: las terrazas del patio de Belvedere. Estas eran privadas, naturalmente; de hecho, lo eran hasta tal punto que estaban concebidas para poder verse solamente desde una posición estratégica, la ventana del estudio del papa, esa parte de los apartamentos papales que dominaba la cuesta descendente que llevaba al Tíber y que se conocía como la Stanza della Segnatura. Estas terrazas se inspiraron en los enormes palacios imperiales de la antigüedad: la *Domus Aurea* de Nerón, la Villa de Adriano; el mensaje que le comunicarían al visitante era que se acercaba la llegada de una nueva Roma católica y papal, comparable en todos los sentidos a la antigua Roma imperial y pagana. Naturalmente, Julio quería que este gigantesco proyecto de 100 metros de ancho y 300 metros de largo, con sus escaleras, rampas, jardines de diseño formal, arcadas, fuentes, *nymphaeum* y teatro al aire libre, estuviera terminado lo antes posible. Tendría la colección de escultura antigua más

impresionante y valiosa que jamás había existido; el Apolo de Belvedere, el Laoconte, el Torso de Belvedere, todas ellas estarían allí. Las palabras que Virgilio había puesto en boca de la Sibila de Cumas, en las
que esta advertía a los ignorantes que no se acercaran, «*procul este,
profani*» («¡Alejaos de aquí, profanos!»), se tallaron en la piedra de la
rampa de la escalera de caracol cercana al patio de las esculturas. Se
podía subir esta rampa a caballo. Su arquitrabe está sostenido por una
serie de columnas que se vuelven cada vez más delgadas y refinadas a
medida que uno la asciende: el orden toscano en el nivel inferior, que
deja paso al dórico, después al jónico y finalmente al compuesto.

El fresco del Parnaso se pintó en la pared norte de la Stanza della
Segnatura, sobre su ventana. Desde la ventana se tenía la vista de una
parte de la colina Vaticana que tradicionalmente se había considerado
consagrada a Apolo. Otra parte de la historia mítica de esta era que los
sacerdotes etruscos solían esperar augurios y realizar profecías (*vaticinia*) desde este lugar. De ahí el nombre «Vaticano» para toda la zona.
El Apolo fue instalado en el Belvedere como un acto denominador, no
tanto de la escultura como de su emplazamiento. El hecho de tener el
fresco de Apolo y las Musas pintado por Rafael justo en el sitio desde
el que se observaba la lejana escultura de Apolo confirmaba la tradición mántica del lugar, y esto se veía reforzado por otro mito: el de que
san Pedro había sido crucificado allí.

El Belvedere, con su tamaño y sus niveles, casi podría ser una ciudad en sí mismo, y desde luego las ambiciones urbanísticas de Bramante, aunque nunca se cumplieron, formaron parte de su reputación en
Roma. Dos años después de su muerte, un escritor llamado Andrea
Guarna hizo aparecer a Bramante en una comedia satírica titulada *Scim-
mia* («El Mono»). Bramante muere y llega a las puertas del Paraíso,
diciéndole a san Pedro —el papa original, cabe recordarlo, el prototipo
de Julio II— que no entrará allí a menos que se le contrate para reconstruir todo el lugar:

> Quiero deshacerme de este duro y difícil camino que lleva de la tierra
> al cielo; construiré otro, en espiral, tan ancho que las almas de los viejos
> y los débiles puedan subirlo montadas a caballo. Después creo que echaré
> abajo este paraíso y haré uno nuevo que proporcionará moradas más ele-
> gantes y cómodas a los bienaventurados. Si estáis conforme, me quedaré;
> de lo contrario, me iré directo a la casa de Plutón, donde tendré más posi-
> bilidades de llevar a cabo mis ideas... haré un infierno completamente
> nuevo y derribaré el viejo.

Ni Bramante ni Julio titubeaban a la hora de librarse de edificios antiguos, por muy venerables que estos fueran, si obstaculizaban sus planes. No es ninguna sorpresa que uno de los apodos del arquitecto fuera «Bramante *ruinante*», Bramante el Destructor. Este apodo se utilizó mucho cuando Bramante se preparaba para emprender el proyecto más grande de su vida, quizá el proyecto más grande de la vida de cualquier arquitecto (a menos que se cuenten los interminables rascacielos que se llevarían a cabo posteriormente en territorios gobernados por jeques árabes, o los megaaeropuertos de China): el diseño y la construcción de la nueva basílica de San Pedro.

Tanto el papa como el arquitecto pensaban, con razón, que el antiguo edificio erigido en el siglo IV por Constantino ya no servía. En el reinado de Nicolás V (papa desde 1447 hasta 1455), un estudio había mostrado que sus paredes estaban tambaleándose y que se habían desplazado respecto a la vertical, y existía un peligro real de que un terremoto (a los que Roma, en los siglos XV-XVI, era más proclive que en la actualidad) derrumbase toda la estructura, de más de mil años de antigüedad. Ambos hombres eran conscientes de su propia mortalidad, y, de hecho, un solo año separaría las fechas de sus respectivas muertes, falleciendo Julio en 1513 y Bramante en 1514. Si la historia había de recordarlos como los autores de esta colosal empresa, tendrían que darse prisa. Además, deberían hacer avanzar el proyecto lo máximo posible, para que el siguiente arquitecto y el siguiente papa no tuvieran más remedio que seguir con su concepción, sin poder hacer cambios radicales.

Por desgracia, como Bramante no dirigía un despacho de arquitectos en el sentido moderno del término, prácticamente no existe ningún documento escrito ni ningún borrador de cómo pudo ser el intercambio de ideas entre él y Julio, y el único documento de primera mano que tenemos de las intenciones de Bramante es un dibujo conocido como el «plano de pergamino», que se halla en el Museo de los Uffizi, en Florencia. Este muestra una cúpula central y dos capillas abovedadas que forman una cruz griega, aunque, naturalmente, sin indicaciones sobre su tamaño. Pero había poderosos motivos para hacerla enorme, y podemos imaginarnos a Julio y su arquitecto hablando de que, ahora que Constantinopla había caído (en 1453) en manos de los infieles turcos y que Hagia Sophia se había convertido en una mezquita, el centro de la Cristiandad tenía que ser la cúpula más grande de todas. Las cuestiones que podía suscitar la demolición de un edificio tan venerado como la antigua basílica de San Pedro quedarían silenciadas por la frase inscrita en una medalla que representaba su prevista elevación: «TEMPLI PETRI INSTAURACIO». *Instaurare* quería decir «restaurar», «renovar», «hacer nuevo»; el papa y el arquitecto podían decir que sólo estaban «restaurando» la antigua estructura, aunque, por supuesto, la estaban sustituyendo por completo.

La inspiración de Bramante para la nueva iglesia fue fundamentalmente romana, no florentina. Es decir, que se inspiró en los gigantescos complejos de termas de la antigua Roma y, al igual que ellas, se hizo de hormigón y ladrillo, con varios revestimientos de mármol y piedra caliza. Tal como finalmente se construyó, la basílica tiene una longitud de 218,7 metros, teniendo su nave principal 26 metros de anchura y 46 de altura de techo a suelo. El transepto mide 154,8 metros de largo. Toda la estructura contiene 46 altares. Abarca una superficie de 2,3 hectáreas. Ninguna de estas cifras en bruto da más que una vaga impresión de la inmensidad de un edificio que puede, si la congregación se apiña en su interior, albergar a 60.000 personas (aunque no cómodamente). En comparación, el Duomo de Milán puede albergar a aproximadamente 37.000. La cúpula de San Pedro es la más alta del mundo: 136 metros desde el suelo hasta la parte superior de la cruz exterior de la linterna. En cuanto a su diámetro, es ligeramente más pequeño que el de la antigua cúpula del Panteón y que el de la «moderna» cúpula de la catedral de Florencia de Brunelleschi. La tradición que dice que está construida sobre el auténtico emplazamiento de la tumba de san Pedro sólo es eso, una tradición, que no está respaldada por ninguna prueba histórica o arqueológica convincente.

Su iluminación, espléndida y teatral, no era el aspecto menos impresionante de la cúpula. Hoy día esta se lleva a cabo con focos eléctricos de luz difusa y luz direccional, pero desde el *seicento* hasta finales del siglo XIX se realizaba (en ocasiones especiales, como la *festa* de San Pedro) con una profusión de varios miles de lámparas, linternas y antorchas, todas las cuales, siguiendo las órdenes de un maestro escénico, se encendían simultáneamente. Todo aquel que veía esto, antes de la era de la electricidad, quedaba atónito por su grandiosidad. Goethe, que fue testigo de ello, escribió que «si uno reflexiona sobre el hecho de que, en ese momento, el gran edificio sólo sirve de marco para una fantástica orgía de luz, se puede entender perfectamente que nada semejante a ello puede encontrarse en el mundo». Giuseppe Belli, el poeta vernáculo de Roma, se hizo eco de esta estupefacción en un soneto que escribió en 1834:

Chi ppopolo po' èsse, e cchi ssovrano,
Che cciàbbi a ccasa sua 'na cuppoletta
Com'er nostro San Pietr' in Vaticano?
In qual antra scittà, in qual antro stato,
C'è st'illuminazzione bbenedetta,
Che tt'inttontissce e tte fa pperde er fiato?

«¿Cuál puede ser el pueblo, cuál el rey,
que en casa tenga una cupulita
como la de nuestro San Pedro en el Vaticano?
¿En qué otra ciudad, en qué otro Estado,
existe un alumbrado tan hermoso,
que te deja enbobado y sin aliento?»

El diseño de la basílica estaba cargado de simbolismo litúrgico: así, (por poner sólo un ejemplo) los primeros dibujos realizados para la iglesia especifican doce puertas, una alusión a las doce tribus de Israel y a los doce apóstoles. Lo más fundamental, desde el punto de vista tanto de Bramante como de Julio, era que tenía que estar basado en formas geométricas «perfectas»: el cuadrado (que simbolizaba, entre otras cosas, la tierra) y el círculo (los cielos), el uno inscrito dentro del otro. No se construyó así, pero en otro edificio de Bramante, que no se halla en Roma, nos podemos hacer cierta idea, a una escala más pequeña, del efecto general de esto. Se trata de la mucho más pequeña iglesia de peregrinación de Santa María de la Consolación, construida en una ladera bajo la ciudad de Todi, en Umbría. Su cúpula se alza sobre un tambor que a su vez se eleva sobre un bloque cuadrado, del que nacen cuatro ábsides poligonales, cada uno de ellos techado con una media cúpula. No hay ninguna ciudad alrededor de ella; surge, sin más, de la tierra, inundada de luz por todo su interior. Nada de mosaicos ni de estatuas, nada dorado, nada de mármol: tan sólo forma poderosa, ideal, geométrica. Tener semejante interior para uno mismo, bajo la luz de una mañana de primavera, es hacerse una fugaz idea de lo que quiso decir Dante: «*luce intellectual, piena d'amore*» («la luz de la mente, bañada de amor»).

Se necesitaron 120 años para la construcción de la basílica de San Pedro, que duró las vidas enteras de veinte papas. Cuando Bramante murió en 1514, fue sustituido por tres: Giuliano da Sangallo, Fra Giocondo y Rafael. Sangallo dejó Roma en 1515 y Fra Giocondo murió este mismo año, con lo que Rafael quedó como arquitecto principal hasta que él también murió en 1520.

Antonio da Sangallo se encargó entonces de la revisión del diseño y siguió con él hasta su muerte en 1546, momento en el cual se pasó la enorme tarea a un Miguel Ángel ya anciano, renuente y cada vez más débil. Para entonces Sangallo ya había construido los pilares cruzados que soportarían la cúpula, y ya había abovedado algunos de los brazos de su inmensa cruz griega.

Pero la cúpula en sí no existía todavía.

El primer paso que dio Miguel Ángel fue cancelar los planes de Sangallo por completo y derribar todas las estructuras de este que no le gustaran. Quería volver a una pureza bramantina, y en una célebre carta que envió a la *Fabbrica*, o despacho de las obras de San Pedro, escribió que «todo aquel que se ha desviado del plan de Bramante, como hizo Sangallo, se ha desviado de la verdad».

Sangallo había eliminado toda la luz del plan de Bramante, o eso le parecía a Miguel Ángel, creando oscuros rincones donde se podría acosar sexualmente a las monjas y donde los acuñadores de monedas falsas podrían hacer su nefando trabajo. Por las tardes, cuando se tuviera que cerrar con llave la basílica, se necesitarían veinticinco hombres para desalojar a cualquiera que se ocultara en su interior. Y por ello, «recibirlo [el encargo de San Pedro] sería la mayor desgracia para mí, y si puedes lograr que el Papa lo entienda, me complacerás, porque no me siento bien». No sirvió de nada. Sin elección, Miguel Ángel aceptó, lleno de recelos, en 1547. Mandó a buscar a Florencia las maquetas de arcilla y madera de su Duomo. Estas se convirtieron en la primera inspiración para la cúpula de doble capa de San Pedro que se levantó sobre su tambor de dieciséis lados. Su finalización no estaba en absoluto próxima antes de la muerte de Miguel Ángel en 1564. Finalmente fue terminada por Giacomo della Porta en 1590; el diseño de este último fue algo más puntiagudo, más ascendente, que el de la cúpula hemisférica exterior de Miguel Ángel.

Entretanto, mientras la basílica avanzaba, Rafael había estado trabajando dentro del Vaticano.

Rafael había nacido en 1483 en Urbino, que, aunque pequeña, no era ningún páramo cultural. Su padre, Giovanni Santi, fue un pintor adscrito a la corte del duque de la ciudad. El primer duque, el *condottiero* Federico da Montefeltro, había sido ennoblecido por el papa —Urbino formaba parte de los Estados Papales—, y en gran medida gracias a él la ciudad se había convertido en lo que el poeta irlandés W.B. Yeats posteriormente llamaría «Escuela y espejo de cortesías / donde el ingenio y la belleza aprendían su oficio / en la ventosa colina de Urbino».

17. *Iglesia de los Santos Cosme y Damián*, 526-530. Ábside.

18. *Mosaico de la basílica de San Clemente*, siglo XII.

19. Cola da Caprarola
*Santa María de la
Consolación*, 1508.
Todi.

20. Rafael
La escuela de Atenas,
1509-1510.
Fresco, 500 × 770 cm.
Estancias de Rafael,
Palacio Apostólico,
Ciudad del Vaticano.

21. Miguel Ángel
Moisés, hacia 1513-1515.
Mármol, 235 cm.
San Pietro in Vincoli, Roma.

22. Rafael
    *La liberación de San Pedro de
    sus cadenas*, 1513-1514.
    Fresco, 500 × 600 cm.
    Estancias de Rafael, Palacio
    Apostólico, Ciudad del Vaticano.

23. Rafael
    Triunfo de Galatea,
    hacia 1511-1512.
    Fresco, 295 × 224 cm.
    Villa Farnesina, Roma.

24. Rafael
Retrato de una joven («La Fornarina»),
hacia 1518.
Óleo sobre tabla, 85 × 60 cm.
Galleria Nazionale d'Arte Antica, Roma.

25. Miguel Ángel
    Plaza del Capitolio, 1536-1546.

A la derecha,

26. Miguel Ángel
    El Juicio Final, 1535-1541.
    Fresco, 1.370 × 1.200 cm.
    Capilla Sixtina, Ciudad del Vaticano.

Página siguiente,

27. Miguel Ángel
    Bóveda de la Capilla Sixtina, 1508-1512.
    Fresco, 4.050 × 1.400 cm.
    Capilla Sixtina, Ciudad del Vaticano.

Como hijo con talento de un artista de la corte, Rafael se crió en un ambiente en el que los modales refinados, el tacto y la *gentilezza* en todos los aspectos tenían una importancia capital; este lugar, este diminuto mundo social, sería la inspiración para el clásico manual de conducta de Baltasar de Castiglione, *El libro del Cortesano* (1528). De modo que, aunque Rafael no recibió una educación de altos vuelos como erudito humanista —al parecer, su latín siempre fue un poco flojo—, sí que la tuvo en las formas y habilidades de un artista de corte. Moverse elegantemente en los círculos elevados nunca sería un problema para él, como a menudo lo fue para otros pintores del Renacimiento. Otros artistas, como señaló Vasari, podrían verse dificultados para ello por «cierto elemento de salvajismo y locura que, además de hacerlos extraños y excéntricos, había... dejado ver en ellos más la recóndita oscuridad del vicio que el brillo y esplendor de aquellas virtudes que hacen inmortales a los hombres». No fue este el caso de Rafael.

Sobre su precocidad nunca hubo la menor duda. Desde el principio, como ampliamente demuestran aquellos de sus primeros dibujos que han sobrevivido (realizados cuando tenía dieciséis o diecisiete años), la mano de Rafael fue brillante y disciplinada a la vez. Estuvo de aprendiz en el estudio de uno de los pintores de mayor celebridad y éxito de Italia, Pietro Perugino (1450-1523). Según Vasari, el joven Rafael imitaba el estilo de Perugino, en toda su elegancia y su dulzura, con tanta precisión que las pinturas de ambos apenas se podían diferenciar; «sus copias no se podían distinguir de los originales del maestro». Lo que le hizo ser algo más que un epígono de este buen aunque provinciano artista fue una estancia en Florencia, donde «cambió y mejoró tanto su estilo, en gran medida por haber visto tantas obras realizadas por las manos de excelentes maestros, que este ya no tuvo nada que ver con su estilo anterior; de hecho, los dos podrían haber pertenecido a maestros distintos».

Era evidente que el camino apuntaba hacia Roma, donde, gracias al mecenazgo de Julio II, estaba fermentando un nuevo interés en la pintura, igual que ocurría en la arquitectura. No se sabe cómo llegó a oídos de Julio II la existencia de Rafael. Quizá Bramante, que era de la misma parte de Italia, le recomendara. En cualquier caso, en 1508 el joven pintor, que entonces tenía alrededor de veinticinco años, ya había sido llamado a Roma y ya se le había encomendado la difícil y prestigiosa tarea de decorar las estancias papales del Palacio Vaticano. Desde entonces hasta su muerte estaría ocupado con este encargo, que le exigió contratar a cada vez más ayudantes, entre ellos a Giulio Romano, que pronto trasladaría lo que había aprendido de Rafael sobre el diseño arquitectónico a la Villa Madama de Rafael en Roma, y todo lo que había aprendido de él sobre la pintura al fresco a su gloriosamente excéntrica obra maestra para los Gonzaga, el Palacio del Té en Mantua. A Giulio Romano se le acusó con frecuencia de vulgaridad, pero en sus manos, en Mantua, esto se convirtió en una virtud; como no podía incorporar su vitalista ordinariez a las estancias de Rafael para el papa, esta se introdujo, en lugar de ello, en los frescos de Mantua, algunos de los cuales rebosan abiertamente una elegante líbido, y en los agradablemente pornográficos grabados que hizo como ilustraciones para la obra del escritor picante Aretino. Apenas apareció en su obra romana.

La primera sala de la que Rafael se ocupó en el Palacio Vaticano fue la biblioteca y el despacho del papa, la Stanza della Segnatura. Los temas que escogió, o que se le dieron, eran los apropiados a la teología, la poesía, la jurisprudencia y la filosofía.

La «poesía» requería, naturalmente, una escena de reunión de los genios de la antigüedad con los casi contemporáneos en el Parnaso, agrupados en torno a un Apolo que está tocando música bajo su emblemático árbol de laurel. En lo alto aparecen sus agentes, las nueve musas, las deidades griegas de la astronomía, la filosofía y las artes. Hijas de Zeus y Mnemósine, son Calíope (musa de la épica heroica), Clío (de la historia), Euterpe (de la música de flauta), Terpsícore (de la danza), Erato (de la poesía y los cantos líricos), Melpómene (del drama trágico), Talía (de la comedia), Polimnia (del mimo, la poesía sacra y la agricultura) y Urania (de la astronomía). Entre los poetas antiguos que aparecen en el fresco figuran Homero, Virgilio, Safo, Propercio, Horacio y Tibulo. Entre los escritores más modernos, algunos de los cuales eran contemporáneos de Rafael, figuran Petrarca, Ariosto, Sannazaro, Boccaccio y, por supuesto, Dante. Es una antología de lo que una persona necesitaría haber leído antes de poder considerarse civilizada.

Tradicionalmente, y con toda la razón, se ha considerado que *La escuela de Atenas*, que representa la «filosofía», es la más espléndida de las cuatro composiciones que se hallan en la Stanza della Segnatura. El arco de la pared se abre a una serie en perspectiva de otros arcos: parece como si estuviéramos en un espacio arquitectónico majestuosamente abovedado pero inacabado. Se puede ver el cielo azul a través de los huecos de estos, lo que sugiere que el edificio es la nueva basílica de San Pedro, de la que Rafael era ahora el arquitecto supervisor. A un visitante del siglo XVI que viera esta imagen por primera vez, le habría hecho pensar en una Roma prístina, que se estaba reconstruyendo y restaurando; justo lo que Julio II quería que su papado sugiriese.

Esta obra está llena de personajes, que explican, debaten, leen o escriben. En su centro, el punto de fuga de la perspectiva, dos hombres avanzan hacia nosotros. El de la izquierda, el del vestido rojo, que señala hacia arriba, es Platón, que indica a sus oyentes, y a nosotros, que el origen de toda forma ideal se halla en los cielos. Tiene en su mano un ejemplar de una de sus últimas obras, el *Timeo*, que se dedicó a las ciencias naturales y trataba de describir la relación entre los dioses y el hombre en el mundo. El mundo, según afirma el *Timeo*, es eterno, porque está sometido a leyes eternas. Junto a él, Aristóteles, vestido con una capa azul, niega esto; señala hacia abajo, hacia la tierra, indicando que el verdadero conocimiento se ha de hallar empíricamente, en el mundo tal como este es y en sus contenidos tal como estos son. Lleva un libro con la palabra «ÉTICA» escrita en él: es la *Ética a Nicómaco*, considerada por los humanistas cristianos de la época como la cumbre del pensamiento de Aristóteles. Cada uno de estos dos hombres tiene su entusiasta grupo de oyentes y discípulos. En ocasiones, a los héroes del pensamiento se les representa con los rostros de los contemporáneos de Rafael. Platón, por ejemplo, tiene los rasgos del sabio arquetípico: Leonardo da Vinci.

Rafael quiere que su fresco represente no la producción física de libros, sino los procesos de pensamiento que intervienen en ellos y refuerzan sus razonamientos, junto con el rumor del debate que el pensamiento genera. Si un hombre está escribiendo algo, otro está leyendo por encima de su hombro lo que este escribe. A menudo, *La escuela de Atenas* se toma por una imagen de serenidad «clásica», pero en realidad está casi tan animada como una escena de batalla, entrecruzada por vectores de acuerdo, exposición y sorpresa. Allí, en primer plano, a la derecha, hay un puñado de figuras que observan a un erudito que traza con un compás una figura geométrica sobre una tablilla. Este representa a Euclides, que está demostrando uno de sus teoremas. Pero tiene el rostro de Bramante, en cuyos edificios la geometría desempeñó un papel creativo muy importante. En una posición análoga en las escaleras, a la izquierda, está Pitágoras, escribiendo afanosamente en un libro. Solitario, sentado solo, envuelto en una apartada melancolía (el artista taciturno inmerso en la contemplación) está Miguel Ángel, con su lápiz en la mano suspendido sobre una página. ¿En qué está pensando? No lo sabemos y no lo podemos saber; pero sí sabemos en qué ha estado pensando Rafael: en la permeabilidad, en el valor de cambio, del propio pensamiento. Y sin duda pudo pensar en esto, y hallar esa encarnación fluida y continua de esta idea, porque pudo valerse de la ayuda y el apoyo interpretativo de los humanistas de la corte de Julio II y del entorno de esta. En ese sentido, quizá se pueda decir que una pintura como *La escuela de Atenas* es una obra de arte conjunta. Otros pintores trabajaron a las órdenes de Rafael como pintores ayudantes en la Stanza della Segnatura, pero ¿quién trabajó con él a la hora de decidir el reparto de personajes y los temas que esta había de sugerir?

El tema de los frescos de Rafael en la Stanza d'Eliodoro es, en general, político. Estos representan la forma que tiene Dios de proteger a su Iglesia de diversas amenazas posibles. ¿Está amenazada su riqueza? En ese caso, el aspirante a ladrón tiene que tener en cuenta un incidente, antaño poco conocido, que se narra en los Apócrifos (Libro II de los Macabeos, 3), donde el general Heliodoro ha estado planeando saquear el tesoro del Templo de Jerusalén y será culpable de hurto. Le vemos tirado en el suelo, cegado y furiosamente atacado por dos jóvenes espectacularmente hermosos mientras un jinete enviado por el cielo lo pisotea. Desde la izquierda observa esta escena Julio II, sentado en una litera, portada por un séquito en el que figuran retratos del propio Rafael y de su ayudante Marcantonio Raimondi.

¿Hay preocupación o escepticismo acerca de la verdad del dogma? En ese caso, el visitante debe consultar el fresco de Rafael de *El milagro de Bolsena*, en el que vemos a un sacerdote celebrando misa; es el momento culminante de la ceremonia, la consagración de la hostia, cuando en el instante en el que se dicen las palabras «*Hoc est enim corpus meum*» («Este es en verdad mi cuerpo»), que pronunció por primera vez Cristo en la Última Cena, el pan —esto es lo que se exige a los católicos que crean— se transforma en la verdadera carne de Jesús. Esta misa en la ciudad de Bolsena, situada junto a un lago al norte de Roma, tenía entre sus asistentes a un escéptico que no estaba seguro sobre la transubstanciación, y para convencerle Dios hizo que de la hostia que tenía el sacerdote en sus manos manase la santa sangre del propio Jesús. Rafael hace que este suceso sea observado por la figura arrodillada de Julio II, que nunca lo vio pero que deseaba subrayar su devoción por la Eucaristía.

En tercer lugar: ¿se halla en peligro de ser invadida la sede la Iglesia, la propia Roma? Rafael simboliza esto en *El encuentro de León Magno con Atila*, la menos inspirada y satisfactoria de las cuatro escenas, en la que vemos a Atila el Huno y sus hordas bárbaras que retroceden, tambaleándose, de las murallas de Roma ante un mero gesto del papa León I. La figura mediante la que Rafael representa a este papa es un retrato de León X, Giovanni de' Medici.

Finalmente, ¿está en peligro la persona del pontífice? En ese caso, el espectador debe tener en cuenta la cuarta pared de la Stanza d'Eliodoro, con su fresco de *La liberación de San Pedro de sus cadenas*, la extraordinaria escena nocturna pintada por Rafael del santo encarcelado en la oscuridad de la Cárcel Mamertina en Roma, resplandeciendo como una brasa al lado de las lustrosas armaduras negras de sus guardias. La sensación de vida restablecida, el contraste entre la vitalidad del santo y el tono mortecino, como de escarabajos, de los cuerpos de los guardias, muestra cuán detenidamente debió de tomar nota Rafael de parecidos contrastes entre el dios elevado y sus adormilados captores que podían verse en anteriores pinturas de la resurrección de Cristo. Este debió de ser el último fresco de Rafael que Julio II pudo ver; lo estuvo pintando en 1513, el año en que murió el papa.

La tarea de pintar los frescos de las Stanze continuó hasta mucho tiempo después de la muerte de Julio, y aún tenía absorbido a Rafael mientras este trabajaba como arquitecto papal en la basílica de San Pedro. La referencia más clara que en ellos se hace al nuevo papa, Giovanni de' Medici, que tomó posesión del cargo como León X, es bastante indirecta: muestra un milagro realizado por su homónimo, un papa León anterior, León IV (papa desde 847 hasta 855), que milagrosamente extinguió un incendio que amenazaba con destruir la basílica de San Pedro junto con todos los edificios del Borgo. En la llamada Stanza dell'Incendio, el papa aparece como una pequeña figura lejana que hace el signo de la cruz en un balcón, cerca del punto de fuga de la composición. A menos que se le busque, uno no tiene la menor idea de que está allí, pero la pista sobre su presencia la dan las lejanas y nerviosas mujeres que le suplican desde debajo de su balcón. El fresco hace hincapié en los frenéticos romanos que se hallan en primer plano, corriendo de un lado a otro, desorientados por la amenaza del incendio. El fuego arde con furia en el extremo izquierdo. En el derecho se ve a una multitud de mujeres que portan vasijas de agua para extinguir las llamas. Allí, en primer plano, hay un fuerte joven que lleva a sus espaldas a otro hombre mayor, acompañado por un muchacho: una referencia directa a las imágenes de Eneas acompañado por su hijo Ascanio y llevando a su anciano padre, Anquises, lejos de las llamas de Troya, en su camino hacia la fundación de Roma. Una madre pasa a su hijo envuelto en pañales por encima de un muro, dejándolo en los receptivos brazos de una persona que le auxilia; un hombre desnudo está colgado del muro por las yemas de los dedos, a punto de dejarse caer sobre un lugar seguro. (Este es un momento bastante operístico, pues evidentemente al hombre le habría sido igual de fácil rodear la pared por su extremo y salir corriendo. Pero eso habría privado a Rafael del pretexto necesario para pintar ese cuerpo magnífico, con sus músculos tensados, estirados al máximo.)

En los años en los que trabajó en las Stanze, Rafael no se limitó a la pintura al fresco. También tuvo una gran producción de retratos y pinturas devotas. Su retrato de Baltasar de Castiglione se ha de considerar a la misma altura que la *Mona Lisa* de Leonardo como una de las obras maestras elegantemente inventivas de ese género. Sus pinturas religiosas más populares fueron las de la Virgen con el Niño, por lo general con el niño Juan Bautista. La queja que se suele expresar sobre Rafael normalmente tiene que ver con estas imágenes, que siguieron siendo inamoviblemente populares desde el siglo XVI hasta el XIX e influyeron en varias generaciones de artistas hasta Ingres, que escribió que «no admiramos a Rembrandt y a los otros al azar; no podemos compararlos a ellos y a su arte con el divino Rafael». El grupo de artistas alemanes en Roma que se llamaban a sí mismos los «nazarenos» (Overbeck, Pforr y otros) veneraron más al Rafael inicial que al posterior. A otros les pareció sentimental, estereotipado y opresivamente magistral; artistas ingleses del siglo XIX como Millais y Holman Hunt se llamaron a sí mismos «prerrafaelitas» porque querían pintar como si él nunca hubiera existido.

Pero hoy día es difícil tener más que un conocimiento de refilón de las pinturas devotas de caballete de Rafael sin sucumbir a su encanto, y sin darse cuenta después de la maestría sin igual que hay detrás de ellas. No importa las veces que uno vea al niño Jesús y al niño Bautista jugando juntos, por muy intensa que sea la reacción de uno contra el reiterado motivo —el profético Bautista mostrándole al pequeño salvador una ramita, o vara, con un travesaño, hacia la que Jesús tiende la mano con impaciencia, ya que es una prefiguración de la cruz en la que morirá—, la absoluta belleza y fluidez de la pintura le atrapan a uno en cada ocasión. «Inmortal», «divina», «la perfección»: puede que tales palabras, que la obra de Rafael suscitaba en admiradores anteriores, mueran en nuestros labios modernos (o «posmodernos»), pero su recuerdo no puede borrarse por completo.

Y, desde luego, no se sentía ninguna necesidad de librarse de él a comienzos del siglo XVI. Rafael era tanto el pintor secular como el pintor religioso ideal, impecable en su producción, con sus significados siempre claros como el agua de manantial, sus santos sagrados, sus hombres nobles y pensativos, sus mujeres deseables, su técnica impecable. ¿Qué otro artista podría haber pintado como Rafael a dos pequeños ángeles en una asunción de la Virgen, dándoles un encantador aire de indiferencia infantil y al mismo tiempo sin que distrajeran en absoluto de la majestuosidad del acontecimiento? La respuesta es: ninguno. Nadie tenía nada que decir contra él, excepto Miguel Ángel, tristemente célebre por su irritabilidad, que se enteró de que Bramante había dejado entrar a Rafael en la Capilla Sixtina para que echara un primer vistazo, sin su permiso, a su primera sección completada del techo cuando se desmanteló su andamiaje en el año 1511. «Todo lo que él sabe sobre arte lo aprendió de mí», refunfuñó el titán, aunque no persistió entre ellos una animadversión grave.

Rafael nunca defraudaba a un cliente, y entre esos clientes figuraron algunos de los hombres más poderosos de Italia. Aparte del papa, su principal cliente era el banquero papal Agostino Chigi, para el que pintó dos capillas en las iglesias de Santa Maria del Popolo (la capilla funeraria del propio Chigi) y Santa Maria della Pace. Para Chigi pintó también su único tema mitológico de importancia, un *Triunfo de Galatea* (hacia 1511-1512), pintándolo al fresco en una pared de la Villa Farnesina de Chigi, en Roma. ¿Cuál fue el origen de esta deliciosa ninfa marina? Es posible, de hecho bastante probable, que sea un retrato de la amante de Chigi. En el mito, Galatea era torpemente amada por un monstruoso cíclope, Polifemo en la *Odisea*. (El propio Polifemo está representado en un fresco cercano en la villa, obra de Sebastiano del Piombo.) Ella escapó de él por mar, en un barco tirado por dos delfines, y en la versión de Rafael del suceso uno ve que uno de estos encantadoramente estilizados mamíferos marinos está destrozando a mordiscos a un pulpo, un «pólipo», en sus afiladas fauces; una visión que Rafael sin duda recordaba de una visita a un mercado de pescado, pero que del mismo modo alude a la derrota de Polifemo. Nereidas y otras deidades marinas retozan alrededor de ella, y unos *putti* revolotean en el cielo. La propia Galatea es encantadoramente bella, navegando en elegante *contrapposto*, pero puede que no se la pintara directamente a partir de una modelo viva. «Para pintar una belleza, tendría que ver a varias bellezas, siempre y cuando Su Excelencia estuviera conmigo para escoger a la mejor. Pero en ausencia de buenos jueces y formas hermosas, hago uso de una idea que me viene a la mente.»

Para entonces, Rafael ya era célebre en toda Europa y gozaba de tanta estima en la corte papal que el tesorero del papa, el ministro principal de León X, el cardenal Bernardo Bibbiena, llegó a ofrecerle a su sobrina en matrimonio al pintor. Y, lo que es aún más sorprendente, el pintor rehusó cortésmente. Al parecer, hubo dos motivos para ello: el primero, que la vida de Rafael estaba llena de otras mujeres, en particular La Fornarina, que fue la amante a la que adoró durante años. Si su retrato de ella (hacia 1518) que se encuentra en la Galería Nacional de Roma es fiel, que probablemente lo fue, y está correctamente identificado, que puede que no sea así, podríamos entender por qué no debió de querer cambiar. El segundo motivo fue de índole más práctica: se dice que existía la posibilidad de que León X le hiciese cardenal, un cargo que no se podía conceder a hombres casados. Si eso hubiera sucedido, Rafael habría sido el primer y único artista de la historia en recibir el birrete rojo por sus servicios. Pero ni eso ni el matrimonio tuvo lugar: seis años después, a la demasiado joven edad de treinta y siete años, Rafael murió, a consecuencia, según algunos, de una fiebre provocada por una noche de amor especialmente enérgica con La Fornarina, «la hija del panadero», su deliciosa mujer de ojos negros del Trastévere. Se le enterró en un nicho en el Panteón, con el epitafio grabado en la losa de su tumba, un elegante dístico de su amigo el poeta Pietro Bembo: «ILLE HIC EST RAPHAEL, TIMUIT QVO SOSPITE VINCI / RERUM MAGNA PARENS, ET MORIENTE MORI» («El hombre que yace aquí es Rafael; mientras estuvo vivo, la Gran Madre de todas las cosas [la Naturaleza] temió ser superada; y cuando él murió, ella temió morir también»).

Los frescos de las Stanze fueron uno de los dos principales logros del mecenazgo de Julio II. El otro, casi no hace falta decirlo, fue contar con los servicios de Miguel Ángel Buonarrotti. Fue para Julio II para quien Miguel Ángel, a veces con los más profundos recelos y resentimientos, pintó los frescos del techo de la Capilla Sixtina, produciendo lo que sigue siendo la más grandiosa —o quizá hasta la más agradable o incluso comprensible en todos los sentidos— serie de imágenes de la figura humana de toda la historia del arte europeo. Después vendría, más de veinte años tras la muerte de Julio, el *Juicio Final* en la pared del altar de la Capilla, concebido por el papa Clemente VII a finales de 1533, encargado por el papa Pablo III Farnesio en 1534, iniciado en forma de bocetos preliminares en 1535 y como pintura al fresco en 1536, y finalmente dado a conocer, suscitando opiniones muy diversas, en 1541.

Entre estas fechas tuvo lugar la trágica debacle de la tumba de Julio II, el obsesivo proyecto de Miguel Ángel. Tenía que haber sido un bloque escultural, de aproximadamente 7 por 11 metros, y por consiguiente haber ocupado una superficie de más de 70 metros cuadrados. Se había planeado que tuviera tres alturas, y que incluyera unas 47 figuras de mármol. Habría estado en San Pedro, donde, como Bernini no había aparecido todavía, habría sido el proyecto escultural más grande del mundo cristiano. Y siendo Miguel Ángel lo que era, el creador del colosal *David* de Florencia, habría sido enteramente obra de un solo hombre. Ascanio Condivi, que conoció a Miguel Ángel y escribió su vida, narra que

> en torno al exterior, en todas partes había nichos para estatuas, y entre nicho y nicho, figuras terminales; a estas estarían ligadas otras estatuas, como prisioneras... alzándose de la tierra y proyectándose desde el monumento. Representaban las artes liberales, y asimismo la Pintura, la Escultura y la Arquitectura... denotando mediante esto que, al igual que el papa Julio, todas las virtudes estaban prisioneras de la Muerte, porque nunca podrían encontrar el favor y el alimento que él les proporcionaba.

Este grandioso plan nunca se terminó. Julio II murió en 1513 pero ninguno de sus sucesores pudo o estuvo dispuesto a apoyar el proyecto. Muy pronto este fue trasladado, en una versión muy reducida, a la antigua iglesia titular de Julio en Roma, San Pietro in Vincoli. Aunque contiene una formidable escultura acabada para la tumba, el *Moisés*, el que acabó siendo el lugar de descanso de Julio II no se parece ni siquiera remotamente en cuanto a proporciones, tamaño, emplazamiento o imágenes a lo que Buonarroti había tenido en mente. El propio Julio había minado las posibilidades que tenía Miguel Ángel de completarlo ordenándole que pintara la Capilla Sixtina en lugar de ello. Pablo III había acabado con ellas empeñándose en que dejara a un lado el martillo y el cincel para pintar el *Juicio Final*. Además estuvieron los proyectos arquitectónicos para los Medici, como la Biblioteca Laurenciana y la fachada de San Lorenzo, la iglesia de los Medici en Florencia. Un hombre, incluso si ese hombre es Miguel Ángel, sólo puede llevar a cabo una cantidad limitada de cosas.

La Capilla Sixtina recibió ese nombre, como hemos dicho, porque había sido construida treinta años antes del papado de Julio por el tío de este, el papa Sixto IV della Rovere (papa desde 1471 hasta 1484). Su arquitecto fue el por lo demás poco interesante Giovannino dei Dolci. Los frescos de sus paredes los pintaron algunos de los más grandes artistas del *quattrocento*, entre ellos Luca Signorelli, Sandro Botticelli, Domenico Ghirlandaio y Bernadino di Betto, más conocido como Pinturicchio; pero nueve de cada diez personas que visitan la Capilla Sixtina sólo van allí por los frescos de Miguel Ángel.

La distribución de la Capilla Sixtina refleja una específica concepción medieval de la historia mundial. En la Edad Media se creía que el pasado de la humanidad se dividía en tres secciones o épocas. La primera era la historia del mundo antes de que Dios diera la Ley a Moisés. La segunda era la Ley tal como esta le había sido formulada a Moisés. La tercera, la vida desde la Ley, giraba alrededor del nacimiento y la vida de Cristo: el período del Nuevo Testamento. Los artistas de Sixto IV habían ilustrado la tercera época y una porción de la segunda. Sin embargo, la primera aún estaba intacta, y por ello fue a Miguel Ángel a quien Julio II confió la tarea de ilustrar, en el techo, ese épico relato del Antiguo Testamento.

El techo estaba en blanco, o casi. La única decoración que había en él era una capa uniforme de azul ultramarino, salpicada de estrellas doradas. Era enorme, de 40,5 metros de longitud y 14 de anchura, y Miguel Ángel tuvo que pintar cada centímetro de él. El contrato para pintar la bóveda se redactó y se firmó en mayo de 1508 y la obra se concluyó en octubre de 1512: poco más de cuatro años, que incluyeron una interrupción de cerca de un año entre 1510 y 1511. Teniendo en cuenta que Miguel Ángel la pintó toda o casi toda sin delegar en ayudantes, como podría haber hecho Rafael, fue una velocidad de ejecución asombrosa. Sí que tuvo ayudantes, por supuesto: carpinteros para erigir el elevado andamiaje y las escaleras de mano, auxiliares de estudio para moler los colores y mezclar el yeso, peones para subir las pinturas y los cubos de agua por las escaleras de mano hasta lo alto del andamio, *stuccatori* para aplicar el yeso húmedo al techo, y ayudantes para ayudar a sujetar los bocetos o diseños mientras las líneas de estos se trasladaban al yeso, ya fuese mediante marcas grabadas utilizando un punzón o marcando líneas de carbón vegetal en polvo a través de agujeros perforados en el papel. Ningún hombre podría haber hecho todo ese pesado trabajo por sí solo. La concepción del plan magistral debió de formarse consultando con otros, sobre todo con Julio II y con cualesquiera miembros del clero y teólogos que este pudiera incorporar al proyecto; no demasiados, uno sospecha.

Pero todo lo demás, es decir, aproximadamente el 95 % del trabajo en sí, toda la tarea de pintar más de 930 metros cuadrados de techo, fue llevada a cabo por Miguel Ángel solo, y cuanto más sabe uno sobre la técnica del *buon fresco*, como se denominaba este tipo de pintura en su Florencia natal, tanto más increíble se vuelve el tremendo logro de la Capilla Sixtina.

Un artista no podía pintar sin más su diseño sobre una superficie de yeso duro y seco. Eso era una invitación al desastre, y cuando incluso un artista tan experimentado como Leonardo da Vinci probó a hacerlo con *La Última Cena* en Milán, el desastre inevitablemente se presentó.

El motivo de ello es que ninguna pared hecha de ladrillos, mortero y yeso queda seca e impermeable por completo y por siempre. Las sales transportadas por el agua van penetrando poco a poco desde el exterior y con el tiempo destruyen por dentro la oleaginosa película de pintura que se haya extendido sobre el yeso. Esto no sucede, o no se produce de forma tan grave, cuando el pigmento coloreado se integra con el yeso, y esta es la esencia del *buon fresco*. Para que la pintura se integre con el yeso, debe aplicarse mientras el yeso esté húmedo; idealmente, dos o tres horas después de poner el *intonaco*, que es como se conoce el yeso de cal fresco. Después, los dos, pintura y yeso, forman un vínculo químico indisoluble cuando se secan.

Pero la pintura al fresco tiene sus peculiaridades, y la principal es que tiene que hacerse paso a paso. El artista debe terminar de pintar una sección del *intonaco* antes de que este se seque. (Si se aplica el pigmento sobre el yeso seco, como en ocasiones se ha de hacer para realizar retoques y correcciones, se dice que esto se ha hecho *a secco* y carece de la permanencia de la auténtica pintura al fresco.) Sin embargo, no todos los pigmentos son adecuados para la pintura al fresco, ya que algunos, especialmente los azules y los verdes, como el ultramarino y el malaquita, son vulnerables a la acción alcalina de la cal. Estos se usaban *a secco*. Entre los pigmentos que se preferían para la pintura al fresco estaban los ocres, los tierra marrón y amarillo, los rojos hematita, el color tierra de sombra, el siena quemado, el negro marfil y el negro de vid. Por consiguiente, había que planificar los límites de cada sección, como si se tratase de un gran rompecabezas. Cada una de ellas está restringida al trabajo que se pueda llevar a cabo en un solo día. El área de la superficie de cada día se conocía como una *giornata*, y a un ojo entrenado le resulta fácil seguir los contornos de cada *giornata* y reconstruir así el orden en el que se realizó el fresco. Si se necesitaba realizar alguna tarea de reparación, como en ocasiones sucedía, este se hacía aplicando con brocha pintura al agua sobre el ya seco *intonaco*. Otra complicación es que en la pintura al fresco los colores, cuando se secan, no tienen el mismo aspecto que muestran cuando están mojados, un problema que no aparece con la pintura al óleo o la acuarela. Los pigmentos de tono verde o negro quedan más claros al secarse, mientras que los pigmentos de óxido de hierro quedan más oscuros cuando se secan; combinar lo húmedo con lo seco exige que el artista tenga las más agudas capacidades de memoria visual.

No se sabe exactamente cómo se compuso la narración del techo. Es indudable que Miguel Ángel contó con aportaciones de otros (sobre todo del papa) al hacerlo. (Él afirmaba que lo había inventado todo, pero era dado a realizar afirmaciones de ese tipo.) La base de la bóveda que vemos en la actualidad son nueve escenas del libro del Génesis, enmarcadas por una estructura de piedra ficticia (pintada), que discurren transversalmente entre las paredes largas. Comienzan en el extremo de la capilla donde se encuentra el altar con tres escenas de la creación del cosmos: *La separación de la luz y las tinieblas*, *La creación de los astros y las plantas* y *La separación de las aguas y la tierra*. Después las siguen otras tres: *La creación de Adán*, *La creación de Eva* y *La tentación de Adán*, combinada en un panel con *La expulsión del paraíso*. Finalmente se ve *El sacrificio de Abel* (o quizá el de Noé), *El diluvio universal* y *La embriaguez de Noé*, que incluye al hijo mayor del antiguo patriarca cometiendo lo que llegó a conocerse como el Pecado de Cam, que consistió en que se quedó mirando descaradamente la desnudez de su embriagado padre.

Quedarse mirando fijamente la desnudez masculina era, por supuesto, la constante obsesión de Miguel Ángel. En el marco de piedra pintado que rodea estas escenas están sentados los *ignudi*, los hermosos jóvenes desnudos que no desempeñan ningún papel en la narración bíblica, sino que son una mera invención del artista, y que constituyen el más sublime repertorio anatómico del arte occidental. Sirven para sostener guirnaldas y medallones de bronce pintados. Las pechinas de la capilla contienen imponentes figuras que representan a quienes predijeron la llegada de Cristo a los gentiles de la antigüedad (las Sibilas) y a los judíos de la antigüedad (los Profetas). Se alternan en las paredes: la Sibila libia, después Daniel, luego la Sibila de Cumas, después Isaías, y así sucesivamente. Parece, cuanto más se observa este enorme vocabulario de la forma humana, que Miguel Ángel hizo más que cualquier artista anterior a él por conferir a la postura y el gesto su máxima elocuencia. Aquí está la Sibila libia, con los brazos extendidos para sostener su enorme libro abierto, mostrando su espalda pero mirando por encima de su hombro. Allí está la figura de Jonás, inmediatamente después de quedar libre de la boca de la ballena —cuyo tamaño es en realidad sólo un poco superior a un sábalo grande— retrepándose y mirando fijamente hacia arriba asombrado, en dirección a un cielo que pensó que jamás volvería a ver. Goethe, después de visitar la Capilla Sixtina, escribió que nadie podía tener la menor idea de lo que un individuo llegaba a lograr por sí solo a menos que hubiera entrado en esta gran sala. Sigue siendo verdad, y ninguna otra obra de arte puede expresar eso.

El esfuerzo de pintar el techo, tendido boca arriba, fue brutal e interminable, incluso para un hombre de unos treinta y cinco años en plena forma física. Miguel Ángel escribió un sardónico soneto sobre ello, dirigido a su amigo Giovanni da Pistoia. «Ya me ha nacido un buche por esta tortura», empieza,

> como el agua hace a los gatos en Lombardía
> o en cualquier otro lugar cenagoso que exista;
> a la fuerza mi vientre y mi mentón se arriman.

> La barba apunta al cielo, y la nuca siento
> sobre la joroba, y tengo el pecho de arpía,
> y el pincel gotea todo el rato sobre mí,
> salpicando mi cara hasta convertirla en un taraceado pavimento.

Se siente lisiado, permanentemente deformado; «me tenso como un arco de Siria», y su pensamiento se distorsiona:

> mal se apunta con cerbatana torcida.
> Ven, pues, Giovanni, a rescatarme;
> defiende mi pintura muerta y mi honor,
> que no es este buen lugar, ni yo pintor.

El techo de la Capilla Sixtina es casi todo cuerpo, o cuerpos; el único indicio que encontramos en ella de una naturaleza que no es carne es alguna que otra parcela de tierra desnuda y, en el Jardín del Edén, un árbol. Miguel Ángel no estaba ni remotamente interesado en el paisaje; en este aspecto, como en muchos otros, era todo lo contrario de Leonardo da Vinci. El cuerpo humano, preferiblemente el masculino, su estructura, su musculatura y sus infinitamente diversas posturas, comprendía todos los poderes expresivos que él quería usar; pero ¿un estúpido *árbol*? ¿Una parcela de inconsciente *hierba*? ¿Una *nube* errante, cuya forma cambia arbitrariamente? Ni hablar. Ninguna de estas cosas tenía para Miguel Ángel la gran complejidad, la integración sublimemente llena de sentido, del cuerpo humano, creado a semejanza del propio Dios. Quizá Leonardo sospechase que había leyes universales ocultas en el comportamiento del agua que afluía de una esclusa a un estanque en calma, pero tales especulaciones no tenían el menor interés para Miguel Ángel.

En 1533, veintiún años después de que se completara el techo, Miguel Ángel empezó a trabajar en el fresco para la pared del altar de la

Capilla Sixtina, y esta vez la obra no contuvo nada más que cuerpos (aunque hay una pequeña parcela de agua, que representa la laguna Estigia, en la parte inferior). El tema de este panorama de músculos era el Juicio Final. Es una enorme creación, y le mantuvo ocupado durante ocho años, terminándola en 1541, a la edad de sesenta y seis años: el doble de la edad que tenía cuando comenzó el techo de la Sixtina.

Políticamente habían ocurrido muchas cosas en Italia en esos treinta años, y el suceso más traumático de todos había llegado en 1527 con el *Sacco* de Roma: su saqueo por las tropas de Carlos V. Los bárbaros y otros enemigos habían llegado hasta las murallas de Roma en años anteriores, pero en realidad ninguno había logrado abrir una brecha en ellas a gran escala. Sin embargo, el saqueo de 1527 casi fue otra batalla de Cannas en cuanto a los efectos traumáticos que tuvo en la autosuficiencia y la confianza de Roma en sí misma.

Europa ya se había convertido en un enorme puente de mando en el que diversas facciones nacionales se disputaban la dominación internacional. Guerras largas e inconcluyentes (1526-1529) se libraron en Italia entre las tropas de Carlos V, autoproclamado Sacro Emperador Romano, y la miscelánea alianza de Francia, Milán, Florencia y el papado. Había un considerable grado de verdad en el dicho de que el Sacro Emperador Romano no era ni sacro, ni romano, ni emperador en ningún sentido real. No obstante, el papa Clemente VII se la había jugado intentando impedir la derrota de Francia a manos del ejército de Carlos. Pero las fuerzas imperiales sí que derrotaron a la alianza franco-florentino-papal, encontrándose luego con que no había dinero para pagar a las tropas los honorarios que se les habían prometido. Frustradas, las fuerzas imperiales se amotinaron y obligaron a su comandante Carlos III, duque de Borbón, a encabezarlas en un ataque a Roma. Roma era una ciudad lucrativa y rica, llena de tesoros; o eso se suponía. El ejército del Sacro Emperador Romano incluía una considerable cantidad de simpatizantes de Lutero a los que sombríamente deleitaba la idea de atacar el trono de la Gran Ramera de Babilonia, la Iglesia católica; e independientemente de sus opiniones religiosas, todos los 34.000 soldados que lo integraban querían los atrasos que se les habían prometido. Así que marcharon hacia el sur, sembrando la rapiña y el caos a su paso, y llegaron bajo las murallas aurelianas de Roma a comienzos de mayo de 1527.

La ciudad no estaba fuertemente defendida. Tenía mejor artillería que sus atacantes, pero una milicia de tan sólo 5.000 hombres y la pequeña fuerza papal conocida como la Guardia Suiza. El duque Carlos III murió en el ataque; el gran orfebre y escultor Benvenuto Cellini, que nunca era reacio a la autopromoción, afirmaba que había sido (y posiblemente fue) el tirador que le había matado de un disparo. Con él murió la última posibilidad de contener a los invasores imperiales, entre los que había 14.000 temibles *Landesknechts* alemanes, los lansquenetes, sedientos de sangre, sexo y oro. La Guardia Suiza quedó casi completamente aniquilada en las escalinatas de la basílica de San Pedro: de sus 500 miembros sólo escaparon 42 y, con encomiable valentía y astucia, lograron sacar del Borgo al papa Clemente VII por un corredor secreto y ponerlo a salvo, aunque precariamente, como prisionero a todos los efectos, en el Castel Sant'Angelo. Unos mil defensores de la ciudad y de sus iglesias fueron sumariamente asesinados. Después comenzó el saqueo.

Muy pronto, en Roma los vivos envidiaron a los muertos. A los sacerdotes se les sacó a rastras de sus sacristías, se les humilló salvajemente y se les ejecutó, a veces en sus propios altares. Cientos de monjas fueron violadas en grupo y después asesinadas, empezando por las más jóvenes y atractivas. Se saquearon monasterios, palacios e iglesias y se les prendió fuego, y los miembros superiores del clero, entre ellos muchos cardenales, tuvieron que pagar fuertes rescates a los implacables soldados. Algunas de las cicatrices menos importantes de esos días aún pueden verse en la actualidad: en una de las *Stanze* de Rafael, uno de los amotinados dejó sus arañazos en el fresco de Heliodoro. El caos continuó durante semanas. El emperador Carlos V fue incapaz de detener a sus tropas, y tampoco se mostró del todo dispuesto a hacerlo. No fue hasta el 6 de junio, tras un mes de saqueos y violaciones sin tregua, cuando Clemente VII se rindió oficialmente y accedió a pagar un rescate de 400.000 ducados por su vida.

La vida se le perdonó, pero no había ninguna forma de restaurar el prestigio de su papado, o la idea de inviolabilidad que conllevaba la posición de Roma como *caput mundi*. Si Dios había permitido que sucediera esto, ¿qué confianza se podía tener en la misión supuestamente divina de Roma? En la mente de las gentes de toda Europa, el saqueo de Roma fue un presagio, que se unió en una terrible sinergia con la Reforma, que ya era un movimiento de diez años de antigüedad con un innegable aguante. Dios estaba abandonando la ciudad; quizá ya la hubiera abandonado. Un veredicto había caído sobre ella. Este fue el final del papado del Renacimiento de Roma, tan breve y tan glorioso. Y aunque Miguel Ángel, que fue testigo de estas cosas, no era dado a escribir sobre los acontecimientos de la actualidad, sin duda no es una equivocación ver en el titánico pesimismo de *El Juicio Final* de la Capilla Sixtina cierto carácter de reacción ante el saqueo de la indefensa ciudad que había tenido lugar seis años antes. Posiblemente, de hecho probablemente, la imagen de Caronte, el diabólico barquero, sacando de su barca a las aterradas almas golpeándolas con su remo, tenga su origen en algún momento del que podría haber sido testigo Miguel Ángel, cuando un alegremente despiadado lansquenete sacaba a un grupo de indefensos ciudadanos de su refugio a cuchilladas y golpes de su alabarda.

La pared de figuras es enorme; también es casi intolerablemente claustrofóbica, pues no hay ningún «espacio» en el sentido habitual de la palabra; ningún paisaje terrestre ni vista del cielo en el que uno pueda imaginarse su propio cuerpo en movimiento. Está lleno, casi hasta la inmovilidad, de enormes cuerpos. Sus actores son vehementemente corpóreos, y sin embargo no son de este mundo. Vemos, como hemos visto en otros *Juicios Finales*, la división de los condenados respecto de los salvados, descendiendo los primeros al Infierno, elevándose los últimos a la Gloria bajo los auspicios del Juez Jesús. Y, no obstante, hay algo inquietantemente irracional en la escena, si es que algo tan grande y disperso como esto puede siquiera llamarse con propiedad una «escena». ¿Por qué Jesús parece más un implacable y apolíneo dios griego que el juez y salvador «normal» de otros *Juicios Finales*? ¿Por qué la madre de Jesús se agacha tan sumisamente a su lado, como si estuviera aterrorizada por la revelación de la capacidad de su hijo para la ira contra el pecado? Quizá ambas cosas estén relacionadas con el verso de Dante que probablemente había inspirado antes a Miguel Ángel, cuando este esculpió al adulto y sumamente bello Cristo muerto tendido en el regazo de su joven madre, *«Figlia del suo figlio»*, «Hija de su hijo». Pero ¿por qué san Bartolomé, a quien se suele representar sosteniendo su propia piel (que le arrancaron en su martirio) sostiene una piel humana cuyo desmoronado rostro es sin duda el del propio Miguel Ángel? ¿Y por qué demonios dio Miguel Ángel al bendito Bartolomé el rostro de ese nada santo escritor, el autor satírico y pornográfico Pietro Aretino, cuya colección de «posturas» sexuales, ilustradas por Giulio Romano, era uno de los clásicos de la excitación del Alto Renacimiento que fueron reprimidos? Estas y montones de otras preguntas surgen espontáneamente siempre que uno entra en la Capilla y contempla la pared de su altar, y conllevan la tenue posibilidad de que se podrían contestar, al menos en parte, si pudiéramos ver la obra de Miguel Ángel en el estado que tenía cuando su pincel la abandonó.

Por otro lado, tanto el techo como *El Juicio Final* habían sido condenados a deplorables indignidades. Algunos papas posteriores a Pablo III detestaron la obra con bastante vehemencia. Pablo IV Carafa (papa desde 1555 hasta 1559) calificó *El Juicio Final* como «un baño de desnudos», utilizando el término «baño» en el sentido que tenía en el Renacimiento, un baño público, un *stufato*, un burdel. Otro papa de la familia Medici, Pío IV (papa desde 1559 hasta 1565) ordenó adecentar algunas de las figuras con taparrabos pintados; esta tarea se encomendó a un buen pintor, Daniele da Volterra, al que en adelante se conoció como *il braghettone*, el hacedor de pantalones. Clemente VIII Aldobrandini (papa desde 1592 hasta 1605) quiso que todo el asunto se tapase con una mano de cal, pero afortunadamente sus clérigos le disuadieron de ello.

Es probable que ninguna persona interesada en el arte que estuviera en Roma a finales de la década de 1970 y a comienzos de la de 1980 haya olvidado las pasiones que suscitó el proyecto de limpiar la Capilla Sixtina. Se rompieron amistades de toda una vida; el campo del debate, relativamente tranquilo por lo general, se vio azotado por aluviones y fuegos cruzados de desacuerdo moral.

La discusión tendía a girar en torno a una cuestión básica. La tonalidad grisácea, el carácter casi monocromático de una parte tan grande del colorido de Miguel Ángel, ¿era deliberada o accidental?

Siempre aparece cierta resistencia a limpiar cualquier obra de arte querida. La idea de que esta pueda resultar dañada, el miedo comprensible al cambio radical, se combinan en lo que a veces viene a ser un angustiado conservadurismo. Y a veces este no es en absoluto irrazonable: quienes recuerdan ciertos cuadros de la National Gallery de Londres antes de que se diera rienda suelta a los restauradores del director sir Philip Hendy para que usaran sus estropajos y disolventes sobre ellos, recuerdan con amargura que a estos no se les hizo un simple lavado de cara, sino que fueron despellejados vivos. La creencia puritana de que la limpieza se halla contigua a la devoción, de que cuanto más quita uno más se aproxima a la verdad original, aún tenía mucha fuerza en algunos círculos del oficio de la limpieza de pinturas a finales de la década de 1970, y a comienzos de la de 1960 era prácticamente un dogma. El reducido color del techo de la Capilla Sixtina parecía concordar muy bien con la creencia de que Miguel Ángel había sido ante todo un escultor, un hombre que por naturaleza pensaba en términos de la sustancia monocromática. La gente no quería pensar que la tonalidad grisácea que confería una grandiosidad marmórea a las figuras al mismo tiempo que las privaba de detalle tan sólo era tierra, hollín y siglos de mugre.

La facción contraria a la limpieza, que, justo es decirlo, incluyó a algunos de los historiadores del arte más distinguidos de Italia y de otros lugares, ideó intrincadas explicaciones. La más popular fue que Miguel Ángel, al que habría desagradado la relativa claridad de los frescos de la Capilla Sixtina, habría aplicado una *ultima mano*, un «toque final» en forma de una capa oscurecedora y unificadora hecha a base de pigmento y cola de pegar de origen animal. Se desenterraron textos antiguos, poco conocidos y ambiguos, que versaban sobre el uso en la pintura antigua del *atramentum*, una mano de tono oscuro, para sugerir que Miguel Ángel lo habría usado también.

Había cola de pegar, desde luego, y pigmento en una capa oscura. Pero Miguel Ángel no los puso allí. Se trataba de adiciones posteriores. El pigmento era en su mayoría hollín transportado por el aire, procedente de las velas y crios, encendidas a lo largo de cientos de años. (Antes de la era de la electricidad, la Capilla Sixtina estuvo iluminada por grandes y robustas velas y cirios, que continuamente despedían humo en una repisa interior situada por debajo de la altura a la que se hallaban los frescos. No era cera de abeja, que arde de forma relativamente limpia, sino el tipo de porquería negra que se obtiene en una barbacoa al asar chuletas a la parrilla.) Y la cola de pegar era de origen animal, la mayor parte de la cual también había sido aplicada mucho después de la muerte de Miguel Ángel por entrometidos conservadores que habían tratado de resaltar los tonos más intensos de los frescos oscureciendo los menos intensos. El resultado de ello fue una turbia oscuridad. A lo largo de los años se llevaron a cabo varios intentos de limpiar parte de la película de suciedad, pero ninguno de ellos tuvo éxito.

Si de verdad se deseaba saber qué colores prefería Miguel Ángel en una pintura, lo lógico era mirar su única pintura de caballete que ha sobrevivido, el «Tondo Doni» de la *Sagrada Familia*, de alrededor del año 1504. Colores luminosos, llamativos, *colori cangianti*, como se les llamaba, los colores de la seda tornasolada, el arrugado azul celeste de la falda de María, el opulento amarillo de la ropa de José, la claridad general de la luz; nada de esto se asemejaba siquiera remotamente a los colores del techo de la Capilla Sixtina. Como era de esperar, cuando se empezó a limpiar el techo y comenzaron a aparecer colores similares a los del «Tondo Doni», hubo gritos de protesta por parte de los historiadores del arte a los que les parecía que se había vilipendiado a Miguel Ángel: los «nuevos» colores eran los del posterior arte manierista, característicos de artistas como Pontormo. La deducción obvia que se tendría que haber extraído de esto debería haber sido que los *colori cangianti* del manierismo habían sido copiados del Miguel Ángel de la Capilla Sixtina por artistas que consideraban a Miguel Ángel como el guía supremo y que sólo deseaban seguirle en homenaje, cuando acudieron en masa a la Capilla Sixtina para ver su nueva obra. Pero los críticos opuestos a la restauración estaban decididos a entender que la casa se había empezado por el tejado.

Viendo los frescos de la Capilla Sixtina en su estado renovado una década después, uno sólo puede hacer conjeturas acerca de las causas del histerismo de la oposición a la restauración. Ahora se pueden contemplar en toda su plenitud de color, y es uno de los mayores espectáculos del mundo. Llegados a este punto, quizá deba confesar un sesgo por mi parte; cuando trabajaba para lo que entonces era una muy importante revista norteamericana, *TIME*, tuve la suerte de obtener amplio acceso al *ponte* o puente móvil entre las paredes de la Capilla Sixtina en el que trabajaban los encargados de la limpieza, y pasé la mayor parte de tres días allá arriba, con la nariz a medio metro de la superficie del fresco, viendo cómo volvía a cobrar vida el color de Miguel Ángel tras un entierro tan prolongado bajo el ceroso residuo, y cómo renacían las formas. Fue un privilegio, con toda probabilidad el más intenso que tuve en una carrera profesional de cincuenta años como crítico de arte. Aquello me dejó sin la menor duda de que los meticulosos esfuerzos de alta tecnología del equipo del Vaticano, centímetro a centímetro, fueron una proeza de técnica y paciencia tan grande como la espléndidamente discreta limpieza que realizó John Brearley de *Las Meninas* de Velázquez en Madrid, y que una enorme verdad cultural, antaño obscurecida, estaba entonces saliendo a la luz.

Los frescos de Miguel Ángel constituyen, por supuesto, un punto magnético de atracción concentrada para los visitantes de Roma; hasta tal punto que ya no es posible apreciarlos en paz, debido a las intolerables multitudes que llenan a rebosar el lugar todos los días del año. Sin embargo, la arquitectura romana de Miguel Ángel es otra cosa. Sus proyectos arquitectónicos principales fueron tres: la reforma del Capitolio (con su bronce de Marco Aurelio a caballo incluido), el diseño del palacio más sublime en Roma, el Palacio Farnesio, y el desarrollo de la basílica de San Pedro.

A veces, mientras estaba trabajando en *El Juicio Final*, a Miguel Ángel se le abordaba con la esperanza de que se ocupara de proyectos de arquitectura pública. Una vez terminado *El Juicio Final*, y con la

Capilla Paulina tras de sí, fue relevado para que pudiera entregarse a la arquitectura, y el primero de los proyectos en los que se enfrascó fue la remodelación del núcleo mítico e histórico de Roma, el Capitolio (en italiano, *Campidoglio*). La necesidad de un Capitolio renovado se había hecho patente en 1536, nueve años después del saqueo, cuando el victorioso Carlos V hizo una visita de estado a Roma, aún terriblemente marcada, y el papa Pablo III se dio cuenta de que, aunque se levantaron arcos procesionales temporales para recibir al emperador a lo largo de la ruta del triunfo de la antigua Roma, no había ninguna gran plaza central para una ceremonia de recepción.

La colina Capitolina, con todas sus asociaciones históricas, parecía un lugar apropiado para ello, y en 1538 Pablo III ordenó trasladar la estatua de bronce de Marco Aurelio a caballo desde su emplazamiento en el Palacio de Letrán a un nuevo lugar en el Capitolio. El papa creía, equivocadamente, que era una estatua del emperador Constantino, y por consiguiente cristiana. Fue un afortunado error, ya que fue sólo el hecho de que todos los romanos de la Edad Media supusieran que se trataba de Constantino (o, más tarde, del cristiano Antonino Pío) lo que la había protegido de ser derribada y fundida como monumento pagano. Resulta muy curioso que Miguel Ángel se opusiera a colocar allí la estatua de Marco Aurelio; no está claro por qué lo hizo, pero, afortunadamente para Roma, el papa le hizo caso omiso. Miguel Ángel fue nombrado ciudadano de honor de Roma en 1537 y, sintiéndose adulado por este halago, siguió adelante con ideas para el Capitolio. Diseñó una base ovalada para la estatua, a la cual rodeó con un pavimento ovalado, que sustituyó a la amorfa plaza que se hallaba frente al Palacio Senatorial. Introdujo dos escaleras simétricas ante ese Palacio, y diseñó una magnífica rampa, amplia y escalonada, la *Cordonata*, que unía la plaza con lo que actualmente es la altura de la plaza de Venecia. De modo que el eje visual de la *Cordonata* atraviesa la estatua de Marco Aurelio y asciende hasta la confluencia de las escaleras gemelas en el Palacio Senatorial. Ahora la estatua necesitaba un nuevo entorno arquitectónico. A un lado de ella, construido sobre las ruinas de lo que antaño fue el templo de Júpiter, se hallaba el Palacio de los Conservadores, del siglo XV. Miguel Ángel le dio a este una nueva fachada, con imponentes pilastras corintias de altura completa, y al otro lado, frente a él, construyó el Palacio Nuevo, ahora Museo Capitolino, que contiene su prodigiosamente copiosa colección de antigüedades romanas.

De esta manera, Miguel Ángel creó uno de los más grandes centros urbanos de la historia de la arquitectura; sólo otros pocos de Italia, como la plaza de San Marcos en Venecia y la plaza del Campo en Siena, con su forma de vieira, se pueden comparar con él en cuanto a belleza espacial, y ninguno logra siquiera aproximarse a su fenomenal riqueza en cuanto a contenido artístico. Nada podía competir con él, ni podrá hacerlo jamás. El efecto que tenía en los estetas que la visitaban quedó resumido en un dibujo muy posterior realizado por el artista neoclásico Heinrich Füssli, que se había trasladado a Roma para una estancia de diez años en 1770. El dibujo mostraba una figura, con la cabeza oculta entre sus manos en un gesto de desesperación, sentada ante los enormes mármoles del pie y la mano de Constantino, que aún se hallan en el Capitolio. Su título es *El artista conmovido hasta la desesperación por la grandeza de los restos antiguos*. Era una emoción que se sentía a menudo, y que muchos sentían; pero no Miguel Ángel. Rafael era el conservador más entusiasta de los dos.

A lo largo de toda su breve vida, Rafael promovió activamente la conservación de las innumerables ruinas y monumentos antiguos de Roma. Hubo un informe sobre el deterioro de estos que se entregó al sucesor de Julio II, León X, quien en 1515 nombró a Rafael comisario de las antigüedades de Roma. Esto no le otorgaba el poder de impedir el saqueo del mármol antiguo. Más bien lo contrario: dejaba a Rafael a cargo de recoger material antiguo para usarlo en la construcción de la nueva basílica de San Pedro. De modo que hay algo hipócrita en los lamentos del informe. No está claro quién lo compiló y lo escribió. No está firmado, y se ha atribuido a Bramante, a Rafael, al escritor Baltasar de Castiglione y a otros. Como se encontró un borrador del informe que era de puño y letra de Baltasar en la biblioteca familiar de la familia Castiglione, y como Rafael (1483-1520) no sólo fue el arquitecto designado para la construcción de la basílica de San Pedro y el principal asesor sobre cuestiones estéticas de León X, sino que era también amigo íntimo de Castiglione, es muy probable que estos dos hombres escribieran el informe juntos.

El autor (o autores), dice el informe, han estado en toda Roma, observando, dibujando, midiendo, y ello ha sido un placer decididamente ambivalente: este conocimiento de «tantas cosas excelentes me ha producido el mayor placer; y por otro lado, el mayor pesar. Pues vi a esta noble ciudad, que fue la reina del mundo, tan terriblemente herida que casi era un cadáver». En Roma, la antigüedad había sido implacablemente expoliada por los propios romanos, la excelente piedra de las ruinas saqueada, las columnas derribadas y llevadas lejos de donde se hallaban, las estatuas y los frisos de mármol quemados para obtener cal, los bronces fundidos. Esto había estado sucediendo durante centenares de años, sin que ni el papa ni el Senado lo impidieran. Los romanos habían hecho más daño a Roma que las peores invasiones bárbaras. Comparado con ellos, «Aníbal parecería haber sido un hombre piadoso». «¿Por qué tendríamos que lamentarnos de los godos, los vándalos y otros pérfidos enemigos de la reputación latina, cuando aquellos que más deberían ser padres y guardianes defensores de las pobres reliquias de Roma se han entregado al estudio —prolongado estudio— de cómo estas podrían ser destruidas y hechas desaparecer?» Este ubuesco proyecto de demoler las ruinas, este implacable urbicidio, era la mayor industria, casi la única, de Roma.

> ¿Cuántos pontífices, Santo Padre, que han ocupado el mismo cargo que vos, aunque sin el mismo conocimiento... han permitido la ruina y desfiguración de los templos antiguos, de estatuas, arcos y otros edificios que fueron la gloria de sus constructores? ¿Cuántos permitieron que se socavaran los propios cimientos de estos para que se pudiera extraer *pozzolana* de ellos, debido a lo cual, muy poco tiempo después, los edificios se derrumbaron? ¿Cuánta cal se ha extraído de la quema de estatuas y ornamentos de tiempos antiguos?

Esta paulatina destrucción de la ciudad por sus ignorantes promotores urbanísticos fue «la infamia de nuestro tiempo», una atroz castración histórica. Rafael y Castiglione, quienes puede suponerse que fueron los autores de ese informe, sabían muy bien a quién estaban dirigiendo sus súplicas. Este hombre era Giovanni' de Medici, sucesor del poderoso Julio II, el último hombre laico que fue elegido papa, el segundo hijo de Lorenzo el Magnífico de Florencia, que entonces era un hombre más bien joven de poco más de cuarenta años. Había recibido una buena educación humanística en la corte de Lorenzo en Florencia, por parte de lumbreras como Pico della Mirandola, Marsilio Ficino y el poeta Angelo Poliziano. Tanto en Florencia como en Roma, había estado enfrascado en el arte y la literatura; tenía profundamente inculcada su veneración por el pasado clásico, no se trataba de una mera afectación o excentricidad pseudointelectual. Además, no tenía un respeto automático por las opiniones de los anteriores papas, sobre todo en asuntos tales como la historia de la arquitectura.

«Puesto que Dios nos ha dado el papado», es fama que comentó Giovanni' de Medici tras su elección como León X, «disfrutemos de él». Se propuso hacer esto, y lo hizo. Era, escribió el embajador de Venecia en Roma, Marino Giorgi, «un hombre bondadoso y extremadamente generoso, que evita toda situación difícil y que por encima de todo desea la paz... ama el saber; sobre derecho canónico y literatura posee un conocimiento extraordinario». Tenía una colección de animales domésticos, entre ellos un elefante blanco domesticado. Era, según el testimonio de 1525 de Francesco Guicciardini, un homosexual activo y sin complejos, «sumamente consagrado, y cada día con menos vergüenza, a ese tipo de placer que, en aras del honor, no puede nombrarse». Y se tomaba en serio la cultura. León X restauró la Universidad de Roma, que había pasado tiempos difíciles durante el pontificado de Julio II. Aumentó los sueldos de sus profesores, amplió sus facultades y financió una imprenta griega que creó el primer libro griego que se publicó en Roma (1515), un paso importante en la implantación de las ideas humanistas en la ciudad. Dio secretarías papales a eruditos y poetas, como Pietro Bembo y el Gian Giorgio Trissino.

Todo esto costaba dinero. Mucho. León X agotó la tesorería papal en dos o tres años. Naturalmente le avergonzaba, como vicario de Cristo en la tierra, verse a sí mismo presidiendo una ciudad tan miserablemente despojada de su antigua gloria como Roma. La Iglesia necesitaba defensas, algo de lo que los nuevos edificios eran la demostración manifiesta y concreta. Julio II y su arquitecto Bramante habían empezado a sustituir la vieja basílica de San Pedro por una enorme basílica nueva y ahora León X se propuso duplicar el tamaño de esta, algo inaudito en la historia del cristianismo hasta ese momento. La mayor parte de las veces estas expansiones eran caóticas, ya que muy a menudo los nuevos papas tendían a dejar que se perdieran los proyectos de aquellos que les habían precedido. Las ambiciones militares, políticas, arquitectónicas y artísticas de sucesivos pontífices llevaron al papado a prolongadas rachas de deuda ilimitada, provocando inextricables aflicciones a sus banqueros. Naturalmente, León X no estuvo libre de estos horrores financieros, y sus paliativos a corto plazo para ellos fueron un desastre para la Iglesia. Fue uno de los gastadores más irresponsables de la historia del papado. Uno no puede evitar sentir simpatía por él dado su compromiso con las bellas artes, sobre todo por su fomento de la literatura y la erudición. Pero la Iglesia necesitaba a un hombre más moderado, y la moderación no era una virtud que León X entendiera. Necesitaba inmensas sumas, no sólo para mantener sus suntuosos gustos, sino también para financiar grandes proyectos, el más grande de los cuales era la construcción de la nueva basílica de San Pedro. Por ello, dejó la puerta abierta a uno de los peores tinglados de la historia eclesiástica: la venta a gran escala de indulgencias.

Cuando los ingresos procedentes de esta práctica no bastaban, León vendía (a compradores selectos, naturalmente) el prestigio de estar relacionado con el papado. Inventó toda clase de nuevos cargos papales, y los vendió a los mejores postores. Se calculó de forma bastante fidedigna que, en el momento de la muerte de León, más de dos mil personas estaban pagando por cargos que él había creado, generando un capital por valor de tres millones de ducados que rendían al papa 328.000 ducados al año. Los birretes cardenalicios normalmente se vendían, y esto hizo que los niveles superiores de la jerarquía se encenagaran con codiciosos truhanes. Incluso se decía que León estaba empeñando y que vendía algunos de los contenidos artísticos del Vaticano: muebles, vajillas, joyas y obras de arte.

No es seguro que León X comprendiera del todo la resuelta ira que impulsó el épico cambio en la historia de las ideas y del culto que estaba a punto de convulsionar a Europa; no podría haber habido dos hombres más dispares que el papa Medici y el monje alemán llamado Martín Lutero, quien, en el cuarto año del papado de León, el 31 de octubre de 1517, clavó sus noventa y cinco tesis en la puerta de la iglesia de Wittenberg. Lutero era un hombre sumamente culto, pero no tenía nada del gusto hedonista por la cultura que exhibía León. De ningún modo se le podría haber calificado de sensualista, algo que León era en todos los sentidos.

La indignación y la repugnancia que esto provocó entre los fieles sería una de las principales causas de la Reforma, en la que, por motivos doctrinales, hundió sus raíces el trascendental cisma entre el catolicismo y el protestantismo. Pero al mismo tiempo que Leo estaba vendiendo tan imprudentemente tan magníficas obras de arte, estaba adquiriendo otras, en particular libros y manuscritos para la Biblioteca Vaticana, que estaba en constante expansión. En el proceso, el papa que dio lugar a la Reforma también estaba fomentando una nueva élite intelectual: los humanistas romanos.

Capítulo 7

ROMA EN EL SIGLO XVII

No es posible imaginar la Roma moderna sin los cambios que un solo papa, Sixto V, impuso a la ciudad a finales del siglo XVI. Debido a su mecenazgo de titanes como Miguel Ángel, estamos lógicamente predispuestos a pensar en Julio II como el supremo «papa constructor» del siglo XVI. Y lo fue, en cierto sentido; pero si no nos damos cuenta de la envergadura de los cambios que Sixto V Peretti realizó en la estructura urbana de Roma, estamos condenados a no entender bien la ciudad. Fue Sixto V quien sentó las bases de la Roma barroca, la ciudad cuyo exoesqueleto el visitante ve actualmente pero que es propenso a dar por descontado.

Fue elegido papa en 1585, heredando una ciudad caótica, plagada de delincuencia, próxima a la quiebra y salpicada de ruinas medio abandonadas. En el apogeo de sus años imperiales, Roma había albergado a un millón de personas. Ahora es posible que sólo tuviera 25.000, y probablemente menos. La depresión económica del siglo XVI, infligida a Roma por el Gran Cisma que empujó la ciudad a una caída en picado, la había convertido en una auténtica ciudad fantasma con monumentos.

Las siete principales iglesias de Roma fueron centros de atención para un cada vez mayor flujo de turismo religioso, el cual, a diferencia de posteriores y más explotadoras formas de turismo de masas, hizo poco por la economía general de la ciudad. Es cierto que cada año aumentaba la cantidad de peregrinaciones realizadas por los fieles. Pero el tejido conjuntivo entre ellos, el cuerpo vivo de la Ciudad supuestamente Eterna, parecía estar ajándose a una velocidad alarmante. Había un proyecto de renovación que destacaba: la obra maestra de urbanismo de Miguel Ángel, la remodelación del Capitolio, que se había llevado a cabo en la década de 1540, mucho antes del papado de Sixto V. Pero se habían construido demasiado pocas cosas nuevas, y el orden del que dependía Roma para su vida cívica continua había desaparecido y había sido sustituido por un caos que recordaba a la ciudad de Nueva York en la década de 1970 o a Washington DC en la de 1990. Algunos pensaban que los bandidos se habían apoderado de la ciudad. Según un cálculo aproximado, había veinte mil de ellos, o sea, más o menos uno por cada ciudadano respetuoso de la ley. Esto no parece verosímil, pero desde luego el índice de criminalidad había aumentado incalculablemente.

Una crisis así no la puede conjurar una sola persona. Pero tampoco se puede superar sin una mano fuerte, sin una implacable fuerza de voluntad de la que los comités normalmente no son capaces de armarse. Pero como en ocasiones sucede, la crisis dio lugar al hombre: un clérigo que, en los últimos años del siglo XVI, fue nombrado papa y de este modo se hizo cargo de Roma y de su administración. Fue Felice Peretti, el cardenal Montalto, un franciscano que había sido elegido papa por el cónclave que se celebró tras la muerte de Gregorio XIII y que había asumido el papado bajo el nombre de Sixto V.

Era hijo de un granjero y había nacido en Grottamare, un recóndito *paese* cercano a Montalto, situado en los Estados Pontificios. Se decía que de niño había sido porquero, algo que perfectamente puede ser cierto. Ascendió rápidamente dentro de la Iglesia como fraile menor, llegando a ser el rector de sucesivos conventos en Siena (1550), Nápoles (1553) y Venecia (1556). Allí, un año después, fue nombrado consejero para la Inquisición. Los inquisidores furibundos y fanáticos no eran ninguna novedad en Venecia, pero al parecer incluso allí Peretti mostró un fervor anormal, y en 1560 el gobierno veneciano ya había exigido y logrado su retirada.

En 1566, el papa Pío V le nombró obispo y en 1570 tomó el birrete rojo de cardenal. Quince años después fue elegido papa. Se decía que había entrado en la cámara del cónclave electoral en muletas, fingiendo una debilidad extrema. No cabe duda de que confiaba en que esto aumentaría sus posibilidades de ser elegido como papa provisional, para un breve período de tiempo. En el momento en que se confirmó su elección mediante la fumata blanca que se elevó desde la chimenea, lanzó las muletas lejos de sí, quedando de pie ante los cardenales congregados, erguido y rebosante de vitalidad. La historia es falsa; pero *se non è vero*, como frecuentemente dicen los romanos, *è ben trovato*: si no es verdad, debería serlo.

En algunos aspectos, Sixto V fue una figura aterradora; en otros, un ignorante, y en todos los sentidos, formidable. Pero nunca se le podría reprochar indecisión o falta de creatividad. La atmósfera de reforma que se apoderó de la Iglesia había dado lugar a un hombre cuya fe en la autoridad, sobre todo en la suya propia como pontífice, era absoluta. Sin embargo, al ser un hombre con una voluntad de hierro, no se sentía inclinado a escuchar a quienes consideraba inferiores; es decir, a cualquier otro miembro de la Una, Santa, Católica, Apostólica y Romana Iglesia.

Esto quedó demostrado en todas sus acciones, desde el urbanismo hasta la erudición bíblica.

A finales de la década de 1580, Sixto se encargó de publicar la «Vulgata Sixtina» o texto oficial en latín de la Biblia. Esto era una necesidad religiosa, porque con ello se daría a los italianos la versión impresa definitiva del texto fundamental de la Cristiandad, protegiéndolo de incursiones heréticas como el luteranismo. Pero Sixto no veía con buenos ojos a los editores. Los veía como seres molestos que siempre estaban planteando objeciones triviales, y bruscamente ignoró sus sugerencias. Esta edición, publicada en 1590, se convirtió en una rareza bibliográfica porque estaba tan llena de errores que tuvo que suprimirse; después de su muerte, naturalmente.

Nada de eso sucedió con sus planes para la propia Roma. Pensando de un modo holístico, en una escala que abarcaba toda la ciudad, y no simplemente edificio por edificio, Sixto modificó por completo la forma de Roma.

Pero primero tuvo que hacer frente al problema de la delincuencia. *«Non veni pacem mittere»*, le dijo a otro cardenal que le felicitó por su elección, *«sed gladium»*; eran palabras de Cristo: «no he venido a traer la paz, sino la espada».

El acero papal cayó primero, con mortal efecto, sobre la población de rufianes y ladrones de Roma, que se vieron arrestados, decapitados, ejecutados con garrote o colgados de horcas y de los puentes del Tíber. Sixto V no creía en absoluto que los ciudadanos tuvieran derecho a llevar armas. En lo que sí creía era en el terror judicial. Cuando se vio a cuatro inofensivos jóvenes con sus espadas envainadas siguiendo una de sus procesiones papales, los mandó ejecutar sumariamente. Esta política fue tan eficaz que muy pronto los Estados Pontificios se consideraron el dominio más seguro de Europa. Sixto celebró este logro haciendo acuñar una medalla con su rostro en una de sus caras y con un peregrino durmiendo bajo un árbol en la otra, con el lema *Perfecta securitas*.

Por si los maleantes intentaban huir, Sixto fue el primero en concertar tratados de extradición con los estados vecinos. Ningún gobernante iba a arriesgarse a contrariar al papa ignorándolos. Si la pena de muerte podía mejorar el orden cívico, también podría hacer maravillas por el orden moral. Entre las acciones que Sixto declaró castigables con pena de muerte, aparte del robo y el asalto, estaban el aborto, el incesto y la pedofilia. Teóricamente, estas ya habían conllevado antes la pena de muerte, pero Sixto la hizo absolutamente obligatoria y sin excepciones. Delitos de menor gravedad, como no guardar el domingo, se castigaban con la condena a las galeras. (Los Estados Pontificios aún tenían una flota de tamaño modesto, aunque sus barcos probablemente se usaban menos para la guerra que para el castigo de pecadores en los pesados trabajos de remado.) Roma estaba llena de prostitutas, que apenas habían sido molestadas por los papados anteriores; Sixto mandó prohibirlas en las vías públicas más importantes durante las horas del día, y en todas las calles romanas después del anochecer. E iba en serio: si se cogía a una muchacha ejerciendo su oficio en el lugar equivocado o fuera de horas, se la marcaba con hierro candente en el rostro o los pechos.

Una vez que la delincuencia y el vicio quedaron bajo cierto control, Sixto pasó a centrar su atención en la obra urbana que su predecesor, el papa Gregorio XIII, había planificado pero no había concluido. Este pontífice ya había hecho sus propios cambios a la ciudad. Estaba programado un Año Santo para 1575. Este traería muchos peregrinos a Roma, multiplicando los problemas de circulación en la ciudad. Como preparación para esto, Gregorio había despejado una amplia calle llamada Via Merulana, que discurría desde Santa María la Mayor hasta el Palacio de Letrán. También revisó los códigos de construcción, para fomentar estructuras civiles más grandes e imponentes.

Pero esto no fue nada comparado con los proyectos en los que ahora se embarcó Sixto V, a través de su arquitecto en jefe, Domenico Fontana (1543-1607).

Mucho antes de eso, en 1576, Fontana había diseñado una villa enorme (y en constante expansión) en la colina Quirinal para Sixto V, la Villa Montalto. Aconsejó al papa sobre la restauración de una de las más bellas iglesias antiguas de Roma, la de Santa Sabina, del siglo v, con sus veinticuatro columnas corintias iguales recicladas de algún templo pagano de la antigüedad. Diseñó un edificio grande pero mediocre para albergar lo que actualmente es una gran colección, la de la Biblioteca Vaticana (1587-1590), y escogió a los pintores que pintaron al fresco escenas tales como la Sibila de Cumas presidiendo la quema de los Libros Sibilinos. Sixto no estaba a favor de conservar el palacio de San Juan de Letrán, partes del cual databan del siglo VI y que hasta el siglo XV había sido la principal residencia papal. El papa Nicolás V se había mudado de él a nuevas dependencias del Vaticano. Desde entonces, el antiguo edificio se había deteriorado por el abandono y en gran parte era inhabitable, desde luego no digna de un papa. Sixto decretó que se debía arrasar por completo, y en su lugar Fontana construyó un nuevo Palacio de Letrán, que se terminó en 1589.

Sin embargo, la especial preocupación de Sixto V, que prácticamente venía a ser una obsesión, era la forma de la propia ciudad de Roma y la circulación por ella. Al papa no le bastó con prohibir todas las estructuras de madera que sobresalieran en sus calles, aunque lo hizo. Las propias calles necesitaban una intervención quirúrgica radical. Al final, Sixto pavimentó o renovó las superficies de unas 120 calles, y tendió unos 10 kilómetros de carreteras nuevas dentro de la ciudad.

Los mapas de Roma de una época previa del siglo XVI muestran sus siete iglesias de peregrinación: San Juan de Letrán, San Pedro, San Pablo Extramuros, Santa María la Mayor, San Lorenzo, Santa Inés y San Sebastián. Entre ellas había serpenteantes carreteras, la mayoría de las cuales no eran más que caminos para el ganado. Esta descuidada informalidad atentaba contra el sentido del orden del papa. En el futuro, calles rectas se unirían en puntos centrales, en progresiones ordenadas. Por ejemplo, el papa dirigió el trazado y la construcción de avenidas que unieron Santa María la Mayor directamente con el Palacio de Letrán, y el Palacio de Letrán con el Coliseo. Una amplia y hermosa calle llamada la Strada Felice (por el propio nombre del papa), que posteriormente pasaría a llamarse Via Sixtina, se tendió a lo largo de 3 kilómetros desde Santa Croce in Gerusalemme, pasando por Santa María la Mayor, hasta la Trinità dei Monti. Ningún edificio existente impedía el despeje de estas vías. Si algo estorbaba, se echaba abajo. El papa tenía un incuestionable derecho de expropiación sobre los edificios tanto seculares como eclesiásticos, y lo ejercía sin limitación alguna.

Tampoco tenía la menor consideración por los monumentos clásicos. Sixto V era un hombre de cultura superficial, que jamás se sintió cohibido por ninguna veneración humanista por el pasado romano, ni siquiera por los recuerdos del Renacimiento. Su predecesor Gregorio XIII había instalado estatuas de la antigüedad en el Capitolio; Sixto se opuso a ello, diciendo que estas no eran más tolerables que cualquier otro ídolo pagano, e hizo que se las llevaran de allí. Dijo a uno de sus cortesanos que esto le daba especial placer porque en sueños había visto a Gregorio XIII, al que odiaba, sufriendo en el Purgatorio. Disfrutó gastando la documentada cantidad de 5.339 *scudi* para destruir las ruinas de las Termas de Diocleciano. Sin ningún reparo, demolió los restos de la magnífica fachada del Septizodio del emperador Septimio Severo (inaugurado el año 201 d. C.), tan admirado por los artistas de los siglos XV y XVI, y mandó dispersar sus *spolia* de precioso mármol por toda la ciudad como parte de sus propios proyectos de construcción. Quiso ver demolido el arco de cuatro lados de Jano Cuadrifronte que se hallaba en el Foro Boario, con el fin de que su arquitecto Fontana pudiera usar el mármol de este para construir una base para el obelisco egipcio frente a San Juan de Letrán, y dio órdenes para la destrucción de la tumba de Cecilia Metela, aunque esta se hallaba bastante más allá de los límites de la ciudad. También pensó que el Coliseo se debía convertir en una fábrica de lana para aumentar el empleo en la ciudad. Este último plan iba a ponerse en marcha, pero a la muerte de Sixto en 1590 se abandonó. También se abandonó (por suerte) otra idea suya mucho peor: la demolición de toda una sección del Coliseo para dejar paso a una nueva y recta avenida que conectaría el Campidoglio con San Juan de Letrán.

Cuando surgió la cuestión de qué hacer con las dos grandes columnas de la antigüedad de Roma, las de Trajano y Marco Aurelio, Sixto siguió adelante sin ninguna consideración por los significados originales de estos monumentos, instalando una estatua de san Pedro (hecha con el bronce fundido de estatuas de la antigüedad) sobre la Columna de Trajano y otra de san Pablo sobre la de Marco Aurelio. Al consagrar la estatua de Pedro, Su Santidad explicó que un monumento como el de Trajano sólo podía llegar a ser digno de llevar la efigie del Vicario de Cristo en la tierra si este se re-consagraba a la causa de la Iglesia católica, una asombrosa manifestación de sofistería.

La verdad era que Sixto V, como muchos otros hombres de poder ilimitado, creía más en el futuro que en el pasado, porque se podía dar forma al futuro, pero no al pasado. En su interior, sencillamente no veía por qué se había de permitir que los restos de un paganismo derrotado impidieran el progreso de una fe viva y triunfante. En ese aspecto era un papa ideal para la Contrarreforma. Todo lo que se construyera, restaurara, esculpiera o pintara bajo su papado tenía que ejemplificar el poder de la Iglesia triunfante. Si se había de diseñar una fuente, el tema de esta ya no podría ser el pagano Neptuno rodeado de ninfas de los mares y tritones. Tendría que ser Moisés golpeando la piedra, haciendo manar a borbotones el agua de la Fe.

Para entonces el agua ya era una metáfora fundamental del arte devoto. Gran parte de la obra de Fontana dependía de su construcción de un nuevo acueducto que, en homenaje al verdadero nombre del papa, Felice Peretti, se conoció como el Acqua Felice. «Agua Feliz», desde luego; hasta entonces, la nueva construcción en Roma había estado restringida fundamentalmente a las zonas bajas que se hallaban a lo largo del Tíber. El Acqua Felice penetraba en Roma ascendiendo más por sus colinas, terminando en la plaza de Santa Susana, junto a las Termas de Diocleciano, el emplazamiento actual del Museo de las Termas. Esta distribución más amplia de la preciosa agua abrió nuevas perspectivas para la urbanización y la ocupación de una parte mucho mayor del *disabitato*, las extensiones «abandonadas» o «vacías» de la ciudad. Naturalmente, era mucho más fácil construir sobre tierra vacía que «hacer como Haussmann» en París y tener que demoler y despejar antes cada emplazamiento anterior.

De modo que siempre había trabajo. Pero el proyecto por el que se recuerda a Fontana, y el que le dio una merecida inmortalidad como ingeniero, fue el traslado y la reerección del obelisco de San Pedro, ese enorme pincho de piedra que se alzó en lo que llegaría a ser el corazón de Cristiandad.

Sixto V tenía una enorme afición por los obeliscos, y Roma poseía más que cualquier otra ciudad europea; trece para ser exactos, todos ellos, salvo uno, rotos o tumbados boca abajo, o en su mayoría las dos cosas. Su entusiasmo fue satirizado por uno de los acres pareados que circularon durante su papado:

> *Noi abbiamo basta di guglie e fontane:*
> *Pane vollemo, pane, pane, pane!*

> «Estamos hartos de agujas y fuentes:
> ¡Es pan lo que queremos, pan, pan, pan!»

Estas furiosas rimas se conocían como «pasquinadas» (y de ahí viene «pasquín»), porque tradicionalmente se pegaban en una ajada estatua antigua llamada, desde tiempos inmemoriales, «Pasquino». Roma tenía varias de estas «estatuas parlantes», que servían como válvulas de escape para el enfado ciudadano en una época en la que los romanos no tenían acceso a ningún tipo de prensa. Otra de ellas era un busto femenino, actualmente bastante maltrecho, conocido por los romanos como Madama Lucrezia, anexo al muro del Palazzetto Venezia, junto a la esquina de la basílica de San Marcos, la iglesia de la colonia veneciana de Roma. Pero la pareja más famosa de estatuas parlantes era la de Pasquino y su viejo amigo Marforio. Marforio, un dios fluvial de la antigüedad, estaba en la entrada de la Cárcel Mamertina, pero posteriormente fue ascendido al Capitolio y ahora se le puede encontrar recostado en la entrada del Museo Capitolino. Pasquino está todavía en la pequeña plaza que lleva su nombre, la plaza de Pasquino, detrás de la plaza Navona. Marforio hablaba (a través de un cartel) y Pasquino le contestaba (o viceversa) y su diálogo, normalmente en un dialecto incomprensible para los no romanos, era uno de los grandes números cómicos de Roma.

Pasquino, al igual que Marforio, es antiguo: un desgastado y maltrecho torso clásico de Menelao del siglo III a. C., encontrado durante la reparación de una calle cercana. Fue instalado en su emplazamiento actual por un cardenal en 1501. Se supone que su nombre viene de un sastre de un comercio cercano que peligrosamente dispensaba a diestro y siniestro impertinentes críticas contra el gobierno papal. Pero hay tantas leyendas acerca de los orígenes de Pasquino que probablemente sea imposible desentrañar cuál es la verdadera.

En cualquier caso, un día, durante el reinado de Sixto V, se vio a Pasquino llevando puesta una camisa terriblemente mugrienta. ¿Por qué, quiso saber Marforio, llevaba puesto un harapo tan apestoso? Porque Donna Camilla ahora es princesa, fue la respuesta. Donna Camilla era la hermana del papa, que en su época más modesta había sido lavandera pero que acababa de ser ennoblecida por Su Santidad.

La tolerancia de las grandes figuras respecto a Pasquino tenía un límite, y esto se pasaba de la raya. Llegó a oídos de Sixto V, que hizo saber que, si el anónimo autor satírico reconocía haberlo escrito, se le perdonaría la vida y recibiría un obsequio de mil *pistoles*, en efectivo. Pero si algún otro descubría quién había sido y le denunciaba, el autor sería ahorcado. Naturalmente, el anónimo grafitero confesó, pues ¿quién iba a rechazar semejante recompensa? Sixto V le dio el dinero y le perdonó la vida, pero, mostrando escasa deportividad, añadió que «nos hemos reservado el poder de cortarte las manos y perforarte la lengua de parte a parte, para evitar que seas tan ingenioso en el futuro». Pero nada iba a callar a Pasquino; tenía cien lenguas y doscientas manos. El domingo siguiente se vio a Pasquino cubierto por una camisa recién lavada, aún húmeda, que se había dejado allí para que se secase al sol. Marforio se preguntó por qué no podía esperar hasta el lunes. «No hay tiempo que perder», dijo Pasquino, pensando en las costumbres tributarias de Su Santidad. «Si me quedo hasta mañana, quizá tenga que pagar por la luz del sol.»

Los obeliscos de Roma eran «souvenirs» de la conquista de Egipto por el Imperio, y la mayoría de ellos se habían traído a la ciudad en la época imperial. El antiguo Egipto tenía tres formas conmemorativas fundamentales: la pirámide, la esfinge y el obelisco. Pero la tarea de trasladar un obelisco (por no hablar de una gran esfinge o una pirámide) a través del Mediterráneo no era menos imponente que la de hacer el objeto a partir de cero, algo que ya era bastante difícil, de hecho demencialmente difícil, y sólo la podría haber emprendido un estado teocrático como el antiguo Egipto.

Todos los obeliscos egipcios conocidos venían de la misma cantera: un depósito de sienita, o granito rojizo, una piedra extremadamente dura y de grano fino. Esa cantera estaba situada en Asuán, bajo la primera catarata del Nilo. Se hallaba a unos 1.125 kilómetros de Alejandría y a unos 800 de Heliópolis, donde se encontraba la mayor concentración de obeliscos terminados.

Las herramientas del antiguo Egipto eran muy sencillas. Nada de sierras para cortar piedras ni de explosivos, naturalmente; nada de acero; y para mover los pesados bloques de granito, una vez extraídos de la cantera, sólo la palanca de madera, el rodillo, el plano inclinado, la cuña, cuerdas de fibra de palma, grasa y una mano de obra ilimitada. Al menos el músculo humano no escaseaba, y se prefería a la tracción animal: los «fellahin» de la época podían obedecer las órdenes que una yunta de bueyes no entendería. Egipto tenía unos 30.000 kilómetros cuadrados de terreno habitable y una población, en la época faraónica, de quizá 8 millones de personas, una densidad de unos 265 por kilómetro cuadrado, seis veces más que la de China o la India entonces.

La tarea de recortar el bloque de granito para un obelisco era la propia definición de la sencillez: una tediosa e infinitamente laboriosa sencillez.

Los esclavos marcaban en el granito la línea divisoria deseada abriendo un canal a lo largo de toda ella, de unos cinco centímetros de profundidad y dos de anchura. En la parte inferior de este canal se perforaba una línea de orificios, cada uno de ellos de unos 7-8 centímetros de diámetro y 15 centímetros de profundidad, espaciados por unos 45 centímetros.

Entonces, los esclavos (y los no esclavos) tenían dos opciones.

La primera era clavar con un martillo un tapón de madera en cada uno de estos orificios y después llenar el canal de agua, que otros esclavos habrían traído en odres del cercano Nilo. Si, pese a la capacidad evaporadora del sol egipcio, la madera se mantenía empapada el tiempo suficiente, los tapones se hinchaban y, con suerte, hacían que la masa entera se separase, resquebrajándose, de su matriz.

La segunda opción era encender un fuego a lo largo de todo el canal y mantenerlo ardiendo hasta que la roca estuviera muy caliente; después eliminar la ceniza y las ascuas y rápidamente sofocarlo todo con agua fría, lo cual (con suerte) también resquebrajaría el granito.

Jamás se ha encontrado ninguna herramienta para trabajar los obeliscos, salvo un único cincel de bronce en Tebas. Las herramientas de hierro, si es que siquiera existieron, han desaparecido por completo, desintegradas debido a la oxidación (piensan algunos) causada por la extremadamente nitrosa tierra egipcia. Es posible que los cinceles tuvieran dientes de diamante. Para la larga y ardua tarea de pulir las superficies de granito de los obeliscos, debió de haber abrasivos de algún tipo: esmeril, corindón o incluso polvo de diamante. El ingrediente principal, que nunca escaseaba en el antiguo Egipto, era una ilimitada cantidad de mano de obra humana.

No se sabe exactamente de qué modo adoptaba el obelisco su forma escultural definitiva, con el «piramidión» o punta en lo alto del fuste. Esto no se pudo hacer con abrasivos —pues había demasiada roca que quitar—, pero intentar eliminar la roca sobrante de forma precisa por las cuatro caras y a 60 grados de temperatura debía de ser un proceso bastante incierto, por no decir algo peor.

No obstante, se hacía, y entonces llegaba el problema de llevar aquella cosa al emplazamiento deseado. Pero no era esta una cuestión que fuera a hacer desistir a un faraón que estuviera firmemente resuelto a lograrlo. En la dinastía XIX, hacia el año 1300 a. C., Ramsés II hizo arrastrar una efigie de sí mismo de 900 toneladas a lo largo de unos 225 kilómetros desde su lecho de granito hasta el Memnorium (o Ramesseum) de Tebas, sobre una especie de enorme trineo con obedientes egipcios vertiendo aceite en la arena que se hallaba delante de sus patines para reducir la fricción y miles de otros egipcios tirando de cuerdas. El lecho de granito del obelisco no estaba muy lejos —al menos, no inconcebiblemente lejos— del Nilo. La conjetura que parece más acertada es que los egipcios construían un dique seco en la orilla del río, cuando las aguas iban bajas. Dentro de este, se construía una barcaza de transporte. Entonces el obelisco era arrastrado desde la cantera hasta el dique seco sobre el enorme trineo de madera, una operación para la que se necesitaban hasta cincuenta mil hombres en filas dobles o cuádruples y kilómetros de cuerda de fibra de palma.

De este modo, el obelisco se cargaba muy lentamente en la barcaza; y quedaba allí en espera de que se produjese el gran acontecimiento, la inundación anual del Nilo. Esta levantaba la barcaza cargada, que después, con una gran dosis de suerte y habilidad, era arrastrada río abajo hasta un lugar lo más cercano posible al emplazamiento designado del obelisco. Allí, los pacientes egipcios repetían todo el proceso de nuevo, esta vez a la inversa, construyendo otro dique seco, amarrando la barcaza a él, esperando a que el agua del Nilo se retirase, arrastrando el obelisco desde la barcaza y el dique hasta su pedestal final, y levantándolo hasta ponerlo vertical.

Sobre la forma en la que se podía haber hecho esto no había más que conjeturas, de modo que el método tuvo que reinventarse una y otra vez. En primer lugar, los antiguos romanos de la época de Cleopatra y Ptolomeo tuvieron que reinventarlo, sin duda con una gran cantidad de ayuda subordinada egipcia. Posteriormente, más de mil años después, los italianos tuvieron que inventarlo una vez más, pues no había ningún documento sobre las maniobras originales.

De los barcos que llevaron los obeliscos a Roma no queda ni rastro. Se supone que eran enormes galeras, cada una de ellas hecha a medida, quinquerremes con al menos 300 remeros, y que el obelisco tumbado boca abajo se lastraba con muchas toneladas de trigo o judías secas en sacos amontonados a su alrededor para impedir que se moviera, pues cualquier inestabilidad en una carga tan inmensa habría hecho volcar al barco y lo habría enviado enseguida al fondo del agua. (La arqueología submarina ha encontrado una asombrosa variedad de objetos en los restos de naufragios antiguos, entre ellos lo que se supone que fue un antecesor primitivo del ordenador, a escasa distancia de la isla griega de Anticitera, el «Mecanismo de Anticitera», pero ningún obelisco hasta ahora.)

Una vez que el barco y su carga llegaban a Ostia, todo el proceso tenía que repetirse a la inversa: el dique seco, el trineo, los hombres tirando de las cuerdas y el viaje, centímetro a centímetro, hasta Roma. Algunos obeliscos, como mínimo, se levantaron verticalmente sobre sus bases en el Circo Máximo y en otros lugares, pero no se sabe cómo. La mayoría de ellos se rompieron en varios pedazos, volcando en una fecha de la antigüedad de la que no ha quedado constancia o debido a daños provocados por terremotos o hundimientos de la tierra cuando se hallaban boca abajo.

No obstante, había un perfecto obelisco entero que aún seguía en pie en Roma en el siglo XVI. Era el obelisco intacto más grande que había fuera de Egipto. Databa de la dinastía XIX, de aproximadamente el año 1300 a. C., y se había traído a la Ciudad Eterna por órdenes ni más ni menos que de Calígula, tras haber sido erigido en un principio en Heliópolis. Calígula ordenó su transporte a un emplazamiento en el circo de Nerón que, más de mil años después, resultó ser la parte trasera de la antigua basílica de San Pedro. Era un afilado fuste de granito, que medía 28 metros hasta la punta de su piramidión, y que pesaba 361 toneladas. En lo alto del piramidión había una esfera de bronce que nadie había abierto jamás; se decía que contenía las cenizas de Julio César.

El papa Sixto V había observado a menudo el obelisco desde lejos, y no estaba satisfecho. Este no debía estar detrás de la nueva basílica de San Pedro, cuya finalización estaba próxima. Debía trasladarse a su parte frontal. Una simple cuestión de puntuación municipal: cambiar de sitio el signo de admiración en la frase. Se haría una gran plaza delante de la nueva basílica de San Pedro (y se hizo, años después, conforme a los diseños de Gian Lorenzo Bernini, que por entonces aún no había nacido). Quería llevar el obelisco al frente y colocarlo *allí*, justo en el centro, para el asombro de los peregrinos, la edificación de los creyentes en los siglos venideros... y la eterna memoria del papa Sixto V.

Pero de nuevo surgía el antiquísimo problema: ¿cómo moverlo?

El papa designó una comisión para estudiar el problema. A lo largo de todo el año 1585 se consultó a unos 500 expertos procedentes de toda Italia y de lugares tan distantes como Rodas, que habían tenido experiencias previas con colosos. Algunos se mostraron a favor de transportar el obelisco tendido boca abajo, otros a favor de trasladarlo en vertical, y al menos uno propuso, por razones inescrutables, trasladarlo en un ángulo de 45 grados. Algunos querían trasladarlo en horizontal y después enderezarlo mediante una gigantesca mitad de rueda a la que se sujetaría. Otros propusieron levantarlo de su pedestal mediante cuñas. Se propusieron muchísimas soluciones, la mayoría de las cuales parecían ineficaces y algunas absolutamente letales.

Sixto V se cansó muy pronto de considerar estas ideas, y asignó la tarea al hombre al que había tenido en mente para ella desde el principio: a su propio arquitecto, Domenico Fontana. El problema era que Fontana tenía tan sólo cuarenta y dos años, y por ello algunos asesores papales le consideraban demasiado joven e inexperto. De modo que la comisión nombró a un supervisor: el distinguido arquitecto florentino Bartolomeo Ammanati, que tenía setenta y cuatro años y que ya contaba con varias obras maestras arquitectónicas en su haber, como el patio del Palacio Pitti en Florencia, el Puente de la Santa Trinidad que cruzaba el Arno, y la Villa Julia en Roma.

Ammanati era un extraordinario arquitecto, pero apenas se le necesitaba, ya que Fontana era mejor ingeniero que él. Lo que Fontana propuso fue colocar un par de enormes pilones de madera a cada lado del obelisco. Cada pilón estaría compuesto por cuatro miembros verticales, cada uno de ellos de 28 metros de longitud, hechos de maderos de 6×6 metros unidos por juntas de solape y firmemente sujetos por tirafondos de hierro y bandas de hierro de entre 3 y 5 centímetros de grosor. Las vigas de madera se trajeron de 30 kilómetros de allí. Se pasaron unas sogas por encima de unas poleas situadas en la parte superior de los pilones y se afianzaron al obelisco, que se acolchó con paja y después se encajonó utilizando tablones de 60 centímetros de grosor que cubrieron toda su longitud, para darle cierto grado de protección; aunque, si llegaba a caerse, nada podría impedir que se hiciera pedazos. Estos cables se conectaron con unos pernos de argolla fijados a unas bandas de hierro firmemente sujetas al cuerpo revestido del obelisco. Los cables se extendieron hasta unos tornos situados en el suelo, los cuales se harían girar mediante unos cabrestantes impulsados por caballos, como los cabrestantes que se utilizan para levantar las anclas de los barcos. Fontana calculó que el peso bruto del obelisco, con su armadura y los pernos de metal utilizados para levantarlo, sería de unos 309.000 kg. Un cabrestante impulsado por cuatro caballos, según sus cálculos, podía levantar 6.350 kg. De modo que necesitaría cuarenta cabrestantes para levantar verticalmente el 80% del peso del obelisco; el resto lo harían cinco enormes palancas de madera. Si el obelisco comenzaba a inclinarse, iniciaría una catástrofe, ladeándose y cayendo finalmente al suelo, de modo que se necesitaría el cuidado más exquisito para mantener una tensión uniforme en todos esos cuarenta cables, abiertos en abanico hacia el exterior y extendidos hasta los cabrestantes situados en torno al obelisco. Para izar los cables se necesitarían poleas basadas en aparejos de barco, pero de un enorme tamaño que jamás se había empleado en un barco: grandes cantidades de poleas con doble revestimiento y bordes de hierro, en una proporción de 2:1, teniendo la más grande de ellas una longitud de 1,5 metros. Cada uno de los cables en sí tenía una longitud de 228 metros y un diámetro de 7,5 centímetros, y había sido hilado en una cordelería especialmente grande situada en Foligno, con una tensión de rotura (calculaba Fontana) de casi 23.000 kg. Era el mayor encargo de equipamiento que la industria marítima italiana había conocido jamás. Pero es que nada semejante se había intentado siquiera en la historia de la ingeniería civil italiana. Aquello iba a requerir un cuidado y una coordinación casi inauditos, algo que Fontana se propuso conseguir mediante un sistema de señales sonoras: una trompeta para dar comienzo a cada tirón del cabrestante, una campanilla para ponerle fin.

En primer lugar hubo que levantar el obelisco de su base, y después ladearlo para tenderlo boca abajo sobre el enorme vagón montado sobre rodillos mediante el cual sería arrastrado desde la parte trasera de la basílica de San Pedro hasta su emplazamiento en la parte frontal. Después hubo que llevar hasta allá los pilones y los cabrestantes, volver a armarlos y utilizarlos para poner nuevamente en vertical el prodigioso bloque de piedra, el cual se hizo bajar cautelosamente sobre una base que se había preparado para ello frente a la basílica.

Sixto V publicó largas y detalladas órdenes en las que advirtió que nadie «deberá atreverse a impedir o perturbar de ninguna manera los trabajos». Esto significaba acogerse al derecho a la expropiación de cualquier cosa que se hallara a lo largo de la ruta del obelisco: si había una casa que estorbaba, esta se echaba abajo. Toda la operación, que se tardó días en completar y consumió la mano de obra de 900 hombres y unos 140 caballos, fue contemplada por la mayoría de la población de Roma, a la que se mantuvo alejada mediante un cerco de seguridad y que había sido advertida, en términos inequívocos, de que cualquiera que hiciese algún ruido o que dijera una palabra sería ejecutado en el acto. Nadie dijo ni pío.

Sin embargo, llegó a ser parte del folclore de esta enorme operación el hecho de que, en un momento dado, las cuerdas que trasladaban el obelisco empezaron a deshilacharse debido a la carga o a arder lentamente a causa de la fricción. El desastre se cernía sobre Fontana. Cuenta la leyenda que este fue evitado por un marinero genovés con pulmones de acero llamado Brescia di Bordighera, que rompió el silencio gritando a voz en cuello «*Acqua alle funi!*», «¡Agua a las cuerdas!». Lejos de castigar al hombre por romper el silencio, el papa, cuando se dio cuenta de que el marinero había salvado el proyecto, le premió con bendiciones y rentas vitalicias.

Desgraciadamente, la historia no parece ser cierta. Ni Fontana, que llevaba un diario sobre las tareas de bajada, traslado y levantamiento del obelisco, ni ningún otro que estuviera allí, menciona al marinero y su grito salvador, y difícilmente le habría resultado posible a nadie encontrar o llevar el agua necesaria a tiempo a la plaza de San Pedro.

Cuando el obelisco estuvo en vertical, Sixto V no pudo contener su alegría, lanzando el grito triunfante de «*Ciò che era pagano ora è l'emblema della christianitá*», «Lo que era pagano es ahora el emblema del cristianismo». Y de eso se trataba: para Sixto, el desplazamiento o «traslado» de este y otros obeliscos, logrado con un esfuerzo común y una determinación tan inmensas, simbolizaba la obra de la Contrarreforma, la reunificación de la Iglesia, la derrota y el retroceso de la herejía.

El papa colmó de honores a Fontana.

La esfera de bronce se abrió y no contenía ningún resto de César; estaba completamente vacía. Para que uno se fíe de las supersticiones.

El obelisco del Vaticano y el Aqua Felice fueron los proyectos más espectaculares que el papado de Sixto aportó a la estructura de Roma, pero en absoluto fueron los únicos. Un obelisco aún más grande había yacido en tres fragmentos cerca de la catedral de San Juan de Letrán. Encargado por el faraón Tutmosis III hacía tres mil años, había sido llevado a Alejandría por Constantino en el año 330 d. C. y después fue trasladado a Roma por Constancio II en 337 e instalado en el Circo Máximo. Tenía una altura de 32 metros, siendo como mínimo 4 metros más alto que el enorme obelisco del Vaticano, y pesaba 510 toneladas. A instancias de Sixto V, Fontana logró levantarlo, y lo reparó tan bien que actualmente sus junturas sólo pueden verse si se observa de cerca. Fontana se encargó de un tercer obelisco, que también había servido como marcador en el Circo Máximo, y lo trasladó a la Piazza del Popolo, donde aún se encuentra. Comparado con los obeliscos del Vaticano y de Letrán, este casi fue un juego de niños: sólo medía 23 metros y pesaba 263 toneladas. Finalmente mandó excavar el obelisco que yacía en cuatro fragmentos en la Via di Ripetta, en el lado occidental del Mausoleo de Augusto, e instalarlo nuevamente detrás del ábside de Santa María la Mayor, en la plaza Esquilina. Esta tarea se concluyó a finales de 1587.

Este ejemplo lo siguieron varios papas posteriores, de modo que en el espacio de un siglo una docena de obeliscos estuvieron de pie en Roma. El papa que más obeliscos hizo levantar, después de Sixto, fue Pío VI Braschi, que mandó erigir tres durante su pontificado de veinticinco años (1775-1799). El primero se levantó en la colina Quirinal, entre sus enormes estatuas de mármol blanco de los Dioscuros domando caballos, Cástor y Pólux. Este también procedía del Mausoleo de

Augusto, donde se había encontrado en el siglo xvi, se había vuelto a enterrar (era un enorme obstáculo para el tráfico de la ribera en la Via di Ripetta), se había exhumado de nuevo en tres fragmentos y, bajo la dirección del arquitecto Giovanni Antinori, se había instalado en 1786 delante del palacio de Quirinal. El segundo fue instalado en lo alto de las Escaleras Españolas, frente a la iglesia de la Santa Trinità dei Monti, en 1789. El tercero, extraído del Mausoleo de Augusto y conocido (por su uso en la antigüedad como gnomon en el enorme reloj de sol) como el Obelisco Solare, se trasladó en cinco fragmentos a la plaza de Montecitorio y fue reensamblado por Antinori donde se halla hoy en día, delante del palacio de los Tribunales. Augusto lo había traído de la ciudad egipcia de Heliópolis, donde se había realizado para el faraón Psamético I.

De modo que el levantamiento de obeliscos por parte de Sixto V no fue excepcional en modo alguno. ¿Cómo, después de heredar un papado en quiebra, pudo este maníaco pontífice mantener el ritmo de construcción de obras públicas que se empeñó en mantener? Mediante la venta de cargos, mediante la instauración de nuevos *monti* o préstamos públicos (un mecanismo para la recaudación de dinero que utilizó por primera vez Clemente VII en el siglo xvi) y sobre todo mediante feroces impuestos. Todo esto generó una superabundancia en el fisco papal que, como un omnipotente Tío Gilito, prefirió conservar el oro en lingotes y monedas dentro de gigantescos cofres de hierro acanalado (que aún pueden verse, pero abiertos de par en par y vacíos) en el Castel Sant'Angelo. En estas huchas ocultaba tres millones de *scudi* en oro y 1,6 millones en plata, la masa más grande de dinero en metálico que había en Italia y una de las más grandes de Europa. De hecho, su acumulación hizo que quedase fuera de circulación tanto dinero en efectivo que surgieron graves problemas en la economía romana; el dinero no podía circular como antes, de modo que el comercio se estancó. O bien Sixto no fue consciente de esto, o bien no le preocupó. Lo importante era la exhibición pública, el obelisco retórico.

En la mayoría de los aspectos su política, especialmente en el ámbito de la política extranjera, fue un desastre. Era dado a fantasías presuntuosas. ¿No era él el vicario de Dios en la tierra? Conquistaría Egipto, llevaría el Santo Sepulcro a Italia, aniquilaría a los turcos. Renovó la excomunión de la reina Isabel I de Inglaterra, y accedió a darles a los españoles un gran subsidio para la Armada Invencible que conquistaría Inglaterra; subsidio que, no obstante, no se habría de pagar hasta que las fuerzas españolas llegasen a desembarcar, algo que, como todos sabemos, nunca hicieron; de este modo, el providencial naufragio y dispersión de la Invencible debido a una tormenta en el canal de la Mancha le ahorró un millón de coronas.

Pero el replanteamiento y la reconstrucción de Roma en torno a esos signos de admiración que eran los obeliscos, la recreación de la extensión de la ciudad como un modelo de circulación retórica, eso sí que era algo nuevo, digno de otro César: y todo ello realizado en cinco años de un papado increíblemente breve y obsesivamente activo. El poeta vernáculo del siglo XIX Giuseppe Belli pronunció en 1834 un bello epitafio sobre él:

> *Fra tutti quelli c'hanno avuto er posto*
> *De vicarj di Dio, non z'è mai visto*
> *Un papa rugantino, un papa tosto,*
> *Un papa matto, uguale al Papa Sisto.*

> «Entre todos aquellos que han ocupado el cargo
> de vicario de Dios, nunca antes se había visto
> a un papa tan pendenciero, tan duro,
> tan loco, como el papa Sixto.»

Ni volvería a verse jamás. Un visitante procedente de Mantua, Angelo Grillo, dijo que «tal es la novedad de los edificios, las calles, las plazas, las fuentes, los acueductos, los obeliscos y otras formidables maravillas con las que Sixto V, de gloriosa memoria, embelleció esta vieja ciudad» que apenas era capaz de reconocer el lugar que había abandonado diez años antes. Papas posteriores también construirían, pero no con tal entrega a la reorganización del modelo fundamental, del sentido manifiesto del espacio, que era Roma. En cierto modo, los «papas constructores» de la época barroca estuvieron a la sombra de la obsesión de Sixto V con la ciudad como patrón de movimiento y declamación pública coordinada, no simplemente como una colección de monumentos independientes. De forma que el visitante de Roma siente gratitud hacia este hombre, tan imaginativo, tan tiránico y tan terrible en diversos sentidos. No obstante, pocos podrían sorprenderse al enterarse de que una estatua de él, erigida en su honor en el Capitolio cuando estaba vivo, fue destrozada por la gente de a pie de Roma, la «chusma», en cuanto exhaló el último aliento. Debieron de sentirse con derecho a destrozarla, ya que se había erigido con el dinero de los impuestos que Sixto había obtenido de ellos.

¿Y qué hay de sus sucesores de comienzos del siglo XVII? ¿Cómo

cambiaron estos la apariencia y el trazado de Roma? Muy considerablemente, aunque quizá no de forma tan radical como el terrible Sixto.
El mayor proyecto fue el que se llevó a cabo durante el pontificado de
Alejandro VII Chigi (papa desde 1665 hasta 1667): la reconstrucción
de la Piazza del Popolo, que se hallaba justo dentro de la Porta del
Popolo, una de las principales entradas de Roma. La palabra *Popolo*
no tiene ninguna implicación protosocialista; en la Edad Media, *popu-*
lus era un término políticamente neutro, que simplemente significaba
«parroquia».

Alejandro VII despejó el camino para la realización de sus deseos
urbanos restableciendo la Congregazione delle Strade, el comité de
planificación urbana para Roma que había caído en desuso. Concedió
a este la autoridad de demoler todo lo que quisiera, siempre que lo
creyese conveniente. Esta fue una poderosa licencia. Le permitió, por
ejemplo, librarse del Arco di Portogallo, que al estrechar la Via del
Corso provocaba interminables embotellamientos.

Alejandro tenía preferencia por generosas plazas a las que se acce-
diera por amplias calles (se habían acabado ya las pronunciadas curvas
y los ángulos abruptos del medievo) distinguidas por edificios, fuentes y grupos de estatuas singulares: él las llamaba *teatri*, teatros, y desde
luego la Piazza del Popolo mostraba lo que quería decir con ello. Esta
plaza era lo primero que veía de Roma la mayoría de los extranjeros a su
llegada, y merecía un tratamiento especial. Gian Lorenzo Bernini había
diseñado la puerta, que llevaba orgullosamente sobre sí la estrella de los
Chigi, y en el otro extremo de la plaza se levantaron ahora dos iglesias
gemelas. Diseñadas por el arquitecto Carlo Rainaldi en 1661-1662 y
terminadas por Bernini y Carlo Fontana en la década de 1670, estas enmarcan las entradas al tridente de calles (Via del Corso, Via del Babuino, Via di Ripetta) que se zambullen en el centro de Roma, y agudizan
la sensación de expectativa que ya ha provocado la Porta del Popolo.
Todos aquellos que las ven desde la plaza, a menos que ya estén avisa-
dos de ello, las admiran por su simetría. En realidad no son simétricas, al
estar construidas sobre emplazamientos con formas distintas. La iglesia
de Santa Maria in Montesanto (a la izquierda, mirando desde la plaza)
se alza sobre un trozo triangular de tierra más largo que el que ocupa su
compañera. Por consiguiente, tiene una cúpula ovalada, mientras que
Santa Maria dei Miracoli tiene una circular. Pero nadie se da cuenta de
esto (en un primer momento) desde fuera, y la ilusión de simetría es
perfecta hasta que se mira más de cerca.

La Roma de la Contrarreforma —segunda mitad del siglo XVI y

primera del XVII— no ofreció demasiado trabajo a los grandes pintores nacidos en Italia, aunque incubó a algunos expatriados extraordinarios. No obstante, hubo varias excepciones destacadas, algunas de las cuales (principalmente pintores boloñeses en Roma) reafirmaron la tradición clásica, mientras que otras parecieron subvertirla por completo. El primero de los clasicistas fue Annibale Carracci (bautizado en 1560-1609), junto con su hermano Agostino Carracci (1557-1602). Eran nativos de Bolonia, y un tercer pintor miembro del clan de los Carracci, su primo Ludovico (1555-1619), eligió pasar su vida en Bolonia y nunca pintó en Roma. Agostino y Ludovico fueron buenos pintores, pero el genio de la familia fue, indudablemente, Annibale.

Se puede evaluar cuán poderosa fue la inventiva de este haciendo una visita, si es posible concertarla, a los salones del Palacio Farnesio. Por lo general esto solía no ser posible, ya que el palacio, originalmente construido por ese nepotista extremo llamado Alejandro Farnesio, el futuro papa Pablo III (papa desde 1534 hasta 1549), y que es, sin demasiadas dudas, el palacio más suntuoso de Italia, pasó a ser la embajada francesa y el acceso a él solía estar tan increíblemente restringido que incluso su patio, obra conjunta de Antonio Sangallo y Miguel Ángel, estaba abierto al público exactamente durante una hora a la semana, entre las once de la mañana y el mediodía de los domingos. En cuanto a los salones de palacio, ni por asomo podían visitarse.

Esto suponía que el visitante de Roma sólo pudiera conocer una de las mayores obras de la pintura italiana del siglo XVII, y además imperfectamente, a través de una reproducción. Por suerte, en la actualidad estas condiciones se han relajado un poco y se ofrecen visitas guiadas. No se debería dejar pasar esa oportunidad. Alejandro Farnesio (hay que recordar que esto fue antes de que se le nombrase papa, aunque es improbable que sus tendencias cambiasen demasiado después de ser elegido para ocupar la Silla del Pescador) quiso que el tema de esta obra fuese el Poder del Amor, y del amor terrenal además, no del divino. Calificar semejante tema de impropio para un futuro pontífice sería un error: le había nombrado cardenal el papa Borgia Alejandro VI, cuya amante era la hermana de Alejandro Farnesio, Julia Farnesio. Es más, Alejandro tenía cuatro hijos ilegítimos, aparte de una cantidad desconocida de hijos bastardos.

En cualquier caso, Annibale Carracci se propuso, con tremendo fervor y brío, cubrir la bóveda de cañón de 20 metros con frescos que representaban el Triunfo del Amor simbolizado por los retozos de Baco y Ariadna; una alborotada y tumultuosa aparición de escenas de la *Meta-*

morfosis de Ovidio, un auténtico firmamento de carne clásica, apoyado
en alusiones a la farnesina Loggia de Rafael y a los *ignudi* del techo de
la Capilla Sixtina de Miguel Ángel, pero tan pagano como podía conce-
biblemente serlo el arte de la pintura. Annibale, un soberbio dibujante,
fue uno de los más grandes reinventores del cuerpo desnudo que jamás
ha existido, y el techo del Palacio Farnesio es prácticamente la última
aparición en el arte italiano del impulso clásico con toda su fuerza, en
los límites más avanzados de su ambición.

Si se desea ver el otro extremo de la obra de Annibale Carracci,
este también se halla en Roma, en la Galería Colonna; es el retrato,
muy anterior y mucho más cercano al realismo social, de un trabajador
que ataca su almuerzo de judías y cebollas, teniendo firmemente agarrado un panecillo y lanzando al espectador una intensa mirada de po-
sesividad salvaje, con la boca abierta y el sombrero de paja deshilacha-
do en la cabeza: el *Hombre comiendo judías*, de hacia 1583. También
es una obra maestra, aunque de un tipo muy distinto. Es de suponer
que actualmente a los invitados a las cenas, vestidos con sus *fracs*, que
levanten la vista de sus platos de *foie gras en gelée Lucullus* hacia los
tumultuosos placeres de los dioses que se hallan representados sobre
sus cabezas, en el techo de la embajada, les resultará difícil relacionar
ambas obras. Es triste saber que Farnesio pagó a Annibale Carracci tan
miserablemente por sus cuatro años de inspirado trabajo sobre el techo
del Palacio Farnesio que el artista cayó en una depresión, se dio a la
bebida y murió a la temprana edad de cuarenta y nueve años, tras haber
terminado teniendo que (es de suponer) comer judías.

El otro artista boloñés de importancia que trabajó en Roma en la
primera parte del siglo XVII fue Guido Reni (1575-1642). Pocos pintores puede haber en la historia cuyas carreras muestren un ascenso tan
espectacular a las cumbres de la fama seguido por un descenso tan profundo a sus abismos. Durante más de un siglo después de su muerte, los
entendidos, los turistas y otros artistas consideraron que tenía una inspiración angelical; y fue tan célebre, a su manera, como Miguel Ángel,
Leonardo o (para el caso) Picasso. El poeta romántico inglés Percy B.
Shelley, que murió en Italia, pensaba que, si algún cataclismo arrollaba
Roma, las pérdidas de Rafael y Guido Reni serían «las únicas que se
lamentarían». A algunos genios incuestionables como Gian Lorenzo
Bernini les pareció que pintaba «imágenes del paraíso» y tomaron su
obra como modelo, y otros artistas no escatimaron elogios sobre él.
Motivos tuvieron para hacerlo: como ampliamente demuestran sus
frescos alegóricos en el Palacio Pallavicini-Rospigliosi en Roma, como

el rafaelesco *Aurora* (1614), Reni, en sus mejores momentos, que eran infrecuentes, tenía un exquisito sentido del estilo. En el siglo XVIII y a comienzos del XIX, su gran retablo de la Trinidad en la iglesia de la Santísima Trinidad de los Peregrinos se consideraba una de las vistas más importantes de Roma, un espectáculo obligatorio para el joven artista que se tomara en serio su oficio. Pero en 1846, en su obra *Pintores modernos*, John Ruskin ya atribuía a Reni «una tara y una mácula, y una irritante desarmonía... una pronunciada sensualidad e impureza». Cincuenta años después, Bernard Berenson declaró que «nos alejamos de Guido Reni con un asco indescriptible»; no es que hiciera falta demasiado para asquear a ese estricto y quisquilloso esteta. El punto más bajo se alcanzó cincuenta años después, cuando se podía conseguir fácilmente un Reni de 3 metros (si se deseaba, que no era el caso de muchos) por menos de 300 dólares en una subasta.

¿Qué sucedió? Un cambio tectónico en el gusto. A los ingleses del período victoriano no les importaba la pretenciosidad sentimental, siempre y cuando esta no fuera hipócrita, y la hipocresía fue la acusación que se hizo, cada vez más, contra Guido después de su muerte. Estaba orgulloso, según decía, de ser capaz de «pintar cabezas con sus ojos elevados de cien maneras distintas», pero esto no les pareció una virtud a las generaciones posteriores; al menos, no una que compensara los vicios manifiestos de Reni, lo empalagoso de sus expresiones, la repetición de sí mismo, el exceso de producción.

Además, su vida personal fue desastrosa, una ciénaga de neurosis. Reni tuvo la desgracia de ser un adicto al juego, siempre con grandes deudas, produciendo montones de obras alimenticias para mantenerse a flote. Se ha conjeturado, sin duda correctamente, que lo que le llevaba a jugar era su masoquismo: perder era una forma de flagelarse a sí mismo por el pecado de estar vivo. Como tenía que pagar sus deudas, mantenía un estudio enorme; en un momento dado, como apuntó con cierto asombro su biógrafo Malvasia, Reni tuvo empleados a unos doscientos ayudantes. Al mismo tiempo era socialmente inepto, terriblemente consciente de su deficiente formación cultural (lo que dificultaba su tarea como pintor histórico y hacía que se sintiera desesperadamente incómodo en compañía de gente sofisticada y erudita) y un caso extremo de encierro en el armario. Por lo general se suponía que vivió y murió virgen. En cuanto a su religiosidad, no sólo era de misa diaria, sino que también era morbosamente supersticioso. Las mujeres le aterrorizaban: sospechaba que todas ellas eran brujas, una sospecha que sólo podían disipar si demostraban ser la Virgen María, algo que resultaba difícil de probar; y no podía soportar que nadie que no fuese su madre tocase su ropa para lavar.

No obstante, a pesar de todo eso fue capaz de hacer algunas cosas extraordinarias. Puede que hiciera su mejor obra pictórica entre 1618 y 1619, no mucho tiempo después de regresar de Roma a su Bolonia natal, y en la actualidad se encuentra en el Museo del Prado. Se trata de *Hipomenes y Atalanta*. En el mito, Atalanta era una cazadora, una veloz corredora que estaba resuelta a conservar su virginidad y que se negó a copular con cualquier hombre que no pudiera dejarla atrás en una carrera pedestre. Nadie lo consiguió hasta que la retó Hipomenes, a quien la entrometida diosa Afrodita había proporcionado tres manzanas doradas. A intervalos en su carrera, Hipomenes dejaba caer una manzana, a la que Atalanta no podía resistirse; al recogerlas, Atalanta se retrasó tanto que perdió tanto la carrera como su virginidad. La visión de Reni es de dos soberbios desnudos que llenan el espacio del cuadro, excluyendo cualquier otra cosa salvo la tierra vacía, el cielo desnudo y una línea del horizonte llana. Pero hay pocas dudas sobre su significado subliminal. Hipomenes se halla algo por delante de Atalanta, que está agachándose con avidez para recoger su segunda manzana. Pero el gesto de él hacia ella es de repulsión y desprecio; está rechazando toda posibilidad de contacto con ella, incluso aunque su victoria en la carrera, según el mito, le otorgue derecho a reclamarla. Está corriendo por un premio que no desea. Sería difícil pensar en una declaración más directa de repulsión homosexual (dentro de los límites del decoro) que la que se ve en esta obra.

La palabra «radical» llegó a estar tan cómicamente sobreutilizada a finales del siglo XX que se desgastó hasta quedar en la actualidad como un término casi completamente insustancial. Pero hubo épocas (ya muy lejanas) en las que se podía (con la debida cautela) aplicar a cosas que acontecían en las artes. Una de esas épocas fue los inicios del siglo XVII en Roma, y uno de esos acontecimientos fue la aparición en la ciudad de un joven pintor llamado Michelangelo Merisi, conocido por el nombre de su lugar de nacimiento, el pueblo del norte de Italia de Caravaggio, donde había nacido en 1571. No había ningún motivo para suponer que algo prometedor, y mucho menos algo que tuviera una importancia transformadora, fuera a salir de un lugar tan atrasado como Caravaggio. Este no había dado ningún artista, no tenía ninguna vida intelectual y no podía alardear de ninguna colección aristocrática que un joven pintor pudiese admirar o copiar. No obstante, Michelangelo Merisi era un genio y poseía lo que todos los que le conocieron coincidían en que tenía: *uno cervello stravagantissi-mo*, una extrañísima mentalidad. ¿Qué forma adoptaba esa extrañeza? En una palabra, el realismo. Caravaggio no estaba ni remotamente interesado en los trucos y tropos de la pintura manierista: los cuerpos alargados, los retorcimientos y las poses como de ballet, las metáforas con pretensiones artísticas y los rebuscados *concetti*. La pintura romana en 1592, el año en que Caravaggio llegó allí, tenía un gran pasado pero un diminuto y afectado presente. Una gran parte de ella era tan fatua como el material que llegaría a ser elogiado allí (y en Nueva York) como «posmodernismo» cuatro siglos después. Pedante, listilla, gárrula y llena de citas sin sustancia. Él quería ver la realidad de frente, y pintarla de esa manera, partiendo directamente de la vida, con el máximo grado de impacto y sinceridad, hasta el último pie calloso y la última uña sucia.

Esta ambición, que parece admirablemente natural hoy día, le valió muchas reprobaciones: le calificaron de «anti-Miguel Ángel», como si con ello quisieran decir anticristo; le llamaron genio maligno, pergeñador de guisos con demasiada pimienta, etcétera. Pero realmente la obra de Caravaggio transformó por completo la historia de la pintura europea. Durante una época, casi no hubo más remedio que ser un *caravaggista*. Francia, Holanda, España, Alemania y, por supuesto, la propia Italia estuvieron sometidas a su influencia. Cuando él nació, casi todos los pintores de Europa trabajaban bajo el idealismo clasicista de Miguel Ángel. Cuarenta años más tarde, después de su temprana muerte, sus descendientes estaban pintando «caravaggios» con la misma unanimidad, y ya no eran ni clásicos ni idealistas. Escárbese prácticamente en cualquier artista del siglo XVII y se hallarán rastros de Caravaggio: en Rembrandt, Seghers y Honthorst en los Países Bajos, en Velázquez y Ribera en España, en Georges de La Tour y Valentin de Boulogne en Francia, y una docena más, omitiendo los montones de simples imitadores.

Hay dos razones que explican el efecto tan poderoso que tuvo en su época, los inicios del siglo XVII, el hambre de la mirada de Caravaggio, el deseo de verdad humana completa y sin idealizar. El primero es de carácter general: en toda Europa la gente se estaba cansando del eufemismo que tiende a acompañar a la abstracción. Esto se ve, por ejemplo, en el teatro; en cómo las poderosas y desgarradoras escenas de los dramaturgos de las tragedias de venganza del período jacobeo inglés embelesaban a sus públicos:

Arráncale los párpados,
y deja que sus ojos brillen a través de la sangre, como cometas:
Cuando el malo sangra, es buena la tragedia.

O piénsese en las terribles escenas de *El rey Lear* —la fría Goneril insistiendo en que se deje ciego a su padre, en lugar de que se ponga fin a sus sufrimientos colgándole sin más— o de *Tito Andrónico*. Obviamente, el lenguaje del horror y los extremos dramáticos no lo inventaron los artistas y escritores del siglo XVII, pero este pasó a ocupar el primer plano de sus imaginaciones, ya fuera con fines de estimulación emocional o de revelación religiosa, y se convirtió así en uno de los principales ingredientes del arte barroco. Además, se debe añadir el hecho de que, con horror o sin él, los europeos del siglo XVII cada vez se interesaron más por lo pragmático y lo factual. Menos ángeles con brumosas alas; no tanta espiritualidad inmaterial. En lugar de ello, apelaciones directas a los sentidos del olfato, el tacto y el oído, y al aspecto que tiene y las sensaciones que produce realmente un mundo que, al fin y al cabo, había creado Dios. Si un pintor pone ante un espectador una imagen de elevada y transcendente artificialidad, esta podría no afectar a sus creencias. Pero una imagen que saliera del mundo real y que se refiriese dramáticamente a él, una que habitara el mismo tipo de espacio que el espectador, que estuviera sometida al mismo tipo de sentimientos, esa era más convincente. Tal fue la opinión del Concilio de Trento, que acordó hallar modos de hacer más vívidas y directas, para un público menos sofisticado, las doctrinas del catolicismo romano. El objetivo del arte no sería ganarle la discusión a Lutero, ni alzarse con la victoria en los debates teológicos, sino asegurar a los creyentes la Verdad mediante una intensidad superior, una verdad de acontecimientos y emociones más palpable. Y ahí, como pronto comprendieron sus mecenas, era donde entraba Caravaggio.

No a todo el mundo le gustaba, desde luego, pero nadie podría decir que pasaba desapercibido. «En nuestra época, durante el pontificado del papa Clemente VIII», comienza una diatriba del pintor y teórico de principios del siglo XVII Vicente Carducho (1576-1638), un italiano que se había mudado a Madrid,

surgió en Roma Michelangelo Caravaggio. Su nuevo plato está cocinado con tales condimentos, con tanto sabor, apetito y gusto, que ha superado a todos... ¿Pintó alguien alguna vez, y con tanto éxito, como este monstruo del genio y el talento, casi sin normas, sin teoría, sin conocimientos ni meditación, guiado únicamente por el poder de su genio y por el modelo que se halla ante él? Oí decir a un fanático de nuestra profesión que la aparición de este hombre supuso una premonición de la ruina y el fin de la pintura...

Aunque terminó siendo un sublime pintor de escenas dramáticas religiosas, Caravaggio empezó siendo un pintor de la naturaleza benéfica. Cierto es que a veces puede verse el germen inicial de las cosas —los primeros bodegones de Caravaggio a menudo muestran fruta pasada, oscurecida—, pero la cueva oscura de Caravaggio no se inventó de un día para otro. Sus primeras obras romanas, como la exquisita *Descanso en la huida a Egipto* (1594-1595), están uniforme y nítidamente iluminadas, recordando en cierto sentido a pintores del Alto Renacimiento como Lorenzo Lotto y (más vagamente) Giorgione. María, curvada sobre su hijo, somnolienta, es una hermosa pelirroja (probablemente la novia de Caravaggio en esa época), y el anciano san José sostiene una partitura, de la que el ángel está tocando música relajante en su violín mientras la madre y el niño dormitan.

Tales obras le hicieron popular entre los coleccionistas romanos de más alto nivel. Entre estos estaban el cardenal Francesco Maria del Monte, que poseía ocho de sus pinturas, y ese exigente y adinerado marqués, Vincenzo Giustiniani, que tenía quince.

Debido a su uniforme iluminación y su elegante variedad de color, tenemos tendencia a pensar que su obra inicial es «poco representativa». No obstante, con poco más de treinta años de edad ya estaba formado el carácter esencial de Caravaggio como artista. El elemento primordial de este era su dominio del gesto. Caravaggio veía las cosas y las registraba con asombrosa precisión: cómo las personas se mueven, se desploman, se incorporan, señalan y se encogen de hombros; cómo se retuercen de dolor; cómo yacen despatarrados los muertos. De ahí la intensidad del gesto de Abraham en *El sacrificio de Isaac*, mientras inmoviliza a su sollozante hijo sobre una piedra, como un hombre que va a destripar un pescado. En *La cena de Emaús*, los personajes parecen estar a punto de salir del lienzo mientras Cristo hace su gesto sacramental sobre la comida (una barra de pan romana común); y la cesta de fruta, situada justo al borde de la mesa pintada, está a punto de volcar sus contenidos sobre nuestros pies. Y la estrecha capilla Cerasi de la iglesia romana Santa Maria del Popolo, para la que Caravaggio pintó una *Conversión de San Pablo* y una *Crucifixión de San Pedro* (1600-1601), es tan pequeña que es imposible distanciarse de las pinturas: casi se aprietan contra nosotros, como cuerpos en una sala llena de gente, y no es posible creer que este efecto no sea deliberado. Esto es especialmente cierto en el caso de las figuras de Pedro y sus tres verdugos; forman una poderosa X de carne y tela de color pardo, estando ocultos de nosotros los rostros de dos verdugos y apartando el tercero la mirada, ensombrecido. Sólo Pedro (al que se crucificó boca abajo, según la leyenda devota, porque no se consideraba a sí mismo digno de morir de la misma forma que el Mesías) es completamente visible, reflejando la luz el cuerpo de ese fuerte anciano, mirando fijamente esos ojos angustiados el clavo de hierro que le ha atravesado la mano y ha penetrado en la madera.

Estas no son figuras inventadas o imaginadas, tienen una formidable presencia física, y, al contemplarlas, a uno no le queda la menor duda de que las historias que se cuentan sobre la forma de trabajar de Caravaggio —que encontraba a sus modelos entre la gente de las calles, y los pintaba tal como eran— es fundamentalmente cierta. Es evidente que hacía todo lo posible por disponer la iluminación direccional en su estudio oscuro. Pero no se sabe mucho más sobre su forma de trabajar, porque no ha sobrevivido ni un solo dibujo atribuible a Caravaggio. Quizá él los destruyera todos, o quizá se perdieran en uno de sus muchos traslados entre un estudio improvisado y el siguiente, entre una ciudad y otra. Pero también existe la posibilidad, que no se puede rechazar sin más, de que no hiciera ninguno: que dibujase directamente sobre el lienzo, sin planear las cosas primero.

Naturalmente, esta arriesgada y exaltada espontaneidad —por muy inverosímil que parezca, y desconectada de la práctica «normal» de estudio— parece encajar con la imagen de Caravaggio que da su estilo de vida, por lo que sabemos de este. Murió de unas fiebres en 1610, a los treinta y nueve años de edad, en Porto Ercole, que entonces era un palúdico enclave español en la costa de la Maremma, al norte de Roma. Los cuatro últimos años de su vida fueron una larga huida de la policía y los asesinos; en su fuga, trabajando bajo una presión extrema, pintó retablos —algunos sensacionales, y ninguno mediocre— en puertos marítimos mediterráneos desde Nápoles hasta Valletta y Palermo. Mató a un hombre clavándole una daga en la ingle durante un partido de tenis en Roma en 1606, e hirió a varios otros, entre ellos a un guardia del Castel Sant'Angelo y a un camarero a quien rajó la cara en una disputa por unas alcachofas. Fue demandado por difamación en Roma y mutilado en una reyerta de taberna en Nápoles. Taciturno, pendenciero y extraño, se movía en el protocolo de la Roma de comienzos del *seicento* como un tiburón en una red. Pero la intensa devoción de su obra posterior a 1600 fue fundamental para la pintura barroca, y siempre se le recordará como una de las figuras fundamentales del arte romano en los márgenes de la Contrarreforma.

La mayoría de los otros artistas eran extranjeros, atraídos a la irresistible órbita de la capital artística del mundo. Mientras le agasajaban durante una improductiva visita a París, al gran escultor y arquitecto barroco Gian Lorenzo Bernini le mostraron la obra de varios pintores franceses. Estos no le impresionaron. Al implacable ojo del viejo *maestro*, le parecieron artistas de poca monta; pintores de bajo calibre, aburridos, capaces de un decoro sin interés, en el mejor de los casos. Había, sin embargo, un artista cuyas obras habían sido coleccionadas por Paul Fréart (1609-1694), señor de Chantelou y administrador de Luis XIV. Este era Nicolás Poussin (1594-1665). Ante él, Bernini reaccionó enérgicamente, mirando con atención sus pinturas durante mucho tiempo y exclamando, por fin, «*O, il grande favoleggiatore!*», «¡Oh, el gran narrador!» (sólo que *favola* sugiere una especie de peso moral que va más allá de la mera anécdota, adentrándose en el terreno de la alegoría seria, la fábula). Posteriormente, dirigiéndose de nuevo a Chantelou, Bernini se señalaría la cabeza y diría con admiración que Poussin era un artista «que trabaja desde aquí arriba».

Era cierto; y uno de los motivos de que ello fuera cierto fue Roma. Poussin fue el padre y primer gran practicante del clasicismo francés. Vivió la mayor parte de su vida activa en Roma y sólo la abandonó con la mayor renuencia. En términos culturales, todo lo que se hallaba al norte de Roma era simplemente una colonia, sobre todo Francia, la potencia de segundo orden de la que procedía. «Somos, en efecto, el hazmerreír de todos, y nadie se apiada de nosotros», escribió malhumoradamente Poussin sobre los franceses, en una carta enviada desde Roma en 1649. «Se nos compara con los napolitanos y se nos trata como si lo fuéramos.»

Para él, Roma y el campo que la rodeaba era, por encima de todo, el terreno del pensamiento y de la memoria. El pensamiento no era abstracto; estaba fundamentado en la observación. La memoria combinaba un profundo sentimiento sobre el mundo natural observado con una especie de erudición poética que era muy infrecuente en el siglo XVII y es aún menos habitual en la cultura de hoy. El crítico británico William Hazlitt dio en el clavo cuando comparó a Poussin con John Milton. Poussin, escribió Hazlitt, «era entre los pintores (más que ningún otro) lo que Milton era entre los poetas. Hay en ambos algo de la misma pedantería, el mismo envaramiento, la misma elevación, la misma grandeza, la misma riqueza de material tomado de otros autores, la misma unidad de carácter». Mirando ciertas obras de Poussin en las que una robusta figura vestida de color claro está atravesando un paisaje frondoso, uno no puede evitar recordar las últimas palabras de *Lícidas*, cuando el pastor toma el sendero rural, tras interpretar su canción, «con entusiasmo cantando su dórica balada»: «Finalmente se levantó, y sacudió su manto azul / Mañana a otros bosques, y a nuevos prados». Todo en los paisajes de Poussin es ordenado y coherente, pero nada es abstracto; son la «Hermosa campiña» de *El Paraíso recuperado*, de Milton:

> Fértil de maíz la gleba, de aceite y vino,
> de vacadas atestados los prados, de rebaños las colinas,
> enormes ciudades y altas torres, que bien podrían parecer
> las residencias de los más poderosos monarcas, y tan grande
> era el panorama, que aquí y allí había sitio
> para el yermo desierto...

Lo que ofrece Poussin por encima de todo es el carácter terrenal del mundo que él crea, y de los hombres, las mujeres y los niños que trabajan, se abrazan, juegan y dormitan en él. Este no es un mundo abstracto de mármol sin vida. Uno puede imaginarse a sí mismo deseando a sus habitantes como carne, no como piedra idealizada: la pastora de largos muslos que se inclina hacia delante con sus compañeros pastores (que evidentemente tampoco saben leer) para escudriñar la inscripción *Et in Arcadia Ego* en un sarcófago olvidado en los bosques, con la sombra de un cráneo sobre la inscripción para recordar que el *ego* en Arcadia, el yo, es la inexorable presencia de la muerte; o la deslumbrantemente bella figura de la diosa Diana, a la que Endimión, encaprichado de ella, arrodillándose, declara su amor. «Este joven tiene el fuego interior del diablo», escribió uno de los conocidos romanos de Poussin, y de hecho fue la vitalidad de este, insuflando vida a su labor de imaginar de nuevo la antigüedad, lo que distinguió su obra de toda la otra pintura arcaizante que el siglo XVII produjo en Roma. Incluso el juego de los niños, observado por las ninfas mientras cargan el uno contra el otro a lomos de cabras, tiene cierta intensidad caballeresca, aunque también es al mismo tiempo una parodia de la caballería. Este paisaje vive y respira, y da la impresión de que nada trivial podría ocurrir en él. Sus diosas y ninfas no han caído del Olimpo; salen de la tierra. Llevan su arcaísmo como una flor, por lo que hay más tensión sexual entre la diosa blanca y el pastor arodillado en *Diana y Endimión*, de 1628, que en cien Renoirs. Esta tensión, para él, forma parte del clasicismo. «Las muchachas hermosas que habrás visto en Nîmes», le escribió a un amigo en 1642, «no deleitarán a tu espíritu, estoy seguro de ello, menos que la visión de las hermosas columnas de la *Maison Carrée*, pues estas últimas sólo son copias antiguas de las primeras». Es una encantadora ocurrencia, y no obstante, es algo más que eso: la idea de que los órdenes arquitectónicos de la antigüedad eran «copias» de las proporciones ideales del cuerpo humano bello estaba profundamente arraigada en el pensamiento de Poussin, como también lo estaba en las ideas de muchos entendidos. Esto era lo que humanizaba la arquitectura de la antigüedad y lo que ponía de relieve su relación con el presente. Y hace hincapié la sensación que tiene uno de que las mujeres que sacan agua de un pozo en un Poussin tienen una relación con la arquitectura que hay detrás de ellas que no es meramente formal, sino también, en cierto sentido histórico, espiritual.

En *Paisaje con San Mateo*, de alrededor del año 1640, vemos al evangelista rodeado de ruinas —columnas derribadas, entablamiento roto— anotando las palabras de un ser angélico visitante, en una hoja de papel: el tema de esta obra es el mismo que el del Caravaggio de la iglesia de San Luis de los Franceses, el dictado a san Mateo de su Evangelio. Pero en la obra que la acompaña, la que muestra a san Juan escribiendo el Apocalipsis en la isla de Patmos, Poussin produjo lo que casi podría venir a ser un autorretrato, sentado entre las imponentes ruinas de la antigüedad, haciendo bocetos de los fragmentos geométricos de estas (el prisma, el cilindro, con un obelisco y un templo que parece intacto en el fondo), algo muy parecido a su propio encuentro, en la vida real, con las ruinas romanas de la *campagna*. Sea cual sea ese otro lugar en el que pueda hallarse, no es el lugar en el que nació. Está donde el Destino y la necesidad de su arte le obligaron a ir. Fue el expatriado modélico. Esta fue la historia de la vida de Poussin.

Nació en Les Andelys, una población provincial con mercado situada a orillas del Sena, en Normandía, cerca de Rouen, en 1594. No se sabe demasiado sobre su infancia, salvo que evidentemente esta incluyó cierta formación sobre los clásicos, sin la que nunca habría podido desarrollar su entusiasmo por la antigua Roma y su cultura. Alrededor de 1612 dejó su casa para ir a París, y se sabe que desde allí hizo un infructuoso intento de llegar hasta Roma, desbaratado por la enfermedad y la pobreza (llegó hasta Florencia, pero tuvo que retroceder). Pero después, en París, tuvo la suerte de conocer al poeta italiano

Giambattista Marino (1569-1625), al que impresionaron algunos dibujos que el joven Poussin había hecho para él sobre motivos de las *Metamorfosis* de Ovidio y que invitó al artista en ciernes a ir a Roma con él. No fue necesaria la menor insistencia. En 1624, Nicolás Poussin llegó a Roma y empezó a conocer a personas cuya consideración por su obra le resultaría extremadamente útil. Una de ellas fue Francesco Barberini, sobrino de Urbano VIII. La otra fue Cassiano del Pozzo, secretario de los Barberini, un hombre de singular erudición y ciertos conocimientos científicos. El trabajo principal de Poussin en Roma, antes de que sus cuadros empezaran a venderse, fue dibujar registros de esculturas clásicas para del Pozzo. Esto le dio un excelente acceso a las colecciones privadas, y el tiempo necesario para desarrollar un repertorio de figuras que llenarían su obra en años futuros. Esos dos hombres arreglaron para Poussin su primer gran encargo, aunque fue uno atípico: un retablo para la basílica de San Pedro que hizo en 1628, el *Martirio de San Erasmo*, un santo de los inicios del cristianismo que padeció destripamiento, y cuyos intestinos fueron enrollados en un torno. En la pintura, que afortunadamente es escasa de sangre, los intestinos de Erasmo parecen una larga ristra de finas salchichas *luganiga*. Esta sería casi la única imagen de un ser humano sufriendo un dolor extremo que pintaría Poussin. Su única competidora en este sentido es la del rostro angustiado de una mujer en *La masacre de los Inocentes*, que para Francis Bacon era la más terrible representación del dolor de toda la pintura occidental. Poussin sin duda era capaz de pintar extremos del sentimiento humano, pero los mantenía prudentemente bajo control y sólo los utilizaba donde más contaban.

Poussin dedicó sus primeros años en Roma a estudiar la arquitectura de la antigüedad, a dibujar a partir de modelos vivos (en los estudios primero de Domenichino y después de Andrea Sacchi) y a hacer dibujos medidos de estatuas y relieves romanos. Pero su trabajo como pintor histórico quedó ya plenamente enfocado en la década de 1620 con dos magníficas composiciones, cada una de las cuales representaba un momento trágico o heroico del pasado romano. La primera fue *La destrucción del Templo de Jerusalén*, que conmemoraba el saqueo del Santasanctórum judío, por el emperador Tito. (En ella puede verse cómo los soldados se llevan el candelabro de siete brazos, escena que pronto se esculpiría en el Arco de Tito en Roma.) El segundo fue *La muerte de Germánico*.

Julio César Germánico, el conquistador de Germania, fue enviado para tomar el mando del Imperio oriental de Roma y murió en Antioquía en el año 19 d. C., envenenado por un gobernador romano envidioso que actuó así siguiendo órdenes del padre adoptivo de Julio César Germánico, el emperador Tiberio; o eso se creía. Pronto se convirtió en un arquetipo del Héroe Traicionado.

En el cuadro de Poussin, el héroe yace lívido y agonizante bajo el marco de una cortina azul, que sugiere tanto una tienda militar como un frontón de templo. A la derecha están su esposa, sus criadas y sus hijos pequeños; a la izquierda, sus soldados y oficiales. El soldado raso del extremo izquierdo llora desconsoladamente, con su espalda, espléndidamente modelada, vuelta hacia nosotros. A su lado, un centurión que lleva puesta una ondeante capa roja da un respingo hacia delante: dolor galvanizado en forma de acción en el presente. Después, un general que lleva puesta una capa azul, como una columna cubierta por una armadura dorada (adaptado de un antiguo bajorrelieve) proyecta el dolor hacia el futuro jurando venganza. No vemos el rostro del hombre ni su expresión, que es la forma que tiene Poussin de sugerir que esta muerte no es un asunto particular, sino que atañe a la Historia misma. El objetivo de esta oleada de resolución socialmente ascendente no sólo es la exhausta cabeza de Germánico sobre la almohada, sino también su hijo pequeño, cuya capa azul hace juego con la del general; las mujeres sufren y no pueden hacer nada, pero el muchacho aprende, recuerda y actuará.

En 1629, Poussin se fue a vivir con la familia de un cocinero francés afincado en Roma, Jacques Dughet, que cuidó de él durante una infección de sífilis que le duraría el resto de su vida. Al final, Poussin estaba tan afectado por los temblores provocados por la fase avanzada de esta enfermedad, que ya no podía pintar con la menor confianza en sí mismo; en 1658, a sus sesenta y cuatro años, se disculparía en una carta a Chantelou por no escribir una carta aparte a su esposa «porque mi mano temblorosa hace que me resulte difícil. Le pido perdón a ella». Pero en 1629 aún le quedaban otros veinte años de creatividad ininterrumpida. Poussin tuvo la suerte de ser uno de esos hombres a los que no les gustaba demasiado el mundo social. Algunas amistades escogidas, como su relación con Chantelou en París, le importaban muchísimo, pero no así el mundo de las cortes, ya fueran estas reales, nobles o papales. Circulaba una historia que contaba que su amigo y mecenas, el cardenal Camillo Massimi, le había visitado en su modesta casa en la Via del Babuino y se había preguntado cómo podía arreglarse Poussin sin criados. «Y yo compadezco a su Eminencia», contestó el pintor, «por tener tantos». «Evitaba las reuniones sociales todo lo que podía», recordaba uno de sus amigos, el entendido en arte André Félibien, «para poder retirarse solo a los viñedos y a los lugares más remotos de Roma... Era durante estos retiros y paseos solitarios cuando hacía bocetos ligeros de cosas que se encontraba».

Muy a menudo, otro expatriado francés en Roma, Claude Lorraine [Claudio de Lorenza] (1600-1682), acompañaba en estos paseos a Poussin. Los dos hombres compartían una pasión por el paisaje ideal y clásico, pero por lo demás eran distintos entre sí; Poussin, comparado con Claude, era un pintor decididamente erudito, muy familiarizado con la poesía y la filosofía de la época clásica, mientras que el conocimiento que tenía Claude de la cultura romana y griega de la antigüedad era relativamente escaso. Claude era menos culto que Poussin en parte debido a su inferior extracción social: sus padres descendían de campesinos y eran minifundistas del pueblo de Chamagne, situado en Lorena. No estaba interesado en la alegoría ni la ilustración de mitos. El *favoleggiatore* era Poussin, no Claude. Mejor para él, ya que no tenía ni un ápice de la capacidad de Poussin para pintar el cuerpo humano, y por lo tanto no estaba demasiado dotado para la narración.

Su observación de los árboles, la tierra, el agua y sobre todo la luz era exquisita, extática; las figuras de sus paisajes (y la tradición exigía que estuvieran allí) eran convencionales en sus infrecuentes mejores momentos, y en los peores, que eran más habituales, parecían husos o babosas; un defecto compartido, no casualmente, por el gran discípulo de Claude, el pintor británico J. M. W. Turner. No importa: el dominio que tenía Claude de las convenciones del paisaje pastoral ideal (algunas de las cuales inventó), y su inspiración dentro de ellas, era tan grande que llegó a ser un modelo para varias generaciones de pintores, y sigue siendo probable que el visitante de Roma tenga fugaces vislumbres de Italia a través de los ojos de Claude.

Llegó a Roma en su adolescencia, posiblemente ya en 1617. Al parecer no recibió ninguna formación artística en su Francia natal, aunque a menudo se decía que había sido pastelero; de hecho, a veces se le le atribuye el mérito de haber aprendido la técnica del hojaldre, *pâte feuilletée*, en Roma, y haberla introducido en Francia; esto es posible, pero no está documentado. La primera formación que recibió por parte de un pintor tuvo lugar en el estudio de un artista alemán en Nápoles, Goffredo Wals. No permaneció mucho tiempo allí, y pronto estuvo de vuelta en Roma como ayudante de estudio del paisajista italiano Agostino Tassi. En 1625 regresó brevemente a Francia, trabajando para un pintor cortesano de segundo orden llamado Claude Deruet.

Pero en 1627, o incluso un poco antes, Claude ya estaba de vuelta en Roma. Permanecería allí el resto de su vida, sin volver nunca a visitar Francia ni viajar a otros lugares de Europa, siempre en la misma dirección en la Via Margutta que daba a la plaza de España, donde se daban cita los artistas extranjeros en Roma. Todo en su vida fue discreto y modesto. Cuidaba mucho el dinero, ahorraba. Nunca se casó; y de su vida amorosa, si es que la tuvo, nada se sabe. Sencillo, trabajador y probablemente más bien aburrido cuando estaba lejos del caballete de pintor, Claude gozó de un éxito constante en su carrera; vendió casi todo lo que pintó y a su muerte sólo quedaban cuatro cuadros sin vender en su estudio. No le interesaba el ascenso social en el «gran mundo»; el mundo ya hallaría la forma de encontrarle a él, y lo hizo, de forma fiable y con regularidad.

De hecho, a mediados de la década de 1630 ya era tan popular que estaba asediado por imitadores, artistas romanos que veían en la fabricación de «Claudes» un útil complemento para sus modestos (o inexistentes) ingresos. Las características propias de un Claude eran, a cierto nivel, fáciles de imitar: planos paralelos del paisaje, luminosos cielos azul ultramarino (nada de pigmentos baratos para el maestro, sólo los mejores), plumosos árboles que actúan como *repoussoir*, enmarcando una remota vista de un caudal de agua o una ruina romana; el Coliseo y la tumba cilíndrica de Cecilia Metella, desplazados, eran especialmente predilectos entre los coleccionistas. Para proteger sus derechos sobre su propia obra, a Claude se le ocurrió la costumbre de hacer registros de sus pinturas, dibujos de ellas en su forma terminada, los cuales anotaba y encuadernaba en un álbum llamado *Liber veritatis* o «Libro de la verdad». Cualquier cosa que no estuviera en el «Libro de la verdad» era, por definición, falsa. En realidad, Claude no copió toda su obra de esta manera, lo cual produciría algunas enconadas controversias sobre la autenticidad de cuadros absolutamente auténticos; pero el *Liber Veritatis* fue el primer intento que jamás hizo un artista de mantener un catálogo de su propio trabajo.

La carrera de Claude ejemplificó el hecho de que ningún artista extranjero podía considerarse en verdad un hombre completo a menos que hubiera estudiado y trabajado en Roma, aunque, por supuesto, las duraciones del aprendizaje en la gran ciudad variaban. Tantos fueron los que acudieron allí, desde prácticamente todos los países de Europa, que sería inútil tratar de enumerarlos a todos. Tendrá que bastar con los más importantes. Desde España fueron nada menos que José de Ribera (1591-1652) y Diego de Silva y Velázquez (1599-1660).

Ribera, pintor realista de brillante talento y orígenes humildes (era el segundo hijo de un zapatero remendón valenciano), se inspiró en Caravaggio, a quien es posible que conociera en Nápoles. Sus rasgos más caravaggianos fueron su precisión en el dibujo, sus nada ideales modelos extraídos de la vida en la calle y su intensa iluminación, con esos rostros y extremidades arrancados de la oscuridad circundante por brillantes haces de luz, al estilo de la *Vocación de San Mateo* de Caravaggio, que se halla en la iglesia de San Luis de los Franceses. Aunque pasó casi toda su vida activa como expatriado en Nápoles, donde se le conoció afectuosamente como *lo Spagnoletto* («el españolito»), Ribera pasó varios de los años iniciales de su carrera en Roma, entre 1611 y 1616, viviendo con un grupo bohemio de expatriados españoles y holandeses en torno a la Via Margutta.

De sus obras tempranas que han sobrevivido, la más importante fue una extraordinaria serie que simboliza *Los cinco sentidos*. «La vista», por ejemplo, es un retrato de un pensador de aspecto introvertido, sin duda uno de los amigos de Ribera, que sostiene un anteojo de Galileo y que tiene unos quevedos y un espejo en la mesa ante sí. Pintores anteriores y más refinados podrían haber simbolizado «El olfato» con flores y frascos de perfume, en las manos de una ninfa; Ribera pintó a un anciano harapiento y no excesivamente limpio, que sin duda apestaba, sosteniendo cerca de su cara una cebolla partida en dos. La antítesis de este cuadro es, sin embargo, «El tacto», que uno identifica enseguida con la vida cultural de Roma: un anticuario aseado y con la barba aceptablemente arreglada que lleva puesta una chaqueta marrón y que, con los ojos cerrados, pensativo, pasa sus avezados dedos sobre una cabeza de la antigüedad.

Existe cierto parecido familiar entre el primer Ribera y el primer Velázquez, causado por el realismo caravaggiano que ambos comparten. Eso, y la sangre española, fue lo único que los dos pintores tuvieron en común, y es dudoso que hubiera entre ellos más que un breve encuentro en Italia, si es que llegó a haberlo. Ribera era por naturaleza un demócrata y un populista, mientras que Velázquez era un cortesano de talento y un apabullante esnob. (Esto es, en persona. Ambos pintaron a personas de baja extracción social, a trabajadores comunes, a maleantes y a habitantes de las tabernas, ya que en el siglo XVII a los ricos les gustaba ver cuadros de pobres en sus paredes, lo mismo que sucedería en el siglo XX con los Picassos del «período azul».)

Velázquez fue indudablemente uno de los mayores genios que jamás tuvieron un pincel en su mano, pero podría haber renunciado a la pintura a cambio del título nobiliario adecuado. Era engreído, reservado, muy consciente del linaje y el protocolo, extremadamente observante de la religión (era necesario serlo, para que los cardenales adecuados le otorgaran a uno los encargos adecuados) y estaba obsesionado con llegar a ser miembro de la noble Orden de Santiago; una distinción que finalmente obtuvo, después de años de cabildeo, en 1658, sólo dos años antes de su muerte, tras pasarse toda su vida intentando demostrar que su familia era de noble cuna, sin conseguirlo. En su autorretrato ante el caballete de pintor, en su obra maestra culminante, *Las Meninas*, lleva la cruz roja de Santiago en su túnica. Para ser miembro de esta elevada orden tenía que demostrar su limpieza de sangre: no se admitía en ella a personas de origen árabe o judío. No debió de ser un hombre fácil de conocer. Sus contemporáneos le tuvieron más admiración y respeto que aprecio. Pero sobre sus cualidades no cabía la menor duda: uno de los artistas más destacados de Italia, Luca Giordano, llamó a su obra «la teología de la pintura», el mayor elogio imaginable.

Velázquez nació en Sevilla y pasó la mayor parte de su carrera en Madrid, al servicio del rey Felipe IV. Estuvo de aprendiz con un pintor fundamentalmente religioso, Francisco Pacheco (1564-1644), durante seis años. Como artista, Pacheco era una figura de segundo orden, pero tenía grandes conocimientos sobre teoría del arte e iconografía cristiana, que impartió al joven Velázquez. En cuanto a su pintura, la mejor síntesis de sus cualidades quizá se halle en una *boutade* que decía:

> ¿Quién te puso así, Señor,
> tan desabrido y tan seco?
> Vos me diréis que el amor,
> mas yo os digo que Pacheco.

Pacheco era muy conocido como retratista entre la flor y nata de Sevilla, y esto hizo posible que su alumno se relacionase por primera vez con la alta sociedad. Su aprendizaje del oficio terminó en 1617, y Velázquez, ya autorizado para trabajar como pintor independiente, lo celebró casándose con la hija de Pacheco, Juana, y poniendo en marcha su propio estudio. No obstante, lo que le valió su mayor prestigio en estos primeros años no fueron tanto sus retratos como sus bodegones o pinturas de género; la palabra «bodegón» originalmente hacía referencia a un tosco lugar para comer en el que se servían las comidas y el vino más sencillos. Los bodegones no se consideraban una forma artística muy seria, pero fue sobre todo el joven Velázquez el que hizo que pasaran a serlo, convirtiéndolos en un vehículo para las percepciones más detalladas y exquisitamente registradas de la sustancia y del carácter humano. No hay en el arte europeo una copa de agua más hermosamente pintada que la que el anciano está pasando al muchacho en *El aguador de Sevilla*, de hacia 1617-1619, ni se ha pintado jamás un cántaro de cerámica con una atención más cautivada y sobria. Es posible que estas obras tempranas de Velázquez estén en deuda con las primeras obras de José de Ribera, pero se trata más de un cumplido que de una deuda. Cuando un nuevo rey Habsburgo, Felipe IV, ascendió al trono de España en 1621, casi era inevitable que el joven Velázquez, que ya había sido bien recibido por su gran valido Gaspar de Guzmán, el conde (y posteriormente duque) de Olivares, estuviera en el buen camino para llegar a ser pintor del rey, cargo al que fue ascendido en 1623.

Ser el pintor del rey en el Madrid del siglo XVII no sólo era un honor singular, sino también una ventaja extraordinaria. Daba a Velázquez acceso ilimitado a una de las más grandes colecciones de pintura de Europa, que luego se ampliaría por la dispersión de la colección real del monarca inglés Carlos I, tras la decapitación de este (1649) por Oliver Cromwell: esta colección era una auténtica mina de obras de Tiziano, Rubens y otros maestros. Como España no tenía ninguna colección pública y no la tendría hasta la formación de El Prado en 1819, y como los pintores comunes no tenían acceso al Alcázar real ni al Escorial, esto dio ventaja a Velázquez sobre prácticamente todos los demás pintores de su país, y él la utilizó al máximo; aparte de las ventajas sociales que conllevaba el hecho de ser pintor del rey. Además, cuando Peter Paul Rubens llegó a la corte de Madrid desde los Países Bajos y Roma en 1628, un mundo aún más amplio se abrió ante los arrebatados ojos del español, que entonces no tenía aún treinta años. Rubens (que al parecer pintó varios de sus encargos de Madrid en el estudio de Velázquez) le instó a que fuera a Roma, el centro del mundo; y, por supuesto, Velázquez no necesitó que le insistiera demasiado. Se prepararon cartas de presentación y de recomendación, y en 1629 Velázquez partió hacia Italia: Venecia, Ferrara, Bolonia. Pero el destino clave era Roma, donde Velázquez permaneció durante un año junto con el embajador español, el conde de Monterrey. En esta primera visita llegó como un pintor joven, aunque brillante. En su segunda visita a Roma, veinte años después (1649-1651), llegó como un maestro consolidado, y por así decirlo, absoluto.

¿Qué obtuvo Velázquez de Roma que España no podría haberle dado? Un sentido de las posibilidades pictóricas y pura destreza: ninguna pintura en España podía compararse en cuanto a confianza en sí misma, alcance e imaginación pictórica con lo que el arte italiano desde el Renacimiento en adelante —Miguel Ángel, Rafael, el Veronés, Tiziano, Caravaggio, los Carracci— magníficamente representaba. También estaba el arte de la antigüedad, las estatuas antiguas que Velázquez no estaba allí para copiar, pero que reforzaron su sentido de continuidad con el pasado prolongado. No había ninguna pintura romana que se pareciese a *La rendición de Breda* («Las lanzas») de Velázquez, de 1635, y no obstante, difícilmente podría haber logrado ese teatro de expresiones, esa compleja composición en profundidad espacial y ese inspirado friso de veinticuatro lanzas verticales (estando el compás rítmico de estas únicamente interrumpido por otras cuatro oblicuas) sin conocer y asimilar los logros del arte romano.

Para un artista ambicioso que contase con la destreza y la determinación necesarias para comprender sus lecciones, la Roma del siglo XVII era indiscutiblemente la escuela del mundo. Concedía grandes libertades y oportunidades a los artistas. Así, en el caso de Velázquez, animó a un pintor de figuras a pintar mujeres desnudas. Esta práctica, si bien no era desconocida en España, sí era muy infrecuente, debido a la ignorante hostilidad moral del clero; en cuanto a la clientela, esta no podía exhibir desnudos en sus paredes, por miedo al oprobio. Pero no se corría ningún riesgo al pintar el desnudo femenino en Italia, y en alguna parte, entre la multitud de posibles modelos que frecuentaban los alrededores de la plaza de España, Velázquez encontró a la muchacha cuyo esbelto y encantador cuerpo estaba destinado a convertirse en uno de los más célebres de la historia de arte y en el primer desnudo realizado por un pintor español del que se tiene constancia: la pensativa mujer que mira fijamente el espejo en *La Venus del espejo* (h. 1651).

Roma también ofreció a Velázquez la oportunidad de crear una de las imágenes más cautivadoras e inquisitoriales del poder humano jamás plasmadas en un lienzo. Se trata, naturalmente, del retrato de 1650-1651 del papa Inocencio X Pamphili, que aún está colgado en su cubículo en el Palacio Doria sobre la plaza Navona. Es tal la naturaleza de la fama del modernismo tardío, que en la actualidad es probable que muchas de las personas que sean conscientes de la existencia de esta pintura (al menos fuera de España) hayan tenido conocimiento de ella a través de las versiones del «papa gritando» realizadas por Francis Bacon. Estas se cuentan entre las mejores obras de Bacon, pero ni se aproximan al original (que, naturalmente, no está gritando: de todos los hombres, el que es menos probable que grite, ni siquiera en privado, es este Pamphili).

De hecho, uno a veces siente la tentación de decir que muy pocos retratos se aproximan al del papa de Velázquez, si es que hay alguno que lo consiga; se dice que el propio Inocencio X, al verlo terminado, dijo de él que era «demasiado fiel». Y, en verdad, cuando uno se enfrenta a su dura e inquisitiva mirada, resulta muy sencillo entender lo que quiso decir con ello.

El cuarto gran expatriado del siglo XVII que trabajó en Roma no fue un español sino un flamenco, originario de Amberes: Peter Paul Rubens (1577-1640). En cuanto a versatilidad, influencia y puro poder histórico y mítico, nunca ha habido otro artista como Rubens, y no es probable que vuelva a haberlo jamás. En su energía y su capacidad para desempeñar grandes papeles públicos, eclipsa a todos los pintores del siglo XX. Tendemos a considerar el *Guernica* de Picasso como una obra muy importante de arte público, y lo es: para su época; pero este cuadro es único dentro de la obra de Picasso, mientras que Rubens, el más grande pintor del norte de Europa relacionado con la Contrarreforma, podía producir y producía este tipo de expresiones —normalmente de carácter religioso aunque a veces descriptivas de la política— en la escala más grandiosa y con una elocuencia y una belleza formal que dejan a Picasso muy detrás de él. Este tipo de arte pictórico, con tales ambiciones para los lenguajes de la pintura, ya no es posible, sencillamente; su uso ha quedado trastocado por la decadencia de la religión, la desconfianza en la política y los políticos y la desaparición de la fe en la autoridad que caracterizan a nuestra era. Ya nunca podrá haber otro Rubens porque los trasfondos intelectuales y éticos de su obra, por no hablar de los sistemas educativos y la veneración por los prototipos históricos que la sustentaron y la imbuyeron, ya no existen. Y tampoco se pueden hacer existir a voluntad. El enorme pez no tiene agua en la que nadar, y el estuario está seco.

No cabe duda de que Rubens se formó su idea de la función pública de un artista a raíz de una prolongada visita a Italia y, en particular, a Roma. Hizo su primera visita allí a finales de 1601, cuando estaba sirviendo en la corte de Vincenzo Gonzaga, duque de Mantua. En esa ciudad del norte de Italia ya había podido estudiar una de las más fabulosas colecciones de arte del Renacimiento que existían, la de la casa real inglesa. Muy pronto la colección sería trasladada a España, donde Velázquez tendría ocasión de estudiarla, y donde posteriormente Rubens podría renovar su conocimiento de sus Tizianos, Tintorettos, Veroneses y otras obras maestras del Alto Renacimiento que habían sido trasladadas a la colección real de Madrid. En su primer viaje a Roma, y durante una posterior estancia allí en 1606-1608, Rubens pudo estudiar las principales obras de la *Grande Maniera* (el manierismo), todas las cuales se hallaban allí: los frescos de la Capilla Sixtina de Miguel Ángel, las *Stanze* del Vaticano de Rafael. La repercusión que tuvieron en él fue inconmensurable, y se vio multiplicada por el hecho de que los mármoles romanos de la antigüedad, que habían servido a estos artistas anteriores como fuentes autorizadas, también estaban allí para que Rubens los estudiara y los copiara de cerca: el Torso Belvedere, el Laoconte y obras de segundo orden pero no obstante instructivas como el *Pescador africano* (que entonces se pensaba que era una figura esculpida en mármol de un Séneca moribundo).

Debido a la posición absolutamente privilegiada de la Iglesia, las más grandes colecciones de tales antigüedades estaban en manos de clérigos adinerados: la gran sala del Palacio Farnesio, por ejemplo, cuyos frescos había pintado Annibale Carracci, estaba abarrotada de estatuas antiguas, y el cardenal Alejandro Farnesio ya había abierto esta colección de antigüedades a eruditos y artistas escogidos (todavía no a un público general) en 1589. En una época anterior a la de los museos públicos, esta situación estaba hecha a medida para Rubens, que usó todo sus poderes de encanto, talento y halago para obtener acceso a tales tesoros estéticos y para dibujarlos con precisión y rapidez y desde todos los ángulos. Hizo cientos de dibujos, que le sirvieron como ayudas para la memoria —no existía aún la fotografía— y proporcionaron la base para muchas de sus futuras figuras y composiciones. Rubens nunca dejaría de ser un estudiante del arte del pasado, y dibujar era su medio de estudio. Copiar una obra era absorberla, interiorizarla, asimilar su ADN. Nosotros, en una era de reproducción mecánica en masa, prácticamente hemos perdido ya este proceso.

En esta primera visita, Rubens no dejó muchas obras suyas en Roma. Aún no era lo suficientemente conocido como para conseguir grandes encargos allí, aunque hizo un retablo para la basílica de la Santa Croce in Gerusalemme que conmemoraba la adquisición por parte de la emperatriz Elena en Jerusalén de las reliquias de la Vera Cruz y la Escalera Santa que la propia iglesia albergaba. Pero la experiencia de Roma, y en particular la idea de una inmensa historia sagrada y estética transmitida a través de la antigua estructura de la ciudad hasta la actualidad, nunca le abandonaría: siguió siendo uno de los mensajes fundamentales de su arte, en el que lo antiguo apuntala vigorosamente lo nuevo. Ningún artista expresaba una idea más poderosa de continuidad en el arte que Rubens en Roma.

Capítulo 8

EL ALTO BARROCO
(Bernini, Borromini, etc.)

Frente a las tensiones del siglo XVII, la Iglesia católica reaccionó con una destreza y una energía portentosas. Movilizó a sus fuerzas en defensa de sus dogmas y sus poderes, y las artes visuales fueron uno de los escenarios en los que tuvo lugar esta movilización. Esta formó parte de la ofensiva ideológica e imaginativa que se conoció como la Contrarreforma. Nunca, ni siquiera en la Edad Media, se había esperado tanto de los arquitectos, de los escultores y de los pintores en defensa de la fe católica. Si hubiera que escoger a un solo escultor y arquitecto que encarnase por completo el espíritu de la Contrarreforma en persona y obra, sólo podría haber un candidato. Este fue Gian Lorenzo Bernini (1598-1680). A lo largo de una prolongada y prodigiosamente fecunda vida de trabajo, Bernini personificó lo que podía suponer ser un artista católico en el sentido más pleno del término. «Inspirado» es una palabra que debería emplearse con cautela, pero no hay ningún adjetivo más adecuado para Bernini. No sólo no había ninguna arista entre sus creencias y las de los personajes de la realeza y la jerarquía católica para los que trabajaba, sino que extraía un estímulo extremo de estos, disfrutando sinceramente al satisfacer sus requisitos doctrinales.

Bernini fue el megáfono de mármol de la ortodoxia papal en el siglo XVII. Todo aquel que tallase la piedra y trabajase en el siglo XVII en Italia (y también en otros lugares de Europa) trabajaba a la sombra de este prodigio romano. Realmente era así de sencillo (y de complejo), y pocos artistas ha habido en la historia europea que definieran su época y su entorno espiritual de forma tan total como Bernini. Al volver la vista atrás desde un siglo cuya característica cultural distintiva es la duda, apenas parece creíble que pudiera existir un hombre de semejante destreza y *certezza*. Pero existió, y encontró a los mecenas adecuados que estuvieran a la altura de su genio.

La presencia del arte barroco es tan enorme en la actualidad, tan poderosa en nuestra interpretación de la cultura europea, que parecería como si siempre hubiese estado ahí. Pero no fue así. «Barroco» era un insulto, y el tipo de obra que ese término denotaba se consideraba vulgar, aborrecible y (pese a su destreza técnica) inepta, durante los siglos XVIII y XIX. A Colen Campbell (1676-1729), el protegido escocés de lord Burlington, cuyo *Vitruvius Britannicus* fue una influencia tan poderosa en el gusto arquitectónico británico, este período le parecía un descenso desde las cumbres del genio de Palladio hasta unos «adornos caprichosos, que deben acabar finalmente en el gótico»:

> Apelo a las producciones del último siglo: ¿cuán afectadas y licenciosas son las obras de Bernini y Fontana? ¿Cuán alocadamente extravagantes son los diseños de Borromini, que ha tratado por todos los medios de corromper a la Humanidad con sus raras y quiméricas bellezas, en las que las partes carecen de proporción, los sólidos de verdadero porte, los montones de materiales de fuerza, los excesivos ornamentos de gracia, y el todo carece de simetría?

Tampoco trajeron los dos siglos siguientes un cambio muy grande de actitud u opinión. Para el indignado Ruskin, que pensaba que el gótico era el estilo sublime para la arquitectura religiosa, el Barroco no era más que «las florituras del vil paganismo». A Charles Dickens, en sus *Estampas de Italia*, escritas tras su visita a Roma, los monumentos barrocos de Bernini le parecieron «intolerables abortos», «la más detestable especie de producciones del mundo entero». En la edición de 1911 de esa «biblia de estilo» de la historia de la arquitectura inglesa que es su *Historia de la arquitectura*, Banister Fletcher dedicaba a todo el siglo XVII treinta líneas de texto: quienes escribían sobre el Barroco tendían a contentarse con el mero ejercicio de pisotear su tumba. Este estilo representaba, escribió Fletcher,

> una anárquica reacción [a Palladio]. Son características de él las fachadas sinuosas y una forzada originalidad de detalle... La ornamentación se lleva a cabo en un grado extraordinario sin tener en cuenta su idoneidad ni su conveniencia, y está compuesta por detalles exagerados y deficientemente concebidos... Maderno, Bernini y Borromini figuran entre los más célebres que practicaron esta envilecida forma de arte.

Semejante imagen del esplendor barroco, especialmente en Roma, es irreconocible hoy día. Los gustos cambian, es algo natural; pero en el caso de la construcción del siglo XVII y las reacciones frente a ella, es como si viéramos otro mundo; y en un sentido real, eso es lo que sucede. Donde los Ruskins y los Campbells veían desordenados montones de ostentación, una gratificación del deseo de pompa sin referencia a un auténtico sentimiento religioso, es más probable que nosotros veamos el último gran lenguaje universal de la espiritualidad. Los motivos de ello empiezan y terminan con Bernini.

Bernini recibió su formación en el estudio de su padre, el escultor Pietro Bernini, un artista manierista florentino de cierto éxito que trabajó en Nápoles y se estableció en Roma, el centro del mundo artístico, alrededor de 1606 para trabajar para el papa Pablo V. Sus primeras obras independientes que se conocen pertenecen a su infancia: un pequeño grupo de estatuas con la cabra Amaltea amamantando al niño Júpiter, realizado con el complejo realismo que debió de aprender de las esculturas helenísticas de mármol que vio en Roma, y de la imitación de ellas por parte de su padre —¡todas esas marañas de pelo de cabra apelmazado, realizadas con tal gusto!—, data de aproximadamente 1609, cuando tenía once años. Era poco más que un niño cuando por primera vez tuvo conocimiento de su obra el entonces cardenal Maffeo Barberini, que vio su escultura del martirio de san Lorenzo, siendo asado a la parrilla sobre carbones encendidos pero al parecer sintiéndose bastante tranquilo acerca de ello. Se dice (*se non è vero...*) que el escultor de veinte años de edad colocó un espejo ante sí y después metió la pierna en una hoguera, para poder observar mejor la angustia en su propio rostro; aunque la expresión de este Lorenzo no parece demasiado angustiada. ¿O fue simplemente que Bernini era muy estoico? Probablemente no.

Fue a través de Barberini como uno de los más importantes coleccionistas de arte de Roma se percató de la obra del joven Bernini. Este fue el cardenal Scipione Borghese (1576-1633), sobrino del papa Pablo V, entendido en antigüedades, *bon vivant* y hombre de enorme riqueza. Era el secretario del papa y, a efectos prácticos, él dirigía el gobierno vaticano. Desempeñó una gran cantidad de cargos oficiales, la mayoría de los cuales le reportaron no poco dinero; en 1612 se decía que sus ingresos anuales ya ascendían a la astronómica cantidad de 140.000 *scudi*.

La pederastia en la Roma del siglo XVII era un delito que, al menos en teoría, conllevaba la pena de muerte. No cabe la menor duda acerca de las tendencias homosexuales de Scipione Borghese, pero este estaba protegido —blindado, de hecho— por su linaje y su riqueza. Se rodeaba de *fanciulli* o niños bonitos, y existen pocas dudas acerca de que la homosexualidad del gran realista Caravaggio, a quien Borghese fue uno de los primeros en alentar, fue una de las razones fundamentales por las que algunos de los primeros Caravaggios, como el *Baco enfermo*, el *Muchacho mordido por un lagarto* y otras obras, entraron en la colección de Borghese. Estos rudos homosexuales haciendo mohínes, con sus soñolientos ojos oscuros y cabellos como helado negro, eran a todas luces muy del gusto del cardenal.

En su colección de esculturas antiguas figuraban algunas de las obras más admiradas de Europa, como el *Gladiador Borghese*, de hacia el año 100 a. C., que Bernini se esforzó por emular. Borghese tenía claro que Bernini, con poco más de veinte años, ya era un *maestro* en ciernes. Y Borghese no era la clase de coleccionista dispuesto a esperar por, o a aceptar que se le negara, cualquier cosa que fuera objeto de sus imperiosos antojos (una de sus acciones más odiosas fue confiscar más de cien cuadros al Caballero d'Arpino, un flojo pintor manierista cuyo mayor mérito era haber enseñado a Caravaggio durante un tiempo, por no pagar sus impuestos). Borghese empezó a acumular Berninis, y se aseguró algunas de sus mejores primeras obras: entre ellas, un grupo de figuras a tamaño natural de Eneas y su hijo pequeño Ascanio huyendo de la ciudad de Troya en llamas, llevando a su anciano padre Anquises, que a su vez porta los penates (dioses del hogar) de su casa perdida. Es una transcripción en piedra de los versos de la *Eneida* de Virgilio:

> Ven, pues, querido padre. Los brazos alrededor de mi cuello:
> te llevaré sobre mis hombros, no es un gran peso.
> Pase lo que pase, ambos nos enfrentaremos al mismo peligro,
> ambos hallaremos el mismo lugar seguro. [...]
> Padre, lleva tú los dioses de nuestro hogar, nuestros Penates.
> Estaría mal que yo los tocara
> —vengo de unas luchas tan cruentas, de tan gran mortandad—
> antes de lavar mis manos en agua corriente.

Esta escultura, en la que el movimiento en espiral de los cuerpos tanto debe al gran escultor manierista Giambologna, estaba destinada a la nueva villa de Scipione Borghese en la Porta Pinciana de Roma, donde aún se halla. Ese fue también el caso del extraordinario *Rapto de Proserpina* de 1621-1622, en la que se ve a la imponentemente musculosa figura del dios Plutón llevándose a la indefensa hija de Júpiter y Ceres para que sea su prisionera y su novia en el Averno: una muchacha raptada, en los versos de Milton, de

> ese bello campo de Enna
> donde Proserpina, recogiendo flores,
> era ella misma la más bella flor,
> y fue raptada por el tenebroso Dis
> con tanto dolor para Ceres
> que la buscó a lo largo del mundo.

Proserpina grita en vano; forcejea y se retuerce desvalidamente, seductoramente; vemos incluso la lágrima de mármol sobre su mejilla, y la carne de su muslo que cede cuando los dedos de Plutón se hunden implacablemente en ella. Es una escultura extremadamente erótica, y ha de serlo, pues su tema es una violación; Scipione Borghese poseía una incomparable colección de arte erótico romano antiguo, con la que el joven escultor debía de estar felizmente familiarizado. El carácter extraordinario de esta escultura radica en un dominio de la talla que trasciende el mantra puritano del modernismo sobre la «verdad de los materiales», como si sólo hubiera algunas cosas que pudieran hacerse legítimamente con madera o piedra, y fuese un pecado ir más allá de estas. Bernini no le deja a uno la menor duda de que la piedra puede representar cualquier cosa si la mano que le da forma tiene la destreza suficiente. ¿Está mal que dé la impresión de estar modelada, más que esculpida? Seguro que no, nos dicen las maravillosas superficies y texturas de los cuerpos de Plutón y Proserpina. ¿Es este efecto una mentira? Por supuesto, pero el arte en sí es una mentira; una mentira que se dice al servicio de la verdad.

La joya del virtuosismo temprano de Bernini es, no obstante, *Apolo y Dafne*, encargada por Scipione Borghese después de dar *El rapto de Proserpina* al sobrino del papa para tratar de congraciarse con el pontífice. Es una ilustración escultural de uno de los momentos más hermosos y conmovedores de la poesía clásica, que tiene lugar en el «Libro Primero» de las *Metamorfosis* de Ovidio. Apolo se ha encontrado con la ninfa Dafne, hija del dios fluvial Peneo. El dios del amor Eros, que es testigo de esto, dispara dos flechas con su arco; una afilada y con punta de oro, que perfora los órganos vitales de Apolo, y la otra, embotada y con punta de plomo, a Dafne, que inmediatamente se vuelve inalcanzable para el amor. Apolo se ve obligado ahora a perseguir eternamente a Dafne, que del mismo modo se ve condenada a huir.

«Las antorchas del matrimonio / eran algo odioso, criminal, para Dafne», que ruega a su padre: «Déjame ser virgen eternamente». Apolo, naturalmente, tiene otras ideas. Ella corre,

Pero entonces no soporta más
perder sus ternuras el joven dios y, como aconsejaba
el propio amor, a tendido paso sigue sus plantas.
Como el perro en un vacío campo cuando una liebre, el galgo,
ve, y este su presa con los pies busca, aquella su salvación:
el uno, como que está al cogerla, ya, ya tenerla
espera, y con su extendido morro roza sus plantas;
la otra en la ignorancia está de si ha sido apresada, y de los propios
mordiscos se arranca y la boca que le toca atrás deja:
así el dios y la virgen; es él por la esperanza raudo, ella por el temor.
Aun así el que persigue, por las alas ayudado del amor,
más veloz es, y el descanso niega, y la espalda de la fugitiva
acecha, y sobre su pelo, esparcido por su cuello, alienta.
Sus fuerzas ya consumidas palideció ella y, vencida
por la fatiga de la rápida huida, contemplando las peneidas ondas:
«Préstame, padre», dice, «ayuda; si las corrientes numen tenéis,
por la que demasiado he complacido, mutándola pierde mi figura».
Apenas la plegaria acabó, un entumecimiento pesado ocupa su organismo,
se ciñe de una tenue corteza su blando tórax,
en fronda sus pelos, en ramas sus brazos crecen,
el pie, hace poco tan veloz, con morosas raíces se prende,
su cara copa posee: permanece su nitor solo en ella.
A esta también Febo la ama, y puesta en su madero su diestra
siente todavía trepidar bajo la nueva corteza su pecho,
y estrechando con sus brazos esas ramas, como a miembros,
besos da al leño; rehúye, aun así, sus besos el leño.
Al cual el dios: «Mas puesto que esposa mía no puedes ser,
el árbol serás, ciertamente», dijo, «mío. Siempre te tendrán
a ti mi pelo, a ti mis cítaras, a ti, laurel, nuestras aljabas.
Tú a los generales lacios asistirás cuando su alegre voz
el triunfo cante, y divisen los Capitolios las largas pompas...».
Había acabado Peán: con sus recién hechas ramas la láurea
asiente y, como una cabeza, pareció agitar su copa.

Se podría haber pensado que esto habría sido algo imposible de ilustrar a través de la escultura. La escultura, al menos hasta Bernini, siempre representaba acciones realizadas y estados concluidos. Nadie había intentado ilustrar en la escultura cosas en transición, expresar aquello que se hallaba incompleto o en el propio proceso de cambio. No obstante, en *Apolo y Dafne* vemos cómo el cambio de muchacha a árbol tiene lugar ante nuestros ojos; cómo la corteza envuelve y recubre su ágil cuerpo; cómo la blandura deja paso a la leñosa dureza; cómo el movimiento se convierte en arraigo. Es más, la escultura parece desafiar lo que sabemos que es una de las principales propiedades de la piedra: su naturaleza quebradiza. ¿Cómo demonios (se pregunta uno), mediante qué sobrenatural destreza, logró Bernini representar esos tallos quebradizos y esas finas hojas de laurel independientes en mármol, sin romperlas? Debió de hacerse con escofinas, berbiquíes y abrasivo; un golpe de martillo, el toque de un cincel, habría destruido cualquiera de ellas. Y una vez que se rompiera una hoja, no había ningún adhesivo como el epoxi que pudiera arreglarla a comienzos del siglo XVII. A uno le parece que ninguna escultura podría ser más arriesgada que esta. Naturalmente, la admiración que siente uno por la técnica de Bernini no se limita al disfrute de su virtuosismo de «Última Cena tallada en un hueso de melocotón», que siempre se ha pensado que va más allá de la mera destreza. No da ninguna sensación de que haya logrado tales efectos mediante algún tipo de artimaña o prestidigitación. Están ahí, son reales, y no aparecieron por arte de magia. Y además está la representación de emociones y expresiones, que puede compararse con la intensidad de la obra del pintor Guido Reni, el artista italiano a quien, como sabemos, Bernini admiraba enormemente. En años posteriores, la obra de Bernini se haría más profunda y adquiriría una resonancia emocional más amplia. Él, y ella, madurarían. Pero ya a los veintitantos años se mostró capaz de producir una de esas obras de arte que parecen aumentar el alcance de las posibilidades humanas. Cualquiera que piense en el joven Picasso como un prodigio debe reflexionar sobre el joven Bernini... y ser reprendido por pensar así. No hubo ningún artista del siglo XX, y desde luego ninguno del siglo XXI, que no parezca bastante pequeño a su lado.

Fue un hombre dotado de la máxima capacidad de concentración y la mayor energía. Incluso en la vejez (y vivió hasta los ochenta y dos años) Bernini era muy capaz de trabajar sobre un bloque de mármol durante siete u ocho horas sin parar. Esta vitalidad, que nunca perdió, se aunaba con una asombrosa capacidad de ejecución. Dirigía un estudio muy grande, y tenía que hacerlo, dada la cantidad de encargos esculturales y arquitectónicos para las más altas instancias del gobierno y la religión que con confianza emprendió y completó. Fue, con diferencia, el escultor más influyente de Roma, o del mundo, del siglo XVII.

Bernini llegaría a ser el artista supremo de la Contrarreforma en la escultura y la arquitectura, como Rubens lo había sido en la pintura.

Y, como Rubens, fue un hombre de firmes y profundas convicciones religiosas. No es cierto, naturalmente, que para crear importantes obras de arte religioso tenga uno que ser devoto. Aún menos cierto es que la devoción personal de un artista garantice la calidad de su arte en tanto que arte: gran parte del *kitsch* religioso más horrendo y empalagoso del mundo ha partido de un profundo sentimiento y ha sido producido por personas honradas y moralmente impecables. Pero ha habido casos, infrecuentes pero reales, en los que unos profundos impulsos religiosos otorgan una auténtica intensidad de sentimiento espiritual a Crucifixiones y Resurrecciones, intensidad que la indiferencia o el agnosticismo no pueden proporcionar. El de Bernini fue uno de estos casos.

El acontecimiento que ratificó el éxito cada vez mayor de Bernini tuvo lugar el 6 de agosto de 1623, con la elección de Maffeo Barberini como papa Urbano VIII. Barberini (papa desde 1623 hasta 1644) era un florentino y un hombre de la más desenfrenada ambición política. De hecho, su papado marcó el cenit de la extensión y el poder de los Estados Pontificios dentro de Italia. Difícilmente le habría sido posible permanecer apartado de la política, no sólo porque el papado gobernaba Roma, sino también porque su reinado coincidió con veintiún años de la Guerra de los Treinta Años.

Pero el mecenazgo artístico fue también, para él, tan importante como hacer la guerra. Construyó mucho en Roma, y algunos de los resultados fueron gloriosos en su extravagancia; en particular su propia residencia, el Palacio Barberini, situado en la colina Quirinal (Via delle Quattro Fontane, 13). El diseño inicial de este —una villa con alas que se extienden por el interior del jardín que la rodea— fue realizado por Carlo Maderno; posteriormente la obra, interrumpida por la muerte de Maderno en 1629, fue retomada por Bernini y Francesco Borromini. Su fachada proviene, en sus aspectos fundamentales, de ese imponente prototipo de los palacios barrocos romanos, el Palacio Farnesio. Si no hubiese construido nada más, Maffeo Barberini merecería un lugar en la historia de la arquitectura simplemente por esta casa particular, pero, por supuesto, hizo muchas cosas más. Estaba resuelto a dejar una gran marca indeleble en Roma; como muchos antes que él, escogió hacer esto a través de su iglesia principal, San Pedro. El hombre que lo realizaría para él fue el joven Bernini. En el mismo día de su elección, se dice que Urbano mandó llamar al escultor y declaró: «Tienes la gran suerte de ver como papa al cardenal Maffeo Barberini, Cavaliere; pero la nuestra es mucho mayor, al tener al Cavaliere Bernini vivo en nuestro pontificado». O, al menos, palabras a tal efecto. Posteriormente Urbano escribiría sobre su artista: «Hombre excepcional, artífice sublime, nacido por disposición divina y para que la gloria de Roma ilumine el siglo».

Bernini tenía sólo veintitrés años cuando fue nombrado cavaliere, caballero papal. Este honor no era más que un reconocimiento formal de lo que ya sabía todo aquel que hubiera visto sus primeras esculturas: que de todos los tallistas de piedra y fundidores de bronce que trabajaban en Europa, Bernini era el más experto, el más ingenioso; no sólo en su dominio técnico de los materiales, sino también en su asombrosa capacidad para crear un *concetto* o «concepto» de escultura. Este don iba más allá de la capacidad para tallar un Hércules fuerte o una Venus deseable, algo que era (relativamente) fácil. Tenía que ver con la invención de un tipo completamente nuevo de dramatismo basado en la postura, el gesto y la expresión. Esto le aseguró a Bernini sus primeros encargos papales, los más importantes de los cuales tuvieron que ver con la basílica de San Pedro. De hecho, a lo largo del medio siglo siguiente, después de 1623, apenas pasaría un año en el que Bernini *no* estaría implicado en la decoración de esta prodigiosa basílica, y fue Urbano quien le introdujo en ella como director de las obras papales, empezando por un enorme monumento situado justo debajo de la cúpula, sobre el (supuesto) lugar donde se halla enterrado el apóstol Pedro.

Este fue el *baldacchino*, o dosel de honor. No puede repetirse bastante que el proyecto compartido de Bernini y Urbano VIII era mostrar al mundo el triunfo del catolicismo sobre la herejía protestante, y dar una inolvidable forma visual a los principios de la Contrarreforma. El baldaquino fue el primer icono de esto: una enorme y exuberante declaración de la fe en el hecho de que san Pedro, vicario de Cristo en la tierra y primero de un linaje ininterrumpido de papas, yacía enterrado *allí* y no en ningún otro lugar, de que la única versión verdadera del cristianismo era *su* fe y la de sus sucesores, y no (¡líbrenos Dios!) la de Martín Lutero. El monumento señala la piedra angular de la Iglesia: *Tu es petrus, et super hanc petram aedificabo ecclesiam meam*, consta que Cristo le dijo a Pedro, haciendo un juego de palabras: «Tú eres Pedro, y sobre esta piedra edificaré mi iglesia». Estas palabras están grabadas alrededor del tambor de la cúpula en el crucero, sobre el *baldacchino*, en letras de 1,55 metros de altura.

El baldaquino tendría que ser enorme. En el inmenso espacio de esa nave, bajo semejante cúpula, vista desde la lejanía de la entrada (la nave tiene una longitud de 218 metros), cualquier cosa que no fuera enorme parecería tan trivial e incongruente como una sombrilla playera. Obviamente no se podía usar un dosel de verdad, seda estampada sostenida por postes. El tamaño de aquello habría sido demasiado grande para cualquier tipo de tela, que de todas formas se habría deteriorado. Así que el dosel tendría que ser rígido, estar hecho de metal. El metal adecuado sería el bronce. Pero una estructura tan grande, con su superestructura de volutas y elevadas columnas retorcidas de 20 metros de altura (del tipo conocido como «salomónicas» por la creencia de que en el Templo de Salomón en Jerusalén se habían usado columnas retorcidas en espiral), requeriría enormes cantidades de este metal. ¿De dónde saldría este? ¿De dónde, sino de otra iglesia? Urbano VIII dio permiso a Bernini para arrancar el antiguo revestimiento de bronce del pórtico de la iglesia de Santa María de la Rotonda, el nuevo nombre del Panteón, que se había adoptado y reconsagrado para ritos católicos y era propiedad de la Santa Sede. De esta y otras fuentes de bronce reciclable Bernini obtuvo el metal necesario para hacer el baldaquino, sobrando la cantidad suficiente para fundir algún cañón para el Castel Sant'Angelo. Esto indignó a algunos romanos, aunque, a decir verdad, si bien obviamente habría sido mejor tener ambas cosas, sería difícil negar que el intercambio del bronce del Panteón por el baldaquino de Bernini fue una ganancia neta.

El *baldacchino* es el primer monumento barroco indiscutiblemente fabuloso del mundo. No es de extrañar que los enemigos de Bernini se burlaran de él (a sus espaldas, por supuesto) tildándolo de «quimera»: no entraba en ninguna categoría aceptada de decoración, escultura o arquitectura. Aún deja sobrecogido al espectador, tanto por la riqueza y la complejidad de sus detalles como por su asombroso tamaño: se trata de la escultura de bronce más grande del mundo. Pero ¿es escultura? ¿O es arquitectura metálica? Evidentemente, ambas cosas. Como obra propagandística tiene pocas competidoras en otros ámbitos de las bellas artes. No sólo es propaganda para la doctrina católica y la arqueología católica, sino también para el propio Maffeo Barberini. Las abejas de bronce que se arrastran por todas partes en ella, enormes insectos del tamaño de estorninos, son los *api* heráldicos de la familia Barberini. Los recurrentes soles y los laureles que se enroscan alrededor de las enormes columnas con forma de tirabuzón son, igualmente, emblemas de Barberini. *L'église, c'est moi.*

El papado de Maffeo Barberini había sido bastante largo: once años, de 1633 a 1644. No se puede decir que fuera un éxito financiero: Barberini practicó el nepotismo a una escala demasiado gigantesca. Cuando llegó al trono, el papado tenía contraída una deuda de 16 millones de *scudi*, y Urbano sólo tardó dos años en aumentarla a 28 millones. En 1640 la deuda ya era de 35 millones, de modo que los pagos de los intereses consumían por sí solos más de cuatro quintas partes de los ingresos papales anuales. Sus aventuras políticas tendieron a ser bastante desastrosas. Urbano fue el último papa que fue a la guerra con la esperanza de expandir el territorio papal, y siempre perdió sus batallas. Tampoco era mucho mejor su juicio científico. Se opuso enérgicamente a la teoría heliocéntrica de Galileo, la creencia de que la Tierra giraba alrededor del Sol y no al revés, y le llamó a Roma en 1633 para hacerle retractarse de ello. También —por descender de lo serio a lo absurdo— publicó una bula papal, en 1624, por la que fumar tabaco pasaba a ser castigable con la excomunión. La razón era que cuando los fumadores estornudaban, su convulsión se parecía al orgasmo, y esto le parecía a Urbano un pecado mortal de la carne.

Bernini duró mucho más que su mecenas en la vida, y tras su muerte lo ensalzó en una tumba que ocupa uno de los lugares más respetados de la basílica, coronado y llevando puesta la tiara papal (lo más normal en la escultura de tumbas era la cabeza descubierta). Nadie puede pasar por alto el gesto abarcador de bendición con el que se enfrenta al espectador, pero la gente no siempre se da cuenta de la atribución de la vida eterna que le hizo Bernini: tres abejas de bronce de Barberini que han volado del sarcófago y se dirigen hacia arriba, una ilustración de los versos de las *Geórgicas* de Virgilio que describen la inmortalidad de esos insectos cooperativos: «No hay lugar para la muerte: vivas, ellas vuelan / para sumarse a las estrellas y ascender a las alturas, al cielo».

Nunca fueron más evidentes las habilidades diplomáticas de Bernini que en su manejo de la transición del poder, tras la muerte de Urbano VIII, al nuevo pontífice, Giovanni Battista Pamphili, que fue su sucesor en el Trono del Pescador en 1644 y reinó durante once años bajo el nombre de Inocencio X. Aunque Bernini pasaría algunos años al margen, aguardó a que llegara su momento; su enorme talento y su ingenio sin igual le garantizarían su recuperación del favor del papado. Inocencio tenía un odio visceral a su predecesor, que había dejado el papado muy debilitado: el mecenazgo de la familia propia, tal como Urbano lo había ejercido, había sido una afición demasiado costosa.

La profunda aversión que sentía Inocencio abarcaba también a los destinatarios de la generosidad de Urbano, el más conspicuo de los cuales era Bernini. El gran escultor era detestado por la mayoría de los artistas y arquitectos de Roma, ya que que nada engendra más envidia que un éxito enorme. Fue, por consiguiente, con una abrumadora sensación de alivio y *Schadenfreude* (esa útil palabra alemana que no tiene ningún equivalente exacto en nuestro idioma, pero que aproximadamente significa «goce con la desgracia ajena») que el mundo cultural romano no sólo le vio fracasar, sino que vio también cómo el papa no hacía nada por rescatarlo.

El escollo en el que tropezó fue un diseño que había hecho en 1637 para unos campanarios en la fachada de San Pedro. Al parecer, Bernini no diseñó una base lo suficientemente sólida para ellos; la tierra estaba más debilitada por unas corrientes de agua subterráneas que lo que el arquitecto había pensado. Poco después de su construcción aparecieron grietas en la torre izquierda. Para el desmedido deleite de sus enemigos, entre los cuales se hallaba su archienemigo Borromini, las torres de Bernini tuvieron que ser demolidas. Gracias a Inocencio X, quienquiera que fuese todo lo cruel que se le antojase con el que antaño había sido omnipotente protegido de Urbano VII con quien se hallaba políticamente a salvo. Por primera vez en su vida, Bernini estaba desprotegido. Desde el punto de vista de su prosperidad, este descenso de categoría desde la posición social de arquitecto papal apenas importaba: seguiría habiendo suficientes encargos de mecenas ricos, aunque fuesen de menor importancia, para mantenerle ocupado hasta el día del Juicio Final. No obstante, perder el favor del papa fue un duro golpe, uno que el gran hombre no podía aceptar.

E Inocencio iba en serio. Una vez que tomaba una decisión, no transigía fácilmente. Urbano aún estaba caliente en la magnífica tumba que Bernini había hecho para él en San Pedro cuando Inocencio X interpuso una demanda contra sus parientes, los cardenales Antonio y Francesco Barberini, por malversación de fondos públicos. Estos huyeron a Francia y se refugiaron bajo la poderosa tutela del cardenal Mazarino, dejando un caos financiero tras ellos; Inocencio confiscó inmediatamente sus propiedades.

Era tan dado a entrometerse en los asuntos de otros países como su homónimo medieval, Inocencio III: pero esto aún era normal para un poderoso Estado sacrosecular como el papado. No debería olvidarse que el papado seguía dirigiendo el gobierno civil y político de Roma. Sus asuntos no eran sólo los de la Iglesia, sino también los del Estado.

La Iglesia *era* el Estado. Un caso extremo de este entrometimiento fue Irlanda. Durante la Guerra Civil (1642-1649) en Inglaterra e Irlanda, el papa envió a un nuncio —un diplomático eclesiástico—, el arzobispo Giovanni Rinuccini, a Kilkenny —la capital irlandesa confederada— con una enorme cantidad de dinero y diez toneladas de la mejor pólvora. Aunque este declaró, y con sinceridad, que tenía la intención de apoyar al rey, su propósito era ayudar a los católicos irlandeses a librarse del yugo protestante de Inglaterra, devolviendo las propiedades confiscadas a la Iglesia irlandesa y los derechos de culto católico al pueblo irlandés. Fue un rotundo fracaso: en lugar de recuperar sus derechos perdidos, Irlanda recibió al «maldito carnicero» Oliver Cromwell, que la invadió con su Nuevo Ejército Modelo y que en lo que podría llamarse eufemísticamente una «acción policial» aplastó sin piedad la rebelión y garantizó que hubiera más de tres siglos adicionales de derramamiento de sangre entre católicos y protestantes dentro de Irlanda, que recordó aquello durante mucho tiempo; «mucho odio, poco espacio», en las elocuentes palabras de W. B. Yeats. El arzobispo Rinuccini fue retirado por Inocencio en 1649, tras malgastar su pólvora.

Preocupado con sus aventuras políticas, Inocencio X tenía poco tiempo, o ninguno, para dedicárselo a Bernini, que esperó a que llegase su momento y trabajó en encargos más privados. El más grande de estos fue la Capilla Cornaro en la iglesia de Santa María de la Victoria, la obra que marcó una nueva y audaz evolución en el pensamiento del escultor. Este es el proyecto que aunó la escultura, la escenografía, la narrativa y la arquitectura como jamás se había hecho o siquiera intentado hacer antes; un punto de inflexión, no sólo en la carrera de Bernini, sino también en la historia del arte del siglo XVII.

Era un monumento conmemorativo, encargado por el cardenal veneciano Federico Cornaro (1579-1653), Patriarca de Venecia, para conmemorarse a sí mismo y a su familia. La santa a la que glorifica es santa Teresa de Jesús (1515-1582), la santa de Ávila, fundadora de la orden carmelita (a la que pertenece esa iglesia) y maestra de san Juan de la Cruz, cuyos copiosos escritos incluyen una visión que ella tuvo del Amor Divino, manifestándose en forma de un ángel con una lanza. Su descripción de esta visión se ha citado a menudo, pero merece la pena repetirla no sólo por su importancia clásica dentro del canon del misticismo, sino también porque Bernini la siguió al pie de la letra y porque es evidente que, como católico sumamente devoto que era, creía cada una de sus palabras y se esforzó por hacerla tan concreta como se pudiera a través de la escultura:

No era grande, sino pequeño, hermoso mucho, el rostro tan encendido que parecía de los ángeles muy subidos, que parece todos se abrasan... Veíale en las manos un dardo de oro largo, y al fin del hierro me parecía tener un poco de fuego. Este me parecía meter por el corazón algunas veces y que me llegaba a las entrañas: al sacarle me parecía las llevaba consigo, y me dejaba toda abrasada en amor grande de Dios. Era tan grande el dolor, que me hacía dar aquellos quejidos; y tan excesiva la suavidad que me pone este grandísimo dolor, que no hay desear que se quite, ni se contenta el alma con menos que Dios. No es dolor corporal, sino espiritual, aunque no deja de participar el cuerpo algo, y aun harto. Es un requiebro tan suave que pasa entre el alma y Dios, que suplico yo a su bondad lo dé a gustar a quien pensare que miento.

En la escultura de Bernini, santa Teresa está levitando, sostenida en el aire sobre una nube de mármol. Sólo son visibles tres partes de su cuerpo; su rostro, un pie descalzo y una única mano laxa. El resto de ella es una masa de ropajes, prácticamente un caos de dobleces y pliegues, bajo el que no es discernible ningún indicio de la forma del cuerpo. Todo es agitación, representando los remolinos y las arrugas de la tela de mármol indicios de la intensa emoción provocada por la llegada de la visión. Tiene la boca abierta, gimiendo; y los pesados párpados están bajados, lo que subraya el poder interior de su visión. Discretamente pero sin ambigüedad, Bernini nos muestra a una mujer experimentando un orgasmo —«Si eso es amor divino, *eh bien*», dijo un diplomático francés de mucho mundo al ver *El éxtasis de santa Teresa* por primera vez en la década de 1780, «yo lo conozco bien». (También, habría que añadir, lo conocía bien Bernini; este tuvo una amante de aspecto campechano llamada Costanza Bonarelli, cuyo busto esculpió, con sus labios voluptuosamente abiertos y todo.) Comparado con santa Teresa, el ángel es todo fuerza unitaria, alzándose en vertical al lado de esta, su rostro un estudio sobre la dulzura masculina benigna, sus ojos fijados en los de ella mientras retira la lanza para clavarla, una vez más, en su carne, que la acoge de buen grado. (La mano izquierda de él, que está tocando la desordenada vestimenta de la santa, es un toque extraordinariamente ambiguo: podría interpretarse como un gesto en el que alza con cuidado la tela para dejar al descubierto una parte de la carne que él puede ver pero nosotros no, o, alternativamente, como si con ella estuviera levantando todo el cuerpo de la santa, ingrávidamente, hacia arriba; un recordatorio de la levitación que santa Teresa decía que había experimentado.)

El espacio de la capilla, que se halla en el transepto izquierdo de

Santa María de la Victoria, es bastante poco profundo. Su centro es, naturalmente, el grupo de mármol de santa Teresa y el ángel. Este se halla enmarcado dentro de un nicho, una especie de proscenio con un frontón que sobresale hacia delante describiendo una curva y está enmarcado a cada lado por un par de columnas de *breccia africana* de color verde negruzco. El entorno oscuro refuerza la sensación de aparición que producen las figuras blancas del ángel y la santa, especialmente al estar iluminadas desde arriba por una fuente que no podemos ver. En una chimenea u ojo de patio que está oculto a la vista, la luz cae en cascada desde una ventana de vidrio amarillo. (Al menos, antes lo hacía; actualmente el cristal se halla tan oscurecido por el polvo y los excrementos de las palomas que los carmelitas han tenido que instalar una bombilla eléctrica para sustituir al sol.) La luz «verdadera» cae sobre la luz ficticia; una ráfaga de dorados rayos de sol, que caen en abanico tras las figuras.

En las paredes laterales de la capilla hay dos nichos simétricos, diseñados en falsa perspectiva para producir la ilusión de que hacia su parte posterior se extiende un espacio profundo. En ellos están sentadas las efigies de mármol blanco de ocho miembros de la familia Cornaro: el cardenal Federico, que era el donante, con su padre el *dux* Giovanni Cornaro, y seis Cornaros anteriores, todos ellos cardenales también: un cónclave de poder de una familia devota, que abarca varias generaciones. Están inclinados hacia delante, fascinados por el milagro que tienen ante sus ojos; se vuelven los unos hacia los otros, hablando y discutiendo (o, dado que esto es una iglesia, murmurando con temor reverencial) sobre él y su significado; su asombro es análogo al nuestro y lo acrecienta. Este fue el mayor y más complicado intento de retrato escultural de grupo (de retrato individual verosímil, no de meros grupos de figuras) que se había realizado jamás. Y recuerda al espectador, como lo hacen tantas otras obras de Bernini, que este tenía experiencia en el teatro: le entusiasmaba diseñar montajes escénicos, decorados teatrales y efectos especiales como inundaciones y amaneceres, aunque no tenemos una idea demasiado realista de cómo funcionaban estos. Sí que sabemos que impresionaban y, probablemente, engañaban al público. No es de extrañar que la Capilla Cornaro conserve su magia ilusionista incluso en la era de la fotografía y el cine, y que mantenga su poder talismánico como una obra maestra multimedia, que fusiona escultura, teatro, arquitectura y superficies de mármol coloreado en una genial unidad, una «obra de arte total» con la que Wagner podría haber soñado.

Nadie que esté dotado de una genialidad como la de Bernini puede permanecer desprotegido durante demasiado tiempo en una era de mecenazgo público, y desde luego no fue ese el caso de Bernini. Su recuperación de la aceptación papal pasó por el mismo pontífice que la había revocado: Inocencio X Pamphili. Ninguna gran familia romana estaba más estrechamente ligada a un elemento arquitectónico de Roma que el clan Pamphili a la plaza Navona. Esta era «su» plaza; en realidad, una larga herradura que seguía casi exactamente la pista del antiguo Circo de Domiciano, que se hallaba debajo de ella. Como en la antigüedad se habían celebrado carreras pedestres en este circo (no era un lugar adecuado ni para carreras de cuadrigas ni para los sanguinarios ritos de los gladiadores), era relativamente corta y carecía de un separador central o *spina*. Al ser un lugar donde se realizaban intensos esfuerzos físicos, se había llegado a conocer como el *circus agonalis* o *platea in agone*, lo cual fue transformado por el dialecto romano en «Plaza Navona». Era un magnífico espacio abierto, rodeado de palacios, cerrado en uno de sus extremos por la abultada mole del Palazzo Doria; y se había distinguido por la presencia en él de la iglesia de peregrinación de Santa Inés en Agonía, construida sobre el presunto emplazamiento del martirio de esta niña virgen santa, un burdel romano. En su primera versión era una modesta iglesia, pero eso pronto cambiaría por órdenes de varios miembros de la familia Pamphili. Inocencio X, en 1652, ordenó que se llevara a cabo una reconstrucción total de la pequeña capilla de Inés. Esta obra se confió al arquitecto de Inocencio, Girolamo Rainaldi. Este había diseñado el adyacente Palacio Pamphili, y trabajaría en Santa Inés hasta 1653, poco antes de su muerte, cuando su hijo Carlo se hizo cargo del proyecto. Pero en 1653 también se incorporó a los trabajos para la realización del encargo Francesco Borromini, el genio depresivo que era el principal rival de Bernini. Borromini rediseñó la fachada de Santa Inés como una curva cóncava y ovalada entre los campanarios que esta tenía a cada lado. La fachada de la iglesia que se ve desde la plaza, por consiguiente, es un palimpsesto de la obra de tres arquitectos: Borromini hasta la cornisa, después un frontón clásico realizado por Bernini (1666), y finalmente la cúpula y las partes superiores de los campanarios, que son obra de Rainaldi. Es un caballo diseñado por un comité.

No obstante, la plaza había evolucionado hasta convertirse en una de las mayores zonas festivas de Roma, frecuentada tanto por los gerifaltes que daban su *passeggiata* vespertina como por todo tipo de malabaristas, contorsionistas, carteristas, proxenetas, prostitutas, vendedores ambulantes y patanes cuyos descendientes aún abarrotan la plaza cuando empieza a oscurecer. En lo que constituía una extraordinaria manifestación de teatro municipal, hasta finales del siglo XVIII existió la costumbre de inundar la plaza con agua, a través de la cual procesiones de carruajes tirados por caballos desfilaban festivamente dando vueltas y vueltas a su alrededor, un espectáculo que más de una vez pintaron artistas como Hubert Robert. Debió de ser un espectáculo realmente digno de verse, aunque la inmersión prolongada en el agua no debió de hacer demasiado bien a los chasis y las ruedas con radios de madera de las *carrozze*. Pero a veces un romano no tiene más remedio que mostrar una *bella figura*, aunque su carruaje se deforme. La plaza Navona en la época barroca fue un centro para el teatro callejero, repleto de procesiones y ceremonias como la *Giostra del Saracino*, una competición de justas en la que el blanco de las lanzas de los jinetes era una efigie de un sarraceno montada sobre un poste. Pero ninguno de estos placeres del *effimero barocco* (barroco efímero) podía compararse con lo que Inocencio X, mediante las atenciones dispensadas por Bernini, hizo de la plaza.

En un principio, el papa no tenía la menor intención de valerse de Bernini. La plaza Navona era el patio trasero de los Pamphili, su recinto familiar, e Inocencio X estaba resuelto a convertirlo en un monumento conmemorativo permanente de su reinado, la mayor plaza pública de Roma. Se encargó de que todo escultor y arquitecto de calidad demostrada que hubiera en Italia fuera invitado a presentar planes para la remodelación de la plaza Navona, con la única excepción de Gian Lorenzo Bernini, que, al ser el favorito más visible del detestado Barberini, estaba inhabilitado para ello.

Al principio parecía que Borromini iba a obtener el encargo: era él quien había concebido la idea de un eje escultural para la plaza, una gran fuente frente a Santa Inés, con figuras que representasen cuatro ríos y, quizá, simbolizasen las cuatro grandes regiones del mundo conocido. También ideó un plan para un nuevo acueducto que llevaría suficiente agua para la fuente. Se mostrarían maquetas de los proyectos a Inocencio y él escogería.

Pero sin que lo supiera Borromini ni ningún otro personaje, incluido el papa, el príncipe Niccolò Ludovisi, amigo de Bernini, había informado al gran escultor de la situación y había recomendado que este último hiciera su propia maqueta, que según algunos fue de plata; esta se ocultaría en una sala en la que el papa la vería. Bernini también escogió el tema de los Cuatro Ríos —no cabe duda de que Borromini jamás le perdonó por este plagio— y propuso añadir un obelisco egipcio, que Inocencio X había visto anteriormente en cinco fragmentos en la *spina* del Circo de Majencio, allá en la Via Apia. Si Sixto V había tenido sus obeliscos, también podía tenerlos Inocencio X.

Sin embargo, era necesario darle un marco más imponente y memorable que a otros obeliscos, y Bernini propuso trasladarlo y reensamblarlo para colocarlo de pie en la ficticia montaña de travertino donde se instalaron las estatuas de los Cuatro Ríos. Estos ríos eran el Nilo, el Río de la Plata, el Ganges y el Danubio. Cada uno de los ríos representaría uno de los cuatro continentes del mundo que entonces se conocían: África, América, India (Asia) y Europa, identificados respectivamente por figuras e insinuaciones alegóricas: un león para África, un montón de riquezas para el Río de la Plata (que representaba la promesa del Nuevo Mundo), un hombre que sostenía un remo para el Ganges, y un escudo heráldico papal para el Danubio. Todo aquello sería un asombroso golpe de efecto: ese enorme obelisco sostenido sobre un agreste arco de piedra, de pie en un vacío sobre el agua; una imagen del mundo, *imago mundi*, sin parangón en la escultura anterior.

Sobre el piramidión habría una paloma de bronce, el *stemma* de los Pamphili, igual que la abeja era el de los Barberini, que proclamaría al mundo el triunfo del cristianismo (el Espíritu Santo, simbolizado también por una paloma) sobre el paganismo egipcio y todos los demás paganismos, y la feliz identificación de ese mismo Espíritu Santo con los Pamphili en general y con este papa en particular.

Además había otro nivel de significado: la forma tradicional a través de la cual se representaba el Paraíso contenía, en su centro, una fuente, y de ella manaban los cuatro ríos que regaban las cuatro partes del mundo: el Gihón, el Pisón, el Tigris y el Éufrates. El diseño de Bernini también hacía referencia a esto, dando a entender de este modo que el papa Pamphili estaba a cargo del Paraíso, y que en un sentido teológico era su auténtico guardián.

La maqueta se concluyó; el príncipe Ludovisi se encargó de que esta se colocase en una sala del Palazzo Pamphili que Inocencio siempre atravesaba cuando volvía de la cena. Estaba recorriéndola con su hermano el cardenal y su cuñada, Donna Olimpia, cuando la maqueta le llamó la atención y

al ver una creación tan majestuosa y el esbozo de un monumento tan inmenso, se detuvo, casi extasiado... después de admirarla y alabarla durante más de media hora, prorrumpió, en presencia de todo el consejo privado, en las siguientes palabras: «Esto es un ardid del príncipe Ludovisi. Será necesario emplear a Bernini a pesar de quienes no lo desean, pues aquel que no desee valerse de los planes de Bernini debe tener cuidado de no verlos». Inmediatamente hizo llamar a Bernini.

Y de este modo se dio luz verde al plan de Bernini para la fuente de los Cuatro Ríos. Iniciada en 1648, se concluyó en 1651, gracias a un elenco de ayudantes cualificados que trabajaron conforme a sus planes; en un proyecto como este, Bernini fue más el maestro de obras que el tallista, aunque se dice que hizo el caballo, la palmera, el león, parte de la roca y posiblemente la extraña criatura híbrida que se halla junto a la figura del Río de la Plata realizada por Francesco Baratta, que no se parece a nada que jamás existiera pero que pretendía ser un armadillo, un animal tan exótico que ni Bernini ni nadie en Roma había visto uno jamás, ni siquiera en un grabado. Se diseñaron elementos estrambóticos y bromas que se incorporaron a la piedra. La figura del Danubio realizada por Antonio Raggi tiene la mano levantada, supuestamente para proteger su mirada de la poco grata visión de la fachada de Santa Inés realizada por Borromini. Como no se conocía el nacimiento del Nilo, la figura de este tallada por Jacopo Fancelli tiene la cabeza envuelta en tela; pero también se decía (erróneamente) que esta venda protegía el Nilo de un vislumbre de la obra de Borromini.

El reensemblaje y la erección del obelisco fue una complicada empresa: no, quizá, tan monstruosa como la tarea realizada por Fontana en su traslado del obelisco de San Pedro para Sixto V, pero sí acompañada por grandes problemas de ingeniería. Es un enorme pico sostenido en equilibrio sobre un vacío. Bernini construyó la base con travertino, una piedra aparentemente maciza pero tallada de forma que simula ser piedra «natural», un arco. Se puede ver por debajo y a través de ella, de un lado de la plaza al otro. Esta fue la nueva base del obelisco. Uno no puede evitar suponer una relación entre el efecto emocional que debió de tener en Bernini el derrumbe del campanario de San Pedro y la audacia con la que instaló el obelisco sobre el vacío en el centro de la fuente de los Cuatro Ríos. Realmente estaba declarando con ello: ¡Que el pueblo y el papado vean de lo que soy capaz! ¡Que sepan que no fui yo el responsable del fiasco del campanario! Y entonces uno se da cuenta de algo más. Este enorme pico sobre un vacío excavado en el interior de las «patas» de un arco, ¿qué es, sino un presagio de la proeza que Gustave Eiffel llevaría a cabo dos siglos y medio después, en acero y en París, con su torre de celebración? ¿Fue aquí de donde Eiffel sacó su primera idea para la estructura que, a finales del siglo XIX, se identificaría más que ninguna otra con la modernidad? Seductora idea, pero es imposible saberlo.

La de los Cuatro Ríos fue, con diferencia, la fuente más detallada, ambiciosa y maravillosa que Bernini aportó a Roma, pero, naturalmente, no fue la única. La primera fue quizá la de la «barca» o Barcaccia, en la plaza de España. Puede que la diseñara su padre Pietro, que era el arquitecto oficial del Acqua Vergine, el acueducto a través del cual le llegaba su agua, pero el hijo parece ser el autor más probable. Creada entre 1627 y 1629, toma la presión baja del agua en esa zona y le saca partido: su motivo es un barco de mármol medio hundido en un pozo, de cuyas troneras el agua, más que chorrear exuberantemente, gotea. Es posible que tenga una referencia política, ya que el mecenas que la encargó fue Urbano VIII, que en ese momento estaba conspirando con Francia y España para emprender la invasión por mar de la Gran Bretaña protestante, el mismo ataque que había acabado en la ignominiosa destrucción de la Armada Invencible. Con consumada hipocresía, Urbano escribió un dístico que se grabó en la fuente y que, traducido, dice: «El barco de la Iglesia no vierte fuego, sino agua dulce, con la que se extinguen las llamas de la guerra».

Bernini participó en el diseño original de la Fontana di Trevi, pero esta no fue iniciada por él y correspondió a Nicola Salvi (1697-1751) construirla y terminarla a mediados del siglo XVIII. El papa que la encargó fue Clemente XII Corsini (papa desde 1730 hasta 1740). La fuente ocupa todo un flanco del Palazzo Poli. Es enorme: 20 metros de anchura y 26 de altura. Su figura central, realizada por Pietro Bracci, representa el dios del mar, Neptuno, que va montado en una enorme concha tirada por caballos de mar y guiada por dos tritones. Estos se hallan flanqueados a su vez por figuras alegóricas de la Abundancia y la Salud, en lo que constituye un elogio a las ventajas del gobierno papal. Debe al menos parte de su popularidad no tanto a su grandioso y abigarrado diseño como a ese clásico de la sensiblería de la década de 1950, la película *Creemos en el amor*, además de a la imagen icónica de la explosiva joven rubia Anita Ekberg caminando vigorosamente en ella en *La dolce vita*, de Fellini. Existe una leyenda urbana que dice que, si uno se sitúa de pie de espaldas a la fuente y lanza una moneda por encima de su hombro al agua, su regreso a Roma estará garantizado. Otra leyenda, quizá más atractiva, afirma que, si un amante bebe una copa de su agua en presencia de su amada, nunca podrá arrancársela de su corazón. Probablemente esta historia esté relacionada con el origen del agua de la fuente, que se conocía como Acqua Vergine porque su afloramiento, situado a algunos kilómetros de allí, les fue señalado a los buscadores de agua romanos de la antigüedad por una joven.

La fuente de Bernini que sigue siendo una excepcional favorita de los propios romanos es la Fuente del Tritón en la plaza Barberini, de 1642, que se halla frente al Palacio Barberini, que también es parcialmente obra de Bernini. Si la Fontana di Trevi es la más grandiosa de Roma, la Fuente del Tritón es sin duda la más elegante y, si se nos permite emplear este término, la más epigramática. En mitad de un estanque geométrico, cuatro delfines cabeza abajo sostienen, sobre sus colas, una gigantesca concha de vieira que ha abierto sus acanaladas mitades, como un libro, para dejar ver un Tritón que sopla su caracola. La «música» que uno espera que salga de una caracola es un chorro vertical de agua, brillando bajo la luz del sol romano. Es un fabuloso *concetto*, que apenas se ve disminuido siquiera por los automóviles aparcados que se apiñan alrededor de ella, como cerdos del *avvocato* Agnelli en un comedero.

Italia fue el único país en el que la genialidad de Bernini pudo desarrollar su potencial. El monarca francés Luis XIV mandó invitarlo a París, y (advirtiendo a Su Majestad que no le hablase de proyectos pequeños) el héroe de la cultura, de sesenta y seis años de edad, efectivamente hizo el largo y arduo viaje para hablar sobre una posible reconstrucción del palacio real del Louvre. Esto quedó en nada, aparte de algunos dibujos y un espléndido y complejo retrato de busto en mármol de Le Roi Soleil, el cual se conserva y sigue estando en Francia. Por lo demás, aquel fue un viaje improductivo, aunque Bernini derivó un sardónico placer de ver cómo la gente acudía en masa para observarle como si fuera un elefante ambulante. La visita también dio lugar a una tremenda exhibición del mal genio del viejo maestro, cuando oyó al arquitecto Claude Perrault, que finalmente sería sucesor de Bernini como *architecte du roi*, haciéndole un comentario a Chantelou sobre un posible defecto en el diseño de Bernini para los pabellones. Los dos hombres estaban hablando en francés, del que Bernini apenas hablaba una palabra. No obstante, creyó entenderlo, y se puso hecho una tremenda furia.

Quería que Perrault supiera, dijo Bernini, que en materia de diseño Perrault no era digno de limpiarle las suelas de los zapatos. Que su trabajo había complacido al rey, el cual se enteraría personalmente del insulto. «¡Que a un hombre de mi categoría», prosiguió echando chispas, «que a mí, a quien el papa trata con consideración y respeto, que a mí se me trate así! Me quejaré de esto al rey. Me iré mañana. No sé por qué no debería darle al busto un martillazo después de semejante insulto. Iré a ver al nuncio». Finalmente el gran hombre accedió a ser aplacado mediante disculpas, y jamás volvió a escuchar a un funcionario francés. Se le dio la razón. Y se retiró, victorioso, a Roma.

La envergadura de la enorme producción de Bernini en Roma hace que resulte imposible sintetizarla en un breve resumen, y lo mismo sucede con su «tono», si es que esa es la palabra adecuada para designarlo. Bernini podía ser muy gracioso en su obra no oficial, como sus caricaturas a plumilla de personajes importantes del Vaticano, que no hizo para su exhibición pública. El tan querido elefante de la plaza Minerva, que lleva un obelisco sobre su lomo, muestra su fantasía humorística llevada a su punto máximo. En el siglo XVII un elefante, en Italia, era una auténtica aparición, algo fuera de lo común que casi nunca se veía. El propio nombre del animal era sinónimo de lo estrafalario, lo inesperado y (a veces) lo amenazador: ¿no había usado Aníbal esas grandes fieras para aplastar a los ejércitos romanos en Cannas?

Pero, aparte de otras tres iglesias, de las escalinatas, las fuentes, los retratos de busto, las capillas, los palacios y las tumbas, la enorme reforma de Roma que llevó a cabo Gian Lorenzo Bernini gira en torno a la basílica más grande del cristianismo, la de San Pedro. Es imposible imaginar este complejo sin Bernini y sin sus habilidades, no sólo arquitectónicas, sino también escénicas; y no es que las unas sean fácilmente distinguibles de las otras. Bernini no sólo fue responsable de gran parte de la iglesia y de sus contenidos, sino también de la conexión de esta con los palacios del Vaticano, en forma de la llamada *Scala Regia* (1663-1666). Antes de la instalación de esta escalera, había que ascender el paso entre la iglesia y el palacio mediante un tramo de estrechas escaleras por las que se subía y se bajaba al papa, con cierto riesgo, sobre una litera. Bernini mandó demoler esta empinada y poco digna pendiente y sustituirla por unas nuevas escaleras que tenían un descanso cerca de su pie. Este lugar, en el que se giraba noventa grados a la izquierda para ascender el último y más largo tramo de escaleras, lo marcó con una enorme escultura del emperador Constantino sobre su encabritado caballo de batalla, impresionado por la aparición de la Cruz —«Con esta señal, vencerás»— en la que se le había prometido la victoria sobre Majencio en el puente Milvio.

Pero ahora tuvo que recurrir a un truco de perspectiva. Las paredes de la basílica y las del palacio no eran paralelas. Convergían hacia la parte superior de las escaleras. Por consiguiente Bernini introdujo, a ambos lados de las escaleras, una serie de columnas que crean una bóveda de cañón cada vez menor, que se va haciendo más pequeña a medida que asciende por ella nuestra mirada, dando la impresión de que las paredes no convergen.

De todos los detalles arquitectónicos berninianos de San Pedro —el altar que sostiene la *cathedra Petri* o trono apostólico, el baldaquino, las numerosas tumbas papales y figuras de santos, las decoraciones de las naves, las fuentes gemelas a ambos lados del obelisco central—, la que tipifica absolutamente la grandeza barroca, la que «representa» el tamaño y la globalidad de la Iglesia del siglo XVII, es, por supuesto, su plaza. La plaza de San Pedro, que no es un cuadrado sino una colosal columnata ovalada, «separada» por el medio, se ha hecho célebre por albergar a decenas de miles de personas que acuden allí en masa para recibir la bendición papal, y está considerada con razón, incluso por algunos protestantes, como el propio epicentro del cristianismo: un par de enormes brazos, como dijo el propio Bernini, que se extienden desde la fachada en un gesto de abrazo al mundo.

Es el gesto antropomórfico más fabuloso de la historia de la arquitectura.

También es la esencia desnuda del barroco, pues tiene poco de los intrincados detalles y ornamentos que se suelen relacionar con el diseño barroco. Sus columnas —tiene doscientas ochenta y cuatro, en cuatro filas— son austeramente toscanas, y no del tipo corintio, más recargado, que se podría esperar del Barroco. Su friso es completamente jónico, sin ornamentos esculturales, aunque hay unas trescientas esculturas —más que la obra de toda una vida, podría pensarse, incluso para el cuerpo de ayudantes de Bernini— a lo largo del borde del tejado. Pero en los enormes espacios y distancias de la plaza, estas no provocan ninguna congestión visual. Algunos críticos han dicho, con razón, que la plaza no es ningún cumplido para la enorme fachada de la basílica, realizada por Carlo Maderno, que la cierra. La fachada de la basílica de San Pedro es demasiado ancha para su altura: tiene una anchura de unos 115 metros. La pérdida de los campanarios de Bernini fue la causante de esta desproporción. Es un defecto, hay que reconocerlo, pero pequeño en el contexto de un proyecto tan gigantesco tanto espacial como conceptualmente.

El arquitecto competidor de Bernini en la formación del estilo barroco en Roma fue su prodigioso coetáneo Borromini (1599-1667). No construyó tanto como Bernini, y no fue escultor; pero su relativamente pequeña producción de edificios es tan concentrada y tan ingeniosa que le sitúa junto a Bernini como una de las figuras colosales de la historia de la arquitectura. Además, habría que recordar que, para empezar, Bernini no era arquitecto, y que gran parte de lo que aprendió sobre el diseño de edificios lo tomó, por lo general sin reconocerlo, de Borromini. Costaría encontrar a dos arquitectos de comparable talento que fueran, psicológica y temperamentalmente, tan distintos entre sí. La vida de Borromini terminó de una forma muy distinta a la sensación de realización que transmite la muerte de Bernini; a los sesenta y ocho años, agobiado por la envidia y por un irascible sentimiento de fracaso, escribió su testamento a la luz de una vela y después se procuró a sí mismo lo que él confiaba que sería una salida genuinamente romana, cayendo sobre su espada. Su muerte, chapucera y dolorosa, no fue rápida ni fácil, sólo trágica.

No cabe duda de que fue un genio inadaptado de primer orden. Melancólico por naturaleza, llevó al extremo su admiración por la propensión de Miguel Ángel a la soledad y a la *terribilità*. En una Roma en la que la moralidad sexual entre los hombres era manifiestamente relajada, tuvo fama de mantener una estricta y extrema castidad, centrándose únicamente en su obra y no permitiéndose jamás ninguna aventura errática. Insistía en vestirse siempre con ropas de color negro fúnebre, de forma similar a Hamlet, al estilo español. En otro arquitecto, esto podría haber sido un indicio de dandismo; podemos estar bastante seguros de que en Borromini no lo fue. Era más como una penitencia, o quizá indiferencia hacia la moda en una capital cultural que estaba sumamente preocupada por esta cuestión. Borromini nunca fue santo de la devoción de nadie durante su vida. Su coetáneo Giovanni Baglione, un personaje mojigato pero influyente, le acusó de ser «un ignorantísimo godo y un corruptor de la arquitectura, y la infamia de nuestro siglo».

Las innovaciones en cuanto al detalle y la planificación que introdujo en sus edificios fueron análogas a las que introdujo en la forma en la que presentaba sus diseños a los clientes. Así, Borromini fue el primer arquitecto que utilizó el lápiz de grafito, en lugar de la aguada, en sus dibujos de presentación. Además, parece que consideraba estos dibujos como fines en sí mismos, obras de arte terminadas, en lugar de meras indicaciones de cuáles serían las estructuras y los acabados. Le gustaba llamar a sus dibujos sus «hijos» y a menudo se negaba a desprenderse de ellos enviándolos a concursos: «a enviarlos al mundo a mendigar», que era la expresión que él utilizaba para referirse a ello.

Los orígenes de Borromini fueron humildes. Era hijo de un albañil, nacido en Bissone, junto al lago Lugano. El aprendizaje de un trabajador manual empezaba pronto, y cuando sólo tenía nueve años, su padre le envió a Milán a aprender los fundamentos del corte de la piedra en los detalles decorativos de la catedral de la ciudad, que entonces se hallaba en construcción. Ya era un *scarpellino* o cantero totalmente cualificado cuando, en 1619, se trasladó a Roma y encontró trabajo en la obra de la basílica de San Pedro, de cuyo arquitecto oficial, Carlo Maderno, era pariente (muy lejano). Al principio talló detalles decorativos; posteriormente, Maderno y otros vieron que tenía talento y facilidad como dibujante.

Estaba desarrollando unos conocimientos muy amplios, probablemente más amplios que los que tenía cualquiera de su generación, incluido Bernini, sobre la historia de la arquitectura, tanto antigua como moderna. Asimiló la construcción en la antigua Roma, la cual veneraba, pero también estudió a los maestros del siglo XVI, desde Bramante hasta Rafael, pasando por Palladio y Vignola; y, sobre todo, a Miguel Ángel, a quien llamaba «Príncipe de los Arquitectos» y al que reverenciaba como si fuera un dios.

Esto hizo que Borromini resultase sumamente valioso para Bernini, que estaba mejor relacionado pero que quizá era algo menos estudioso que él, y que, siendo sólo un año mayor que Borromini, ya tenía entre manos el primer gran proyecto de su meteórica carrera, el *baldacchino* para la basílica de San Pedro. En esa primera fase, Bernini no tenía ninguna experiencia arquitectónica, y tuvo que contar con Borromini, a quien contrató para que hiciera todos los croquis a escala para el baldaquino, además de los diseños para algunos de sus detalles, como las hojas de parra de bronce y las cuatro bases de mármol para las columnas con sus complejos escudos de Barberini y sus abejas heráldicas. Es probable, asimismo, aunque no está documentado, que Borromini también diseñara la dinámica parte superior del baldaquino, las cuatro volutas de bronce que tan satisfactoriamente reemplazaron la idea original de nervios semicirculares que había tenido Bernini. Si ello fue así, este podría haber sido el germen de la exasperantemente frustrante rivalidad que Borromini sintió hacia Bernini durante el resto de su vida: las volutas son una genialidad arquitectónica por la que él no obtuvo ningún reconocimiento.

No obstante, las relaciones de Borromini con Carlo Maderno siguieron gozando de buena salud, y desembocaron en su trabajo en el Palazzo Barberini (1628-1632), uno de los arquetipos del gran palacio del Barroco romano. Maderno también contrató a Pietro da Cortona y a Bernini como codiseñadores, y las cuestiones de quién diseñó qué, y cuándo, son demasiado complejas y poco claras como para resolverlas fácil o resumidamente. Maderno murió en 1629, dejando el trabajo a los tres jóvenes arquitectos, una troica que parece haber estado plagada de discrepancias, lo que no es de extrañar dado lo tercos que eran todos sus miembros. Muy pronto, Borromini se marchó.

Su primer encargo independiente, en solitario, le llegó cuando tenía alrededor de treinta y cinco años, en 1634, a través de la influencia del cardenal Francesco Barberini.

Se trató de un monasterio e iglesia para los trinitarios descalzos, una rama de la muy arraigada orden trinitaria, que se había formado en un principio en 1198 con el fin de rescatar a los cristianos cautivos de los «infieles» musulmanes. Los trinitarios descalzos trataban de dar ejemplo de reforma mediante la austeridad —casi se podría decir que tenían la misma relación cuasifanática con la orden original que Borromini con Bernini—. Tenían poco dinero y pocos medios para recaudarlo. Pero su superior, el padre Giovanni della Annunciazione, se hizo confesor de Barberini, que daba la casualidad de que era muy rico.

Esto fue muy apropiado, pues los austeros trinitarios descalzos tenían una perentoria necesidad de fondos y de un contacto fuerte con la corte papal. Los frailes habían quedado horrorizados cuando Borromini les había expuesto sus primeros dibujos para la iglesia y monasterio que llegaría a ser San Carlo alle Quattro Fontane, y se quejaron de que habían querido algo que costase como máximo la quinta parte de aquello. Por fin se llegó a un acuerdo, en el que medió el cardenal Barberini, que probablemente aportó dinero para su construcción, aunque no se sabe cuánto.

Lo que obtuvieron a cambio fue uno de los pequeños edificios más radicales y osados del Barroco romano. Pese a la escasez de fondos, Borromini pudo desarrollar y conservar los tres elementos fundamentales de su proyecto: la planta, la cúpula y la fachada.

La planta se hizo famosa casi de inmediato, y los arquitectos que visitaban Roma no dejaban de suplicar copias de ella (que no conseguían, porque Borromini no se fiaba de ellos). Había empezado siendo una iglesia de cúpula central con cuatro pilares de crucero. Como el emplazamiento era largo y estrecho, esta configuración se comprimió y la cúpula circular pasó a ser ovalada. Esto producía la sensación adicional de que las paredes entraban y salían, «respirando», casi como un ser vivo con pulmones.

La cúpula está artesonada. El interior tiene una forma muy profunda, y su dibujo está producido por una serie de hexágonos y cruces entrelazados que parecen alejarse del ojo del espectador a medida que la mirada de este viaja hacia el centro de la cúpula, que está marcado por un triángulo simbólico que representa la Santísima Trinidad en homenaje a la cual la orden recibió su nombre: Padre, Hijo y Espíritu Santo. Esto es una ilusión óptica: las figuras geométricas van haciéndose más pequeñas pero la cúpula no se va haciendo más profunda. No obstante, el efecto espacial es muy potente. A Borromini le encantaban este tipo de trucos de falsa perspectiva: hay otra, más pequeña, en el Palacio Spada, el palacio situado en la plaza Capo di Ferro cercano al Palacio Farnesio que él rediseñó para el cardenal Bernardino Spada en 1652; esta obra consiste en una ilusoria columnata dórica que, debido al tamaño bruscamente decreciente de los pilares que la enmarcan y a la pendiente de su suelo, parece tener 20 metros de largo aunque su longitud real es de sólo 8,6 metros. Esta *Prospettiva*, como se la conocía, era (y es) una de las vistas secundarias más encantadoras de Roma. Pero cuando uno la avista y ve cómo funciona, resulta inmediatamente legible como un truco, y puede que tuviera un significado alegórico intencionado: igual que su tamaño es una ilusión, también lo es el esplendor mundano. No hay ningún significado irónico como ese que esté ligado a la cúpula de San Carlo alle Quattro Fontane.

Y, por último, está la fachada. Se dice que Borromini hablaba con anhelo de crear una fachada con una única hoja de terracota moldeada, y la fachada de San Carlo hace pensar en esta idea no realizada. Se ondula y sobresale, hacia dentro y hacia fuera, hacia dentro y hacia fuera. En realidad, no toda ella es obra de Borromini. La mitad inferior fue realizada antes de su muerte en 1667; la superior, póstumamente, por discípulos de Bernini, cuyas ideas están aplicadas de una forma un tanto pasiva en el medallón ovalado que unos ángeles sostienen sobre el entablamiento. Lo que podría haber hecho el propio Borromini con esta fachada superior, si hubiera vivido, es una incógnita.

No obstante, por suerte para el visitante moderno, pudo completar la cúpula de la iglesia que generalmente se considera su obra maestra, Sant'Ivo alla Sapienza (1642-1660), la capilla de la Universidad de Roma. Este edificio bastante pequeño, cuyas paredes, la primera vez que uno las ve, parecen casi fluidas, como si estuvieran en continuo movimiento, es uno de los más ingeniosos de Italia, o del mundo. Es una maravilla de la formación del espacio, basada en una planta hexagonal, con abruptos recortes y lóbulos, que forman una empinada tienda de campaña que vierte luz sobre el interior de la nave que se halla debajo de ella. En palabras del historiador de la arquitectura Rudolf Wittkower, «la concisión geométrica y la imaginación inagotable, la destreza técnica y el simbolismo religioso, raramente han hallado una conciliación semejante a esta». La geometría, la imaginación y la destreza son obvias; el simbolismo religioso del *concetto* de Borromini quizá lo sea menos. Puede que la geometría de la planta haga referencia a la Estrella de Salomón, el rey cuya proverbial sabiduría concuerda con la idea del edificio como iglesia de la *Sapienza* («sabiduría»). El rasgo más llamativo de la iglesia es su linterna, cuya parte superior diseñó Borromini como una espiral que se enrosca describiendo tres giros completos en sentido contrario a las agujas del reloj, un clímax maravillosamente espectacular para el edificio, flamígero y aéreo. Se han hecho varias interpretaciones de su simbolismo, ninguna de las cuales resulta plenamente convincente; pero como expresión de puro brío arquitectónico, no hay nada que se le parezca en Roma.

Una época de un despertar espiritual grande y movilizado tiene muchas posibilidades de producir un arte religioso robusto y eficaz, impulsado por personalidades excepcionales; excepcionales no tanto por su devoción como por su inteligencia y su militancia. Así fue con la Roma barroca; la energía que mostraron su arte y su arquitectura fue igualada por la que desplegó su ofensiva hacia el exterior en los ámbitos de la conversión y la teología. La Reforma protestante despertó a la Iglesia romana y le dio una nueva y exaltada razón de ser.

La fuerza más poderosa en la recuperación católica romana, el grupo militante fundamental que produjo la Iglesia en su lucha contra la herejía luterana, fue la Compañía de Jesús, conocida también como los jesuitas. Esta orden de sacerdotes seculares creció a partir de un núcleo minúsculo, formado en un principio por dos vascos, que posteriormente serían canonizados como san Francisco Javier y san Ignacio de Loyola. Ambos fueron misioneros, uno dentro de Europa, el otro en el Lejano Oriente. El que tomó Europa como campo de acción fue el fundador de la Compañía, Ignacio de Loyola. La naturaleza de los jesuitas no puede entenderse sin la concepción de la disciplina que tenían en común, y esa disciplina se basaba en los orígenes militares de su fundador, Ignacio, decimotercer y último hijo del señor de Oñaz y Loyola, de la provincia vasca de Guipúzcoa.

La familia de Loyola era militar, tanto en sus orígenes como en la práctica. Eran señores fronterizos, duros, violentos, despiadados con sus enemigos, dotados de una lealtad de hierro hacia sus amigos y aliados. Dos de los hermanos de Ignacio murieron combatiendo por España contra Italia, uno en la conquista de América. Los jóvenes loyolas de las últimas generaciones habían estado obsesionados con los proyectos de conquistar el Nuevo Mundo para Cristo y, en el Viejo Mundo, de expulsar a los *moros*, los ocupantes árabes, de España, y restablecer la primacía de la fe cristiana en la Península. Eran entusiastas o, para no andarnos por las ramas, fanáticos que compartían plenamente la creencia de que el sentimiento religioso y el nacional eran, y debían ser, la misma cosa. A sus ojos, había escasa diferencia entre los mensajes de las primeras novelas de caballería, como el *Amadís de Gaula* (el primer libro de caballería andante que se imprimió en España), y el culto a la Virgen María. La consecuencia natural de esta convicción, la certeza de que los proyectos supremos de España eran la expulsión de los judíos seguida por la erradicación de los moros, fue una fe fanática en la espada del conquistador. Esta fe confería una nobleza a la profesión de las armas que es difícil de apreciar e imposible de compartir en otra cultura distinta, casi cinco siglos después.

Ignacio de Loyola la sentía en un grado extremo. Casi desde su infancia se vio a sí mismo como un soldado. Nunca escribiría unas memorias de su vida, pero en sus *Confesiones*, dictadas después de 1553, ignoraba sus años juveniles, limitándose a decir que «Hasta los veintiséis años de su edad fue hombre dado a las vanidades del mundo y principalmente se deleitaba en ejercicio de armas con un grande y vano deseo de ganar honra».

No solamente ganó honra, sino que también padeció una catástrofe y un grado atroz de sufrimiento que le cambiaron la vida. En 1521, el duque de Nájera, virrey de Navarra, se vio envuelto en una guerra de secesión contra los franceses, que reivindicaban como propios esos territorios de la parte vasca de España. Ignacio fue a combatir para él, pero una bala de cañón francesa le dañó ambas piernas; el fémur derecho de forma casi irreparable. Apiadándose caballerescamente de él, los franceses lo enviaron de vuelta en una camilla a su tierra natal de Azpeitia, situada a 80 kilómetros de allí, donde inició una prolongada y agotadoramente difícil convalecencia. Al principio, Ignacio sólo parecía tener dos posibilidades: morir en medio de terribles dolores a causa de la infección, o sobrevivir como un desvalido tullido. Pero era un hombre especialmente duro y resuelto, por no decir de suerte. Cuando quedó claro que sus lesiones, si se las dejaba sanar «naturalmente», le dejarían lisiado de por vida, Ignacio accedió a que le rompieran la pierna y se la volvieran a colocar. Esta carnicería tuvo lugar en la casa familiar de Azpeitia, y después se llevaron a cabo sesiones igual de horrendas en las que se estiraba la pierna recién fracturada —algo que el propio Ignacio insistió en que se hiciera— en un potro improvisado, para que ambos miembros quedasen más o menos con la misma longitud. ¿Cómo pudo soportar aquello? Habría que ser otro Ignacio para saberlo.

Sin anestesia, antibióticos ni ninguno de los fármacos que la medicina moderna da por sentados, el siglo XVI fue una época de un dolor casi insuperable. No solamente eso, sino que Ignacio también tuvo que soportar la conciencia de que la vida activa de un caballero andante le había quedado vedada. La determinación de un hombre de menor entidad podría haberse venido abajo perfectamente bajo la presión de semejante desilusión, pero nada pudo disuadir al caballero lisiado de su ambición de realizar una peregrinación a Jerusalén. Antes de poder hacer eso, el alma de Ignacio se había de purificar, y él se propuso conseguir esto desplazándose en primer lugar hasta el antiguo centro de peregrinación de Montserrat en Cataluña, donde se hallaba la efigie de culto de la Moreneta, la virgen negra en cuyo altar dejó sus armas y su armadura, y desde allí se dirigió a Manresa, el atrasado pueblo donde pasó un año de ayunos, rezos y privaciones.

La mortificación a la que Ignacio se sometió no fue tan extrema como los castigos que se infligían a sí mismos ciertos místicos medievales. Por ejemplo, el místico alemán Enrique Suso narraba (en tercera persona, como era habitual) que

secretamente hizo que se confeccionase para él una prenda interior; y en la prenda interior mandó fijar unas tiras de cuero en las que se insertaron ciento cincuenta clavos de latón, puntiagudos y afilados, apuntados siempre hacia dentro, en dirección a su carne. Mandó hacer esta prenda muy ajustada y diseñada de tal manera que le envolviera y se abrochara en su parte delantera, para que pudiera ajustarse lo más estrechamente posible a su cuerpo...

Ignacio no necesitaba llegar a semejantes extremos masoquistas porque sus médicos, si es que se les puede llamar así, ya lo hacían por él. No obstante, causó una impresión muy extraña en Montserrat y Manresa. Tiró su ropa y se vistió con pinchante harpillera. Se dejó crecer el cabello hasta que este quedo convertido en una mata larga y enmarañada; sus uñas se convirtieron en las garras de un animal; mendigó, apestaba, pasó hambre y llevó una extraña vida noctámbula. Hablaba de su deseo de «escapar de toda atención pública», pero se estaba convirtiendo en uno de los personajes grotescos de la calle. Gradualmente, estas hippiescas excentricidades fueron amainando, dejando tras de sí un residuo de estricta abnegación en la que no había lugar para debilidades ni conductas excéntricas. Ignacio tuvo poco en común con santos como Francisco de Asís, que no se atrevía a limpiar su piel de borrego debido a la tierna compasión que sentía por el Hermano Piojo, o como el obeso teólogo Tomás de Aquino, quien, en un gesto encantador, mandó aserrar un trozo de su mesa de comedor para hacer sitio a su falstaffiana barriga. Tenía la mente fija en el trabajo misionero, y este implicaba disciplinas distintas a las de las órdenes contemplativas; sobre todo, aprender los idiomas y las costumbres de culturas muy ajenas en las que él y sus compañeros sacerdotes trabajarían.

El producto de la dura época que pasó el soldado santo en el remoto desierto fue un libro pequeño pero enormemente influyente, los *Ejercicios espirituales* (publicado en 1548). Este fue el manual para todos aquellos que deseaban tomar la senda de la sumisión a las normas ignacianas, una disciplina cuya adopción pocos pudieron contemplar en un principio pero que posteriormente llegaría a ser la esencia del renacimiento y el reclutamiento católico. De todos los textos católicos españoles que trataban de abrir un camino que llevase más allá del mundo y preparar el alma para su encuentro con Dios, este fue, con diferencia, el más conocido y el más influyente. Su fuerza radicaba en su implacable determinación. «Cuidadosamente despierta en ti mismo una habitual y afectuosa voluntad de imitar a Jesucristo en todas las cosas», escribió Ignacio:

> Si algo agradable se ofrece a tus sentidos, pero al mismo tiempo no propende puramente al honor y la gloria de Dios, renuncia a ello y apártate de ello por el amor de Cristo... El remedio radical se halla en la mortificación de las cuatro grandes pasiones naturales: la alegría, la esperanza, el miedo y el dolor. Debes tratar de privar a estas de toda satisfacción y de dejarlas, por así decirlo, en la oscuridad y el vacío.

Los *Ejercicios* de Ignacio eran una prolongada proeza de la imaginación, dividida de forma precisa. En primer lugar se había de llevar el alma al arrepentimiento a través del miedo al Infierno. Esto debía prolongarse durante una semana, al final de la cual la ya aterrorizada y maleable alma estaba preparada para recibir la iluminación. A continuación tenían lugar otras fases progresivas, y la sucesión de estas venía a ser una intensa especie de autoterapia, que seguiría siendo fundamental para la práctica jesuítica durante siglos. Para ver el efecto que esta tenía en la sensible e impresionable mente de un joven que recibía esta lección de humildad, sólo había que leer la descripción del «retiro espiritual» sufrido y finalmente abrazado por el alumno jesuita Stephen Dedalus en el *Retrato del artista adolescente*, de Joyce. Una vez que un iniciado había sufrido esto, no habría vuelta atrás. He aquí la descripción que Ignacio hace de la meditación sobre el Infierno, el quinto ejercicio de la primera semana:

> El primer punto será ver con la vista de la imaginación los grandes fuegos, y las ánimas como en cuerpos ígneos.
> El segundo, oír con las orejas llantos, alaridos, voces, blasfemias contra Cristo nuestro Señor y contra todos sus santos.
> El tercero, oler con el olfato humo, piedra azufre, sentina y cosas pútridas.
> El cuarto, gustar con el gusto cosas amargas, así como lágrimas, tristeza y el verme de la consciencia.
> El quinto, tocar con el tacto, es a saber, cómo los fuegos tocan y abrasan las ánimas.

Cada sentido se moviliza, uno por uno. De esta forma, insistía Ignacio, se daría la máxima concreción sensorial a la experiencia espiritual. Esta no tendría nada de abstracto ni de hipotético. Parte de la disciplina consistía en aprender a desafiar la evidencia de los propios sentidos de uno, si la obediencia lo hacía necesario. Después, gradualmente, paso a paso, se hace avanzar al novicio a través del arrepentimiento hacia la esperanza, y desde la esperanza hasta el deseo de las dichas del cielo y de la unión con Dios allí: pero cada una de estas fases debía visualizarse por completo, imaginarse en su totalidad. Los *Ejercicios*, como dijo un sacerdote psicólogo, creaban una «crisis regresiva, con su concomitante disolución de estructuras psíquicas y el debilitamiento de las barreras represivas», cuyo producto era «una nueva identidad».

Todo el proceso, desde la entrada en el seminario hasta la salida final como futuro sacerdote jesuita, duraba unos doce años; y además de los habituales votos sacerdotales de pobreza, castidad y obediencia, el jesuita tenía que hacer votos de obediencia adicionales a sus superiores en el papado, que hacían obligatorio que fuese a trabajar a cualquier parte del mundo en la tarea de la conversión evangélica, si el papa así lo deseaba. Era una responsabilidad un tanto aterradora, porque en los siglos XVI y XVII el mundo era un lugar enorme, hostil y poco conocido, y el pequeño cuerpo de jesuitas estaba muy diluido en él. Pero este creció lenta e ininterrumpidamente. A la muerte de Ignacio en 1556 había 958 miembros de la orden; setenta años después, unos 15.000; en 1749 ya eran 22.500. Era una orden extremadamente consciente de su elitismo, tanto intelectual como de clase. Otras órdenes sacerdotales podían concentrarse en reclutar a los pobres, y lo hacían. Pero hay pocas dudas de que, así como el elitismo intelectual de los misioneros jesuitas aseguró el enorme éxito que tuvieron en la sociedad de la China del siglo XVIII, que tan consciente era de las clases sociales, su estoicismo y su dureza militar les permitieron resistir y sobrevivir los terribles sufrimientos que les infligieron las tribus salvajes de América del Norte. Fueron los comandos de la Iglesia Militante.

La orden obtuvo reconocimiento oficial por parte del papa Pablo III en 1540. Una vez conseguida la aprobación papal, la Compañía de Jesús tenía que tener su propia iglesia en Roma, y esta debía ser espléndida, para lo que hacía falta dinero. Afortunadamente para los jesuitas, el hombre que ofreció este dinero fue el cardenal Alejandro Farnesio, que se convirtió en el papa Pablo III y que durante los quince años de su pontificado (1534-1549) colmó de dinero a su familia y a los proyectos de esta. También hizo grandes cosas por la propia ciudad: gastó enormes cantidades de dinero en la reparación de los daños infligidos a Roma por el desastroso saqueo de la ciudad de 1527, dirigió la creación de la plaza del Campidoglio y ordenó a Miguel Ángel que trasladara allí la antigua estatua ecuestre de bronce de Marco Aurelio, creando así el plan urbano más espectacular e influyente del siglo XVI. Pero hay escasas dudas acerca de que el efecto a largo plazo que tuvo en la Iglesia su reconocimiento de la orden jesuita igualó en importancia, como mínimo, a sus proyectos urbanísticos. Los jesuitas ya favorecían a su propio arquitecto, el por lo demás poco interesante Giovanni Tristano (muerto en 1575), que había diseñado el colegio de estos en Roma en 1560. Pero para la madre Iglesia se necesitaba algo de un espíritu más grandioso, y el diseñador elegido fue uno de los predilectos del cardenal Farnesio, Giacomo Barozzi da Vignola (1507-1573), que había entrado al servicio papal en la década de 1550, diseñando una sucesión de proyectos para Roma y los Estados Pontificios. El más sensacional de estos fue la Villa Farnesio en Caprarola (1559-1573), que empezó siendo una fortaleza de cinco lados pero que se transformó en una grandiosa casa solariega, una ciudad de montaña por sí misma, con magníficas rampas de acceso. Hubo también edificios seculares más pequeños, algunos de ellos obras maestras, como la Villa Lante en Bagnaia, con sus dos pabellones.

Pero su iglesia más importante, que pagó Alejandro Farnesio, se realizó para los jesuitas: se conoce en Roma como Il Gesù («Iglesia del Santo Nombre de Jesús»), de 1568-1575. Esta iglesia (a medida que la orden evangélica de los ignacianos fue extendiéndose) proporcionó el modelo para los numerosos, aunque normalmente más modestos, templos jesuíticos que se erigieron por todo el mundo. También fue la primera iglesia que tomó el nombre del propio Jesús.

El principal requisito de las iglesias jesuíticas, que fielmente cumplieron Vignola y todos los diseñadores posteriores, era que la ceremonia de la misa debía verse claramente y que el sermón del sacerdote, que llevaba la palabra evangélica de la Iglesia al combate contra las reivindicaciones de la herejía de la Reforma, debía oírse perfectamente, en todos los lugares de todo edificio. Esto no había sido fácil, o siquiera posible, en trazados de iglesias más antiguos. El trabajo de los jesuitas se centraba en predicar. Así que la iglesia del Gesù tenía que tener una gran nave para albergar a tantos oficiantes como fuera posible, con vistas del altar principal libres de obstáculos, y líneas claras de visión y audición hacia los púlpitos principales y laterales. Esta no necesitaría espacios de paso: sería mejor tener capillas laterales poco profundas que transeptos. La nave central de la iglesia del Gesù mide unos 75 metros de longitud y tenía tres capillas principales: a la derecha, la de san Francisco Javier, un monumento en memoria al compañero misionero de Ignacio, que llevó el mensaje católico al Lejano Oriente y que fue el medio por el que la doctrina y la teología católicas penetraron en China, donde murió en 1552; en el extremo del ábside, la de san Roberto Belarmino, el gran teólogo de la Contrarreforma que murió en 1621; y a la izquierda, indispensablemente, la capilla del propio san Ignacio, construida según los diseños del artista jesuita Andrea Pozzo, que alberga una urna de bronce que contiene los restos de Ignacio. Si se piensa en el soldado santo como un puritano adversario de la fastuosidad, cosa que desde luego fue en vida, es buena idea ver lo que fue de él tras su muerte: esta es una de las tumbas más costosas y exuberantes de toda Roma. Sus columnas están completamente revestidas de lapislázuli azul, y un globo de esta piedra única y semipreciosa, el más grande del mundo, «azul como una vena del pecho de la Virgen», en palabras del poeta inglés Robert Browning, corona toda la creación. Fue por este motivo por el que el gran duque de Toscana sugirió que el lema de los jesuitas, cuyas iniciales son IHS, debería interpretarse como *Iesuiti Habent Satis*, «Los jesuitas tienen bastante» (en vez de *Iesus Hominum Salvator*, «Jesús Salvador de los Hombres»). Uno comprende perfectamente lo que quiso decir Goethe cuando escribió (en Regensburgo, 1786, de camino a Roma) que

> no dejo de pensar en el carácter y las actividades de los jesuitas. La grandeza y el perfecto diseño de sus iglesias... infunden un respeto reverencial y una admiración universales. Como ornamento, usaron oro, plata y joyas en profusión para deslumbrar a mendigos de todos los niveles sociales, con, de vez en cuando, un toque de vulgaridad para atraer a las masas. El catolicismo romano siempre ha mostrado esta genialidad, pero nunca la he visto realizada con tal inteligencia, destreza y coherencia como por los jesuitas. A diferencia de las demás órdenes religiosas, estos rompieron con las antiguas convenciones de culto y, conforme al espíritu de la época, lo actualizaron con pompa y esplendor.

De un lado a otro de la bóveda del techo de la iglesia del Gesù se extiende la abrumadora manifestación retórica de Giovanni Battista Gaulli, el *Triunfo del Nombre de Jesús*, de 1678-1679. Gaulli nació en Génova pero pronto fue a Roma, antes de 1658, y trabajó allí durante el resto de su vida, en gran medida bajo la influencia de Bernini, que le puso en contacto con influyentes mecenas, como los Pamphili. Su *Triunfo* le recuerda a uno lo necias que son las objeciones de época victoriana y modernistas al arte barroco por ser «demasiado teatral». También se podría criticar al propio teatro por ser «demasiado teatral». El teatro, en este techo, tiene una importancia capital: es emoción y seducción a la más grandiosa escala, logradas a través de una inflada variedad de contorsiones corporales, expresiones faciales y gestos.

El techo está agrupado en tres zonas, discernibles pero no claramente divididas. En el centro, como una cúspide resplandeciente, una luz divina sale a torrentes del monograma de Cristo, el IHS. Alrededor de él hay una masa de nubes que sostienen a los bienaventurados celestiales, la Comunión de los Santos, atraídos a él como limaduras de hierro a un imán. A algunos de ellos se les permite desbordarse, a través del marco arquitectónico pintado, sobre «nuestro» espacio. Después, en la parte inferior de esta enorme cartela, vemos a los condenados y a los deshonrados cayendo en un torrente más allá de la presencia santificadora del nombre de Cristo. Como corresponde a su estado terrenal, estos son los cuerpos más macizos de todos, y no se hallan transfigurados por la luz como los santos, sino que están retorciéndose, cayendo y (en algunos casos) agarrando firmemente los símbolos de

sus pecados: la Vanidad tiene un pavo real, y la cabeza de la Herejía
está repleta, como la de Medusa, de serpientes.

La pintura de techo barroca que compite con la obra maestra de Gaulli también está en Roma, y también estuvo dedicada al fundador de los
jesuitas. Es obra de Andrea Pozzo, y se encuentra en la iglesia de San
Ignacio. Su tema es *La Gloria de San Ignacio de Loyola y de la obra
misionera de la Orden Jesuita*, 1688-1694. Representa a Ignacio entrando en el Paraíso. Este enorme fresco pintado en la bóveda de la nave
central, que se desborda sobre algunas áreas de arquitectura fícticia que
a su vez apenas pueden distinguirse de la arquitectura real de la iglesia,
resume, junto con la obra de Gaulli, la grandeza retórica de la ilusión
pictórica del Barroco. Una vez que nos situamos de pie en el «punto de
observación» (consideradamente señalado por un disco de metal en el
suelo) y levantamos la vista hacia el punto de convergencia de la perspectiva del techo, sólo con dificultad podemos distinguir dónde terminan las paredes de la nave y comienza el techo. Las barreras entre la
ilusión y la realidad quedan derribadas, y se necesita un denodado esfuerzo de la voluntad y la imaginación para erigirlas de nuevo. Era importante que no hubiese ninguna interrupción visible entre lo que estaba
sucediendo en el cielo y en la tierra: una transición perfecta entre los
dos ámbitos significaba una continuidad que constituía al mismo tiempo una promesa de trascendencia y una amenaza de fracaso. Las paredes parecen estirarse hacia arriba hasta un lugar tan lejano que se vuelven difusas en el cielo abierto; el espacio entre ellas está lleno de un
vórtice giratorio de figuras, que representa una especie de éxtasis espiritualmente embriagado. En estos techos se igualan en el arte pictórico
los logros esculturales alcanzados por Bernini en la Capilla Cornaro.
Pozzo pasaría posteriormente a hacer otros proyectos para iglesias
jesuíticas, en Trento y Montepulciano e incluso en lugares tan lejanos
como Viena, pero Roma seguiría siendo su base y ninguna de sus obras
posteriores supera los frescos que pintó allí. Entre ellos, Pozzo y Gaulli
representan el arte de la pintura mural barroca en Roma llevada a su límite. Pero cuando después de 1700 se inauguró en Roma la gran época
del turismo cultural extranjero, no fue esto lo que los *milordi inglesi*,
los *connaisseurs* franceses o los príncipes rusos fueron allí a estudiar y
apreciar. Estos venían absolutamente en pos de la antigüedad, y de la
autoridad aparentemente perdida de la antigua Roma.

Capítulo 9

LA ROMA DEL SIGLO XVIII:
EL NEOCLASICISMO Y EL *GRAND TOUR*

El viajero moderno, que mira fijamente a través de su pequeña ventanilla de avión la procesión de los Alpes allá abajo, que echa un vistazo con irritación a su reloj de pulsera para ver si su vuelo va a entrar en Fiumicino con treinta o con cuarenta minutos de retraso, no puede tener la menor idea de lo que antaño, a finales del siglo XVIII, en esa época de apogeo del *Grand Tour*, suponía el viaje de Londres a Roma.

Era duro, en ocasiones peligroso, prolongado y sobre todo imprevisible. Todos los viajes eran para los ricos. No existía nada semejante al «turismo de masas», por la sencilla razón de que las masas aún no habían aprendido a moverse, a ir al extranjero de vacaciones o a estudiar, ni siquiera a imaginarse a sí mismas visitando Europa. La idea de «salir al extranjero» por distracción aún no se había inventado. El extranjero era sanguinario y los extranjeros eran villanos. Por ejemplo, en 1780, la mayoría de los ingleses vivían dentro de un radio social de 25 o 30 kilómetros respecto a sus lugares de nacimiento, y el canal de la Mancha era una barrera que impedía una mayor exploración. El inglés de la calle no pensaba en ir a Francia; los franceses, casi todo el tiempo, eran enemigos despreciables y seguirían siéndolo durante décadas. Para ellos, España era simplemente inimaginable como destino: un país de miseria, con un idioma que nadie sabía hablar, bandidos que no tendrían el menor escrúpulo a la hora de rajarle a uno el estómago, y comida grasienta y asquerosa que nadie podía digerir. Un resumen bastante bueno de las actitudes inglesas hacia el extranjero europeo lo ofreció Thomas Nashe en *El viajero desafortunado*, (1593), esa obra maestra de la xenofobia insultante e ingeniosa:

Italia, el paraíso de la tierra, y el cielo del sibarita, ¿cómo forma a nuestro joven maestro? Le hace besarle la mano como un mono, humillar su cuello como un hambriento, y jugar a hacer malabarismos de cortesía cuando saluda a un hombre. De allí saca el arte del ateísmo, el arte del sibaritismo, el arte del puterío, el arte del envenenamiento, el arte de la sodomía... El hombre de la mejor especie, cuando desea asignarle una máscara o estigma singular a un maleante de triste fama, dice, en efecto, que este *ha estado en Italia.*

No obstante, el turismo en Italia por parte de los ricos y notables de Inglaterra no fue, hablando en términos estrictos, una invención del período en el que por primera vez floreció, el siglo XVIII. Sir Thomas Hoby (1530-1566), por ejemplo, realizó intrépidamente una gira italiana cuando tenía cerca de treinta años, cuando era joven, rico y lo suficientemente vigoroso como para resistir a la multitud de estafadores, bandoleros, delatores y espías de iglesia italianos que lo asediaban.

Pero en esos primeros años, los viajeros ingleses tendían a no ser bien recibidos en Italia, especialmente fuera de los grandes centros de sofisticación, porque se suponía (acertadamente, por norma) que eran protestantes heréticos. Los italianos con los que era probable que estos tratasen aborrecían la Reforma; y ellos mismos, con la misma razón, temían a la Inquisición y el poder arbitrario de esta para meter a forasteros en calabozos sin *habeas corpus.* Para ir allí en la época isabelina o a comienzos de la jacobea (finales del XVI, inicios del XVII) se necesitaba un permiso de viaje por parte del Consejo Privado inglés, y estos no se concedían a la ligera. Por lo general, el viaje de los ingleses se limitaba al norte de Italia: Venecia, Padua (cuya universidad aceptaba a estudiantes protestantes extranjeros, algo que no hacía ninguna otra institución académica en Italia) y Vicenza. Roma, al ser la capital de los Estados Pontificios, era mucho más difícil; una estancia prolongada allí era siempre cara y estaba erizada de obstáculos administrativos. Y ni hablar de Nápoles, esa enorme guarida de ladrones y fanáticos religiosos. En definitiva, había que ser rico o muy resuelto, o mejor ambas cosas, para enfrentarse a las dificultades que planteaba el turismo en Italia, y la conciencia de esto tardó siglos en desvanecerse, aunque perdió su virulencia isabelina original.

Alguien que firmó como «Leonardo», y que formaba parte de un grupo de poetastros ingleses que se llamaban los «Della Cruscans», lanzó una advertencia contra Italia a finales del siglo XVIII, cuando el *Grand Tour* ya se había convertido en una institución. Pues la amenaza para la rectitud moral que representaba la península era aún peor que la que suponía para la seguridad física, fueran cuales fuesen los beneficios culturales que pudiera ofrecer:

> Pero evita, sobre todo, la costa de Italia,
> donde se ha perdido todo sentimiento,
> y reina la traición, y el vil disimulo,
> y el asesinato: mirando hacia los cielos,
> mientras aparece el sórdido egoísmo
> en una baja profusión de miedos.
> Oh, ¿qué puede ofrecer la voz de la música,
> o la gracia de la escultura, o el brillo de Tiziano,
> para compensar a la mente sensible
> por las virtudes BRITÁNICAS que se han dejado atrás?

Estas personas temían que ni tan siquiera todo el arte del continente, por muy bueno que este fuese pudiera compensar la contagiosa falta de fibra moral y de decencia común de Italia. Por suerte, la mayoría de quienes podían permitirse el lujo del viaje ignoraron estos recelos del puritanismo tardío, y fueron igualmente. Tampoco era necesario estar tan interesado en el arte. Ese fue el caso del biógrafo de Samuel Johnson, James Boswell, para quien Italia era fundamentalmente un campo para el turismo sexual, como Tailandia hoy. Boswell no se dejó inmutar por la sífilis, aunque, como comentaba un libro de viajes, «muchos de nuestros caballeros viajeros tienen motivos suficientes para estar enojados debido a cierta afección de moda que las señoras italianas pueden haberles otorgado junto con el resto de sus favores». «Mi deseo de conocer el mundo», confió Boswell a su diario, «me hizo decidirme a intrigar un poco durante mi estancia en Italia, donde las mujeres son tan libertinas que apenas se las puede considerar agentes morales, sino más bien seres inferiores».

Pero conocer ese mundo... ese era el problema. Hoy día cuesta imaginar siquiera la dificultad de acceso que Italia planteaba en el siglo XVIII. Había dos formas de llegar hasta ella: por mar, y a través de los Alpes. En ambas se tardaba semanas, lo que (dependiendo del clima) podía prolongarse a meses, sobre todo si además se hacían paradas para examinar obras de arte. La ruta marítima implicaba una travesía por tierra a través de Francia hasta el Mediterráneo, después un avance, bordeando de cerca la costa, hasta la frontera franco-italiana, y después un lento descenso al sur a través de Génova, Lerici, y así a la campaña y a Roma. John Mitford (1748-1830), posteriormente barón Redesdale, describió parte de la travesía marítima que hizo en 1776:

> Desde Génova, los viajeros que van a Lerici normalmente pasan en un falucho, para evitar la fatiga de un viaje de montaña por caminos donde sólo las mulas pueden mantenerse en pie. Estos navíos mediterráneos no están hechos para el mal tiempo y están tripulados por marineros no muy diestros. A una distancia de apenas un remo de la orilla avanzan lentamente bajo las rocas, y, temblando ante cualquier viento, siempre temen izar una vela. Si el viento es muy bueno, llevará en ocho horas al falucho de Génova a Lerici. Pero si el viento es contrario en lo más mínimo, o si es tan leve que estos timoratos marineros no confían en izar una vela, veinte horas de remado apenas bastarán para ello.

El turista que iba por mar, padecía aburrimiento, incomodidades y mareos; y el viajero que iba por tierra podía tener peores problemas, pues, por norma general, tenía que sortear el desfiladero alpino de Mont Cenis. Este era tan empinado y tortuoso, y la superficie del camino se hallaba tan obstaculizada por el hielo y la nieve, que ningún caballo era capaz de tirar del coche a través del desfiladero. Por consiguiente, había que desmantelar el vehículo al pie de la pendiente y enviar adelante a los caballos, libres de peso. Después, las ruedas, los ejes y todos los componentes del carruaje, junto con el equipaje de los turistas, se cargaban en las mulas y se tiraba de ellas. En el lado italiano del desfiladero, en terreno llano, donde esto se pudiera hacer ya de forma segura, se volvía a montar el carruaje y se cargaban nuevamente en él el baúl de viaje, los cajones de embalaje y todo lo demás. ¿Y qué pasaba con los pasajeros, a quienes se había subido por la empinada cuesta en sillas de manos? Thomas Pelham, en 1777, informaba (de forma un tanto sorprendente) de que, «en cuanto a nuestra propia persona, no hay ni peligros ni molestias: la helada era tan severa cuando llegamos a la cima de las montañas, que dejamos nuestras sillas y descendimos en trineos, lo cual, aunque muy turbador para los nervios, no fue desagradable. Era el día más despejado que uno podía imaginar y la vista era indescriptible».

Los retrasos debieron de ser irritantes, y de vez en cuando alguien tenía algún disgusto: un lobo se comió vivo a Tory, el *spaniel* del escritor Horace Walpole, cuando este se hallaba cruzando los Alpes. Sin duda, no todos los turistas que trataban de atravesar el desfiladero de Mont Cenis pudieron tener la flema o el espíritu aventurero de un Pelham; pero era demasiado tarde para retirarse, Italia se hallaba a la vuelta de la esquina, y este era el único camino que llevaba a la tierra donde florecían los limoneros.

«No he leído los clásicos romanos con tan poco sentimiento», declaró el octavo duque de Hamilton, «como para no desear ver el territorio que describen y en el que se escribieron». Esta era, al menos, una de las razones fundamentales por las que aquel que hacía el *Grand Tour*, receptor de una educación clásica, emprendía su viaje. ¿Haría el viaje que valiese la pena todo aquello, los rigores de la vida en una escuela pública inglesa, los azotes, el hecho de tener que actuar como criado para otro alumno mayor, el acoso escolar, las horas empleadas analizando sintácticamente a Cicerón y Virgilio? Probablemente sí; pero no siempre como se esperaba.

Pocos visitantes no quedaban estupefactos ante la densidad del entorno cultural del *settecento* (siglo XVIII) de Roma. «Aun siendo mis expectativas tan elevadas», rezaba una reacción típica, la del turista inglés Thomas Gray que escribía a su madre en 1740, «confieso que el esplendor de esta ciudad las supera infinitamente. No se puede pasar por una calle sin tener visiones de algún palacio, o iglesia, o plaza, o fuente, que son de lo más pintoresco y noble que pueda imaginarse».

Naturalmente, importaba mucho a quién se conocía, o para quién se tenían cartas de presentación. Aunque algunos ingleses de elevada posición se quejaban de lo escasa que era la vida social a la que tenían acceso —comparada con el vertiginoso ajetreo de ciudades como Venecia o Milán—, desde luego había anfitriones en abundancia. Muchos de los aristócratas continentales que iban a Roma en el siglo XVIII eran llevados de la mano por el embajador francés de la ciudad, el cardenal François-Joachim de Bernis, que los agasajaba con la mayor esplendidez. En el año del jubileo papal de 1775, entre los visitantes a Roma figuraron Charles Theodore, el elector palatino; los príncipes de Brunswick; el conde de Gloucester y hermano de Jorge III de Inglaterra; el archiduque Maximiliano de Austria, e innumerables nobles de inferior nivel. Hasta 1775 hubo un continuo fluir de visitantes extranjeros de elevada posición a Roma, pero en el último cuarto de siglo esto se convirtió en una avalancha. Bernis tenía la firme convicción de que su forma de agasajar a sus invitados tenía que ser un reflejo directo de la gloria del rey al que representaba, Luis XVI. Su embajada, próxima a la plaza de España, era el centro de unas fiestas tan lujosas que desconcertaban a sus invitados, aunque estos estaban muy acostumbrados a exhibiciones de abundancia; y cuando el personal del cardenal repartía las sibaritas sobras en la puerta trasera, ni siquiera a los plebeyos de

Roma les quedaba la menor duda acerca de cuál era la principal potencia católica de Europa. Esta variación sobre el espectáculo de la caridad romana la repetían otras casas nobles, a menor escala, por toda la ciudad. No es de extrañar que Bernis se quejase posteriormente de que el coste que implicaba ser el embajador de Luis XVI casi le había llevado a la quiebra.

Esta obsesión por la diversión particular y oficial de alto coste concordaba con el insaciable deseo de derroche público que tenía Roma. A ninguna ciudad italiana, salvo posiblemente Venecia, le encantaba un desfile o una ceremonia tanto como a la capital portificia, ni ninguna organizaba tantos como ella. Exactamente igual que en la época de César, Roma y todos los que se hallaban en ella, desde sus cardenales hasta el más andrajoso pilluelo, eran adictos a su Carnaval, sus *feste*, sus días festivos, sus desfiles y cabalgatas, sus luces y sus procesiones, sin olvidar sus enormes exhibiciones de fuegos artificiales y sus repartos de comida y vino gratis a los pobres. Estos eran los puntos en los que la diversión se cruzaba con la vida oficial, lo que incluía la vida, aún sumamente vigorosa, de la religión y el poder del papado que a todas partes llegaba. Cuando un papa recién elegido tomaba posesión de su cargo, representaba el ritual del *Possesso*, la «toma de posesión» de Roma, con una larga cabalgata que partía de la basílica de San Juan de Letrán (la catedral de la ciudad) y llegaba a la colina Capitolina, recreando, de hecho, la ruta de los triunfos militares romanos de la antigüedad. En la catedral, afirmaba su liderazgo espiritual de la Iglesia; en el Campidoglio, donde el magistrado principal le daba las llaves de Roma, su poder político sobre la ciudad.

Un acontecimiento más habitual, la ceremonia de la «Chinea», la cual se representaba todos los años pero que se abandonó en 1787, se esperaba con impaciencia. Este era el día en el que se pagaban al papa las cuotas feudales del reino de Nápoles, que fue un feudo del papado durante la mayor parte del siglo XVIII. Estas llegaban en forma de una bolsa de oro transportada por una mula blanca, la *chinea*. El dinero era aceptado por los representantes papales y se entregaba en la plaza de los Santos Apóstoles, delante de una formidable obra de arquitectura del cartón vulgarmente conocida como la *macchina* o «artefacto», diseñada por un destacado arquitecto y pagada, tradicionalmente, por la familia Colonna.

Al principio, a un visitante *inglese* le resultaba difícil entender hasta qué punto la profusión de sirvientes en las casas de los ricos era un aspecto fundamental de la vida romana (y, más en general, de la vida italiana). La propiedad privada en Inglaterra era más privada que aquí. El noble inglés tenía sus familiares a su cargo, y también alguna lapa, pero normalmente nada que se aproximase a la cantidad de parásitos aceptados que pululaban en torno a la casas nobles romanas y que se aceptaban con ecuanimidad como parte del coste de la sangre azul. Era normal que un aristócrata adinerado —un Corsini o un Borghese, un Odescalchi, un Chigi o un Colonna— ni siquiera supiese cuántos empleados domésticos le servían, ni lo que estos hacían siquiera. Roma era la capital europea de la reverencia, la zalema y la palma de la mano extendida. Se esperaba que el visitante repartiese *mancie* (pequeñas propinas) a todo el mundo por todo, y a menudo daba la impresión de que incluso por nada. Esto era profundamente desconocido y, para el visitante extranjero, molesto. Los romanos lo veían de otra manera: al dar a fastidiosos mendigos, al fin y al cabo, se cumplía con la orden de Cristo de cuidar de los pobres.

El carácter exótico de Roma era algo que se sentía vivamente en la posición y la conducta de su clero. Tanto política como socialmente, la Roma con la que se encontraba el visitante adinerado estaba gobernada por ese clero: rico, respetado, temido, objeto constante de cabildeos y súplicas, y activo en todos sus niveles, desde el sacerdote hasta el monseñor, desde el obispo hasta el cardenal. Ninguna otra sociedad de Europa, ni siquiera la de Francia, podía mostrar a un grupo de poder religioso tan influyente, ni tan obsesionado con las cuestiones de la edad y la categoría social. O, si a eso vamos, tan dado a las fiestas. Hoy día, la presencia de un cardenal con todas sus ropas ceremoniales estropearía la mayoría de las fiestas. No así en la Roma del siglo XVIII, donde a la jerarquía de la Iglesia católica le encantaban los cotilleos, la bebida y el juego, aunque no (se supone) el baile; en 1729, el cardenal Alessandro Albani provocó un delicioso escándalo al perder la enorme cantidad de 2.000 *scudi* a las cartas en una tarde en el palacio de la princesa de S. Bono. No obstante, se suponía que ser nombrado cardenal era alzarse a las cumbres de la riqueza. De ahí la extraña costumbre por la que, cuando circulaban noticias de que iba a haber un nuevo cardenal, el clérigo favorecido se daba prisa en dejar su casa limpia de todos sus muebles y objetos de valor. De lo contrario, había muchas posibilidades de que la chusma romana la saqueara.

Parte de la jerarquía era escéptica sobre sí misma y sobre su posición. Goethe transmitió una historia sobre ese mismo cardenal Albani, que había estado presente en un encuentro de seminaristas donde estos habían declamado poemas en sus diversos idiomas nacionales. Era, escribió, «otra pequeña historia que mostraba hasta qué punto lo sagrado se tomaba a la ligera en la santa Roma: Uno de los seminaristas se volvió hacia el cardenal y empezó a hablar en su lengua extranjera, pronunciando las palabras *"¡gnaja! ¡gnaja!"* que sonaban más o menos como *"¡canaglia! ¡canaglia!"* en italiano. El cardenal se volvió hacia sus colegas y dijo: "¡Ese tipo nos conoce, desde luego!"».

Aunque uno no tuviera acceso a una gran casa, tantas cosas de la vida romana sucedían en lugares públicos —las plazas con sus cafés, *trattorie*, mercados y fuentes siempre refrescantes— que eso apenas importaba. La cama era la ópera del pobre, sin duda, pero simplemente andar y sentarse en el exterior era su teatro, y un romano o un *straniero* podía satisfacer su curiosidad sobre la vida y el arte con sólo asomar su nariz por la puerta. Lo que se veía en Roma no se olvidaba pronto. Treinta años después, un amigo de Goethe llamado Hofrath Meyer aún hablaba con deleite sobre un zapatero al que había visto allí, golpeando tiras de cuero contra una antigua cabeza de mármol de un emperador que se hallaba ante su puerta.

Habría habido recuerdos, nuevos conocimientos, y quizá, para el viajero más aplicado, un diario de viaje que llevar. Ese sentimiento sobre el pasado de la antigüedad —«Héroes han hallado esta tierra; es su polvo lo que pisas», en palabras de lord Byron, de *Las peregrinaciones de Childe Harold*— aún podía seguir vigente en las mentes de los aristócratas que habían empezado siendo ignorantes como burros. También de los poetas, y de todos aquellos que no eran ni una cosa ni otra, por no mencionar a algunos que eran ambas cosas, como lord Byron. Probablemente la imagen poética más hermosa del Coliseo escrita por un extranjero salió de su pluma, cuando describió cómo, por la noche, las estrellas que se veían a través de los arcos del Coliseo brillaban «a través de los bucles del Tiempo». A su amigo Percy Bysshe Shelley, cuando llegó allí en 1818, le pareció que este era principal entre «los milagros del arte antiguo y moderno», que superaba toda comparación, toda expectativa:

El Coliseo es distinto a cualquier obra realizada por la mano humana que yo haya visto nunca antes. Tiene una altura y una circunferencia enormes, y los arcos construidos con enormes piedras están apilados unos sobre otros, y se proyectan hacia el cielo azul, hechos pedazos en forma de rocas que sobresalen en lo alto... el bosquecillo te cubre de sombra cuando deambulas por sus laberintos, y los hierbajos silvestres de esta alfombra de flores florecen bajo tus pies. La arena está cubierta de hierba, y atraviesa, como las faldas de una llanura natural, los abismos de los arcos que la rodean. Pero una pequeña parte de la circunferencia exterior permanece; es exquisitamente ligera y hermosa; y el efecto de la perfección de su arquitectura, adornada con hileras de pilastras corintias que sostienen una atrevida cornisa, es tal que hace disminuir el efecto de su grandeza. El interior está completamente en ruinas.

Como buen anticlerical, a Shelley le consternó ver cerca de allí el Arco de Constantino, construido para conmemorar «a ese reptil cristiano que se había arrastrado por entre la sangre de su familia asesinada para alcanzar el poder supremo», aunque era «exquisitamente hermoso y perfecto». Para él, en comparación con la identificación de las ruinas romanas, todo lo demás carecía de importancia. «¡He aquí las ruinas de lo que una vez fue una gran nación dedicada a las abstracciones de la mente! Roma es una ciudad, por así decirlo, de los muertos, o más bien de aquellos que no pueden morir, y que sobreviven a las insignificantes generaciones que habitan y pasan sobre el lugar que ellos han hecho sagrado para la eternidad. En Roma, al menos en el primer entusiasmo que uno siente al reconocer la época antigua, no se ve nada de los italianos.»

Los italianos modernos no estaban, o no querían estar, a la altura de la imagen de sus antepasados que formaba parte del equipaje del viajero. «Hay dos Italias», escribió el poeta romántico Shelley:

una está compuesta por la tierra verde, el mar transparente y las imponentes ruinas de tiempos antiguos, por las elevadas montañas y la atmósfera calurosa y radiante que se mezcla con todas las cosas. La otra consiste en los italianos del día de hoy, sus obras y sus maneras. La una es la contemplación más sublime y encantadora que la imaginación del hombre puede concebir; la otra, la más degradada, repugnante y detestable.

Nada era completamente predecible. Poco de Roma se podía descubrir sin estar allí: «Sólo en Roma puede uno educarse a sí mismo para Roma», declaró Johann Wolfgang von Goethe. «Lo que dejaron los bárbaros lo han destruido los constructores de la Roma moderna.» Esta fue una declaración profética, que es aún más verdadera hoy día, más de dos siglos después de su llegada en 1786, que entonces. «Nada aquí es mediocre, y si aquí y allá hay algo de mal gusto, ello también participa de la grandeza general.»

Cómo uno la recordaba después era otra cuestión. Los recuerdos que uno tenía de Roma eran necesariamente una especie de artefacto.

Probablemente ningún visitante podía ver lo que esperaba ver. Para algunos, la ciudad era una desilusión garantizada. Algunos protestantes eran automáticamente escépticos. Para Sarah Bentham (la madrastra viuda del filósofo Jeremy Bentham, que murió en 1809), la ciudad no suscitaba esperanzas cuando uno se aproximaba a ella; vista desde la campaña, «parecía estar situada en un desierto». Y una vez que se entraba en la Ciudad Eterna,

> las calles son estrechas, sucias y mugrientas. Hasta los palacios son una mezcla de suciedad y ornamentación, y están entremezclados con espantosas casas miserables. Los espacios abiertos más grandes de Roma se utilizan para la venta de verduras. Las fuentes son las únicas bellezas singulares... Roma no tiene nada dentro ni fuera de sus muros que haga que a una persona inglesa le resulte deseable ser un habitante de ella.

Además de esto, había que tener en cuenta la aversión que algunos visitantes ingleses sentían hacia la vigilancia, las acusaciones y el fanatismo del gobierno católico romano, y el contraste entre esto y la relativa franqueza y libertad de Inglaterra. La opresión era muy real, aunque algunos *stranieri* la exagerasen un poco. El expatriado inglés Sacheverell Stevens, que vivió cinco años en Roma (1739-1744), escribió en su introducción a *Miscellaneous Remarks Made on the Spot, in a Late Seven Years' Tour* (1756) que esperaba «mostrar bajo qué terrible yugo se hallan agobiados los desdichados pueblos de otras naciones, después de que sus más que egipcios tiranos les hayan privado impíamente de esa gloriosa facultad de la razón y arrebatado sus propiedades, y todo esto bajo el sagrado nombre de la Religión». Un ferventísimo presbiteriano escocés llegó a tratar de convertir a Pío VI durante una ceremonia en la basílica de San Pedro, en la que también estaba presente el dr. John Moore, quien luego sería médico y consejero cultural del duque de Hamilton. «¡Oh, vos, bestia de la Naturaleza», gritó ese fanático cuando le presentaron al papa,

> de siete cabezas y diez cuernos! ¡Vos, madre de rameras, ataviada de púrpura y escarlata, y engalanada con piedras preciosas y perlas! ¡Deshaceos de la copa dorada de las abominaciones, y de la inmundicia de vuestra fornicación!

La contestación del papa (si es que llegó a dar alguna) no quedó registrada en ningún documento. Este revoltoso fundamentalista protestante fue detenido por los guardias suizos y encarcelado durante una breve temporada. Pero posteriormente el papa no sólo mandó que se le pusiera en libertad, sino que también le agradeció sus buenas intenciones y pagó su viaje de regreso a Escocia.

Entre la confusa abundancia de imágenes y experiencias con las que el caballero turista se encontraba en su trayecto hacia Roma y hacia la propia Ciudad Eterna, había tres clases de recuerdos básicos que podía traerse en su regreso a su casa de Londres o a su casa solariega, prueba de que había realizado la instructiva peregrinación y de que había pasado por la gran escuela de comportamiento en la alta sociedad de la historia.

Podía comprar piezas de la antigüedad: una urna cineraria o un kylix, camafeos y obras escultóricas antiguas (entre las cuales era casi seguro que hubiera falsificaciones, aunque estas podían incluir perfectamente una obra moderna hecha con el mejor gusto clásico, por Antonio Canova o por uno de sus muchos imitadores). Las más grandes colecciones de antigüedades de Roma solían estar en manos de la realeza o de la Iglesia, pero algunos hábiles intermediarios a veces podrían liberarlas. La colección de arte antiguo de los Giustiniani se vendió al conde de Pembroke en 1720, las estatuas y jarrones acumulados por la familia Odescalchi fueron a parar a manos del rey de España en 1724, y las antigüedades compradas por el cardenal Polignac en Roma fueron compradas en bloque por Federico de Prusia en 1742.

Los dos principales proveedores ingleses de falsificaciones (o de «restauraciones optimistas», como se las podría llamar) para los británicos fueron Thomas Jenkins y James Byres.

Jenkins (1722-1798) fue una figura fascinante, casi proteica: vendedor, saqueador de tumbas, cicerone, banquero, anticuario. Había sido pintor en el pasado, por lo que era lo suficientemente entendido como para comprender que tenía poco futuro como tal. Había llegado a Roma en 1752, y le había faltado tiempo para hacer amigos en las altas instancias. A través de sus amistades en los círculos del Vaticano (entre las cuales había dos papas, Clemente XIV y Pío VI, amistades que se consolidaron gracias a la función que desempeñó como representante británico no oficial para la Santa Sede) pudo llegar a los niveles más altos tanto de la sociedad romana como de la turística. En las décadas de 1760 y 1770 ya se había forjado una considerable clientela entre los visitantes aristócratas ingleses, a quienes les encantaba que Jenkins les mostrase los lugares de interés de Roma (sobre los que, justo es decirlo, sabía mucho más que la mayoría de los italianos que ejercían de guías para los jóvenes adinerados) y que confiaban en que encontra-se para ellos excelentes antigüedades, las cuales no siempre resultaban ser tan excelentes.

Era imposible gozar de cualquier prestigio como entendido en la Inglaterra georgiana sin tener una colección de mármoles antiguos. Así que Jenkins empleó a varios escultores romanos para que los tallaran, y para darles una pátina de antigüedad con la ayuda de jugo de tabaco. En 1774 incluso contribuyó a formar un consorcio para dragar el lecho del Tíber en busca de antigüedades. Pero también dispersó colecciones enteras ya formadas y de impecable autenticidad, como (en 1785) toda la colección de la Villa Montalto-Negroni. En el *settecento* tuvieron lugar cambios muy grandes en la propiedad romana. En 1734, Clemente XII compró unas 400 esculturas romanas, fundamentalmente bustos, a ese infatigable coleccionista que era el cardenal Alessandro Albani; estas pasaron a formar parte del núcleo del Museo Capitolino, el único museo de Roma en esa época que estaba abierto al público general, y por esa razón un extraordinario recurso educativo para las veintenas y después centenares de artistas jóvenes que acudían en masa a Roma para estudiar la antigüedad. A un escultor desconocido joven le resultaba difícil, y normalmente imposible, acceder a los tesoros de los *palazzi* que eran propiedad de la nobleza —de ahí la ventaja con la que habían contado pintores como Velázquez y Rubens, al obtener acceso a las grandes colecciones de la realeza—, y esto le confería una importancia aún mayor al Museo Capitolino. Y la cantidad de artistas extranjeros que se esforzaban por llegar a Roma aumentaba continuamente. Para ellos, los *Grand Tour* de otros eran un importante filtro para sus carreras profesionales. Si un escultor extranjero se encontraba con otro ciudadano de su mismo país en Roma, lo más probable era que este viajero estuviera allí para estudiar arte, y que por consiguiente fuera receptivo a la obra del recién llegado.

La especialidad de Jenkins, aparte del mármol, eran las gemas y los camafeos antiguos, tanto auténticos como falsificados. Los camafeos falsos se hacían en una *bottegha* situada en un escondrijo dentro del Coliseo, que en esa época era una de las ubicaciones predilectas para talleres y pequeñas tiendas improvisadas. Por desgracia, su próspera carrera se vio interrumpida por la invasión de Roma por Napoleón en 1796. Como Jenkins tenía un rango cuasidiplomático pero sin inmunidad diplomática, y temía enormemente lo que los franceses pudieran hacerle, tuvo que huir de Roma, dejando atrás todas sus propiedades.

Lo que Jenkins fue a la escultura, James Byres (1734-1817) lo fue a la pintura. A él pertenece el honor de haber pasado varias semanas en 1764 guiando al historiador Edward Gibbon, futuro autor de *Historia de la decadencia y caída del Imperio romano*, por la Ciudad Eterna. Él ofrecía el curso más valorado de apreciación de las antigüedades; este duraba seis semanas y a todos los que lo tomaban les parecía que valía mucho la pena, aunque supusiese un gran esfuerzo.

Como anticuarios, Byres y Jenkins no se hacían la competencia entre ellos. Byres estaba fundamentalmente interesado en las pinturas, aunque consiguió adquirir y revender uno de los objetos más célebres que ahora se hallan en Inglaterra, la vasija de vidrio y camafeo de la antigua Roma procedente del Palacio Barberini conocida como el Jarrón de Portland, que pasó por las manos de sir William Hamilton y de ellas a las de Margaret Bentinck, la duquesa de Portland, en 1784. Su golpe más escandaloso consistió en extraer fraudulentamente de la colección Bonapaduli en Roma una de las mayores obras maestras de Poussin, el grupo de siete lienzos que componen *Los siete Sacramentos*, exportarlos a Inglaterra clasificados como copias, y venderlos como los originales que eran al duque de Rutland por 2.000 libras.

Había pinturas, dibujos y grabados que comprar, y muchas grandes colecciones inglesas se iniciaron con objetos que *milord* se traía de vuelta de su *Grand Tour*: Rafael, Miguel Ángel y Tiziano si era posible, aunque raramente lo era; pero muchos otros maestros atraían al gusto del siglo XVIII como no menos estimables: Veronés, Guido Reni, los Carracci y Domenichino. Quienes hacían el *Grand Tour* no compraban arte «primitivo»; los productos del Renacimiento temprano no les atraían, y la pintura gótica les parecía decididamente bárbara, rígida e inexpresiva. Respondían a la gran, fina y sofisticada elocuencia de los siglos XVI y XVII, y a las hermosas y rollizas muchachas disfrazadas de vírgenes y santas que esta describía tan a menudo. Pero sería un error bastante considerable suponer que los turistas ingleses eran los únicos que compraban. Roma atraía a entendidos y coleccionistas de todas partes, y era un negocio competitivo. José II, el emperador del Sacro Imperio, rivalizaba con Catalina II, emperatriz de Rusia, y Augusto III, rey de Polonia, que competían con el príncipe Nicolás Yusupov y la gran duquesa María Feodorovna de Rusia. Roma tenía un boyante mercado libre, de pinturas más que de antigüedades, abastecido (entre otros) por artistas expatriados que también ejercían como anticuarios. Fue el pintor escocés Gavin Hamilton, por ejemplo, quien compró en Roma lo que llegarían a ser dos de los mayores tesoros de la National Gallery de Londres: la *Madona de los Ansidei*, de Rafael, en 1764, y *La Virgen de las rocas*, de Leonardo, en 1785/1880.

No obstante, los pintores romanos más admirados en Italia en el siglo XVIII no siempre fueron aquellos cuyas obras quitaban más ávidamente de las manos de los marchantes los turistas ingleses y de otras nacionalidades que hacían el *Grand Tour*. El mayor ejemplo de ello fue con toda probabilidad Carlo Maratti (1625-1713), cuyo gran estilo clásico de ornamentación, estrechamente vinculado a las necesidades doctrinales y emocionales de la Iglesia católica, no resistía bien su traslado a latitudes más protestantes. Pero el éxito de Maratti en Italia fue enorme. Su obra mitológica y religiosa dio energía a los pintores jóvenes de toda Europa, y sirvió como pintor a siete papas. La muerte de Bernini en 1680 dejó a Maratti como el líder indiscutible de la escuela artística romana. Entre las principales iglesias romanas para las que pintó retablos se hallan la basílica de la Santa Croce in Gerusalemme, Santa Maria sopra Minerva, Santa María de la Paz, Santa Maria del Popolo y muchas otras, entre ellas la propia basílica de San Pedro. Su fama e influencia fueron tan grandes que muchos le conocían como «el Apeles romano». Y sin embargo, un siglo después de su muerte, la fama de este virtuoso que tuvo una enorme influencia se había hundido sin dejar apenas rastro; nunca ha habido una retrospectiva de Maratti en un museo moderno, lo que constituye una omisión extraordinaria.

La segunda opción como recuerdo para aquel que hacía el *Grand Tour* era algo más modesta. Roma ya entonces fabricaba *souvenirs* turísticos. Estos eran, por supuesto, más agradables que la basura que se troquela actualmente en los talleres de mano de obra asiática esclava (lógicamente, el Vaticano prefiere llamarlos «talleres» a secas o «estudios») para los turistas de hoy día: rosarios de plástico fosforescente, medallas papales de aluminio en las que estos aparecen luciendo sonrisas gingivales, reproducciones de ocho centímetros de altura de la loba del Capitolio. Seguro que también las reproducciones del siglo XVIII tenían un carácter ligeramente industrial, pero este sólo se habría notado si se ponían unas junto a las otras, las actuales y las de entonces. Varios estudios confeccionaban pequeñas reproducciones de bronce de estatuas famosas, del Apolo Belvedere o del Laoconte; el más conocido de estos estudios lo dirigía el escultor Giacomo Zoffoli. Giovanni Volpato, un ceramista de gran reputación (y amigo de Canova), confeccionaba objetos de porcelana, con un acabado de gran calidad. La empresa de Giovanni Altieri confeccionaba maquetas de corcho de edificios de la antigüedad, meticulosamente a escala; el arquitecto británico John Soane compró varias de ellas.

La parte de esta industria de los recuerdos que rayaba el auténtico arte era la fabricación de micromosaicos. El Vaticano había empleado a un pequeño ejército de mosaístas para decorar la basílica de San Pedro. Pero cuando el empleo de estos declinó, los trabajadores del mosaico, expertos en su oficio, pasaron a producir minúsculas imágenes portátiles de mosaicos para los *milords* visitantes. El gran virtuoso de estos *mosaicisti in piccolo* fue Giacomo Raffaelli, que compuso sus minúsculas vistas arquitectónicas, paisajes e incluso copias de pinturas célebres en téseras casi microscópicas hechas de *smalti filati*, hilos de vidrio coloreados con diversos óxidos de metal y opacados con óxido de estaño, y después cortados en forma de cabezas de alfiler. Podía haber más de 20 de estas téseras por centímetro cuadrado. Uno podía hacerse con un broche que llevaba todo el Coliseo en él (con gladiadores microscópicos, el precio podía ser algo superior), o una caja de rapé con una vista del Foro en su tapa, todo ello en cristal imperecedero.

La tercera opción, sólo disponible y prácticamente obligatoria para los ricos, era encargar la realización de pinturas, posiblemente de escenas del paisaje italiano pero con toda seguridad de uno mismo, con o sin la familia. Estos eran auténticos actos de mecenazgo, no sólo de compra de recuerdos, y el principal destinatario de estos encargos entre los pintores paisajistas británicos fue un galés llamado Richard Wilson (hacia 1713-1782).

El padre de Wilson era clérigo y le había proporcionado una completísima educación sobre los clásicos, especialmente sobre la poesía latina; se sabía, y podía citar, largos pasajes de Horacio y Virgilio de memoria. Esto significaba que la mayoría de los lugares que era probable que pintase, y que era probable que sus clientes hubieran visitado —el lago Nemi, por ejemplo, el antro de la Sibila, o las cascadas próximas a Tívoli, donde posteriormente disfrutaría de una contemplativa y jovial comida al aire libre con los condes de Thanet, Pembroke y Essex, compañeros de viaje a Roma—, le eran familiares en un sentido literario antes de que los viera con sus ojos por primera vez. El hecho de que compartiera ese bagaje con ellos hizo que sus melosas pinturas les resultasen aún más agradables a sus cultos mecenas ingleses, que le consideraban el Claudio de Lorena de Inglaterra.

Pero tanto si a su regreso traía un paisaje clásico de la «tierra santa» que había pisado, pintado por el auténtico Claudio francés o por «el Claudio inglés», como si no, era casi seguro que aquel que emprendía el *Grand Tour* se hiciera su retrato allí. Estaría ambientado en una vista de la Ciudad Eterna, con el Coliseo o el Castel Sant'Angelo (que siempre eran los elementos favoritos, porque se identificaban fácilmente) en el fondo, señalando con una rosada y didáctica mano hacia alguna obra ejemplar del glorioso pasado romano: el *Gladiador* de Borghese, quizá, o el *Gálata moribundo*, el Torso de Belvedere, o el Laoconte. ¡Mirad! ¡Esto es lo que he visto, y en cierto sentido de lo que me he apropiado! ¡Y del mismo modo que he regresado con esta pintura, también he vuelto con el conocimiento del marco cultural que ella implica!

El *maestro* de tales transacciones, la primera firma para el extranjero que quisiera hacerse su retrato romano, era el hijo de un orfebre, Pompeo Batoni (1708-1787). Nacido en Lucca, adiestrado en parte por su meticuloso padre, se había trasladado a Roma en 1727 para estudiar pintura, y casi desde el principio de su vida romana mostró un gran y cada vez mayor talento para copiar las estatuas de la antigüedad. Esto, por sí solo, ya podría haber bastado para reportarle unos ingresos regulares mediante la venta de sus hermosos y esmeradísimos dibujos a los visitantes ingleses ricos, que querían llevarse a casa recuerdos de las obras maestras clásicas que habían visto en el Vaticano y en otros lugares de Roma. Pero Batoni también tenía grandes ambiciones de ser pintor de temas religiosos e históricos, y tales apetitos sólo podían satisfacerse trabajando para la Iglesia. Al principio, su obra eclesiástica le reportó un éxito incesante. Sus pinturas temáticas fueron populares entre los *inglesi* y, lo que era más importante, el papa Benedicto XIV le apreciaba y se ocupó de que recibiera encargos para algunas de las iglesias más grandes de Roma, entre ellas la de Santa María la Mayor (1743). Lo que debería haber sido la temprana apoteosis de su carrera llegó en 1746, cuando se le encargó que pintara una *Caída de Simón el Mago* para el altar de la propia basílica de San Pedro.

Batoni había trabajado en este enorme proyecto, el más importante que podría habérsele ofrecido a un pintor de Roma —o, en realidad, de cualquier lugar de Italia—, durante casi diez años. Y se vio frustrado por él. El Vaticano pretendía que su pintura al óleo se ejecutase en un mosaico, porque el lienzo, debido a la inesperada humedad del aire en el interior de la basílica, sucumbió al moho; pero una dificultad temporal en los ingresos papales impidió que esto se llevara a cabo, y para gran desilusión y disgusto de Batoni, el enorme lienzo fue trasladado a la iglesia de Santa María de los Ángeles, donde aún sigue.

Para cualquier artista normal, este habría sido un lugar prestigioso, pero Batoni no era un artista normal, y sintió profundamente la pérdida de un lugar tan honroso como la basílica de San Pedro; tan amargamente, de hecho, que abandonó por completo su obra eclesiástica y decidió, a partir de entonces, concentrarse en la especialidad de los retratos de los visitantes de la nobleza y la alta burguesía, que era más rentable. Trabajaba con tal rapidez y virtuosismo que cuando murió ya había retratado a unos doscientos de estos adinerados turistas, la mayoría de los cuales ya eran *lords* o heredarían un título pronto. Batoni fue a Italia lo que el gran retratista sir Joshua Reynolds fue a Inglaterra, y de hecho transcurrieron muy pocos años entre las muertes de estos dos hombres. Al parecer, Reynolds detestaba a su rival italiano. Batoni estaba condenado de antemano, según declaró Reynolds en su decimocuarto discurso, escrito después de la muerte de Batoni: «Por muy grandes que puedan parecernos sus nombres en la actualidad, muy pronto caerán en lo que será un olvido prácticamente total». Reynolds no estaba de acuerdo con la máxima *De mortuis nil nisi bonum*.

Reynolds tenía razón acerca de la mayoría de los pintores a los que mencionaba —¿quién recuerda hoy a Imperiale, a Concha o a Massuccio?—, pero se equivocaba en cuanto a Batoni, aunque estuvo a punto de acertar sobre él también, ya que en 1800 el nombre de Batoni se hallaba al borde de la desaparición. La mayoría de los hombres que habían comprado su obra ya estaban muertos, y los que aún seguían vivos eran ancianos. A sus herederos, los ancestrales retratos les parecían anticuados, y los desterraron de los lugares de honor que ocupaban en las salas de estar hacia los oscuros rellanos de las escaleras. Además de estos, pocos los habían visto, ya que los retratos nunca habían sido expuestos: habían ido directamente del estudio del *maestro* en Roma a la pared de su dueño, y en el ínterin no había habido ninguna exposición en la que el público pudiera haber tenido la oportunidad de verlos. De ahí que, aunque tuvo muchos clientes en Gran Bretaña, su público nunca fuera lo bastante grande como para llegar a ser popular. De modo que incluso hoy día (o quizá especialmente hoy día) la obra de Batoni tiene el encanto de lo desconocido. Hay que reconocer que parte de ella parece rutinaria, pero deberíamos estar atentos a sus muy reales encantos: la deliciosa paleta que parece conservar toda la frescura del encuentro con un ser vivo, el dibujo fluido y siempre preciso, y el lustre absolutamente exquisito. Como los sujetos humanos de las obras murieron hace tanto tiempo, ya no podemos apreciar esa verosimilitud que le valió tantas alabanzas. No obstante, hay Batonis que no sólo imponen por la inmensa destreza que muestran, sino también por cierta singularidad: lo que da la impresión de ser una teatral fidelidad a la seguridad en sí mismo que sentía el británico de clase alta en el extranjero entre extranjeros.

El más destacado de estos, aunque de ninguna manera el único, es su retrato de un aristócrata escocés, el coronel William Gordon. Es casi una definición de lo que solía llamarse el «retrato arrogante». He ahí el noble terrateniente, apoyándose en su espada ostentosamente desenvainada. (¿Y por qué iba a sacar su espada un turista en Roma?) Está envuelto en metros de su tartán familiar, que se convierte en una extraña especie de toga de las Highlands. Parece como si fuera el dueño del lugar y se estuviera preparando para defenderlo contra los italianos.

No obstante, el sujeto del mejor de todos los retratos de extranjeros en Italia ni era rico, ni tenía ningún título nobiliario, ni era inglés, ni lo pintó un italiano. El retrato, simbólico y más grande que el original, de Goethe en la campaña romana, pintado en 1786-1787, fue obra de Wilhelm Tischbein (1751-1829). Tischbein y Goethe eran amigos desde hacía mucho tiempo y su encuentro en Roma fue enormemente estimulante para ambos. Nacido en 1749, Johann Wolfgang Goethe ya era una celebridad literaria alemana a los veinticuatro años, el prodigio de Fráncfort del Meno. En un año o dos su reputación ya se había extendido por toda Europa. Como señala Nicholas Boyle en el primer volumen de su magistral biografía, Goethe escribió en su *Fausto* «el poema largo más grande de la literatura europea reciente... Goethe no fue solamente *un* poeta; para toda la generación romántica de Alemania, Inglaterra e incluso Francia, fue *el* poeta... afectó a todas las concepciones posteriores de lo que son los poetas y de lo que hace la poesía». Pero sus obras anteriores ya habían consolidado su reputación y, como al hacer el viaje a Roma había cumplido por fin un deseo que había albergado toda su vida, Tischbein (y otros expatriados culturales alemanes que ya estaban instalados allí) lo consideraron como un acto muy trascendental incluso antes de que todos los resultados literarios de ese viaje se hicieran patentes. Hay que recordar esto al contemplar el retrato de Tischbein. En el momento de su llegada a Roma, Goethe era un poco mayor que la mayoría de los miembros de la vigorosa colonia de artistas alemanes: él tenía treinta y siete años, Tischbein treinta y cinco, y ninguno de los demás pasaba de los cuarenta. Aparte de Tischbein, la artista amiga más íntima que tuvo en Roma fue la célebre pintora suiza de enorme talento Angelica Kauffman (1741-1807), que vivía con su marido, Antonio Zucchi, en un estudio que se hallaba en la parte superior de las Escaleras Españolas, en la Via Sistina. Con ella, Goethe tuvo muchas charlas esclarecedoras sobre arte.

Tischbein le pintó tendido. La energía de Goethe era ilimitada, su sed de comprensión histórica a través del arte y la arquitectura inextinguible, y la imagen resultante expresa ambas cosas. Protegido del sol por un sombrero de artista de ala ancha y envuelto en una voluminosa capa blanca —que, apropiadamente, parece una toga, pero que subliminalmente expresa la idea del profeta inspirado, aunque sólo era una prenda práctica—, Goethe se reclina en medio de las reliquias llenas de maleza de la campaña. Su mirada, dirigida hacia algo situado a la derecha que nosotros no vemos, es intensa y reflexiva. Su mano derecha, la mano con la que escribía, es enfáticamente visible. No está señalando hacia una célebre obra de arte, como tenían tendencia a hacer los clientes de Batoni, con sus maneras pseudopropietarias. La tumba circular de Cecilia Metela en la Via Apia se alza en la lejanía. Era uno de los monumentos favoritos tanto de Tischbein como de Goethe, y también de Byron, que escribió sobre ella en *Las peregrinaciones de Childe Harold*; su héroe la ve así, cuando se acerca a Roma:

Hay una austera y redonda torre de otros días,
firme como una fortaleza, con su cerco de piedra,
que a la desconcertada fuerza de un ejército demora,
irguiéndose sólo con la mitad de sus almenas.
Y con dos mil años de hiedra crecida,
la guirnalda de la Eternidad, donde ondean
por toda ella las hojas verdes derrocadas por el Tiempo.
¿Qué fue esta torre de fuerza? Dentro de su cueva,
¿qué tesoro yace tan guardado, tan escondido? La tumba de una mujer.

En el primer plano hay un fragmento de un bajorrelieve de la antigüedad, un capitel caído, de orden compuesto, y un revoltijo de bloques de piedra, que quizá sean los trozos de un obelisco volcado, sobre los que Goethe está reposando. Más bien, los vestigios de la antigüedad que rodean al poeta están pintados como parte de su ambiente natural de pensamiento y reflexión. No son potenciales *souvenirs*. Y el bajorrelieve (como señaló Nicolás Boyle) tiene un significado bastante específico en relación con la propia obra de Goethe. Representa la «escena de reconocimiento» de *Ifigenia*, cuya adaptación dramática estaba escribiendo Goethe entonces; y su bloque de mármol está cubierto, o coronado, de hiedra, símbolo de inmortalidad.

«No descansaré», declaró Goethe en un magnífico pasaje, escrito en Roma en junio de 1787, «hasta saber que todas mis ideas se derivan no de habladurías ni de la tradición, sino de mi contacto vivo y real con las propias cosas. Desde mi más temprana juventud, esta ha sido mi ambición y mi tormento». Con este ánimo abordó Goethe el enorme volumen de la ciudad y sus antigüedades.

Y, de esa manera, Roma llevaba tiempo. No sólo para Goethe, sino para cualquier visitante serio. «A un hombre le resulta tan imposible atravesarla apresuradamente», observó Charles Cadogan en 1784, «como le resultaría volar». Para poner en orden sus impresiones, para acceder sin problemas a las colecciones artísticas y para que le explicaran todo el confuso panorama de la antigua Roma, aquel que hacía el *Grand Tour* necesitaba ayuda. Esta podía hallarse al alcance de la mano en forma de un guía: un tutor de viaje, a ser posible inglés, experto en la antigüedad, a quien se podía encontrar viviendo como un expatriado en Roma, pero que era más probable que se hubiera traído en el grupo turístico. Algunos de ellos eran inofensivos clérigos que no gozaban de ninguna elevada distinción, pero Pelham contrató nada menos que a una figura como Anton Mengs para que recorriera Roma con él y hombres tan eminentes como Thomas Hobbes y Adam Smith también fueron muy conocidos como guías; de hecho, hacer de guía para los jóvenes ricos era prácticamente la única manera que tenía un intelectual sin peculio de llegar a Italia por sí mismo. Uno de los guías más populares de la ciudad fue el gran historiador alemán del arte Johann Winckelmann, «cuya maestría sobre las estatuas de la antigüedad nadie supera» (como dijo Edward Wortley Montagu). Winckelmann estaba acosado por solicitudes de este tipo de servicios, procedentes de peces gordos que hacían el *Grand Tour*. Goethe observó las felices relaciones que mantenía este con los romanos de a pie (y no tan de a pie), pero

> experimentaba un dolor considerable en manos de los visitantes extranjeros. No cabe duda de que no existe nada peor que el turista común en Roma. En cualquier otro lugar, el viajero puede actuar como le plazca; sin embargo, quienes no hacen lo que vieren en Roma son un horror para el verdadero romano.

A este tipo de turistas provincianos —estrechos de miras, poco observadores, siempre con prisas, arrogantes— Winckelmann los maldijo en más de una ocasión, y juró una y otra vez que jamás volvería a hacerles de guía, tan sólo para transigir a la siguiente ocasión... No obstante, también se benefició considerablemente del hecho de ejercer de guía para gente de elevada posición y reputación.

Algunos de los peces gordos, especialmente los ingleses, le repugnaban: Frederick Calvert, lord Baltimore, apareció en Roma con un harén de ocho mujeres, algunas de las cuales eran corpulentas y otras delgadas; a las gordas se las alimentaba con comida agria, y a las delgadas se les proporcionaba una dieta de carne y lácteos. A Winckelmann, maniático homosexual, tanto ellas como su señor le parecieron repelentes. El duque de York, hermano de Jorge III, le pareció «el mayor imbécil que conozco, que no hace ningún honor ni a su categoría social ni a su país». Naturalmente, el erudito se guardó estas opiniones para sí mismo. Él trabajó un poco como guía, pero otros lo hicieron mucho, y sin estos guías, el principiante —como le escribió un amigo al pintor George Romney— no estaba preparado para la experiencia; este atravesaba palacios enteros de cuadros

> [como] un tapicero que atravesase el Vaticano. Les han hablado del *gusto* por la antigüedad, pero sobre dónde encontrarlo, o cómo distinguirlo, no saben más que sus madres. No obstante, la *virtù* se puede comprar, como otras superfluidades, y al final su *Cicerone* se asegura de que se lleven una ganga, quizá una cabeza de *Trajano* hecha de retazos, montada sobre un par de hombros moderno, con la nariz de *Caracalla* y las orejas de *Nerón*... y llegan a casa hechos unos privilegiados *virtuosi*, cualificados para condenar todo aquello que puedan producir sus compatriotas.

Algunos de los que realizaron el *Grand Tour* coleccionaban a una enorme escala. Richard Boyle, tercer conde de Burlington, que presidió el «Revival» palladiano en Inglaterra, fue un magnífico ejemplo de lo que se podía lograr con un mecenazgo inteligente, sumado, en su caso, a un coleccionismo igual de inteligente. El «Apolo de las Artes», como le llamó Horace Walpole, coleccionó arte a una fastuosa escala durante dos *Grand Tour* por Italia, el primero en 1714-1715, el segundo en 1719. Burlington regresó de su segundo *Tour* por Italia en 1719 con no menos de 878 bultos de equipaje, atiborrados de obras de arte. Compraba con el máximo discernimiento, encontrando, por ejemplo, más de sesenta dibujos originales realizados por Palladio, junto con grabados y libros raros de la obra del maestro, durante sus estancias en Verona y Vicenza. Lord Burlington fue uno de esos talentos excepcionalmente singulares que podrían haber alterado la historia de la arquitectura como mecenas, pero en lugar de ello lo hizo como un genio del diseño creativo por derecho propio. Al implicarse directamente en la arquitectura como diseñador en lugar de simplemente como mecenas, cambió la relación social que existía en Inglaterra entre el mecenas y el artista. Y algunos de sus edificios, como su propia villa palladiana de Chiswick House, o las grandiosamente puras Assembly Rooms de York, son de una intensidad casi minimalista que supera a la mayoría de sus prototipos palladianos.

Entre los materiales que Boyle se trajo de Italia, sin duda habría habido diversas ediciones de los aguafuertes romanos de Giovanni Battista Piranesi, grabador extraordinario y arquitecto frustrado. Jamás un artista ha hecho tanto por registrar la imagen póstuma de una gran ciudad como este veneciano que rumiaba sobre las ruinas de Roma. De hecho, creó y recreó la Ciudad Eterna y sus obsesivamente presentes antigüedades para un público de mediados del siglo XVIII, ruina a ruina, casi piedra a piedra. En el transcurso de una vida activa de unos cuarenta años, Piranesi hizo aguafuertes de todo tipo de estructuras romanas: anfiteatros, termas, iglesias, monasterios, puentes y arcos, foros, plazas y columnas independientes, perspectivas de calles, jardines y grutas, obeliscos, mausoleos, acueductos, fuentes, templos en ruinas, tumbas, teatros, villas y palacios tanto abandonados como habitados, alcantarillas y crematorios.

El escritor y entendido inglés Horace Walpole instaba a los artistas a «estudiar los sublimes sueños de Piranesi, que parece haber concebido visiones de Roma que van más allá de aquello de lo que esta se enorgullecía incluso en el cenit de su esplendor»:

> Tan feroz como Miguel Ángel, y tan exuberante como Rubens, ha imaginado escenas que asustarían a la geometría... Amontona palacios sobre puentes, y templos sobre palacios, y escala el cielo con montañas de edificios. Y, no obstante, ¡cuánto gusto en su audacia! ¡Qué grandeza en su desenfreno!

Reprodujo inscripciones que se habían desportillado y desgastado hasta quedar prácticamente ilegibles debido a la erosión del tiempo, *tempus edax*. Diseñó trípodes, vasijas, trofeos, escudos, armaduras imaginarias, lámparas, mapas de mármol, camas de estilo egipcio, candelabros de estilo etrusco y enormes y cavernosos hogares romanos para el fuego. Hizo enormes iniciales decorativas: una letra V formada por tramos de tuberías de plomo dispuestos uno contra el otro, una D que mostraba a la *lupa* romana lanzando una mirada desafiante al lector y enseñando bien los dientes desde el interior de su curva. Creó un conjunto de relojes y otro de diseños para sillas de manos y puertas de carruajes, así como algunas decoraciones en el estilo neoegipcio (que mostraban esfinges, buitres y un cocodrilo del Nilo, pero que lamenta-

blemente fueron destruidas hace mucho tiempo) para el interior del
Caffè degli Inglesi, y un conjunto de evocadores e inquietantes *capricci* que mostraban los espacios lúgubremente envolventes de prisiones
imaginarias, que para mucha gente siguen siendo su máximo logro
imaginativo y que tuvieron más efecto en los escritores que cualquier
aguafuerte del siglo XVIII. También diseñó intrincados muebles, casi
todos los cuales han desaparecido desde entonces, siendo aparentemente el único superviviente de ellos una mesa auxiliar tallada y dorada del Palacio del Quirinal de Roma, que fue diseñada para uno de sus
principales mecenas, el cardenal y futuro papa Clemente XIII, Gio-
vambattista Rezzonico, y que acabó sus viajes en el Minneapolis Institute of Arts.

Piranesi murió en 1778, a la relativamente avanzada edad de cincuenta y ocho años. Dejó 1.024 imágenes grabadas, una producción
que ningún otro artista gráfico de su época pudo igualar. Más de sete-
cientos de sus dibujos preliminares también sobreviven. Pero en Roma
sólo hay un edificio diseñado y construido por él: la iglesia y cuartel
general de los Caballeros de Malta en la colina Aventina. Para un hombre que se hacía llamar «arquitecto veneciano», el hecho de haber construido solamente un edificio debió de suponer cierta desilusión. No
obstante, al final su colosal producción de grabados y dibujos tuvo una
mayor repercusión en la experiencia de la arquitectura, en lo que mucha
gente esperaba de ese arte, que cualquier cosa que hubiera podido lograr con edificios reales. El efecto que estos grabados tuvieron se sintió
con fuerza en todo el mundo occidental, en estructuras tan lejanas entre sí como el Banco de Inglaterra de John Soane (1798) y la Catedral
de Baltimore de Benjamin Latrobe (1805-1518). Sus grabados podían
viajar por todas partes y lo hicieron, con una facilidad con la que no
podría haber competido ningún edificio real. Estos «edificios que nunca vi», como escribió el gran diseñador inglés Robert Adam en 1755,
«son el mayor fondo para inspirar e inculcar la invención en cualquier
amante de la arquitectura que se pueda imaginar». En ellos, memoria,
fantasía y erudición se combinaban produciendo una Roma paralela, que en muchos sentidos en tan real como la propia ciudad: una Roma
que era permanente y que al mismo tiempo se había perdido para siempre. Esto debió de consolar a Piranesi por su falta de edificios construidos. Este artista enormemente ambicioso no sólo recreó una ciudad,
sino varias épocas de ella.

Lo que no quiere decir que su intuición sobre el pasado de la ciudad
fuera necesariamente correcta. Piranesi logró convencerse a sí mismo

de que la raíz de toda la arquitectura clásica, tanto de la griega como de la romana, era en realidad etrusca. Incluso llegó a comparar los edificios etruscos con la arquitectura de los egipcios. (Naturalmente, Piranesi nunca había estado en Egipto.) Jamás se apartó de esta creencia, que no estaba respaldada por la más mínima prueba. Había estudiado los sistemas romanos de distribución de agua y de eliminación de aguas residuales, empezando por la Cloaca Máxima. Sabiendo que los etruscos habían sido expertos en alcantarillado, supuso erróneamente que habían sido maestros del mismo tipo de construcción de enormes túneles y sótanos que los romanos habían desarrollado. Imaginó que la arquitectura etrusca había sido enorme, rocosamente articulada, inmensa en sus espacios y nichos; cualidades, todas ellas, que él creía que se hallaban en la raíz de la construcción romana. En realidad, aunque algunos templos y espacios sagrados etruscos eran cuevas artificiales que se habían realizado vaciando el lecho de roca (toba, que era blanda y se podía extraer fácilmente), aquellos que se construyeron, como el templo de Portonaccio en Veii, del siglo VI a. C., se hicieron con madera y adobes, y no se asemejaban en absoluto a las fantasías enormes de Piranesi.

Nacido en Venecia en 1720, Piranesi era hijo de un mampostero, y creció fascinado por la cuestión del origen de las raíces de la arquitectura clásica de Italia. Habría que recordar que Venecia era la única ciudad importante de Italia que, debido a su acuoso emplazamiento entre las lagunas, no tenía ninguna construcción de la época romana y, por consiguiente, ninguna ruina romana; esto debió de aumentar enormemente el impacto que tuvo la Roma que vio el joven Piranesi en él cuando fue allí por primera vez. Fue cuando tenía veinte años y era un dibujante que formaba parte del personal de Marco Foscarini, el embajador veneciano ante la corte del nuevo papa, Benedicto XIV. Piranesi ya entonces se sentía entusiasmado por la antigüedad. Este entusiasmo lo había alimentado su hermano mayor Angelo, un monje cartujo que le había animado a leer a Tito Livio, Tácito y otros historiadores de Roma.

Había edificios grandes y magníficos en Venecia, pero ninguno de ellos era romano en absoluto, y menos aún romano de las proporciones de las Termas de Caracalla o el Anfiteatro Flavio. Además, como Venecia (al igual que el mar que la mecía) era llana, Piranesi creció sin ver nada semejante al revuelto y escarpado palimpsesto de la Roma de las siete colinas, con su gigantesco revestimiento de columnas, cornisas caídas, bóvedas desplomadas y excavaciones de la antigüedad. El impacto imaginativo que la ciudad tendría en él sería inmenso, y liberaría su imaginación. Le animaría a convertir lo grande en titánico. «Estas ruinas que hablan», escribiría, «han llenado mi espíritu de imágenes que ningún dibujo fiel, ni siquiera como los del inmortal Palladio, habría logrado transmitir jamás».

Estas imágenes a menudo eran sumamente teatrales. No existe ninguna prueba de que Piranesi, como en ocasiones se ha dicho, llegase a trabajar jamás con el principal escenógrafo de Italia, el veneciano Ferdinando Galli de Bibiena (1657-1743), pero no cabe duda de que conocía la obra de Bibiena —pues ¿quién no la conocía en Venecia?— y fue aprendiz de dos escenógrafos venecianos algo menos célebres que trabajaban de un modo similar, Giuseppe y Domenico Valeriano. También llegó a ser un experto en el uso dramático de la perspectiva angular, bajo la tutela de un grabador, Carlo Zucchi.

Venecia era el lugar natural para tales ejercicios, que se llamaban *capricci* y eran la especialidad de pintores anteriores que influyeron en el joven Piranesi, como Canaletto y los Tiépolo. De modo que uno encontrará sus vistas de la antigua Roma pobladas por figuras de personas dispersas entre las ruinas: personas diminutas, harapientas, gesticulantes, muy distintas a los viajeros elegantes y tranquilos que se veían en otras «vistas» de Roma, personas a veces trogloditicas, como si acabasen de salir arrastrándose de madrigueras entre las rocas. Estas contribuyeron a la impresión que producirían las posteriores colecciones de grabados arquitectónicos y topográficos de Piranesi, como la de los cuatro volúmenes de las *Antichità Romane* (1756): la impresión de que la Roma cuyos restos estaba grabando había sido la creación y el hogar de gigantes terrenales, una raza titánica pero ya desaparecida, sublime en ambición e ilimitada en cuanto al alcance de su grandeza, y de que nada semejante volvería a verse jamás.

Piranesi tuvo suerte de llegar a Roma cuando lo hizo. Cualquier artista de talento la habría tenido. Era un centro de proceso de ideas, un lugar donde se iba a aprender, regado por el talento de decenas de artistas extranjeros (John Flaxman, Heinrich Füssli, Angelica Kauffmann, Anton Mengs, Pierre Subleyras, Claude-Joseph Vernet), italianos (Marco Benefial, Pietro Bianchi, Giuseppe Cades, Pier Leone Ghezzi, Corrado Giaquinto, Benedetto Luti, Giovanni Panini, Giovanni Battista Piranesi, Francesco Travisani), arquitectos británicos (William Chambers, Robert Adam, George Dance y John Soane) y teóricos de la cultura (en particular Johann Winckelmann), y cientos de turistas inteligentes procedentes de toda Europa, algunos de ellos muy cultivados y otros neófitos entusiastas.

Entre los primeros, Piranesi encontró un contexto profesional. En las filas de los turistas, descubrió un mercado abundante. No resultaba sencillo llevarse a casa desde Italia cabezas de mármol y capiteles jónicos desportillados, pero sí hojas de papel, y grandes cantidades de grabados de Piranesi pertenecientes a sus series más importantes (*Antichità Romane, Della Magnificenza ed Architettura de' Romani*, y de todas las demás series que hizo, sin olvidar sus imaginativos estudios de ornamentación de chimeneas y sus motivos para jarrones, candelabros y lápidas) pudieron llegar a Inglaterra, donde se estudiaron minuciosamente y fueron utilizados como modelos de inspiración por docenas de arquitectos. Es cierto que a veces resultaba difícil imitar los efectos de Piranesi en los materiales del mundo real. Las capas de enormes piedras a las que se ha dado un aspecto rústico en su vista de la base del Castel Sant'Angelo parecen estar sobresaliendo, extruyendo su misma sustancia bajo el peso de la mampostería primigenia que hay sobre ella. Sin embargo, el cuidado que Piranesi puso en su representación de la arquitectura de las ruinas romanas muestra una dedicación que resulta difícil de creer. En algunas de las láminas, que sólo pretendían representar los aspectos técnicos de la construcción en la antigüedad, logró conferir a las herramientas y a las técnicas —tales como los polipastos que se empleaban para levantar grandes bloques de mampostería— el dramatismo de lo tecnológicamente sublime, un proyecto que significó mucho para otras figuras del siglo XVIII. Al mismo tiempo, la fantasía regía el mundo que presentaban otros grabados. Así, cuando representó la Pirámide Cestia, que en realidad es un edificio pequeño y casi delicado (para lo que suelen ser las pirámides), erigido cerca de la Porta Ostiensis en memoria de un hombre sobre el que prácticamente nada se sabe, confirió a esta una envergadura y un volumen egipcios.

Al hacer que sus ruinas romanas parecieran simas y precipicios de piedra, Piranesi estaba protegiendo la genialidad romana para el volumen frente a la dilución que, en su opinión, suponía la artificialidad griega. Gran parte de ello no era más que ficción, naturalmente. Pocas cosas podía haber en el mundo —ni siquiera en la parte romana de este— que fueran semejantes a esas terriblemente congestionadas vistas de la Via Apia en su época de apogeo, extendiéndose infinitamente en una perspectiva surrealista, atiborrada de estatuas, tumbas, sarcófagos, urnas y obeliscos, unas cosas junto a las otras. No es de extrañar que estas cosas se convirtieran en una rica fuente para el plagio de artistas posteriores y de menor entidad —desde Eugene Berman hasta

Salvador Dalí— cuando se trataba de proyectar un inquietante mundo onírico de arquitectura fantástica.

Hacer grandes grabados es un negocio caro, y para hacerlos a una escala piranesiana se necesitaba un gran apoyo financiero. El mecenas del que más esperaba Piranesi era un joven irlandés: James Caulfield, primer conde de Charlemont, para quien escribió en 1757: «creo que he completado una obra que pasará a la posteridad y que perdurará mientras existan hombres que sientan curiosidad por conocer las ruinas que permanecen de la ciudad más célebre del universo». A Piranesi le pareció que Charlemont podía ser un buen mecenas; era rico (aunque resultó que no era tan rico como había supuesto el artista) y en 1749 ya había montado una academia, aunque esta fue efímera, para que los artistas británicos que se hallaban en Roma estudiaran las antigüedades, por las que él sentía un apasionado entusiasmo. Tanto a Piranesi como a él les pareció una idea espléndida que el noble nombre de este último quedase ligado a un momento tan crucial de la arqueología como el que marcaría la publicación de *Antichità Romane*.

Pero, por desgracia, Charlemont no tenía ni idea —y, al ser un aficionado sin experiencia editorial previa, ¿cómo habría podido tenerla?— de la abrumadora cantidad de trabajo y gastos que suponía la publicación de los cuatro volúmenes y más de 250 láminas de *Antichità*. Él había supuesto que pagaría por un solo volumen que versaría sobre cámaras mortuorias y ahora se enfrentaba al coste de esta obra gigantesca, de toda ella, fruto de más de diez años de estudio y meditación. Piranesi no sólo pretendía mostrar toda la antigua Roma que se hallaba sobre la superficie; sus grabados también mostrarían lo que estaba oculto: los cimientos y las bases, los canales del alcantarillado y los sistemas de abastecimiento de agua. El pobre Charlemont tenía en mente algo mucho más sencillo, y mucho más comercializable: pintorescas *vedute* de la Ciudad Eterna. No es de extrañar que su determinación flaquease y que abandonase el proyecto por completo, huyendo y regresando a las islas Británicas.

Esta fue la mayor desilusión de la vida de Piranesi y nunca llegó a superarla, aunque logró encontrar otros apoyos para *Antichità*. Quizá habría matado al traidor y gallina Charlemont (esa era la opinión que ahora tenía de su antiguo mecenas) si hubiera podido escapar, pero no tuvo esa oportunidad, de modo que hubo de contentarse con una especie de *damnatio memoriae*. En un principio la portada de la obra había llevado una dedicatoria bastante empalagosa a James Caulfield, inscrita en una amplia lámina rodeada de atributos de las ruinas de la antigüedad. Piranesi retiró entonces de la lámina el nombre de Caulfield. Hizo esto imitando al Senado romano, que después del año 203 d. C. había borrado el nombre de Geta, antaño honrado pero entonces deshonrado, de una inscripción dedicatoria que se había realizado en el Arco de Septimio Severo en el Foro Romano. Es de suponer que Caulfield reconoció este insulto, aun cuando, aparte de él, pocos lo hicieran.

Un área de la producción de Piranesi se desvió hacia la pura fantasía, y siempre ha dado la impresión de ser independiente de su obra arqueológica y de creación de vistas. Se trata de la serie de 14 láminas que se conoce como *Carceri d'Invenzione* o «Cárceles imaginarias», que aparecieron por primera vez en 1745 y que se reeditaron en 1760. A diferencia de todas sus demás obras, como su título da a entender, estas no se basan en ningún edificio conocido. Son emanaciones de la mente del artista, y desde el primer momento se reconocía que tenían escasa relación con la arquitectura real. Lo que estas representan, básicamente, son ilimitadas cámaras subterráneas sin salida, en las que el espacio está muy unido, aunque nunca resuelto, por rampas, escaleras, puentes, galerías, pasarelas, vestíbulos y arcos, todos los cuales afirman una presencia poderosa pero en realidad no llevan a ningún sitio. Parece como si se reprodujeran a sí mismos, y fue esto lo que atrajo, de una forma especialmente directa e intensa, tanto al poeta Samuel Taylor Coleridge, profundamente sumido en su adicción al láudano, como a su amigo ensayista Thomas de Quincey, también drogadicto. Cuando Coleridge describió con elocuencia las *Carceri* a De Quincey, estos no tenían a mano ejemplares de esos grabados. Pero a Coleridge le pareció que estas extrañas y paranoicas figuraciones registraban «el paisaje de sus propias visiones durante el delirio de una fiebre». De Quincey parecía reconocerlas también, por la vívida descripción de Coleridge de «los vestíbulos góticos», las ruedas, los cables, las poleas, las palancas y los potros. Y reconocía en ellas algunas de las características de sus propias alucinaciones provocadas por el opio. «Con el mismo poder para crecer y reproducirse infinitamente a sí misma procedía mi arquitectura en sueños.»

En cierto sentido, estas imágenes tienen sus orígenes en los años anteriores de Piranesi como estudiante de escenografía. Las escenas de cárceles fueron habituales y populares en el siglo XVIII y a lo largo de todo el XIX, como recordamos si conocemos la obra de Beethoven (*Fidelio*) o Verdi (*Tosca*). Muchos artistas diseñaban escenarios carcelarios, cuyos imponentes y claustrofóbicos arcos, inmensos espacios y ausencia de salidas hacen pensar en afinidades con las cárceles oníricas de

28. Annibale Carracci
    Hombre comiendo judías, 1580-1590.
    Óleo sobre lienzo, 57 × 68 cm.
    Galería Colonna, Roma.

29. Annibale Carracci
    Triunfo de Baco y Ariadna, 1597.
    Fresco.
    Palacio Farnesio, Roma.

Página anterior,

30. Caravaggio
    Descanso en la huida a Egipto,
    1594-1595.
    Óleo sobre lienzo, 135,5 × 166,5 cm.
    Galería Doria Pamphili, Roma.

31. Caravaggio
    Vocación de San Mateo, 1599-1600.
    Óleo sobre lienzo, 322 × 340 cm.
    San Luis de los Franceses, Roma.

32. Caravaggio
    Crucifixión de San Pedro, 1600-1601.
    Óleo sobre lienzo, 230 cm × 175 cm.
    Santa Maria del Popolo, Roma.

Página anterior,

33. Stefano Maderno
Martirio de Santa Cecilia, 1600.
Mármol.
Basílica de Santa Cecilia en Trastévere,
Roma.

34. Nicolas *Poussin*
Et in Arcadia Ego o *Los pastores
de Arcadia,* 1637-1638.
Óleo sobre lienzo, 185 × 121 cm.
Museo del Louvre, París.

35. Diego Velázquez
Retrato de Inocencio X, 1650-1651.
Óleo sobre lienzo, 114 × 119 cm.
Galería Doria Pamphili, Roma.

Arriba, de izquierda a derecha,

36. Bernini
    Apolo y Dafne, 1624.
    Mármol, 243 cm.
    Galería Borghese, Roma.

37. Bernini
    Baldaquino de San Pedro, 1623-1634.
    Basílica de San Pedro, Ciudad del Vaticano.

38. Bernini
    El éxtasis de santa Teresa, 1647-1652.
    Mármol, 150 cm.
    Santa María de la Victoria, Roma.

39. Bernini
    Fuente de los Cuatro Ríos, 1651.
    Plaza Navona, Roma.

Derecha,

40. Bernini
    Plaza de San Pedro, 1656-1667.

41. Borromini
    Sant'Agnese in Agone (Santa Inés en Agonía), 1653-1657.

42. Borromini
    Sant' Ivo alla Sapienza, 1642-1660.

Piranesi. Lo que había sido palaciego se convierte ahora en penitenciario. Los espacios enormes se habían usado antes para magnificar la importancia de sus habitantes en un mundo de riqueza, poder y privilegios. Pero en el muy distinto mundo de las *Carceri*, la magnitud reduce al hombre a un insecto que se arrastra y sufre.

Con todo su poder opresivo, las *Carceri* atrajeron poderosamente a los escritores, sobre todo a los románticos ingleses. Uno de los primeros que expuso la reacción que le provocaron fue William Beckford (1760-1844), el diletante que, fabulosamente rico gracias a una herencia que había sido fruto de la trata de esclavos y el negocio del azúcar, había emprendido su *Grand Tour* en 1780. Estaba en Venecia y su góndola le llevó navegando bajo el Puente de los Suspiros. «Me estremecí cuando pasé por debajo de él», recordaría posteriormente;

> horrores y lúgubres panoramas obsesionaban mi imaginación a mi regreso. No era capaz de cenar en paz, tan poderosamente había quedado afectada mi imaginación; pero, agarrando el lápiz, dibujé abismos y hondonadas subterráneas, dominio de miedos y torturas, con cadenas, potros, ruedas y terribles artefactos al estilo de Piranesi.

Los recuerdos de las *Carceri* de Piranesi infestarían la imaginación de Beckford durante años, dominando los paisajes de su novela *Vathek*, de 1786. Estos estaban llenos de un miedo a la inmensidad y a la indeterminación: las *Carceri* no se podían reconstituir en la imaginación como un espacio arquitectónico real que denotara seguridad. Naturalmente, esto era lo que hacía que esos recuerdos dominaran la parte onírica de la mente. En la década de 1960, cuando la «cultura de las drogas» buscaba antecedentes de su, a menudo, obsesivo interés en las alucinaciones, se hicieron esfuerzos por encontrar un paralelismo entre las visiones carcelarias de Piranesi y las visiones provocadas por la hierba o el LSD. Se afirmó, o en cualquier caso se propuso, que el hilo conductor podrían haber sido los ataques de malaria, la cual había contraído Piranesi cuando estuvo haciendo bosquejos de acueductos y ruinas en la campiña de las afueras de Roma, que se hallaba infestada de mosquitos: un tratamiento habitual para la malaria era la ingestión de grandes dosis del opiáceo láudano. Pero no es posible demostrar esto, y es probable que tenga más que ver con la atmósfera de la década de 1960 que con la de 1740.

Hubo varios motivos por los que tales imágenes pudieron captar la atención de un público de mentalidad liberal. Toda la cuestión del encarcelamiento, del crimen y el castigo, de lo que podía disuadir del pecado al alma descarriada, ocupaba un lugar muy destacado en el pensamiento literario inglés en torno a finales del siglo XVIII. ¿Cuál sería la arquitectura apropiada, una arquitectura «expresiva» que haría que un edificio fuese realmente carcelario y se distinguiera de otras construcciones que no estuvieran concebidas para castigar, intimidar y reformar? Da la impresión de que George Dance el Joven (1741-1825) extrajo parte de su respuesta a esto de las ideas de Piranesi, con el que se encontró en Roma en 1763 y cuyas *Carceri* indudablemente vio. En 1768, tras su regreso de Roma, a Dance se le encargó la tarea de reconstruir la cárcel más importante de Londres, Newgate Prison. Esta tarea le mantuvo ocupado durante casi diecisiete años. No fue precisamente una coincidencia que el diseño de Dance para Newgate, por muy terrible que este pueda parecer hoy día, surgiera al mismo tiempo que estaba naciendo, a trancas y barrancas, el movimiento para la reforma penitenciaria en Inglaterra, alentado por su pionero, John Howard, con su monumental informe sobre el castigo, *The State of the Prisons in England and Wales*, 1777. No sabemos si Dance leyó este tomo, pero no cabe duda de que su mensaje se respiraba en el ambiente de los ingleses ilustrados y razonablemente progresistas cuyos valores apreciaba George Dance. Dance no deseaba crear una prisión al estilo tradicional inglés: un sumidero de miseria y caos social, sin condiciones aceptables de ventilación, iluminación, calefacción, salubridad o incluso sin segregación entre sexos. En la «nueva» Newgate prestó cierta atención, dentro de un ajustado presupuesto, a todas estas cuestiones, proporcionando artículos tan necesarios para la vida masificada en un clima frío como estufas y retretes. Las paredes de Newgate tenían que estar ciegas, sin aberturas a través de las cuales los presos tuvieran alguna posibilidad de escapar o siquiera de vislumbrar el mundo exterior. En este aspecto, el diseño mostraba cierta influencia de los espacios claustrofóbicos de las cárceles de Piranesi. Otros toques se tomaron directamente de las *Carceri*, como los festones de cadenas de piedra tallada colocados sobre la entrada de la prisión.

Los arquitectos de éxito solían contratar a ayudantes y aprendices, de la misma manera que los abogados empleaban a pasantes. Durante cuatro años, de 1768 a 1771, Dance empleó a un joven ayudante que cambiaría el lenguaje de la arquitectura inglesa, en gran medida a consecuencia de su visita a Roma y de la influencia que sobre él ejerció Piranesi. Fue John Soane (1753-1837), para el que Dance fue un «venerado maestro».

Algunos arquitectos proceden de un ambiente social de riqueza y relativa comodidad, aunque en el siglo XVIII este era el caso de pocos. Desde luego, no fue el de Soane. Era hijo de un albañil, siempre andaba escaso de dinero y estaba orgulloso de sus orígenes artesanos, algo que que le daba seguridad a la hora de construir pero que le hacía sentirse socialmente inseguro cuando trataba con sus «superiores». Su cambio de nombre es una muestra del grado que alcanzaba esa inseguridad; esta incluso puede juzgarse por ese hecho. El nombre de su padre era Soan; el hijo añadió una «e» final, porque parecía darle más clase. Desde entonces siempre tendrían que referirse a él como «Soane», y no se dejaría involucrar en ninguna conversación sobre su procedencia sociocultural, volviéndose irritable y susceptible cada vez que que en una conversación surgía el tema de la posición social. Incluso volvió sobre sus primeros dibujos cuando pudo acceder a ellos, y «corrigió» sus firmas.

Soane, con el apoyo del arquitecto William Chambers, que era el influyente tesorero de la Royal Academy, obtuvo una beca de viaje que le financiaría un *tour* de tres años por Italia. Fue un oportuno golpe de suerte. El suyo no fue un «*grand*» *tour*, pero su estancia en Roma le puso en contacto con otros ingleses que sí estaban haciendo el *Grand Tour* y que en años posteriores se convertirían en sus clientes y colegas profesionales. Entre ellos estuvo Thomas Pitt, primo del futuro primer ministro de Inglaterra, William Pitt. Soane amaba tanto Italia que cada año celebraba el 18 de marzo como el día en el que, con la esperanza propia de sus veinticuatro años de edad, partió en 1778 hacia el maravilloso sur. Aquel no era el día de su cumpleaños. Pero sí era el día de su nacimiento profesional, algo que importaba bastante más. Fue precisamente en esa época, más o menos, cuando Thomas Pelham escribió a casa quejándose del exceso de turistas ingleses con los que se encontraba en Roma. La Ciudad Eterna tenía, escribió, «un parecido demasiado grande con [Brighton], al estar atestada de unos setenta visitantes ingleses». (¡Atestada! Quizá haya sido mejor que a Pelham no se le concediese una visión profética de los miles de turistas ingleses en viajes organizados que, dos siglos después, son atribuladamente desplazados del autobús al museo y después al Miguel Ángel y después a un bar de pizzas.)

Soane pronto encontró alojamiento en Roma e hizo del Caffè degli Inglesi, situado en la Via dei Due Macelli, en el lado sur de la plaza de España, punto de encuentro de artistas e intelectuales extranjeros, su dirección postal. Con su amigo Thomas Hardwick, otro aspirante a arquitecto, empezó a medir edificios romanos, tanto antiguos como más recientes: el Panteón, el Templo de Vesta, Santa María la Mayor, Santa Inés Extramuros. Y, a instancias de Chambers, fue a ver a Piranesi, con el que inició una leal amistad.

Pero Soane tuvo la mala suerte —que en un principio tomó erróneamente por buena— de pasar parte de su gira con Frederick Augustus Hervey, que luego sería obispo de Derry y que pronto se convertiría en el cuarto conde de Bristol. Este culturalmente instruido pero profundamente desagradable clérigo consideraba a Soane en parte un criado y en parte una mascota, y sólo de vez en cuando una reputada figura creativa. Cuando los dos hombres estaban explorando las ruinas de la Villa de Lúculo, situada al sur de Roma, Derry se dirigió a Soane y anunció que quería ver diseños para una «caseta de perro de estilo clásico, ya que tengo pensado construir una para los chuchos de mi hijo mayor». En lugar de tratar esta descabellada idea con la repulsa que merecía —pues no era probable que ningún arquitecto inglés que tuviera un sentido de su propio futuro quisiera gastar su tiempo construyendo casas para perros, ni siquiera para un noble obispo—, el pobre Soane, cuya vergüenza por sus orígenes humildes no le había preparado para tratar adecuadamente con la gente rica y con títulos nobiliarios, tomó al obispo en serio, se fue y preparó varios diseños para una perrera conforme al gusto de la antigua Roma, decorada con todo tipo de detalles perrunos que su febril imaginación pudo reunir. Para mortificación de Soane, esta nunca se construyó. Ni ninguna otra cosa de las que le propuso a Derry. Caprichosamente, el obispo le había medio prometido a Soane que le encargaría trabajos más serios en su sede, Downhill, en los que construiría para personas en lugar de para animales, cuando volvieran a Irlanda. Impulsivamente, Soane acortó casi un año su viaje por Italia, fue a Irlanda pagándose él mismo sus gastos y pasó un mes allí midiendo y haciendo bocetos. Pero aquello quedó en nada; Derry abandonó la idea con displicencia, y la amarga desilusión que esto le provocó a Soane torcería las relaciones que mantendría con sus clientes durante el resto de su vida.

Soane no fue la única persona a la que la conducta egocéntrica y brutal de Hervey amargó la vida. La propia esposa del conde obispo, Elizabeth Hervey, quedó reducida a lo que su marido cruelmente denominó una «majestuosa ruina» por el terrible genio de este. Ella se describió a sí misma, en una triste carta enviada a su hija en 1778, como «prácticamente un esqueleto, parecido a Voltaire... marchito como una manzana de invierno».

Pero, afortunadamente, en absoluto fue Hervey la única persona con la que Soane tuvo una importante relación en Roma, y otras le fueron útiles de un modo más serio. En gran medida, los gustos de Soane, y su forma de mostrarlos como coleccionista, los formó su relación con un clérigo romano, el cardenal Alessandro Albani (1692-1779). Albani era en gran medida un producto del privilegio. Había nacido en Urbino en 1692 y su tío, Giovanni Francesco Albani, fue nombrado papa (con el nombre de Clemente XI) en 1700. Para mortificación del joven, este tío suyo había atacado con tanta dureza el nepotismo generalizado en la corte papal que no pudo hacer mucho por sus propios parientes, incluido Alessandro. El joven prometía como lingüista, estudiante de los clásicos y jinete; este último talento le recomendaba (pues el nepotismo aún no había muerto del todo, siendo aquello Italia) para ser nombrado coronel de la Caballería papal. Su tío Clemente XI murió, el nepotismo se restableció y el nuevo papa Inocencio XIII otorgó a Alessandro el birrete rojo y los *fiocchi* de cardenal a la edad de veintinueve años. (Era posible ser nombrado cardenal sin ser sacerdote primero.) Su tarea simbólica en Roma era velar por los intereses de su comunidad alemana como «Protector del Sacro Imperio Romano». Pero su principal interés fue un tipo de arqueología especialmente voraz; incluso llegó a decirse que cuando se estaban abriendo las catacumbas y las piadosas monjas estaban cribando la tierra del interior de estas en busca de lo que podrían llamarse, aunque con optimismo, reliquias de uno de los primeros santos cristianos, Albani estaba justo detrás de ellas, agarrando cualquier camafeo, piedra grabada, moneda, anillo o chisme de la antigüedad que pudiera aparecer. Gracias a su posición en el Vaticano pudo satisfacer al máximo sus pasiones adquisitivas, y dedicarse a la compraventa sin freno. Cuando Soane y Albani se conocieron, al cardenal ya sólo le quedaba un año de vida, apenas podía caminar y estaba ciego como un topo; pero ahí se hallaba la enorme, ecléctica e implacablemente adquirida colección de Albani, rogando ser imitada. Competir con ella se convirtió en una de las pasiones fundamentales de la vida posterior de Soane, cuando él mismo se convirtió en un ávido coleccionista.

Además de financiar la teoría y la práctica del neoclasicismo —Anton Raphael Mengs pintó un enorme y frío *Parnaso* para la biblioteca de Su Eminencia, el cual se consideró, entonces y desde entonces, aunque no siempre con pura admiración, una de las obras fundamentales del neoclasicismo—, Albani fue un formidable coleccionista de antigüedades. Su villa palaciega en la Via Salaria era un museo lleno de broncos, mármoles, monedas y otros *tesori dell'arte antica* obtenidos de las excavaciones que se estaban llevando a cabo alrededor de Roma y, en particular, de la Villa de Adriano en Tívoli. Soane visitaba a Albani siempre que podía hacerse con una invitación, y como la hospitalidad de Albani con los extranjeros jóvenes fue amplia, hubo muchas de ellas.

Tener como modelo a Albani quizá no pareciese realista para el hijo de un albañil cuya carrera profesional sólo estaba empezando, pero en 1784 Soane ya se había casado, y con una mujer de familia rica. La novia fue la sobrina de un adinerado constructor y especulador inmobiliario inglés. Desde aquel momento, Soane nunca dejaría de estar en una posición desahogada. No sólo pudo permitirse el lujo de escoger los proyectos que más le interesasen, sino que también pudo hacerse su propio museo privado, como un cardenal Albani (aunque dotado de unos fondos menos generosos).

Es la maravillosamente diversa acumulación de fragmentos arquitectónicos, vaciados de escayola, jarrones griegos y etruscos, urnas cinerarias y otras antigüedades, grabados, pinturas de Hogarth, Turner, Füssli y muchísimos otros, dibujos arquitectónicos, maquetas en corcho y otros deleites, como el pesado sarcófago de alabastro del faraón egipcio Seti I, todos ellos adquiridos por Soane a lo largo de los años, lo que hace que una visita a su casa de Lincoln's Inn Fields se convierta en una aventura tan grande. Ningún otro museo del mundo transmite una sensación tan poderosa de estar atravesando las circunvoluciones del cerebro de otra persona. Es el polo opuesto de esas aburridas epopeyas del gusto estandarizado en las que se han convertido tantos museos, sobre todo en Norteamérica.

En cuanto a las perspectivas de futuro de la carrera profesional de Soane, el nuevo amigo más generoso que hizo en Roma fue Thomas Pitt, futuro lord Camelford y primo del futuro primer ministro de Inglaterra, el joven William Pitt. Con el apoyo y el estímulo de William Pitt, Soane, cuyo apellido ya llevaba la «e», fue nombrado inspector de obras (o arquitecto principal) del Banco de Inglaterra en 1788. Esto le puso, a sus treinta y cinco años, a cargo del tan necesario rediseño del edificio, uno de los más importantes de la ciudad.

Hay ciertas formas predilectas de Soane cuyos orígenes se pueden reconocer de inmediato en la versión de Piranesi de las ruinas de Roma. Una de estas es el arco segmental que parece elevarse desde ras de suelo, en lugar de estar sostenido en lo alto por columnas; una forma que es todo curva, sin ningún nacimiento. Es baja y da una impresión de peso primigenio. Tiene su origen en los arcos romanos reales que Soane había observado y dibujado, medio enterrados en la tierra. Es una forma extremadamente impactante, y Soane la usó como motivo principal en la rotonda del nuevo Banco: un círculo de ventanas, que proporcionaban la iluminación desde arriba que tanto apreciaba. Soane estaba tan prendado de este efecto que llegó a encargar al pintor Joseph Gandy (1771-1843), visionario ilustrador de temas arquitectónicos que a menudo hacía representaciones pictóricas para Soane, que creara una pintura de la rotonda del Banco (1832) como si este fuera una ruina.

Robert Adam (1728-1792) fue, junto con William Chambers y John Soane, el arquitecto británico más influyente de finales del siglo XVIII. Nacido en Fifeshire, hijo de un destacado arquitecto escocés, no era rico pero logró embarcarse en un medianamente *grand tour* por Europa, compartiendo gastos con su amigo Charles Hope, hermano pequeño de uno de los principales clientes de su padre, el conde de Hopetoun. Embarcando en 1754, viajaron juntos por París, el sur de Francia y el centro de Italia. Fue allí, en Florencia, donde Robert Adam conoció al hombre un poco mayor que él que resultaría ser tan decisivo para su carrera, un francés que, como Adam escribió, «tiene todos estos dones especiales tan necesarios para nosotros, los arquitectos». Este fue Charles-Louis Clérisseau (1721-1820). En el transcurso de su extremadamente larga vida, Clérisseau no levantó muchos edificios, aunque sí colaboró con el presidente estadounidense Thomas Jefferson en el edificio de la legislatura estatal de Virginia, basado en la *Maison Carrée* de Nîmes. Su fama se la ganó por sus dibujos: produjo un enorme volumen de aguadas y acuarelas de monumentos romanos de la antigüedad, del Renacimiento y del Barroco, tanto reales como imaginarios. Tenía, según escribió Adam,

> el mayor conocimiento de la arquitectura, de la perspectiva, del diseño y la coloración que jamás vi o del que tuve alguna noción; él elevó mis ideas y engendró la emulación y el fuego en mi pecho. Deseé sobre todas las cosas aprender su estilo, tenerlo conmigo en Roma.

El deseo le fue concedido. En Roma, Clérisseau se convirtió en el maestro y cicerone de Adam. Su otro guía fue Piranesi, con el que Adam se encontró, al que llegó a conocer y del que pensaba que era el único «italiano que respira el aire de la antigüedad». Adam no emuló la espectacular enormidad de las visiones de Piranesi de la antigua

Roma, pero su obra, incluso en sus momentos más delicadamente arti-
culados, nunca fue frágil ni afeminada, y en ocasiones tomó prestados
algunos detalles decorativos, como los de los grabados de repisas de
chimeneas realizados por Piranesi.

Tampoco se limitó sólo a hacer casas. Gran maestro del diseño, las
llenó de muebles (sillas, paramentos de chimenea, mesas, blasones,
pomos de puertas, candelabros, alfombras) y adornó sus paredes y nichos con diseños pintados «etruscos» y grotescos cuasipompeyanos
cuyo apareamiento imitaba los *grotteschi* que había visto en Roma.
Todo esto lo hizo con consumada precisión y con un toque ligero, por
no decir desenfadado. Aunque tuvo tanto éxito comercial que hubo de
emplear a un pequeño ejército de ayudantes y dibujantes para satisfacer la demanda, prácticamente no existe un solo diseño aburrido o re-
petitivo de Adam para nada. «Nos preciamos», comentó en la introducción a sus *Works* (1773-1778), «de haber podido captar, con cierto
grado de éxito, el hermoso espíritu de la antigüedad y transfundirlo,
con novedad y variedad, a todas nuestras numerosas obras». Naturalmente, esto es cierto para los más grandes edificios de Adam, como
Syon House, Osterley Park, Kenwood House y Kedleston; pero este
espíritu imbuye toda la obra de Adam, y hace que esta sea quizá la más
refinada y compleja respuesta arquitectónica a Roma que se construyó
en toda Inglaterra, y quizá en toda Europa, en el siglo XVIII.

En la época en la que la influencia de Roma sobre la arquitectura
extranjera estaba llegando a su cenit en el siglo XVIII, el ímpetu de la
construcción en la propia Roma ya había disminuido considerablemente. Ya no había ningún papa cortado por el patrón barroco de la ambición arquitectónica. De hecho, en todo el siglo XVIII sólo se asistió a la
creación de un plan que podía compararse con los enormes proyectos
que había habido en una Roma anterior bajo Sixto V, Julio II o Aleja-
dro VII. Este plan fue el de la escalera de tres tramos que conectó la
llanura aluvial del Tíber, que se hallaba más abajo, con el sistema de
calles trazado por Sixto V que se hallaba más arriba, ascendiendo desde
la plaza de España, con su fuente de la Barcaccia de Bernini, hasta la
triunfante y culminante cima que representaba la iglesia de la Trinità
dei Monti y el obelisco que la acompaña. Roma, siendo una ciudad de
colinas, también es una ciudad de escalones y rampas, pero las «Escaleras Españolas» son las más grandiosas y espectaculares de todas sus
escalinatas, siendo su único rival el tramo de escaleras que desciende
por la ladera del Campidoglio conectando la basílica de Santa María de
Aracoeli con la plaza de Venecia. Se construyó entre 1723 y 1728 con-

forme a los diseños de Francesco de Sanctis (hacia 1693-1731), el muy joven arquitecto de los Mínimos franceses que eran dueños de toda la ladera que descendía desde la iglesia, y esta fue la única obra de importancia que este construyó en Roma. El papa que la encargó fue Inocencio XIII. Surgió a raíz de un proyecto no realizado de Gian Lorenzo Bernini, que en la década de 1660 había estado pensando en la construcción de una rampa monumental que conectara la plaza de España, que se hallaba más abajo, con la iglesia, situada más arriba. Esta obra incluiría un monumento ecuestre dedicado a Luis XIV, que sería su eje. Debido a diversos motivos políticos, el proyecto no se llevó a cabo. La división de las escaleras en tres tramos principales y tres rellanos es una alusión a la Trinidad (Padre, Hijo y Espíritu Santo) que da nombre a la iglesia que se halla en su cumbre.

Las Escaleras Españolas son el único gran monumento rococó de Roma, y, en honor a la verdad, no se las debería llamar «españolas» en absoluto, sino «francesas». (Se les dio ese nombre por el edificio situado en el número 50 de la plaza, que era, y es, la embajada española ante la Santa Sede.) Los Mínimos franceses controlaban y proporcionaban los fondos con los que se construyeron, y De Sanctis había trabajado para ellos desde 1715. Sin embargo, esta obra maestra puso fin a la carrera del arquitecto. En 1728, una ingeniería defectuosa, combinada con unas imprevisiblemente torrenciales lluvias, hizo que la parte superior de las escaleras, conectada con el Viale del Pincio, se derrumbara; y aunque se hicieron reparaciones, y el desastre no fue culpa de De Sanctis, este no consiguió que le encargaran ningún proyecto más en la ciudad que había embellecido de forma tan inolvidable.

Hoy día, la mayoría de los visitantes de esta parte de Roma tienen escaso o ningún interés por la españolidad de las Escaleras Españolas. Estas, o más bien los edificios que las flanquean, tienen otros argumentos para reclamar nuestra atención. Dos de los mayores poetas ingleses del siglo XIX están relacionados con ellas. En una minúscula sala de museo con vistas situada en la Casina Rossa, como se llama (por su color) al edificio situado en el número 26 de la plaza de España, el poeta John Keats vivió durante un tiempo, y murió a los veinticinco años en la tarde del 25 de febrero de 1821; su máscara mortuoria, que muestra una dulce sonrisa, se conserva allí, junto con un mechón de su cabello y una máscara de carnaval que llevaba en Venecia su compañero poeta Noel, lord Byron. Los médicos ingleses habían enviado a Roma a Keats con la esperanza de que su estancia allí le curase su tuberculosis, pero no fue así. Fue enterrado en el cementerio protestante, no lejos de la Pirámide de Cayo Cestio, en una tumba que lleva una famosa inscripción: «Aquí yace un hombre cuyo nombre se escribió en agua». Su amigo Percy Bysshe Shelley yace cerca de allí, en el «Nuevo Cementerio» de no católicos, junto con August, el hijo único de Goethe (1789-1830), y el politólogo marxista Antonio Gramsci.

La avalancha de información sobre el arte de la antigüedad, de descubrimientos arqueológicos, de nuevas muestras, fragmentos y obras maestras completas que estaba surgiendo cada mes de ese pudin que era Italia tenía que producir sus intérpretes. El más destacado de estos, el hombre que revolucionó la arqueología creando un marco en el que las antigüedades podían ser clasificadas según su estilo y época de origen, fue el alemán Johann Joachim Winckelmann (1717-1768).

En la medida en la que Winckelmann se lea siquiera hoy día, quienes lo hacen son eruditos de la disciplina de la historia del arte, no eruditos de arte. La influencia y el prestigio casi papales que adquirieron sus escritos en el siglo XVIII y a comienzos del XIX se han desvanecido, pero su posición como uno de los «padres de la historia del arte» está asegurada y es de suponer que lo estará siempre. «Debe considerarse a Winckelmann como uno de aquellos que desarrollaron un nuevo órgano», escribió el filósofo Georg Hegel, «y abrieron nuevas perspectivas en el mundo del arte». Goethe le consideraba poco menos que un héroe moral. «Mientras que las personalidades de muchos hombres, sobre todo las de los eruditos, tienden a desaparecer cuando examinamos sus logros, en el caso de Winckelmann sucede lo contrario: todo lo que produce es fabuloso y extraordinario porque revela su personalidad.» Para ver esa personalidad en acción, en todo su ferviente entusiasmo por el ideal griego, se debería consultar su célebre ditirambo sobre la estatua de mármol conocida como el Apolo de Belvedere, «la más sublime de todas las estatuas de la antigüedad»:

> Una eterna primavera, como la que reinaba en los benditos Campos Elíseos, envuelve de una deliciosa juventud la atractiva virilidad de la plena madurez, y juega en torno a la majestuosa estructura de sus miembros con delicada ternura. Adéntrate con tu espíritu en el reino de las bellezas incorpóreas, y trata de convertirte en un creador de una naturaleza celestial, llenar tu espíritu de una belleza que se eleva por encima de la naturaleza: pues no hay nada mortal aquí, nada que el apetito humano requiera. Ninguna vena, ningún tendón, dan calor y movimiento a su cuerpo... Su delicado cabello juega en torno a la divina cabeza, como los delgados y ondeantes zarcillos de una noble vid, agitado, por así decirlo, por una suave brisa; parece estar ungido por el aceite de los dioses... mi

pecho parece dilatarse y henchirse, lleno de veneración... ¿Cómo poder describirlo?

Esto, en la actualidad, suena un poco ridículo. Uno duda de la veracidad de semejantes éxtasis. Quizá no fuera del todo posible, pero muchos de los que visitaban el Belvedere del Vaticano, donde se hallaba el Apolo (encerrado en una especie de garita de centinela hecha de madera para protegerlo de miradas no autorizadas), lo intentaban con todo su empeño. Ver el Apolo se consideraba un privilegio y un punto culminante de la visita de uno a Roma, y Winckelmann, en su posición como bibliotecario del cardenal Albani (cuya ceguera casi total no había impedido su nombramiento como director de la Biblioteca Vaticana), era quien hacía de guardián en este tipo de ocasiones. Cuando el pintor Benjamin West fue a Roma, los entendidos de la ciudad estaban muertos de curiosidad acerca de cuál sería la reacción del norteamericano ante el Apolo. No pocos de ellos suponían que, al ser americano, sería alguna especie de Noble Salvaje con plumas y todo, y se sorprendieron educadamente al ver ante ellos a un joven cuáquero de Filadelfia. Treinta carruajes les habían seguido a él y a Winckelmann hasta el Vaticano. La deidad de mármol quedó revelada; West exclamó: «¡Dios mío, un joven guerrero mohawk!». Winckelmann quedó entusiasmado; esto sólo podía confirmar su argumento de que que los maestros griegos habían creado arquetipos de la humanidad, verdaderos en todas las culturas.

Winckelmann era hijo de un zapatero remendón de la ciudad provinciana de Stendal y, a fuerza de una intensa aplicación, había estudiado griego, latín y teología en las universidades de Halle y Jena. Enseñó los clásicos y se hizo bibliotecario. En 1754 ya trabajaba como bibliotecario para la corte de Augusto III, el elector de Sajonia, y empezó —aunque entonces había visto aún muy poco arte clásico, aparte de algunos grabados— a desarrollar sus teorías sobre los méritos respectivos del arte griego, que él consideraba el máximo logro estético de la humanidad, y del arte romano, al que prácticamente desechaba como una imitación corrupta, indigna de sus prototipos griegos. Su trabajo como bibliotecario en Dresde le puso en contacto con el hombre que cambió su vida, el nuncio papal ante la corte de Sajonia, el conde Alberigo Archinto. Dio la casualidad de que Archinto, mortalmente aburrido por lo que él consideraba su «exilio babilónico», tenía un amigo en la corte —en la corte papal, allá en Roma—. Se trataba del cardenal Passionei, erudito y *Secretarius Brevium*, que estaba a cargo de la promulgación de todos los informes papales y que (por una feliz coincidencia) estaba buscando a un bibliotecario que pudiera poner en orden su colección de 300.000 volúmenes. Archinto le recomendó a Winckelmann. Passionei respondió favorablemente, y le ofreció al joven esteta alemán una habitación en su propio palacio en el Vaticano. Winckelmann comprendió que una oferta así no se haría dos veces. Todo le estaba atrayendo y empujando hacia Roma, el centro del arte mundial.

Por conveniencia y para mostrar su sinceridad, Winckelmann se convirtió a la fe católica romana, una iniciativa que horrorizó a sus colegas luteranos pero que le abrió un campo mucho más amplio —de contactos clericales, de colecciones, de accesos de todo tipo— que el que podría haber tenido jamás como un simple neófito protestante, un ingenuo hereje en la Ciudad Eterna. El luteranismo no iba a hacer nada por un hombre cuya obsesión giraba en torno a la antigüedad. Roma y su clero lo podían hacer todo. Winckelmann no tenía ningún vínculo familiar que pudiera impedir su conversión al catolicismo. Su querida madre llevaba mucho tiempo muerta; su padre, en 1750, había sucumbido a la epilepsia. Winckelmann también sabía muy bien que esa inmersión en la antigüedad, que sería mucho más profunda que cualquier cosa que pudiera reunir a duras penas mirando grabados en libros y que, sin un contacto de primera mano con Roma, él nunca obtendría reconocimiento como *Aufklärer*, como un erudito sabio e ilustrado. Expatriación u oscuridad, ir o morir: no había ninguna otra opción, iría a Roma. Pero antes de ir, escribiría.

Su primera tentativa como crítico de arte se basó en unos cimientos tambaleantes. Publicada en 1755, el año en el que partió hacia Roma, *Gedanken über die Nachahmung der Grieschischen Werke in der Malerei und Bildhauerkunst* («Reflexiones sobre la imitación de las obras griegas en la pintura y la escultura») fue su intento de consagrar el arte griego de la antigüedad en el más elevado y puro pináculo del gusto. En retrospectiva, la obra se resiente del hecho de que en esa época Winckelmann no sabía de lo que estaba hablando, literalmente. Apenas había visto arte griego; sólo había leído sobre él y había visto algunos grabados. Pero lo mismo se podía decir de sus lectores, y ello apenas importó; el ensayo fue un éxito inmediato. En concreto, una frase de la obra se convirtió en una expresión clásica para emplearla en presencia de lo Ideal, en un lema del neoclasicismo: lo característico de la alta escultura griega era «*Eine edle Einfalt, eine stille Grösse*», «Una noble sencillez, una grandeza serena». Este ensayo posteriormente se convirtió en la base de su obra más influyente y elaborada, su *Geschichte der Kunst des Alterthums* («Historia del arte antiguo»), publicada en 1764.

Principalmente, Winckelmann fue el responsable de implantar la creencia moderna de que el arte clásico posterior, tanto el griego como el romano, fue una versión degenerada de la tradición helénica anterior, que era la «pura». La admiración que sentía por la Hélade no tenía límites. «No es probable que nuestra raza produzca un cuerpo tan perfecto como el "Antinous Admirandus", ni pueden concebir nuestras ideas nada que supere las sobrehumanas y armoniosas proporciones de un dios tal como estas han tomado forma en el "Apolo de Belvedere". He aquí la consumación de lo mejor que la naturaleza, el arte y la mente humana pueden producir. Creo que imitando a los griegos podemos aprender a alcanzar la sabiduría más deprisa... Ellos nos han marcado los límites máximos de la belleza humana y divina.» Winckelmann creía que esto era así en parte porque los griegos habían alcanzado una especie de trascendencia genética, expresada en el «gran cuidado» que ponían en «tener una hermosa descendencia». Trataban de evitar cualquier deformación de sus cuerpos; Alcibíades «se negó a tocar la flauta en su juventud porque ello podía deformarle el rostro, y los jóvenes atenienses siguieron su ejemplo».

En el auténtico y ejemplar arte de la antigüedad griega, Winckelmann veía la refutación de gran parte de su propia época y de las expresiones culturales de esta. Los artistas modernos se habían apartado del buen camino, y el Barroco llenaba de aversión a Winckelmann. Entre sus contemporáneos, «sobre todo los famosos» (refiriéndose a la escuela de Bernini), la admiración se reservaba para «poses y acciones exageradas, acompañadas por un insolente "brío" que ellos consideraban vigor... Su concepto favorito es el *contrapposto*, que para ellos es la esencia de todo lo que constituye la perfección artística. Quieren que sus figuras tengan almas tan excéntricas como los cometas». Dado que el *contrapposto* —la representación de una figura que está de pie, apoyando su peso principal sobre una pierna— fue un recurso absolutamente fundamental del arte griego clásico posterior al arcaico, uno muy bien puede preguntarse qué es lo que Winckelmann creía que estaba atacando.

No obstante, la verdad es que fue Winckelmann quien inventó la idea del desarrollo estilístico dentro de la antigüedad, una historia maestra de auge y decadencia. También fue el primer escritor que creó un relato sexual dentro de su materia. Winckelmann era homosexual:

cuando su amigo Casanova le interrumpió en medio de un forcejeo cuerpo a cuerpo con un criado una tarde romana, él explicó de forma poco convincente que había emprendido esa aventura sexual en aras de la investigación, ya que quería saber qué era aquello que a los antiguos griegos les había gustado tanto. Pero sus descripciones del cuerpo griego ideal, llenas de anhelo y de deleite, obviamente proceden de fuentes más profundas: y sus descripciones del canon, en las que (por ejemplo) el testículo izquierdo siempre es más grande que el derecho, están impregnadas de deseo.

Desgraciadamente, sus pasiones sexuales no sólo fueron un acicate para sus interpretaciones artísticas, sino que también le llevaron a la muerte. En la primavera de 1768, después de una reunión con la emperatriz María Teresa en Viena, pasaba por Trieste en su camino de regreso a Roma cuando le llamó la atención un joven granuja con la piel picada de viruela que se hallaba en los muelles y respondía al nombre de Francesco Arcangeli. Winckelmann cometió el clásico error de jactarse ante Arcangeli de los amigos de elevada posición que tenía en Roma, y de mostrarle unas valiosas medallas que le había dado la emperatriz. Los dos estaban en la habitación de Winckelmann, el número 10 de la cómoda posada de la Locanda Grande, cuando Arcangeli de repente atacó a Winckelmann, intentó estrangularlo con un cordón y después le apuñaló repetidas veces.

Pocos encuentros sexuales entre extranjeros y autóctonos en Roma tenían unas consecuencias tan drásticas, pero poca necesidad hay de hacer hincapié en el hecho de que la prostitución era uno de los aspectos más comunes y visiblemente eternos de la Ciudad Eterna. Para el visitante, la propia atmósfera de la ciudad estaba empapada de sexo, que se ofrecía, se compraba, se pagaba y se consumaba. Si uno era un hombre y conseguía hacer un viaje a Roma sin echar un polvo, esto sólo podía ser porque no le gustaba el sexo. La frecuencia con la que los turistas satisfacían sus bajas pasiones es sin duda difícil de calcular, pues esta no se suele describir en las cartas que se mandan a casa —el sexo con desconocidos italianos, ya fueran estos de posición social elevada o baja, no era lo primero que se le solía contar a la familia— y a menudo los descendientes de los viajeros censuraban y alteraban los diarios de estos últimos. Pero la disponibilidad de las mujeres italianas —no sólo de profesionales, sino también de casadas más o menos respetables— era un hecho muy conocido entre los viajeros ingleses. «Si Italia no echa a perder su castidad y Alemania su sobriedad, estimo que conservará el carácter con el que parte, como joven honrado y digno», escribió George Oxenden sobre su hijo Henry (1721-1803). Pocos de aquellos que hacían el *Grand Tour* podían no ser conscientes del grave castigo que podía acarrear el vicio, la muerte por enfermedad venérea, o de los dolorosos y normalmente ineficaces tratamientos que la medicina del siglo XVIII reservaba para la sífilis. Entre otros, Charles Howard, vizconde Morpeth, sucumbió a ella en Roma en 1741 con poco más de veinte años, lo que hizo necesario que se llevara a cabo una elección especial para cubrir su vacante en Yorkshire.

Los peligros del vicio habían sido una característica muy conocida de Roma desde la antigüedad, cuando a las prostitutas se las llamaba *lupe* o lobas, quizá en homenaje a la *lupa* original que había amamantado a Rómulo y Remo, y a los burdeles —que tenían una presencia especialmente densa en la zona de la ciudad que se conocía como Suburra— se les llamaba «lupanares». Debemos uno de nuestros términos sexuales más habituales al humilde entorno en el que ejercían su oficio tantas muchachas de la calle: estas ofrecían sexo en el exterior, en los arcos o *fornices* de la ciudad; de ahí la palabra «fornicación».

Había miles de peldaños intermedios entre este encelamiento común y las mucho más costosas citas que ofrecían las señoras de calidad; entre el trabajo común de las putas (*puttane*, de donde viene el nombre de la deliciosa *pasta alla puttanesca*, un sencillo plato para cuya confección se empleaban aceitunas, anchoas y cebollas y que ellas preparaban fácilmente entre un cliente y otro) y el de las *meretrici* o, en lo más alto, de las *cortegiane*, las cortesanas que podían esperar ser acompañadas en salidas, en ocasiones solemnes; incluso podían recibir un lugar a la mesa, y gozaban de auténtico poder social y político. Este tipo de mujeres contaban con nobles, prelados e incluso cardenales entre sus clientes. La magnitud de sus ingresos se reconocía en la imposición de unos realistas y elevados tributos, que a veces se hacían necesarios para el equilibrio de las rentas del Estado romano. Algunas incluso financiaban sus propias iglesias. Se les reservaba zonas de la ciudad, no sólo en vida, sino también cuando morían; había un lugar predilecto para el entierro de prostitutas comunes, en tierra no consagrada, junto al muro que se conocía como Muro Torto, en la antigua entrada a la Villa Borghese. Esta costumbre cayó en desuso, quizá porque el cementerio de prostitutas se quedó sin espacio.

En septiembre de 1870 se hizo un intento de sistematizar la industria del sexo en Roma mediante la introducción de *casini* o «casas cerradas» —llamadas así porque sus persianas y contraventanas se mantenían cerradas por ley— en una muy limitada cantidad de lugares. En el año 1930 ya había diecinueve de estos burdeles, extremadamente ordenados y supervisados por el Estado, con normas estrictas: el cliente tenía que poder demostrar su edad (siendo la mínima prescrita de dieciocho años, tres meses y un día), y sólo podía gozar de los servicios de las trabajadoras sexuales entre las 10 de la mañana y la medianoche, sin quedarse jamás a pasar la noche allí. Naturalmente, el negocio real que se llevaba a cabo en estos lugares sólo era una mínima parte de toda la industria de la prostitución que había en Roma, pero por alguna parte había que empezar.

Cualquier gran sociedad, como la de Roma, casi en cualquier época, va a tener sus diosas del sexo, que no son, en realidad, prostitutas: mujeres afamadas por su belleza y atractivo, que son conocidas por todos pero que no están en absoluto en el oficio. Naturalmente, Roma tenía varias, y la más famosa de ellas está conmemorada en una estatua. Su efigie de mármol se halla recostada en su propia cámara en la Villa Borghese, alzándose como una reina sobre todas las demás mujeres del edificio (excepto la de Bernini). Se trata del retrato en mármol de cuerpo entero, semidesnudo y recostado, realizado por Antonio Canova, de María Paulina Bonaparte (1780-1825), la hermana de Napoleón que, célebre por su belleza, se había casado con el príncipe Camilo Borghese. Es una de las imágenes absolutamente icónicas de la mujer en el arte occidental, tan justamente célebre, a su manera, como la *Mona Lisa*, y no carece de un misterio de expresión análogo al de esta, que se insinúa en su título: *Venere Vincitrice*, «Venus Victoriosa». Es una obra maestra del final de una tradición que se extiende desde los anteriores desnudos recostados de Tiziano y Giorgione hasta el ligeramente posterior retrato de Madame Récamier pintado por Jacques-Louis David.

Hoy día no puede ponerse en duda el hecho de que Antonio Canova fue el último del linaje de los grandes y generalmente admirados escultores italianos —el sucesor, en cuanto a fama y reputación, de Gian Lorenzo Bernini en el siglo XVII—, sin rivales durante su vida ni sucesores después de su muerte. Su mera presencia en Roma, y la relación de su arte con los prototipos romanos, parecía confirmar que la ciudad había conservado intacta su vitalidad como uno de los centros culturales del mundo. Su éxito como artista profesional tuvo una magnitud casi berniniana, aunque, a diferencia de Bernini, sus ambiciones arquitectónicas fueron modestas, pues no construyó nada en Roma, y únicamente un edificio de importancia fuera de ella; pero las obras no dejaron de salir de su estudio, y los encargos no dejaron de llegar a él.

Ningún artista italiano desde Bernini tuvo las relaciones de las que gozó Canova con la élite de su tiempo: con los papas a los que sirvió, pintó y conmemoró (Clemente XIII, Clemente XIV, Pío VII); con banqueros y políticos; con princesas y otras mujeres poderosas; con todo tipo de extranjeros.

Canova nunca se casó y no tuvo hijos. Quizá fuera homosexual, pero no tenemos ninguna verdadera prueba de ello: sólo la célebre, aunque bastante ambigua, historia sobre Paulina Bonaparte, quien, cuando le preguntaron si no había sentido nunca alguna *frisson* o nerviosismo al estar desnuda en el estudio con el maestro durante tantas horas y días, contestó que «con Canova nunca había ningún peligro». Es más probable que fuera uno de esos artistas cuya libido entera está subsumida en su creatividad, sin dejar lugar a la distracción de la expresión sexual. Esto no le hizo ser un hombre introvertido, ni egoísta en ningún sentido. Más bien al contrario: tenía fama de ser generoso, una fama grande y absolutamente merecida. Trabajador incansable en el estudio, también gastó grandes cantidades de sus propios ingresos apoyando a otros artistas italianos de menor éxito, entre ellos estudiantes, y en el loable proyecto de conservar el arte italiano en Italia, defendiéndolo frente a la implacable succión del capital extranjero.

Constantemente visitaba emplazamientos arqueológicos (Nápoles, Paestum, Pompeya, Pozzuoli), adquiría antigüedades romanas para los museos del Vaticano y hacía todo lo que estaba en su mano para poner freno a la exportación de obras de arte. En esta difícil y desviadora labor le ayudó el hecho de que Pío VII le nombrase *Ispettore Generale* de antigüedades y bellas artes para los Estados Pontificios, lo que le otorgó el poder de impedir la venta al extranjero de obras de arte importantes. En 1815, después de la caída de Napoleón, fue Canova quien se desplazó a París para hacer regresar las obras de arte importantes que el francés había secuestrado de Italia y de los Estados Pontificios durante las guerras napoleónicas, una parte fundamental del patrimonio cultural de Italia, que incluía el Apolo de Belvedere y el Laoconte.

Canova nunca había estado en Grecia, pero eso no implicaba que fuera un ignorante en materia de escultura griega clásica. Algo de ella podía verse en Italia, y aunque sólo una pequeña parte de esta se hallaba en Venecia en la época en la que él era un joven artista, dibujó ávidamente e imitó con entusiasmo los vaciados de escayola de las esculturas griegas de la antigüedad que un coleccionista veneciano que quería dar a los artistas jóvenes de su ciudad una idea de la calidad, Filippo Farsetti, había reunido allí, en el Palazzo Farsetti. La fama de

Canova de ser *la* autoridad en materia de escultura antigua fue tal que
el gobierno inglés le trajo a Londres para certificar que los mármoles
de Elgin procedentes del Partenón eran obra de Fidias. Los críticos que
estaban en contra de la compra de estos (a menudo debido a la ponzo-
ñosa aversión que sentían hacia lord Elgin, disfrazada como un deseo
de economizar) querían desecharlas como vulgares copias romanas de
la época de Adriano, que ni tan siquiera eran griegas, y mucho menos
obra de Fidias. La opinión de Canova, como el más grande escultor
vivo, se consideró, con razón, decisiva: para él los mármoles eran auténticos, «estupendos e inolvidables», y dijo que cualquier intento de
restaurarlos, de tocarlos siquiera con un cincel o una escofina, sería un
«sacrilegio».

Canova estuvo inmensamente en boga entre los *milordi* ingleses,
en particular. Aunque nadie podía confundir una de sus esculturas con
un mármol de la antigüedad como aquellos que a veces citaba indirectamente, los entendidos y coleccionistas ingleses le consideraban dotado de la autoridad de la mejor antigüedad grecorromana. El rey de la
dinastía Hanover Jorge IV compró su obra, y como príncipe regente le
obsequió con una caja de rapé con incrustaciones de diamantes que
llevaba su retrato real en miniatura. Canova no tomaba rapé. Le insta-
ron a que probara una pizca, y al abrir la caja el escultor encontró en el
interior un billete de quinientas libras. Y a comienzos del siglo XIX,
una libra era una libra: muchísimo.

Canova diseñó un cenotafio para los Estuardo en la basílica de San
Pedro que Stendhal, nada menos, consideraba la piedra de toque de la
apreciación escultórica de uno: si esta le dejaba frío a uno, uno no tenía
ninguna sensibilidad para el arte. Casi todo escritor inglés o europeo de
importancia quedó profundamente afectado, a veces incluso sobrecogido, por su obra. «¡Demonios!», exclamó el poeta William Wordsworth
la primera vez que vio a los amantes entrelazados de Canova, *Cupido y
Psique*. Pero el sentimiento abrumador que esta inducía era de nostalgia; una especie de anhelo de una imaginaria Edad de Oro de la antigüedad, cuando las emociones, ya fueran de valor patriótico, de piedad
o de amor juvenil, eran puras e inmaculadas. Una lista parcial de los
escritores ingleses célebres a los que Canova conmovió hasta la médu-
la incluiría a Keats, a Coleridge, a Thomas Moore, a los Browning y,
naturalmente, a Byron. «Italia aún tiene grandes nombres», escribió
Byron en el prólogo al «Canto IV» de *Las Peregrinaciones de Childe
Harold* (1818), «Canova, Monti, Ugo Foscolo... asegurarán a la actual
generación un lugar de honor... y en algunos casos, el más elevado:

Europa —el Mundo— no tiene sino un único Canova». Si añadiéramos a los franceses, los alemanes, los rusos y, por supuesto, los italianos, la lista sería aún más larga y más ilustre. No es de extrañar que coleccionistas de toda Europa, desde los Devonshire de Chatsworth en Inglaterra hasta la realeza rusa de San Petersburgo, compitieran por poseer su obra y rivalizasen por pagar los precios más altos por ella.

Fue incansable y exuberantemente inventivo, creando novísimas convenciones para problemas que se replanteaban tan constantemente como el diseño de tumbas. Como escultor funerario e intérprete de mitos en piedra, nadie de su época pudo aproximarse a él. Fue, por ejemplo, el primer artista de la época moderna que encontró algo nuevo en una de las formas conmemorativas más antiguas: la pirámide egipcia, ese símbolo de dolor, permanencia y trascendencia. La mejor de las tumbas piramidales de Canova (1798-1805) se halla en la iglesia de los Agustinos de Viena, y contiene las cenizas de María Cristina de Austria. En las tumbas del pasado, las figuras se habían incluido en la estructura o integrado en ella. Canova tuvo la sencilla pero brillante idea de separarlas, de forma que se desplazan, por así decirlo, desde nuestro espacio hacia el dominio de la muerte; forman una procesión de jóvenes y ancianos dolientes que se dirigen hacia la oscura puerta que contiene el cadáver invisible y que deglute a los vivos visibles. Canova estaba pensando en las pirámides de Egipto, pero más incluso en la Pirámide Cestia, que tan a menudo había visto en Roma.

Ningún artista posterior, con la única y espectacular (aunque muy distinta) excepción de Auguste Rodin en Francia, alcanzó el grado de fama e influencia que tuvo Canova en vida. Fue, y sigue siendo, el único escultor de toda la historia al que se erigió un monumento mientras aún estaba vivo.

Tras su muerte en 1822, todo esto se vino abajo. La reacción contra él empezó en Inglaterra, con John Ruskin, que despotricó contra Canova diciendo que la demanda de su obra —que era fría, excesivamente idealizada y aburrida— sólo venía a demostrar la decadencia de las clases altas. En el siglo XX, el buen gusto ya había llegado a descuidarlo o incluso despreciarlo por completo, y las alabanzas con las que antes se le había colmado parecían pura rimbombancia, producto de alguna especie de falsa ilusión colectiva contra la que el modernismo, afortunadamente, nos había inoculado a la mayoría, logrando que sólo les quedara, a él y a los que eran como él, la admiración de los reaccionarios. Nadie parecía defenderle, ni siquiera en su país natal, cuyo héroe cultural sin par había sido antaño. Su crítico de arte más poderoso,

Roberto Longhi, arremetió contra «las fúnebres meteduras de pata de Antonio Canova, el escultor que nació muerto y cuyo corazón está enterrado en la iglesia de los Frari, cuya mano está en la Accademia y el resto de él está enterrado no sé dónde». Todos nosotros, los críticos, cometemos errores, pero este fue extremo; se puede o no compartir el idealismo de Canova sobre el cuerpo —fue quizá el último gran escultor que compartió implícitamente la creencia de Spenser de que «el alma es la forma, y conforma el cuerpo»—, pero no hay ni una sola «fúnebre metedura de pata» en ninguna parte de su amplia y enormemente refinada producción.

Si alguna vez hubo un artista que apareció en el momento preciso en el que su sociedad más lo necesitaba, ese fue Antonio Canova. Fue el último de un linaje de genios que redefinieron el arte desde finales del siglo XIV, pasando por Andrea Pisano en la Baja Edad Media y Donatello en el *quattrocento*, Miguel Ángel en el Alto Renacimiento y Bernini después de ellos. Pero después de Canova ya no habría ninguna otra figura como estas.

Inevitablemente, las opiniones que uno tiene sobre la singularidad de Canova se ven reforzadas por su aislamiento dentro de su momento en la historia de la cultura italiana; exceptuándole a él, esa historia, a comienzos del siglo XIX, estaba de capa caída; más caída que nunca antes, aunque no tan envilecida como lo estaría a comienzos del XXI. Su duradera primacía cultural, sobre todo en las artes plásticas (pintura, escultura, arquitectura), era algo del pasado. No había ningún escritor italiano que se pudiera comparar, siquiera fugazmente, con Dante; Alessandro Manzoni, futuro autor de *I Promessi Sposi (Los novios)*, no había aparecido todavía, y tampoco había surgido el genio romántico de Giuseppe Verdi para dar vitalidad a la música italiana. La situación de las artes en Italia era un reflejo, en líneas generales, de sus miserias políticas: se hallaba prácticamente despojada de cualquier autoridad, con casi todo su poder en manos de extranjeros, siendo Napoleón el más visible de todos ellos.

En 1800, la época de apogeo del *Grand Tour* ya estaba completamente acabada. Las guerras de la Revolución francesa estallaron en 1792 y tuvieron repercusiones inmediatas en los viajes por el continente, sobre todo para los ingleses. La amenaza de acciones navales francesas contra Roma y Nápoles se tomó muy en serio. Gran Bretaña entró en el conflicto en 1793; ningún inglés podía proyectar ya un viaje por Francia, y aunque quizá habría sido posible planear un viaje a Italia por la ruta marítima —a través del golfo de Vizcaya y el estrecho de

Gibraltar—, el miedo a que los franceses pudieran hacerse con el control total del Mediterráneo, y pudiesen así impedir los transportes marítimos británicos en cualquier dirección, era un poderoso elemento disuasor del viaje civil a Italia por mar.

El espectáculo del Terror empeoró aún más las cosas. ¿Quién, por motivos culturales, iba a correr el riesgo de dejarse la cabeza en una cesta al pie de la guillotina? A los nobles e ilustres contactos que tenían en el continente aquellos que hacían el *Grand Tour*, los estaban matando u obligando a huir. Los diplomáticos británicos estaban siendo retirados. La banca estaba en sumida en el caos. El acceso a los monasterios, los conventos y las academias italianos estaba cerrado. El mercado del arte se hundió debido a las confiscaciones a gran escala; la gran colección de antigüedades de lord Derry, por ejemplo, que se había dejado imprudentemente almacenada en Roma, fue aprehendida sin más por los franceses como botín suyo; las antigüedades que se podían transportar, como el Laoconte y el Apolo de Belvedere, se llevaron a París (de donde Canova las recuperaría a su debido tiempo); más difícil resultó hacerse con las que eran inamovibles, como los murales. Los franceses ocuparon Roma en 1798 y fundaron la República Romana; el papa Pío VI se exilió (a Francia) en 1799. Todo el mundo cultural de Europa, en suma, se hallaba en un momento de agitación y conmoción.

Capítulo 10

EL SIGLO XIX: ORTODOXIA FRENTE A MODERNISMO

Napoleón desencadenó un profundo cambio en Italia cuando invadió el norte en 1796. Las ideas napoleónicas nunca encontraron seguidores entre el campesinado analfabeto que constituía la mayor parte de la población italiana, el cual, naturalmente, no tenía voz ni voto sobre la cuestión de cómo era gobernado. Pero Bonaparte podía desafiar la autoridad de la realeza y el papado sin parecer un intruso extranjero, ya que, al nivel más básico, tenía sangre italiana; o podía pretender tenerla de forma verosímil, pues su Córcega natal había sido territorio italiano justo hasta el momento en el que Génova la había vendido a Francia, menos de tres décadas antes, en 1768.

En esa época, Roma no se habría podido calificar de capital «política» de Italia en ningún sentido, salvo en el de que el papado tenía allí su sede. La política italiana no tenía capital. Todo el país se hallaba paralizado por lo que en él se llamaba *campanilismo*, la desconcertante profusión de municipalidades, centros locales de poder. Un viajero que descendiera el río Po tenía que cruzar no menos de 22 barreras aduaneras, sometiéndose a registros y al pago de impuestos en cada parada. No existía una moneda común: en Piamonte se pagaba con liras, en Nápoles con *ducati*, en los Estados Pontificios con *scudi*, en Sicilia con *oncie*. Los tipos de cambio fluctuaban, a menudo al antojo de quienquiera que se estuviera ocupando de las barreras aduaneras. El mero hecho de decir *«sono italiano»* era una invitación a la risa o, más probablemente, a la incomprensión. Uno era romano, napolitano, siciliano; no italiano. Pero los florentinos despreciaban a los venecianos, que aborrecían a los napolitanos, que sentían que no tenían nada en común con los abruzos, que miraban por encima del hombro a los sicilianos, que se sentían ofendidos ante cualquier imputación acerca de que pudieran ser de la península situada al otro lado del estrecho de Mesina.

La consecuencia de ello fue que, aunque la muy pequeña minoría de intelectuales y *literati* italianos eran capaces de sentir varios vínculos culturales comunes —como el hecho de compartir la patria de Dante o Miguel Ángel—, la posibilidad de que los analfabetos o los culturalmente indiferentes que constituían la mayor parte de la población los sintieran era mucho menor. Además, ello dio gran importancia a los dialectos locales, que eran enormemente variados y cuyas diferencias prácticamente garantizaban la desunión cultural. De modo que es comprensible que el Código Napoleónico, el sistema legal uniforme que el conquistador trató de imponer en Italia, aunque resultase atractivo a algunos italianos cultos que anhelaban un gobierno bueno y responsable, fuera recibido con desdén por las masas, que no creían que tal gobierno pudiera existir. Y, además, estas se habían acostumbrado ya a la miscelánea de leyes deficientemente formuladas que definían sus vidas civiles, e incluso habían llegado a convertirse en protectoras de ellas.

No obstante, Napoleón siguió adelante con sus planes. Al hacerse cargo de una Italia conquistada, procedió a deponer a todos los reyes de esta, salvo a los de Cerdeña y Sicilia, cuyos reinos, protegidos por la Armada británica, pudieron conservar su independencia. Estaba decidido a anular los poderes de los grandes terratenientes y de la Iglesia católica, que, actuando conjuntamente, eran quienes oponían mayor resistencia a su dominio. Para el impotente horror de los conservadores italianos, desalojó de Roma al papa y asumió el poder temporal de la Iglesia, disolviendo los Estados Pontificios como entidad política. De un plumazo redujo el número de estados italianos a tres: Piamonte, Nápoles y su propio territorio conquistado, que incluía los antiguos Estados Pontificios y al cual dio el nuevo nombre de República Cisalpina. Poco a poco, las ideas revolucionarias francesas empezaron a calar en Italia.

Pero estas apenas tuvieron tiempo para fijarse allí. Napoleón fue derrotado en Waterloo en 1815, y con su caída el Congreso de Viena inmediatamente comenzó a reasignar los estados de Italia a sus antiguos gobernantes. Los monarcas Borbones reclamaron Nápoles y Sicilia (el llamado reino de las Dos Sicilias). Austria recuperó su antigua posesión de Lombardía, y también recibió Venecia. El gran duque Fernando III, hermano del emperador austríaco, fue reinstaurado en su dominio sobre la Toscana. Y, lo más importante de todo, los Estados centrales de Italia volvieron a manos del papado. Entretanto, ese formidable exponente de las tácticas contrarrevolucionarias que fue el príncipe Metternich de Austria, que tenía unos 70.000 hombres dentro del «cuadrilátero» de la Lombardía central, estableció una alianza militar con Nápoles, alianza cuyo objetivo era mantener indefinidamente el «derecho» de Austria a interferir en Italia. Para él, el propio término «Italia» no significaba nada; era, como memorablemente dijo, una mera «expresión geográfica».

Por consiguiente, Italia quedó, en todo caso, aún más desunida que antes de la invasión de Napoleón. Era una situación que lamentaron amargamente sus escritores e intelectuales, entre ellos el poeta Leopardi (1798-1837):

> Veo, ¡oh patria!, los muros y los arcos,
> las columnas, los simulacros y las yermas
> torres de nuestros antepasados;
> mas no veo la gloria,
> ni el hierro ni el laurel que antes ceñían
> a nuestros viejos padres. [...]
> ¿Quién la redujo a tal? Peor es esto
> que cadenas le opriman ambos brazos. [...]
> Llora; razón hay para ello, Italia mía.

A comienzos del siglo XIX, Roma ya estaba plagada de artistas extranjeros; pese a la invasión de Napoleón, la ciudad había vuelto a ser considerada, una vez más, la escuela del mundo. Varios de estos expatriados competían con los italianos autóctonos no sólo en cuanto a reputación, sino también en cuanto a la demanda que había de su obra: si uno no se podía hacer con una estatua de Canova, por ejemplo, una muy buena escultura neoclásica relizada por el escultor danés Bertel Thorvaldsen (1770-1844) era un sustituto aceptable y podía conseguirse perfectamente.

Thorvaldsen, que pasó la mayor parte de su vida activa en Roma, fue allí por primera vez con una beca en 1797, tras ingresar en la Academia de Bellas Artes de Copenhague a la precoz edad de once años.

No siempre era fácil, a primera vista, distinguir la obra madura de Thorvaldsen de la de Canova. Los temas eran, en gran medida, los mismos, basados en la poesía homérica y en la antigüedad griega en general; el *Jasón con el vellocino de oro*, 1803-1828, de Thorvaldsen, pintado a un tamaño más grande que el natural, le proporcionó muchos encargos similares: *Ganimedes*, *Hebe*, *Apolo*, etcétera. También fue un prolífico y fluido escultor de retratos; las cartas de Byron revelan con cuánta impaciencia esperaba este a que Thorvaldsen completara su busto y el de su adorada amante veneciana. Las esculturas de Canova tenían más brillo en su superficie y las de Thorvaldsen tendían a ser mates, pero esta diferencia a veces quedaba reducida o incluso eliminada por una limpieza excesivamente enérgica. La mayoría de sus esculturas lograron llegar hasta su Copenhague natal, donde, emulando el ejemplo del museo de Canova en Possagno, Thorvaldsen dotó a su ciudad de una gran y exhaustiva colección de su propia obra. Nadie podría haber acusado a este danés de una modestia entorpecedora: uno de sus autorretratos esculturales de mayor tamaño le representaba a él como si fuera Thor, el dios del trueno.

No fue el aspecto menos importante de la estancia de Thorvaldsen en Roma el apoyo que dio a otros artistas expatriados, fundamentalmente del norte, cuyas obras le parecieran relevantes. Le atrajo sobre todo la obra de los llamados Nazarenos, un grupo de jóvenes alemanes que se habían instalado en Roma; era el apodo que, debido a su expresiva devoción, les habían otorgado otros alemanes más escépticos que se hallaban en la ciudad. Compró cierta cantidad de la obra de estos, formando la colección más importante de obras de arte modernas que había en Roma. Las figuras más importantes de los Nazarenos fueron Joseph Anton Koch, Peter Cornelius, Wilhelm Schadow y su líder, Friedrich Overbeck (1789-1869). La principal influencia literaria en la obra de este último y de sus amigos fue un ensayo del místico cultural alemán Wilhelm Wackenroder, *Efluvios cordiales de un monje amante del arte*. En él, como indica su título, se hablaba del arte como una actividad sagrada semejante a la oración, que llevaba a una fe inquebrantable en la naturaleza divina. Quizá otros artistas y escritores sintieran que formaban parte del gran movimiento hacia la secularización de la cultura que estaba en marcha en toda Europa a finales del siglo XVIII, pero no así Overbeck y sus amigos de Roma, que no deseaban más que oponerse a ese movimiento y revertirlo. Sentían que su deber era crear un renacimiento del arte religioso en Alemania y, extendiéndose hacia el exterior desde allí, en toda Europa. Overbeck llegó a creer que la religión era la verdadera base del arte. La pintura meramente secular era impotente en el ámbito cultural. Esta fue la base de la repugnancia que sintió hacia los métodos de enseñanza totalmente seculares y clasicistas de la Academia a la que había asistido en Viena (1806-1809). Pero llegó a la conclusión de que el punto de partida para la asimilación de estas ideas por la cultura visual tendría que ser Roma, esa imponente capital de las imágenes religiosas del pasado. Otros artistas jóvenes que llegó a conocer en la Academia pensaban lo mismo, y con el mismo entusiasmo; entre ellos estaban Ludwig Vogel, Johann Hottinger y Franz Pforr.

Juntos formaron una pequeña confraternidad a la que denominaron Lukasbruder, o «Hermanos en San Lucas»; por ser el apóstol Lucas, del que se decía que había pintado a la Virgen María a partir del modelo viviente, el santo patrón de los artistas.

Los artistas del pasado a los que más admiraban y trataban de imitar eran los primeros italianos del Renacimiento, especialmente Masaccio y Fra Angélico. Los «Lucas» creían que estos eran más sinceros e ingenuamente auténticos en sus reacciones ante la naturaleza y la fe religiosa que cualquier pintor de credo barroco o neoclásico. Los artistas barrocos se habían vuelto toscos debido a la retórica de su estilo; los neoclásicos, debido a un refinamiento excesivo y a los residuos del paganismo. No fue de extrañar que las ideas de los «Lucas» pronto cruzaran a Inglaterra y tuvieran poderosas resonancias en la obra de la Hermandad Prerrafaelita.

«El arte es para mí», declaró Overbeck, «lo que el arpa era para David. Lo uso en toda ocasión para pronunciar salmos en alabanza del Señor». Pero ¿qué había sido de este sagrado impulso, antaño tan generalizado entre los pintores? Había decaído irreversiblemente, escribió Franz Pforr en Viena. Lo cierto era que no todo el arte que se estaba haciendo en Roma era «sagrado», ni siquiera era religioso cristiano en cuanto a sus temas generales. El propio neoclasicismo iba en contra de una definición tan limitada del papel del artista en Roma y tendía a contradecir las interpretaciones exclusivamente religiosas, o incluso fundamentalmente morales, del arte y sus funciones, sólo por el hecho de exponer temas precristianos como si fueran deseables. En épocas pretéritas, «pocos hombres pueden haber tenido una influencia tan poderosa en la moralidad y la virtud» como los artistas. Pero ahora, en estos tiempos de decadencia, había decaído y sólo podría recuperarse con dificultad. «Cuando pensamos en los fines para los que [el arte] se usa ahora», escribió Pforr,

sólo se puede deplorar que su decadencia sea tan generalizada. Antes, el artista trataba de llevar al espectador a la devoción representando objetos piadosos, e inducirlo a emular las nobles acciones que representaba; ¿y ahora? Una Venus desnuda con su Adonis, una Diana en su baño; ¿hacia qué buen fin pueden apuntar semejantes representaciones?

Tanto a Pforr como a Overbeck les parecía que el pasado clásico, tal como este se promovía en las Academias, no sólo era irrelevante para el presente, sino también levemente repugnante, incluso, para una buena alma cristiana. «¿Por qué buscamos temas tan alejados de nuestros intereses?», preguntaba Pforr, «¿Por qué no, en lugar de estos, aquellos que nos conciernen? En las antiguas historias de Israel encontramos más material que en ninguna otra parte». Overbeck estaba diciendo lo mismo, con acentos más rimbombantes sobre la fe.

A ellos les parecía que sólo había un lugar donde se pudieran satisfacer tales deseos, donde un joven alemán pudiera completar su educación religiosa y artística; Roma, simplemente por el hecho de ser una capital religiosa, proporcionaría el equilibrio que los jóvenes alemanes buscaban entre la tradición estilística y la fe viviente. Overbeck y Pforr anhelaban sumergirse en la ciudad, no por los mármoles de la antigüedad (ya habían visto suficientes vaciados en escayola de estos en la Academia), sino por el depósito acumulado de fe cristiana que la ciudad representaba. El propio nombre de Roma apelaba a unos jóvenes alemanes piadosos como estos con una intensidad y una promesa que ningún otro lugar podía ofrecer. Estaban resueltos a trasladarse allí. Y así, en mayo de 1810, Overbeck, Pforr y otros dos estudiantes de arte, Johann Hottinger y Ludwig Vogel, abandonaron Viena rumbo a la Ciudad Santa. Entraron en Roma un mes después, prácticamente sin detenerse para mirar nada en su camino.

En esa época la ciudad todavía estaba ocupada por los franceses, que habían cerrado y secularizado varias de sus instituciones religiosas. Una de estas era el monasterio irlandés franciscano de San Isidro, situado en lo alto del Pincio, sobre la Piazza del Popolo. La ocupación napoleónica había expulsado de él a sus monjes y los cuatro jovenzuelos, tras un mínimo regateo, consiguieron alquilar unas habitaciones allí. Wackenroder había escrito acerca del ideal monástico de la vida de un artista, y ¿dónde vivirlo mejor que en un auténtico monasterio, si bien —había que admitirlo— abandonado y alquilado? La pauta de actividad consistía en trabajar todo el día en la celda de uno y después reunirse en el refectorio por la tarde, para debatir, confesarse y estar de jarana. Muchas botellas de Frascati se consumían y después se rompían en mil pedazos. Pronto, el grupo se llegó a conocer como los *Fratelli di San Isidro*, un apodo al que daba una fuerza especial la forma en la que vestían, con sombreros parecidos a capuchas y hábitos monacales; la calle en la que se hallaba el monasterio se convirtió en la Via degli Artisti.

Su grupo fue bastante efímero. Se veían a sí mismos como misioneros, empeñados en convertir a los «infieles» del arte. Trataban de establecer la primacía del arte religioso tal como este había sido en el pasado, antes de que el arte perdiera su pureza entregándose al secularismo y al pensamiento académico. Fra Angélico, el primer Rafael, y maestros del norte tales como Durero y Jan van Eyck: estos fueron sus héroes y sus piedras de toque. Posteriormente, Overbeck produciría una pintura de gran tamaño para un cliente alemán, *El triunfo de la religión en las artes*, que iba acompañada por una larga explicación escrita de cómo el «verdadero arte» se había agotado con el Renacimiento y que mostraba unos sesenta retratos de cabezas de artistas aprobados. Otros jóvenes alemanes se unirían pronto a este núcleo romano de los Nazarenos. Uno de ellos fue Julius Schnorr von Carolsfeld (1794-1872), hijo de un pintor histórico alemán; Carolsfeld solicitó a Overbeck su admisión en el grupo, fue aceptado y escribió su encantado agradecimiento: «Me habéis juzgado digno de unirme a vuestras gloriosas filas como un hermano. ¡Tomadme, pues, en vuestros brazos! ¡Mi ser está ahora ligado al vuestro!».

Algunos de estos artistas, entre ellos Carolsfeld, estuvieron profundamente influidos por la costumbre alemana, arraigada entre los expatriados en Roma, de pintar lo que ellos llamaban «cuadros de amistad», retratos de ellos mismos y de sus amigos alemanes lejos de sus hogares natales pero unidos en la fidelidad al interés común, una lealtad mutua santificada por la promulgación de esta en la Ciudad Santa. Un elocuente ejemplo de ello, entre muchos, fue el *Autorretrato con el hermano Ridolfo Schadow y Bertel Thorvaldsen* de 1818, obra de Wilhelm von Schadow.

Wilhelm y Ridolfo (Rudolf) eran los dos hijos del eminente escultor de Berlín Johann Gottfried Schadow (1764-1850), quien, como amigo de Canova, había realizado la decisiva peregrinación a Roma y se había convertido al catolicismo en 1785. Cuando ellos fueron a Roma, se juraron mutuamente que «preferían quedarse muertos en Roma que regresar desconocidos a su ciudad natal». El cuadro de Wilhelm muestra la toma de este juramento. A la derecha, Wilhelm, con su paleta y sus pinceles, dando solemnemente la mano a Ridolfo, que sujeta su martillo de tallista de piedra; entre ellos, el escultor danés Thorvaldsen, cuya mano izquierda descansa sobre el hombro de Wilhelm en un gesto de camaradería, y que tiene su firme mirada fija en Ridolfo. Entre el danés y el joven alemán, uniendo las figuras del grupo, se halla la estatua de mármol que le valió a Ridolfo su temprana reputación en Roma, la *Sandalbinderin* o «Joven atándose su sandalia». Esta había sido muy admirada, debido a su autenticidad y su sinceridad, por Overbeck y otros Nazarenos.

Overbeck se negaba a pintar o a mirar siquiera el desnudo femenino. Pensaba que hacerlo era inmoral. Esto cambió los términos de la alegoría; un artista anterior podría haber pintado a «Italia» como una espléndida ninfa desnuda, pero no Overbeck. La pintura que mejor expresó los sentimientos de los Nazarenos sobre Italia probablemente fue la de la pareja de figuras completamente vestidas de Overbeck que representaban la unión cultural entre Italia y Alemania. La rubia María y la morena Shulamith. La figura situada a mano izquierda, coronada por una rama de olivo e inclinándose atentamente hacia su compañera, es «Italia», y el paisaje que se ve detrás de ella es el de Italia: colinas ondulantes, una *casa colonica* rural. La de la derecha, que se inclina con entusiasmo hacia delante, que sujeta la mano de Italia y le susurra lecciones sobre pintura y moralidad, es «Germania» con su guirnalda de capullos de rosa, sus tirabuzones y la ciudad alemana sobre la colina con su chapitel medieval al fondo.

Overbeck mantuvo firmemente lo que él consideraba que eran sus obligaciones como maestro artístico y moral. Básicamente creía que desde el Renacimiento no había sucedido nada bueno —debió de contemplar con horror los monumentos de la Roma barroca—, de modo que se perdió la poderosa espiritualidad del arte más nuevo que realizaron italianos como Bernini en el siglo XVII. Pero no tuvo demasiadas oportunidades de hacer arte público en Roma. Su mayor encargo lo recibió de Pío IX: fue una escena de *Cristo escapando de sus perseguidores en la montaña cercana a Nazaret*, una alegoría del encarcelamiento de Pío VI por Napoleón, pintada en uno de los techos del Palacio del Quirinal; una obra devota pero insípida que pocos visitantes miran hoy día, si es que alguno lo hace. Desde luego, los Nazarenos dejaron cierta huella en el arte romano, pero esta no resultó ser profunda ni duradera; y mientras tanto, las energías culturales de Italia se habían desplazado casi por completo hacia el ámbito de la política y las pugnas de esta. Pío IX, en particular, estaba tan preocupado en tratar de aferrarse a sus dominios en los Estados Pontificios, que tenía poco tiempo para ser un mecenas del arte. Pero en Alemania la influencia de Overbeck, y de los Nazarenos en general, fue generalizada.

Resulta interesante el hecho de que esta también se extendiera por un área de la pintura francesa. Los franceses rara vez se habían visto influidos por los acontecimientos estilísticos que tenían lugar en Alemania, pero en una ciudad que bullía con tantos artistas extranjeros eso tenía que pasar, y lo hizo, debido a un importante artista francés que residía allí. La más antigua de las diversas academias extranjeras que había en Roma era la de Francia; esta se había instituido en 1666 bajo el reinado de Luis XIV, impelida por Colbert y Charles Le Brun. En un período de tiempo muy breve había adquirido un gran prestigio, y se consideraba que sus *pensionnaires* (los pintores, escultores y músicos cuyo talento, oficialmente reconocido por el Premio de Roma, habían sido recompensados con un estipendio del gobierno francés y una temporada en sus dependencias) habían iniciado sus carreras públicas de una forma muy importante. En 1806, al joven Jean-Auguste-Dominique Ingres, pintor de extraordinario talento, se le otorgó una *pension* de la Academia, y este se estableció en Roma. La Academia había estado situada en el Palazzo Mancini en la Via del Corso, pero en 1803 el gobierno francés pudo disponer de uno de los grandes emplazamientos de Roma, y lo compró: la Villa Medici, situada en lo alto de las Escaleras Españolas. Esta se convirtió en el estudio y la casa de Ingres durante gran parte del resto de su vida.

El siglo XIX fue un período excepcionalmente fértil en la historia de la Academia Francesa en Roma. Entre sus *pensionnaires*, aparte de Ingres, figuraron los arquitectos Baltard y Garnier, el escultor Carpeaux y los compositores Berlioz, Bizet y Debussy. Ingres trabajó allí como *pensionnaire*, defendiendo con firmeza la tradición clásica que le rodeaba en Roma, desde 1806 hasta 1820, y tras un regreso a París volvió de nuevo a Roma en 1835, esta vez como director de la Villa Medici. En esta posición, como el Gran Khan de la enseñanza artística francesa, el paladín del estilo clásico, ejerció una influencia incalculable en el pensamiento y la practica del arte francés. No era un hombre propenso a desconfiar en sí mismo, y uno de los cuadros de los que más orgulloso estaba fue su primer encargo oficial en Roma desde la caída de Napoleón en 1815: *Cristo entregando a San Pedro las llaves del reino*, de 1820. Este representa el momento en el que Cristo confió el futuro de su recién formada iglesia al primero del linaje de los futuros papas: san Pedro, que se arrodilla a sus pies y levanta la vista hacia él; Cristo también está levantando la vista, pero hacia su Padre en el Cielo, mientras señala con su mano izquierda las llaves que Pedro tiene en su mano, el poder para abrir o cerrar las puertas de la salvación que acaba de pasarle a su sucesor. Todo en esta imagen, pero sobre todo su firme construcción casi pétrea, y su poderoso sentido de la jerarquía, apunta a que al menos algunas de las ideas de Ingres tuvieron sus orígenes en la pintura de los Nazarenos; lo cual no es de extrañar, pues el monasterio en el que Overbeck y Cornelius habían estado trabajando se hallaba junto a la Villa Medici.

Todo este florecimiento artístico tuvo lugar con un turbulento paisaje político como telón de fondo. En especial después de Napoleón, se consideraba que Italia estaba tan desesperanzadamente dividida que apenas se podía decir que fuera un único país siquiera. «No tenemos bandera, ni nombre político, ni categoría entre las naciones europeas», lamentó uno de los patriotas cuyos esfuerzos finalmente lograrían su unificación, Giuseppe Mazzini (1805-1872), quien había nacido y se había criado en Génova, que en esa época se hallaba bajo el dominio del Imperio francés, formando parte de la república ligur.

> No tenemos ningún centro común, ningún mercado común. Estamos desmembrados en ocho estados —Lombardía, Parma, Toscana, Módena, Lucca, Estados Pontificios, Piamonte, el reino de Nápoles—, todos ellos independientes entre sí, sin alianzas, sin unidad de objetivos, sin conexiones organizadas entre ellos... ocho sistemas distintos de moneda, pesos y medidas, de legislación civil, comercial y penal, de organización administrativa y de restricción policial, nos dividen y hacen que seamos extraños los unos de los otros en el máximo grado posible.

En la época en la que Mazzini estaba alcanzando la mayoría de edad había una corriente favorable al cambio que cada vez contaba con más seguidores. Lo que anhelaban cada vez más italianos —liberales, intelectuales, patriotas discrepantes, antiimperialistas a quienes molestaba el dominio de Austria— era un *risorgimento* o «resurgimiento» que unificara Italia como un país independiente, libre de la influencia austríaca. Por supuesto, Italia nunca había estado unificada anteriormente; siempre había sido una miscelánea de entidades posmedievales, siendo su unidad dominante los Estados Pontificios, cuyo tamaño, riqueza y centralidad otorgaban al papa un enorme poder político como gobernante temporal.

Al principio, la acción revolucionaria principal estuvo a cargo de una sociedad secreta denominada los *Carbonari* o «carboneros». Al principio, estos se concentraron en Nápoles desde aproximadamente 1806, y todos los italianos de temperamento radical los aclamaron como hermanos, y también extranjeros como lord Byron, que los llamaba sus *cronies* o «compinches» y generosamente les dio habitaciones en su residencia de Rávena en 1821. «Mis apartamentos inferiores están llenos de sus bayonetas, fusiles, cartuchos y demás. ¡Supongo que me consideran un depósito susceptible de ser sacrificado en caso de accidente! No importa demasiado, con tal de que Italia pueda liberarse, a quién o qué se sacrifique. Es un gran objetivo; la mera *poesía* de la política. ¡Piénsalo! ¡Una Italia libre! ¡Vaya, no ha habido nada parecido desde los días de Augusto!»

Los *Carbonari* fueron ferozmente perseguidos: ser apresado suponía la cárcel o la muerte, y a menudo ambas cosas eran lo mismo, ya que por lo general la cárcel era la temida fortaleza de Spielberg en Moravia, la cual, a decir de todos, era el lugar más miserable que podía imaginarse. (Un desventurado escritor italiano llamado Silvio Pellico, arrestado en 1820 por una infracción insignificante, escribió un libro sobre el trato que allí recibió, *Le mie prigioni* («Mis prisiones», 1832) que se decía que había hecho más daño a Austria que una batalla perdida.) Pero a veces se les ejecutaba enseguida en Italia, con apenas algo más que la apariencia de un juicio propiamente dicho.

Esta fue la suerte que corrieron dos de estos disidentes en noviembre de 1825, Angelo Targhini y Leonida Montanari. Llevaban mucho tiempo tramando complots contra el gobierno papal de León XII, Sermattei della Genga (papa desde 1823 hasta 1829), ya que se oponían ferozmente al mantenimiento del poder absoluto de ese papa en los Estados Pontificios. Era normal que lo hicieran. León XII fue uno de los más viles reaccionarios que jamás ocuparon la Silla del Pescador. No sólo se empeñaba en que todos los procesos del tribunal de los Estados Pontificios los llevaran a cabo en latín sacerdotes ordenados; también prohibió a los judíos, sobre todo a los de Roma, que poseyeran propiedades, y ordenó que vendieran sus posesiones sin demora y asistieran al catecismo cristiano al mismo tiempo que lo hacían. El único recurso que les quedaba a los judíos era emigrar a algún lugar que se hallara más allá del control político de la Iglesia: a los Estados no papales, Lombardía, Trieste o Toscana. Todas las instituciones benéficas de los Estados Pontificios quedaron bajo la supervisión directa de la Iglesia, así como todas las bibliotecas y, naturalmente, los colegios. El miedo neuróticamente suspicaz que tenía el papa a los enemigos no hizo más que agravar estas enemistades y la reacción del pontífice contra ellas. Si una costurera diseñaba vestidos de talle bajo, o que de alguna manera dejasen ver el cuerpo, era excomulgada. Si sus clientas se los ponían, lo mismo se hacía con ellas. El miedo papal a la heterodoxia desembocó en un sistema de denuncias, torturas y arrestos arbitrarios por crímenes doctrinales imaginarios comparado con el cual los excesos de la Inquisición parecían nimiedades. Y este a menudo terminaba en la muerte de los sospechosos.

Así sucedió en el caso de los desventurados Targhini y Montanari, cuyos caminos en Roma se habían cruzado con el de un agente doble papal llamado Spontini. Cuando Targhini averiguó la verdadera misión que tenía Spontini, que era atrapar a Carbonarios, le atrajo a una oscura calle romana y le apuñaló en el pecho. La cuchillada no fue mortal, pero en las denuncias que se produjeron a continuación de ello, tanto Targhini como Montanari fueron condenados a muerte. La ley papal decretó su decapitación. Ellos declararon su inocencia y su impenitencia hasta el último momento.

El papa, como monarca de los Estados Pontificios, tenía su propio *boia* o verdugo: un funcionario llamado Mastro Titta, que posteriormente (sin el menor asomo de remordimiento) escribió sus memorias. Targhini y Montanari fueron decapitados en la Piazza del Popolo en noviembre de 1825.

Los Carbonarios también tenían enemigos no oficiales. Los Sanfedistas (Santa Fede), una sociedad secreta apoyada tanto por nobles como por campesinos, juraron «no perdonar a nadie que pertenezca a la célebre pandilla de los liberales, sin tener en cuenta su cuna, su linaje ni su fortuna... y derramar la sangre de los infames liberales hasta la última gota, sin tener en cuenta su sexo ni su categoría social». Los Sanfedistas fueron un equivalente italiano de organizaciones terroristas españolas tan histéricamente derechistas como la de los Ángeles Exterminadores en el siglo XIX. Pero su número de miembros no se acercaba, ni mucho menos, al de los Carbonarios, de los que se afirmaba que había entre 300.000 y un millón. Los odiados *sbirri*, o policía política, no podían presentar ni tan siquiera una mínima parte de esa cifra. No obstante, Mazzini, que se había unido a los Carbonarios en 1827, calculaba que su distrito natal de Lombardía contenía trescientos agentes de policía, 872 gendarmes, 1.233 guardias policiales y una multitud de informadores semioficiales, todos los cuales daban parte a Viena. En 1830, cuando tenía veinticinco años, fue arrestado y encerrado sin juicio previo por conspirar contra el Estado piamontés. Cuando su padre protestó al gobernador de Génova, le dijeron: «Tu hijo es un hombre de cierto talento, y es demasiado aficionado a caminar solo por la noche, absorto en sus pensamientos. ¿En qué demonios tiene que pensar a su edad? No nos gusta que la gente joven piense, a menos que sepamos qué es lo que ocupa sus pensamientos». Mazzini fue entonces encarcelado en la fortaleza de Savona.

Fue puesto en libertad en 1831, pero se le ofreció la poco apetecible perspectiva de lo que venía a ser un arresto domiciliario permanente en una ciudad de provincias. En lugar de ello escogió el destierro, trasladándose a Marsella, donde organizó una sociedad llamada *La Giovine Italia* («Joven Italia»), cuyo programa político se basaba en la creación de una república italiana libre mediante la fusión de varios Estados. La sociedad tuvo cierto éxito en los años siguientes, afirmando tener 60.000 adeptos ya en 1833; no los bastantes para convertir a toda Italia, pero desde luego los suficientes como para perturbar al gobierno de los Saboya, que tomó medidas drásticas sin piedad contra el joven movimiento, enviando a doce de sus miembros a la horca. El mejor amigo de Mazzini, Jacopo Ruffini, se suicidó en la prisión. Mazzini, juzgado y declarado culpable *in absentia*, se vio obligado a exiliarse a Londres; desde allí envió un torrente de cartas y panfletos a otros países —Alemania, Polonia, Suiza— instando a la creación de movimientos independentistas por las juventudes nacionales. Incluso trató de instigar uno entre los cadetes del ejército de Turquía, conocido proféticamente como el de los «Jóvenes Turcos». De las filas de este surgiría con el tiempo Kemal Atatürk, el futuro occidentalizador de Turquía.

Mazzini teorizó y debatió incesantemente, pero nunca encabezó una revuelta militante. Sus esperanzas de que tuviera lugar una continua ignición de motines resultaron ser ilusorias. Todas las insurrecciones fracasaron. El poder de la policía austríaca era demasiado fuerte. La centralización en Austria era tan extrema que, en un momento dado de la década de 1840, las botas gastadas de los policías tenían que enviarse a Viena para su reparación. No obstante, durante las décadas de 1830 y 1840 no dejaron de estallar revueltas de disconformidad en toda Europa, en las que se exigían gobiernos locales constitucionales en lugar del gobierno colonial austríaco. El centro simbólico de estas fue Italia. En 1846, un panfletista romano se quejaba del desmedido poder de la policía. «La policía puede encarcelar a un hombre, desterrarlo, confinarlo en un distrito, privarle de su cargo, prohibirle portar armas o abandonar su casa por la noche. Abren sus cartas en el correo y no hacen el menor esfuerzo por ocultarlo. Pueden invadir su casa, cerrar tiendas, cafeterías y posadas, y multarnos cuando les plazca.» En Roma, los sospechosos políticos (y hacía falta muy poco para que a uno se le considerase como tal) estaban confinados en sus casas desde la caída de la tarde hasta la mañana. También se les obligaba a tomar el sacramento de la confesión una vez al mes y, por supuesto, lo que le decían al sacerdote bajo el sello del confesionario se revelaba rutinariamente a las autoridades como parte de «la especial vigilancia de la llamada clase de los pensadores». La mayoría de los libros extranjeros estaban vetados o incluidos en el Índice, la lista de lecturas prohibidas; incluso se prohibieron los talleres de lectura privados sobre teoría económica, y a los ancianos o a agonizantes sus sacerdotes les negaban la absolución a menos que traicionasen a sus amigos y parientes.

Los liberales y nacionalistas italianos se defendieron lo mejor que pudieron, a veces con ingenio; así, en enero de 1848 los disconformes organizaron una huelga de desobediencia civil en Lombardía, que consistió en que los ciudadanos se negaron colectivamente a fumar o a jugar a la lotería del Estado; esto provocó un gravoso apuro a Austria debido a la pérdida de ingresos, ya que la lotería y la industria del tabaco eran monopolios estatales. Revueltas y manifestaciones proconstitucionales estallaron en Toscana, Nápoles, Sicilia y Milán. Pero el conflicto serio y abierto no llegó hasta la aparición de Giuseppe Garibaldi.

Garibaldi (1807-1882) había nacido y se había criado en Niza, que entonces pasaría a formar parte del reino de Saboya y que contaba con una gran población italoparlante. Sintió una inclinación natural por hacerse a la mar, y estaba trabajando como capitán de la marina mercante cuando, en una estancia de unos días en 1833 en la ciudad portuaria rusa de Taganrog, conoció a un exiliado político de Italia, Giovanni Battista Cuneo. Cuneo, seguidor de Mazzini, era miembro de la ilícita *Giovine Italia*, y pronto convirtió al joven Garibaldi. En adelante, el capitán de mar estaría entregado a la visión de una Italia libre del control austríaco. Eso le hizo sentirse, dijo, «como debió de sentirse Colón cuando avistó tierra por primera vez».

Conoció a Mazzini en Italia, se unió a los Carbonarios y de forma bastante prematura hizo campaña por la insurrección en el Piamonte. Con ello no logró más que convertirse en un hombre marcado, en un descontento más en las listas de la policía. Un tribunal de Génova lo procesó *in absentia*. Huyó de Italia a Marsella. Desde allí, Garibaldi vagó sin rumbo fijo.

Sus peregrinaciones le llevaron a Brasil, donde se topó con un alzamiento republicano desencadenado por los impuestos sobre la carne y se unió a él. Los gauchos brasileños, que se consideraban a sí mismos el eje del país, habían llegado a sentirse profundamente indignados por los elevados impuestos con los que se gravaba la venta del *charque*, la carne brasileña seca y salada, que era un alimento básico. Los sentimientos estaban tan exaltados que estalló una pequeña guerra civil conocida como la *Guerra dos Farrapos*, la «Guerra de los harapos»; los *farrapos* eran los rebeldes y Garibaldi, intuyendo que un estimulante conflicto estaba en ciernes, se unió a ellos en 1839. Durante la guerra, Garibaldi conoció y se enamoró de una mujer muy valiente y briosa, Ana Ribeiro da Silva, conocida como «Anita», que luchó codo con codo con él en una serie de combates. Se dice, aunque no se sabe con certeza, que Anita inventó el que llegaría a ser el uniforme garibaldino de camisa roja, poncho y boina ancha, viniendo la tela roja para su confección de una fábrica de Montevideo, que en un principio había firmado un contrato para venderla a los mataderos de ganado de Argentina. Algunos creen que esta vestimenta gaucha fue el origen del uso del color rojo como símbolo revolucionario, que posteriormente pasaría a Rusia y los bolcheviques.

En 1842, la pareja se trasladó en su barco a Montevideo, en Uruguay, donde levantaron una «legión italiana» para apoyar a los liberales uruguayos en una guerra civil contra el caudillo conservador argentino Juan Manuel de Rosas. Pero la situación en Italia estaba cada vez más presente en sus preocupaciones; corrían vientos de revolución en toda Europa, él era italiano y no sudamericano, por lo que debía sus obligaciones como insurgente a Italia, no a Uruguay.

La errónea noticia de que el papa recién elegido, Pío IX, era al parecer un liberal y estaba a favor de las reformas, hizo que Garibaldi se decidiera. El hecho de que, en 1846, el papa hubiera concedido la amnistía a todos los presos políticos que había en los Estados Pontificios daba credibilidad a la noticia.

En 1847 escribió una carta a los despachos del papado en la que se ofrecía a «derramar nuestra sangre en defensa de la obra redentora de Pío IX». Al año siguiente navegó de regreso a Italia con sesenta hombres, una mínima parte de su legión. Ofreció su apoyo al rey de Cerdeña y Piamonte, Carlos Alberto, que acababa de otorgar una constitución al Piamonte, pero pronto trasladaría su lealtad a los milaneses, más prometedores, que en marzo, tras cinco días de combates contra la ocupación austríaca, habían expulsado a los austríacos de su ciudad. Venecia también se sublevó contra sus dominadores austríacos y proclamó una república. Asimismo, los Estados Pontificios, para horror de Pío IX, apoyaron abiertamente el republicanismo.

Entonces Garibaldi, animado por el siempre prematuro Mazzini, se desplazó hacia el sur, a Roma, con la esperanza de tomar el control militar de la ciudad. En noviembre, Pío IX huyó al sur, de Roma a Nápoles. Pero esto no fue una victoria para Garibaldi. Luis Napoleón, el futuro Napoleón III, estaba resuelto a reinstaurar al papa y su poder temporal salvaguardando así los Estados Pontificios, y envió un ejército para expulsar a Garibaldi de Roma. En un primer momento esta fuerza, aunque era más numerosa que la de Garibaldi, fracasó a las puertas de la ciudad en abril de 1849. Pero entonces llegaron refuerzos franceses y, tras un sitio de cuatro semanas, obligaron a Garibaldi y al ejército republicano a batirse en retirada. Cumpliendo con los términos de una tregua que se negoció apresuradamente, sacó a sus hombres —que entonces eran unos 4.000— de Roma, el 2 de julio de 1849. Su idea era mantener la presión sobre Roma al estilo guerrillero, desde bastiones situados en los Apeninos. «Allí donde nosotros estemos», anunció con impresionante desafío, «estará Roma». Cuando esto no funcionó, el ejército de refugiados empezó a dirigirse hacia Venecia, pero la mayor parte de su fuerza quedó reducida a lo largo del camino; cuando los restos de esta llegaron a San Marino, ya sólo quedaban 250 hombres, y la siempre valerosa Anita había muerto en los valles de Comacchio, cerca de Rávena, durante la retirada. Su muerte sólo hizo que su marido viudo estuviera más resuelto que nunca a alcanzar la victoria, aunque pasarían algunos años antes de que tuviera otra oportunidad.

Mientras tanto, el ejército francés entró en Roma y restableció el poder militar y político del papa. Después de breves estancias en Nueva York (1850), en Perú (1851) e incluso en Australia (1852), Garibaldi compró tierra en la isla italiana de Caprera, situada al norte de Cerdeña, y se estableció allí como granjero. Pero esto no fue más que un paréntesis. En 1859 fue nombrado general en la guerra de independencia iniciada por Cerdeña contra el gobierno austríaco, encabezando una fuerza de «Cazadores Alpinos» para hostigar a los austríacos en las montañas.

Logró la independencia de Cerdeña en 1860, el año en el que el Piamonte pudo incorporarse varios ducados del norte: los de la Toscana, Módena, Parma y la Romaña. Lo siguiente en las aspiraciones de los nacionalistas italianos sería el reino de las Dos Sicilias, que comprendía el sur de la península de Italia (su centro, Nápoles) y la propia isla de Sicilia, gobernada por los napolitanos. Para entonces Garibaldi ya estaba completamente convencido de que la única esperanza para la unificación sería la monarquía bajo Víctor Manuel.

Desde Génova, planeó un ataque sobre Sicilia y Nápoles, con el apoyo del primer ministro piamontés Cavour, y lo llevó a cabo con la ayuda encubierta de los británicos. En mayo de 1860, una expedición se hizo a la mar en dos barcos de vapor desde cerca de Génova, llevando a mil voluntarios bajo el mando de Garibaldi.

La fuerza expedicionaria, bajo el nombre de los *Mille* («los Mil» en italiano, voluntarios extraídos fundamentalmente de Lombardía y Venecia, y conocidos alternativamente como los «Camisas Rojas»), desembarcó en Marsala, en Sicilia occidental, donde Garibaldi anunció que iba a instaurar una dictadura sobre toda Sicilia en nombre de Víctor Manuel. Los *Mille* ganaron su primera batalla, contra un destacamento de 2.000 hombres del ejército napolitano en Calatafimi, a mediados de mayo. Entonces los sicilianos, que hasta ese momento se habían mostrado neutrales, empezaron a unirse a ellos; incluso hubo deserciones en masa del ejército napolitano. Pronto los *Mille* habían crecido hasta ser aproximadamente 4.000 hombres. Garibaldi sitió Palermo, la capital de Sicilia, y a finales de mayo sus fuerzas conquistaron la ciudad. Después llegaron otras victorias: Milazzo, Messina. A finales de septiembre la resistencia a Garibaldi en el *mezzogiorno* (el sur) ya casi se había desmoronado. Las tropas de Garibaldi habían cruzado el angosto estrecho hacia la península italiana y habían ocupado Calabria, desoyendo los consejos de Cavour pero alegrando enormemente a Víctor Manuel II. Las fuerzas de Luis Napoleón, que habían estado sosteniendo los territorios papales, dejaron pasar entonces al ejército piamontés desde el norte para que este proporcionara un apoyo decisivo a Garibaldi. Francisco II, rey de las Dos Sicilias, se vio obligado a abandonar su trono de Nápoles, a trasladarse a la fortaleza de Gaeta y finalmente a pedir el exilio en Austria, que le era favorable. En octubre de 1860, un plebiscito confirmó oficialmente la anexión del reino de las Dos Sicilias al de Cerdeña y Piamonte, momento en el que aquel se desmoronó. El nuevo Reino de Italia, una entidad que en ese momento excluía a Roma, fue instaurado en marzo de 1861, con Víctor Manuel II como rey, proclamado en Turín por el primer parlamento italiano; Garibaldi entregó la autoridad sobre el sur de Italia al nuevo rey. Se retiró a su granja de la isla de Caprera como un héroe nacional, y declaró que estaba dispuesto a dejar el resto de la tarea de la unificación en manos de Víctor Manuel.

Esto no sucedió, porque muchos, en algunos lugares la mayoría, de los italianos del sur se negaban a ser gobernados por el Piamonte. Hubo que enviar a más de la mitad del ejército nacional de 120.000 hombres, un ejército de ocupación a todos los efectos, a las Dos Sicilias para reprimir las protestas de los antiguos súbditos de los Borbones. El fuerte catolicismo de los campesinos del sur les hizo secundar todo tipo de oposición al nuevo régimen. Al principio, el clero del sur apoyó a los funcionarios papales contra Víctor Manuel, pues se sentía especialmente indignado por las nuevas leyes que nacionalizaban las propiedades de la Iglesia y furiosamente ofendido por todos los esfuerzos que se hicieron por despojar al papado de sus posesiones temporales. Cuando fracasaron sus intentos por frustrar las nuevas políticas, recurrieron al fomento del «bandolerismo», que los sureños veían simplemente como una expresión de sus derechos territoriales. En sus sermones, los sacerdotes se referían abiertamente a los bandoleros del *mezzogiorno* como sus hermanos. Predicaban que con toda seguridad la Virgen llevaría a cabo el milagro de devolver a los piamonteses y a su «rey usurpador» al que era su sitio: el norte.

Muchos de los sureños descontentos lograron tomar un barco hacia América. Los bandoleros que se quedaron se transformaron, en gran medida, en la *mafia*, que nunca podría haber llegado a ser una sociedad tan fuertemente autoprotectora sin las represiones de Víctor Manuel II y los piamonteses. La rebeldía ante tal represión quedó resumida en la práctica de la *omertà*, la «hombría», o código de silencio: mantener la boca cerrada, no irse nunca de la lengua con desconocidos ni, en especial, con los *sbirri* o policías políticos, y, por encima de todo, no testificar nunca ante una autoridad superior en un tribunal contra nadie al que se acusara absolutamente de nada. Calá Ulloa, el Borbón que actuó como «primer ministro» del Gobierno napolitano en el exilio, hablaba en 1863 de la «rigurosa y despiadada aplicación de la ley marcial». Los piamonteses, no obstante, «han mantenido Nápoles bajo la ley marcial durante seis meses; y no tratan a los napolitanos como a un pueblo que lucha por su independencia, sino como a esclavos que se han sublevado contra sus amos».

Además, el papa de Roma se negaba a dejar de ser un obstáculo para la unificación. Estaba decidido a aferrarse a los Estados Pontificios y veía cualquier intento de absorberlos en un solo país unido, Italia, como una atroz injerencia en sus derechos divinos. Garibaldi, sin embargo, que vivía en su isla, estaba resuelto a tomar Roma. También Cavour, que, en un discurso de 1861, declaró que «Roma es la única ciudad de Italia que tiene recuerdos que van más allá de lo meramente local... Roma, sólo Roma debe ser la capital de Italia... Debemos ir a Roma, pero con dos condiciones: debemos ir allí de acuerdo con Francia, y no hay que disminuir la verdadera independencia del pontífice. Debemos ir a Roma, pero la autoridad civil no debe extender su poder sobre el orden espiritual».

Para entonces ya sólo parecía haber tres soluciones posibles para lo que se había llegado a conocer como la «cuestión romana»: que todo el territorio de lo que había sido la Santa Sede fuera reconquistado por tropas extranjeras y mantenido para el papa como lo había sido antes de 1849; o bien que se acordase que el papa perdiera por completo estos dominios; o que una pequeña cantidad del antiguo territorio papal que rodeaba Roma fuera concedida al papa y protegida por tropas extranjeras. Fue esta última, con Francia como garante ocupando el territorio, la que se llevó a la práctica ahora. La primera era claramente imposible y la segunda nunca habría contado con la aprobación de Pío Nono.

En 1862, Garibaldi y sus Camisas Rojas trataron de atacar Roma, pero fueron rechazados antes de que su marcha llegase realmente a comenzar, aunque el propio Garibaldi recibió un disparo en el pie. En 1864, la «Convención de septiembre» obtuvo un acuerdo de Napoleón III por el que este se comprometía a retirar sus tropas de Roma en menos de dos años. Sin embargo, el pueblo de Roma no se levantó contra el papa, como los republicanos habían esperado que hiciera. En lugar de ello, reforzó los ejércitos franceses y papales. A consecuencia de ello, Garibaldi y los Camisas Rojas fueron vencidos en la batalla de Mentana, en 1867, en la que murieron seiscientos voluntarios italianos. Una vez más, una marcha sobre Roma había sido derrotada. Pero no lo fue la causa de la unificación italiana: en 1870 estalló la guerra entre Francia y Prusia y los ejércitos franceses fueron derrotados en Sedán. Esto supuso que las fuerzas francesas tuvieran que ser retiradas de Roma, y en septiembre de 1870 las tropas de Italia entraron en la ciudad y las sustituyeron. Por fin, Roma se convirtió en la capital de una Italia unida bajo su nuevo rey, Víctor Manuel II.

Al parecer, pocos italianos, y nadie fuera de Italia, consideraban que el nuevo rey fuera ningún genio político. «Perezoso, zafio, envidioso, mezquino y bullicioso» era una opinión sobre él que se repetía con frecuencia, y el ministro de asuntos exteriores británico, George Villiers, opinaba que «Víctor Manuel es un imbécil; es un hombre deshonesto que miente a todo el mundo, acabará perdiendo su corona y arruinando Italia y su dinastía». Desde luego, fue prolífico. Además de los ocho hijos que tuvo con su prima María Adelaida de Habsburgo (1822-1855), tuvo varios con diversas amantes, dos con su *maîtresse en titre* o amante favorita, Rosa Teresa Guerrieri, dos con Laura Bon, dos con Virginia Rho, y varias hijas con otras amantes menos comentadas. Era un aceptable hombre patriótico que parece haber merecido su apodo popular de *il re galantuomo*, «el rey caballero», pero dejó escaso rastro de inteligencia o pensamiento tras él.

No obstante, sí que tenía la plena convicción de que Italia debería ser un solo país, con él como rey, con el astuto arquitecto de la unificación Cavour como primer ministro, y con los Estados Pontificios —junto con el poder temporal, si no el espiritual, de su gobernante Pío IX— reducidos a un cero a la izquierda.

Sería ocioso suponer que tales acontecimientos políticos se reflejaron directamente en la cultura italiana, sobre todo en la pintura de Roma. Fundamentalmente, los escritores se vieron estimulados por ellos. No obstante, es cierto que hubo una concordancia, aunque no una conexión causal, entre lo que sucedió en la pintura italiana del siglo XIX (en algunas áreas de esta, cuando menos) y lo que se estaba fraguando en la política italiana. Pero, contrariamente a lo que venía sucediendo hasta entoces, lo que estaba sucediendo en el arte no se inició en Roma.

A mediados del siglo XIX se formó en Toscana un grupo de unos diez artistas. Su lugar de encuentro era el Caffè Michelangiolo de Florencia y su interés común era el paisaje. Todos ellos estaban en contra de las enseñanzas formales que se impartían en la Accademia delle Belle Arti de Florencia y, en general, apoyaban la unificación italiana, como lógicamente hacían la mayoría de los artistas jóvenes; la unificación italiana simbolizaba la libertad italiana, una libertad de la que ellos querían hasta el último ápice. A partir de 1799, después de que Napoleón invadiese la Toscana y expulsara al gran duque austríaco Fernando III, el estilo oficial del arte en Florencia era el neoclásico a la manera francesa: David y posteriormente Ingres (que trabajó y enseñó en Florencia de 1820 a 1824) eran sus modelos, y su sede era la Academia de las Bellas Artes. El principal artista que dio lustre a esta institución fue el industrioso pintor histórico Pietro Benvenuti (1769-1844), especializado en la conmemoración imperial: su mayor obra para Napoleón fue una pintura de la victoria de este en Jena en 1806, *El juramento de los sajones*, de 1812. Pero los artistas más jóvenes no estaban tan interesados en imitar a estas «máquinas» neoclásicas. Gradualmente creció entre ellos la convicción de que lo que más importaba era la fidelidad directa al tono, expresada en el claroscuro: las relaciones entre la luz y la oscuridad, descritas en relaciones tonales de cada vez mayor claridad y sencillez, tal como se veían en objetos bastante comunes. Dado que los pintores, cuya figura más importante fue Telemaco Signorini (1835-1901), expresaban estas relaciones en términos de pinceladas y manchas amplias, fueron bautizados (por un crítico hostil, naturalmente) como *Macchiaioli*, los «manchistas».

Sería un error considerar provincianos a estos jóvenes artistas. No eran impresionistas desplazados, sino pintores de una especie totalmente distinta. Algunos de ellos visitaron París y eran muy conscientes de los avances impresionistas; también extrajeron parte de su impulso de la fotografía, que en la década de 1860 estaba empezando a ser plenamente reconocida como una fuente tanto para la pintura urbana como para la de paisajes. (La empresa fotográfica florentina de los Hermanos Alinari, que proporcionaba recuerdos y documentos al torrente de turistas que volvía a ser creciente, vio sus primeros progresos en la década de 1860.) Signorini fue a París en 1861, 1868, 1874, 1878, 1881, 1883 y 1884, en parte para visitar a otros pintores (contaba a Degas entre sus amigos personales), y mostró una modernidad bastante precoz después de un viaje a Irlanda con su pintura *Leith*, de 1881, que está dominada por un enorme cartel teatral encolado en la pared de una tienda: ya era *pop art* mucho antes de que este apareciese. No obstante, no hay nada que haga pensar que ni él ni ninguno de los demás Macchiaioli se vieron movidos por creencias políticas a pintar lo que era local o moderno en sus vistas de Italia. Algunos de ellos sí que se alistaron para combatir porque creían en la unificación italiana; y Silvestro Lega (1826-1895) pintó a brigadas de tiradores de primera del ejército prounificación llevando a cautivos a la prisión en la guerra de Garibaldi contra los austríacos en 1859. No obstante, en general el arte estaba antes que la política.

El más longevo y prolífico de los Macchiaioli fue Giovanni Fattori (1825-1908). De él se conocen más de ochocientas pinturas al óleo, la mayoría de ellas pintadas después de 1861, y todas muestran un constante y obstinado apego a la naturaleza. Pero estas tienen muy poco que decir sobre la propia Roma: el tema principal de Fattori era rural, el paisaje de la región de la Maremma que se hallaba al norte de la ciudad. Fue otro ejemplo más de que los cambios, incluso las convulsiones intensas y trascendentales que se producen en las opiniones políticas de una sociedad, pueden producir reacciones directas muy pequeñas en lo que hacen sus pintores.

Pero a veces sucede lo contrario en la arquitectura. Víctor Manuel II, el Rey Caballero, murió en 1878 y le sucedió su hijo, Humberto I. Incitados a ello por la piedad filial de Humberto —una emoción que no siempre era tan fácil de distinguir de un costoso y desplazado narcisismo, sobre todo en Italia—, los italianos procedieron ahora a planificar y construir el monumento conmemorativo más grande y más increíblemente pomposo jamás dedicado a un líder nacional en Europa occidental. Este resulta aún más extraordinario, si cabe, porque el de finales del siglo XIX fue un período de esterilidad casi total para la arquitectura romana. Aparte del monumento a Víctor Manuel II, prácticamente nada de lo que se construyó en Roma en la última mitad del siglo XIX merece algo más que una inspección superficial. Es, con mucho, el mayor acto de conmemoración arquitectónica jamás dedicado a un gobernante italiano —o, de hecho, a un italiano de cualquier tipo— desde la época de Julio César. Nada que se haya erigido en memoria de Dante, Miguel Ángel, Cristóbal Colón o cualquier otro italiano que haya cambiado el mundo se acerca siquiera a competir con él en cuanto a tamaño o visibilidad. No hay muchos lugares de Roma desde los que no pueda verse, y hay pocos sobre los que su masa blanca no parezca alzarse imponente; una singular desproporción, dada la mediocridad personal del hombre al que loa de forma tan apabullante.

Tiene 135 metros de anchura y 70 de altura, y está tallado y encajado, con absoluta crueldad y una total desconsideración por el contexto, en el flanco de lo que desde hacía tanto tiempo se había considerado como uno de los lugares antiguos más sagrados de Roma, cargado de historia: la colina en la que se hallaba el Capitolio y que está coronada por la plaza de Miguel Ángel, con su estatua de Marco Aurelio bajando la vista hacia la plaza Venezia. Visualmente, borra por completo todo lo demás que hay en esa colina. Se puede decir sin temor a equivocarse que, cien años después, habría sido totalmente imposible conseguir una autorización ni siquiera para poner un gallinero en ese espacio frente a las protestas de los conservacionistas; pero eso apenas importó entonces. Los finales del siglo XIX no fueron los finales del XX y, en todo caso, en esa época los italianos tenían una idea más elevada de la importancia de su historia reciente (la de ese momento) que ahora.

En consecuencia, docenas de edificios medievales e incluso algunas antiguas iglesias se echaron abajo para hacer sitio a este ciclópeo monstruo. Los trabajos de construcción empezaron en 1884 y continuaron hasta mucho tiempo después de la muerte de su arquitecto, Giuseppe Sacconi, en 1905; fue inaugurado en 1911 pero no se consideró terminado hasta 1935. Para entonces, Benito Mussolini, hombre de acusados entusiasmos arquitectónicos, ya era el gobernante absoluto de Italia, pero no parece que *Il Duce* interfiriese con los casi delirantemente recargados diseños de Sacconi. Estos ilustran perfectamente el verso de Alexander Pope sobre la finca del señor convertido en nuevo rico: «¡Oh, qué grandes montones de pequeñez abundan en ella!». El edificio contiene la tumba del Soldado Desconocido, con llama

eterna incluida, donde se halla un cadáver escogido de entre una docena de otros soldados igualmente anónimos e irreconocibles al final de
la guerra por una enlutada madre italiana procedente de Gradisca
d'Isonzo. También alberga el Museo de la Unificación italiana, lleno
del desorden de bustos, documentos, mapas y armas que uno esperaría
ver allí. De vez en cuando lo visitan grupos escolares, y algunos de los
turistas más vigorosos logran subir a la columnata curvada que corona
el enorme edificio, pero no es una de las instituciones más abarrotadas
de la ciudad; tampoco una de las más hermosas, como algunos de sus
apodos se encargan de recordarnos. Se ha conocido de diversas maneras: como la *macchina da scrivere*, «la máquina de escribir» por su
parecido a una máquina de escribir clásica; como la *zuppa Inglese*, la
«sopa inglesa», el nombre común de un postre de crema y bizcocho, y
la *torta nuziale*, o pastel de boda; como los «dientes falsos», una alusión a su blancura perennemente deslumbrante; y el más popular de
todos, como el *pisciatoio nazionale* o Urinario Nacional.

El Urinario Nacional no sólo es la construcción más grande de
Roma, sino que sus materiales también son absurdamente llamativos.
Nada de lo que lo compone puede hacerlo encajar en su entorno. El
color general de los edificios romanos va del marfil al terracota pasando por el beis: son los colores cálidos de la toba, el ladrillo, el travertino
y otros materiales locales. La piedra con la que se hizo el *Vittoriano* no
tiene nada de local. Es *botticino*, un mármol de blancura cadavérica
importado mediante ferrocarril y carro, con un gran coste económico,
de la geológicamente remota Brescia. La máquina de escribir no parece
romana ni en su diseño ni en sus materiales, y en realidad no lo es. Es
greco-teutónica. Su arquitecto fue italiano, desde luego, pero su inspiración viene del arquitecto alemán Leopold von Klenze (1784-1864), el
obsesivo y más que ligeramente estrafalario neoclasicista que era el arquitecto de la corte de Luis I de Baviera. Los orígenes del estilo del
monumento son políticos, y se hallan en la Triple Alianza del año 1882.
En este tratado entre Alemania, el Imperio austrohúngaro e Italia, que
duró hasta el estallido de la Primera Guerra Mundial, cada una de las
grandes potencias miembro se comprometía a apoyar a las otras si una
de ellas era atacada. El público italiano en general no se mostró demasiado entusiasmado. Al fin y al cabo, había quedado demostrado que
Austria había sido enemiga de la independencia italiana: se había mostrado como una potencia ferozmente colonialista.

No obstante, el estilo de Von Klenze, con sus columnas blancas y
su recuperación del estilo griego, se extendió por toda Europa. Von

Klenze no sólo hizo la Gliptoteca (el museo de escultura) y la Alte Pinakothek en Múnich, sino que también recibió el encargo, por parte de Nicolás I de Rusia, de diseñar el Nuevo Ermitage de San Petersburgo, y por parte del hijo de Luis I, Otto, de hacer diseños para la reconstrucción de Atenas, incluyendo la restauración de la Acrópolis, que tan catastróficamente dañada había resultado en 1687, cuando un proyectil de mortero veneciano perdido había hecho estallar el Partenón, que los turcos estaban utilizando como polvorín.

Klenze trazó una plantilla práctica, de hecho casi obligatoria, para el diseño de un edificio neoclásico que tratase de demostrar los vínculos de Italia con el pasado clásico. Uno de los edificios favoritos de Von Klenze era el altar helenístico del siglo II a. C. situado en la colonia griega de Pérgamo (la actual Bergama) en Turquía, con su enorme friso de piedra de la Batalla de los Gigantes, que había sido despiezado y saqueado por arqueólogos alemanes en el siglo XIX y a comienzos del XX y enviado, sección por sección dañada, a Berlín. Este consistía en un podio inferior que sostenía un friso escultural de 113 metros de la batalla entre los Dioses y los Gigantes descrita en la *Teogonía* de Hesíodo; sobre esta enorme base había una columnata abierta. El descendiente remoto de este pesado y magníficamente decorado edificio fue la tribuna de oradores que Albert Speer diseñaría para Adolf Hitler, situada frente al Zeppelinfeld en Nuremberg (la cual, por suerte, carece de versiones nazis de las imponentes esculturas de Pérgamo).

Una de las adaptaciones que hizo Von Klenze de este esquema de Pérgamo fue el Ruhmeshalle de Múnich (Pabellón de la Fama, 1850), con su forma de U, donde él había construido otros edificios de estilo helénico en un continuo esfuerzo por satisfacer la insaciable grecomanía de su monarca. De este edificio, añadiendo recuerdos del propio altar de Pérgamo, derivó Sacconi su diseño para el *Vittoriano*, que sería aún más grande que el altar de Pérgamo: la planta del Vittoriano sería unos 20 metros más larga. La diferencia principal de su diseño respecto al original de Pérgamo y al Ruhmeshalle de Von Klenze es que la columnata que lo corona no es recta sino que está curvada en un arco cóncavo. Está generosamente, de hecho empalagosamente, dotado de esculturas: no sólo una figura de 10 metros de Víctor Manuel a caballo, no sólo dos diosas de la victoria conduciendo cuadrigas, sino también docenas de bajorrelieves blancos en *botticino* que simbolizan los diversos distritos y ciudades de Italia unidos ya por el gran acontecimiento político, junto con guirnaldas, cartelas, águilas y otros objetos de celebración. Estos recuerdan al visitante cuántos escultores expertos estaban trabajando en Italia a finales del siglo, y cuán olvidados están todos ellos: una lección para el día de hoy. ¿Quién recuerda ahora a esos escultores regionales que otrora fueron célebres, como Emilio Bisi, que hizo «Lombardía», Italo Griselli («Toscana») o Silvio Sbricoli («Abruzzi»), todos los cuales contribuyeron a lo que Sacconi llamó «el Valhalla del Rey Caballero»? La respuesta, por supuesto, es nadie, igual que nadie recordará la mayor parte de nuestro propio arte contemporáneo cuando deje de ser contemporáneo.

El *Vittoriano* también es un antimonumento. Loa al primer rey de una Italia unida, pero, implícitamente, señala el fin del poder temporal del papado. El último papa que ejerció este poder, en toda su plenitud, fue Pío IX, que también fue el papa que reinó durante más tiempo en la historia de la Iglesia católica: elegido en 1846, ocupó el Trono del Pescador hasta su muerte en 1878. Pocos papas se acercaron siquiera a este récord y ninguno lo igualó, porque solían ser hombres de sesenta y tantos años cuando sus reinados comenzaban.

Nacido Giovanni Maria Mastai Ferretti, Pío IX comenzó su mandato papal como un liberal, o eso pensaron muchos católicos. Así, mostró simpatías, aunque no excesivas, hacia el sentimiento nacionalista en Italia, siempre y cuando este no amenazase al papado ni sus propiedades; animó a que se redactase el borrador de un marco constitucional para Roma, y dejó en libertad a varios presos políticos que habían sido acusados por su predecesor, el ultraconservador Gregorio XVI Cappellari.

Pero tales pareceres no durarían. Como muchas otras figuras poderosas de esa época de mediados del siglo XIX, caracterizada por su vehemente anticlericalismo, empezó siendo (relativamente) progresista, para consternación y desconfianza de los austrohúngaros. Aunque no fomentó el protestantismo, al menos no denunció a los protestantes, e incluso les permitió rendir culto según su propio rito en la Ciudad Santa. Mostró un serio interés en la reforma social dentro de su propio feudo, Roma, donde inició un programa de alumbrado público e incluso fundó el primer ferrocarril, desplazándose a veces a la vista del público montado en su propio carruaje papal: era un antepasado del moderno «Papamóvil». Incluso fue a América antes de su elección y fue el primer papa que cruzó el Atlántico, visitando también algunas de las repúblicas sudamericanas como ayudante del nuncio apostólico; un gesto que daría dividendos en la posterior lealtad americana al catolicismo romano. Las cifras cantan: en 1846 había unos 700 sacerdotes católicos en América del Norte, en 1878 el país ya tenía 6.000.

No obstante, no pasó mucho tiempo antes de que Pío IX iniciase un viraje que le llevaría muy hacia la derecha. Los sentimientos políticos en Italia y en toda Europa en 1848, el «año de las revoluciones», estaban demasiado caldeados como para que hubiera hecho otra cosa. No hubo nada oportunista en ello. Sentía sinceramente que el mundo se estaba escapando de la estabilidad de la Fe, y se sintió impelido por su conciencia a oponerse a ello. En Francia había habido un levantamiento de los obreros seguido por la abdicación de Luis Felipe, que murió dos años después, y por la elección de Luis Napoleón como presidente de la República. La revolución en Viena había provocado la dimisión de Metternich. En Praga, las revueltas nacionalistas checas fueron reprimidas por las tropas austríacas. Cerdeña-Piamonte declaró la guerra a Austria. El nacionalista Lajos Kossuth subió al poder en Hungría.

Sin embargo, la revuelta más preñada de amenaza directa, desde el punto de vista del papa, fue la que estalló en Roma. El primer ministro de Pío IX, el liberal Pellegrino Rossi, jefe de gobierno de los Estados Pontificios, fue asesinado en noviembre en las escaleras del exquisito Palacio de la Cancillería en el Vaticano, supuestamente por unos estudiantes de medicina que habían practicado con un cadáver dispuesto para su disección a fin de encontrar el lugar exacto en el que tendrían que atacarle si querían dar con la vena yugular. Los guardias suizos, que por lo general eran de confianza, dejaron a un lado sus alabardas, quedando el papa básicamente indefenso en una Europa en la que el nacionalismo era cada vez mayor —una idea que apenas resulta creíble hoy día, pero que, no obstante, es un hecho—, a lo que el papa respondió exiliándose. Vestido como un sacerdote común, huyó al sur, a Gaeta, un feudo del reino de las Dos Sicilias, bajo los auspicios de Fernando II.

La salida del papa provocó el júbilo general en Roma: a comienzos de 1849 se proclamó una República romana, y grandes fuegos artificiales iluminaron la plaza de San Pedro el día, entre todas las fechas la más blasfema, de Viernes Santo. A continuación llegaron los saqueos y el vandalismo en las propiedades papales. Pío reaccionó desde la segura distancia de Gaeta excomulgando a todos aquellos que hubieran participado en estos atropellos y ratificando su devoción a la Virgen, que, creía él, le había salvado la vida. En un plano más práctico, el nuevo presidente francés Luis Napoleón, que había garantizado a Pío su apoyo inquebrantable, envió tropas francesas a Roma y aplastó el germen de la república. Las tropas permanecerían allí, como una fuerza de pacificación en apoyo de Pío IX, durante veinte años, haciendo que se fuera gestando poco a poco un resentimiento entre los nacionalistas italianos, tanto en Roma como fuera de ella.

A veces se piensa que la lucha por el dogma que llevó a cabo Pío Nono tenía como objetivo combatir y reducir la eficacia de las creencias no católicas. Pero no fue así; no fundamentalmente, cuando menos. El blanco principal de esa lucha fueron las opiniones «liberales» que se albergaban dentro de la propia Iglesia. No era probable que a nadie que no fuera ya un escrupuloso católico le importara demasiado un detallado y puntilloso documento como el *Syllabus Errorum*, o que este le pareciese sino una larga lista de quejas eclesiásticas y, de hecho, una muestra de la desesperación de la Iglesia. Más bien, fue una carta constitucional para lo que se llegó a llamar «ultramontanismo».

El término *ultramontanismo*, que literalmente significaba «adhesión a las ideas promovidas al otro lado de los Alpes», hacía referencia a la situación geográfica de Roma en oposición al resto de la Iglesia católica, pero sobre todo en contraste con el «galicanismo», o lo que sucedía en Francia, término que denotaba las prácticas no romanas de otras iglesias y la (en opinión de Pío) deplorable tendencia, rayana en lo pecaminoso, a dar más importancia a las tradiciones y opiniones de los gobiernos nacionales, de las iglesias nacionales y de la jerarquía local que a Roma. El católico ultramontano era estricto, reflexivamente obediente, y dogmático en todas las cosas: un inquebrantable seguidor de Pío Nono. A este católico ultramontano las opiniones de los gobiernos nacionales le importaban un comino, comparadas con la Verdad eterna encarnada en la política papal. Así, daría igual que algún gobierno nacional —el de Irlanda, por ejemplo, o el de Alemania— deseara, bajo una concesión de emancipación católica, vetar algún nombramiento episcopal si el candidato le parecía políticamente indeseable; una Iglesia más flexible podría haber tolerado eso. Pero ya no. Nunca más. En concreto, el increíblemente intempestivo *Syllabus Errorum* tenía como blanco lo que para Pío Nono y la curia papal eran los funestos y duraderos efectos de la Revolución francesa, que había tenido lugar tan sólo un siglo antes.

¿Cuáles eran estos «errores»? En la lista figuraban unos ochenta. Algunos tenían que ver con aspectos fundamentales. Era un «error» (número 55) pensar que «la Iglesia tendría que separarse del Estado, y el Estado de la Iglesia». Era un «error» pensar que «el vínculo marital no es indisoluble» y que la autoridad civil tenía derecho a conceder divorcios (número 67). Era un «error» suponer que las personas que venían a residir en algunos países católicos tenían derecho a «gozar del ejercicio público de su propio culto característico», y esto era así tanto para los baptistas como para los mahometanos o, por qué no, para los adoradores del fuego. Era un «error» sostener que la Iglesia carecía del poder de «definir dogmáticamente» que su religión era la única religión verdadera, o que necesitara el «permiso y la aprobación del gobierno civil» para ejercer su autoridad. Y así sucesivamente, a lo largo de muchas cláusulas y muchas páginas. El punto culminante era, sin duda, el último: el Error Ochenta, que con sencilla y miope majestuosidad dictaminaba que de ningún modo el pontífice romano «puede, ni debe, reconciliarse con el progreso, el liberalismo y la civilización moderna, ni adaptarse a ellos».

No es lógico decir a menudo que un documento oficial esté equivocado en todo, pero el *Syllabus Errorum* se aproximó a ese excelso estado más que cualquier otra cosa que haya presentado la Iglesia católica desde la muerte de Lutero. Llamarlo antediluviano es subestimar el impacto que tuvo. Puso la ortodoxia católica en relación antagónica no sólo con el liberalismo del *Zeitgeist*, cautelosamente creciente, sino también con los descubrimientos en sentido opuesto de la ciencia y la la filosofía recientes, de lo que a la Iglesia le costaría generaciones recuperarse. De hecho, en vista del notorio conservadurismo del actual papa Benedicto XVI, Ratzinger, que tiene por costumbre atribuir la «práctica infalibilidad» a todas las declaraciones papales, algunos dirían que la Iglesia no se ha recuperado todavía y que el daño que hizo el *Syllabus* ha sido permanente.

Inevitablemente, muchos católicos moderados consideraron que esto era un golpe contra «los defensores más capaces y elocuentes de la Iglesia», los cuales, en palabras de Odo Russell, el representante del gobierno inglés en Roma en aquella época, «ya no pueden hablar [en defensa de la Iglesia] sin ser acusados de herejía... El silencio y la ciega obediencia deben ser, de ahora en adelante, su única norma de vida». Muchos creían que el papa se había puesto «a la cabeza de una enorme conspiración eclesiástica contra los principios de la sociedad moderna», lo cual era, de hecho, verdad. El gobierno francés, cuyas tropas eran lo único que se interponía entre el papa y las fuerzas del Risorgimento, prohibió el *Syllabus*. «Si no conseguimos frenar este insensato romanismo», escribió el obispo Dupanloup de Orleans, «la Iglesia quedará proscrita en Europa durante medio siglo».

La gente abraza las religiones con especial fervor cuando anhela una seguridad ideológica clara, y el efecto que tuvo la firmeza de Pío Nono fue que la Iglesia se hiciera más popular y no menos, no sólo en

Italia, sino también en el resto de Europa y en América, tanto del norte como del sur. Los organismos religiosos, tanto clericales como laicos, se ampliaron; el campo de acción misionera de la Iglesia en África y Asia aumentó. Pío Nono creó más de 200 nuevos obispados. La vida de la Iglesia en Francia, donde había quedado devastada por la Revolución, se reactivó espectacularmente, produciendo el prolongado arrebato de fe y de culto que desembocó en una avalancha de construcción de iglesias y en el desarrollo de cultos en torno a milagros marianos tan populares como el de la fuente curativa de Lourdes. Si se les da a elegir, muchas personas prefieren las expresiones directas de fe, por muy irracionales y supersticiosas que estas puedan parecer, a las declaraciones cualificadas de una teología moral más cauta, y a las primeras se les dio total libertad de acción durante el papado de Pío IX, cuyo *Syllabus* condenaba el racionalismo, el socialismo y el liberalismo de todo tipo. Mucha gente le odiaba, pero, aun así, fue un papa enormemente popular. Con él, uno siempre sabía a qué se atenía cuando se santiguaba.

Esto contribuye a explicar el por lo demás desconcertante entusiasmo que hubo entre los católicos por las opiniones y las enseñanzas de Pío Nono sobre el tema de la Virgen María, la madre de Cristo, y el prestigio del que gozó la veneración de esta dentro del culto católico durante su reinado. La Iglesia en sus inicios prestó escasa atención a la Virgen, o a su mito. Existen abundantes pruebas de la existencia histórica de Cristo. Sin embargo, de la de su presuntamente virgen madre prácticamente no hay ninguna. Es obvio que Jesús tuvo una madre, pero apenas sabemos nada de ella, y el culto de esta en la Iglesia católica —incluida su tan invocada e incesantemente loada virginidad, con toda su patente improbabilidad— es una adición que no cuenta con ninguna auténtica autorización bíblica. La «mariolatría», el culto a la Virgen, es básicamente una variante —aunque muy exagerada— de los cultos a la Madre Mítica de la antigüedad, que fueron muy anteriores al cristianismo. María aparece por primera vez, en el arte, en las imágenes de la Anunciación y la Adoración de los Reyes Magos, del siglo iii d. C., que se hallaron en las catacumbas. Estas representan un intento de cristianizar una deidad pagana ya existente, Cibeles, a la que se había adorado originalmente en Asia Menor, pero cuyo culto como Madre de los Dioses se llevó a Roma a comienzos del siglo iii a. C. En la época imperial, este culto había crecido hasta llegar a ser una celebración anual, unida a la de Isis, la diosa egipcia de la fertilidad, que tenía su propio templo en el Campo de Marte. De ahí al culto de María como la verdadera madre del dios Jesús sólo había un pequeño paso. Esto quedó reforzado por el supuesto descubrimiento en Tierra Santa de un retrato real de María pintado por el evangelista Lucas, el santo patrón de los artistas. Este precioso artefacto, la llamada Hodegetria, probablemente fue destruido por los turcos en el sitio de Constantinopla de 1453, donde se había construido para él una iglesia especial, la de Hodegon. (No había ninguna reliquia física de la Virgen María, pues según el dogma esta había sido «asumida» en su totalidad hacia el Cielo, de modo que la Hodegetria era lo más parecido a una reliquia sagrada de ella que poseía la Iglesia. Se hicieron copias de esta, una de las cuales se halla en el Panteón de Roma.)

A finales de 1869, cinco años después de que publicara el *Syllabus Errorum*, Pio Nono convocó a la asamblea de obispos que se conoce como el Primer Concilio Vaticano. El propósito de este era derrotar a los «galicanos» centralizando el poder y la autoridad en las manos del papa y de la curia papal, y en esto fue espectacularmente eficaz. La gran cuestión que se estaba decidiendo era la infalibilidad papal. ¿Podía el papa, al hablar *ex cathedra* («desde el trono», es decir, con todo el peso oficial de su posición, sobre cuestiones fundamentales del dogma) llegar a errar? ¿O el propio Dios intervendría para impedir que lo hiciera? Cuando se contaron los votos, Dios se manifestó claramente a favor de la «inerrancia», aunque no sin una gran cantidad de dura politiquería por parte del papa y su curia. Pio Nono intimidó implacablemente a los obispos. Unos 350 obispos de los más o menos 800 que asistieron a las reuniones del concilio eran económicamente dependientes del Vaticano, y a estos se les dijo de manera muy clara que cualquier discrepancia respecto a la línea de Pío IX conllevaría un corte total de fondos. No hubo ninguna votación secreta. Un delegado francés, el obispo Félix Dupanloup, confió a su diario que «no voy a volver al Concilio... La falsedad, la vanidad y las continuas mentiras me obligan a mantenerme alejado de él». El teólogo católico moderno Hans Kung, que fue nombrado teólogo oficial para el Segundo Concilio Vaticano en 1962, pensaba que el Primer Concilio «quedó hasta tal punto en entredicho» que su doctrina de la infalibilidad estaba invalidada. «Por muy doloroso y embarazoso que pueda ser admitirlo, ese concilio se pareció más a un congreso bien organizado y manipulado de un partido político que a una libre reunión de cristianos.» Kung afirmaría que el papa hizo que la infalibilidad se tradujera en un dogma por cuatro motivos. «Pío IX tenía un sentido de misión divina que él llevó a sus extremos; practicaba el doble juego; estaba mentalmente perturbado; y hacía un mal uso de su cargo.» Absurdamente, pero de forma nada sorprendente, en 1979 la Iglesia prohibió para siempre al impecablemente erudito Kung que enseñase teología en su nombre.

Dice mucho sobre las prioridades de Pío Nono el hecho de que, tras forzar la votación a favor de la infalibilidad papal, sólo realizara otra declaración infalible, y que esta tuviera que ver con la Virgen María. Fue en 1854 cuando Pío definió el dogma de la «inmaculada concepción»: la creencia de que María, como madre perfecta del Redentor, había sido concebida sin la carga del «pecado original». Esa herencia de la culpa colectiva por la caída de Adán y Eva, que se creía que el sacramento del bautismo hacía desaparecer de toda alma humana, nunca había caído sobre ella; ella era un ser completamente inocente, como correspondía a la Madre de Dios. Ni que decir tiene que esto era una pura fantasía, como suelen serlo las declaraciones sobre aquellos de quienes se sabe tan poco. No obstante, llegó a ser un dogma católico y sigue siéndolo, y en la romana plaza de España se erigió una columna que lo conmemora. Posteriormente, Pío XII, otro entusiasta mariólatra, iría más allá y definiría, como dogma, la creencia de que María se había salvado de la corrupción terrenal siendo «asumida», absorbida en cuerpo y alma, hacia el Cielo. Puede que lo fuera, pero hasta ahora la visión de esa inmaculada túnica azul en el espacio exterior ha eludido a todos los observatorios del mundo. (Es de suponer que llevaría túnica; la idea de una virgen desnuda en órbita perpetua apenas resulta concebible.)

Al examinar la vida y los actos de Pío IX, el historiador de la Iglesia se ve enfrentado a una aparente paradoja, pues a pesar de su innato y creciente conservadurismo, el papado de Pío IX marca el principio de una iglesia moderna: Pío IX logró franquear el difícil tránsito de la Iglesia en el que esta pasó de ostentar el poder temporal a tener un dominio meramente espiritual, y lo hizo sin pérdida de dignidad institucional. Por esto fue odiado en algunos círculos: durante su procesión fúnebre, en 1881, una turba de nacionalistas italianos intentó hacerse con su cadáver y arrojarlo al Tíber, sin conseguirlo. (No era en absoluto la primera vez que se mostraba una falta de respeto tan violenta a un papa muerto. Mucho tiempo antes, cuando las elecciones papales estaban más manifiestamente en manos de facciones rivales, el cadáver ya muy descompuesto del papa Formoso, papa desde 891 hasta 896, fue desenterrado y sacado de su ataúd; los dedos con los que había dado tantas bendiciones fueron cercenados; el cadáver fue arrastrado por las calles, bombardeado con excrementos y arrojado al río; no contenta con esto, la chusma romana metió poco después a un sucesor suyo, Esteban VII, en la cárcel y allí mismo lo estranguló.)

A Pío Nono no se le infligió ninguna violencia semejante. Tenía enemigos, naturalmente, pero aun así fue muy querido y muy echado de menos por la mayoría de los católicos italianos y también por los no italianos. Había habido un fuerte movimiento popular para tratar de convencerle de que instaurara un gobierno constitucional en los Estados Pontificios, pero esto había quedado en nada: Pío se mantuvo firme en su reivindicación de la restauración incondicional del dominio papal. Si había un principio fijo sobre el que su poder secular se mantenía inmutable, este era que nunca se permitiría un gobierno constitucional en el *papato*, el papado o Estados Pontificios. Pío tenía tantos seguidores personales que podía hacer lo que quisiera. Murió «en olor de santidad», como reza la expresión, dejando tras de sí una Iglesia incalculablemente más popularizada.

En algunos aspectos, el hombre que más hizo como papa por continuar con el legado de Pío Nono fue el sucesor de su sucesor, Pío X, un realista que se dio cuenta de que ni la Iglesia ni el Estado italiano iban a conseguir mucho si seguían lanzándose recriminaciones entre sí. Pío X dejó de calificar públicamente al Estado de usurpador de los derechos de la Iglesia (aunque se desconoce lo que pensaba en privado sobre la cuestión). Giuseppe Melchiorre Sarto (1835-1914) era un hombre de orígenes humildes, uno de los diez hijos que tuvo un cartero rural del Véneto. Ni por asomo se le podría haber calificado de intelectual, pero esto no importó demasiado, y puede que incluso fuera una ventaja: tenía un certero instinto para el populismo religioso, y lo usó al máximo. Se veía a sí mismo como un «papa pastoral», en contacto directo con sus feligreses. Fue, de hecho, un hombre sinceramente caritativo; cuando un desastroso terremoto golpeó Messina en 1908, abrió las puertas del Vaticano a los damnificados que habían perdido sus casas, dejando en evidencia al gobierno secular de Italia. Quizá su dicho más famoso fuera «nací pobre, he vivido pobre y deseo morir pobre».

La misión especial de Pío X, tal como él la veía, era ampliar la Iglesia viva reclutando la devoción de los niños, mediante la participación en los Sacramentos. En una carta pastoral escrita cuando era Patriarca de Venecia, se quejaba de que «se ha expulsado a Dios de la vida pública mediante la separación de la Iglesia y el Estado, ahora que la duda se ha elevado a la categoría de sistema... Se le ha expulsado incluso de la familia, que ya no se considera sagrada en sus orígenes».

El remedio para esto era la obediencia divina. «Cuando hablamos del Vicario de Cristo, no debemos poner objeciones. Debemos obedecer; no debemos... evaluar sus juicios, ni criticar sus instrucciones, no sea que hagamos daño al propio Jesucristo. La sociedad está enferma... La única esperanza, el único remedio, es el Papa.» Quería que la doctrina católica impusiera la conformidad en la Iglesia, y no quería tener nada que ver con el «modernismo», refiriéndose con ese término a cualquier clase de síntesis entre las corrientes de pensamiento de finales del siglo XIX y las enseñanzas supuestamente inmutables de la Iglesia tradicional. La única teología que reunía los requisitos necesarios para enseñarse en los colegios y seminarios católicos era la del filósofo medieval Tomás de Aquino. Por consiguiente, no apoyaría el incipiente movimiento de la Acción Católica, una sociedad de católicos laicos que trataba de propagar la influencia católica en la sociedad, porque incluso eso sugería una excesiva independencia por parte de los fieles. El debate teológico dentro de la Iglesia quedó silenciado hasta el reinado de Pío XII, cuando empezó a hacer una tímida y provisional reaparición.

En el pasado, los niños ya habían cumplido entre los diez y los doce años antes de hacer su Primera Comunión y recitar balbuceando el historial de sus minúsculos pecados al sacerdote en el confesionario. Pío X decretó que esa edad se bajase a los nueve o incluso los siete años, reproduciendo así aquello de lo que tradicionalmente se jactaban los jesuitas: «Dadme a un niño antes de que tenga nueve años y será mío para toda la vida». Los niños en su Primera Comunión debían llevar fajines y escarapelas; las niñas, vestidos y velos blancos. Fue una «reforma» muy popular, que aumentó el teatro sacramental de la fe infantil y agradó a todos los padres devotos. También aumentó la frecuencia con la que los católicos iban a Confesión, un preludio necesario de la Sagrada Comunión.

Pío X, al igual que su homónimo Pío Nono, no veía ningún motivo para adaptar la sencilla fe a las teorías científicas, ni para la interpretación bíblica. Dejó claras sus opiniones, y la política conservadora de su Iglesia, en 1907 en una carta encíclica, *Pascendi*, y en el decreto *Lamentabili*, y la Iglesia sentiría los efectos de su conservadurismo durante unos cincuenta años, hasta el papado de Pío XII inclusive. El uso del Índice de Libros Prohibidos se hizo habitual ahora, de hecho se generalizó, en toda la enseñanza y la administración de la Iglesia. En general, el papado de Pío X fue una época difícil para la vida intelectual católica. La amenaza de excomunión se cernía amenazadoramente sobre ella. «Los católicos liberales son lobos con piel de cordero. Por consiguiente, el verdadero sacerdote está obligado a desenmascararlos. La Iglesia es, por su propia naturaleza, una sociedad desigual. Sólo la jerarquía mueve y controla... el deber de la multitud es llevar a cabo con un espíritu sumiso las órdenes de quienes se hallan al mando.»

Pío X instó a su grey a enorgullecerse de que les llamaran «papistas, retrógrados e intransigentes». Se negó a aceptar la Ley de Separación de Francia de 1905 entre la Iglesia y el Estado, que finalmente privó a la Iglesia católica francesa de toda financiación gubernamental y acabó con una ruptura diplomática oficial entre el gobierno francés y el Vaticano. (Su mayor enemigo intelectual dentro de la Iglesia fue el padre Alfred Loisy, teólogo principal del Institut Catholique de París, cuyo libro *El Evangelio y la Iglesia*, que tuvo una amplia circulación, sostenía que las conclusiones a las que llegaba la crítica bíblica radical disolvían la amenaza que el protestantismo representaba para la fe, al desechar la literalidad bíblica como una mera ingenuidad, porque implicaban que no había ninguna forma de regresar a un punto anterior a la tradición de la Iglesia para acceder a un Cristo «no mediado».)

No obstante, sí que trajo consigo ciertas reformas litúrgicas que la Iglesia necesitaba. La música eclesiástica italiana había sido invadida por la ópera, haciendo hincapié en los pasajes interpretados con virtuosismo y en la instrumentación de conjunto. Pío X rechazó de plano estos elementos seculares y en 1903 exigió un regreso a la antigua tradición del canto llano y la polifonía clásica de la Contrarreforma, sobre todo en el Kyrial, el Gradual y el Antifonario. Pío era partidario de un retorno al canto gregoriano. También prohibió explícitamente a las mujeres que cantaran en los coros eclesiásticos.

Todo esto estuvo muy bien, y lo apoyó con un programa de restauración de iglesias ruinosas —que siempre eran un problema en la Ciudad Eterna, la cual ya entonces empezaba a no parecer demasiado eterna— que no hizo más que bien.

Inicialmente llegó a prohibir a los católicos italianos que votaran, basándose en que el Estado italiano, al ser laico, había convertido al papa en un «prisionero en el Vaticano», y que el mero hecho de votar para un Estado secular que había confiscado los enormes dominios papales supondría consentir esto. Pero posteriormente, cuando se hizo patente que ni Víctor Manuel III ni ningún político italiano elegido que valorase sus votos iba a tolerar una recaída en el antiguo problema, esto se relajó. En adelante, el tamaño de los dominios pontificios no dejaría de ser minúsculo; aunque el tamaño numérico de la Iglesia católica sería enorme, y no dejaría de aumentar.

Esta relajación sobre el asunto de la votación no implicó una relajación en la doctrina papal. En 1907, Pío X condenó formalmente unas 65 proposiciones acerca de la naturaleza de la Iglesia y la divinidad de Cristo como erróneas y heréticas, y poco después obligó a todos los sacerdotes a hacer un juramento sagrado contra el modernismo en general. «Modernismo» era un término extremadamente amplio. Tal como lo entendían Pío X y su curia, hacía referencia a cualquier intento de conciliar las ideas de filósofos más recientes, como Immanuel Kant, con las enseñanzas tradicionales de la Iglesia. Los teólogos tradicionalistas como Pío X contemplaban tales intentos con horror, porque implicaban que las enseñanzas de la Iglesia sobre la fe y la moralidad no eran eternas ni inmutables. Poco a poco se iban afianzando las líneas de combate entre la ortodoxia de la Iglesia y el modernismo.

Capítulo 11

FUTURISMO Y FASCISMO

Los poetas casi nunca tienen influencia política. Ha habido pocas excepciones a ello en el siglo XX. En Inglaterra ninguna, salvo, sólo posiblemente, Rudyard Kipling. En América, absolutamente ninguna. En Rusia se podría mencionar a Vladimir Mayakowsky. Pero la figura excepcional en este sentido fue italiana: un escritor estrambótico, hiperactivo e increíblemente egotista llamado Gabriele d'Annunzio (1863-1938), un hombre resuelto a convertirse en una leyenda viva, y uno que lo logró cuando la mayoría de los escritores que lo intentan fracasan.

Había nacido en Pescara, en la costa adriática, y se había criado en los Abruzos, que en esa época era una parte brutalmente atrasada de Italia, con una minúscula élite culta y un mayoría de campesinos analfabeta y supersticiosa. Parecía que este era el orden eterno, y el desprecio por las masas iba a ser el motivo principal de la política de D'Annunzio. Su padre, Francesco Paolo, era un inteligente y repulsivo bravucón, cuyo desprecio por los desvalidos heredó por completo su hijo. El mundo, escribió, se dividía en señores y esclavos, y no había nada entre esos dos extremos:

> A la raza superior, que habrá ascendido por la pura energía de su voluntad, todo le será permitido; a la inferior, nada o muy poco. La mayor cantidad de bienestar irá a los privilegiados, cuya nobleza personal les hará dignos de todos los privilegios. Los plebeyos siguen siendo esclavos, condenados a sufrir...

Toda su vida, D'Annunzio estaría perseguido por el fantasma de sus orígenes provincianos y por el del oportunismo sexual de su puerco padre: el sexo no era sexo de verdad a menos que también fuera una violación. Se casó joven, pero prácticamente en cuanto llegó a Roma en 1881 para buscar fortuna literaria, se deshizo de su esposa de los Abruzos y la sustituyó por una sucesión de mujeres de la alta sociedad, prostitutas, *principesse* y actrices, lo que culminó en sus prolongadas aventuras amorosas con las dos *tragédiennes* más famosas de la época, Sarah Bernhardt y la rival italiana de esta, Eleonora Duse. (La esposa pronto se suicidaría saltando de una ventana.) Fue implacablemente de cama en cama. No había nada modesto en la transfiguración que D'Annunzio esperaba de su vida sexual: «La obra de la carne es en mí la obra del espíritu, y las dos se armonizan alcanzando una única y extraordinaria belleza. La más fértil creadora de belleza en el mundo es la sensualidad iluminada por la apoteosis».

D'Annunzio practicó casi todos los tipos de literatura, con un éxito de público cada vez mayor. Empezó a publicar sus obras de juventud, poemas y relatos breves, cuando tenía dieciséis años; y para conseguir publicidad para su primer libro de versos, envió a los periódicos una noticia falsa sobre su muerte por una caída de un caballo. Escribió una serie de novelas, empezando en 1889 con *Il piacere* («El placer»), seguida en 1891 por *L'innocente* («El inocente»), *Giovanni Episcopo* (1892), *Il trionfo della morte* («El triunfo de la muerte», 1894), *Le vergini delle rocce* («Las vírgenes de las rocas», 1896) e *Il fuoco* («El fuego», 1900). La mayoría de estas obras fueron éxitos de ventas en Italia y alguna en Francia, donde D'Annunzio también se había forjado un ferviente público. Tuvo problemas continuamente con el clero italiano, forjándose una hipnótica reputación de decadente y maníaco sexual, algo que no pejudicó sus ventas en absoluto. *Il fuoco* era una novela en clave basada en la escandalosa y muy publicitada aventura amorosa de D'Annunzio con Sarah Bernhardt. Bernhardt también le había inducido a pasarse al teatro, con un ruidoso aunque variable éxito. Sus dos grandes triunfos dramáticos, *La città morta* («La ciudad muerta», 1898) y *Francesca da Rimini* (1901), se escribieron para ella como heroína trágica de las obras.

Además de las obras de teatro, las novelas y varias colecciones de versos exuberantemente decadentes y exhortatorios publicadas alrededor de finales de siglo, D'Annunzio colaboró con el compositor Claude Debussy en una obra musical, *El martirio de San Sebastián*, e incluso escribió un guión para una película muda basada en *Salammbô*, la escabrosa novela de Gustave Flaubert sobre la caída de Cartago. También cuenta con la distinción de ser el único poeta de la historia cuyo nombre se dio a un aeropuerto: el Aeropuerto Gabriele d'Annunzio, en Brescia.

Su poesía tenía sus buenos momentos, pero casi siempre era anticuada: recordaba a escritores ingleses como Swinburne, Rossetti y Keats, y estaba hecha a la medida de la fascinación de fin de siglo por la necrofilia erótica:

> Como si brotaran de la carne corrupta, las insolentes
> vides jóvenes crecen agrestemente con densa exuberancia,
> y extrañas e insólitas plantas despliegan sus horribles capullos
> sobre la nauseabunda podredumbre de un cadáver, más abajo...

Costaría adivinar que estas piezas de museo tan empalagosas las escribió un contemporáneo de Pound y Eliot. Con un poco de este material se llegaba muy lejos, incluso en la década de 1890, y la mayor parte de él es tan exagerado en su «decadencia» teatral que apenas resulta tolerable, ni aun en italiano, un siglo después. D'Annunzio era adicto a las poses estéticas; el esteta que protagonizaba sus novelas era invariablemente una proyección de sí mismo en el dominio de la ficción, con todo el espacio que esta ofrecía para la exageración. Andrea Sperelli, el protagonista de *Il piacere*, la novela que D'Annunzio publicó a los veintiséis años, es la joven encarnación del Arte por el Arte. «¡El arte! ¡El arte!», se sermonea a sí mismo con sensibilidad,

> era el Amante fiel, siempre joven, inmortal. Era la Fuente de la pura alegría, prohibida a la muchedumbre, concedida a los elegidos; era el precioso sustento que hacía que el hombre fuera como un dios. Tras poner sus labios en esa copa, ¿cómo podía haber bebido de cualquier otra?

Lo que hizo que D'Annunzio llegara a ser el centro de atención en Italia no fue solamente su literatura, con el incesante hincapié que esta hacía en la gratificación propia a cualquier precio para los demás, sino su singular agresividad y valentía personal. En esta también había una auténtica comprensión de lo que eran los medios de comunicación de masas y de lo que estos podían hacer por una carrera profesional. D'Annunzio escribió en todas partes, y en todas partes se escribió de él: era el único escritor italiano, aparte de Marinetti, que podía ser noticia en Londres y Nueva York además de en Roma o Milán.

Independientemente de lo que se pueda decir sobre la calidad de su poesía —y parte de ella, teniendo en cuenta las convenciones de la época, era pasable, aunque desde una perspectiva moderna su prosa parezca ilegiblemente egocéntrica— no puede ponerse en duda su ardor y dureza como hombre. En cuanto estalló la Primera Guerra Mundial, D'Annunzio abandonó París —adonde había ido en parte persiguiendo a Sarah Bernhardt, y en parte huyendo de su cada vez mayor legión de acreedores— y regresó a Italia, donde hizo una incesante campaña en artículos, poemas y discursos a favor de la entrada de Italia en el bando de los Aliados. Creía que la guerra rehabilitaría a su país ante los extranjeros: que la agresividad italiana anularía esa molesta imagen de su patria como tierra de camareros, tenores y vendedores de helados. Aprendió a volar, perdió un ojo en un accidente de aterrizaje y alcanzó el clímax de su carrera aeronáutica en agosto de 1918, cuando, con considerable valentía —hay que recordar que aquello se hizo en un biplano de cabina abierta y sin paracaídas—, encabezó una decena de cazas del escuadrón 87 en un viaje de ida y vuelta de un millar de kilómetros desde un aeródromo cercano a Venecia para lanzar folletos de propaganda sobre la ciudad de Viena. La capital austríaca no tenía cañones antiaéreos, pero el *volo su Vienna* no dejó de ser por ello una espectacular hazaña que consolidó la reputación del poeta en Italia como un temerario, uno de los héroes de los inicios de la aviación italiana.

Cuando terminó la guerra, D'Annunzio ya era percibido por sus compatriotas masculinos (y por sus compatriotas femeninas, que se derretían por él) como un *condottiere* moderno, con alas y un aeromotor Fiat en lugar de un caballo. Esto se ajustaba a la opinión que él tenía de sí mismo: absolutamente carente de modestia, era un implacable arribista, cazador de premios, menciones y medallas al valor, que trató de obtener (y obtuvo) no sólo de Italia sino también de otros países aliados. Aumentó brevemente esta reputación llegando a conquistar algún territorio; los sentimientos nacionalistas de D'Annunzio, al igual que los de muchos italianos, quedaron ofendidos cuando en la Conferencia de Paz de París se propuso que la ciudad étnicamente italiana de Fiume, en el norte, se entregase a una entidad política recién formada, Yugoslavia. Por consiguiente, reclutó a dos mil nacionalistas radicales irregulares, ciudadanos italianos de Fiume, y forzó la retirada de las fuerzas de ocupación británicas y francesas que estaban al mando de la ciudad.

Sin embargo, el gobierno italiano se negó a aceptar Fiume y exigió a D'Annunzio y sus hombres que se rindieran. El poeta se negó a hacerlo. En lugar de ello, declaró que Fiume pasaba a ser un Estado independiente, una especie de Mónaco a orillas del Adriático, gobernado y liderado por él mismo. La gobernó como una dictadura militar, y durante esta época inventó e hizo uso de varios recursos que posteriormente adoptaron Mussolini y los fascistas italianos, desde vestir camisas negras hasta obligar a los disidentes a beber aceite de ricino como castigo humillante. Finalmente el gobierno italiano, indeciso, cansado de los pavoneos de D'Annunzio pero sin saber a ciencia cierta qué hacer con un poeta y héroe nacional, instauró un bloqueo naval. La tensión iba en aumento mes a mes. En un momento dado D'Annunzio hizo que Fiume declarase la guerra a Italia, uno de los más espléndidos ejemplos del «rugido del ratón» que ha habido en la historia europea moderna. Fiume llegó a emitir sellos de correos que mostraban la cabeza de D'Annunzio y el lema «*Hic manebimus*», «Aquí nos quedaremos». Finalmente, a finales de 1920 el gobierno italiano no tuvo más remedio que aceptar la declaración y comenzar un bombardeo naval de Fiume, teniendo cuidado de provocar la menor cantidad posible de muertes y daños.

Al final todo se resolvió diplomáticamente. Fiume, que dejó de ser una ciudad estado, siguió siendo yugoslava y posteriormente fue absorbida por Croacia (ahora se la conoce como Rijeka). D'Annunzio regresó a a su casa del lago de Garda y retomó su carrera literaria y erótica. Nunca volvió a intervenir en la política formal, aunque hizo campaña vigorosamente desde fuera y entre bastidores. Pero esta actividad quedó un tanto restringida por las heridas que sufrió cuando cayó, o le empujaron, de una ventana en 1922. Dejó un legado de teatralidad política, pero este fue un legado poderoso, y llegó a serlo aun más cuando Benito Mussolini lo absorbió. D'Annunzio fue el primero que popularizó los saludos romanos, las camisas negras, los discursos desde el balcón, las marchas y las manifestaciones «oceánicas» que relacionamos fundamentalmente con *Il Duce*, un título que, no por casualidad, el poeta quiso reservarse para él mismo. Podría decirse que fue el primer escritor que comprendió las relaciones que existen entre las multitudes y el poder. Esto le convertiría en un valioso ejemplo a imitar para el joven Mussolini después de la guerra. El escenario principal de D'Annunzio fue Roma, donde mostró un infalible don para provocar algaradas callejeras y manifestaciones contra el que fue primer ministro de Italia durante la guerra, el prudentemente neutralista Giolitti, con enardecidos y enardecedores discursos que hablaban de que la hora de las palabras ya había pasado y había llegado la hora de la acción. Mussolini también tomaría nota de esto y lo copiaría. ¿Se oponían las almas más prudentes a estas encendidas arengas? *Me ne frego*, fue la respuesta de D'Annunzio: «Me importa un comino». Esta se convertiría pronto en una de las frases hechas más nacionalmente populares del fascismo.

El propio D'Annunzio no era fascista. Estaba próximo a destacados antifascistas, y en 1922 era más célebre para muchos italianos que el propio Mussolini. Tenía la información —la cual nunca llegó a hacerse pública del todo, pero siempre amenazó con hacerlo— que comprometía a los responsables del asesinato en 1924 del diputado socialista Giacomo Matteotti, quien había intentado anular las elecciones ganadas por el fascismo debido a las irregularidades que se habían producido en la votación. D'Annunzio era enormemente admirado por los fascistas por su coreografía de manifestaciones y escenas de multitudes. Mussolini le rogó que ayudara al fascismo, pero lo único que obtuvo como respuesta fue una carta en la que se le reprendía por robar las ideas de D'Annunzio.

Por consiguiente, no es de extrañar que Mussolini, tras llegar al poder, tratase a este icono nacional con guantes de seda. Si uno tiene un diente cariado, explicó *Il Duce*, o se lo arranca o lo rellena de oro; D'Annunzio tenía que recibir este segundo tratamiento, pues de lo contrario cabía la posibilidad de que se volviera demasiado peligroso. Mussolini hizo que el rey otorgara a D'Annunzio el título de *Príncipe di Montenevoso*, Príncipe de la Montaña Nevada, del cual, naturalmente, el poeta no perdió oportunidad de hacer ostentación. Financió públicamente una magnífica edición de los escritos de D'Annunzio, promovida por el gobierno, en la que se pagó al poeta un 30 % en concepto de derechos de autor, haciéndole ganar un millón de liras al año desde 1924 hasta 1938, en una época en la que una lira aún era una lira. Y le dio a D'Annunzio una casa de campo en el lago Garda, *Il Vittoriale degli Italiani*, que se convirtió en un palacio conmemorativo de las hazañas, del narcisisimo y, sobre todo, del *kitsch* de D'Annunzio. Todavía se puede visitar y, por la espeluznante intensidad de su vulgaridad, lo merece. Del techo de una sala de música se halla suspendido el frágil biplano en el que D'Annunzio realizó su famoso vuelo sobre Viena, lanzando panfletos en pleno verano de 1918. Entre sus otras piezas de exhibición se hallan el *Puglia*, un crucero-torpedero en el que D'Annunzio había patrullado la costa Dálmata, el cual fue trasladado intacto a tierra firme, hasta los jardines de cipreses desde los cuales se domina el lago. De vez en cuando se solían disparar sus cañones de proa, en homenaje al genio del poeta. Ya no se disparan, porque casi un siglo después no les queda munición (igual que a sus versos).

En los lúgubres y pretenciosos espacios del Vittoriale, D'Annunzio mantuvo las últimas, y bastante sórdidas y superficiales, aventuras amorosas de su prolongada carrera amatoria. Las mujeres aún seguían desviviéndose por llegar hasta su cama. A D'Annunzio nunca se le ocurrió pensar que un hombre no debía vivir de las mujeres. A Bernard Berenson, que conoció un poco a D'Annunzio, le gustaba contar la historia de una mujer americana de avanzada edad y cabello canoso, muy respetable e inmensamente rica que, embargada por el deseo de añadir a D'Annunzio a sus conquistas, hizo saber al poeta (a través de un intermediario) que pagaría muy generosamente por pasar una noche con él. La respuesta del poeta fue preguntar: «¿Lo tiene todo blanco?».

El estilo de D'Annunzio afectó enormemente tanto al futurismo como al fascismo. El futurismo era un movimiento vinculado a la cultura que tenía pretensiones de afectar a la vida cotidiana; su líder fue Filippo Tommaso Marinetti, «la cafeína de Europa», como a él mismo le gustaba llamarse. Había nacido en Alejandría, Egipto, en 1876. Su padre Enrico era un próspero abogado de empresa que vivió, pero nunca se casó, con su madre, Amalia Grolli. A diferencia de la mayoría de los poetas, músicos y artistas de su círculo, nunca anduvo escaso de dinero; para él, el hecho de tener rentas significó la libertad, como para la mayoría de la gente que tiene la suerte de tenerlas: nunca tuvo que desviarse de la misión, que él se había encomendado a sí mismo, de cambiar el mundo simplemente para ganarse el pan, y la seguridad que le daba su clase hizo aún más audaces sus ataques a la complacencia de la clase media. Como maestro de ceremonias de las novedades culturales en Europa, necesitaba estar en todas partes; no sólo en Roma, donde él y su familia mantenían un gran apartamento, sino también en París, San Petersburgo y Moscú, Zurich, Berlín, Londres y sobre todo Milán, que eligió como hogar. Semejante movilidad costaba dinero, y Marinetti fue uno de los pocos modernistas, desde luego el único de los italianos, que lo tuvo en abundancia.

Le habían instruido los jesuitas, por lo que es perfectamente posible que contribuyeran a su idea de excepción segura de sí misma. Esta quedó confirmada cuando sus maestros jesuitas le expulsaron por escándalo cultural: había estado haciendo circular ejemplares de las novelas realistas de Zola.

Otro factor que al parecer le desvió (por decirlo con suavidad) de las pretenciones de la clase media fue la filiación que tenía con África debido a su infancia egipcia. Marinetti quería que le vieran como a un exótico, y resaltó esta filiación. «*Vulgare Graeciae dictum*», había escrito

Plinio el Viejo en su *Historia natural*, «*semper Africam aliquid novi afferre*»: «Los griegos suelen decir que de África siempre está surgiendo algo nuevo». Esto bien podría haber sido el lema de Marinetti, y explica las frecuentes referencias a la destreza de los «negros» (así llamaba él a los africanos, como era costumbre en esa época) en sus escritos. A los africanos se les imaginaba como a hombres duros, llenos de energía, intrépidos, y que nunca se quedaban sin saber qué hacer cuando se trataba de sorprender y desconcertar a los europeos. Eran, en ese sentido, vanguardistas por naturaleza, y así era como Marinetti se veía a sí mismo. A diferencia de Picasso, Matisse o Derain, nunca estuvo influido por el arte «primitivo» de África. Él era escritor e intérprete, no pintor. Es muy posible, no obstante, que existiera una conexión entre los idiomas y los cantos del continente negro, tal como los imaginaban Marinetti y otros intelectuales, y las onomatopeyas absurdas de las «palabras en libertad» que llegarían a ser una parte importante de las estrategias poéticas de Marinetti. Como a algunos otros europeos que querían hacer gala de lo distintos que eran al vulgo, le gustaba la imagen del salvajismo africano caracterizada por el hueso en la nariz y el idioma primitivo.

Su padre le envió a París a estudiar el bachillerato, que obtuvo en 1893. Después regresó a Italia y se matriculó en la facultad de Derecho de la Universidad de Génova, donde se licenció en 1899. Pero nunca ejercería la abogacía. En lugar de ello, vivió la vida de un joven *flâneur* literario, escribiendo poemas, ensayos, obras de teatro y, con cada vez mayor regularidad y destreza, ejerciendo el periodismo en italiano y francés. Fue gravitando cada vez más hacia los círculos literarios y artísticos de Roma, Turín y Milán.

El movimiento llamado futurismo se lanzó con un ensayo escrito en francés por Marinetti y publicado, como correspondía a su propósito internacional, en París en 1909. En adelante la producción de manifiestos sería la principal forma artística de Marinetti: nadie en el mundo cultural europeo, salvo D'Annunzio, tuvo un talento instintivo más poderoso para la publicidad ni pudo superarle a la hora de lanzar bravatas.

Ciertas imágenes se repiten en su obra, y en la de sus compañeros futuristas. Casi todas ellas son mecánicas, y polémicamente modernas. «La magnificencia del mundo», escribió,

> se ha enriquecido con una belleza nueva: la belleza de la velocidad. Un coche de carreras con su capó adornado con grandes tubos parecidos a serpientes de aliento explosivo... un automóvil rugiente que parece que corre sobre la metralla, es más bello que la Victoria de Samotracia.

Para muchas personas esto es verdad hoy día. Cuando menos, no es difícil, más de un siglo después de que se escribiera este manifiesto, encontrar hermosas tanto la escultura como a la máquina, aunque no de la misma manera. Pero en 1909 tales sentimientos les parecían, a los europeos cultos que los leían, blasfemos y casi diabólicos; venían a ser una contradicción del orden «apropiado» de la experiencia estética, porque el automóvil no era bello *en absoluto*, mientras que la escultura era *absolutamente* bella.

El automóvil, objeto de lo que un escritor llamó «autolatría», fue el principal icono futurista, el símbolo, el espectacular objeto de deseo. Lo único que podía compararse con él era el aeroplano, que en esa época (en 1910) se hallaba en su muy incipiente fase de desarrollo por los pioneros, después de que los hermanos Wright lograran hacer volar un objeto más pesado que el aire mediante energía mecánica en 1903. El avión de los primeros sueños futuristas era un sencillo monoplano Blériot, como el que recientemente había logrado atravesar el canal de la Mancha. También figuraron los trenes y las rápidas lanchas a motor, pero estos nunca se acercaron al automóvil, cuyo veloz avance bajo control personal (o sin él) les parecía a Marinetti y a otros futuristas que confirmaba la creencia de Henri Bergson (1859-1941), uno de sus autores filosóficos favoritos, de que la realidad se hallaba en un estado de continuo cambio: el viaje en automóvil presentaba al conductor y a los pasajeros un nivel de experiencia que rápidamente se solapaba sobre otro, de modo que la impresión total tenía más que ver con el *collage* que con una vista estática. Por consiguiente, la escritura y la pintura futuristas, cuando trataban sobre automóviles, siempre eran muy personales —el «yo» está en el asiento del conductor— e invariablemente se centraban en jubilosos sentimientos de energía direccional y rápido cambio. Ni que decir tiene que esto surgió en un momento de la historia, alrededor de la primera década del siglo, en el que no había otros automóviles en las carreteras y en el que ese símbolo de la cultura automovilística, el atasco de tráfico, aún no existía. ¿Cómo debía de ser la experiencia de conducir un veloz automóvil por una ciudad italiana, de noche, en aquella época anterior a la invención del semáforo? El primer manifiesto futurista de Marinetti (1909) nos cuenta su versión de esto, en un torrente de devaneos al estilo del Señor Sapo.*

---

* Personaje del cuento infantil *El viento en los sauces*, publicado por Kenneth Grahame en 1908. *(N. del t.)*

Es 1908. Ha estado hasta altas horas de la noche con dos amigos, fanáticos de los automóviles como él, perorando sobre la vida y la cultura, cuando oyen «el hambriento rugido de los automóviles». «¡Vamos! —dije yo—. ¡Vamos, amigos!... ¡Estamos a punto de asistir al nacimiento del Centauro y pronto veremos volar a los primeros ángeles! ¡Habrá que sacudir las puertas de la vida, para probar sus goznes y sus cerrojos!» Este sermón grandilocuente estaría en los primeros puestos de la lista que cualquiera hiciese de las «Invocaciones Que Probablemente Nunca se Invocaron» (aunque, tratándose de Marinetti, es difícil estar seguro de ello): sea como fuere, pronto descienden sobre sus automóviles, «tres fieras resoplantes, para palpar amorosamente sus tórridos pechos». Allá van, *brumm brumm*, en una especie de delirio mecanosexual. «Como jóvenes leones, seguíamos a la Muerte... ¡No había nada que nos hiciera desear la muerte más que el anhelo de desembarazarnos por fin del peso de nuestra valentía!» Pero, ay, aparecen unos ciclistas, obstaculizando la carretera; y Marinetti y sus leoninos amigos tienen que esquivarlos. Su automóvil se zambulle boca abajo en una zanja, que bautiza a Marinetti en inmundicia sacramental. «¡Oh, zanja maternal... hermoso desagüe de fábrica! He bebido de un trago tu cieno nutricio; y he recordado el bendito pezón negro de mi nodriza sudanesa... cuando me alcé de debajo del automóvil volcado, sentí cómo el hierro al rojo vivo del júbilo me atravesaba deliciosamente el corazón!»

Hay más, mucho más, en esta línea; nadie podría acusar a Marinetti de laconismo. Uno puede sentir cierta afinidad con el enojado escritor italiano que, cuando le preguntaron si no estaba de acuerdo en que Marinetti era un genio, contestó: «No, es un cretino fosforescente», pero en realidad era menos que lo segundo aunque mucho más que lo primero. A veces podía ser absolutamente idiota, como en su llamada a la glorificación de la guerra, «la única higiene del mundo», junto con el militarismo y el patriotismo; o en sus ridículas exhortaciones a llenar los canales de Venecia con los cascotes de sus palacios demolidos. «Matemos el claro de luna» fue el título de uno de sus más célebres manifiestos antirrománticos. Y decididamente aborrecía las opiniones de John Ruskin sobre el arte, la naturaleza e (inevitablemente) Venecia. «¿Cuándo?», preguntó a su público inglés en un discurso pronunciado en el Lyceum Club en Londres en 1910,

> ¿cuándo os vais a desembarazar de la linfática ideología de ese deplorable Ruskin?... con sus malsanos sueños de vida rústica, con su nostalgia de

quesos homéricos e hilanderas legendarias, con su odio a la máquina, el vapor y la electricidad, ese fanático de la simplicidad antigua... sigue queriendo dormir en su cuna y alimentarse del pecho de su vieja y decrépita nodriza para recuperar su irreflexiva infancia.

Esta ha de ser una de las diatribas más estúpidas jamás lanzadas contra Ruskin, pero puede que los defectos de ese párrafo sean atribuibles a las limitaciones del inglés de Marinetti. Aunque desde luego no era ningún feminista, dijo que defendía «la semiigualdad entre hombre y mujer y una reducción de la desproporción en sus derechos sociales», lo que le ponía por delante (o medio por delante) de la mayoría de los italianos. A veces tenía un realismo agrio, que contenía algunas duras perlas de verdad: quería ver

> desprecio por el *amore* [sentimentalidad o lascivia] producido por la mayor libertad y relajación erótica de las mujeres y por la exageración universal del lujo femenino... la mujer de hoy ama más el lujo que el amor. Una visita al establecimiento de una gran modista, escoltada por un barrigón y gotoso amigo banquero que pague las facturas, es un sustituto perfecto para la más apasionada cita con un adorado joven. La mujer encuentra todos los misterios del amor en la selección de un maravilloso conjunto que sus amigas no tengan todavía. Los hombres no aman a las mujeres que carecen de lujo. El amante ha perdido su prestigio.

Triste, quizá, pero indiscutible. Marinetti era un entusiasta mujeriego; si hemos de creer su versión acerca de las aventuras que corrió entre las bellezas de Moscú y San Petersburgo en una gira de conferencias por Rusia, fue un irresistible dios del sexo. La actitud preferida del futurismo hacia las mujeres en general era verlas como fuerzas primordiales y no como seres racionales. «Que toda mujer redescubra esa crueldad y violencia suya que las hace atacar a los vencidos», exhortaba un manifiesto futurista en 1912. «¡Mujeres, volved a ser de nuevo tan sublimemente injustas como toda fuerza de la naturaleza!» Por supuesto, no hubo ninguna mujer artista en el grupo de hermanos que unieron sus talentos en torno al peculiar carisma de Marinetti.

A medida que se hizo mayor, Marinetti fue acercándose cada vez más al gran movimiento que se estaba desarrollando entonces en Italia: el fascismo. Naturalmente, él no lo habría visto así: más bien, él opinaba que los líderes fascistas, entre ellos el propio Mussolini, fueron acercándose cada vez más a él, pues necesitaban la inspiración que sólo él personalmente, y el futurismo en general, podían proporcionar.

En 1918, el partido político que fundó Marinetti, el *Partito Politico Futurista*, se unió a los *Fasci di Combattimento* de Mussolini. Personalmente, Mussolini no tenía opiniones firmemente parciales sobre las artes visuales aparte de la arquitectura, pero desde luego no iba a hacerse eco del psicótico odio que animaba a Hitler y a sus lugartenientes culturales contra el modernismo visto como un complot judío. Jamás mostró el menor interés en importar la exposición nazi *Entartete Kunst* («Arte degenerado») a Italia, ni en animar a su gente a organizar y comisariar un equivalente italiano de la misma. El motivo era sencillo: Mussolini, al principio, no era antisemita, y en cualquier caso (como dijo en 1923), respecto al arte «el Estado sólo tiene un deber: no socavar el arte, proporcionar condiciones humanitarias a los artistas»; en resumidas cuentas, no inmiscuirse en él. Quizá Hitler aborreciera el futurismo, pero ¿cómo podría haberlo hecho Mussolini? Marinetti logró convencer a Mussolini de que no importase la exposición *Entartete Kunst* a Italia. También protestó, al principio con éxito, contra la imitación del antisemitismo cultural nazi por parte de los fascistas italianos. A lo largo de la década de 1920, Marinetti fue volviéndose aún más tolerante: aceptó su elección como miembro de la Academia italiana, intentó (aunque no consiguió) que el futurismo se declarase arte oficial del Estado de Italia, participó en el fomento del arte religioso y declaró que Jesucristo había sido futurista, algo que, dadas las más entusiasmadas y apocalípticas predicciones de Jesús sobre la transformación de la vida humana en el mundo del futuro, quizá no fuera tan inexacto. Y nadie podría decir que el propio Marinetti no quisiera practicar lo que predicaba: el hombre que alabó la guerra como la higiene necesaria del mundo se ofreció voluntario (aunque no fue aceptado) para el servicio activo en la Segunda Guerra Mundial, cuando tenía más de sesenta años.

De los artistas relacionados con el grupo futurista y promovidos por Marinetti, los más dotados fueron tres hombres: los pintores Gino Severini y Giacomo Balla, y el escultor y pintor Umberto Boccioni (1882-1916).

Junto con estos probablemente habría que incluir a un cuarto, un músico cuya obra ya no puede evaluarse porque los instrumentos especiales necesarios para interpretarla desaparecieron hace mucho tiempo: Luigi Russolo (1885-1947), que fue el antecesor espiritual de modernistas tan excéntricos como el compositor inglés Cornelius Cardew. La creencia de Russolo era que los sonidos no musicales, como los producidos por la industria, las máquinas o el tráfico, podían tener tanto valor estético como los sonidos tradicionales producidos por los instrumentos orquestales de cuerdas o viento; su especialidad era construir lo que él llamaba *intonarumori*, «entonadores de ruidos». En su primer concierto, en el Gran Teatro dal Verme de Milán en 1914, dieciocho de estos artefactos se dividieron en pitadores, crepitadores, gorgoteadores, tronadores, silbadores, estalladores, zumbadores y arrugadores. Bajo una lluvia de hortalizas lanzadas por el indignado público, interpretaron tres de las composiciones de Russolo, entre ellas su *Encuentro de automóviles y aeroplanos*. Otros recitales, que provocaron una ira igual de gratificante, se ofrecieron en Londres y París. Russolo se declaró «hastiado» por Beethoven y Wagner; ahora, dijo, «encontramos mucho más placentero el combinar mentalmente los ruidos de los tranvías, de los motores petardeantes, de los vagones y de las muchedumbres vociferantes que volver a oír, por ejemplo, la *Heroica* o la *Pastoral*». Desgraciadamente, no ha sobrevivido ninguno de los entonadores de ruidos de Russolo y sólo tenemos la más vaga idea de los sonidos que puede que estos produjeran.

Gino Severini fue el creador de uno de los principales iconos futuristas, el abarrotado, jazzístico y frenético panorama de placer nocturno titulado *Jeroglífico dinámico del Bal Tabarin* (1912). Giacomo Balla (1871-1958), que enseñó pintura tanto a Severini como a Umberto Boccioni, ya gozaba de un amplio reconocimiento como artista cuando se unió a los futuristas, y dio al movimiento su imagen más popular, *Dinamismo de un perro con correa*, de 1912, dotada de una comicidad que desarma. Esta debe contarse entre las mejores de entre las pocas pinturas fundamentales del modernismo que hacen reír y que prácticamente todo el mundo puede reconocer: la encantadora visión de un perro salchicha, meneando la cola y moviendo frenéticamente las patitas, trotando por el pavimento a los pies de su dueño. No obstante, las pinturas a las que Balla daba más valor eran las de un coche a toda velocidad. Algunas de ellas fueron muy grandes —*Velocidad abstracta*, de 1913, mide al menos 2,5 metros de ancho— y están imbuidas del vociferante romanticismo del primer manifiesto de Marinetti, llenas de líneas de fuerza y de violentas y dinámicas curvas.

Estas obras le debían mucho a la fotografía. Su principal inspiración fue la obra de Étienne-Jules Marey (1830-1904), el científico francés que ofrece los argumentos más poderosos para ser reivindicado como el padre del cine moderno. Eadweard Muybridge, para estudiar el movimiento de los seres humanos y de los animales, había montado una batería de cámaras, una junto a la otra, para captar fases aisladas del movimiento como imágenes individuales. Marey, por otro lado, usó tiras de película para captar en un negativo los movimientos sucesivos de un sujeto visto desde un solo punto de vista por una lente que seguía su trayectoria. Este, y no las sucesiones de Muybridge, fue el auténtico precedente de la cámara de cine.

El de Boccioni es un caso instructivo, porque su obra más conocida (y mejor) de las que han sobrevivido, *Formas únicas de continuidad en el espacio*, de 1913, es una escultura de una figura que está dando una zancada y que está basada en esa misma escultura que a Marinetti le parecía inferior a un coche de carreras: la antigua estatua griega de la *Victoria de Samotracia*. Sus rebordes y sus huecos vaciados obedecen a la convicción de Boccioni de que «la escultura debe dar vida a los objetos haciendo sensibles, sistemáticas y plásticas sus extensiones en el espacio, pues nadie puede imaginar que un objeto termine allí donde otro comienza... el pavimento puede levantarse sobre nuestra mesa... mientras entre tu casa y la otra tu farola teje su telaraña de rayos de yeso». Pero también pone de manifiesto el hecho de que es muy difícil, y para la mayoría de los talentos imposible, crear una obra de arte que sea nueva al cien por cien en el sentido en el que los futuristas parloteaban sobre la novedad. Todo tiene precedentes, y la presencia de estos no reduce la intensidad de una obra de arte. Boccioni hizo como mínimo una docena de esculturas en esta misma línea que sugiere este tipo de interpenetración entre objeto y espacio circundante. Existen antiguas fotografías que hacen pensar que estas se hallan entre sus obras más hermosas y complejas, pero casi todas ellas fueron destruidas por la lluvia cuando se dejaron despreocupadamente en el exterior tras su retrospectiva póstuma de 1916-1917. Estas obras instintivamente aceptan lo que físicos contemporáneos como Einstein habían llegado a percibir que era la verdad, por muy abstrusa que esta pudiera parecer en un principio: que la materia es, en última instancia, energía. Parte de la tarea del escultor era encontrar una forma tridimensional en la que esto se pudiera simbolizar.

Boccioni despreciaba casi toda la escultura contemporánea al considerarla carente de originalidad, aburrida y burda, «un espectáculo de barbarie y torpeza». Pero hacía excepciones, fundamentalmente con el escultor italiano Medardo Rosso (1858-1928), «que intentó», afirmaba, «ampliar los horizontes de la escultura traduciendo a una forma plástica las influencias de un ambiente determinado y los invisibles vínculos atmosféricos que lo ligan al sujeto». A diferencia de otros escultores de la época que gozaban de una mayor consideración y mostraban influencias pasadistas, como Constantin Meunier (del arte griego), Antoine Bourdelle (del gótico) y Auguste Rodin (del renacimiento italiano y sobre todo de Miguel Ángel), Rosso fue «revolucionario, muy moderno, más profundo, y necesariamente limitado». Desgraciadamente, su adscripción al modelado ligero impresionista priva a su arte de «cualquier marca de universalidad», pero es mucho más que un comienzo hacia lo que Boccioni llama «una escultura de entorno».

Boccioni era pintor (no «también») y trató de crear imágenes de «vibración universal» que llevaran la luz impresionista más allá de sus objetivos descriptivos habituales. Aprendió mucho sobre esto de las pinturas puntillistas de Georges Seurat y Paul Signac. Signac les resultaba especialmente simpático a los futuristas porque era anarquista, enemigo de todos los órdenes establecidos, y por tanto aliado de las ideas de derrocamiento y cambio radical que tenía Marinetti. Algunas de las pinturas de Boccioni, concebidas en términos del «divisionismo» (como se llamaba en Italia a la pintura con puntos que tenía su origen en Seurat y Signac), parecían ilustraciones deliberadas de pasajes de los manifiestos futuristas de Marinetti. «Cantaremos sobre grandes multitudes agitadas por el trabajo, por el placer y por el tumulto; cantaremos sobre las multicolores y polifónicas corrientes de revolución en las capitales modernas.» Y ahí estaba el *Tumulto en la galería* de Boccioni, de 1910, con su irregular confusión de figuras que forcejean bajo la deslumbrante luz de las puertas de vidrio de una cafetería. La obra maestra de Boccioni en esta línea divisionista fue un cuadro sobre el trabajo industrial, *La ciudad se levanta*, de 1910-1911, inicialmente titulado *Trabajo*, inspirado por la visión de una intensa construcción industrial en las afueras de Milán. El cuadro está dominado por un enorme caballo rojo, aparentemente medio disuelto en escamas y manchas de luz. El cuerno de enganche azul de sus jaeces se alza agresivamente ocupando el centro de la composición. El caballo de tiro está haciendo un gran esfuerzo por avanzar contra los cables de los que tira, al igual que los obreros humanos a los que hace parecer pequeños, con ese esfuerzo exagerado que llegará a ser algo habitual en las historietas; su punto de partida en las «bellas artes» probablemente es *La resurrección de Lázaro* de Tintoretto, en Venecia.

Se había imaginado una arquitectura futurista, pero el único arquitecto futurista de importancia no construyó nada. Su obra sobrevive sólo sobre el papel: en los pequeños y hermosamente representados dibujos que hizo para proyectos arquitectónicos que existieron en su cabeza pero que no tuvieron ningún cliente que los encargara. Antonio Sant'Elia nació en 1888 y, tras alistarse valientemente como voluntario para combatir en la guerra que Marinetti y sus amigos habían ensalzado como «la única higiene de la civilización», murió en un ataque austríaco a Monfalcone, en el norte de Italia, en el verano de 1916; tenía veintiocho años, y su muerte puede contarse entre las bajas culturalmente irreparables de ese conflicto, junto con las de Franz Marc, Umberto Boccioni, August Macke, Henri Gaudier-Brzeska, Guillaume Apollinaire, Wilfred Owen, y muchísimos otros cuyos nombres jamás podrán conocerse porque murieron demasiado pronto para que su talento tuviera una oportunidad de dejar huella.

Fracasaron incluso los intentos de conmemorarlo. Fue enterrado en un cementerio que él había diseñado para su unidad, la Brigada de Arezzo; este ya no existe, y su tumba se ha perdido. El pintor futurista Enrico Prampolini y el arquitecto principal del alto modernismo fascista, Giuseppe Terragni, se unieron para diseñar un monumento dedicado a él, y a los muertos de la Primera Guerra Mundial, en el cementerio de Como. (El edificio canónico de Terragni, la Casa del Fascio, también está en Como, aunque después de la Segunda Guerra Mundial fue despojado del retrato de Mussolini que adornaba su fachada.) Está basado en los propios diseños de Sant'Elia para estructuras más grandes (centrales eléctricas, bloques de apartamentos y fábricas), pero hecho a una raquítica escala, y es excesivamente pequeño como para causar demasiado impacto. Para aquellos que han estudiado los dibujos originales de Sant'Elia, muchos de los cuales miden tan solo unos pocos centímetros cuadrados, esto no importa; como esas estructuras nunca existieron, estos dibujos son su monumento, y como tal resultan extremadamente eficaces.

Se ha dedicado mucho ingenio, sobre todo por parte de los críticos italianos, a disociar las ideas de Sant'Elia de las de Marinetti, y se puede comprender fácilmente por qué: la tolerancia de Marinetti por *Il Duce*, que a veces se aproximaba al grado de una aventura amorosa intelectual (aunque condenada a morir, al final), mancilló su reputación en la posguerra y tendió a perjudicar la de sus colegas. Pero Sant'Elia murió antes de que las ideas de Mussolini hubieran siquiera nacido, y mucho antes de que tuviera lugar la semiconversión de Marinetti a estas, en la década de 1930. Nada hace pensar que Sant'Elia albergase las ideas totalitarias del fascismo, ni que las expresara en su arquitectura; aunque sus diseños estaban concebidos para ser usados y ocupados por las masas. En todo caso, fue un joven socialista. (Sigue siendo habitual que algunos críticos, residualmente embelesados por las promesas del socialismo radical, prefieran la ideología de este a la del fascismo; aunque la izquierda, cuando llegó al poder, pudo ser y fue tan brutal contra las aspiraciones de libertad como la derecha.)

Lo que él y Marinetti tenían en común era una idea extática de las posibilidades de la ciudad moderna: una imponente centralita de información, fabricación y percepción, una sala de turbinas social, bullendo de actividad incesantemente, casi sin interferencia humana. Contemplar las ciudades de múltiples niveles que imaginó Sant'Elia, con sus enormes rascacielos escalonados, terrazas etéreas, puentes y pasos elevados es ver la emoción de un futuro supuesto aplicada a la arquitectura:

> Debemos inventar y volver a fabricar la ciudad futurista como una inmensa construcción tumultuosa, ágil, móvil, dinámica en cada una de sus partes, *y la casa futurista será similar a una gigantesca máquina.* Los ascensores ya no estarán escondidos como tenias en los huecos de las escaleras, sino que estas, ahora inútiles, serán eliminadas y los ascensores treparán por las fachadas como serpientes de hierro y cristal. La casa de cemento, cristal y hierro, sin pintura ni escultura, bella sólo por la belleza natural de sus líneas y de sus relieves, extraordinariamente *fea* en su mecánica sencillez... debe erigirse en el borde de un abismo tumultuoso: la calle, que ya no correrá como un felpudo delante de las porterías, sino que se construirá bajo tierra en varios niveles... y comunicándose a través de pasarelas metálicas y rapidísimas cintas transportadoras. *Hay que eliminar lo decorativo...*

Es improbable que el propio Sant'Elia pudiera decir lo que pasaría en el interior de esos edificios, espacio por espacio, función por función. Son como los sueños cinematográficos de Fritz Lang: *Metrópolis* elevada a una alta potencia de sofisticación estética. Pero provocan un gran impacto romántico, como son capaces de hacer los diseños arquitectónicos visionarios; y en la arquitectura italiana no había habido nada tan potente desde las fantasías de Piranesi (que tampoco se construyeron). Puede que, si se hubieran construido, no hubiesen envejecido bien. Por otro lado, puede que su corrosión y deterioro no hubieran desagradado a los futuristas, a quienes de todos modos agradaba la idea de la arquitectura temporal porque esta se hallaba en sintonía con su amor por la velocidad y la temporalidad. Ellos desconfiaban de «los materiales macizos, voluminosos, duraderos, anticuados y costosos». Confiaban en ver la arquitectura como un «arte rígido, ligero y móvil», en palabras de Umberto Boccioni; aunque los edificios de los dibujos de Sant'Elia a menudo parecen tan macizos como mastabas egipcias. En 1914, Sant'Elia declaró en un manifiesto que «el valor decorativo de la arquitectura futurista se basa únicamente en el uso y la disposición original de materiales en bruto, o descubiertos, o violentamente coloreados»; y tales materiales, como sabemos por Le Corbusier y su descendencia «brutalista», se vuelven muy cochambrosos muy deprisa. Pero como sólo existían en el utópico espacio del papel, esto no se pudo poner a prueba. Su extrusión al mundo de la arquitectura construida no fue prevista por Sant'Elia, que ya llevaba mucho tiempo muerto cuando esta tuvo lugar, e indudablemente la habría rechazado. Las ideas —al menos sus ideas para el edificio individual— fueron adoptadas en las décadas de 1970 y 1980 por dos arquitectos norteamericanos, que les dieron una forma efectista y teatral: Helmut Jahn, con sus rascacielos en Chicago, y John Portman, el arquitecto y promotor inmobiliario de enormes hoteles con ascensores de vainas de vidrio transparentes que bajaban y subían a toda velocidad, convirtiendo en un espectáculo (que se hace tedioso bastante pronto, incluso para los turistas en el vestíbulo) la circulación vertical.

La pintura, la escultura, la poesía, el teatro y la arquitectura no fueron las únicas artes que llamaron la atención de los futuristas. Como el futurismo pretendía abarcarlo todo, ser una plantilla para la vida del futuro, también debía —Marinetti se empeñó en ello— abarcar la comida. La comida no era «secundaria». El futurista, por no acuñar una nueva expresión, era lo que comía. Para empezar, esto requería un nuevo uso del idioma, que fuera totalmente italiano y no estuviera «adulterado» por préstamos lingüísticos de otros lugares. Lo que la mayoría de los italianos llamaba un *sandwich*, por ejemplo, se convirtió, en el lenguaje futurista, en un *traidue* («entre dos»). Ya no habría más *bares*; serían sustituidos por *quisibeves* («aquí se bebe»), y no los atenderían *barmen*, sólo *mescitori* («mezcladores»); lo que mezclaran estos no serían *cocktails*, sino *polibibite* («polibebidas»). Si el futurista deseaba saltar a su rugiente, arrasador, atronador, petardeante y profético Fiat de seis cilindros y llevar a su chica a dar una vuelta por el campo, no comerían un *picnic* sino un *pranzoalsole* («comida al sol»).

Pero Marinetti y (probablemente en menor grado) sus hermanos en el futurismo no se contentaban con meros cambios de vocabulario, que, en cualquier caso, nunca calaron en Italia ni en ningún otro lugar (del mismo modo que hoy no se oye a mucha gente pidiendo «*freedom fries*» en vez de «*French fries*».) Querían cambiar la dieta italiana eliminando de ella la *pastasciutta*: todas las formas de los macarrones debían desaparecer para no volver jamás. Sería complicado imaginar una empresa más inútil y condenada al fracaso que esta. La pasta es una comida sagrada en toda Italia. En Roma hay incluso un museo de la pasta, dedicado a los centenares de variedades de esta, desde el cabello de ángel hasta las grandes láminas para *timballi* como las que tan amorosamente describe Lampedusa en *El Gatopardo*, desde sémola del tamaño de cabezas de alfiler hasta bolsas blandas para contener requesón, espinaca o purés de pollo en *balsamella*. Es la comida democrática universal por excelencia, como lo son la pizza y las hamburguesas en muchos países.

La mera idea de lanzar un ataque contra una sustancia tan estrechamente ligada a la propia imagen que Italia tenía de sí misma debió de parecer una especie de suicidio cultural. Pero Marinetti aborrecía la pasta. Él pensaba que esta hacía a los italianos gordos, perezosos, autocomplacientes, estúpidos y, lo peor de todo, incapaces para el combate. El alcalde de Nápoles podía declarar públicamente que los propios ángeles del cielo comían *vermicelli al pomodoro*, y lo hizo, pero eso a Marinetti le daba igual. «Dado que todo en la civilización moderna tiende hacia la eliminación del peso y el aumento de la velocidad, la cocina del futuro debe ajustarse a los fines de la evolución. El primer paso será eliminar la pasta de la dieta de los italianos.»

El odio a la pasta le venía de su servicio militar en el frente austríaco. «Los futuristas que combatieron en Selo, en el Vertoibizza... están dispuestos a testificar que siempre comieron la pasta más horrible, atrasada y transformada en una masa fría y congelada debido a las descargas de artillería del enemigo, las cuales separaban a los ordenanzas y los cocineros de los combatientes.» ¿Quién podría haber esperado allí poder comer pasta caliente *al dente*? Herido en la Case di Zagorra en la ofensiva de mayo de 1917, fue trasladado en una camilla a Plava, donde un soldado cocinero le dio «un milagroso caldo de pollo... [aunque] terribles obuses austríacos estaban cayendo con estrépito sobre la cocina del batallón y destrozando sus hornillos. Fue entonces cuando Marinetti tuvo sus primeras dudas sobre la idoneidad de la pasta como comida para la guerra». Había observado que los cabos de artillería, que disparaban sus obuses de montaña contra los austríacos, jamás tocaban aquella cosa innoble. El sustento habitual de estos era «un pedazo de chocolate embadurnado de barro y a veces un filete de carne de caballo, cocinado en una sartén que se había enjuagado con agua de colonia». Chocolate, agua de colonia, carne de caballo: los elementos de las recetas futuristas, que tanto se basaban en la disonancia, en la huida de las armonías tradicionales, ya se estaban aunando como esencias del «heroísmo» en la mente de Marinetti.

En una entrevista que concedió algún tiempo después a un periodista italiano, Marinetti clamó contra la pasta. «¡Puaf! ¡Los macarrones, menuda porquería!»

> Para hacer entender el mensaje, los cuadros, los grabados, las fotografías y todo aquello que por casualidad los represente debe desaparecer de nuestras casas; y los editores deben retirar sus libros de las tiendas para someterlos a una rigurosa censura, borrando sin piedad... En unos meses, sólo con oír pronunciar su nombre —macarrones, ¡puaf!— la gente vomitará. La tarea es colosal. Para destruir algo sólo se necesita una mano para encender la mecha, pero para reconstruirlo [como un arte culinario adaptado a nuestra época] se necesitan miles y miles de manos.

Otro periodista, escribiendo en la revista francesa *Comoedia* a comienzos de la década de 1930, se hizo eco de cómo Marinetti culpó a la *pastasciutta* del «lánguido sentimentalismo» con el que «la Roma eterna, desde Horacio hasta Panzini, ha desafiado al paso del tiempo»:

> Hoy necesitamos rehacer al hombre italiano, pues ¿qué sentido tiene hacerle levantar el brazo en el saludo romano si puede dejarlo reposar sin esfuerzo sobre su abultado estómago? El hombre moderno debe tener un estómago plano... miren a los negros, miren a los árabes. La paradoja gastronómica de Marinetti va dirigida a la educación.

Entonces, ¿qué comerían realmente los italianos del futuro? «Esta cocina futurista nuestra», anunció Marinetti a bombo y platillo, «puesta a punto a altas velocidades como el motor de un hidroavión, les parecerá a algunos temblorosos tradicionalistas tan demencial como peligrosa; pero su objetivo fundamental es crear una armonía entre el paladar del hombre y su vida... Hasta ahora, los hombres se han alimentado como hormigas, ratas, gatos o bueyes. Ahora, con los futuristas, nace la primera forma humana de comer».

Así, el «aeropintor» Fillia (seudónimo del artista turinés Luigi Colombo) propuso algo que llamó «aerocomida». Al comensal se le sirve por la derecha aceitunas negras, corazones de hinojo y naranjitas chinas; y a su izquierda, un camarero le pone un rectángulo compuesto por papel de lija, seda y terciopelo, el cual acaricia mientras come, disfrutando de los contrastes de sabor y textura. Mientras come, unos camareros le rocían la nuca con un *conprofumo* de claveles, a la vez que se oye el violento estruendo de un motor de avión (*conrumore*) y un poco de Bach como acompañamiento musical (*dismusica*) que proceden de una fuente que no se ve, situada en la cocina. Así, todos los sentidos del comensal se movilizarán hacia el éxtasis. Otra invención de Fillia fue un plato llamado «El cerdo excitado»: un delirante juego visual fálico que consistía en un salchichón entero y pelado puesto en pie sobre un plato que contiene un café expreso muy caliente mezclado con «una buena cantidad de agua de colonia». Una tercera se llamó «Cazando en el cielo». Se cuece una liebre a fuego lento en *spumante* mezclado con polvo de cacao. Cuando el líquido se ha absorbido, se remoja la criatura en zumo de limón y se sirve en una «copiosa» *salsa verde* hecha a base de espinacas y juníperos, decorada con grageas plateadas que evocan un disparo de cazador. El artista Enrico Prampolini, también «aeropintor», presentó una elaborada propuesta para un plato al que llamó «Ecuador + Polo Norte». Se cuece a fuego lento un «mar ecuatorial» de yemas de huevo doradas, del cual emergerá un cono de clara de huevo batida y endurecida; y la cumbre del cono se bombardea con trozos de trufa negra «a los que se ha dado la forma de aeroplanos negros». Esto parece, al menos, convencionalmente comestible, a diferencia del plato metáforicamente sexual que propuso el muy secundario crítico de arte futurista P. A. Saladin, «Hombreymujeramedianoche». Se prepara una gran base de *zabaione* rojo. Se coloca sobre ella un «anillo de cebolla grande y hermoso», atravesado por un tallo de angélica confitada, y dos castañas confitadas, las cuales, es de suponer, simbolizaban los *coglioni* del amante de la medianoche.

Al parecer estos platos, y muchos otros igual de extraños, se sirvieron en veladas futuristas organizadas por Marinetti en Roma y en otros lugares. No se sabe hasta qué punto gustaban, y se puede suponer que es posible que no pocos pasadistas entre los invitados suspirasen por un buen cuenco de *spaghetti alla Bolognese*. No obstante, durante un breve período los futuristas tuvieron su propio restaurante, aunque estaba en Turín: el *Santopalato* o «Paladar Santo», en el número 2 de la Via Vanchiglia. Esta taberna no duró demasiado, pero sirvió manjares postindustriales como el «Pollofiat», un ave grande, primero hervida, después rellenada con rodamientos de acero, cosida y asada «hasta que la carne haya absorbido completamente el sabor de las bolas de acero templadas». Se servía adornado con nata montada, y preferentemente repartido por «la mujer del futuro», que sería calva y llevaría gafas. El Paladar Santo no fue un éxito comercial, pero Marinetti lo mantuvo en funcionamiento durante algún tiempo para expresar la idea. El plato supremo de la taberna, que también se sirvió en las cenas futuristas de Roma, se llamaba «Carne esculpida», *la carne scolpita*. Era una gran croqueta cilíndrica de ternera picada asada, rellena con once tipos de verduras guisadas. Debía de haber algo que lo mantenía todo unido, impidiendo que se desplomara (¿una bechamel muy consistente, quizá?), pero no se nos dice qué. Se colocaba en vertical sobre un plato, sostenida por un anillo de salchichas que descansaban, a su vez, sobre tres esferas doradas de carne de pollo. Y estaba coronado por una capa de miel. Se afirmaba que era «una representación simbólica de los variados paisajes de Italia».

Así como los intentos futuristas por reformar el lenguaje de la comida habían desembocado en la sustitución de palabras breves por largos polisílabos, también la comida en sí se había vuelto absurdamente intrincada, quedando mucho más allá del alcance de cualquier cocina doméstica, y haciéndose no demasiado comestible, en cualquier caso. Y no obstante, leyendo sus descripciones, sí que parece tener algo en común con las fantasías más alocadas de la Nueva Cocina extrema, tal como la practican cocineros estrella como el catalán Ferran Adrià. Los fantasiosos de la gastrononomía, como Fillia, representaron una revuelta absurdista contra la filosofía alimentaria vernácula de los grandes normalizadores del arte culinario italiano como Pellegrino Artusi, cuyo libro *La ciencia en la cocina y el arte de comer bien* ya había tenido innumerables ediciones por entonces y se consideraba la Biblia de la auténtica cocina.

Uno bien puede hacerse la siguiente pregunta: ¿qué papel desempeñó la ciudad de Roma en el desarrollo del único movimiento importante de arte moderno que hubo en Italia? Uno muy importante, de hecho. Para los futuristas, Roma representaba al Enemigo: la conciencia histórica, y todo lo que se resumía en el término «pasadismo», el culto al pasado. Los futuristas aborrecían el lugar por su inmensa autoridad, su antigüedad y su continuidad, y, naturalmente, por su belleza, que les costaba muchísimo reconocer. Por supuesto, aquel que clamase contra los prolongados logros del pensamiento, el sentimiento y la técnica que estaban condensados en los monumentos de Roma inevitablemente iba a parecer un escarabajo quejándose de una pirámide: esta iba a quedarse donde estaba, así que más le valía acostumbrarse a ella. Naturalmente, los futuristas sí pudieron entregarse a sus fantasías. Una publicación futurista mostraba un dibujo del aspecto que podría tener la plaza de España despojándola de estorbos pasadistas como la fuente de la Barcaccia de Bernini: al fondo, las formas familiares de la iglesia de la Trinità dei Monti y el obelisco sobre la elevación, en tres tramos, de las Escaleras Españolas; en primer plano, una fea plaza desnuda llena de tranvías eléctricos y cables elevados. Se suponía que esto era el Progreso.

De todos los lugares que había sobre la Tierra, era en Roma donde la grandilocuente expresión de invectivas en contra del pasado parecía más vacía. El manifiesto futurista sobre la arquitectura decía que sus autores (sobre todo Sant'Elia, con aportaciones de Marinetti y probablemente de Boccioni) «combatirían y despreciarían» toda la arquitectura clásica, junto con «el embalsamamiento, la reconstrucción y la reproducción de monumentos de la antigüedad», todas las líneas perpendiculares y horizontales, todas las formas cúbicas y piramidales. Con eso se daba cuenta más o menos de todo lo que se había hecho desde los etruscos hasta el monumento a Víctor Manuel: 2.500 años lanzados por la borda. No es de extrañar que Marinetti y sus aliados prefirieran las ciudades industriales del norte, Milán y Turín.

Si Cola di Rienzo, en el siglo XIV, fue el primer proletario que ascendió al gran poder político en Roma, Benito Mussolini, en el siglo XX, fue el último.

Los paralelismos entre los dos hombres son irresistibles: los humildes orígenes de clase obrera, la fuerza de carácter y el poder oratorio, la fe en sí mismos como figuras elegidas por el destino. Cola estaba obsesionado con la idea de que las antiguas glorias del Imperio romano podían reencarnarse en él y resucitarse bajo su mando. También Mussolini, a una escala aún más grandiosa. Ambos hombres tenían un fuerte carisma y provocaban inflamados y llorosos extremos de fanática lealtad en sus concentraciones de seguidores.

Ambos se veían a sí mismos, y así los percibieron durante algún tiempo sus compatriotas italianos, como inspirados tribunos de la plebe, aunque Mussolini (sagazmente, por el bien de sus propios fines políticos) se negó a fomentar la hostilidad de clase hacia los ricos y nobles que marcó la política de Cola, porque esa idea apestaba a comunismo, y él necesitaba el apoyo de los ricos y poderosos.

Cada uno de ellos tuvo sus aliados y partidarios intelectuales: Cola contó con el (episódico) apoyo del más grande de los escritores humanistas de Italia después del mismo Dante, Petrarca; y aunque ningún escritor italiano de esa talla estaba en activo en las décadas de 1920 y 1930, Mussolini tuvo un mentor y un representante literario en Gabriele d'Annunzio. Ambos tuvieron finales escabrosos: Cola linchado por una turba bajo la sombra del Aracoeli en Roma, Mussolini fusilado por partisanos comunistas y colgado por los talones del toldo de un gasolinera en Milán. Y aunque no hay demasiadas dudas de que Cola (en sus momentos menos exaltados espiritualmente) era un tipo más amable que el cruel y pasmosamente narcisista Mussolini, los dos hombres encarnaron un estilo de liderazgo populista teatral y grandilocuente que aún parece típicamente italiano y que, la verdad sea dicha, aún hace sentir nostalgia a muchos italianos.

Benito Amilcare Andrea Mussolini nació bajo el signo de Leo el 29 de julio de 1883, en Dovia di Predappio, un pequeño pueblo de la región de Emilia-Romaña. Su padre, Alessandro Mussolini, era herrero y un comprometido socialista anticlerical. Su madre, Rosa Maltoni, era maestra de escuela. Fue el mayor de tres hijos. Los nombres de Mussolini llevaban una pesada carga como símbolos políticos: «Benito» por el político radical mexicano Benito Juárez, «Amilcare» por un socialista italiano, Amilcare Cipriani, y «Andrea» por otro socialista italiano, Andrea Costa. Predappio sólo figura en la cultura popular italiana porque Mussolini nació allí, y varias *canzoni* de la izquierda posterior tendrían su origen en ese hecho:

> *Se Rosa, illuminata de alma luce,*
> *La notte in cui fu concepito Il Duce,*
> *Avrebbe, in lo fabbro predappiano,*
> *Invece della fica, presentato l'ano,*
> *L'avrebbe preso in culo quella sera*
> *Rosa soltanto, ma non l'Italia intera.*

«Si Rosa, iluminada por la luz divina, / la noche en la que *Il Duce* fue concebido / allí, en la fragua de Predappio, / hubiera entregado el ano en lugar del coño, / le habrían dado por el culo aquella noche / sólo a Rosa; no a Italia entera.»

El joven Benito, de niño, ayudó a su padre en la fragua; e igual que no había habido nada falso en las afirmaciones de Adolf Hitler acerca de que había servido ferviente y valerosamente en Ypres, las frecuentes historias que contaba Mussolini acerca de que había sido un hijo de la clase obrera eran bastante verídicas. Así como el padre fue un apasionado socialista, el hijo fue obstinadamente rebelde y a veces un violento delincuente en su internado de curas. Un gesto que le hizo especialmente impopular entre los ciudadanos del lugar fue el de apostarse a la vista de todo el mundo ante las puertas de la iglesia del pueblo de Predappio y apedrear a sus fieles cuando estos salían en fila tras la misa matutina.

Era inteligente y sus notas fueron buenas, pero debido a su temperamento hosco y fácilmente inflamable le costó encontrar y conservar trabajos de maestro de escuela cuando terminó la carrera. En 1902 se fue a vivir a Suiza, donde no tuvo mejor suerte. Su adhesión al socialismo y su propensión general a los altercados le llevaron a la cárcel durante un breve período y con el tiempo a ser deportado por ser un inmigrante sin empleo.

De vuelta en Italia, finalmente acabó en el periodismo en 1908, como redactor del periódico del partido socialista de Trento *L'avvenire del lavoratore* («El futuro del trabajador»). Trento estaba bajo el control de Austria-Hungría, que no contempló con indulgencia el anticlericalismo de Mussolini ni sus coléricos ataques contra la realeza austríaca. Luego Mussolini fue deportado de Trento y regresó a la Italia propiamente dicha, donde consiguió un trabajo de redacción y corrección para el periódico socialista *Il Popolo*, seguido por otro en el órgano izquierdista *Avanti!* Pero pese a su oposición a la guerra con Austria, Mussolini fue llamado a filas a mediados de 1915. En total sirvió unos nueve meses bajo el fuego en las trincheras hasta que resultó gravemente herido por la explosión accidental de una bomba de mortero, y en 1917 fue retirado del servicio activo por incapacidad.

Fue necesaria la Gran Guerra para desengañar al joven Mussolini de los sueños socialistas de su padre. Este conflicto catastróficamente divisorio, esta enorme máquina internacional de producir cadáveres, había echado por tierra los ideales de una cooperación voluntaria de clase a través de las fronteras nacionales que habían envuelto el socialismo de una generación anterior. Así pues, no habría ninguna pacífica *Internazionale* en el brillante futuro. En vez de ello, se produciría una lucha incesante y despiadada que desembocaría en la supresión de la idea de que la guerra de clases podía o debía definir la forma de la sociedad. «El socialismo como doctrina ya estaba muerto», escribió posteriormente Mussolini. «Sólo continuó existiendo como rencor.» ¿Qué podía levantar Italia en lugar de este sueño irrealizable? Un sistema autoritario que unificara el país, como la antigua Roma lo había unificado en el pasado.

Parte de la materia prima necesaria para la confección de un sistema de este tipo ya existía en Italia, y de hecho la había creado la guerra. Se trataba de los *squadristi* o soldados regresados, los veteranos del ejército de los que se podría esperar que respetasen a Benito Mussolini como antiguo compañero de armas. Habían combatido en el bando ganador, el de los Aliados contra los alemanes, pero eso no podía anular los sufrimientos que habían padecido, su aversión a quienes se habían opuesto a la guerra (entre los cuales se hallaban la mayoría de los socialistas), su desprecio por los no combatientes, y menos aún la sensación de que no se había sido justo con ellos cuando llegó la paz. La solidaridad entre soldados, en un ejército formado por hombres de todas las clases, tenía mucho más peso que la retórica socialista acerca de la solidaridad de clase.

Mussolini comenzó a reunir una élite de este tipo. A los trabajadores les prometió un salario mínimo, más poder para los sindicatos obreros industriales —el cual desaparecería rápidamente una vez que Mussolini cogiera con firmeza las riendas— y más derechos para las mujeres. A los patrones y los banqueros, que temían a los comunistas y a los socialistas más que a cualquier otro grupo, les ofreció protección frente a la Amenaza Roja. Fue una maniobra astuta y fundamental, ya que así se aseguró que podría acudir a ellos en busca de apoyo financiero, como haría Hitler en Alemania. El emblema del partido era el antiguo *fasces* romano, el haz de varas atadas en torno a un hacha que los *lictores* romanos habían llevado como signo de fuerza y unanimidad: de ahí el término *fascismo*. El brazo fuerte del partido lo organizó Dino Grandi, un veterano del ejército cuyos grupos de *squadristi*, identificables por sus casi militares *camicie nere*, camisas negras, hicieron que se les temiera y obedeciera cada vez más en todas las ciudades italianas e incluso, a finales de la década de 1920, en los pueblos del campo. Los fascistas se negaron a establecer ninguna alianza con los partidos existentes de la izquierda, y también con los de la derecha. Astutamente, siempre manifestaron su propia singularidad e independencia. Ellos eran la *terza via*, la «tercera vía» hacia la autosuficiencia nacional. No es de sorprender que este grupo, pequeño al principio, creciera hasta convertirse en un partido con todas las de la ley, el Partido Nacional Fascista, en un par de años, y que en 1921 su líder, conocido ya por un número cada vez mayor de sus partidarios como *Il Duce*, adquiriera categoría oficial al ser elegido miembro de la Cámara de Diputados. En esta y en el gobierno fascista que se instauró a continuación, Mussolini contó con la gran ayuda del hombre que llegaría a ser, de hecho, su ministro de propaganda y principal asesor de imagen, Achille Starace, designado en diciembre de 1931.

Starace fue a *Il Duce* lo que Goebbels fue a Hitler, y resultó igual de activo que él en cuanto a la invención de un estilo de gobierno. Fue él quien concibió y organizó las manifestaciones «oceánicas» de decenas de miles de romanos en la plaza de Venecia, bajo el balcón desde el que hablaba *Il Duce*, con su podio oculto; él, quien instituyó el «saludo a *Il Duce*» en todas las reuniones fascistas, grandes o pequeñas, tanto si Mussolini estaba presente como si no; él, quien abolió el «insalubre» apretón de manos en favor de la «higiénica» rigidez del saludo fascista basado en el romano, que se hacía alzando el brazo. Se colocaba rígidamente en posición de firmes, haciendo chocar los talones entre sí, incluso cuando hablaba con su líder por teléfono.

Y se aseguró de que los orquestados vítores de la muchedumbre se dirigieran sólo a Mussolini, ya que «a un hombre, y sólo a un hombre, se le ha de permitir que domine las noticias todos los días, y los otros deben enorgullecerse de servirle en silencio». Bajo Starace, los uniformes se multiplicaron hasta llegar a convertirse en un auténtico culto; a algunos destacados fascistas se les exigía que tuvieran diez o incluso veinte, sin que les faltase un solo hilo de oro de sus galones. (Esto ofrecía un gran contraste con los modos británicos de vestimenta diplomática, caracterizados por el traje cruzado a rayas finas y el tan ridiculizado paraguas cerrado al estilo de Chamberlain.) Al lanzar el movimiento que llegó a conocerse, en 1921, como el Partido Fascista, *Il Duce* insinuó en privado a los socialistas que les apoyaría si se mostraban dispuestos a respaldar su estilo de dictadura populista; algo que era mentira, pero que fue bien recibido por ellos. Entretanto, Mussolini y sus hombres exageraron enormemente el número de personas que habían participado en la Marcha (o Viaje en Tren) sobre Roma cifrándolo en 300.000 fascistas armados, de los cuales, afirmaron ellos, tres mil habían pagado su fervor con sus vidas. Al rey se le engañó diciéndole que los milicianos fascistas superaban en número al ejército y que este no podría defender Roma.

A partir de entonces, tanto *Il Duce* como el fascismo fueron imparables. Tomaron el control y se llevaron todos los méritos. A millones de personas, y no sólo a los fascistas, les pareció que los de la década de 1930 fueron años milagrosos para la imagen de Italia en general y la de Roma en particular. Catalizado por las sensaciones del futurismo, en verdad parecía que el fascismo había despegado en todos los ámbitos. ¡Más rápido, más alto, más lejos! Italia tenía el hidroavión más rápido del mundo, el elegantísimo *Macchi MC 72*. Lindbergh había volado sobre el Atlántico, pero el talentoso piloto Italo Balbo, que en algunos aspectos era un bruto pero que indiscutiblemente fue también un valeroso y dotado piloto, voló dos veces sobre él, en 1931 y 1933, la segunda a la cabeza de un escuadrón de más de veinte hidroaviones bimotores entre la laguna de Orbetello, situada al norte de Roma, y el lago Erie en Illinois. En 1931, Italia botó el transatlántico a vapor para el transporte de pasajeros más rápido del mundo, el *Rex*. Parecía probable (o al menos eso pensaban los italianos) que el prestigio del cine italiano superase al de Hollywood, y en 1932 se celebró el primer festival de cine de Venecia. En 1934, Italia ganó el campeonato mundial de fútbol, y el dramaturgo Pirandello, un indudable fascista a su peculiar manera, recibió el Premio Nobel. El enorme boxeador italiano Primo Carnera, el King Kong del cuadrilátero, ganó el campeonato del mundo de los pesos pesados derrotando al norteamericano Jack Sharkey en 1933. (Hay que recordar que en esa época la mayoría de los italianos valoraban el boxeo incluso más que el fútbol; Mussolini dijo de él que era «un medio de expresión exquisitamente fascista».) Los inventos de Guglielmo Marconi en los campos de la radio y la telegrafía inalámbrica estaban eclipsando a los de Thomas Edison. Los nuevos modelos de maquinaria italiana —tanto para la oficina como para el hogar— que salían de las mesas de dibujo de Necchi y Olivetti estaban teniendo impacto sobre un mercado mundial cada vez mayor.

Puede que ninguno de estos acontecimientos fuera en realidad tan trascendental como lo pintaba la cada vez mayor maquinaria de propaganda fascista, pero juntos contribuyeron a una especie de exaltación colectiva, rayana en la histeria nacional. En el pasado había sido Inglaterra. Después había sido América. Y ahora parecía que era el genio tecnológico de Italia el que reinaba. Esta ya no era la tierra de los lienzos antiguos, las cúpulas mohosas y las estatuas desportilladas. Era el país del Futuro, presidido por un hombre que parecía, a ojos de los italianos, poco menos que un semidiós, un sucesor moderno del rey-dios de la antigua Roma, Augusto. Las fantasías más extremas de Marinetti y de los futuristas, gracias a *Il Duce*, parecían estar haciéndose realidad en el fascismo. Este incluso tenía un líder que alardeaba de su extraordinaria capacidad atlética. Los periódicos y revistas de Italia se veían animados por las fotografías de Mussolini y sus oficiales *bersaglieri* corriendo realmente, una visión que no se repetiría hasta medio siglo después, y en América; aunque la gran diferencia era que *Il Duce* corría con todo su uniforme, aparentemente de color caqui, con botas de montar y gorra de oficial, acompañado por otros oficiales que portaban espadas y llevaban puestas medallas que habían obtenido en el conflicto contra los etíopes. Los fascistas también comprendían los medios de comunicación y la propaganda. Cualquier país que amenazase con imponer sanciones a Italia por sus políticas belicosas contra Etiopía, y posteriormente contra la España republicana, podía ser ridiculizado con imágenes tales como la de un cartel de un niño pequeño desnudo orinando sobre la palabra «sanciones». «Mejor un día como un león que cien años como un borrego», decía un eslogan que se citaba con mucha frecuencia, pero se confiaba en que el día del león durase eternamente. «Si comes demasiado, le estás robando a tu país», proclamaba un cartel que mostraba a un delgado y resuelto policía dando golpecitos en el hombro a un glotón comensal.

Una Italia dura, esbelta y musculosa era un componente fundamental de la nueva imagen nacional promovida por la guerra de Abisinia (también conocida como la segunda guerra ítalo-etíope). Detrás de los uniformes, los eslóganes y el gusto por la violencia, ¿qué representaba realmente el fascismo? ¿Era tan sólo otro nombre para la delincuencia social, como afirmaban los blandengues y los rojillos? Mussolini, con cierta ayuda de su coautor Giovanni Gentile, abordó esta cuestión en una entrada para la *Enciclopedia italiana* de 1932. Por encima de todo, había que entender que el fascismo no era un movimiento pacifista que pretendiese poner fin a las agresiones. Todo lo contrario. «El fascismo... no cree ni en la posibilidad ni en la utilidad de la paz perpetua. Sólo la guerra eleva toda la energía humana a su máxima tensión y certifica la nobleza de los pueblos que tienen el valor necesario para enfrentarse a ella. Todas las demás pruebas son sucedáneos de ella.» Eso era de lo que había estado escribiendo Marinetti un cuarto de siglo antes: de la guerra como higiene de la raza.

El fascismo considera que el Estado es absoluto y el individuo es relativo. Por consiguiente, el primero no puede tener nada que ver con el «estado liberal», el cual exalta débilmente «toda libertad inútil y posiblemente perjudicial». El significado y la utilidad de la libertad sólo los puede decidir el Estado, nunca el ciudadano individual. El fascismo consagra la idea de imperio. La expansión de este es «una manifestación de vitalidad fundamental, y su contrario es un síntoma de decadencia. Los pueblos que están levántandose, o volviendo a levantarse después de un período de decadencia, son siempre imperialistas; y la renuncia a ello es un síntoma de decaimiento y de muerte». Ese era el caso de Italia, que estaba volviendo a levantarse «después de muchos siglos de humillación y de servidumbre a extranjeros».

Si esta retórica parecía poco clara, siempre se podía probar con las prolijas disertaciones del avejentado Marinetti sobre la «poesía fascista», escritas a modo de introducción para una antología de 1937 compilada por un bardo siciliano, *Il Duce y el fascismo en las canciones dialectales de Italia*:

Así como la poesía religiosa, la poesía marcial, etc., no se empeñan en llevar a cabo una constante exaltación de la guerra o de la iglesia, la poesía fascista no ha de explicarse como la poesía que ensalza el fascismo. Al contrario... la poesía fascista es aquella que se encuadra en el clima histórico creado por la Revolución y que transmite, prefigura o explica las ideas políticas, morales y económicas unificadoras del Estado Corporativo Fascista, una que siempre está construyendo (o demoliendo para construir), nunca volviendo atrás... La poesía fascista es, por consiguiente, construcción, la construcción del espíritu fascista, que se hace realidad en el fervor del trabajo fecundo, en actos humanos de salvación, material o espiritual, siempre altruista y, toda vez que sea posible, universal. Es una poesía que se vuelve en contra de lo orgiástico, lo dionisíaco y lo pesimista, contra todo lo deprimente, humillante y perjudicial tanto para el individuo como para la colectividad. Expresa el especial estado de gracia que es indispensable para la intuición político-social del momento histórico que estamos atravesando...

Con esto, ya todo quedaba tan claro como el fondo del Tíber.

Porque el fascismo representaba el Futuro, pero su camino a seguir era el camino que llevaba al pasado, a una versión idealizada y purificada de la antigua Roma. Del mismo modo, como representaba el Futuro tenía que tener de su parte a los jóvenes, que eran los portadores del Futuro. Y como precisaba el apoyo de los jóvenes, requería mártires y héroes. El fascismo fue un movimiento fundamentalmente juvenil —un hecho que no se consideró adecuado recordarle a la gente joven en la vertiginosa década de 1960, con sus insensatas admoniciones a no confiar en nadie que tuviera más de treinta años.

Los regímenes totalitarios del pasado siglo hicieron que algunos jóvenes se convirtieran en mártires por su virtuosa lealtad a la Causa, como los niños santos de los inicios del cristianismo. Los nazis tuvieron a Horst Wessel, un joven activista nazi presuntamente asesinado por los comunistas y autor de una canción enormemente popular, la de las *Sturmabteilung* o Camisas Pardas, que se convirtió en el himno nacional de Alemania: «*Die Fahne hoch, die Reihen fest geschlossen!*», «¡La bandera en alto! ¡La compañía en formación cerrada!». Según la leyenda fomentada por los nazis, Wessel escribió la música y la letra, pero en realidad la melodía era de una canción naval alemana de la Primera Guerra Mundial. Los estalinistas tuvieron a un repelente ideólogo adolescente que fue elevado a la condición de objeto de culto al denunciar a su propio padre a la policía secreta por los delitos de deslealtad y desviacionismo, tras lo cual el ultrajado padre mató al hijo: antes había una estatua de bronce de este desagradable joven mártir en Moscú, pero fue derribada tras la *perestroika*.

El fascismo italiano, que tanto se basó en su atractivo para la juventud, también tuvo su propio niño héroe histórico, aunque no se sabe demasiado sobre él. De hecho, hay ciertas dudas de que realmente existiera, al menos en la forma que le dio la propaganda fascista. Se llamaba, o eso se decía, Giovan Battista Balilla: el último nombre significaba «niño pequeño» y era, supuestamente, el apodo de un joven preadolescente que se llamaba Perasso. Según se decía, era genovés, y halló su martirio durante una revuelta contra las fuerzas de los Habsburgo que invadieron Génova durante la ocupación austríaca de 1746; una sublevación que supuestamente inició él lanzando una piedra a algunos artilleros austríacos que estaban intentando mover un cañón que se había quedado atascado en una calle embarrada.

Muchos himnos fueron escritos por poetastros fascistas en memoria de este niño semilegendario, que llegó a simbolizar las victorias italianas en la Primera Guerra Mundial, tan preciadas por los corazones fascistas, y el futuro del propio fascismo, que tanto significaba para sus esperanzas. Figuró en ilustraciones, en carteles, en murales (aunque, por supuesto, nadie sabía cómo era físicamente, algo que no importó lo más mínimo, pues nadie sabe tampoco cómo era Jesús físicamente). Fue el modelo para los jóvenes varones fascistas. Una efusión típica, que ganó una medalla de bronce en el festival de la canción de San Giovanni en Roma en *Anno XII*, se incluyó en *Li Gioielli d'Italia*, una recopilación de versos del poeta en dialecto romano Pietro Mastini:

Bocce di rose
Fiori Italiani
Future spose
Madri domani
E pe la fede
Che sempre brilla
L'avrai da vede
Quanti Balilla!

«Bocas de rosas / flores italianas / esposas del futuro / madres del mañana. / Y por la fe / que siempre brilla / veréis ante vosotras / ¡tantos Balillas!»

A este niño mártir se le premió con una distinción especial: muchas máquinas llevaron su nombre. Una línea popular de automóviles de bajo coste —los equivalentes italianos al Volkswagen alemán, aunque no tan bien diseñados como aquel— llevó su nombre, y también varios submarinos. Mussolini encargó a un antiguo *ardito*, Renato Ricci, la creación de una *Opera Nazionale Balilla*, organización con la que se pretendía formar a la juventud italiana «desde un punto de vista moral y físico», y Ricci fue a Inglaterra a buscar al fundador del movimiento inglés de los *Scouts*, Robert Baden-Powell, cuyas ideas fueron un modelo más pacífico para este movimiento militarista de adolescentes. Sus creencias fundamentales se sintetizaron en los «diez mandamientos» de la milicia fascista:

1. Recuerda que los caídos por la Revolución y por el Imperio preceden a tus columnas de marcha.
2. Un camarada es un hermano para ti: él vive y piensa contigo, y lo tendrás a tu lado en la batalla.
3. Has de servir a Italia en todas partes, siempre, con todos los medios de los que dispongas; con trabajo y con sangre.
4. El enemigo del Fascismo es tu enemigo: no le des cuartel.
5. La disciplina es el sol de los ejércitos; ella prepara e ilumina la victoria.
6. Si vas a atacar con decisión, la victoria ya está a tu alcance.
7. La obediencia total y mutua es la fuerza del legionario.
8. No existen los asuntos grandes o pequeños; sólo existe el deber.
9. La revolución fascista se ha basado, y se sigue basando, en las bayonetas de sus legionarios.
10. Mussolini siempre tiene razón.

Esta última frase, «*Il Duce ha sempre ragione*», dominó toda Italia y sus colonias africanas. Pintada en muros, cincelada en piedra, escrita con tiza en las pizarras, incluso formada con guijarros sobre los patios de recreo de las escuelas por los campesinos etíopes, fue el invariable leitmotiv del fascismo, y se siguieron pudiendo ver vestigios de ella en algunas partes de la Italia rural hasta finales de la década de 1960.

Como un estado militarizado necesita soldados, el fascismo hizo un gran hincapié en la importancia de la tasa de natalidad italiana. En esto, por no decir que también en todo lo demás, encontró un punto en común con la Iglesia católica, que se oponía férreamente a cualquier forma de anticoncepción. Cada año se celebraba una de las muchas ceremonias que tenían lugar bajo el balcón de *Il Duce* en la plaza de Venecia (que había sustituido al Capitolio como centro emblemático de la política italiana, y donde el ministro de propaganda, Starace, convocaba grandes manifestaciones «oceánicas» de lealtad a Mussolini) para honrar a las noventa y cinco madres más prolíficas, reunidas junto con sus berreantes vástagos. Naturalmente, este espectáculo dio lugar a una buena cantidad de bromas (aunque la sátira de la fecundidad estaba prohibida): un chiste gráfico de 1930 mostraba a tres aturullados pero resueltos padres corriendo hacia la línea de meta de una pista, cada uno de ellos empujando un cochecito de bebé atestado de docenas de niños, azuzados por sus esposas con gritos de «¡*Forza, Napoli!*», «¡*Spingi, Milano!*» y «¡*Presto, Roma!*». La opinión personal de Mussolini era que las familias italianas debían ampliarse a ocho, una docena o incluso veinte hijos: magnífica carne de cañón para el futuro Imperio. A cada madre heroicamente fértil se la premiaba con 5.000 liras y una medalla. Se concibieron y se intentaron otros incentivos para ampliar la familia italiana, los cuales formaban parte de la aplicación general a la vida civil de técnicas militares de control por parte de los fascistas. Así, en 1926 *Il Duce* introdujo lo que venía a ser un impuesto disimulado a los solteros, situándolos a un nivel impositivo más alto, a efectos de la declaración de la renta, que a los hombres casados y con hijos. Los puestos más elevados en la educación y la administración pública también estaban reservados a estas personas casadas. Por otro lado, a las mujeres se las descartaba para los puestos de trabajo estatales a menos que fueran viudas de guerra. La información sobre las técnicas de control de la natalidad que no fueran el nunca fiable *coitus interruptus* estaba prohibida, aunque los condones siguieron a la venta, ya que estos reducían la propagación de enfermedades venéreas. «Hay 400 millones de alemanes», declaró Mussolini en un discurso pronunciado el Día de la Ascensión (el 26 de mayo) de 1927, «200 millones de eslavos, y el objetivo de los italianos para el año 1950 son 60 millones, sobre los actuales 40 millones. Si vamos a menos, señores, no construiremos un imperio, nos convertiremos en una colonia».

Aunque había nacido en provincias, Mussolini, cuando llegó al poder, sólo quiso imaginarse a sí mismo como un romano. Esto no siempre había sido así. Aunque nunca había hecho demasiados aspavientos acerca del hecho de que tenía sus orígenes en el municipio de Predappio, a menos que los fines retóricos exigieran que se presentase agresivamente como un «hombre del pueblo», en su época de joven socialista Mussolini había deplorado Roma como «una ciudad parásita de caseras, limpiabotas, prostitutas y burócratas». Pero muy pronto, cuando las ideas de lo que iba a ser el fascismo tomaron forma en su imaginación, también lo hizo la necesidad del renacimiento de Roma. Anteriores emperadores romanos habían nacido y se habían criado en lugares lejanos, como España y el norte de África, y no había ninguna posible razón para que un joven de Predappio no se considerase tan plenamente romano como cualquiera de sus precursores de la antigüedad. Disertando sobre arquitectura ante un periodista alemán llamado Emil Ludwig en 1932, *Il Duce* observó que «la Arquitectura es la más grande de las artes, porque es el compendio de todas las demás». «Es extremadamente romana», decía Ludwig, mostrándose de acuerdo con él. «Yo, del mismo modo», exclamó *Il Duce*, «soy romano por encima de todo». La cuestión de la *romanità*, la romanidad, se hallaba en el propio núcleo de la ideología y de la definición que el estado fascista hacía de sí mismo. El fascismo veía Roma como el centro del mundo. Lo había sido antes; ahora, en su encarnación presente y destinada al futuro, debía serlo de nuevo. «Roma es nuestro punto de partida y de referencia», declaró Mussolini:

> Es nuestro símbolo y, si se quiere, nuestro mito. Soñamos con una Italia romana: es decir, sabia, fuerte, disciplinada e imperial. Gran parte de lo que una vez fue el espíritu inmortal de Roma vuelve a alzarse en el fascismo: los *fasces* son romanos; nuestra organización de combate es romana; nuestro orgullo y valor son romanos; *civis Romanus sum* [soy ciudadano romano]. Ahora es necesario que la historia del mañana, la historia que fervientemente deseamos crear, no sea... una parodia de la historia del ayer. Los romanos no sólo fueron guerreros sino también formidables constructores que pudieron desafiar a su tiempo.

Mussolini también se vio a sí mismo como un constructor, fundamentalmente y siempre. El poeta Ezra Pound rindió tributo a esto en 1935. «No creo que ninguna valoración sobre Mussolini sea válida a menos que *empiece* por su pasión por la construcción. Si se le trata como a un *artifex*, todos los detalles comienzan a tener sentido. Si se le toma por cualquier otra cosa que no sea el artista, uno quedará confundido por las contradicciones.» A *Il Duce* le repugnaba la idea de tratar Roma simplemente como un museo. Esta tenía que demostrar su capacidad, no sólo para conmemorar el pasado, sino para la vida continuada en el presente y la expansión en el futuro. Cualquier cosa que fuera menos que eso supondría un reconocimiento silencioso de que, en palabras de Shakespeare en *Julio César*,

> hoy los romanos
> tienen músculos y nervios como sus antepasados.

Pero, ¡desdicha de los tiempos!, el alma de nuestros padres
[ha desaparecido,
y es el espíritu de nuestras madres el que nos gobierna.

No fue el menor logro del fascismo, frente al, hasta entonces, aplastante poder del papado, el acuerdo al que llegó sobre el Vaticano. Benedicto XV ya había perdido una enorme porción de Italia al renunciar
a los Estados Pontificios. Ahora, después de muchas negociaciones
con Mussolini, su sucesor Pío XI vio sus dominios reducidos a un área
que abarcaba una octava parte de la de Central Park en Nueva York:
tan sólo 44 hectáreas, el tamaño de la Ciudad del Vaticano. Naturalmente, esto estuvo acompañado de concesiones, como el control sobre
el Castel Gandolfo y el Palacio de Letrán, el reconocimiento del Derecho Canónico como vinculante junto con la ley del Estado, una oficina
de correos y una emisora de radio independientes y el control de todo
matrimonio católico por la Iglesia, la enseñanza de las doctrinas católicas en los colegios del Estado, la colocación de crucifijos en todas las
aulas y una compensación financiera para el papado de 1.750 millones
de liras. Y lo que fue aún mejor, Mussolini hizo el trabajo de Dios (tal
como lo veía la Iglesia) reprimiendo tanto a masones como a comunistas, acérrimos enemigos de la Iglesia. Por consiguiente, Pío XI habló
abiertamente (desoyendo los consejos de su moderado lugarteniente,
el cardenal Gasparri) de *Il Duce* como «un hombre enviado por la Pro-
videncia», y dijo inequívocamente a los miembros del bajo clero de
Italia que animasen a sus congregaciones a votar a los fascistas, algo
que estas, como era debido, hicieron. Eso le pareció tan amenazador a
Don Luigi Sturzo, sacerdote y líder del Partito Popolare, un partido
católico moderado, que huyó a Londres y permaneció allí.

Sin embargo, la manifestación pública más trascendental de Pío XI
no fueron sus relaciones con Mussolini, aunque estas se hicieron cada
vez más espinosas con el paso del tiempo. Ni siquiera fue el «concor-
dato» o tratado de 1933 que firmó con Adolf Hitler, un acuerdo finalmente infructuoso en el que actuó como mediador Eugenio Pacelli, el
futuro Pío XII. Fue su encíclica *Casti Connubii* (1930), «Del casto
matrimonio», que prohibía la anticoncepción artificial entre las parejas
casadas so pena de cometer un pecado mortal. Naturalmente, esto fue
muy del gusto de Mussolini, pero su efecto a largo plazo fue alejar de
la Iglesia a personas que hasta entonces habían sido sus fieles.

La reglorificación de la Roma imperial, y la nueva vinculación de
esta con el fascismo, requería dos estrategias: la excavación y la conser-

vación del pasado antiguo, y la vigorosa construcción de nuevas edificaciones fascistas. A Mussolini no le importaba demasiado lo que había entre lo antiguo y lo reciente. No era amigo de la construcción medieval, renacentista o barroca, sobre todo porque, pese a sus acercamientos diplomáticos, detestaba a la Iglesia católica. Por consiguiente, grandes cantidades de esa ciudad «intermedia» serían demolidas si había alguna posibilidad de dejar al descubierto algún resto de la auténtica antigüedad romana que hubiera debajo de ellas. Esto ocurrió con el primer gran emplazamiento que Mussolini despejó, el de Largo Argentina, que originalmente había formado parte del Campo de Marte. Una iglesia del siglo XVI, la de San Nicola a'Cesarini, se alzaba allí; pero bajo sus cimientos, los arqueólogos percibieron las ruinas de cuatro templos de la antigüedad, que parecían datar de la época republicana. La excavación y la demolición de la iglesia reveló estos muy desgastados restos, y en ausencia de otras pruebas sobre ellos se supuso que los cuatro se hallaban en la línea de salida de las más triunfales procesiones romanas y que habían sido costeados por generales victoriosos; cuáles, no se sabe a ciencia cierta. Tampoco se sabía a qué dioses pudieron honrar los templos. Pero esta asociación con los triunfos romanos, por muy poco clara que estuviera, naturalmente habría tenido un gran atractivo para *Il Duce*. «Me sentiría deshonrado», declaró, «si permitiera que una nueva construcción se levantase siquiera un metro sobre este lugar».

Lo que especialmente despreciaba, por motivos más simbólicos que estéticos, era la Roma del Risorgimento, la arquitectura del medio siglo que había transcurrido entre 1870 y su propio ascenso al poder en 1922; con una excepción: el monumento a Víctor Manuel, que él consideraba políticamente intocable, pues era muy importante mantener relaciones cordiales entre *Il Duce* y el rey, el nieto de Víctor Manuel.

Mussolini consideraba que la unificación de Italia llevada a cabo en el siglo XIX había sido, en el mejor de los casos, incompleta, y en el peor, una farsa. ¿Cómo se podía hablar de una Italia «unificada» cuando estaba administrada por tantos gobiernos locales, tan perjudicada aún por el *campanilismo*, sin la autoridad central que proporcionaba el fascismo? Él cambiaría todo eso. A lo largo de las décadas de 1920 y 1930, Mussolini concentró todas las principales funciones del gobierno en sus propias manos.

En octubre de 1922, Mussolini y su cada vez mayor fuerza de seguidores del Partido Nacional Fascista perpetraron un golpe de estado. Se congregaron en la estación de ferrocarril de Florencia, abordaron un tren y se bajaron en Roma, dirigiéndose al Parlamento. A este viaje en tren se le llamó «Marcha sobre Roma», aunque nadie fue a pie. Recorrer todo ese trayecto andando habría sido demasiado cansado, sudoroso y prolongado. La idea de esta marcha tampoco partió de Mussolini; quien la inició, aunque no la organizó, fue D'Annunzio, que quería hacer todo el trayecto desde Trieste con sus propios hombres. Apoyado por la clase empresarial y el ejército, Mussolini fue reconocido por el rey Víctor Manuel III, y el débil pero elegido primer ministro, Luigi Facta, fue destituido.

Italia tenía ya como primer ministro a un belicoso «hombre del pueblo» que, no obstante, rechazaba la idea de guerra de clases y que contaba con el firme apoyo de casi todos los empresarios italianos, y también de la aristocracia. Una minoría de socialistas y liberales boicoteó el Parlamento, pero sin efecto: el rey tenía miedo de la violencia política que pudieran desatar los *squadristi*.

Los *Fasci di Combattimento* de Mussolini pasaron a formar parte de las fuerzas armadas de Italia, la *Milizia Volontaria per la Sicurezza Nazionale* (MVSN). Ahora eran intocables. En 1923, la Ley Acerbo convirtió a Italia en una sola circunscripción electoral nacional; la consecuencia de ello fue que, en unas elecciones celebradas en 1924, los fascistas obtuvieron un 64 % de los votos. Fue después de estas elecciones, probablemente amañadas, cuando el diputado socialista Giacomo Matteotti intentó que se descartasen los resultados y, poco después, fue asesinado por un *squadrista* llamado Amerigo Dumini, que cumplió una condena de varios años de cárcel pero que acabó siendo mantenido durante el resto de su vida por Mussolini y el Partido Fascista. La desaparición de Matteotti provocó algunas débiles protestas, pero estas quedaron en nada; esto supuso el fin de la oposición a Mussolini y el principio de su control absoluto sobre Italia. A lo largo del resto de la década de 1920, Mussolini se dedicó a crear un estado policial, poniéndose él mismo a cargo de los asuntos exteriores, las colonias, la defensa, las empresas y el orden interior.

Por supuesto, se hizo cargo personalmente de la censura cultural, encargándose del escrutinio de hasta 1.500 obras de teatro al año (o eso afirmaba su personal, aunque parece poco creíble, dado el resto de su agenda); entre las obras dramáticas prohibidas figuraron *La mandrágora* de Maquiavelo, el *Cyrano de Bergerac* de Edmond Rostand y *César y Cleopatra* de Bernard Shaw. Sólo el rey podía destituirlo. En 1928 se abolieron todas las elecciones parlamentarias posteriores y se prohibieron todos los partidos que no fueran los fascistas.

Mientras tanto, *Il Duce* inició su expansión del poder italiano por el *mare nostrum*, «nuestro mar», el Mediterráneo. Y al mismo tiempo que blandía su *gladius romanus* en Corfú, Albania, las islas griegas y Libia, Mussolini llevaba a cabo enormes e incesantes campañas de propaganda fascista dentro de Italia.

El gran acontecimiento propagandístico de comienzos de la década de 1930 fue la MRF, o *Mostra della Rivoluzione Fascista*, que tuvo lugar en Roma en 1932, décimo aniversario del ascenso de Mussolini al poder. El lugar donde se celebró fue el antiguo Palazzo delle Esposizioni de 1882, al que se dio una nueva fachada que mostraba cuatro columnas de aluminio de 30 metros de altura con la forma de las fasces, diseñada por los arquitectos Adalberto Libera y Mario de Renzi. El tema de la exposición fue cómo el fascismo había unido, y no dividido, al pueblo italiano; cómo había impedido la guerra de clases.

La opinión liberal tradicional es que el fascismo se oponía irrevocablemente a todo lo que fuera nuevo o progresivo en la cultura italiana. Esta opinión se convirtió en doctrina de hierro después de que Italia perdiera la Segunda Guerra Mundial, porque para entonces la mayoría de los italianos ya sólo querían olvidarse de *Il Duce* y de las miserias de la derrota de este y de Italia. «Allí donde hubo cultura, esta no fue fascista», escribió el intelectual italiano Norberto Bobbio, «y allí donde hubo fascismo, este no fue cultura. Nunca hubo una cultura fascista». Una opinión como esta, tan virtuosamente antifascista, es tan perniciosamente estúpida como las doctrinas culturales del propio fascismo. El fascismo dio esperanza a millones de personas, entre las cuales hubo varios artistas y arquitectos, que imaginaron (en palabras del arquitecto Terragni) que era «el sello distintivo de la nueva era... la armonía que hizo grandes a la Grecia de Pericles y a la Florencia de los Medici debe iluminar la era del fascismo con la misma intensidad».

No sólo hubo una cultura fascista: muchos de los pintores, escultores y arquitectos italianos de mayor talento creyeron incondicionalmente en él y trabajaron con devoción para hacerlo realidad. Hasta Giorgio Morandi, el mejor pintor que tuvo Italia en la década de 1930 —y algunos dirían que el mejor de todo el siglo xx— agradeció sinceramente a Mussolini el interés que había mostrado por su trabajo, del que *Il Duce* había comprado varias obras. «Es un gran placer para mí recordar a Su Excelencia, Benito Mussolini... La gran fe que he tenido en el fascismo desde el principio ha permanecido intacta incluso en los días más oscuros y tormentosos.» Esto no debe tomarse en absoluto como un refrendo general de todas las acciones políticas de *Il Duce* por parte del ermitaño de Bolonia, al que la vida pública le resultaba indi-

43. Pier Leone Ghezzi
Caricatura del Dr. James Hay como guía de osos,
hacia 1704-1729.
Pluma y tinta sobre papel, 36,3 × 24,3 cm.
British Museum, Londres.

44. Giovanni Paolo Pannini
   Preparativos para celebrar el nacimiento del Delfín de Francia, 1729.
   Óleo sobre lienzo, 1.100 cm × 2.520 cm.
   Museo del Louvre, París.

45. Giovanni Paolo Pannini
    *Interior de la Basílica de San
    Pedro,* Roma, 1731.
    Óleo sobre lienzo, 145,7 × 228,3 cm
    Museo de Arte de Saint Louis,
    Missouri.

46. Giovanni Paolo Pannini
    Interior del Panteón, 1734.
    Óleo sobre lienzo, 144,1 × 114,3 cm
    Colección Samuel H. Kress,
    National Gallery of Art,
    Washington D. C.

47. Giovanni Battista Piranesi
    Las cárceles (Carceri), 1745-1761.
    Aguafuerte.

48. Anton Raphael Mengs
    Johann Joachim Winckelmann, 1755.
    Óleo sobre lienzo, 63,5 × 49,2 cm.
    Metropolitan Museum of Art, Nueva York.

49. Alessandro Albani
    Villa Albani, 1751-1763.

50. Heinrich Füssli
El artista conmovido hasta la
desesperación por la grandeza
de los restos antiguos, 1778-1780.
Kunsthaus, Zúrich.

52. Jacques-Louis David
El juramento de los Horacios,
1784.
Óleo sobre lienzo, 326 × 420 cm.
Museo del Louvre, París.

51. Johann Zoffany
Charles Towneley y sus amigos en la Galería
Towneley, 33 Park Street, Westminster, 1781-1783.
Óleo sobre lienzo, 127 × 99,1 cm.
Towneley Hall Art Gallery and Museum, Burnley,
Lancashire.

53. Johann Heinrich Wilhelm
    Tischbein
    *Johann Wolfgang von Goethe
    asomado a la ventana de su
    vivienda del Corso en Roma*,
    1787.
    Acuarela.
    Freies Deutsches Hochstift,
    Fráncfort.

54. Johann Heinrich Wilhelm
    Tischbein
    Goethe en la campiña romana,
    1786-1787.
    Óleo sobre lienzo, 164 × 206 cm.
    Städelsches Kunstinstitut,
    Fráncfort.

55. Antonio Sant'Elia
     La ciudad nueva, 1913.
     Tinta, lápiz y acuarela sobre papel, 27 × 38 cm.
     Colección privada.

ferente y que sabía poco de política. Cierto es que Morandi nunca hizo ninguna obra de arte oficial como las que el fascismo encargó a los Corrado Cagli, Achille Funi o Mario Sironi: no era probable que sus vistas de mesas sobre las que había botellas polvorientas, por muy hermosas que fueran en sí mismas, aumentaran la conciencia de la herencia o el futuro de Italia. Pero entre los artistas italianos que trabajaron, directa o indirectamente, para *Il Duce* figuraron los escultores Marino Marini y Lucio Fontana, los pintores Giorgio de Chirico, Carlo Carrà, Enrico Prampolini, y Emilio Vedova, aparte de Cagli, Funi y Sironi. La MRF hizo un uso bastante pródigo de algunos de los mejores de estos. Nadie podría decir que los grupos clásicos en los que De Chirico forcejeaba con sus sueños estuvieran entre sus mejores obras —la *pittura metafisica* pertenecía a los años 1909-1918 y claramente era algo del pasado—, pero otros artistas honraron al fascismo con convencidas y elocuentes instalaciones. El arquitecto Terragni, por ejemplo, hizo la sala dedicada a la llamada «Marcha sobre Roma».

Pero Giorgio de Chirico fue el artista más representativo del tumulto de nostalgia que la invocación moderna de la Roma imperial provocó, y fue en la arquitectura donde esta se mostró más vívidamente. Fue muy admirado por muchos fascistas, incluso ocasionalmente realizó encargos para el Partido Fascista, pero siempre negó con indignación que su obra tuviera alguna conexión con la ideología fascista. También fue uno de los últimos pintores verdaderamente influyentes que dio Italia en el siglo XX; aunque su influencia, al menos en sus últimos años, recayera fundamentalmente sobre otros italianos. Al principio esta fue internacional, ya que en el pasado su obra había sido un factor muy importante —algunos dirían que determinante— en el desarrollo del surrealismo en París.

Los orígenes de Giorgio de Chirico no eran italianos en absoluto, como indica el francés *de* de su nombre (en lugar de *di*). Se ofendía mucho si le llamaban «di» Chirico. Nació en 1888 y se crió en la ciudad de Volos, en Grecia, donde su padre era planificador e ingeniero de ferrocarriles. No obstante, los encuentros más cruciales de los inicios de su evolución tuvieron lugar en París y la mayor parte de su vida activa transcurrió en Roma y se identificó con ella, donde tenía un magnífico estudio situado a un lado de las Escaleras Españolas, en lo alto de estas, con una vista que abarcaba toda la plaza, con su fuente de Bernini en forma de barca, La Barcaccia, allá abajo. (De todos los estudios urbanos que han sido habitados por artistas modernos, el de De Chirico quizá fuera el que tuvo una ubicación más envidiable.) Se mostraba feroz cuando hablaba de su apego a Roma. Quería, según dijo en sus memorias (1962), «permanecer y trabajar en Italia e incluso en Roma. Sí; es aquí donde quiero quedarme y trabajar, trabajar más duro que nunca, trabajar mejor que nunca, trabajar para mi gloria y vuestra condena».

El deje de ira que hay en estas palabras no fue algo forzado. De Chirico detestaba el mundo del arte, que en su opinión le había malinterpretado y vilipendiado deliberadamente en su propio beneficio y para su propia satisfacción. Tenía mal carácter y un inagotable repertorio de rencores. Ese mundo del arte, a sus ojos, era sinónimo de París y sus artistas, «ese grupo de degenerados, vándalos, pueriles haraganes, onanistas y gente sin carácter que se habían hecho llamar pomposamente a sí mismos *surrealistas* y que también hablaban de la "revolución surrealista"». Los pintores surrealistas fueron, naturalmente, los modernistas que más elementos derivaron de De Chirico y los que más admiraron su obra inicial, pero, debido al desprecio que sintieron por su posterior obra pseudoclásica, se habían convertido en sus hijos repudiados, a los que rechazó ferozmente. Entre los villanos de De Chirico, el más importante fue el líder surrealista André Breton, «el clásico idiota pretencioso y arribista impotente», seguido de cerca en cuanto a vileza y traición por el poeta Paul Éluard, «un joven anodino y vulgar con la nariz torcida y un rostro que está a caballo entre el de un onanista y un cretino místico». (Si uno le desagradaba a De Chirico, este nunca perdonaba ni olvidaba, y uno lo sabría muy pronto.) Esa pareja y sus colegas surrealistas (Yves Tanguy, René Magritte, Max Ernst y Salvador Dalí, el catalán hacia el que De Chirico albergaba especial desprecio y odio) habían estado inspirados, todos ellos, por las primeras pinturas «metafísicas» que De Chirico había hecho hasta alrededor del año 1918, las cuales convirtieron la imagen de la ciudad (fundamentalmente Ferrara, donde vivió desde 1915 hasta 1918, y Turín, cuyas torres aparecen a menudo en sus pinturas) en uno de los emplazamientos emblemáticos de la imaginación modernista. Los elementos de estas se reconocen inmediatamente como propiedad de De Chirico en cuanto se nombran: la plaza, las duras sombras oscuras, la estatua, el tren, el maniquí y, por supuesto, los soportales.

Muchos de ellos se basan en recuerdos de lugares reales en los que De Chirico había vivido; no son invenciones, y esto no hace más que aumentar su poder imaginativo. La ciudad de Volos, por ejemplo, estaba atravesada por un ferrocarril; de ahí el recurrente tren y sus ráfagas de humo. Pero como el padre de De Chirico también era ingeniero de ferrocarriles, el tren también es una imagen profundamente paterna, y esto confiere un significado adicional a una pintura de una estación de ferrocarril como *Melancolía de la partida*, 1914: melancolía porque el tren-padre está partiendo, abandonando al inseguro hijo pequeño y dejándolo a merced de sus miedos. De Chirico encontró el epítome de lo extraño en la arquitectura clásica. Este estaba sintetizado en los soportales, esas series de arcos oscuros que van perdiéndose de vista, esas pantallas superficiales. «No hay nada como el enigma de los Soportales, que los romanos inventaron», escribió:

> Una calle, un arco; el sol parece distinto cuando baña de luz un muro romano. Y hay en él algo más misteriosamente melancólico que en la arquitectura francesa, y también menos feroz. El soportal romano es una fatalidad. Su voz habla en clave, en una clave llena de una poesía extrañamente romana...

De Chirico citaba tres palabras «que me gustaría que fueran el sello de todas las obras que he producido, a saber: *Pictor classicus sum*». Esa idea repugnó a los surrealistas, que se regodearon sin medida atacando a De Chirico por su obra posterior, en la que este loó el mundo clásico y se alejó completamente en su estilo de aquellos elementos que se denominaron protosurrealistas. La hostilidad surrealista no tuvo límites, y tampoco la ira con la que De Chirico reaccionó contra ella. El arte moderno, insistió De Chirico, se hallaba en aquel momento en un estado de decadencia absoluta. Este había caído en desgracia por dos motivos. En primer lugar, se había rendido al modernismo de estilo parisino en lugar de mantenerse en el auténtico camino, el cual, según creía De Chirico, se iniciaba en los Antiguos Maestros y pasaba por los artistas que habían nutrido al propio De Chirico, o sea, pintores centroeuropeos como Arnold Böcklin. «Si algún día alguien instituye un Premio Nobel al provincianismo, la necedad, la xenofobia y el ansia masoquista por *La France Immortelle*», escribió De Chirico, «estoy convencido de que este premio se lo otorgaría a la Italia de hoy».

En segundo lugar, la pintura había olvidado sus propias técnicas básicas. Otros artistas podían echar la vista atrás hacia pintores del pasado: Picasso hacia Ingres, Léger hacia Poussin, e infinidad de pintores italianos hacia Masaccio o Lorenzo Lotto. Pero lo que De Chirico proponía no era un simple acto de «echar la vista atrás», era una restructuración del arte en términos de técnicas antiguas, ahora ignoradas, que debían revitalizarse y recuperarse de alguna manera. Y esto no estaba destinado a suceder, especialmente no en términos de los combates de gladiadores y las fachadas clásicas que llegaron a definir cada vez más los temas de la pintura posterior de De Chirico.

Y había otra complicación más. De Chirico se negaba a creer algo que era un artículo de fe entre los surrealistas y entre la mayoría de los demás admiradores extranjeros de su obra: a saber, que había sido mejor pintor en su juventud, y que la llamada *pittura metafisica* que produjo hasta aproximadamente 1918 era el De Chirico auténtico y fundamental, mientras que la obra posterior era, o bien un cínico autoplagio vendido como «original», o un obvio pastiche de formas artísticas más antiguas que De Chirico admiraba: Rafael, Tiziano, etcétera. Para más inri, De Chirico no sentía ninguna inhibición acerca de vender sus cuadros posteriores como originales de antes de 1918, poniéndoles una fecha anterior. Los marchantes italianos solían decir que la cama del *maestro* se hallaba a 2 metros sobre el suelo del dormitorio, para poder guardar allí todas las «obras tempranas» que no dejaba de «descubrir» debajo de ella. Por ejemplo, existen, como mínimo, dieciocho copias de *Las musas inquietantes*, de 1917, todas ellas pintadas por De Chirico entre 1945 y 1962.

Se han hecho grandes campañas de mercadotecnia para equiparar la obra posterior de De Chirico con su obra inicial, pero hasta ahora estas han sido infructuosas, como, de hecho, merecen. Por otro lado, el mejor pintor, con diferencia, de los que estuvieron directamente relacionados con el fascismo fue Mario Sironi, que tras la caída de Mussolini pagaría caro su papel de favorito en el movimiento. Miembro destacado del grupo Novecento, que se había reunido en torno a Margherita Sarfatti, comisaria artística y amante de Mussolini, Sironi se había rebelado contra el liberalismo, declarando que las bellas artes eran «un perfecto instrumento de gobierno espiritual» y poniendo su obra sin reservas al servicio de la revolución fascista. Esta tenía que ser «intencionadamente antiburguesa».

En los inicios de su carrera, tras la Primera Guerra Mundial, Sironi pintaba oscuros y crudos paisajes del Milán industrial que (conscientemente o no) reflejaban las ideas socialistas iniciales de Mussolini. Después de que el fascismo se implantara en Italia, Sironi siguió haciendo hincapié en que quería ser percibido como «un artista militante, es decir, un artista que sirve a un ideal moral y que subordina su propia individualidad a la causa colectiva». Quería dejar a un lado el cuadro de caballete y dedicarse a los murales y las instalaciones de gran tamaño. Un arte auténticamente fascista, insistía él, era una cuestión de estilo en el que «las cualidades autónomas de línea, forma y color» manipulaban la realidad convirtiéndose en «el medio de la eficacia política... A través del estilo, el arte logrará dejar una nueva impronta en la conciencia popular». Las distinciones entre la cultura de la clase alta y la de la clase baja debían desaparecer. Sironi confiaba en que su estilo, con su arcaico monumentalismo de formas crudamente labradas y sus ocasionales referencias a los antiguos bajorrelieves romanos, desempeñara un papel en la formación de «la voluntad colectiva a través del mito y la imagen», y esta identificación del orden formal con el orden político pasó a formar parte de la ideología oficial del fascismo. Esa idea de «idealismo militante», firmemente propugnada por el primer ministro de Educación de Mussolini, Giovanni Gentile, pasó a ser la ideología oficial durante la primera década del fascismo, la década de 1920 y comienzos de la de 1930.

Para la *Mostra della Rivoluzione Fascista*, Sironi diseñó cuatro impactantes galerías que giraban en torno a temas fascistas. Su aportación más emotiva quizá fuera el *sacrario degli caduti*, el «sagrario de los caídos», en el que, bajo una tenue luz religiosa, se iban revelando los nombres de los muertos fascistas mientras una voz murmuraba «*Presente, presente, presente*» y el himno del partido, *Giovinezza*, escrito por Salvator Gotta, se reproducía a bajo volumen a través de unos altavoces de ambiente ocultos.

Estaba garantizado que esto iba a sacudir emocionalmente a todo incondicional del fascismo. Se llevaba a esta exposición a todos los visitantes, sobre todo a los importantes: los registros de la MRF contienen los nombres de, entre otros, Franz von Papen, Joseph Goebbels y Hermann Goering de Alemania; Ramsay MacDonald, Austen Chamberlain, Anthony Eden y Oswald Mosley de Inglaterra, y el rey de Siam. Eden apuntó en su diario que «el lugar no me resultaba agradable pero no quería ser descortés con mis anfitriones, de modo que me alegré cuando terminó aquel embarazoso calvario». No obstante, le pareció que era «menos intimidatorio y ubicuo que el gobierno nazi en Alemania». Si bien puede que no resultase agradable a extranjeros como Eden, fue un enorme éxito popular entre los propios italianos, sobre todo porque las autoridades fascistas organizaron visitas en masa desde todas partes de Italia. A estos ciudadanos que nunca habían podido salir de sus periféricas ciudades natales, como Grosseto o Acquapendente, se les dio la oportunidad de ir por primera vez en su vida a Roma. Con el tiempo, unos cuatro millones de visitantes acudieron en tren y en autobús a la *Mostra della Rivoluzione Fascista*, y la duración de esta se amplió dos años enteros.

La *Mostra della Rivoluzione Fascista* consagró una idea fundamental sobre el arte y sus metas, y el principal promulgador de esta
fue, entonces y posteriormente, Mario Sironi. A finales de 1933, Sironi
se unió a otros tres pintores italianos, Massimo Campigli, Achille Funi
y Carlo Carrà, en la presentación de un manifiesto sobre el futuro del
arte en Italia. «El fascismo es un estilo de vida: es la propia vida de los
italianos.» El arte debía servir a los intereses del fascismo: pero ¿cómo?
Sironi no tenía más que desprecio por las vacuas pinturas propagandísticas del nacionalsocialismo alemán. Quería ver un arte sobrio, estructural, que, no obstante, tuviera la posibilidad de resultar atractivo a un
amplio público. Esto lo conseguiría resucitando las ambiciones rena-
centistas: en la tradición de la pintura mural italiana de los siglos XV
y XVI quizá pudiera darse cierto resurgimiento que fuera más allá de
las posibilidades que ofrecía el formato de la pintura de caballete. Anhelaba un arte colectivo, dirigido a la comunidad, que se presentara en
grandes muros públicos, bajo la égida del Partido Fascista. Este arte se
realizaría en el sobrio, oscuro y nada obsequioso estilo que Sironi había hecho tan suyo. Su sello distintivo sería una seriedad intencional,
pues Sironi se había unido a otros pintores italianos de inspiración
fascista, como Carrà y Funi, en la denuncia de todo aquello que no
fuera serio y público. El arte debía dirigirse directamente al pueblo
italiano y «estamos convencidos de que en Mussolini tenemos al Hombre que sabe cómo valorar correctamente la fuerza de nuestro Arte que
dominará el mundo».

No dominó el mundo —pocas posibilidades había de que lo hiciera— pero, desde luego, no fue tan desdeñable como las opiniones antifascistas hicieron que pareciera posteriormente. La lealtad de Sironi
al fascismo perjudicó enormemente a este después de que Italia perdiera la guerra y los días de Mussolini terminasen. Quizá eso fuera
inevitable, pero desde luego no fue un juicio estético justo. Las creencias políticas de un artista no constituyen ninguna base sólida para
juzgar su arte. ¿Qué le importan a nadie hoy día las convicciones políticas de los artistas que esculpieron los toros de Babilonia o pintaron
las Madonnas de Siena? Estuvo muy bien despreciar a Sironi tras la
caída de Mussolini por prestar sus indiscutibles talentos a la promoción del fascismo, pero en ese caso ¿qué decir de los artistas construc-
tivistas rusos, como Vladimir Tatlin o El Lissitzky, que quisieron que
su obra asumiera su función dentro de un coro nacional de propaganda
llevada a cabo a través de monumentos, cuyo principal —de hecho,
único— mecenas fue el nuevo estado comunista? Hubo algo muy in-

decoroso en el placer que a los escritorzuelos de partido y a los simpatizantes comunistas del mundo del arte italiano les proporcionó la caída de Sironi, y en el entusiasmo con el que pisotearon su reputación en la posguerra. El marxismo-leninismo, seguido por el estalinismo, asesinó, encarceló y desterró a millones de rusos, aplastó las tradiciones rusas de libertad de expresión y provocó una ilimitada miseria en su país y, posteriormente, en sus países satélite. Si las lealtades políticas de un artista como Sironi se habían de tener en cuenta en contra de él, ¿que se podía decir en contra de las de uno como Tatlin, que trabajó para servir a la Revolución? La respuesta, tal como esta surgió después de la Segunda Guerra Mundial, fue: nada. Los artistas radicales rusos que proclamaron su adhesión a las letales fantasías de la Revolución fueron unánimemente perdonados por haber estado en el bando «correcto», el bando cuyos partidarios contribuyeron a destruir el fascismo. De hecho, debido a la terrible censura que Stalin hizo caer sobre la obra de estos, la opinión liberal a este lado del Telón de Acero los ensalzó: demasiado, dados los intereses a los que aspiraban servir.

En 1931, el gobierno de Mussolini presentó un plan general para la transformación de Roma. Este seguía las líneas principales de un discurso que *Il Duce* había pronunciado seis años antes. Su propósito, anunció, era revelar Roma como una ciudad «maravillosa», «inmensa, ordenada, poderosa, como lo había sido en el primer Imperio de Augusto»:

> El tronco del gran roble se ha de seguir desembarazando de todo aquello que aún lo cubre. Hay que abrir espacios en torno al Mausoleo de Augusto, el Teatro de Marcelo, el Campidoglio, el Panteón. Hay que arrasar todo lo que ha surgido a lo largo de los siglos de decadencia. En cinco años se ha de poder ver el volumen del Panteón desde la plaza Colonnna, a través de una gran área.

La clave para las intenciones de Mussolini —aclarar los «auténticos» significados urbanos de Roma— era recuperar lo que Mussolini consideraba que era la auténtica pureza urbana de la ciudad: la de la época de Augusto. Dejando al descubierto y ensalzando lo que quedaba de la arquitectura del glorioso principado, se presentaría a sí mismo como el nuevo César Augusto, y demostraría que el fascismo era la reinstauración del Imperio. Para hacer hincapié en este mensaje, una avenida triunfal, que se llamaría Via dell'Impero, conectaría la plaza de Venecia —donde se instalaron ahora las oficinas del Estado y los apartamentos de Mussolini— con Ostia y el mar. Esta avenida que se allanaría especialmente a tal efecto, de 700 metros de longitud y 30 de anchura, sería la avenida para desfiles de Roma. Esto era un tanto contradictorio, ya que para su creación se hubieron de tapar grandes extensiones de los *fora* imperiales romanos que se habían excavado recientemente. Pero, como dijo *Il Duce*, «Roma tiene ahora en su centro una calle auténticamente concebida para sus grandes desfiles militares, que hasta ahora han estado restringidos a la periferia o el campo».

La «reinstauración» del Imperio romano se festejó en la canción popular:

> Vuelven las columnas y los arcos
> a las gloriosas ruinas, como antaño...
> Desde el Capitolio, orgullosa, despliega sus alas
> la augusta águila de bronce
> de la Roma Imperial...
> Tiemblan las antiguas murallas
> del Coliseo...
> profieren un hosanna de ardor:
> resurge, Roma eterna,
> vuelve el Lictor.

En el norte se desarrollaría una gigantesca urbanización de viviendas, palacios de deportes y nuevas carreteras con la que se quería crear una puerta de entrada a la ciudad moderna; esta llegó a conocerse como el Foro Mussolini. En cuarto lugar, la carretera del sur que conducía a Roma siguiendo la Via del Mare sustentaría lo que fundamentalmente fue una segunda ciudad, una masa de despliegue arquitectónico que se conocería como EUR o *Esposizione Universale di Roma*, que *Il Duce* quería inaugurar en 1942 con lo que él llamó unos «Juegos olímpicos de la Civilización». Esta enorme transformación de la Ciudad Eterna superaría con mucho, en envergadura, a las campañas de cualquier emperador o papa anterior desde la época de Augusto. A través de ella, Roma «reclamaría su Imperio», como decía un himno patriótico:

> *Roma revendica l'Impero*
> *L'ora dell'Aquil sono,*
> *Squilli di trombe salutano il vol*
> *Dal Campidoglio al Quirinal,*
> *Terra ti vogliamo dominar!*

«Roma reclama el Imperio. / La hora del águila ha sonado. / Toques de trompeta saludan el vuelo / desde el Capitolio hasta el Quirinal. / ¡Tierra, queremos dominarte!»

Muchos de los nuevos edificios del fascismo fueron, en esencia, bastante modernistas. Tuvieron poco que ver con el estilo dórico neoclásico simplificado que promovió Hitler a través de su arquitecto de corte, Albert Speer. En ellos se emplearon muros de cerramiento, vigas voladizas y otros atributos del llamado Estilo Internacional que había ganado empuje en Alemania y los EE. UU. Algunos de ellos, como el de la Casa del Fascio (1932-1936) de Giuseppe Terragni en Como, tenían un espíritu bastante en la línea de Mies van der Rohe.

El más vívido y memorable de los nuevos edificios del fascismo fue el llamado «Coliseo Cuadrado», el edificio de varios pisos con austeras arcadas que constituyó el motivo central del EUR. Si hay un edificio del que se pueda decir que es el logotipo de la arquitectura fascista, es este, en toda su polémica pureza: el «Palacio de la Civilización Italiana». Fue muy odiado en el período posterior a la guerra de 1939-1945, pero actualmente hay indicios de que está gozando de una renovada aceptación como monumento histórico y obra característica de su tiempo, una situación a la que ha contribuido favorablemente el hecho de que no lleve ninguna inscripción belicosa ni excesivamente nacionalista: el friso de letras que hay en torno a la línea plana del tejado del edificio ensalzaba los logros pacíficos de los creadores de civilización, exploradores, artistas, científicos, santos, poetas y marineros de Italia, pero rotundamente no de sus soldados. Su arquitecto principal fue Ernesto Lapadula (1902-1968), que sobrevivió a la guerra pero nunca tuvo la oportunidad de diseñar otro edificio oficial. Sus colaboradores fueron Giovanni Guerrini y Mario Romano.

Al escultor Arnoldo Bellini se le encomendó, en 1934, la tarea de realizar un gigantesco retrato escultural de *Il Duce*, de 100 metros de altura (tan alto como la linterna de San Pedro), que dominaría completamente la ciudad desde la línea del horizonte perfilada por sus edificios. Este monstruo nunca se terminó, aunque su cabeza sí se completó. Fue la más grande de todas las esculturas fascistas e incluso se esperaba que albergara un museo permanente del fascismo.

El monumento fascista más espléndido, igual que el monumento más espléndido de la antigua Roma, fue una carretera; o más bien, dos carreteras. Una fue la Via del Mare; la otra fue la Via dell'Impero, que conectó el Coliseo con el monumento a Víctor Manuel, y que se convirtió en la principal avenida de desfiles para Mussolini y sus *squa-dristi*. Las comparaciones obvias que todos los proyectos de nueva ordenación urbana de Mussolini tendrían que soportar serían las que se establecerían con las campañas de Albert Speer para Hitler, y nadie sería más consciente de esto que el propio *Führer*, que se había reunido con *Il Duce* en Venecia en 1934 y que estaba previsto que hiciera una imponente visita estatal a Roma en la primavera de 1938.

Para *Il Duce* era fundamental mostrar una *bella figura* cuando llegara Hitler, y en febrero de 1938 el dictador hizo un recorrido por Roma para inspeccionar sus obras públicas. Empezó por los emplazamientos cercanos a su centro político, la plaza de Venecia: la colina Capitolina, la Palatina, el Circo Máximo. Se regodeó al pensar cuán impresionado quedaría Hitler. Miró con orgullo las grandes extensiones despejadas, «antes ahogadas por... casuchas y callejones». Siguiendo sus órdenes, el emplazamiento del Circo Máximo, antes congestionado, había sido despejado de todas sus casonas y edificios posteriores: ahora no mostraba nada salvo pura Roma antigua. En el extremo contrario del Circo Máximo se hallaba su nuevo edificio de África (hoy oficinas de la FAO de las Naciones Unidas, cuyos orígenes fascistas pocos recuerdan) y el antiguo Obelisco de Axum, traído desde Etiopía tras sus victorias allí el año anterior. Mientras le trasladaban en coche a lo largo de la nueva Via dell'Impero, que conectaba la Roma central con el mar, miró cómo pasaban ante él los antiguos edificios, ahora limpiados: el Teatro de Marcelo, el Arco de Jano Cuadrifronte, los templos de Vesta y de la Fortuna Virilis. Pensó en cómo la Via dell'Impero, parcialmente terminada, pronto conectaría el centro de Roma con el mar, y con el emplazamiento del proyectado complejo EUR, la *Esposizione Universale di Roma*, cuya inauguración estaba prevista para 1942, el vigésimo aniversario de la Marcha sobre Roma. Y su gran capital, reflexionó, ya se estaba llenando de edificios fascistas: estadios, colegios, oficinas de correos y apartamentos de todo tipo. Aquello bastaba para satisfacer a cualquier dictador, y de hecho muchas de estas estructuras todavía se usan, aunque bajo otros nombres.

Una de las pocas obras maestras del diseño fascista racionalista, situada en lo que entonces se conocía como el Foro Mussolini, la *Casa delle Armi* o Academia de Esgrima de 1934, obra de Luigi Moretti (1907-1973), pasó a ser un cuartel de *carabinieri* y tuvo una breve vida posterior como emplazamiento de los juicios masivos a las Brigadas Rojas, para los que se montó un enorme dispositivo de seguridad. La nueva Via del Mare fascista renació, después de la guerra, como la Via del Teatro di Marcello; pese al obvio deseo de Italia de borrar a Mussolini de la memoria colectiva, su nombre sigue estando en el obelisco conmemorativo del Foro Mussolini, ahora Foro Italico. Hoy día el Piazzale dell'Impero está lleno de monopatinadores, un uso que el fascismo nunca había previsto. Está lleno de mosaicos que muestran imágenes y eslóganes fascistas: «Muchos enemigos, mucho honor», «Duce, te dedicamos nuestra juventud» e, inevitablemente, «Mejor un día como un león que cien años como un borrego». Algunos mosaicos aún muestran la fundación del fascismo después de 1919, la marcha sobre Roma, los acuerdos de Letrán con la Iglesia y la conquista de Etiopía. Las autoridades de posguerra de una Roma más democrática no han intentado borrarlos, acertadamente; en lugar de ello, tras la muerte de Mussolini se añadieron otros para celebrar la caída del fascismo en 1943, el referéndum nacional para abolir la monarquía en 1946 y la inauguración de la nueva república italiana en 1948. Algunos monumentos fascistas ya habían desaparecido; varias cabezas gigantes de *Il Duce* permanecen en almacenes subterráneos en Roma y sólo la cabeza de una colosal estatua de bronce del fascismo, de 45 metros de altura, sobrevivió lo bastante para ser fundida y convertida en chatarra; por otro lado, debido a que el deporte es teóricamente apolítico, unos sesenta enormes atletas de piedra aún se alzan sobre sus pedestales originales en el *Stadio dei Marmi* del EUR. La Via Adolfo Hitler, que aún termina en la estación Ostiense, fue diplomáticamente renombrada como Via delle Cave Ardeatine, en memoria de la masacre de antifascistas que tuvo lugar en venganza por la voladura de un pelotón de nazis que estaban realizando una marcha. Después de la guerra, el Ponte Littorio del Tíber cambió de nombre: en honor del diputado socialista asesinado, se llama Ponte Matteotti.

Había cierta comunidad de lenguaje entre las obras de arte visual nazis y las fascistas, pero en cuanto a su ideología había aspectos del fascismo que diferían crucialmente del nazismo: es un error habitual suponer que eran fundamentalmente lo mismo debido a las alianzas políticas que luego se establecieron entre ellos. La cuestión principal fue la de la raza. No es necesario subrayar que Hitler estaba completamente obsesionado con su deseo de «librar» al mundo de los judíos. Para él, los judíos eran el principal mal de la sociedad alemana y mundial. Incluso mientras la batalla por un Berlín derrotado ya estaba entrando en su última fase y los obuses rusos habían empezado a caer con estruendo sobre la Cancillería, los pensamientos de Hitler los seguía ocupando la Solución Final.

Mussolini, por otro lado, no era ningún racista, y el antisemitismo no entró en su política ni en la teoría ni en la práctica. «¡La raza! Es un sentimiento, no una realidad», declaró en 1933. «El noventa y cinco por ciento, como mínimo, es un sentimiento. Nada me hará creer jamás que se pueda demostrar que hoy en día existan razas biológicamente puras. El orgullo nacional no tiene ninguna necesidad del delirio de la raza.» Señaló que los judíos habían vivido en Italia desde la época de la fundación de Roma, un comentario que habría sido inconcebible que Hitler hiciera sobre Alemania. El Partido Nacional Fascista contenía judíos; uno de ellos, Ettore Ovazza, dirigía un periódico fascista, *La Nostra Bandiera*, dirigido expresamente para sostener la idea de que los judíos italianos eran patriotas italianos y podían seguir siéndolo bajo el fascismo. Desde luego, Mussolini tuvo cárceles políticas, algunas de ellas de una severidad intolerable. Pero estas nunca estuvieron concebidas, como los campos de concentración alemanes, para aniquilar a grupos sociales enteros, ya fueran estos judíos, o gitanos, u homosexuales. Sus *squadristi* o camisas negras podían ser, y a menudo eran, brutales con los «extranjeros» y los antifascistas, pero su violencia no fue intencionadamente antisemita; aunque sería ingenuo imaginar que no hubo ningún antisemitismo en Italia, o que este no se manifestó en forma de golpes e insultos a voz en grito cuando se obligaba a algún desdichado opositor al régimen a beber aceite de ricino mezclado con gasolina (una de las torturas preferidas por los fascistas) o a masticar y tragar un sapo vivo. Gran parte de esto cambiaría después, cuando la influencia de Hitler sobre Mussolini aumentó a finales de la década de 1930. En el *Manifiesto de la raza*, publicado en 1938, Mussolini copió las Leyes de Nuremberg de Hitler, despojando a los judíos italianos de su ciudadanía y impidiéndoles el acceso a las profesiones. Pero al principio, cuando menos, el nuevo César no tuvo más prejuicios contra los judíos que los antiguos Césares. Los buenos fascistas se podían comparar con los judíos, y viceversa, sin pérdida de dignidad.

Algunos poetas, al escribir sobre la Marcha de Roma, con frecuencia y sin rubor compararon a Mussolini con Moisés guiando al pueblo elegido hasta la Tierra Prometida.

Por supuesto, Hitler tenía otras ideas. Las comparaciones de Mussolini con Moisés disminuyeron drásticamente después de mayo de 1938, cuando un tren que llevaba al *Führer* y a su estado mayor llegó a la estación Ostiense en Roma, trayendo a Hitler en su visita estatal. Los *funzionari* de Mussolini se habían molestado mucho en preparar la llegada de Hitler. Incluso se habían cuidado de que los últimos kilómetros de ferrocarril que llevaban a la estación estuvieran bordeados, a ambos lados, por un «pueblo Potemkin» de decorados orientados hacia dentro, mirando hacia el tren, llenos de romanos que vitoreaban con entusiasmo. Hitler fue recibido con un *pasquinato* que decía:

> *Roma di travertino*
> *Rifatta di cartone*
> *Saluta l'imbianchino*
> *Suo prossimo padrone.*

«La Roma de travertino, / reconstruida en cartón, / saluda al pintor, / su próximo señor.»

Los medios de comunicación de masas de Italia, que estaban férreamente controlados —se necesitaba una licencia emitida por el Estado para ejercer como periodista de cualquier tipo, incluso como reportero de moda, bajo Mussolini, y este nombraba personalmente a los directores de todas las publicaciones—, recibieron la llegada del *Führer* con éxtasis automático. Un buen, aunque secundario, ejemplo de ello fue una tira cómica en cuya primera viñeta vemos a un oficial nazi (sin bigote, así que no puede ser el propio Hitler) lanzando un saludo nazi a la loba capitolina y a sus dos bebés fundadores, Rómulo y Remo. En la segunda viñeta, la loba, embargada de alegría canina, ha bajado de su pedestal y está haciéndole fiestas al nazi, mientras los temporalmente abandonados pero encantados niños están devolviendo el saludo y gritando: «*¡Heil Hitler!*».

Es imposible decir qué efecto pudieron provocar las opiniones que Hitler tenía sobre la arquitectura en los cambios que hizo Mussolini en Roma. En algunos aspectos, sobre todo a finales de la década de 1930, el pensamiento de los dos hombres era tan parecido que es imposible desenmarañar las ideas propias de cada uno. Sin embargo, hay un proyecto en concreto, de los que Mussolini impuso a su capital, que destaca por su carácter hitleriano de rectitud axial y muda claridad. Era la avenida de acceso a la plaza de San Pedro, el abrumadoramente suntuoso emplazamiento simbólico de Bernini situado delante de la basílica. Antes de Mussolini, el visitante que venía del Tíber accedía a San Pedro siguiendo la Spina dei Borghi o «espina del Borgo», un par de calles más o menos paralelas que llegaban hasta la plaza pero que no presentaban la vista de la basílica de una manera apropiadamente espectacular. Pero en 1937, el año anterior a la primera visita de Hitler a

Roma, Mussolini decidió convertir esta relativamente gradual revelación en un puro melodrama en perspectiva desde un solo punto. Es difícil decir si pretendía impresionar a Hitler con esto. A fin de cuentas, parece probable: y el resultado fue una gigantesca avenida al estilo de Albert Speer, que llevaba en línea recta al obelisco del Vaticano, la fachada de Maderno y la cúpula. La sorpresa, que antaño había sido una parte tan fundamental del acceso a la gran basílica, quedó ahora eliminada. El nombre de la avenida, Via della Conciliazione, conmemora el acuerdo de 1929 al que se había llegado bajo el tratado de Letrán, por el cual el Vaticano —que hasta este momento se había opuesto al fascismo debido a los prejuicios anticlericales de *Il Duce*— reconocía al gobierno fascista de Italia al mismo tiempo que el fascismo concedía al Vaticano la independencia territorial total. Esto conformaría de modo permanente las relaciones entre la Iglesia y el Estado de Italia, de cuya «conciliación» fue un símbolo la nueva avenida.

En el proceso de reconciliación entre Arte y Estado, dio la impresión de que todo bardo que escribía en dialecto, desde el lago Como hasta el cabo Palinuro, estaba ocupado diciendo a los niños italianos que emularan a su salvador:

> *...anima pura*
> *Va a scola, studia tantu e 'mpara,*
> *E vera fede au nostru Duce giura.*

«Alma pura, / ve al colegio, estudia mucho, aprende / y jura auténtica fe a nuestro *Duce*.»

La apariencia de *Il Duce* suscitaba sobrecogidos panegíricos en poetas de toda Italia que escribían en dialecto. He aquí un tal Nando Bennati, escribiendo en el dialecto de Ferrara, en torno al año 1937, dirigiéndose a su líder simplemente como *Lu!*, «¡Tú!»:

«La cabeza, una nuez dura y maciza / tallada con una podadera, que le hace a uno temblar. / La amplia y alta frente, que es la morada / de un gran y pesado cerebro. / Las cejas, como dos antiguos arcos romanos / que, si descienden, hacen temblar incluso a sus amigos. / Dos ojos que se proyectan como dos lanzas / y leen todos los pensamientos, buenos y malos. / La nariz como el pico de un águila, que se mueve / para olfatear el aire, y ver si ha llegado algo nuevo. / La voz que golpea como un látigo / y atraviesa el alma como la puñalada de una daga.»

Y así sucesivamente, a lo largo de varios versos, hasta que se aclara la moraleja: «*¡Bisogna obbidirgli e dir ad si!*», «¡Debemos obedecerle y decir sí!».

Mussolini no sólo iba a restituir al Estado su dignidad original, sino que también se le veía como el hombre que iba a salvar a Italia de las escaseces, el que había devuelto a la comida italiana su carácter primordial y sacramental. Ese fue el contenido de *la battaglia del grano*, «la Batalla del Grano», iniciada por Mussolini en la década de 1920. La Batalla del Grano, que se basaba en el cultivo de la tierra que se había dejado al descubierto con el drenaje de las Lagunas Pontinas —uno de los proyectos más aclamados de Mussolini— sólo fue un éxito en parte y no estuvo a la altura de su propaganda. No obstante, bardos fascistas romanos como Augusto Jandolo constantemente le rindieron homenaje en poemas como *Er Pane*, «El pan», publicado en 1936:

> *Ricordete ch'er pane va magnato*
> *Come si consumassi un sacramento*
> *Co l'occhi bassi e cor pensiero a Dio.*
> *Er Duce ha scritto: «Er pane*
> *A core de la casa,*
> *Orgoio der lavoro*
> *E premio santo alle fatiche umane.»*
> *Bacelo sempre, fiio, perche in fonno*
> *Baci la terra tua che lo produce.*
> *C'e sempre intorn or ar pane tanta luce*
> *Da illuminacce er monno!*

«Recuerda que has de comer el pan / como se toma un sacramento / bajando la mirada y pensando en Dios con el corazón. / *Il Duce* ha escrito: "El pan / es el corazón de la casa, / el orgullo del trabajo / y la sagrada recompensa por la labor del hombre". / Bésalo siempre, hijo mío, porque de hecho / besas tu tierra que lo produce. / ¡El pan siempre está rodeado de una luz tan grande / que puede iluminar todo el mundo!»

Hasta D'Annunzio se sintió conmovido hasta escribir una oda en alabanza del *parrozzo*, el pan basto de los granjeros de los Abruzos, y a dedicársela a su panadero, Luigi d'Amico. Sin embargo, el pan que resultó de la *battaglia del grano* fue a menudo de muy escasa calidad, si hemos de creer lo que decía un célebre pasquín que apareció durante la campaña. Algún ingenioso anónimo colgó una pétrea barra de pan

romana de un cordel alrededor del cuello de una estatua de César en la
Via dell'Impero, acompañada de este mensaje:

> *Cesare!*
> *Tu che ci hai lo stommico di ferro,*
> *Mangete sto pane di l'Impero!*

«¡César! ¡Tú que tienes entrañas de hierro, cómete este pan del Imperio!»

Reconstruir este Imperio era uno de los sueños de Mussolini, pero
era un sueño imposible. El principal escenario para sus ambiciones
imperiales fue África; pero demasiadas de las grandes potencias ya
tenían intereses coloniales allí. Incluso Italia tenía sus pequeños trozos
de África: desde 1882 Eritrea, y la Somalia italiana desde 1889. Pero
estaban divididas por el estado independiente de Etiopía, conocido alternativamente como Abisinia, con cuyo gobernante Haile Selassie
había firmado *Il Duce* un pacto de no agresión. Pero con Mussolini
algunos pactos se hacían para romperse, y este fue uno de ellos.

Resultó que Italia había estado haciendo acopio de artillería en un
recóndito oasis llamado Wal-Wal, que estaba claramente en territorio
etíope. Se desarrolló una escaramuza entre las fuerzas etíopes en Wal-
Wal y algunos somalíes adscritos al ejército italiano de allí; se afirmó
que unos 150 etíopes habían sido asesinados por los tanques y los aviones de los aliados italo-somalíes. A partir de ahí la situación empeoró,
en medio de afirmaciones y refutaciones italianas, hasta que los soldados de la Eritrea italiana estuvieron totalmente en pie de guerra con los
desventurados abisinios. No fueron ellos quienes declararon la guerra;
esa declaración formal se dejó en manos de los abisinios, que la hicieron en octubre de 1935. La contienda fue totalmente desigual: ametralladoras, bombarderos y gas mostaza contra miembros medio desnudos de tribus, armados con rifles de acción por cerrojo. Mussolini
envió a más de 100.000 soldados italianos comandados por el general
Emilio de Bono. De Bono pronto fue sustituido por un comandante
más despiadado, el mariscal Pietro Badoglio. Invadieron Abisinia e
incluso recalcaron su victoria total con gestos propagandísticos tales
como la construcción, con mano de obra del ejército, de un colosal
retrato de piedra, hormigón y tierra del imponente Mussolini representado como una esfinge, alzándose de la arena, que actualmente sólo
sobrevive en los noticiarios cinematográficos oficiales.

En mayo de 1936 las fuerzas italianas entraron en la capital, Adís Abeba; el emperador Haile Selassie, el León de Judá, huyó al exilio. Los etíopes afirmaron que habían perdido medio millón de hombres en la guerra; es probable que esto fuera una exageración, pero fueron tremendamente vapuleados. Ninguno de los dos bandos fue inocente; ambos recurrieron a la tortura de prisioneros y a otros crímenes de guerra. Pero no hubo ninguna duda de quién había sido el agresor. Italia emergió de esta aventura colonial sin ningún prestigio, y Abisinia —cuyo emperador fue finalmente restablecido en su trono por las fuerzas británicas durante la Segunda Guerra Mundial, que estalló poco después— con muy poco. Para subrayar su victoria, los italianos enviaron a Abisinia un vaciado de la Loba Capitolina, con Rómulo y Remo incluidos. La escultura fue instalada en el exterior de la estación de tren de Adís Abeba, sustituyendo a una figura del León de Judá que llevaba la corona de Salomón en su cabeza, la cual le había entregado una compañía de ferrocarril francesa al Negus de Abisinia, y que se envió a Roma como recuerdo de la victoria. (Pero después de que los Aliados entraran en Roma en 1944, se descubrió que la figura desplazada del León de Judá, que se había erigido en un parque de la ciudad, había desaparecido misteriosamente. Alguien se la había vuelto a enviar a Haile Selassie.)

En este momento Mussolini, comprendiendo que su aventura etíope no iba a hacerle ganar prestigio ante Inglaterra o Francia, que tenían sus propios intereses coloniales en África, apoyó con devoción a los nacionalistas de Franco en la Guerra Civil española. En julio de 1936 envió un escuadrón de aviones italianos a España para combatir en favor de Franco. Naturalmente esto le granjeó, hasta cierto punto, el aprecio de Hitler. Aceptó la anexión de Austria por Hitler en 1938 y su toma de Checoslovaquia al año siguiente. Eso no significó que Italia se convirtiera en un aliado sin complicaciones o pasivo de la Alemania nazi. Pero sí allanó el camino para el *Patto d'Acciaio* o «Pacto de Acero», una alianza de «amistad» entre Alemania e Italia.

Sin embargo, no había mucho que Mussolini pudiera ofrecerle a Hitler en cuanto a apoyo práctico: sus provisiones de armamento eran demasiado escasas; de modo que cuando la invasión alemana de Polonia provocó una declaración de guerra por parte de Inglaterra y Francia, inaugurando así la Segunda Guerra Mundial, Mussolini —ante la fuerte insistencia del rey de Italia Víctor Manuel III— permaneció no beligerante. Esto fue efímero. Mussolini pronto se convenció de que Hitler emergería victorioso rápidamente, y envió su Décimo Ejército bajo el mando del general Rodolfo Graziani para atacar a las fuerzas británicas en Egipto. Esto resultó ser un costoso fracaso y acabó con la derrota de las fuerzas italianas a manos de las británicas en El Alamein en 1942. Entonces los alemanes enviaron al Afrika Korps al norte de África, Alemania atacó la Unión Soviética y arrastró a Italia con ella, e Italia cometió el grave pero probablemente inevitable error de declarar la guerra a Estados Unidos. Entonces fue cuando empezó la caída en serio. Los bombardeos aliados pulverizaron las ciudades, las fábricas y los suministros de alimentos del norte de Italia. El carbón y el petróleo empezaron a agotarse. Hasta la pasta se convirtió en una rareza del mercado negro.

El 27 de abril de 1945, Mussolini y su amante Clara Petacci fueron capturados por partisanos comunistas italianos cuando huían al norte hacia Suiza, confiando en poder volar desde allí hasta España. Fueron apresados antes de abandonar Italia, en la ciudad de Dongo, junto al lago Como. Se dijo que ellos y su séquito de 15 hombres llevaban consigo enormes cantidades de dinero en efectivo. Nadie sabe a ciencia cierta lo que pasó con ese dinero, pero siempre se ha sospechado que fue a parar directamente a las arcas del Partido Comunista; por este motivo, la oficina central del PC en Roma se ha conocido desde entonces como el «Palazzo Dongo».

Al día siguiente, el 28 de abril, *Il Duce* y su grupo fueron conducidos a la cercana localidad de Giulino di Mezzagra y los fusilaron. Sus cadáveres fueron trasladados en un camión de mudanzas al sur, a Milán, y descargados en el Piazzale Loreto, donde los partisanos los colgaron boca abajo en ganchos de carnicero del toldo de una gasolinera —en el pasado los fascistas les habían hecho a los partisanos lo mismo, en el mismo lugar— para que fueran ritualmente execrados con piedras, hortalizas, escupitajos y maldiciones. Tras jugar al escondite durante mucho tiempo con el cadáver de *Il Duce*, finalmente fue enterrado en el cementerio de su lugar de nacimiento, Predappio, donde aún hoy sigue siendo visitado por respetuosos peregrinos.

En última instancia, ¿qué se ha de pensar de Mussolini? Fue un tirano narcisista; eso es evidente. Pero, desde luego, no fue una figura del mal absoluto, como Adolf Hitler. Es imposible imaginar que surja un nuevo Hitler en Alemania, pero la aparición de un nuevo Mussolini en Italia no es un contrasentido, y ni siquiera es algo inimaginable. Como dijo Martin Clark, «el legado de Mussolini supone un auténtico reto para la sociedad italiana contemporánea, por el hecho de que tanta gente comparta sus valores, aunque estos sean políticamente incorrectos». Hay que reconocer que sus creencias y convicciones no tenían nada de fraudulento. Naturalmente, tenía un carácter histriónico; pero ¿de cuántos líderes populares no se puede decir esto? Quizá el talento para el histrionismo sea algo fundamental para el éxito político. Las figuras anodinas y con pinta de oficinistas no llegan a los máximos cargos, aunque sí que hacen más fácil la vida de las figuras espectaculares. En gran medida, Mussolini era exactamente lo que aparentaba ser. Los italianos admiraban su valor, del que no se dudaba. Era evidente que no estaba en política para su beneficio personal; no tenía el menor aprecio por el dinero ni por la comodidad del hogar. Les gustaba su franqueza y su voluntaria, de hecho entusiasta, aceptación del riesgo. No venía de la clase media; era un patriota sin reservas, y genuinamente masculino; no había nada forzado ni falaz en todas esas fotografías de *Il Duce* adoptando poses sobre tanques o mostrando su beligerante perfil al objetivo de las cámaras. Puede que los ingleses se burlaran de ellas; los italianos no lo hicieron. Hollywood, en el genio de Charlie Chaplin, podría hacer que Jack Oakie le interpretara como «Benzino Napaloni» en *El gran dictador*; pero esta caricatura nunca ha caído bien en Italia.

Él creía tener una relación con su país instintiva e infalible, como si fuese su médium; y la mayor parte del tiempo, cuando menos, tenía razón. «Yo no creé el Fascismo. Lo extraje de las mentes inconscientes de los italianos. Si eso no hubiera sido así, todos ellos no me habrían seguido durante veinte años; repito, *todos* ellos.» Esto posibilitó que la carismática mezcla de omnisciencia presidencial y gestos teatrales de cara a la galería por parte de Mussolini funcionase. Descartarlo como si fuera un bufón, un pavo real pavoneándose, como constantemente intentó hacer la propaganda angloamericana, es subestimarlo demasiado. Comprendió los usos de los medios de comunicación y los aprovechó formidablemente, como mínimo tan bien como Winston Churchill; era especialmente consciente del potencial propagandístico del cine. En este aspecto se adelantó a su tiempo, y su carrera apuntaba hacia el futuro, hacia gestores de la imagen temporal como John Kennedy y George W. Bush; pero sobre todo hacia el inmensamente rico y sexualmente rimbombante magnate de los medios de comunicación que, mediante su control de la televisión nacional, sigue siendo la figura dominante de la política italiana: Silvio Berlusconi.

Capítulo 12

ROMA RECAPTURADA

La preparación de la toma de Roma, la capital de Italia, para arrebatársela a los fascistas, llevó una larga temporada. El asalto no podía llevarse a cabo mediante un ataque directo desde el norte. Todos los anteriores ataques a Roma, que se remontaban a la época de los galos, habían procedido de allí. Pero las fuerzas alemanas hacían que esto fuera imposible. En 1943 ya se estaba haciendo evidente que la responsabilidad de mantener a los Aliados fuera de Italia iba a recaer, cada vez más, sobre las fuerzas alemanas y no sobre las italianas; y que para conseguirlo sería necesario repeler una invasión por mar y aire a través del Mediterráneo desde el norte de África, algo que finalmente resultó ser imposible.

Mussolini y Hitler, juntos, habían comprometido a Italia en una alianza total con Alemania en la guerra mundial. No cabe la menor duda acerca de la fascinación mutua que había entre ambos hombres. Esta había existido, y se había ido fortaleciendo cada vez más, desde que Mussolini hiciera su visita estatal a Alemania en 1937 y se enfrentara a todo el poder de la teatralidad nazi; ningún hombre tan narcisista como *Il Duce* iba a quedar indiferente ante la visión de una avenida bordeada por retratos de sí mismo y de emperadores romanos.

No obstante, no había ninguna posibilidad de que una alianza entre Italia y Alemania en una guerra mundial pudiera ser igualitaria. La economía italiana sólo podría soportar una décima parte del gasto militar de Alemania (en 1938, 746 millones de dólares, frente a los 7.415 millones de dólares de Alemania). Su producción de material bélico era pequeña comparada con la de Alemania, pese a todas las bravatas que Mussolini y sus propagandistas lanzaban sobre ella. La emigración italiana a los EE. UU. entre 1918 y 1938 había sido cuantiosa, y la reducción de la mano de obra italiana había sido, por consiguiente, grande; un problema que, obviamente, no podría resolverse a corto plazo mediante cualquier cantidad de apelaciones al crecimiento demográfico que se quisieran realizar. Y el peor problema de todos, desde el punto de vista del Eje, era la dificultad de conseguir que los italianos de a pie odiaran a los norteamericanos y a los británicos. Los Aliados habían combatido contra el ejército italiano en el norte de África hasta comienzos de 1943, y los resultados no habían sido alentadores para Italia; en mayo de ese año, según John Keegan, el número de italianos que habían quedado reducidos a prisioneros aliados en las guerras africanas por el «imperio» de Mussolini excedía los 350.000, un número superior al de la guarnición total asignada al principio a África. La victoria aliada en el norte de África era ya absoluta e irreversible, y esto supuso que toda la costa italiana se enfrentase, a través de un mar interpuesto, a fuerzas hostiles, desplegadas desde Casablanca hasta Alejandría. Lo que Churchill había llamado memorablemente «el débil bajo-vientre de Europa» había quedado expuesto a un ataque por mar y aire como nunca antes lo había estado en la historia.

Además, la casa real de Italia, junto con la mayoría de su aristocracia dirigente y de su casta de oficiales, estaba vacilando en su lealtad hacia *Il Duce*. Hitler era muy consciente de esto y pensaba, correctamente, que «en Italia sólo podemos confiar en *Il Duce*. Hay fuertes temores de que pueda ser eliminado o neutralizado de alguna manera... Amplios sectores de la administración pública son hostiles o negativos hacia nosotros... La población en general está apática y carece de liderazgo».

Lo estaba, y más lo estuvo después de la desagradable noticia de la Operación Husky, el nombre en clave que se empleó para referirse a los desembarcos aliados en Sicilia, que fueron el preludio a la Operación Avalancha, un ataque total a la península Itálica. Este fue un acontecimiento crucial para la clase dirigente de Italia. La convenció para cambiar de bando, sin decírselo a los alemanes. Las tropas italianas que se enfrentaban a los Aliados se derrumbaron, y Badoglio, su comandante, había iniciado negociaciones con los Aliados, declarando al mismo tiempo que, como primer ministro —pues Mussolini ya había dimitido de su cargo, a petición del Gran Consejo Fascista—, era inquebrantablemente fiel a Hitler. Después de una incómoda reunión con el rey Víctor Manuel III, que exigió su dimisión, Mussolini fue desterrado a una improvisada sucesión de islas situadas a escasa distancia de la costa occidental de Italia, terminando en un hotel situado sobre las cumbres del Gran Sasso, en los Apeninos. Desde allí, unas semanas más tarde, fue «rescatado», siguiendo órdenes de Hitler, por un formidable comando de las SS llamado Otto Skorzeny que tenía una cicatriz en el rostro producto de un duelo, y que llegó volando en un diminuto avión de reconocimiento Storch: recogió a *Il Duce* y lo llevó volando a una reunión con Hitler y a un refugio, si así se le puede llamar, en la minúscula ciudad de Salò. Aquí reinaría brevemente como jefe de un régimen títere, la República Social Italiana. Ese fue el final de trayecto de la carrera política de *Il Duce*.

La primera fase de la ofensiva de los Aliados en Italia fue un éxito. El objetivo fundamental de la enorme flota era la antigua ciudad portuaria de Gela, donde, según la leyenda, el dramaturgo ático Esquilo había muerto al caerle encima una tortuga que un águila había soltado de su pico. Mucho más que tortugas se precipitaron sobre los defensores del Eje de Gela desde las oleadas de bombarderos, las tropas que se lanzaron en paracaídas y los cañones navales con los que el asalto del Séptimo Ejército de Patton sobre tres flancos reforzó su ataque, que se inició una mañana límpidamente despejada del mes de julio. Las tropas de Husky sólo tardaron 38 días en recuperar los casi 26.000 kilómetros cuadrados de Sicilia de manos del Eje, combatiendo con desesperación cuesta arriba la mayor parte del camino. Al final de este ya habían muerto miles de alemanes, y cuando los Aliados llegaron a Messina, la punta nororiental de la ensangrentada isla de la mítica Calipso, el corresponsal de guerra Alan Moorehead se quedó mirando fijamente a través del angosto estrecho que la separaba de la península y reflexionó que «Uno apenas estaba preparado para su proximidad... Al mirar hacia esa otra costa, el continente europeo, los viñedos y las casas rurales se hallaban en absoluto silencio, y toda la costa parecía atenazada por una sensación de terror a lo que inevitablemente iba a suceder».

Lo que sucedió, desde comienzos de septiembre de 1943, fue Avalancha, el desembarco masivo de los Aliados en Salerno. Para entonces, las fuerzas italianas ya se habían desplomado y toda la responsabilidad del combate recaía en los alemanes, que resistieron con la más denodada determinación, una determinación que sólo fue igualada por la de los invasores Aliados.

Después de las lluvias de fuego que habían envuelto el sur de Italia durante la travesía de los Aliados desde Sicilia, después del enconado combate metro a metro avanzando hacia el norte por la «bota» de Italia en dirección a Roma, después del largo y letal paso a través de Salerno, la «cabeza de puta»* (como los soldados la llamaron) de Anzio y los terrores del prolongado ataque y contraataque a la venerable fortaleza y abadía de Montecassino, fundada en el siglo vi por san Benito, lo que fue en sí la caída de Roma en junio de 1944 llegó casi como un anticlímax para el ejército aliado. Durante la aproximación del ejército a la ciudad se efectuaron pocos disparos. Roma estaba casi vacía de alemanes pero llena de romanos, todos los cuales milagrosamente dejaron de ser *fascisti* cuando los primeros tanques norteamericanos entraron por los puentes del Tíber; el tapón ya se había quitado y el enemigo se estaba desaguando hacia el norte, para oponer resistencia en lugares situados más arriba de Roma, al norte del Tíber.

Si se hubiera dado rienda suelta a los bombarderos de los Aliados para atacar la ciudad, estos podrían haber producido una devastación sin límites. Con la superioridad aérea de los Aliados, no habría sido difícil hacerle a Roma lo que los británicos ya le habían hecho a Dresde. Pero el alto mando norteamericano hubo de tener en cuenta las reacciones que habrían tenido millones de católicos norteamericanos si se hubiera llegado a ver a las fuerzas norteamericanas bombardeando al papa, aun cuando el objetivo de estas fuera Mussolini. A finales de junio de 1943, el general Marshall había reconocido que «sería una tragedia que la basílica de San Pedro fuese destruida»; pero Roma, aun así, contenía un objetivo de enorme importancia estratégica: no sólo era la capital del fascismo, sino que a través de la enorme estación de clasificación de trenes de Littorio pasaba también la mayor parte del tráfico ferroviario que se dirigía al sur.

En consecuencia, a los pilotos y los artilleros católico-romanos de los bombarderos se les dio la posibilidad de no participar en el bombardeo aéreo planeado sobre la estación ferroviaria. Los mapas de navegación destacaban el Vaticano y otros emplazamientos históricos. Pero había límites a lo que un enorme bombardeo aéreo podía evitar. Quinientos bombarderos B-26 cargados con unos cuantos miles de toneladas de explosivos de gran potencia se dirigieron hacia Roma desde bases situadas en el norte de África. Fue una especie de milagro el hecho de que casi todos ellos alcanzaran sus objetivos designados del ferrocarril. Sólo fue alcanzada una iglesia de valor histórico: la de San Lorenzo, una estructura del siglo iv que prácticamente quedó demoli-

---

* *Bitchhead*, en el texto original inglés. Se trata de un juego de palabras basado en la similitud fonética entre *bitch* («puta») y *beach* («playa») en *beachhead*, «cabeza de playa». (*N. del t.*)

da por una única bomba de 450 kilos, pero posteriormente ha sido reconstruida.

Aunque miles de hombres habían muerto en el camino hacia Roma, pocos soldados aliados murieron en la propia ciudad. Los alemanes, o casi todos ellos, se habían retirado ante el avance de las tropas aliadas. Los Aliados habían sufrido 44.000 bajas desde el inicio de la invasión de la península Itálica el 11 de mayo de 1944: 18.000 bajas norteamericanas (entre ellas 3.000 muertos), 12.000 británicas, 9.600 francesas y casi 4.000 polacas. Las bajas alemanas fueron más cuantiosas: se calcula que fueron aproximadamente 52.000. Ahora el general Mark Clark, que llevaba mucho tiempo obsesionado con la toma de Roma, logró abrirse camino a través de la ciudad como un conquistador, llegando hasta el pie de la colina Capitolina, subiendo por la Cordonata de Miguel Ángel y llegando a las puertas del Campidoglio. Relativamente pocos romanos salieron a las calles para contemplar el avance de Clark a través de la ciudad abierta el 4 de junio; todos ellos tenían miedo —innecesariamente, como al final se vio— de quedar atrapados en el fuego cruzado que podía producirse si los nazis oponían una última resistencia desesperada en su retirada. Pero los alemanes no plantearon ninguna «última batalla» en su salida de Roma.

La recuperación tras la ocupación fascista fue lenta e incompleta. El final de la Segunda Guerra Mundial también marcó el final de toda posibilidad de que Roma pudiera recuperar su lugar a la cabeza de las artes visuales estáticas; culturalmente, si no estaba muerta, Roma estaba, desde luego, lisiada. Es deprimente, pero en absoluto injusto, reconocer que a comienzos de la década de 1960, a Roma, la ciudad que había producido y había cobijado a tantos genios de las artes visuales durante siglos, ya no le quedaba ninguno; desde luego, no en los ámbitos de la pintura, la escultura o la arquitectura. Ninguna de las obras pictóricas o escultóricas realizadas en Roma desde la Segunda Guerra Mundial puede siquiera empezar a compararse en grandeza y energía con obras anteriormente realizadas por artistas romanos o encargadas por mecenas romanos. En cuanto a la posibilidad de que surja otro Rafael u otro Miguel Ángel en Roma, o un Caravaggio, olvídelo: sencillamente, no hay ningún candidato para ello.

¿Qué es lo que había provocado esta situación? Es imposible decirlo. Las culturas envejecen, y, en ocasiones, uno de los indicios más ominosos de esto puede ser su deseo frustrado de parecer jóvenes. Se puede dar vueltas durante mucho tiempo a las causas de esto, pero sigue siendo un misterio. Pasó con la arquitectura romana: no se puede señalar un solo proyecto arquitectónico construido en la Ciudad Eterna en los últimos cien años o más que pueda justificar una comparación con, por ejemplo, las Escaleras Españolas, y menos aún con la plaza Navona. La lamentable verdad es que toda cultura se agota, igual que los seres humanos individuales; con el paso del tiempo, sus energías se van debilitando progresivamente y por fin se acaban. Tienen una vida colectiva, pero esa vida depende por entero de la renovación del talento individual de una década a la siguiente. El mero hecho de que una vez produjeran cosas extraordinarias no garantiza nada en cuanto a su futuro; de lo contrario, se podría haber esperado que (por ejemplo) Egipto o la América maya hubieran producido algo memorable a lo largo de los últimos siglos.

Esto es lo que le sucedió a Roma. La gran ciudad fue poco a poco dejando de ser un lugar del cual se pudiera esperar que surgiesen obras pictóricas o escultóricas de importancia. Y en realidad nadie estaba cuidándose de que ello no pasara, porque sencillamente se suponía que los recursos de Roma no podrían agotarse nunca, de modo que podían darse por descontados. Esto no fue una súbita implosión, sino un lento goteo. Lo que Roma podía ofrecerle al artista no era ya lo que el artista necesariamente quería. ¿Quién iba aprender acerca del arte abstracto, la ortodoxia de los años de posguerra, estudiando a Canova y a Bernini? Cuanto más era visitada Roma, cuanto más quedaba esta atrapada en el espectáculo para el turismo de masas, menos útil parecía volverse para el artista. No había cabido duda de lo necesaria que había sido Roma para el artista en el siglo XVII. Desde luego, muchos artistas franceses del siglo XIX no se habrían podido definir a sí mismos ni a su obra sin tener ante sí el supremo ejemplo de Roma, independientemente de las diferencias que hubiera entre ellos: sólo hay que pensar en pintores a los que se trataba como si fueran completos opuestos, como Ingres por un lado y Delacroix por el otro. Pero la posición de Roma fue haciéndose más discutible y su fuerza fue corroyéndose, a medida que París fue sustituyéndola como el centro del arte occidental en el siglo XIX. No hubo, por ejemplo, ningún equivalente romano de Manet, y ni Roma ni los prototipos que esta ofreció desempeñaron ningún papel relevante en el desarrollo del impresionismo ni de posteriores formas artísticas modernas, salvo el futurismo italiano. Entonces llegó el siglo XX; y con él llegó Nueva York, con sus aún más enormes pretensiones imperiales. En el proceso, a medida que la Gran Tradición del clasicismo fue decayendo y muriendo, poco a poco las maravillas de Roma fueron pasando a ser culturalmente opcionales.

Hasta un punto que hasta entonces ni siquiera se había imaginado, Roma sencillamente se había quedado sin pintores de importancia, y los artistas que tenía se estaban quedando sin energía. No muchas obras de arte hechas en Roma entre la guerra y el presente parecen destinadas a sobrevivir.

Puede que Giorgio de Chirico fuera el pintor italiano residente en Roma más célebre y (cuando menos por su obra inicial) mejor valorado del siglo XX, pero hay pocas dudas acerca de quién fue el más popular en Italia. Fue Renato Guttuso (1911-1987), un hombre mucho más joven que De Chirico y su contrario en todos los sentidos. La obra de De Chirico no mostró el menor rastro de interés en la sociedad de su época ni de conciencia social contemporánea. De Chirico estaba completamente centrado en la nostalgia por una antigüedad que ya había desaparecido. Fuera del estudio no participó en política en absoluto. Guttuso, por otro lado, fue un ferviente comunista desde su juventud, uniéndose desafiantemente en 1940 al PCI (Partido Comunista Italiano), prohibido por los fascistas, y no desviándose jamás de sus creencias antifascistas. Desde 1943 en adelante fue un activo partisano antinazi, y los riesgos que corrió ante los ocupantes alemanes fueron reales. Él consideraba que su obra formaba parte de la resistencia italiana al nazismo y al poder de la mafia. Esto le puso en una buena situación para que los izquierdistas más jóvenes le vieran, incluso antes de la victoria de los Aliados en la guerra y la caída de Mussolini, como un héroe cultural, no contaminado por ninguna afinidad con el fascismo. Después de 1945, cuando las filiaciones políticas que había mostrado un artista durante la guerra se convirtieron en un factor muy importante para su reputación en la posguerra, el nombre de Guttuso pasó a ser prácticamente incuestionable: cualquier duda que se plantease sobre su preeminencia se interpretaba, en los círculos izquierdistas, como un ataque políticamente motivado por parte de la derecha nostálgica. Guttuso fue el único artista occidental, a excepción del propio Picasso, al que los círculos culturales oficiales situados tras el Telón de Acero trataron reverencialmente como un aliado y un modelo en la década de 1950 y después de ella, hasta tal punto que en 1972 se le concedió el Premio Lenin de la Paz, el equivalente soviético del Nobel de la Paz (aunque nunca se le dio esa importancia en Occidente). Compartió este honor con La Pasionaria (Dolores Ibárruri, 1964), que se había hecho célebre en la Guerra Civil española, y el escultor italiano Giacomo Manzù (1965), cuya especialidad, aparte de lanzar sermones sobre las desigualdades del mundo a cualquiera que estuviera lo suficientemente cerca de él como para poder oírlos, era realizar efigies armoniosamente cónicas de cardenales y diseñar puertas monumentales (1964-1967) para la basílica de San Pedro.

Guttuso hablaba constantemente de sí mismo como si fuera un campesino siciliano. «Los campesinos sicilianos... ocupan el lugar más importante en mi corazón, porque yo soy uno de ellos, y sus rostros aparecen ante mis ojos haga lo que haga.» En realidad, esta afirmación era bastante exagerada; él era, en efecto, siciliano (de Bagheria, una pequeña ciudad ruinosamente deprimida e infestada por la mafia, situada no lejos de Palermo), pero era de clase media, se casó con una condesa romana, Mimise Bezzi-Scala, y las ventas de sus pinturas le convirtieron en uno de los hombres más ricos, y desde luego en el artista más rico, de Italia. No obstante, ningún artista moderno podría afirmar haber hecho más que él por ilustrar las condiciones de vida severamente cerradas, cargadas de tensión y casi furiosamente intensas de los campesinos sicilianos, antes, durante y después de la ocupación nazi. Las mejores pinturas de Guttuso tendían a llevar una carga de desesperación; muy influidas por Goya, conmemoran la revuelta contra unas condiciones humanas intolerables. En ocasiones citan e imitan directamente a Goya, como en *Fucilazione in Campagna* («Fusilamientos en el Campo», 1938), provocada por el asesinato del poeta Federico García Lorca por los falangistas de Franco, que estaba basada en ese arquetipo de la pintura de protesta que es *Los fusilamientos del tres de mayo* de Goya. Guttuso pintó a la clase obrera trabajando: pescadores, trabajadores de la industria textil, mineros del azufre. Lo hizo con una feroz y desilusionada empatía que a muchos italianos, en los inicios de su carrera pública, les pareció intolerable al principio, pero que posteriormente llegaron a esperar de él, más o menos como un sello personal. Cuando ganó el premio de Bérgamo en 1942 con su *Crucifixión*, que contiene, junto con amargos símbolos de sufrimiento y tormento, endeudados por igual con el *Guernica* y el retablo de Isenheim, la figura de una mujer desnuda, hubo estridentes protestas por parte de algunos miembros de la Iglesia católica.

Su más célebre serie de cuadros inspirados por la guerra, las *Masacres*, se basaron en una matanza que tuvo lugar en un barrio periférico poco frecuentado de Roma, las *Fosse Ardeatine* o Fosas Ardeatinas. Estas cavernas se habían usado hasta entonces como una mina para la extracción de *pozzolana*, el polvo volcánico que se utilizaba a la hora de mezclar hormigón. El 23 de marzo de 1944, una brigada de policías alemanes (Undécima Compañía, Tercer Batallón, la mayoría de ellos italianos germanoparlantes que habían servido en Rusia) marchaba por la Via Rasella, en la zona central de Roma, cuando llegó hasta donde se hallaba un carrito de basura de acero que la Resistencia italiana, que conocía la ruta de la brigada, había cargado a rebosar de tubos de hierro rellenados con unos dieciocho kilos de TNT. La explosión resultante, activada en el momento perfecto, mató a 28 policías y a varios transeúntes; otros murieron poco después. (El número de muertos definitivo fue 42.)

Esta acción, o atrocidad tal como la vieron los alemanes, provocó que los nazis se lanzaran a un frenesí de venganza. Se exigieron represalias: diez italianos por cada nazi muerto. (Los dieciséis miembros de la Resistencia que realmente habían planeado la acción y habían ayudado a llevarla a cabo nunca fueron apresados.) Hubo dificultades para reunir a suficientes rehenes, y muchos de los que fueron detenidos no sólo no habían tenido nada que ver con la explosión sino que tampoco sabían nada sobre ella, pues ya estaban en la cárcel cuando esta se había producido. Pero finalmente, el 24 marzo, un total de 335 italianos fueron introducidos a la fuerza en camiones, trasladados a las Fosas Ardeatinas y fusilados en grupos de cinco. Aquello llevó todo el día y produjo un indescriptible y espantoso caos, sobre todo porque a algunos de los propios ejecutores nazis les horrorizaba tanto su tarea que tuvieron que emborracharse con coñac para terminar el trabajo, algo que no mejoró su puntería. Cuando la última víctima fue declarada muerta, un cuerpo de ingenieros alemanes selló las cuevas con dinamita. Estas no se abrirían hasta un año después, cuando los Aliados entraron en Roma. Pero muy pronto se filtraron las noticias sobre la matanza de las Fosas Ardeatinas, y fue en ellas en las que Guttuso basó su melodramáticamente trágica serie de pinturas de masacres, tituladas colectivamente *Gott mit Uns* —«Dios con nosotros»—, el lema que figuraba en las hebillas de los cinturones de los uniformes nazis. Las pinturas no pudieron exponerse públicamente antes de la liberación de Italia por miedo a represalias por parte de los alemanes.

El que probablemente sea su cuadro más ambicioso lo pintó varias décadas después: su enorme lienzo de 9 metros cuadrados, *La Vucciria*, de 1974, una vista panorámica del mercado de alimentos del centro de Palermo. El nombre del lugar viene del francés *boucherie*, «carnicería», y eso es básicamente lo que empezó siendo: en italiano una *macelleria*, pero gigantesca, enciclopédica, donde todo, tanto si estaba vivo como si estaba muerto, desde chipirones hasta cerdos enteros, desde manojos de laurel hasta cajas de berenjenas, siempre y cuando fuera comestible, se vendía para su consumo, veinticuatro horas al día. Así como el antiguo

Les Halles se conocía como *le ventre de París*, «El vientre de Paris», la Vucciria es y era el vientre de Palermo, gruñendo y rezongando como unas tripas, incansablemente abarrotado de gente, siempre vivo. «*E balati ra Vucciria un 's'asciucanu mai*», dice un refrán siciliano que se emplea habitualmente; «las losas de la Vucciria nunca se secan», lo que quiere decir que el lugar siempre se está usando, que siempre se está baldeando con mangueras. O, si uno quiere hacer una promesa sobre una entrega que ni uno mismo ni quien le oye van a creerse, puede decir: «Cuando las piedras de la Vucciria se sequen». En este cuadro, Guttuso condensó sus sentimientos y sus observaciones sobre Palermo; la ciudad era, tal como él la pintó, lo que la ciudad comía, un enorme, fantasmal y caótico matadero: corderos muertos, atunes abiertos para revelar su carne de color rojo rubí, violentos contrastes de berenjenas moradas, tomates tan rojos y maduros que parecen a punto de estallar, sardinas que esperan su transformación en *pasta con le sarde*, pirámides de brillantes limones: una emorme mezcolanza de vida y muerte.

Si bien es cierto que la versión del realismo social de Guttuso, con sus víctimas y sus mujeres de grandes traseros y cabellos como espaguetis, resultó ser popular entre los comunistas ortodoxos y los ricos italianos dentro y fuera de Roma, también lo es que no dio lugar a demasiadas imitaciones —y a ninguna de calidad— entre los pintores italianos de los años de posguerra, y ya en la década de 1960 parecía decididamente manida.

Parecía que la nueva moda era la pintura abstracta, y en concreto la obra de Alberto Burri y Lucio Fontana (1899-1968). Pero la obra de Burri parece haber quedado superada ya por las más sutiles pinturas del español Antoni Tàpies, y Fontana ha llegado a parecer monótono. (Hay quienes, recordando el entusiasmo inicial de Fontana por Mussolini y el fascismo, del que fue un convencido partidario, considerarían esto como un justo castigo.) ¿Cuánto partido puede sacarle un artista, y durante cuánto tiempo, a la arpillera arrancada, carbonizada y empapada en pintura? La obra de estos pintores «informalistas» sólo nos recuerda, décadas después, que cuando las pinturas tienen escaso anclaje, o ninguno, en el mundo tal como este se ve, acabarán pareciendo, todas ellas, más o menos lo mismo; la «libertad» de una gran parte del arte abstracto lleva en realidad a la monotonía. Nueve de cada diez veces, lo que garantiza la variedad es cierto grado de fidelidad a las cosas tal como estas se nos aparecen, a un mundo cuyas enormes y constantemente estimulantes y desafiantes diferencias no pueden ser superadas por la más limitada experiencia de un pintor.

Fontana fue esa clase de artista cuya obra pasó por una fase en la que pareció radical, llegando casi hasta el punto de la agresividad y la alarma, y que después se desplomó hasta quedar sumida en una monotonía semidecorativa. Desde los inicios del cubismo en adelante, algunos artistas habían logrado determinados efectos añadiendo material al lienzo: *collages* de papel de periódico, objetos encolados. El recurso retórico de Fontana fue quitarle material al lienzo, dejando agujeros en él, los cuales hacía atizando o rajando su superficie cargada de pintura. A estos se les llamó, de forma bastante pretenciosa, *Concetti Spaziali* («Conceptos Espaciales»), porque mostraban el vacío que había detrás del lienzo extendido. Los admiradores de Fontana vieron en esto un estimulante signo de energía contenida, aunque hoy en día parece más una figura retórica artística que una realidad física. ¡Mirándolo ahora, qué gratuito parece! La superficie real de Italia estaba llena de agujeros, cráteres, profundos cortes, todos ellos infligidos por las bombas de los atacantes y los obuses de los panzers. Era un enorme paisaje de estragos. Pocas cosas podrían haber sido más gratuitas que coger lienzos y hacerles agujeros, como si esto pudiera añadir algún significado a lo que había sufrido el mundo real, cuyos rastros eran mucho más elocuentes que cualquier cosa que un artista «avanzado» pudiera hacerles a las superficies en su estudio. La obra de Fontana no pudo escapar a la suerte que suele correr el arte basado en la novedad que dura más que la novedad en la que se basa.

En general, la pintura italiana de la década de 1960 pareció metida en un aprieto que no tenía solución: deseosa de escapar de la pesada y elegante carga de la cultura heredada, acosada por los recuerdos de su propio pasado glorioso, no era capaz de inventar un modo convincente de parecer brutal. En Roma la pintura entró en una fase de manierismo autocomplaciente y pseudorradical que hizo que los gélidos ejercicios de pintores como el Cavaliere d'Arpino, de tres siglos antes, parecieran decididamente exuberantes. El mundo artístico italiano, aparentemente desorientado por la guerra y por el ascenso del arte norteamericano a la prominencia (y, más tarde, a la gloria imperial en la década de 1950), tendió a tratar como si fueran «figuras capitales» a artistas cuyo talento y cuyos logros eran bastante nimios. Un ejemplo entre muchos fue Mario Schifano (1934-1998), un artista de «arte pop italiano» que durante un breve período gozó de la reputación de ser la respuesta de Italia a Andy Warhol —¡como si se necesitara una respuesta!— antes de arruinar su exiguo talento y finalmente matarse con tomas masivas de cocaína. Schifano era el vecino de al lado del gran esteta italiano y erudito de la cultura inglesa Mario Praz, autor de *La carne, la muerte y el diablo en la literatura romántica*, *La casa de la vida* (un largo ensayo meditativo que giraba en torno a su enorme colección) y otras obras. Praz aborrecía a Schifano, que era el más ruidoso de los vecinos y que, como amigo de los Rolling Stones y devoto del *rock and roll*, representaba todo aquello que a Praz le parecía más nocivo y amenazador de la cultura de la década de 1960. Schifano, por otro lado, idolatraba a Praz, y lo bombardeó con invitaciones para reunirse con él. Quería, en particular, un ejemplar dedicado de *La casa de la vida*. Por fin, uno fue dejado ante la puerta de Schifano, y, efectivamente, estaba dedicado por el gran erudito. «*A Mario Schifano*», decía la dedicatoria. «*Così vicino, ma così lontano.*» «A Mario Schifano, tan cercano, pero tan lejano.»

Las décadas de 1960 y 1970 fueron una época acogedora para el arte conceptual en Roma, especialmente dado el talento italiano para las teorías ofuscantes. El más «radical» de estos gestos —uno cuya agudeza es muy improbable que jamás sea superada, y que a pequeña escala supera a Duchamp en su propio juego— fue la *Merda d'artista* de Piero Manzoni, que es (o puede que no sea) lo que su título dice que es: mierda del artista, un pequeño mojón o zurullo de un peso aproximado de 30 gramos, herméticamente cerrado en una pequeña lata e invisible para siempre.

Manzoni nació cerca de Cremona en 1933, pero vivió en Roma; no tuvo ninguna formación artística, y no la necesitó, pues su obra consistió en su totalidad en ideas sobre el arte y no en la fabricación de objetos estéticos. Una parte de este campo fueron sus *Ácromos* («no colores»), lienzos blancos cubiertos con yeso blanco que se rayaba o se tachaba con líneas paralelas. (No tenían que ser necesariamente lienzos; otros *Ácromos* de Manzoni estaban hechos de algodón blanco y hasta de panecillos; de pan blanco, naturalmente, no de *pane integrale* italiano, que es pardo y tiene más grano.) La principal influencia que se cernía sobre estos era la del artista francés Yves Klein, cuya exposición de lienzos monocromáticos, todos ellos pintados del mismo IKB o «International Klein Blue» («Azul Klein Internacional») había visto Manzoni en París en 1957. Otra fue la de Robert Rauschenberg, que ya en 1951 había hecho un grupo de lienzos completamente blancos; y no hay que olvidar el *Blanco sobre blanco* del ruso Malévich (1918).

Manzoni hizo líneas individuales, trazadas en un rollo de papel de una longitud específica dada, por ejemplo un kilómetro; estas tiras se enrollaban y se guardaban en cilindros de metal pulido. Declaró obras de arte vivientes a amigos suyos (uno de los cuales fue el escritor Umberto Eco), proporcionándoles certificados de autenticidad. Expuso globos rojos y blancos que él mismo había inflado y después amarrado a bases de madera, bajo el título *Aliento de artista*; los globos estaban concebidos como reliquias o recuerdos de la «creatividad», aunque, naturalmente, no duraron demasiado; la goma se echó a perder. En 1961 instaló un bloque de hierro en un parque danés; su título, *Base del mundo*, estaba grabado en él al revés, para que el espectador pudiera imaginar que el mundo entero descansaba sobre el bloque, en lugar de lo contrario. Así, antes de su prematura muerte en 1963 por un ataque al corazón, Manzoni había creado en conjunto una obra pequeña, irónica, perspicaz; por supuesto, es imposible saber cómo se podrían haber desarrollado las cosas desde ese punto. Uno sospecha que probablemente no habrían llegado demasiado lejos.

Pero la pequeña lata de excremento fue la rúbrica de su carrera artística, del mismo modo que otras cosas más nobles habían sido la de Gian Lorenzo Bernini. Hay rumores que insisten en que sacó la idea de Salvador Dalí, pero en cualquier caso se trató de una ingeniosa ocurrencia conceptual. Naturalmente, abrir la lata destruiría el valor de la obra de arte. Es imposible saber si la mierda se halla en realidad dentro de ella, o si se trata realmente de mierda. El obvio blanco al que apunta este objeto, o gesto, es la sobrevaloración del arte visto como un fragmento del ser del artista, la idea de que, al comprar una obra de arte, uno llega a poseer no sólo un objeto confeccionado, sino también una parte de una personalidad creativa. Es esa clase de idea que tiende a disiparse cuando se explica, como los buenos chistes. También es una observación que sólo se puede hacer una vez, lo que intensifica ese carácter «único» que propone la idea de Manzoni. El tamaño de la edición fue de 90 latas, y hasta ahora ninguna de ellas ha sido abierta; parece improbable que ninguna lo sea, ya que la última lata de la *Merda d'artista* de Manzoni que salió el mercado se vendió por la imponente suma de más de 100.000 euros; lo que no fue precisamente una mierda de dinero, se siente uno tentado a agregar.

Otros artistas reunidos bajo el paraguas del *arte povera* produjeron objetos de cierto, aunque moderado, interés. Probablemente el mejor de ellos fue Giuseppe Penone (nacido en 1947), que dio con la memorable idea de coger una viga de construcción de madera que mostraba sus nudos y después, empezando por los extremos de los nudos expuestos, ir tallando hasta llegar a la sustancia de la madera, para revelar lo que originalmente había sido la forma más joven del árbol, oculto en su interior; una intrigantemente poética inversión del tiempo y el crecimiento.

No obstante, la cantidad de arte conceptual que el mercado italiano y su público podría continuar absorbiendo con interés tenía un límite. Por muchos que pudieran ser los apasionados del arte que admirasen productos del *arte povera* como las construcciones de iglús de Mario Merz, hechas de metal, vidrio, neón y otros materiales mixtos (alabados en su época por sus alusiones a las culturas «nómadas» y «primitivas»), o los *Doce caballos* de Jannis Kounellis (simplemente eso: doce caballos vivos, con paja, bridas y excrementos de caballo incluidos, expuestos en la Galleria l'Attico de Roma en 1969), que un historiador del arte posmoderno calificó como «el modelo de la experiencia prelingüística, así como... de las estructuras no discursivas, y de las convenciones artísticas no tecnológicas, no científicas y no fenomenológicas» —jerga lo bastante árida como para ahogar a cualquier poni—, la gente parecía seguir queriendo algo que pudiera colgar en sus paredes, cosa que no se podía hacer fácilmente con un caballo o un iglú. Y entonces entró en escena una breve salvación temporal en forma de Transvanguardia.

Este tosco neologismo fue acuñado por el historiador del arte romano Achille Bonito Oliva, que actuó como maestro de ceremonias para un grupo de pintores jóvenes, los más prominentes de los cuales fueron Sandro Chia (nacido en 1946), Francesco Clemente (nacido en 1952) y Enzo Cucchi (nacido en 1949). No significaba absolutamente nada definible, pero apuntaba hacia una actitud de ecléctica revitalización de lo antiguo por parte de unos entusiastas neófitos que apuntalaban fragmentos —de arqueología, de religión, de lo que se quisiera— para evitar su ruina. Pero al menos significó pintura, por la cual es raro que no suscite nostalgia un exceso de arte conceptual, sobre todo si la pintura es de figuras humanas. Los *transavanguardisti* proporcionaron cierta cantidad de estas. Su calidad fue otra cuestión. Este movimiento suscitó interés en Norteamérica; de hecho, fue el único nuevo arte italiano que generó entusiasmo en el mercado estadounidense. No obstante, este fue bastante efímero.

El pintor más espectacular de los tres fue Cucchi, que hizo grandes y fatídicas tablas de frenéticos pollos atrapados en lo que parecían ser aludes de barro en un cementerio, con paladas de pintura marrón y negra de cinco centímetros de espesor.

Chia, por otro lado, tuvo un estilo curiosamente revitalizador de estilos anteriores. A comienzos de la década de 1980 pareció influido por una figura prácticamente olvidada, el pintor fascista Ottone Ro-

sai (1895-1957), cuyas gordinflonas figuras, con sus nalgas como diri-
gibles y sus brazos femeninos de acarreador de carbón, habían formado
parte de una reacción conservadora contra el futurismo. Chia estaba
llevando a cabo lo que parecían ser variaciones más desenfadadas de
la gordura de Rosai. Del mismo modo, estaba aludiendo a De Chirico;
no al maestro de los paisajes urbanos extraños que había sido en los
inicios de su carrera, sino el De Chirico de la década de 1930, con antigüedades *kitsch* incluidas. Si estos rollizos muchachos y estas hidró-
picas ninfas tuvieran que satisfacer las exigencias del auténtico arte
clásico, ello parecería una ruptura del protocolo. Pero en el contexto
estilístico de la obra de Chia, difícilmente podrían plantearse tales exigencias. Todo parecía tan lleno de vida, tan jugoso y tan inofensivo
que a quienes no eran italianos les parecía «típicamente italiano»,
como una carreta pintada o un gondolero cantando.

Pero su obra al menos no fue tan pretenciosa como la del tercer
transavanguardista, Francesco Clemente. Clemente pasaba una parte
de cada año en Madrás, en el sur de la India, y su obra es una miscelánea de citas europeas e indias, llena de insinuaciones cuasimísticas.
Adquirió fama como dibujante, bastante inmerecida: las figuras de Clemente son flojas y sus convenciones para el rostro humano —es aficionado al retrato— están próximas al chiste, con sus ojos como huevos
escalfados y sus tensas bocas de una sola expresión. Estas estériles
máscaras hacen pensar en una carencia absoluta de cualquier capacidad para leer con atención un rostro y sus particularidades. No son más
que figuración desorientada y despojada de su razón de ser.

Difícilmente se le puede reprochar esto a Clemente: es evidente
que no lo puede hacer mejor. Y por lo menos no llega a ser un pergeñador de pastiches pseudoclásicos como sí lo son otros contemporáneos italianos posmodernistas, con sus viscosas parodias de perfiles y
fláccidas musculaturas neoclásicas. Pero el reproche, si es que hay que
hacer alguno, debería ir dirigido a los mecanismos del gusto moderno
reciente, la flaccidez inducida por un mercado que actúa de acuerdo
con la suposición de que sólo lo nuevo puede ser lo bueno. Probablemente sea cierto que la persona que tenga una seria curiosidad por el
arte contemporáneo puede pasar por alto Roma en sus viajes. Cualquier cosa de ese tipo se ve allí, por así decirlo, bajo licencia; ha llegado desde otras galerías situadas en otros países de Europa, o desde
Nueva York. Prevalece allí una atmósfera de arte que es claramente de
segunda mano y de segundo orden. Hoy día Roma ya no origina nada.
Si a un artista peregrino del siglo XVII, cuando Roma era indiscutible-

mente la escuela del mundo y todas las obras de arte se certificaban según su relación con la gran ciudad, le hubieran dicho que esto sucedería en menos de trescientos años, habría retrocedido dando un respingo, lleno de escepticismo. Hubo un tiempo en el que la oportunidad de exponer o de llevar a cabo un encargo en Roma se habría considerado, acertadamente, el clímax de la carrera de un artista; hoy día eso apenas importa, porque el Mandato del Cielo (por emplear esa antigua locución china tan expresiva) se ha trasladado a otro lugar, y lo hizo ya hace muchos años.

Ningún pintor ni escultor italiano posterior a (digamos) 1960 tuvo una repercusión sobre otros artistas de su medio ni remotamente parecida a la que los directores de cine italianos tuvieron en el suyo. Fue en el cine donde la vitalidad creativa de Italia, que la Segunda Guerra Mundial había soterrado, resurgió con fuerza. Primero fue visible en el movimiento neorrealista. Y a finales de la década de 1950 cristalizó en una figura espléndidamente imaginativa.

Esa persona, por supuesto, fue Federico Fellini, que muy bien puede haber sido el último genio dotado de plena capacidad expresiva que Italia produjo en el campo de las artes visuales. Fellini no fue el único director de cine italiano de excepcional talento que trabajó en Roma inmediatamente después de la Segunda Guerra Mundial. Hubo otras figuras, quizá ligeramente menos dotadas: vienen a la mente en ese sentido Roberto Rossellini y Vittorio de Sica. Puede que aún aparezcan otras, y nunca se debería suponer que la larga historia de la pintura romana esté ya clausurada para siempre, por muy profundo que parezca el paréntesis en el que se encuentra; la «muerte de la pintura» se anuncia constantemente, aunque nunca llega a suceder del todo. Pero desde luego no han aparecido todavía, y ni siquiera el más optimista recorrido por el horizonte revela otro talento del orden de Fellini en el arte cinematográfico. Aún no. Quizá jamás vuelva a haberlo.

El obsequio más duradero que hizo Mussolini a la cultura italiana había sido la creación de Cinecittà, el complejo de estudios cinematográficos erigido en 1937 justo a las afueras de Roma. Como tan acertadamente señaló *Il Duce*, «el cine es el arma más poderosa» que existe para los fines propagandísticos, entre ellos el de que un pueblo tenga conocimiento de su propia historia. En menos de seis años desde la inauguración oficial de Cinecittà, una extensión de 40 hectáreas que contaba con grandes instalaciones para la formación técnica, la producción y la posproducción —de hecho era el único centro de producción completo de Europa—, ya se habían realizado allí casi 300 películas, parcialmente financiadas por el gobierno. Hoy día esa cantidad supera ya las 3.000; y, como es natural, la calidad de estas varía enormemente.

Debido a los trastornos ocasionados por la guerra, Cinecittà se había convertido en un lugar poco seguro. Cuando Italia se rindió en 1943, todo el complejo fue bombardeado intermitentemente por los Aliados, aunque no con la intensidad suficiente como para destruir por completo su capacidad de producción. Los alemanes, en su retirada, saquearon los equipos y las instalaciones de Cinecittà. Inmediatamente después de la guerra, cuando quedó claro que el bombardeo de los platós y los estudios de rodaje tenía escasa utilidad estratégica, los Aliados convirtieron Cinecittà en un campamento para refugiados y otros desplazados. A efectos prácticos, estaba clausurado; y los cineastas italianos, privados de sus instalaciones, se echaron a las calles, utilizando la Roma contemporánea como su escenario y a actores aficionados como sus intérpretes. El resultado de ello fue el cine «neorrealista», que supuso un renacimiento total del medio en Italia. Un «clásico» de este tipo fue la película que hizo célebre a Roberto Rossellini, *Roma, città aperta* («Roma, ciudad abierta»), protagonizada por Anna Magnani, coescrita por el entonces poco conocido Federico Fellini y estrenada en 1945; se rodó en parte como un documental durante la auténtica liberación de Roma, y causó sensación cuando recibió el premio a la Mejor Película en el Festival de Cannes de 1946. Otro hito del neorrealismo fue *Ladri di biciclette* («Ladrón de bicicletas») de Vittorio de Sica. La obra maestra del género neorrealista fue, no obstante, la película de Rossellini. Como no es infrecuente que suceda en tiempos de escasez, su cambiante estilo de noticiario cinematográfico fue en parte un accidente que se debió a una escasez de película virgen, de modo que actualmente existe un consenso en torno a la idea de que las inexplicadas variaciones en la consistencia de la imagen fueron el producto de un deficiente revelado y un fijado insuficiente. Si no hubiera sido por la guerra, la reducción de gastos que fue la causante de esto no se habría producido, y probablemente Cinecittà habría seguido produciendo las inferiores y anodinas películas románticas y comedias de *telefono bianco* que habían constituido gran parte de su material básico a finales de la década de 1930 y a comienzos de la de 1940. Pero con el triunfo de *Roma, città aperta* se había creado una nueva forma de cine híbrido, en parte deliberadamente y en parte por accidente; y de forma totalmente inesperada, Italia —cuya influencia en el cine había sido anteriormente escasa, en el mejor de los casos— estaba creando patrones mundiales para el cine desde su industria local. La influencia de *Roma, città aperta* se sentiría durante más de veinte años, en obras como *El árbol de los zuecos*, de Ermanno Olmi, y la muy infravalorada *La puerta del cielo*, de Michael Cimino (1980).

Sería una completa equivocación suponer que la mayoría de las producciones de Cinecittà siguieron su ejemplo. Después de un comienzo descarnadamente realista, las películas encontraron su hábitat natural en una Roma antigua prefabricada y retocada con yeso, entre lo que uno de sus títulos (1984) llamó *Le calde notti di Caligola*, «Las calientes noches de Calígula». Ciertas figuras históricas no dejaban de aparecer en ellas: una de las primeras películas ambientadas en Roma, muy anterior a la existencia de Cinecittà, fue *Espartaco* (1914). La siguió *Espartaco* (1953), y luego la excelente *Espartaco* (1960), de Stanley Kubrick, protagonizada por Kirk Douglas, seguida por *El hijo de Espartaco* (1962; interpretada por ese aguerrido levantador de pesas norteamericano llamado Steve Reeves, que lanzaba sin esfuerzo enormes trozos de espuma plástica por el Foro) y, como derivados adicionales de la moda de los gladiadores, *La venganza de Espartaco*, *Espartaco y los diez gladiadores*, *El triunfo de los diez gladiadores* (1964) y, quizá inevitablemente, *La gladiadora* (2004). Unas dieciséis películas, entre 1908 y 2003, se titularon *Julio César*, y Gérard Depardieu incluso lo interpretó en francés (*Astérix et Obélix: Mission Cléopâtre*, 2002). La más célebre y ruinosamente cara de todas las reconstrucciones de Roma fue la *Cleopatra* de Joseph Mankiewicz, de 1963, la más barata y sucia fue la warholiana *Cleopatra* (1970), protagonizada por Viva y Gerard Malanga, y la más tonta fue la británica *Cuidado con Cleopatra*, de 1964. La primera de las películas sobre Marco Antonio y Cleopatra se estrenó en 1908, y la siguieron más de veinte que llevaron el nombre de la dama.

En la década de 1950, gracias a lo barato que era producir en Roma y a las atracciones de la propia ciudad —¿qué estrella norteamericana no iba a preferir vivir en un gran hotel romano a trabajar en Hollywood?—, se filmaron allí enormes coproducciones internacionales, como *Ben-Hur*, (1959), *Quo vadis?* (1951) y *Espartaco* (la cuarta versión, de 1960). Pero el director de cine cuyo nombre está más firmemente, de hecho indisolublemente, ligado a la Via Vittorio Veneto fue Federico Fellini, y la película que lo ligó a ella fue la más célebre de todas las que realizó, *La dolce vita*.

Ninguna película me ha fascinado jamás tanto como esta. Era, verdaderamente, Europa plasmada en el celuloide. Parece extraño que, después de ver una película tan intensamente pesimista como *La dolce vita*, Roma le pareciera aún más atractiva a un escritor a sus candentes veinte años de edad; pero así fue, y por una doble razón. En primer lugar, yo era un romántico inmaduro e inexperto que ansiaba ir al extranjero; en segundo lugar, la película de Fellini era una auténtica (aunque imperfecta) obra maestra acerca de lugares y situaciones que me parecían abrumadoramente exóticos. Ninguna de las dos cosas se podía negar.

El rodaje de *La dolce vita* había comenzado en marzo de 1959, y la película se estrenó en medio de un revuelo de publicidad y polémica a comienzos de 1960. Batió todos los récords de taquilla; *L'Osservatore Romano*, el periódico oficial del Vaticano, exigió su censura; multitudes hacían cola durante horas para verla y Fellini fue atacado físicamente en una proyección en Milán. Para quienes no la hayan visto, trata sobre las experiencias sexuales y emocionales de un periodista periférico, Marcello Rubini, interpretado por el icónicamente apuesto Marcello Mastroianni, que se gana la vida proporcionando a la prensa italiana triviales cotilleos sobre celebridades. (En un principio el productor, Dino de Laurentiis, había querido que Paul Newman interpretara el papel de Marcello para asegurarse así su inversión; Fellini se empeñó categóricamente en que no fuera así.) Para reunir los cotilleos que vende, los cuales jamás revisten la menor importancia política ni cultural, ronda por los bares y las cafeterías de la Via Veneto. (En el momento en el que Fellini estaba realizando esta película a finales de la década de 1950, la Via Veneto no era todavía la caricatura del *glamour* urbano en la que *La dolce vita* la convirtió. Pero ya se estaba encaminando a ello, y el éxito de la película consolidó ese proceso en la década de 1960. De hecho, una placa de piedra colocada en uno de los edificios reconoce el papel de Fellini en la «creación» de la Via Veneto tal como todo el mundo llegó a conocerla.)

Marcello es un ser débil, una de esas personas que no crean nada sustancial, ni siquiera auténtico, alguien para quien las cosas simplemente suceden y generan una breve y débil resonancia; la esencia del *voyeurismo*, que es como Fellini retrata el periodismo en general.

Su compañero, el Sancho Panza de este ineficaz y pasivo Quijote —pues todos los periódicos de cotilleos necesitan fotografías—, es un fotógrafo irreprimiblemente alegre, de pies rápidos y cerebro de mosquito, llamado Paparazzo (Walter Santesso), cuyo nombre, debido a la enorme vida posterior que tuvo la película, se convertiría en la forma genérica de referirse a los fotógrafos de cotilleos desde entonces hasta la actualidad. (El nombre venía de Paparazzo, un personaje de una novela que lleva mucho tiempo ignorada, ambientada en Italia y escrita por el novelista inglés semibohemio George Gissing, *By the Ionian Sea*, pero ese título no parece tener nada que ver con la película. El Paparazzo de Gissing ni siquiera tiene una cámara.)

La atmósfera de fraudulencia que se filtra desde las alturas se establece ya en los primeros planos de la película: un traqueteo de hélices que anuncian la llegada de Cristo, no el verdadero redentor, naturalmente, sino una horrorosa y vulgar efigie de 3 metros de altura con sus afectuosos brazos extendidos en un gesto de bendición, que está siendo transportada a través del horizonte de Roma por un helicóptero alquilado, lista para ser descendida sobre la parte superior de alguna columna o cúpula. La omnipresencia de la falsa religión es un tema tan presente en *La dolce vita* como el de la emoción manipulada, y como ex católico recién salido del cascarón me encantó de principio a fin; parecía y daba la sensación de ser una venganza, lo que en realidad era: la del propio Fellini.

La dolce vita se desarrolla libremente a través de ocho episodios, que se perciben como una ilustración de la estupidez y la vacuidad de la vida romana a comienzos de la década de 1960. Muestra cómo el impulso que lleva a la fe religiosa, de la que Roma era el centro tradicional, se marchita y decae hasta quedar reducido a la más pura superstición. Muestra cómo las relaciones familiares paternofiliales mueren, más o menos, en la rama del árbol. Muestra a Roma como un lugar entregado al placer estéril y pasajero. Muestra la muerte de la fama, su descenso a la condición de mera celebridad estridente. En definitiva, esboza una ciudad que ya no puede nutrir a los seres humanos que alberga y que, no obstante, ejerce una magnética fascinación sobre ellos, de modo que estos ya no son capaces de separarse de las órbitas en las que se mantienen unidos entre sí.

Pese a todas sus rarezas humanas y a su teatral escenografía, el momento más extraño de *La dolce vita* fue, al menos para mí, el del pez atrapado en la red al final de la película. La he visto tres o cuatro veces y, aunque identificar peces se me da bastante bien, no tengo la menor idea de lo que era esta bestia marina: alguna especie de raya de gran tamaño, supongo. No se alcanza a ver todo su cuerpo; sólo un ojo glauco, que mira fija y húmedamente en primer plano hacia el objetivo. Su mirada parece sentenciosa y al mismo tiempo indiferente, como sin duda Fellini pretendía que fuera. Los asistentes a la fiesta se apiñan alrededor de él. ¿Qué es esta rareza? ¿De dónde viene? «De Australia», sugiere alguien fuera del encuadre. Al oír esto me sentí ligeramente animado por un orgullo semipatriótico. ¡El minúsculo y susurrado impacto de mi patria en Roma! Aquello pareció una especie de augurio. Me identifiqué con ese pez por su extrañeza, aunque pareciera tan poco apetitoso, como un trozo de mucosidad enredado en bramante. Al igual que yo, había llegado a Italia recorriendo todo el trayecto que le separaba de ella desde Australia, en busca de... lo que fuera. ¿Quién podía saber o adivinar lo que había esperado encontrar allí (si es que había esperado encontrar algo), mientras se desplazaba, a trancas y barrancas, lenta y viscosamente, sobre el fondo del Tirreno? Sin duda, aquello había rondado la imaginación de Fellini desde que, en 1934, había visto un enorme y desagradable pez varado en una playa cercana a Rímini.

Posteriormente, Fellini realizó varias películas más que llegaron a ser clásicos de la imaginación italiana; la más hermosa y compleja de estas fue *Fellini 8 ½* (1963), su extraordinaria meditación sobre el propio proceso creativo —quería «contar la historia de un director que ya no sabe qué película quiere hacer»— y *Amarcord* (1973), un intrincado ensayo sobre los recuerdos de la infancia. («Amarcord» significaba, en el dialecto de Rímini, «*io mi ricordo*», «yo recuerdo».) Pero aunque los festivales y la industria las colmaron de honores, *La dolce vita* ocupa en la historia del cine un lugar especial que es inconcebible que pueda disputarle ninguna pintura italiana del período, y es improbable que ninguna película italiana que pueda realizarse en un futuro previsible iguale el amplio impacto cultural que tuvo.

La visión que Fellini dio a conocer de Roma como una especie de patio de recreo trágico, lleno de promesas de deleite sensual pero ensombrecido por la imposibilidad de una auténtica satisfacción, resultó muy evocadora e inquietante. También se contraponía maravillosamente, y en gran medida verazmente, a la Roma que el visitante llegaba a conocer hace cincuenta años. La Ciudad Eterna era un lugar mucho más agradable en el que estar a comienzos de la década de 1960 que en la actualidad.

Por supuesto, puede que esto fuera (hasta cierto punto) una ilusión, propiciada entonces por mi ignorancia del idioma italiano y por mi excesivamente optimista fe en la continuidad de la cultura italiana. En aquella época, hace todas esas décadas, parecía totalmente prometedora y real. Los últimos cincuenta años han producido pocas cosas de interés, tanto en lo cultural, como en lo político, como sobre todo en lo artístico. Pero el hecho de que la Roma de Berlusconi, a comienzos del siglo XXI, haya quedado socavada por la enorme e implacable absorción de su imaginación por parte del turismo de masas y los medios de comunicación de masas, no significa que no existiera esa continuidad; hace tiempo, cuando la ciudad era ligeramente más joven.

A la gente, incluidos los italianos, nunca se le acaban las quejas sobre la decadencia de la cultura romana, tanto de la alta cultura como de la cultura popular. Es soez. Es servil. Sólo tiene usted que encender el televisor de su habitación de hotel en Roma para verlo. Hágalo y quedará inmediatamente sumido en lo que podría llamarse el «ello» de su dueño, Silvio Berlusconi; algo que quizá sea un territorio de pesadilla para usted, pero que para la mayoría de los italianos es una especie de paraíso, lleno de ficciones de «complicidad»: la incesante dieta de cotilleos, cháchavas, escándalos y desvergonzada ostentación material que se hace pasar por noticias, el continuo aluvión de deportes y comentarios deportivos, el desfile de nenas rubias de labios recauchutados y grandes pechos que ejercen como comentaristas, los combates de lucha libre, y todo lo demás. Al fin y al cabo, Italia es el único país en el que una mujer que hacía *striptease*, cuyo nombre era Cicciolina (y que se hizo brevemente famosa en el mundo exterior por ser la espectacularmente maltratada esposa del artista Jeff Koons, y la madre de su hijo pequeño, Ludwig) pudo hacerse con un escaño en el Parlamento. Es fácil, después de pasar una tarde de ocio contemplando este material (con una tarde basta; básicamente es todo lo mismo, en cualquier tarde que elija), suponer que la cultura popular italiana se ha hundido por debajo de algún nivel de inteligencia que ocupó en el pasado. Esto es una ilusión. La televisión italiana —uno siente la tentación de decir que la cultura popular italiana en general— es una mierda, siempre lo ha sido, y nunca será otra cosa. Puede que no sea absolutamente lo peor del mundo, pero desde luego está allá abajo, en el fondo.

Pero ¿alguna vez ha sido el arte «popular» italiano mucho mejor que eso? Nos sentimos inclinados a tener una visión sentimental de él, pero ¿deberíamos hacerlo? Reflexionando sobre ello, a veces me veo a mí mismo paseándome por las galerías que anteriormente ocupaban los mosaicos de las Termas de Caracalla. En su época de apogeo, estas enormes *thermae*, cuyo escenario era lo bastante grande como para permitir que un carro de cuatro caballos se condujera sobre él (esto aún se sigue haciendo allí, en algunas producciones de *Aida*), estaban cuidadosamente decoradas con mosaicos del siglo III d. C. Actualmente muchos de ellos han sido trasladados al museo pagano del palacio de Letrán y se han vuelto a colocar en sus paredes. Algunos de ellos no carecen de cierto interés arqueológico y narrativo, pero ¡qué visión de burda tosquedad ofrecen! Son bastos hombres musculosos, gladiadores desnudos que blanden armas que parecen, y probablemente eran, pesadas nudilleras de bronce con rebordes protuberantes con las que poder sacarle un ojo o partirle los dientes mejor a un adversario. Es posible que la contemplación de un par de esos bestias dándose golpazos entre ellos sin cesar saciara la mayor parte del placer derivado de la violencia que satisfacían otros encuentros más letales con espada y tridente. Pero, como estudios sobre la desnudez heroica, estas achaparradas figuras de los mosaicos no tienen muchos elementos a su favor. Son puras manifestaciones del cuerpo humano como un arma de carne. Tienen poco en común con otros pugilistas o luchadores griegos a los que se dio forma con más elegancia. Y esto era lo que les gustaba a los romanos: violencia sin florituras, miradas desafiantes y cruentos golpes, sin más. Y basura, también. El suelo del comedor representado está cubierto de basura. No de desperdicios corrientes, como los que se podrían haber dejado allí tras un banquete de invitados extremadamente sucios, sino de suciedad de cocina que está sin barrer: peladuras de fruta, espinas de pescado y similares. Al caminar sobre él (cosa que no se puede hacer, ya que se trata de un museo) uno medio espera que esas cosas se espachurren y crujan bajo sus pies. Sólo que no pueden hacerlo y no lo harán, al ser de hace aproximadamente un par de miles de años.

Cuando hablamos del «arte clásico romano», en realidad la palabra «clásico» no significa lo que podría significar en Grecia. Tiende a significar algo más pesado, más groseramente humano y, sin duda alguna, menos ideal.

Con los romanos no podemos cometer el error de suponer que eran refinados, como los griegos a los que envidiaban e imitaban. Tendían a ser brutos, arribistas, nuevos ricos. Naturalmente, eso es por lo que continúan fascinándonos: imaginamos que somos como ellos, pues no podemos imaginarnos que somos como los antiguos griegos. Y sabemos que lo que más les gustaba era asombrar a la gente, con espectáculos, dispendios, violencia o una fusión de las tres cosas. Como dijo el poeta en lengua vernácula Giuseppe Belli, al escribir acerca de la exultante exhibición de fuegos artificiales que cada año se alzaba sobre la cúpula de la basílica de San Pedro a instancias del papa,

Chi ppopolo pò èsse, e cchi ssovrano,
Che cciàbbi a ccasa sua 'na cuppoletta,
Com'er nostro San Pietr'in Vaticano?

In qual antra scittà, in qual antro stato,
C'è st'illuminazzione bbenedetta,
Che tt'intontissce e tte fa pperde er fiato?

«¿Qué pueblo puede haber, y qué soberano,
que tenga en su casa una cúpula
como la nuestra de San Pedro en el Vaticano?

¿En qué otra ciudad, en qué otro estado,
puede haber esta bendita iluminación
que te asombra y te deja sin aliento?»

La respuesta sigue siendo básicamente la que era entonces, en 1834: Roma, y sólo Roma. Del mismo modo, la palabra «clásico», en el sentido romano, sugiere algo más sólido, más duradero, que lo griego. Pese a todas sus glorias y pese a todo el legado que dejó en el arte, el pensamiento y la política, la civilización griega pereció. La de Roma todavía sigue un poco entre nosotros. Uno tendría que ser extrañamente indiferente para no apreciar lo que Amiano Marcelino (hacia 330-395 d. C.), escribiendo después del derrumbamiento real del gran Imperio, tuvo que decir sobre la llegada allí de Constantino en el año 307, pues nos ha quedado un poco de Constantino en todas nuestras reacciones, en nuestra eterna sensación de asombro ante esta ciudad de prodigiosa y desmesurada ambición (las cursivas son mías):

Recorrió todos los barrios construidos en llano o en las vertientes de las siete colinas, sin prescindir de los arrabales, creyendo continuamente que ya nada le quedaba que ver después del último objeto que le impresionaba. Aquí el templo de Júpiter Tarpeyo le pareció sobrepujar a todo, tanto como exceden las cosas divinas a las humanas; allá las termas, comparadas por su extensión a provincias; más lejos la orgullosa masa de ese anfiteatro, cuyos materiales suministró la piedra de Tibur [Tívoli] y cuya altura no mide la vista sin fatiga; después la atrevida bóveda del Panteón y su vasta circunferencia; los gigantescos pilares, accesibles por escalones hasta su cúspide, coronados por las estatuas de los emperadores; y el templo de la diosa Roma, el foro de la Paz, el teatro de Pompeyo, el Odeón, el Estadio y tantas otras maravillas que forman el ornamento de la Ciudad Eterna. Pero cuando llegó al foro de Trajano, construcción única en el mundo, y en nuestra opinión digna hasta de la admiración de los dioses, parose asombrado, tratando de medir con el pensamiento aquellas proporciones colosales que desafían toda descripción y que *ningún esfuerzo humano podría reproducir.*

EPÍLOGO

Aquella tarde de verano de 1959, parado de pie ante la gran estatua de Marco Aurelio durante mi primer viaje a Roma, tuve la sensación de que la Roma en la que me hallaba era la misma Roma que siempre había sido, y que siempre seguiría siendo; hoy me doy cuenta de que aquello fue una completa ingenuidad, nacida de rudimentarias imaginaciones. Roma ha quedado interrumpida, esa sensación de continuidad la ha quebrado el fétido y corrosivo aliento de nuestro siglo. Para protegerlos del terrorismo, el caballo y el jinete han sido retirados al Museo Capitolino y sustituidos en el pedestal de Buonarroti por una réplica. No importa el hecho de que muchos transeúntes no se darán cuenta de que es una réplica. El mero hecho de saberlo arruinará el placer de su contemplación.

Lo que empeora aún más las cosas es que quienquiera que fuese el que instaló la gran escultura dentro del Capitolino la privó de su base y la colocó sobre una pendiente, en un voladizo sobre una rampa inclinada. Esto es un acto vandálico. Es completamente intrínseco al significado del *Marco Aurelio* que el caballo y el jinete estén derechos y horizontales; de lo contrario, se pierde su firme autoridad. En su nueva instalación, absurdamente inclinada hacia arriba de una forma que Miguel Ángel jamás habría tolerado ni por un instante, la escultura se convierte en una parodia del enorme bronce de Pedro el Grande realizado por el escultor francés Étienne-Maurice Falconet (1716-1791), el «Jinete de bronce» del poema de Pushkin, montando a caballo en lo alto de su roca en San Petersburgo. Costaría mucho imaginar un tratamiento más estúpido de una gran escultura que este: un «diseño» delirante, que vulgariza la obra que se pretendía que aclarase, ignorando todos los significados antiguos en favor de una ilusión de «relevancia» (¿respecto a qué?) y «originalidad» (si uno no conoce el bronce de Falconet). Pero, lamentablemente, eso es Roma ahora: una ciudad que, hasta un punto que asombra, parece estar perdiendo el contacto con su propia naturaleza, y que en algunos sentidos se ha rendido a su propia popularidad icónica entre los visitantes.

La «temporada turística» de Roma solía limitarse, más o menos, a los meses de julio y agosto, cuando la ciudad se llenaba de visitantes, los restaurantes quedaban abarrotados de gente, los hoteles atestados de personas y costaba conseguir reservas para cualquier cosa. Durante esas ocho semanas, era mejor que el viajero bien informado bordeara o incluso evitara los principales «lugares de interés», como los Museos Vaticanos y la Capilla Sixtina. Eso ya no es posible. Hoy día esa temporada se ha prolongado y abarca todo el año. Y si usted piensa que la Capilla Sixtina está un poco masificada ahora, espere a verla dentro de cinco o diez años, cuando la prosperidad poscomunista se afiance en China y se exprese en forma de turismo de masas. Una buena preparación en el presente sería visitar el Louvre (si es que no lo ha hecho todavía) y dirigirse a la galería en que la *Mona Lisa* se halla expuesta a la multitud: un muro de fortaleza compuesto por cámaras que parpadean y emiten «clics», todas ellas haciendo fotografías malas y vagamente reconocibles del cuadro, cuya función no es conservar y transmitir información sobre la pintura de Leonardo sino conmemorar el hecho de que el dueño de la cámara se encontró una vez en cierta proximidad al delirantemente deseado icono. Todos los lugares destacados de Roma serán así, pienso con pesimismo, dentro de muy poco tiempo. Algunos sobrevivirán a eso, al menos parcialmente; otros no pueden hacerlo, y no lo harán, porque no está en la naturaleza de las obras de arte hacerlo. Los espacios cerrados —galerías de museos, iglesias y similares— serán los que más se resentirán de ello; esto no cambiará demasiado la experiencia que uno tenga del Foro, no al principio. Pero ¿quién puede decir qué sensación producirán los grandes espacios al aire libre de Roma cuando haya en ellos el doble de personas, y sus perímetros estén aun más saturados de autobuses que ahora?

El grado de masificación que experimenta la Capilla Sixtina representa esa especie de muerte en vida para la alta cultura que acecha al final de la cultura de masas; un final que, por supuesto, Miguel Ángel no pudo imaginar, y que el Vaticano es absolutamente incapaz de impedir (y no lo haría aunque pudiera, al ser la Capilla Sixtina una fuente de ingresos tan importante para el Vaticano). No se puede filtrar el torrente. O un museo es público, o no lo es. Imaginar algún tipo de prueba mediante la cual se puedan comprobar los recursos culturales de una persona e intentar imponérsela a la gente que quiera visitar la

Capilla Sixtina es, naturalmente, inconcebible. Pero como la Capilla Sixtina es una de las dos cosas (la otra es la propia basílica de San Pedro) de la que ha oído hablar y que desea ver todo turista que va a Roma, allí la aglomeración es abrumadora; frustra cualquier posibilidad de concentración. Por lo menos la basílica es lo suficientemente enorme como dar cabida a multitudes de personas. La Capilla Sixtina, y el camino que lleva a ella, no lo es.

No siempre fue así. En el *Viaje a Italia* de Goethe leemos su relato de cómo entra caminando más o menos por casualidad a la Capilla Sixtina para escapar del sofocante calor del verano romano, hace doscientos años. Un lugar fresco y accesible en el que uno podía estar solo, o casi, con los frutos del genio. Hoy esa mera idea parece absurda, una fantasía. El turismo de masas ha convertido lo que para los contemporáneos de Goethe era un placer contemplativo en una terrible experiencia que recuerda más a una denigrante melé de rugby. La multitud de buscadores de techos, moviéndose codo con codo, fluye como un torrente por un largo, estrecho y claustrofóbico pasillo que carece de ventanas y en el que no se puede volver atrás. Finalmente desemboca en un espacio igual de abarrotado, la propia Capilla, que apenas ofrece el espacio suficiente para dar una vuelta por ella. Estas son las condiciones más desquiciantes en las que he examinado arte en toda mi vida; y a lo largo de los últimos cincuenta años he examinado una gran cantidad de arte. Algunas artes se benefician del hecho de compartirlas con un gran público. Todos los tipos de música, tanto si se trata de *rock and roll* como de recitales de piano, parecen hacerlo. En ocasiones la danza lo hace, y puede que también lo hagan el teatro y las lecturas poéticas. Pero las artes visuales, especialmente la pintura y la escultura, no. Las multitudes de otras personas no hacen más que estorbar, impidiéndole a uno ver y exasperándole en su deseo de silencio con sus comentarios que uno no puede evitar escuchar, los cuales siempre son una distracción, aunque sean inteligentes, cosa que raramente son. Los prójimos humanos son prójimos humanos, y están dotados de ciertos derechos inalienables en los que no es necesario que entremos aquí, pero uno no desea oír las reacciones de ellos ante un Tiziano o bajo un fresco de Miguel Ángel más que lo que le gustaría que la persona sentada junto a él en una sala de conciertos llevase el compás sobre el brazo de su butaca o tararease las notas de *Vesti la giubba* al mismo tiempo que (o justo un poquito antes que) el cantante, para demostrar su familiaridad con la pieza. (Cuando esto sucede, es toda una invitación al asesinato.)

La pintura y la escultura son artes silenciosas, y merecen silencio (no falsa reverencia, simplemente quietud) por parte de quienes las contemplen. Que se grabe esto en los portales de los museos de todo el mundo: «Lo que van a ver ustedes aquí no pretende ser una experiencia social. Cállense y usen sus ojos. Sólo se admiten grupos acompañados por guías, docentes, etc., los miércoles desde las once de la mañana hasta las cuatro de la tarde. Por lo demás, limítese a callarse la puta boca, por favor se lo rogamos, si puede, si no le importa, si no va a reventar. Nosotros también hemos venido desde muy lejos para mirar estos objetos. No lo hemos hecho para escuchar sus melifluas palabras. *¿Capisce?*».

La única forma de sortear esta masificación de la Capilla Sixtina es pagar lo que en la práctica viene a ser un fuerte rescate al Vaticano. Después de las horas de cierre, este organiza actualmente visitas en pequeños grupos a los Museos Vaticanos, garantizándole al visitante unas dos horas (desde que empiezan hasta que acaban) con Miguel Ángel y Rafael y, naturalmente, un guía, cuyo silencio no está garantizado; el tiempo de observación «normal» en la Capilla en sí es de aproximadamente 30 minutos, que es mucho más que lo que va a tener el atribulado y apurado visitante habitual. Los grupos que realizan estas visitas, de las que actualmente hay más o menos una a la semana, están compuestos por unas diez personas, aunque puede haber hasta de veinte. (La primera vez que fui a la Capilla Sixtina había, según mi propio recuento aproximado, unas treinta personas en toda la capilla, pero eso, repito, fue hace unos cincuenta años. Entonces daba la sensación de estar un poco masificada, pero no hasta un grado intolerable, como hoy día.) Cada visitante, en el nuevo sistema de visitas, paga hasta 300 euros por persona por el privilegio, y el trato se cierra a través de contratistas externos, no directamente con el propio Vaticano. No se sabe cómo se reparte el dinero de la entrada. Por supuesto, esto es bandolerismo puro. Si a usted no le gusta, siempre puede escribir al papa; o si no, comprar unas postales y estudiarlas en la calma y tranquilidad de su hotel.

Lo que sucede dentro de las iglesias también ocurre fuera de ellas, a una escala mucho mayor. Ninguna ciudad europea que yo conozca ha quedado tan dañada, ni su experiencia cívica ha resultado tan comprometida por los coches y los conductores, como la de Roma.

En Roma el tráfico ya era complicado antes, pero ahora es indiscriminadamente letal. Aparcar en Roma solía ser un reto que exigía habilidades especiales, pero ahora es casi cómicamente imposible. Naturalmente, se ha vuelto aún más difícil —en contraste, por ejemplo, con el aparcamiento en Barcelona— debido a la casi total imposibilidad de descubrir un garaje público subterráneo: tales servicios sí existen, pero son poco comunes, ya que el gobierno de la ciudad no puede excavar bajo tierra sin encontrar invariablemente alguna antigua, ilegible y arqueológicamente superflua ruina enterrada de la época de Pompeyo o Tarquinio el Soberbio, un inoportuno descubrimiento que paralizará todas las futuras obras en el emplazamiento para toda la eternidad, *per omnia saecula saeculorum*, como solía decir la Iglesia antes de abandonar el latín por la misa en lengua vernácula.

Lo más asombroso de la ciudad solía ser, hasta hace poco, la displicente indiferencia que mostraban los romanos hacia el principal objeto que llevaba a tanta gente hasta allí; a saber, su reserva de arte. La gente tiene tendencia a suponer que puede esperarse automáticamente que una nación a la que sus antepasados han dejado enormes legados culturales sea extremadamente culta en el aquí y el ahora.

Italia es una gran prueba de que esto no es cierto. La mayoría de los italianos son ignorantes en materia de arte. La mayor parte de las personas de cualquier lugar lo son; ¿por qué habrían de ser distintos los italianos? Aunque una vez fingieron no serlo, hoy la mayoría de ellos ni siquiera son capaces de molestarse en fingir. Muchos de ellos ven el pasado como un estorbo lucrativo. Les gusta invocar los esplendores de su *patrimonio culturale*, pero cuando se trata de hacer algo con él, como canalizar sus considerables energías hacia la conservación de ese legado de una manera inteligible, o siquiera hacia la formación de una sólida y organizada comunidad de aficionados a los museos, poco o nada se hace, y poco o nada sucede.

Lo que de verdad le importa a los italianos es el *calcio*, el fútbol. Si un gobierno italiano estuviera lo suficientemente chiflado como para intentar prohibir los partidos de fútbol, esas pasmosas orgías de histeria en las que cientos de miles de hinchas explotan en orgasmos de lealtad hacia un equipo u otro, la nación dejaría de ser una nación; se volvería ingobernable. La alta cultura no sólo no ejerce una función de aglutinación social en este país, sino que probablemente hay en ella invertido menos orgullo local que en cualquier otro lugar de Europa occidental. Lo que de verdad importa son los deportes y la televisión, y la preeminencia de estos está asegurada por el hecho de que el primer ministro italiano, Silvio Berlusconi, es un multimultimillonario que debe su fortuna a la propiedad de ambas cosas y que no parece tener intereses culturales, y menos aún compromisos culturales de ningún

tipo, más allá de reeditar el harén de rubitas que utiliza para sus programas concurso. Es por eso por lo que la mayoría de los italianos puede
contemplar, con relativa ecuanimidad, la muy real posibilidad de que
el ya de por sí apurado e insuficiente presupuesto de su Ministerio de
Cultura sea drásticamente recortado, como se está proponiendo ahora,
en más de un 30 % para el año 2012, y que al mismo tiempo el actual
director de este sea sustituido por el actual jefe de McDonald's. Si eso
sucediera, ¿cuántos votos le costaría a Berlusconi? Unos pocos miles,
de un puñado de estetas desafectos que ya desde un principio nunca le
tuvieron simpatía, y que pueden ser tranquilamente ignorados. Y de
turistas, claro. Pero, de todas maneras, estos no pueden votar.

Se podría decir que siempre ha sido así, pero en realidad eso no es
cierto. Ha ido a peor desde la década de 1960, con el colosal, apisona-
dor y lobotomizante poder de la televisión, cuyas versiones italianas
figuran entre las peores del mundo. El cociente de inteligencia cultural
de la nación italiana, si es que se puede hablar de tal cosa, ha caído
considerablemente y el culpable de ello parece ser la televisión, como
en otros países. ¿Para qué promover el desarrollo de unas élites que a
casi nadie importan? Con ello no se obtiene ninguna ventaja política.
En una cultura compuesta exclusivamente y sin tapujos de fútbol, programas de telerrealidad y concursos de famosos, una cultura de puro
entretenimiento, ya no da vergüenza reconocer que Donatello, igual
que la temperatura del casquete polar o la población de insectos de la
Amazonia, es una de esas cosas que a usted, como buen italiano *molto
tipico* y muy buen tipo, personalmente le importan un carajo.

Quizá (añade uno, esperanzado) sólo se necesiten dos o tres artistas
para reanimar una cultura. No se puede dar una cultura por perdida
simplemente porque haya entrado en recesión, porque las recesiones
—como muy bien demuestra la historia— pueden resultar ser meramente temporales. No obstante, en este momento, ello no parece extremadamente probable. ¿Tengo esta sensación sólo porque soy más viejo, porque ya tengo algunos callos y soy menos sensible a los indicios
de renovación? Quizá. Pero ¿tengo esta sensación por lo radicalmente que han cambiado las condiciones culturales de la propia ciudad,
porque, en una palabra, la Roma de Berlusconi ya no es (y posiblemente
no pueda volver a ser) la Roma de Fellini? Eso también es posible, y
de hecho es más probable. Mientras tanto, al menos hay algunas com-
pensaciones. Puede que las energías de lo que una vez fue el presente
ya no estén allí. Pueden que estas hayan sido hasta cierto punto una
ilusión, como están condenadas a serlo las promesas y los primeros

impactos. Pero las glorias del pasado más remoto siguen ahí, un tanto disminuidas pero obstinadamente indelebles, bajo la *basura* y las diversiones del turismo sobrecargado y del espectáculo embastecido. Si no le gusta, aguántese: Roma está ahí; no se la puede ignorar.

Siempre hay un nivel de goce en el que se puede disfrutar de Roma: sin sentir vergüenza, sensualmente, abiertamente. ¿Tienen solución las actuales dificultades y enigmas de Roma? Si la tienen, francamente confieso que no tengo la menor idea de cuál puede ser esta. ¡Son tantos los siglos de historia que se hallan inextricablemente envueltos en la ciudad y que hacen que el visitante, por no hablar del residente, se enfrente a unos problemas de acceso y comprensión al parecer irresolubles! Roma no se hizo en un día y no se puede entender en uno, ni en una semana, ni en un mes, ni en un año; ni en ninguna cantidad de tiempo, por grande que sea esta, que usted pueda dedicarle, sea una década o lo que dura un trayecto guiado en autobús. Roma hace que uno se sienta pequeño, y esa es su intención. También hace que uno se sienta grande, porque sus partes más nobles las erigieron miembros de la especie a la que uno pertenece. Le muestra a uno cosas que uno no puede imaginarse haciendo, y ese es uno de los puntos de partida de la sabiduría. Uno no tiene más remedio que ir allí con toda la humildad, esquivando las Vespas, admitiendo que sólo unos fragmentos de la ciudad se le revelarán en cada ocasión, y que algunos nunca lo harán. Es un lugar irritante, frustrante y contradictorio, espectacular y al mismo tiempo hermético. (¿Qué esperaba usted? ¿Algo fácil y que se explica por sí mismo, como si fuese Disneylandia?) La Roma que tenemos hoy es una enorme concreción de glorias humanas y errores humanos. Nos muestra que una vez se hicieron cosas que ahora sería inimaginable hacer. ¿Habrá algún día otra plaza Navona? No lo espere con impaciencia. Sólo hay, y sólo puede haber, una plaza Navona, y afortunadamente esta se halla justo ante usted, cortada transversalmente por los chorros de agua resplandeciente: un regalo para usted y para el resto del mundo, hecho por unas personas que ya están muertas y que, no obstante, no pueden morir. Con un solo lugar como este, junto con todos los demás que aquí se hallan, sin duda basta.

BIBLIOGRAFÍA

Adcock, F. E., *The Roman Art of War under the Republic*, 1940, Barnes and Noble, Nueva York, reimpresión 1960.

Ademollo, A., *Il Carnevale di Roma nei secoli XVII e XVIII*, A. Sommaruga, Roma, 1883.

Ades, Dawn *et al.* (eds.), *Art and Power: Europe Under the Dictators 1930-45. The Age of Neo-Classicism,* Catálogo de exposición del Consejo de Europa, Londres, 1972 (1996).

Alberti, Leon Battista, *On the Art of Building in Ten Books*, traducción de J. Rykwert *et al.*, Alec Tiranti, Cambridge, Massachusetts y Londres, 1965 (hay trad. cast.: *De re aedificatoria*, Akal, Madrid, 1991).

Amadei, E., *Le Torri di Roma*, Palombi, Roma, 1969.

Amy, R. y Gros, P., «La Maison Carrée de Nimes» en *Gallia-Supplément*, XXVIII, Éditions du Centre National de la Recherche Scientifique, París, 1979.

Anderson, James C., *Roman Architecture and Society*, John Hopkins University Press, Maryland, 1997.

Angeli, D., *Roma Romantica*, Treves, Milán, 1935.

—, *Le Cronache del Caffè Greco*, Treves, Milán, 1939.

Apiano, *Guerras civiles*, hacia 135.

Argan, Giulio Carlo *et al.*, *Canova: A European Adventure* (catálogo de la exposición en el Correr Museum), Marsilio Publishers, Venecia, 1992.

Atkinson, Rick, *The Day of Battle: the War in Sicily and Italy, 1943-1944*, Henry Holt and Co., Nueva York, 2007 (hay trad. cast.: *El día de la batalla: la guerra en Sicilia y en Italia, 1943-1944*, Crítica, Barcelona, 2008).

Augusto, *Res Gestae*, hacia 14 d. C.

Aurelio, Marco, *Meditations*, vol. 2, hacia 170, trad. de Maxwell Staniforth, Penguin Books, Nueva York, 2005 (hay trad. cast.: *Meditaciones*, Debate, Barcelona, 2000).

Bailey, C. (ed.), *The Legacy of Rome*, General Books LLC, Nueva York, 1947.

Ballo, Guido, *Modern Italian Painting, from Futurism to the Present Day*, trad. de Barbara Wall, Frederick A. Praeger, Nueva York, 1958.

Baracconi, G., *I Rioni di Roma*, Princeton University Press, Princeton, 1906.

Barilli, Renato (ed.), *Gli Annitrenta: Arte e cultura in Italia*. Mazzotta, Milán, 1982.

Barnes, T. D., *The New Empire of Diocletian and Constantine*, Harvard University Press, Massachusetts, 1982.

Barrett, Anthony, *Caligula: The Corruption of Power*, Yale University Press, Connecticut, 1998.

Baynes, N. H., *Constantine the Great and the Christian Church*, British Academy Publications, Londres, 1972.

Beard, Mary y Henderson, John, *Classical Art From Greece to Rome*, Oxford University Press USA, Nueva York, 2001.

Belli, G. G., *I Sonetti Romaneschi*, 3 vols., 1952.

Bergmann, B. y Kondoleon, C. (eds.), *The Art of Ancient Spectacle*, NGW-Stud Hist Art, 1999.

Besso, M., *Roma e il Papa nei Proverbi e nei modi di dire*, Leo S. Olschki, Florencia, 1903.

Black, J. (ed.), *Italy and the Grand Tour*, Yale University Press, Connecticut, 2003.

Blunt, A., *Artistic Theory in Italy*, Oxford University Press, Oxford, 1940 (hay trad. cast.: *Teoría de las artes en Italia, 1450-1600*, Cátedra, 1987).

—, *Borromini*, Harvard University Press, Massachusetts, 1979 (hay trad. cast.: *Borromini*, Alianza Editorial, Madrid, 2005).

Boardman, J. et al., *Oxford History of the Classical World*, Oxford University Press, Oxford, 1988 (hay trad. cast.: *Historia Oxford del mundo clásico*, Alianza, Madrid, 1988).

Boatwright, M. T., *Hadrian and the City of Rome*, Princeton University Press, Princeton, 1987.

Boccioni, *La Scultura Futurista*, Corso Venezia, Milán, 1912.

—, *Manifesto Tecnico della Scultura Futurista*, Corso Venezia, Milán, 1912.

Boethius, A., *Etruscan and Early Roman Architecture*, Penguin Books Harmondsworth, 1978.

—, *The Golden House of Nero*, University of Michigan Press, Ann Arbor, 1960.

Boni, Ada, *La Cucina Romana*, Newton Compton, Roma, 1983.

Bonner, Stanley, *Education in Ancient Rome*, University of California Press, Berkeley, 1977.

Borgatti, M., *Castel S. Angelo, Storia e descrizione*, Florencia, Roma, 1980.

Borghese, D., *Vecchia Roma*, Prince Olsoufieff, Londres, 1955.

Bosticcio, Sergio et al., *Piazza Navona, Isola dei Pamphilj*, Fratelli Palombi, Roma, 1970.

Bowder, D. (ed.), *Who Was Who in the Roman World, 753 BC - AD 476*, Cornell University Press, Ithaca, 1980.

Bowersock, G. W., *Augustus and the Greek World*, Oxford University Press, Oxford, 1981.

—, *Julian the Apostate*, Harvard University Press, Massachusetts, 1997.

—, *Late Antiquity: a Guide to the Postclassical World*, Belknap Press, Massachusetts, 1999.

Bowron, E. P. y Rishel, J. (eds.), *Art in Rome in the Eighteenth Century*, Merrell Publishers, Londres, 2003.

Boyle, Nicholas, *The Poetry of Desire*, Oxford University Press, Nueva York, 1992.

Bradley, K. R., *Slaves and Masters in the Roman Empire: A Study in Social Control*, Oxford University Press, Nueva York, 1987.

Brady, F. y Pottle, F., *Boswell on the Grand Tour, 1765-66*, Heinemann, Londres, 1955.

Brentano, Robert, *Rome before Avignon*, University of California Press, Los Ángeles, Berkeley, Londres, 1974.

Brigante Colonna, G., *Roma Papale*, Le Monnier, Florencia, 1925.

—, *La Nipote di Sisto V*, Mondadori, Milán, 1936.

Broude, Norma, *The Macchiaioli, Italian Painters of the Nineteenth Century*, Yale University Press, Massachusetts, 1987.

Brown, F. E., *Roman Architecture*, George Braziller, Nueva York, 1961.

Brummer, Hans, *The Statue Court in the Vatican Belvedere*, Haskell, Francis, and Nicholas Penny, Estocolmo, 1980.

Brunt, P. A., *The Fall of the Roman Republic*, Oxford University Press USA, Nueva York, 1988.

Bruschi, Arnaldo, *Bramante*, Thames and Hudson Ltd., Londres, 1977.

Campbell, Colen, *Vitruvius Britannicus, or the British Architect*, Dover Publications, Mineola, 1717.

Campbell, Duncan, *Greek and Roman Siege Machinery, 399 BC-AD 363*, Osprey Publishing, Oxford, 2003.

Cánones y decretos del Concilio de Trento, 5.ª Sesión, 3/4 diciembre 1563, *De las sagradas imágenes*.

Carcopino, J., *La Vie Quotidienne à Rome*, Hachette, París, 1939 (hay trad. cast.: *La vida cotidiana en Roma en el apogeo del Imperio*, Círculo de Lectores, Barcelona, 2004).

Carducho, Vicente, *Diálogos de la Pintura*, Madrid, 1865.

Cary, M., *The Geographic Background of Greek and Roman History*, Clarendon Press, Oxford, 1949.

Cattabiani, A., *Simboli, miti e misteri di Roma*, Newton and Compton, Roma, 1990.

Caven, B., *The Punic Wars*, Palgrave Macmillan, Nueva York, 1980.

Ceroni, G., *I misteri di Roma*, Roma, 1955.

Cerquiglini, O., *Curiosità e Meraviglie di Roma*, Roma, 1939.

Chisholm, Kitty y Ferguson, John, *Rome, the Augustan Age: a Source Book*, Oxford University Press USA, Nueva York, 1992.

Christiansen, Keith, «The Critical Fortunes of Poussin's Landscapes», en «Poussin and Nature», *Journal of Art History*, vol. 4, 2007.

Cicerón, *De Oratore II*, 55 a. C.

—, *Sobre las provincias consulares*, hacia 52 a. C.

—, *Cartas a amigos*, 55 a. C.

Cipriani, Giovanni, *Gli obelischi egizi: politica e cultura nella Roma barocca*, Leo S. Olschki, Florencia, 1993.

Clark, Martin, *The Italian Risorgimento*, Longman Publishing, Nueva York, 1998.

—, *Mussolini*, Pearson, Londres, 2005 (hay trad. cast.: *Mussolini: personalidad y poder*, Biblioteca Nueva, Madrid, 2008).

Clarke, Georgia, *Roman House - Renaissance Palaces: Inventing Antiquity in Fifteenth-Century Italy*, Cambridge University Press, Cambridge, 2003.

Clementi, F., *Il Carnevale di Roma*. 2 vols., 1939.

Clements, Robert J., *Michelangelo's Theory of Art*, New York University Press, Nueva York, 1963.

Cochrane, E., *Historians and Historiography in the Italian Renaissance*, University of Chicago Press, Chicago y Londres, 1981.

Condivi, Ascanio, *Life of Michelangelo*, traducción de Alice Wohl, University of Pennsylvania State Press, Pensilvania, 1969 (hay trad. cast.: *Vida de Miguel Ángel Buonarroti*, Akal, Madrid, 2007).

Connolly, Peter, *Greece and Rome at War*, Prentice-Hall, Nueva Jersey, 1981.

Connors, Joseph, «Borromini, Francesco» vol. 1, *MacMillan Encyclopedia of Architects*, Nueva York, Londres, 1982.

Cowling, Elizabeth y Mundy, Jennifer, *On Classic Ground: Picasso, Léger, de Chirico and the New Classicism, 1910-1930*, Tate Publishing, Oklahoma, 1990.

Croon, J. H. (ed.), *The Encyclopedia of the Ancient World*, Prentice-Hall, Nueva Jersey, 1965 (hay trad. cast.: *Enciclopedia de la Antigüedad clásica*, Afrodisio Aguado, Madrid, 1967).

Cunliffe, Barry, *Rome and Her Empire*, McGraw-Hill, Ohio, 1978.

Daly, Gregory, *Cannae: The Experience of Battle in the Second Punic War*, Routledge Publishing, Londres, 2002.

D'Annunzio, G., *Le Cronache della Tribuna*, Bolonia, 1992.

D'Arrigo, G., *Roma: Miti, Riti, Siti, Tipi*, New Sword Publishing, Roma, 1962.

—, *Uomini, cose, fatti e leggende di Roma*, Roma, 1964.

Davey, Peter, «Outrage - the Vittorio Emanuele II Monument in Rome», en *The Architectural Review*, octubre de 1996.

De Chirico, Giorgio, *The Memoirs of Giorgio de Chirico*, trad. de Margaret Crosland, University of Miami Press, Miami, 1971 (hay trad. cast.: *Memorias de mi vida*, Síntesis, Madrid, 2004).

—, *Il Meccanismo del Pensiero*, G. Einaudi, Turín 1985.

Della Pergola, P., *Villa Borghese*, 1964. Istituto Poligrafico dello Stato, 1962.

De Santis, L., *Le Catacombe di Roma*, Newton Compton, Roma, 1997.

De Tuddo, I., *I Diavoli del Pantheon*, 1969.

Di Castro E., *Trastevere*, 1962.

Dión, Casio, *Historia romana*, hacia 200 d. C.

D'Onofrio, Cesare, *Le Fontane di Roma*, Stadenini Editore, Roma, 1962.

—, *Roma Vista da Roma*, Liber, Roma, 1967.

—, *Gli Obelischi di Roma*, Bulzoni, Roma, 1967.

—, *Visitiamo Roma mille anni fa: la città dei Mirabilia*, Roman Society Publishers, Roma, 1968.

—, *Il Tevere e Roma*, Ugo Bozzi, Roma, 1970.

—, *Renovatio Romae: storia e urbanistica dal Campidoglio all'EUR*, Edizioni Mediterranee, Roma, 1973.

—, *Scalinate di Roma*, Stadineri, Roma, 1974.

—, *Castel S. Angelo e Borgo tra Roma e Papato*, Ugo Bozzi, Roma, 1978.

—, *Il Tevere: l'Isola Tiberina, le inondazione...*, Cremonese, Roma, 1980.

—, *Visitiamo Roma del Quattrocento: La città degli Umanisti*, Roman Society Publishers, Roma, 1989.

Duff, J. W., *A Literary History of Rome from the Origins to the Close of the Golden Age*, Bibliobaazar, LLC, Carolina del Sur, 1960.

Duffy, Eamon, *Saints and Sinners: A History of the Popes*, Yale University Press, New Haven, 1997.

Dumézil, G., *Archaic Roman Religion, with an Appendix on the Religion of the Etruscans*, University of Chicago Press, Chicago y Londres, 1970.

Earl, D. C., *The Age of Augustus*, Exeter Books, 1980.

Ellis, P. B., *Caesar's Invasion of Britain*, New York University Press, Nueva York, 1980.

Ellis, Simon P., *Roman Housing*, Duckworth, Londres, 2000.

Estacio, *Silvae*, hacia 40-95 d. C.

Ettlinger, L. D., *The Sistine Chapel Before Michelangelo*, Oxford University Press, Londres, 1965.

Eutropio, *Breviarium ab Urbe Condita*, hacia 364 d. C., 10 vols.

Everitt, Anthony, *Augustus: The Life of Rome's First Emperor*, Random House, Nueva York, 2006.

—, *Cicero: The Life and Times of Rome's Greatest Politician*, Random House, Nueva York, 2003.

Fagiolo dell'Arco, Maurizio, y Carandini, Silvia, *L'Effimero Barocco*, 2 vols., Bulzoni, Roma, 1977-1978.

Favoretto, Irene, «Reflections on Canova and the Art of Antiquity», en *Antonio Canova*, 1992.

Ficacci, Luigi, *Piranesi: the Complete Etchings*, Taschen, Colonia, 2000.

Fichera, Filippo, *Il Duce e il fascismo nei canti dialettali d'Italia*, Edizione del Convivio, Milán, 1937.

Finley, M. I. (ed.), *Slavery in Classical Antiquity*, Penguin, Nueva York, 1968.

—, *Classical Slavery*, Frank Cass Publishing, Gran Bretaña, 1987.

Fontana, D., *Della Trasportatione dell'Obelisco Vaticano*, 1590.

Fossier, Robert (ed.), *The Cambridge Illustrated History of the Middle Ages, 1250-1520*, Cambridge University Press, reimpresión, 1986.

Fowler, W. W., *The Religious Experience of the Roman People*, Macmillan, Londres, 1911.

Frontino, *Los acueductos de Roma*, 97 d. C.

Frontón, Marco Cornelio, *Elements of History*, hacia 150 d. C.

Gabucci, Ada, *Ancient Rome: Art, Architecture and History*, trad. T. M. Hartmann, Getty Trade Publications, Los Ángeles, 2002.

Galassi Paluzzi, C., *La Basilica di San Pietro*, Cappelli, Bolonia, 1975.

Gianeri, Enrico, *Il Cesare di cartapesta: Mussolini nella Caricatura*, Turín, 1945.

Gillespie, Stuart, *The Poets on the Classics: an Anthology of English Poets' Writings on the Classical Poets and Dramatists*, Routledge, Londres, 1988.

Giusto, Gerolamo, *La Marcia su Roma*, Milán, 1933.

Gnoli, U., *Alberghi e osterie Romane della Rinascenza*, Spoleto, Roma, 1935

—, *Cortigiane della Rinascenza*, 1940.

Goethe, Johann Wolfgang von, *Italian Journey, 1786-1788*, trad. de W. H. Auden y Elizabeth Mayer, Penguin Classics, Nueva York, 1982 (hay trad. cast.: *Viaje a Italia*, Ediciones B, 2001).

—, *Conversations with Eckermann, April 14, 1829*, North Point Press, Nueva York.

Gooch, John, *The Unification of Italy*, Methuen and Co., Londres, 1986.

Goodman, Martin, *The Roman World, 44 BC-AD 180*, Routledge, Londres, 1997.

Grafton, Anthony (ed.), *Rome Reborn: The Vatican Library and Renaissance Culture*, Yale University Press, New Haven, 1993.

Grant, F. C., *Ancient Roman Religion*, Macmillan General Reference, Londres, Nueva York, 1957.

Grant, Michael, *The Climax of Rome*, Plume Publishing, Nueva York, 1970.

—, *The Army of the Caesars*, Macmillan Publishing, 1974.

—, *The History of Rome*, Prentice-Hall, Nueva Jersey, 1978.

—, *The Roman Emperors: a Biographical Guide to the Rulers of Imperial Rome*, Charles Scribner's Sons, Nueva York, 1985.

Greenhalgh, Michael, *The Survival of Roman Antiquities in the Middle Ages*, Duckworth, Londres, 1989.

Gregorovius, F., *Storia della città di Roma nel Medioevo*, 6 vols., Newton Compton, Roma, 1972.

Gregory, Timothy, *A History of Byzantium*, Wiley-Blackwell, Hoboken, 2005.

Gulisano, Paolo, *O Roma o morte! Pio IX e il Risorgimento*, Il Cerchio, Rímini, 2000.

Gutman, Daniel, *El amor judío de Mussolini: Margherita Sarfatti. Del Fascismo al exilio*, Lumiere Publishing, Buenos Aires, 2006.

Hager, June, *Pilgrimage: a Chronicle of Christianity through the Churches of Rome*, George Weidenfeld & Nicholson, Reino Unido, 1999.

Hammond, N. G. L. y Scullard, H. H., *The Oxford Classical Dictionary*, Oxford University Press USA, Nueva York, 1970.

Haskell, F. y Penny, N., *Taste and the Antique*, Yale University Press, New Haven, 1981 (hay trad. cast.: *El gusto y el arte de la antigüedad*, Alianza, Madrid, 1989).

Hayter, Alethea, *Opium and the Romantic Imagination*, University of California Press, Berkeley, 1968.

Hibbard, Howard, «Bernini, Gian Lorenzo», *MacMillan Encyclopedia of Architects*, vol. 1., Nueva York, Londres, 1982.

—, *Michelangelo*, 1974.

Hibbert, C., *The Grand Tour*, Putnam Publishing Group, Londres, 1987.

Hobhouse, Penelope, *The Story of Gardening*, Dorling Kindersley Publishers, Londres, 2002.

Hodge, A. Trevor, *Roman Aqueducts & Water Supply*, Duckworth Archaeology, Londres, 1992.

Holt, Elizabeth, *A Documentary History of Art. Vol. 2*, Princeton University Press, Princeton, 1982.

Horacio, *Odes I. III.*, trad. de J. Michie, Macmillan Publishing Group, Londres, 1965 (hay trad. cast.: *Odas completas*, Edicomunicación, Barcelona, 1999).

Howatson, M. C. (ed.), *The Oxford Companion to Classical Literature*, Oxford University Press USA, Nueva York, 1989 (hay trad. cast.: *Diccionario de la literatura clásica*, Alianza, Madrid, 2004).

Hulten, Pontus (ed.), *Futurismo & Futurismi*, Abbeville Press, Nueva York, 1986.

Jannattoni, L., *Roma intima e sconosciuta*, Newton & Compton, Roma, 1990.

Jenkyns, Richard (ed.), *The Legacy of Rome, a New Appraisal*, Oxford University Press USA, Nueva York, 1992 (hay trad. cast.: *El legado de Roma: una nueva valoración*, Crítica, Barcelona, 1995).

Johns, Christopher, «The Entrepot of Europe: Rome in the Eighteenth Century», en el catálogo de *Art in Rome in the Eighteenth Century*, Museo de Arte de Filadelfia, Filadelfia, Pensilvania, 2000.

Jones, F. L. (ed.), *The Letters of Percy Bysshe Shelley*, Oxford University Press, Londres, 1964.

Juliano, *Letter XL*, de la Loeb Classical Library, hacia 332-363 d. C.

Justiniano, *Digesto*, hacia 529-534 d. C.

Juvenal, *Libro III*, hacia comienzos del siglo II.

Kagan, D. *et al.*, *Decline and Fall of the Roman Empire: Why Did it Collapse?*, Heath, Boston, 1962.

Keegan, John, *History of Warfare*, Vintage, Nueva York, 1994.

Kinney, Dale, «Roman Architectural Spolia», en *Proceedings of the American Philosophical Society*, vol. 145, n.° 2, junio de 2001.

Krautheimer, R., *Rome, Profile of a City*, Princeton University Press, Princeton, 1980.

Lactancio, *Sobre la muerte de los perseguidores*, hacia 318 d. C.

Lanciani, R., *The Destruction of Ancient Rome*, Macmillan, Londres, 1901.

La Stella M., *Antichi Mestiere di Roma*, Newton Compton, Roma, 1982.

Lebreton, J. y Zeiller, J., *The History of the Primitive Church*, 2 vols., Macmillan, Nueva York, 1949.

Lechtman, H. y Hobbs, L., «Roman Concrete and the Roman Architectural Revolution», en *Ceramics and Civilization*, vol. 3, *High Technology Ceramics: Past, Present and Future*, ed. W. D. Kingery, 1986.

Leeds, Christopher, *The Unification of Italy*, Putnam Books, Nueva York, 1974.

Legge, F., *Forerunners and Rivals of Christianity*, 2 vols., Cambridge University Press, 1915.

Leppmann, Wolfgang, *Winckelmann*, Alfred A. Knopf, Nueva York, 1970.

Levi, Peter, *Virgil, His Life and Times*, St. Martin's Press, Nueva York, 1998.

Lewis, D. B. Wyndham y Lee, Charles, *The Stuffed Owl: An Anthology of Bad Verse*, J.M. Dent and Sons, Londres, 1960.

Lewis, Naphtali y Reinhold, Meyer, *Roman Civilization, selected readings: The Republic and the Augustan Age*, 2 vols., Columbia University Press, Nueva York, 1990.

Longhitano, Rino, *La Politica Religiosa di Mussolini*, Cremonese Books, Roma, 1938.

Lugli, G., *Roma antica, il centro monumentale*, G. Bardi, Roma, 1946.

MacDonald, W. L., *The Pantheon: Design, Meaning and Progeny*, Harvard University Press, Londres, Cambridge, 1976.

—, *The Architecture of the Roman Empire, I. An Introductory Study*, Yale University Press, New Haven, 1982.

MacDougall, Elizabeth B. (ed.), *Ancient Roman Gardens*, Dumbarton Oaks Research Library and Collection, Washington D.C., 1981.

—, *Ancient Roman Villa Gardens*, Dumbarton Oaks Colloquium, Washington D. C., 1987.

MacMullen, R., *Paganism in the Roman Empire*, Yale University Press, Cambridge, 1981.

—, *Christianizing the Roman Empire*, Yale University Press, Cambridge, 1984.

Madonna, Maria Luisa (ed.), *Roma di Sisto V*, Edizioni de Luca, Roma, 1993.

Magnuson, Torgil, *Rome in the Age of Bernini*, Humanities Press Internatio-
nal, Nueva Jersey, 1986.

Malizia, G., *Le Statue di Roma*, Newton Compton, Roma, 1990.

—, *Gli archi di Roma*, Newton Compton, Roma, 1994.

Mandowsky, E. y Mitchell, C., *Pirro Ligorio's Roman Antiquities*, The War-
burg Institute, University of London, Londres, 1963.

Marcelino, Amiano, *Historias, hacia 353-378 d. C.* de la Loeb Classical Library (hay trad. cast.: *Historias*, Gredos, Madrid, 2010).

Marchetti Longhi G., *L'Area Sacra di largo Argentina*, Istituto Poligrafico
dello Stato, Libreria dello Stato, Roma, 1960.

Marcial, *Epigramas*, hacia 103 d. C., de la Loeb Classical Library (hay trad.
cast.: Gredos, Madrid, 1997).

Marinetti, F. T., *Selected Writings*, ed. y trad. de R. W. Flint, Sun and Moon
Press, Los Ángeles, 1992.

—, *The Futurist Cookbook*, Chronicle Books, San Francisco, 1991 (hay trad.
cast.: *La cocina futurista*, Gedisa, Barcelona, 1985).

—, *Manifesto del futurismo*, 1909.

Mariotti Bianchi, U., *I Molini del Tevere*, Newton Compton, Roma, 1977.

—, *Perchè a Roma si Dice...*, 3 vols., 1978-1983.

Masson, Georgina, *The Companion Guide to Rome*, Collins Press, West Link
Park, Doughcloyne, 1972.

Mastrigli, F., *Acque, acquedotti e fontane di Roma*, 2 vols., Londres, 1929.

Mazzini, Giuseppe, *Italy, Austria and the Papacy*, Londres, 1845.

McDonald, A. H., *The Rise of Roman Imperialism*, Australasian Medical Publishing Company, Sidney, 1940.

McKay, A. G., *Houses, Villas and Palaces in the Roman World*, Thames and
Hudson, Londres, 1975.

McManners, John (ed.), *The Oxford Illustrated History of Christianity*, Oxford
University Press USA, Nueva York, 1990.

Meissner, W. W., *Ignatius of Loyola: The Psychology of A Saint*, Yale University Press, New Haven, 1994 (hay trad. cast.: *Ignacio de Loyola: psi-
cología de un santo*, Anaya & Mario Muchnik, Madrid, 1995).

Melani, Vasco, *Itinerari Etruschi*, ed. rev., Tellini, Pistoia, 1979.

Menen, Aubrey, *Rome for Ourselves*, McGraw-Hill, Nueva York, 1960.

Mollat, G., *The Popes at Avignon 1305-1378*, trad. de J. Love, Nelson Publishers, Londres, 1949.

Momigliano, A. *et al.*, *The Conflict between Paganism and Christianity in
the Fourth Century*, The Clarendon Press, Oxford, 1963 (hay trad. cast.:
El conflicto entre el paganismo y el cristianismo en el siglo IV, Alianza,
Madrid, 1989).

Moore, John, *A View of Society and Manners in Italy, with Anecdotes re-
lating to some Eminent Characters*, J. Smith English Press, París,
1792.

Morgan, Philip, *The Fall of Mussolini: Italy, the Italians and the Second World War*, Oxford University Press, Oxford, 2007.

Morrogh, Michael, *The Unification of Italy*, Palgrave Macmillan, Nueva York, 1991.

Murray, Peter, *Donato Bramante*, Frederick A. Praeger, Nueva York, 1963.

Mussolini, *Opera Omnia*, La Fenice, Florencia, 1951-1962.

Nicholas, B., *An Introduction to Roman Law*, Clarendon Press, Oxford, 1962 (hay trad. cast.: *Introducción al Derecho Romano*, Civitas Ediciones, Madrid, 1987).

Nichols, Fr., *Mirabilia Urbis Romae*, Italica Press, Nueva York, 1986.

Nicoloso, Paolo, *Mussolini Architetto: Propaganda e paesaggio urbano nell'Italia fascista*, Giulio Einaudi, Italia, 2008.

Nuevo Testamento Pablo, *Tesalonios II*.

Mateo, 24: 7.

Juan, 20: 41.

Ogilvie, R. M., *Early Rome and the Etruscans*, Humanities Press Internatio-nal, Nueva Jersey, 1976 (hay trad. cast.: *Roma antigua y los etruscos*, Taurus, Madrid, 1982).

Oldenbourg, Zoé, *Massacre at Montsegur*, Phoenix Press, New Haven, 1998 (hay trad. cast.: *La hoguera de Montsegur*, Edhasa, Barcelona, 2002).

Onians, J., *Bearers of Meaning: the Classical Orders in Antiquity, the Middle Ages and the Renaissance*, Princeton University Press, Princeton, 1988.

Osborne, John (trad.), *Master Gregorovius: The Marvels of Rome*, Toronto, 1987.

Ovidio, *The Loves*, trad. de Rolfe Humphries, Indiana University Press, Bloomington, 1957 (hay trad. cast.: *Amores*, Gredos, Madrid, 2001).

—, *Tristia*, trad. de J. Ferguson, 1980 (hay trad. cast.: *Tristes*, Planeta-De Agostini, Barcelona, 1996).

—, *Metamorphoses*, trad. de Rolfe Humphries, Indiana University Press, Bloomington, 1954 (hay trad. cast.: *Metamorfosis*, Planeta-De Agostini, Barcelona, 2002).

Oxford Classical Dictionary, segunda ed., 1970.

Painter, Borden W., *Mussolini's Rome: Rebuilding the Eternal City*, Palgra-ve-Macmillan, Nueva York, 2005.

Palladio, Andrea, *The Four Books of Architecture*, MIT Press, Cambridge, 1997 (hay trad. cast.: *Los cuatro libros de la arquitectura*, Akal, Madrid, 2008).

Parks, George B., *The English Traveler to Italy*, 2 vols., Stanford University Press, Palo Alto, 1954.

Pepper, D. Stephen *et al.*, *Guido Reni, 1525-1642*, Istituto Geographico De Agostini, Novara, 1988.

Perowne, S., *The End of the Roman World*, Hodder & Stoughton, Londres, 1966.

Petrie, A., *An Introduction to Roman History, Literature and Antiquities*, Londres, 1961.

Pietrangeli, Carlo *et al.*, *The Sistine Chapel, a Glorious Restoration*, Abrams, Nueva York, 1992.

Plinio, *Historia Natural*, hacia 77 d. C. (hay trad. cast.: Gredos y Cátedra).

Plutarco, *Vida de Emilio Paulo*, 75 d. C. (hay trad. cast.: Gredos, 2006).

—, *Vida de Catón el Viejo*, 75 d. C. (hay trad. cast.: Gredos, Madrid, 2007).

—, *Vida de Craso*, 75 d. C. (hay trad. cast.: Gredos, Madrid, 2007).

Polibio, *Historias* III-xx, VI-li-lii, xix-xlii.

Pomeroy, Sara, *Goddesses, Whores, Wives and Slaves: Women in Classical Antiquity*, Schocken, Nueva York, 1975 (hay trad. cast.: *Diosas, rameras, esposas y esclavas: mujeres en la antigüedad clásica*, Akal, Madrid, 1990).

Ponteggia, Elena (ed.), *Da Boccioni a Sironi: Il Mondo di Margherita Sarfatti*, Skira, Milán, 1997.

Pound, Ezra, *Fascism as I Have Seen It*, Stanley Nott Ltd., Nueva York, 1935.

Propercio, *Elegiae*, hacia 15 d. C.

Rawson, E. (ed.), *Intellectual Life in the Late Roman Republic*, The Johns Hopkins University Press, Maryland, 1985.

Rendina, Claudio, *I Papi, Storia e Segreti*, Grandi Tascabili Economici Newton, Roma, 1984.

—, *Il Vaticano, Storia e Segreti*, Grandi Tascabili Economici Newton, Roma, 1987.

—, *Pasquino, Statua Parlante*, Grandi Tascabili Economici Newton, Roma, 1991.

—, *Guida Insolita ai misteri... di Roma*, Grandi Tascabili Economici Newton, Roma, 2006.

Riall, Lucy, *The Italian Risorgimento: State, Society and National Unification*, Routledge, Londres, 1994.

—, *Garibaldi: Invention of a Hero*, Yale University Press, New Haven, 2007.

Richardson, E., *The Etruscans, their Art and Civilization*, University of Chicago Press, Chicago, 1976.

Richardson, L., hijo, *A New Topographical Dictionary of Ancient Rome*, The Johns Hopkins University Press, Maryland, 1992.

Rizzo, Maria Antonietta (ed.), *Pittura Etrusca al Museo di Villa Giulia*, De Luca Edizioni d'Arte S. P. A., Roma, 1989.

Robinson, J. H., *Readings in European History*, Ginn&Co, Essex, 1904.

Rose, H. J., *Ancient Roman Religion*, Hutchinson's University Library, Londres, 1948.

Rosenberg, P. y Christiansen, K., *Poussin and Nature: Arcadian Visions*, Yale University Press, New Haven, 2008 (hay trad. cast.: *Poussin y la naturaleza*, Museo de Bellas Artes de Bilbao, Bilbao, 2008).

Rostovtzeff, M., *Roma*, Oxford University Press USA, Nueva York, 1960.

Schiavo, Alberto, *Futurismo e fascismo*, Giovanni Volpe, Roma, 1981.

Seltzer, Robert M. (ed.), *Religions of Antiquity*, Macmillan Publishing, Nueva York, 1987.

Séneca, *Epístolas morales*, hacia 3 a. C.-65 d. C. (hay trad. cast.: Gredos, Madrid, 1989-1994).

Smith, Denis Mack, *Garibaldi*, Prentice-Hall, Nueva Jersey, 1969.

—, *Mussolini*, Knopf, Nueva York, 1981 (hay trad. cast.: *Mussolini*, Fondo de Cultura Económica de España, Madrid, 2001).

—, *Cavour*, Knopf, Nueva York, 1985.

—, *The Making of Italy, 1796-1870*, Palgrave-Macmillan, Nueva York, 1988.

Sozomeno, *Historia eclesiástica*, hacia 440-443 d. C.

Stack, Frank, *Pope and Horace: Studies in Imitation*, Cambridge University Press, Cambridge, 1985.

Starr, C. G. hijo, *The Roman Empire 27 BC-AD 476*, Oxford University Press USA, Nueva York, 1982.

Stockton, D., *The Gracchi*, Oxford University Press USA, Nueva York, 1979.

Suetonio, *Augustus*, 121 d. C., trad. de R. Graves, Penguin Classics, Nueva York, 2003, (hay trad. cast.: *Vida del divino augusto*, Gredos, Madrid, 2010).

—, *The Life of Caligula*, 110 d. C., trad. de J. C. Rolfe, Harvard University Press, Cambridge, Massachusetts, 1902 (hay trad. cast.: *Vida de Calígula*, Gredos, Madrid, 2011).

—, *Claudius*, 121 d. C., trad. de J. C. Rolfe, The Macmillan Co., Nueva York, 1914 (hay trad. cast.: *Vida de Claudio*, Gredos, Madrid, 2011).

Tácito, *Anales*, 109 d. C. (hay trad. cast.: Gredos, Madrid, 1986-1991).

Thompson, David (ed.), *The Idea of Rome from Antiquity to the Renaissance*, University of New Mexico Press, Albuquerque, 1971.

Tinniswood, Adrian, *Visions of Power: Ambition and Architecture from ancient Rome to Modern Paris*, Mitchell Beazley, Reino Unido, 1998.

Tinterow, Gary y Conisbee, Philip (ed.), *Portraits by Ingres: Image of an Epoch*, Metropolitan Museum of Art, Nueva York, 1999.

Tito Livio, *The History of Early Rome,* trad. de Aubrey de Sélincourt, The Heritage Press, Las Vegas, 1972 (hay trad. cast.: *Historia de Roma desde su fundación*, Gredos, Madrid, 1990-1994).

Torselli, Giorgio (ed.), *Trastevere*, Multigrafica Publishers, Roma, 1981.

Toynbee, A., *Hannibal's Legacy: the Hannibalic War's Effect on Roman Life*, Oxford University Press, Londres, 1965.

Ullmann, Walter, *The Growth of Papal Government in the Middle Ages*, Methuen & Co. Ltd., Londres, 1955.

Valerio, Anthony, *Anita Garibaldi: a Biography*, Praeger Publishers, Westport, 2001.

Valla, Lorenzo, *De falso credita et ementita Constantini donatione declamatio*, Mainz, 1517.

Varrón, *De Lingua Latina*, v. 143 (hay trad. cast.: *La lengua latina*, Gredos, Madrid, 1998).

Vasari, Giorgio, *Le Vite*, Florencia, Roma, 1550 (hay trad. cast.: *Las vidas...*, Cátedra, Madrid, 2011).

Virgilio, *Aeneid*, 29 a. C., trad. C. Day Lewis, Oxford University Press, Londres, 1952 (hay trad. cast.: *Eneida*, Gredos, Madrid, 1999).

—, *Geórgicas II*, 29 a. C.

—, *Fourth Eclogue*, trad. de C. Day Lewis, Oxford University Press, Londres, 1962 (hay trad. cast.: *Églogas; Geórgicas*, Espasa-Calpe, Madrid, 1982).

Vitruvio, *De Architectura libri decem*, 2 vols., ed. F. Granger, Londres, 1970 (hay trad. cast.: *Los diez libros de arquitectura*, Alianza, Madrid, 2009).

Walpole, Horace, *Anecdotes of Painting in England*, Londres, 1786.

Wardman, A., *Rome's Debt to Greece*, Paul Elek, Londres, 1976.

Weiss, R., *The Renaissance Rediscovery of Classical Antiquity*, Basil Blackwell, Oxford, 1969.

Westermann, W. L., *The Slave Systems of Greek and Roman Antiquity*, American Philosophical Society, Filadelfia, 1955.

Westfall, Carroll W., *In This Most Perfect Paradise: Alberti, Nicolas V and the Invention of Conscious Urban Planning in Rome 1447-55*, Pennsylvania State University Press, University Park, 1974.

Wheeler, R. E., *Roman Art and Architecture*, Frederick A. Praeger, Nueva York, 1965.

Wilken, R. I., *The Christians as the Romans Saw Them*, Yale University Press, New Haven, 1984.

Wilkinson, L. P., *Horace and his Lyric Poetry*, Cambridge University Press, Cambridge, 1968.

Wilton-Ely, John, *The Mind and Art of Giovanni Battista Piranesi*, Thames and Hudson, Londres, 1978.

Wittkower, R., *Architectural Principles in the Age of Humanism*, St. Martin's Press, Londres, Nueva York, 1988.

Zanker, P., *The Power of Images in the Age of Augustus*, University of Michigan Press, Ann Arbor, 1988 (hay trad. cast.: *Augusto y el poder de las imágenes*, Alianza, Madrid, 2008).

Zei, Giuseppina, *Canti dell'Italia Fascista*, 1979

Zonaras, *Epítome*, VII, hacia el s. XII.

ÍNDICE ONOMÁSTICO